Moritz Busch

Die Türkei

Reisehandbuch für Rumelien, die untere Donau, Anatolien, Syrien, Palästina, Rhodus und

Cypern

Moritz Busch

Die Türkei

Reisehandbuch für Rumelien, die untere Donau, Anatolien, Syrien, Palästina, Rhodus und Cypern

ISBN/EAN: 9783742832474

Hergestellt in Europa, USA, Kanada, Australien, Japan

Cover: Foto ©ninafisch / pixelio.de

Manufactured and distributed by brebook publishing software (www.brebook.com)

Moritz Busch

Die Türkei

LLOYD'S

ILLUSTRIRTE REISEBIBLIOTHEK.

DER ORIENT.

II. TÜRKEI.

TRIEST.

LITERARISCH-ARTISTISCHE ANSTALT (JULIUS OHSWALDT.)

1870.

DIE TÜRKEI.

REISEHANDBUCH

FÜR

RUMELIEN,

DIE

UNTERE DONAU, ANATOLIEN, SYRIEN, PALÄSTINA, RHODUS UND CYPERN.

VON

DR. MORITZ BUSCH.

ZWEITE VERBESSERTE AUFLAGE.

TRIEST.

LITERARISCH-ARTISTISCHE ANSTALT (JULIUS OHSWALDT.)

1870.

INHALT.

Inhalt.

Ausflüge von Constantinopel über Adrianopel, Philippopel, Sophia und Nissa nach Belgrad. — Von Constantinopel über Schumla und Rustschuk nach Bukarest. — Von Bukarest nach Rothenthurm und Hermannstadt. — Von Belgrad die Donau hinab nach Silistria, Ibraila, Galatz und Varna. — Die Dobrudscha. — Von Widdin über Loftscha, Tirnowa und Schumla nach Varna. — Von Rustschuk über Tirnowa nach Kirk Klisle. — Von Varna über Burgas nach Constantinopel. — Von Widdin über Krajova und Bukarest nach Galatz. — Von Turnul Severin nach Bukarest. — Von Bukarest nach Jassy. — Von Belgrad über Zwornik und Tuzla nach Trawnik. — Von Trawnik nach Bosna Serai. — Von Bosna Serai nach Mostar und von da nach Ragusa 269

Zehntes Capitel:

Touren in Macedonien. — Allgemeines über Macedonien. — Von Constantinopel nach Salonik. — Von Salonik über Cassandra nach den Athosklöstern. — Die Klöster des Agion Oros. — Von Salonik über Monastir, Elbassan und Kroia nach Skutari 312

REISELITERATUR

aus dem Verlage der

Literarisch-artistischen Anstalt (J. Ohswaldt) in Triest,

zu beziehen durch jede solide Buchhandlung.

Lloyd's Illustrirte Reisebibliothek.

Wien bis München. Reisehandbuch, eleg. geb.	fl.	2.50 =	Thlr.	1.20.
Wien bis Triest. do.	„ „	„ 1.60 =	„	1. 2.
Adelsberger Grotte. Ein Grottenführer		„ —.80 =	„	—.16.
Triest und Umgebung. Reisehandbuch	„ „	„ 2. - =		1.10.
Trieste et ses environs. Guide . . „	„	„ 1.36 =	„	—.27.
Venedig. Reisehandbuch . . . . „	„	„ 2.— =	„	1.10.
Venise. Guide . . . . „	„	„ 2.50 =	„	2.20.
Aegypten. Reisehandbuch . . . . „	„	„ 3.— =	„	2.—.
Egypte. Hand-Book for travellers . . „	„	„ 3 — =	„	2.—.
Griechenland. Reisehandbuch . . „	„	„ 3.— =	„	2.—.
Türkei. „ „	„	„ 3.— =	„	2.—.

Albums

mit deutschem, französischem und englischem Titel und Inhalt.

Album zur Erinnerung an **Athen** (12 Stahlstiche) eleg. geb.	fl.	2.50 =	Thlr.	1.20.
„ zur Erinnerung an **Constantinopel** (28 Stahlstiche), eleg. geb..		„ 5.50 =	„	3.20.
„ malerischer Ansichten aus **Dalmatien** (25 Stahlstiche), eleg. geb.		„ 5.50 =	„	3.20.
„ malerischer **Donauansichten** (51 Stahlstiche), eleg. geb.		„ 8.— =	„	5.10.
„ malerisch-historisches, aus **Italien** (50 Stahlstiche), eleg. geb.		„ 6.50 =	.	4.10.
„ zur Erinnerung an **Italien** (18 Stahlstiche), eleg. geb.		„ 5.50 =	.	3.20
„ zur Erinnerung an den **Rhein** (22 Stahlstiche), eleg. geb.		„ 4.— =	.	2.20.
„ der **Südbahn** von Wien bis Triest (32 Stahlstiche), eleg. geb..		„ 3.— =	„	2.—.
Land- und Seekarte des Mittelländischen Meeres nebst den angrenzenden Ländern von Dr. Henry Lange (9 Blatt) . . .		„ 7.50 =	„	5.—.

Allgemeines für Orient-Reisende.

Wer kann in den Orient reisen? — Die rechte Zeit im Jahre. — Reiseplan für sechs Monate. — Kostenüberschlag. — Ausrüstung. — Pass. — Geld. — Sprachen. Verhaltungsregeln auf der Reise, namentlich in Betreff der Gesundheit. — Malaria, Fieber und Ophthalmie. — Pest. — Quarantäne. — Tour von Wien über Triest und Venedig an Bord des Lloyd-Dampfers. — Tour von Wien die Donau hinab nach Konstantinope'.

Eine Reise in den Orient erfordert, wofern sie sich nicht auf den Besuch der Küstenplätze beschränkt, vor Allem einen gesunden Körper. Ausdauer im Ertragen von Beschwerden und Entbehrungen und einen Geist, der auf eine Weile, ja nach Befinden auf lange Zeit absehen kann von den Freuden und Annehmlichkeiten des civilisirten Lebens. Nach den Küstenorten und nach einigen Theilen Aegyptens können auch Frauen gelangen, ohne sich zu viel zumuthen zu müssen. Bis Triest führt Post und Eisenbahn, und dort nimmt sie ein bequem eingerichteter Dampfer auf, um sie bis hart vor die Thore Alexandriens, Athens, Smyrnas oder Konstantinopels zu tragen. In Betreff anderer Punkte genüge es vorläufig zu bemerken, dass man in Griechenland und der europäischen und asiatischen Türkei nur zu Pferde reisen kann, dass man den grössten Theil des Jahres einer glühenden Sonne ausgesetzt ist, dass man im Innern des Landes oft die einfachsten Bequemlichkeiten vermisst, und dass man das Mangelnde nur mit beträchtlichen Kosten mit sich führen kann. Unter solchen Umständen zu reisen ist nur dem Kühnen und Starken vergönnt, oder dem, welchem ein fürstliches Vermögen einen Theil der Schwierigkeiten ebnet.

Im Uebrigen bedarf es keines ungewöhnlichen Muthes, um die interessantesten Punkte im Innern zu besuchen. Man hört Mancherlei von Raubanfällen, wird aber, wenn man die im Folgenden angegebenen Vorsichtsregeln befolgen will, selbst in den berüchtigtsten Gegenden kaum einen Räuber zu Gesicht bekommen. Ein Orientale reist in der Regel mit seinem halben Vermögen im Gürtel, da er Anweisungen und Wechsel nicht kennt, und seine Waffen und Kleider sind gewöhnlich so kostbar, dass es sich lohnt, ihn zu berauben. Der Franke dagegen lässt bei Ausflügen nach gefahrvollen Gegenden (wirklich gefahrvoll ist nur die Nachbarschaft von Smyrna und ein Theil Palästinas und Syriens), wenn er sich nicht von einer Escorte begleiten lassen und sich keiner Karavane anschliessen kann, sein Geld bis auf das Nothwendigste in Sicherheit beim letzten Consul seiner Nation zurück, und was er sonst mit sich führt, hat für orientalische Wegelagerer keinen oder nur geringen Werth.

1

Dazu kommt Folgendes: Jeder Beduine oder Grieche weiss, dass, wenn ein Franke ein Schiessgewehr in der Hand hat, mit einer an Gewissheit grenzenden Wahrscheinlichkeit anzunehmen ist, erstens, dass es geladen ist, und zweitens, dass es, sobald auf den Hahn gedrückt wird, losgeht, was sich mit gleicher Zuversicht von dem Waffenmagazine, welches er selbst an und um sich hängen hat, nicht annehmen lässt. Endlich aber wird, wenn ein Franke beleidigt worden ist, Alles in Bewegung gesetzt, um Genugthuung zu erlangen. Die Consuln schreiben energische Briefe, die Paschas werden aus ihrem Phlegma aufgestört, Soldaten, Kawassen und Tataren jagen wie toll durch das Land, wo die Unthat vorgefallen ist, misshandeln die Bevölkerung und leben als Executionstruppen in deren Häusern, bis der Mörder — oder statt seiner ein Anderer — aufgefunden und, um den Consul zu beschwichtigen, geköpft worden ist, während die sonstigen Verdächtigen die Bastonade bekommen haben. Alles dies ist sehr unangenehm, und so ist es gekommen, dass die Bewohner der Striche, wo die Regierungen überhaupt ihre Hand fühlen lassen können, schon seit Jahren zu der Einsicht gekommen sind, dass bei Anfällen auf Europäer der zu hoffende Gewinn von der zu fürchtenden Strafe überwogen wird.

Als zweite wichtige Frage drängt sich die auf, **zu welcher Zeit** man die verschiedenen Länder des Orients besuchen soll. In dieser Beziehung empfiehlt man für die, welche auf die Tour ein ganzes Jahr und mehr Zeit verwenden können, Nachstehendes: Januar und die erste Hälfte des Februar verbringe man in Korfu oder Athen. In dieser Jahreszeit ist es in der Regel zu kalt und stürmisch, und die Flüsse sind zu sehr angeschwollen, um eine Reise in das Innere Griechenlands unternehmen zu können. März, April und Mai verwende man auf Touren durch Nordgriechenland und Thessalien, Morea und Albanien. Zu Reisen, welche tiefer gehende Studien zum Zwecke haben, ist die Zeit von drei Monaten zu kurz. Derjenige aber, welcher sich nicht an einige Strapatzen kehrt, wird in ihr im Stande sein, alle allgemein interessanten Orte dieser Gegenden zu sehen um sich einen guten Begriff von der Art des Landes und seiner Bewohner zu verschaffen. Im Juni besuche man sodann die Inseln des Aegäischen Meeres, die Sieben Kirchen Asiens und die Ebene von Troja. Die beiden folgenden Monate verhalte man sich ruhig in Konstantinopel und in den kleinen Orten am Bosporus, welche in dieser Jahreszeit kühler als irgend ein Punkt an der Küste des Mittelmeeres sind. Eine Wanderung durch Syrien und das heilige Land kann im September unternommen und Ende October vollendet werden. Nach Aegypten zu gehen, um sich dort länger aufzuhalten, ist nur im Winter rathsam. Wer endlich die Tour durch das südliche Kleinasien zu machen wünscht, der wähle dazu die ersten Frühlingsmonate.

Der Verfasser, welcher seine Reise zu Ende December antrat und in kürzerer Zeit zurückkehren musste, kann denen, die sich im gleichen Falle befinden, folgenden **Reiseplan** empfehlen. Man begebe sich von Wien Mitte December nach Triest, besuche in der Zwischenzeit bis zur Abfahrt des Dampfers nach Alexandrien auf einige Tage Venedig und gehe dann über Korfu nach Aegypten. Dort bleibe man, von Kairo Ausflüge nach den ersten Pyramiden und nach Suez machend, drei bis vier Wochen (wer die Stromfahrt nach Theben und bis zum ersten Katarakt des Nil hinzufügen will, bedarf im günstigsten Falle sechs Wochen mehr) und reise dann entweder durch die Wüste nach Jerusalem oder zur See nach Jaffa und von dort nach der heiligen Stadt. Hier und in Palästina überhaupt sich vierzehn Tage aufzuhalten, genügt, um alle merkwürdigen Orte und Gegenstände des Landes in Augenschein zu nehmen. Dann kehre man entweder nach Jaffa zurück, um mit dem Dampfer nach Beyrut und von dort nach Damaskus zu reisen, oder man begebe sich auf dem Landwege nach Damaskus, gehe von dort nach Beyrut und von da über Cypern und Rhodus nach Smyrna. Von Smyrna aus besuche man die interessantesten Punkte der Nachbarschaft, schiffe sich dann nach Griechenland ein, mache von Athen drei bis vier Wochen hindurch Touren nach dem Norden und Morea, begebe sich hierauf vom Piräus nach den jonischen Inseln und fahre von da direct nach Konstantinopel. Von hier lassen sich Ausflüge nach Salonik und dem Athos, sowie nach Trapezunt machen. Dann mag man sich nach der Sulinamündung begeben und von dort die Donau hinauf nach Wien zurückkehren.

Die **Kosten** einer solchen Reise hängen begreiflicher Weise von dem Style ab, in welchem man dieselbe unternimmt. Etwas Bestimmtes lässt sich somit darüber nicht mittheilen; doch mag bemerkt werden, dass dieselben für den, der sich einzuschränken weiss, im Durchschnitt 10 Gulden Ö. W. auf den Tag nicht übersteigen. Für die in Gesellschaft Reisenden, sowie für solche, welche der Landessprachen kundig sind und sich längere Zeit an einem und demselben Orte aufhalten, wird sich die Rechnung noch etwas niedriger stellen. Im Allgemeinen dürfte feststehen, dass für die zuletzt bezeichnete sechsmonatliche Tour (mit Einschluss der Fahrpreise auf den Lloyddampfern) 2100 bis 2250 Gulden Ö. W. oder 1400 bis 1500 preussische Thaler genügen, dies aber auch der niedrigste, nur für Sparsame ausreichende Satz ist.

Auch in Betreff der **Ausrüstung** für eine Reise in den Orient lassen sich allgemein giltige Regeln nicht aufstellen. Der Gelehrte wird sich mit zahlreichen Büchern, der Bequeme mit einer Menge von Gegenständen beladen müssen, die ihm an das Herz gewachsen sind. Derjenige, welcher sich vor Entbehrungen nicht scheut, wird wohl thun, so wenig wie möglich von Gepäck mitzunehmen. Derselbe versehe sich mit soviel Wäsche, um wenigstens drei Wochen auszureichen, ohne waschen lassen zu müssen, mit zwei Anzügen, einem feinen, um Besuche bei Consuln und Paschas machen zu können, und einem möglichst starken, ferner mit waschledernen Unterbeinkleidern und einem wollenen Hemd, das unmittelbar über der Haut getragen werden muss, endlich mit rindsledernen Stiefeln und einem breitrandigen Hute, um den man sich in den heissen Monaten ein weisses Tuch nähen lässt. Die Stiefel lasse man bei längern Reisen ungewichst, da die

natürliche Farbe des Leders die Sonnenstrahlen weniger auf sich lenkt.
Dagegen bestreiche man sie gelegentlich mit etwas Oel, was sie
geschmeidig erhält. Die Farbe des Alltagsanzugs sei lichtgrau, der
Stoff Wolle. Sodann nehme man sich einen Mantel von wasserdichtem
Stoff mit, um nöthigenfalls des Nachts im Freien schlafen und durch
den Regen weiterreisen zu können. Ein Regenschirm ist gut zu
brauchen, weniger als Schutz vor plötzlichen Regengüssen, als gegen
die Sonne.

Orientalische Kleidung anzulegen ist nur Dem zu rathen, der
die Sprache des Landes versteht. Für jeden Andern ist sie Maskerade
und nichts weniger als ein Präservativ gegen Anfälle. Indess mag man
sich des Fez bedienen, da es den Kopf gut gegen die Sonne schützt.
Dann aber kaufe man eines von den höchsten und stärksten, wie man
sie in Triest zum Preise von 3 bis 4 Gulden bekommt. Für Reisen in
das Innere nehme man sich einen ledernen Mantelsack mit, da Koffer
sich auf Pferden nicht gut transportiren lassen. Den Koffer lasse man
mit den schweren Gegenständen in sicheren Händen (im Gasthaus,
oder, wenn Empfehlungen dies ermöglichen, bei den Agenten des
Lloyd oder den Consuln) zurück, um ihn bei der Rückkehr abzuholen
oder ihn nach dem nächsten Küstenplatze, den man berühren will,
senden zu lassen. Sich mit Waffen und Munition zu versehen, ist im
Allgemeinen nicht mehr erforderlich. Wer ein guter Schütze ist, nehme
sich eine Büchse oder einen guten Revolver mit. Ausserdem versehe
man sich mit einer grünen Brille zum Schutze gegen das grelle Sonnenlicht, mit einer überflochtenen Trinkflasche, mit starkem Bindfaden,
einigen Riemen, einem guten Messer und Nadeln und Zwirn zu etwa
nöthig werdenden Ausbesserungen.

Ein wichtiges Stück der Ausrüstung für den Orient ist ein **Pass**
für das Ausland. Derselbe muss von dem österreichischen Gesandten
oder Consul in dem Lande oder Orte, von wo die Reise angetreten
wird, und später von den Gesandten oder Consuln aller der Regierungen visirt sein, durch deren Gebiete man zu gehen gedenkt, d. h.
von denen der Pforte (Gesandte in Berlin und Wien, Consul in Triest),
Griechenlands (hier genügt das Visum des griechischen Consuls in
Triest) und Englands für die Insel Malta. Im Jahre 1844 machte
die türkische Regierung bekannt, dass kein Reisender das Gebiet der
Pforte betreten dürfe, der nicht mit einem regelmässigen, von einem
Gesandten oder Consul des Sultans visirten Passe versehen sei. Man
nimmt es mit dieser Anordnung seit 1869 strenger, daher wird der
Reisende wohlthun, es auch seinerseits genau damit zu nehmen, da er
sich sonst leicht Verlegenheiten aussetzt. Bei seiner Ankunft in der
ersten grössern Stadt, welche der Wohnsitz eines Pascha oder Gouverneurs ist, muss er sich dann mit einem regelmässigen türkischen
Passe versehen. Diese zerfallen in drei Klassen: Firmane, Buyurdi's
und Teskerés. Ein Firman kann nur vom Sultan oder einem Pascha
höchsten Ranges gewährt werden. Man erlangt ihn in Konstantinopel
durch Vermittelung der Gesandtschaften und Consulate. Er ist nicht

absolut nothwendig; denn ein Buyurdi (auch Buyuruldi genannt) oder Teskeré entspricht in der Regel dem Zwecke vollkommen eben so gut und macht beträchtlich weniger Kosten. Der Buyurdi ist eine Empfehlung an alle Beamten, der Teskeré der eigentliche Pass für den Reisenden. Doch gelten beide nur für die betreffende Provinz, so dass man sich in Aegypten nicht für Kleinasien, in Kleinasien nicht für Rumelien mit diesen Beglaubigungsschreiben versehen kann. Ausgerüstet mit diesen Documenten, hat der Reisende das Recht, bei den Christen in jedem Dorfe und jeder Stadt der Türkei Wohnung zu begehren und von dem Menzil oder der Postanstalt der Regierung mit Pferden zu demselben Preise versorgt zu werden, wie die grossherrlichen Kuriere.

Selten wird der Reisende in den Fall kommen, seinen europäischen Pass vorzeigen zu müssen; dies wird nur da nöthig sein, wo er sich aus eignem Antriebe zu den Behörden begibt, um Genugthuung oder Hilfe in schwierigen Fällen zu suchen. Indess ist es Sitte, dass er, wenn er einem Pascha seine Aufwartung macht, seinen Pass durch den Dolmetscher (Dragoman) seiner Excellenz oder dessen Sekretär vorzeigt; auch dient derselbe dazu, dass sich die Consuln von der Identität seiner Person überzeugen können. Endlich ist zu empfehlen, dass man, um sich Aufenthalt und Verlegenheit zu ersparen, womöglich bewirke, dass in dem türkischen Passe der Name und der Titel des Reisenden, die Landstriche, welche er besuchen will. und die Pferde, welche er bedarf, deutlich angegeben werden, und dass man sich eine Uebersetzung des Passes ins Französische, Italienische oder Englische verschaffe. In Aegypten bedarf es nirgends eines Passes.

Im hohen Grade nützlich sind gute **Empfehlungsschreiben.** Man kann davon nicht genug mitnehmen. Die besten sind die an die österreichische und preussische Gesandtschaft und an die österreichischen und preussischen Consuln in Alexandrien, Kairo, Jerusalem, Beyrut, Damaskus, Athen, Salonik, Smyrna, Konstantinopel und Trapezunt. Kann man zwei oder mehrere für einen Ort bekommen, so verschaffe man sie sich, da es leicht geschehen kann, dass man den einen oder den andern der Herren nicht zu Hause trifft. Für Griechenland suche man sich ausserdem Empfehlungen an Gelehrte zu verschaffen, für Aegypten und Kleinasien Briefe an grössere Handlungshäuser, für das heilige Land solche an die dort lebenden deutschen Geistlichen. Im Innern ist der Reisende sicher, bei jedem gebildeten Deutschen Rath und Auskunft zu finden.

Ueber die **Geldsorten,** welche in der Levante gelten, wird das Nöthige später verzeichnet werden. Hier nur so viel, dass man im ganzen Orient, so weit er in das Bereich dieses Buchs gezogen ist, nach Piastern und Paras rechnet, dass Thaler aller Länder circuliren, unter denen der spanische gewöhnlich 1 Piaster mehr gilt, als die übrigen, dass von europäischen Goldmünzen englische Sovereigns und französische Napoleons die empfehlenswerthesten sind. Die türkischen Banknoten haben nur in Konstantinopel und an einigen andern Küstenplätzen Rumeliens Werth. Man hüte sich deshalb vor ihnen, zumal sie nirgends zu dem Betrage, den sie repräsentiren, angenommen werden. Im Uebrigen ist zu bemerken, dass es nicht gerathen ist, sich mit grossen Summen in baarem Gelde zu versehen. Bis Triest gelten die österreichischen Banknoten. Von da nehme man sich Creditbriefe nach Alexandrien, Athen, Smyrna, Beyrut und Konstantinopel mit, und ausserdem versehe man sich mit einigen Sovereigns oder Napoleons, einigen spanischen Thalern und einigen Dutzend Piastern, um den ersten Bedürfnissen genügen und dem unvermeidlichen Verlangen der Orientalen nach Trinkgeldern nach Belieben gerecht werden zu können.

Das Wort **Bakschisch** ist dasjenige, mit welchem der Reisende in der Levante zuerst vertraut wird. Es empfängt ihn, verfolgt ihn auf Schritt und Tritt und hallt ihm bei der Heimkehr als Abschiedsgruss nach. Es ist damit ein freiwilliges Geldgeschenk gemeint, welches der gemeine Orientale bei jedem Zusammentreffen mit Europäern, namentlich aber bei jeder Dienstleistung, sei sie noch so geringfügig, erwartet und beansprucht. Niemand ist gezwungen, ein Bakschisch zu geben, indess nöthigt oft die Klugheit dazu, und es ist nicht sowohl Freigebigkeit, als Sparsamkeit zu nennen, wenn dem Verlangen gewillfahrt wird. Wird zum Beispiel das Gepäck nach der Mauth gebracht und der Beamte macht Miene, es zu untersuchen, so steht er sofort von seiner Absicht ab, wenn das Wort Bakschisch ausgesprochen wird und ein paar Piaster aus der Hand des Reisenden in die seine gleiten. Findet der Wanderer im Orient beim Anbruch der Nacht die Thore eines Khan oder einer Stadt geschlossen, so ist Bakschisch der beste Schlüssel, der sie öffnet. Ueberhaupt gibt es kaum eine Schwierigkeit, die das magische Wort nicht überwände.

Andere **Geschenke** zu geben, ist im Allgemeinen nicht mehr üblich. Früher war es Gebrauch, mit den Paschas, denen man vorgestellt wurde, Gaben zu wechseln. Dies ist in den letzten Jahren abgekommen. Wer sich indess länger an einem Orte aufhält und dort von einem Scheik oder Gouverneur Gefälligkeiten in Anspruch zu nehmen hat, kann den Wunsch hegen, sich erkenntlich zu bezeigen. Dann nehme er sich für ersteren eine Pfeifenspitze von Bernstein, einen Tarbusch oder ein hübsches Messer, für letztern ein Taschenfernrohr, einen Revolver, Spielzeug für Kinder oder Zierrathen für Frauen mit. Wer viel unter dem Volke im Innern zu leben gedenkt, mag sich überdies in Wien, wo dergleichen billig ist, mit einigen Dutzenden von recht grellfarbigen von Messing- oder Stahlzierrathen blinkenden Armbändern und billigen Taschenspiegeln versehen. Er kann sich namentlich in Syrien und Palästina manchen Freund damit machen. Den Consul im Innern wird man in den meisten Fällen schon durch sein Erscheinen Freude bereiten. die durch das letzte Quartal einer oder der andern deutschen Zeitschrift oder durch ein neues epochemachendes Buch erhöht werden kann.

Ueber die **Sprachen** des Orients wird später das Nothwendigste bemerkt werden. Die verbreitetsten sind das Arabische, das Türkische und das Neugriechische. Wer sie alle versteht, wird natürlich am Billigsten, Sichersten und Bequemsten reisen und den reichsten Gewinn an Erfahrung, das beste Bild des Volkslebens mit heimbringen. Von dem gewöhnlichen Reisenden ist eine solche Kenntniss nicht zu erwarten. Dieser wird sich mit dem **Italienischen** bekannt machen müssen, der Sprache, welche von den Sprachen des Abendlandes in der Levante am ausgebreitetsten ist. Wer nicht Italienisch kann, wird sich in den Küstenstädten mit Französisch und Englisch durchhelfen können; für alle Ausflüge in das Innere muss ein Dragoman genommen werden, über dessen Wahl und dessen Leistungen weiter unten alles Erforderliche zu sagen sein wird.

Das kostbarste Gut, welches der Reisende auf seiner Tour mit sich führt, ist seine **Gesundheit.** Es ist zugleich dasjenige, welches von allen am meisten bedroht ist, und so nehmen Regeln zum Schutze desselben .unter allen Rathschlägen, die hier zu ertheilen sind, die oberste Stelle ein. Was auch der Plan des Reisenden ist, wohin immer er seine Schritte lenken möge im Morgenlande, stets sollte er die Nothwendigkeit im Auge behalten, sich vor allen irgend bekannten Ursachen von Krankheiten der Länder zu hüten, wo ärztliche Hilfe in der Regel schwer und fast nie zu rechter Zeit zu erlangen ist. Zu diesem Zwecke merke und beachte man folgende Grundregeln:

1. Dass wir in heissen Klimaten nicht in der Weise essen und trinken und nicht in dem Grade Strapatzen ertragen können, wie in der nördlichen Heimath.

2. Dass die Gemüthsruhe in diesen Ländern directen Einfluss auf die Kraft und Gesundheit der in ihnen lebenden Fremden ausübt, und dass die Geisteskräfte und die Verdauungsfunktionen in dem Maasse dieses Einflusses in Wechselwirkung zu einander stehen.

3. Dass man in Betreff der Diät, der Bewegung und der für Mahlzeit, Ruhe und Geschäfte festgesetzten Stunden des Tages sich nach Möglichkeit an das halten muss, was unter den Eingebornen der Länder, welche man besucht, als Regel gilt.

4. Dass in allen heissen Ländern der Körper zu seiner Erhaltung weniger Speise und namentlich weniger animalische Nahrung bedarf, als in der kalten Zone.

5. Dass der Reisende, welcher Wein oder Bier mässig geniesst, wohl thut, dass er aber noch besser thut, sich des Genusses von beiden ganz zu enthalten, wenn er nicht sicher ist, sich mässigen zu können.

6. Dass, was in kalten Ländern im Bereiche der Mässigkeit ist, .in heissen oft schon masslose Ausschweifung genannt werden muss.

7. Dass in Betreff der Diät für solche Länder keine allgemeinen und unabänderlichen Regeln gelten, sondern jeder nach seiner Körperbeschaffenheit geniessen oder enthaltsam sein muss.

8. Dass manche Dinge, die in dem einen Landstriche gesund sind, in dem andern als schädlich vermieden werden müssen.

9. Dass Reinlichkeit, Heiterkeit, regelmässiges Leben und Vermeidung zu grosser und langdauernder Erhitzung und Durchnässung, vor Allem aber eine solche Eintheilung der Reise, dass man nicht zu lange der Nachtluft ausgesetzt ist, die Hauptmittel sind, durch die man sich in heissen Ländern vor Krankheit schützt.

10. Dass Aengstlichkeit, zu heftige Anstrengung und Völlerei die gewöhnlichsten Thüren sind, durch welche der Körper dem Einflusse endemischer und contagiöser Krankheiten geöffnet wird.

11. Dass in tropischen Klimaten zu üppig wuchernde Vegetation ein der Gesundheit nachtheiliges Miasma erzeugt (dies gilt vor Allem von der nordöstlichen Küste Kleinasiens, wo die Riesenwälder von Trapezunt und ganz Kolchis im Sommer die giftigste Fieberluft aushauchen); weshalb als Regel bei der Wahl eines Aufenthalts für längere Zeit zu gelten hat, dass der Boden und die sonstigen Natureinflüsse, welche dem Gedeihen von vegetabilischem Leben günstig sind, entgegengesetzte Wirkung auf das animalische haben.

12. Dass Trübsinn und Unruhe, häufiges Nehmen von Arzneien bei leichten Anfällen von Unwohlsein und andrerseits Vernachlässigung rascher Vorsichtsmassregeln und wirksamer Gegenmittel bei eintretendem schweren Unwohlsein Fremden in diesen Ländern gleich verderblich sind.

Aus diesen **zwölf Hauptsätzen der Diätetik für Reisende im Morgenlande** leiten sich dann folgende bestimmtere Regeln für die Art, wie man sich einzurichten hat, ab: Wenn es irgend zu ermöglichen ist, so stehe man des Morgens um 5 Uhr auf und begebe sich des Abends um 10 Uhr zu Bett. Man frühstücke, wo man die Wahl hat, um 8, esse zu Mittag um 3 und halte seine Abendmahlzeit um 8 Uhr. Auf der Reise halte man bei heissem Wetter von 11 Uhr Morgens bis 3 Uhr Nachmittags Rast. Man hüte sich vor starker Bewegung oder Anstrengung unmittelbar nach dem Essen, und man ruhe stets vor der Mahlzeit eine halbe Stunde aus, wenn man stark gegangen oder geritten ist. Man trinke lieber Wein als Rum, Cognac oder andere Spirituosen und überhaupt kein geistiges Getränk vor dem Mittagsessen. Man hüte sich vor sauren oder herben Weinen bei Tische. Sie sind schädlich, auch wenn sie mit Wasser gemischt sind. Wo Wein nöthig ist, thun ein oder zwei Glas von gutem Xeres oder Madeira die besten Dienste. Man nehme sich vor dem häufigen und reichlichen Genusse der süssen kühlenden Getränke des Orients, der Limonade, der verschiedenen Scherbet-Arten u. s. w. in Acht. Man esse die einfachste Nahrung, vermeide es, zu viele Gerichte zu geniessen, lasse alle Zuckerbäckerwaaren unberührt oder koste nur davon, und hüte sich, wenigstens so lange man noch Neuling im Lande ist, vor allen Früchten, an die man nicht gewöhnt ist, besonders vor frischen Datteln, Melonen, Aprikosen und allem säuerlichen Obst.

Man nehme gelegentlich ein warmes oder Dampfbad, hüte sich aber, in Afrika wenigstens, ohne Erlaubniss des Arztes kalte Bäder zu nehmen, nicht weil dieselben unter Umständen nicht heilsam sein könnten, sondern weil sie Vorsichtsmassregeln erfordern, welche ein Fremder nicht kennt. Allen und Jeden, ausgenommen allein die, welche stark und kräftig, akklimatisirt und vollkommen frei von allen Unterleibsbeschwerden sind, müssen solche Bäder schädlich sein. Es sind mehr Fälle von verhängnissvollen Folgen kalter Bäder in heissen Ländern aufzuzählen, als die Hydropathen glauben mögen.

Andere **Gesundheitsregeln** für Reisende im Orient sind nachstehende:

Man trage in allen Jahreszeiten und bei allem Wetter ein Flanellhemd auf der blossen Haut; es wird dem daran nicht Gewöhnten zu Anfang sehr unbehaglich sein, aber vor Erkältung besser als alles Andere schützen. Man suche sich, während man schwitzt oder dem Winde ausgesetzt ist, niemals dadurch Kühlung zu verschaffen, dass man irgend welchen Theil der Kleidung ablegt. Man nehme sich in Acht, des Nachts in freier Luft zu sitzen, wenn der Thau fällt. Man schlafe, wo dies zu vermeiden, nie in Zimmern, deren Fenster offen stehen. Man gebe (wenigstens in den Sommermonaten) jeden Gedanken an die Freuden der Jagd in diesen Ländern auf, da Durchnässung und Sonnenbrand in den Gebüschen und Marschgründen, in denen das Wild haust, schon Vielen den Tod gebracht haben. Man reise nur im Nothfall in der Zwischenzeit zwischen Sonnenuntergang und Aufgang. Man setze sich, wenn dies nicht durch die Verhältnisse geboten ist, nie in nassen Kleidern nieder. Man nehme seine Wohnung niemals auf längere Zeit in einem Hause, das in der Nähe eines Ufers, auf dem Ebbe und Fluth wechseln, oder hart bei morastigen Stellen liegt. Man beschäftige den Geist während der Mahlzeiten nicht mit ernsten Gedanken. Man widme nur ausnahmsweise die zum Schlafen bestimmte Zeit dem Studium oder dem Umgang mit Freunden. Man mache, wenn man sich an einem Orte länger aufhält, täglich entweder zu Fuss oder zu Pferde Bewegung und wähle dazu die Stunden von 5 bis 7 Uhr Morgens oder von 6 bis 8 Uhr Abends. Man hüte sich, im Zuge sitzen oder stehen zu bleiben. Man quäle sich nicht mit Gedanken an kommende Uebel, berechne nicht, welche Schwierigkeiten sich möglicherweise auf dem Wege einstellen können, sondern halte sich einfach an das Wahrscheinliche, folge der Bahn, die man gewählt, mit frischem Muthe und lasse das Gespenst der atra cura denen sich auf den Sattel setzen, welche es nicht zu bannen im Stande sind. Man blicke der Gefahr, wo sie nicht zu umgehen ist, ruhig ins Auge und sei in Krankheiten entschlossen, sich von ihnen nicht unterwerfen zu lassen, sondern sie zu besiegen.

Letzteres gilt namentlich von der **Seekrankheit,** der wenige entgehen, welche auf dem Mittelmeere oder auf dem Pontus zu fahren genöthigt sind. Sie ist nichts weniger als gefährlich, niemals tödtlich, aber vielleicht die unangenehmste und am meisten zu Verzweiflung und Lebensüberdruss stimmende unter allen leichtern Krankheiten. Das beste Mittel gegen sie ist, dass man so lange als möglich an der freien Luft bleibt und der Krankheit, wenn sie sich trotzdem einstellt und uns einreden will, sie sei ein ernstliches Uebel, keinen Glauben beimisst. Ernster hat man es mit den **Fiebern**, namentlich den Wechselfiebern zu nehmen, und mit der bösen Fee **Malaria**, deren Kinder sie sind. Dieses feine Gift ist nicht blos über die Urwälder der westlichen Tropenwelt, sondern sehr stark auch über verschiedene Striche des Orients und zwar gerade über die schönsten Landschaften ausgegossen. Es zerstört die menschliche Gesundheit und raubt das Leben vielleicht mehr als irgend eine andere schädliche Substanz. Bekannt nur durch seine schädlichen Wirkungen, ist dieser unsichtbare, heimtückische Feind unsres Geschlechts von der Heilwissenschaft bis in seine Schlupfwinkel verfolgt und wenigstens nach einigen seiner Gewohnheiten beobachtet worden. Man weiss, dass er vorzüglich in sumpfigen Niederungen und in Waldthälern und deren Nachbarschaft wohnt, wo grosse Massen vegetabilischen Stoffes faulen. Man weiss ferner, dass die Malaria des Nachts gefährlicher als am Tage und besonders gefährlich im Herbste ist, und dass zu grosse Anstrengung, Nachtwachen und jeder schwächende Genuss sind, welche den Körper ihrem Einfluss zugänglicher machen. Bekanntlich ist Chinin das beste Heilmittel gegen das Fieber, welches sie bringt, und so sollte kein Reisender, der den Orient besucht, ohne ein Fläschchen mit Chininpillen und ohne Anweisung von seinem Arzte, wie sie zu gebrauchen, sich auf den Weg begeben.

In **Griechenland** sind der August und die erste Hälfte des September die ungesundesten Zeiten des Jahres, dann herrschen fast überall, und namentlich in den sumpfigen Gegenden, sowie in der Nähe von Seen allerlei Fieber, denen viele Eingeborene und Fremde zum Opfer fallen. Muss man sich in dieser Jahreszeit dort aufhalten, so nehme man sich in Acht, nicht in freier Luft oder bei offnen Fenstern zu schlafen, sich um die Mittagszeit nicht den Strahlen der Sonne auszusetzen, sich im Essen und Trinken nicht zu übernehmen, keine rohen Pflanzenspeisen, keine Gurken, Melonen, Salate und kein Obst zu geniessen. Die Fülle von Obst, welche das Land hervorbringt, ist eine grosse Versuchung für Fremde, aber nichts ist gefährlicher, als dieser Versuchung nachzugeben. Die Hauptursachen der grossen Sterblichkeit unter den bayerischen Truppen, die mit König Otto nach Griechenland kamen, war die Gier, mit welcher dieselben von dem Obste des Landes assen und sich dem Genusse des Weines überliessen.

Aegypten hat sehr wenige Krankheiten, ja es wird bekanntlich die Gegend von Kairo für Brustkranke als Aufenthaltsort empfohlen. Fieber sind äusserst selten, ausgenommen in der Nachbarschaft von Alexandrien, Damiette und einigen anderen Orten am Ausfluss des Nil. Als die einzigen Krankheiten, welchen Fremde im Innern ausgesetzt sind, können Diarrhöen, Dysenterie und Ophthalmie genannt werden. Hinsichtlich der beiden erstgenannten verschaffe man sich Verhaltungsregeln bei einem der europäischen Aerzte, die sich in Alexandrien und Kairo niedergelassen haben und unter denen sich mehre Deutsche befinden. In Betreff der Ophthalmie (Augenentzündung) kann man sich in den meisten Fällen selbst helfen. Stellt sich eine leichte Entzündung ein, so bade man das Auge mit Rosenwasser oder Weingeist; im letzteren Falle natürlich so, dass das Auge festgeschlossen und nur das Lid benetzt wird. Oft thut schon warmes Wasser oder der Dampf von kochendem dieselben Dienste. Endlich wird auch ein fleissiges Waschen mit einem lauen Absud von Mohnköpfen empfohlen.

Die Ursache der **Ophthalmie** ist häufig in dem feinen Sand der Wüste gesucht worden. Das ist ein Irrthum. Augenentzündungen sind in der Wüste unbekannt, sie müssten denn aus dem Nilthale dorthin gebracht worden sein, und sie hören schon nach zwei bis drei Tagen auf, wenn der Kranke nach diesen trocknen Strichen kommt. Wir behaupten damit nicht, dass in die Augen gewehter Sand oder ein sehr starkes Sonnenlicht, zurückprallend von dem dürren kahlen Erdboden, dem Auge nicht schaden könnte; Staub und Sonnenschein auf Schneeflächen bringen ja dieselbe Wirkung in andern Gegenden hervor; allein in Aegypten ist die eigentliche Ursache der Augenkrankheiten anderwärts zu suchen. Sie liegt in dem Wechsel zwischen ausserordentlicher Trockenheit und Feuchtigkeit, der hier stattfindet. Aegypten hat vielleicht das trockenste Klima von der Welt, aber der Unterschied zwischen der fast stets trockenen Atmosphäre und den feuchten Ausdünstungen des Flusses, sowie der engen und der Kühlung halber stets besprengten Strassen Kairo's und andrer Städte ist so gross, dass das Auge leicht davon angegriffen wird, vorzüglich wenn es in dem empfänglichen Zustande ist, in welchen es durch die fühlbare und unfühlbare Transpiration versetzt wird, welcher die Haut unterworfen ist. So kommt es, dass während der Ueberschwemmungen des Nil, wo jene Ausdünstungen am stärksten sind, die Ophthalmie am häufigsten beobachtet wird. Die Thatsache, dass die Krankheit sich sofort vermindert und nach wenigen Tagen ganz aufhört, wenn der Leidende in die Wüste geht, bestätigt diese Meinung. Sehr rathsam ist es, sich vor feuchtem Luftzuge in Acht zu nehmen, und wenn man genöthigt ist, des Nachts aus einem warmen Gemache oder der Kajüte eines Nilbootes zu gehen, sich Stirn und Augen, nachdem man sich vorher den Schweiss abgetrocknet, mit etwas kaltem Wasser zu waschen, wodurch die Transpiration beim Hinaustreten vor plötzlicher Unterbrechung bewahrt und das Auge auf den Temperaturwechsel vorbereitet wird.

Ueber die **Pest** ausführlich zu sprechen, ist unnöthig. Jedermann wird sich hüten, nach Aegypten oder Syrien zu gehen, wenn sie dort wüthet. Jedermann wird sich sofort aus dem Lande entfernen, wenn sich Fälle der Krankheit zeigen. Kann er letzteres nicht ermöglichen, so begebe er sich nach Oberägypten oder halte gleich den andern Europäern im Lande Quarantäne. In Alexandrien kommen Pestfälle selten in der Zeit zwischen September und Anfang Februar vor und das nur in manchen Jahren. In Kairo ist man von Ende Juni bis Ende März ganz sicher. Im grossen Maassstabe tritt die Pest nur alle zehn bis zwölf Jahre auf. Man fürchtet sie übrigens bei Weitem nicht mehr so wie früher, da der Gesundheitsrath stets passende Massregeln trifft und die Behandlung der Kranken grosse Fortschritte gemacht hat. Das erste Mittel für den, der die Vorboten herannahen fühlt, sollte ein Brechmittel sein, welches, wenn es zu rechter Zeit genommen wird, dem Uebel oft Halt gebietet; ein Aderlass ist nicht zu empfehlen.

Das **Quarantänehalten** war bis vor wenigen Jahren ein sehr dunkler Punkt inmitten des Kranzes von Genüssen, welche eine Reise im Orient bot. Mit Grauen erinnerte sich der Tourist des Fegfeuerlebens, welches er in den Lazarethen der verschiedenen Küstenstädte durchzumachen hatte, ehe man ihn für hinreichend gereinigt hielt, um in das Paradies des civilisirten Lebens Einlass zu finden. Oft musste ein solcher Unglücklicher volle vierzig Tage (woher das Wort Quarantäne kommt) in diesen Orten sich langweilen und für schlechte Herberge bezahlen, als ob er im ersten Gasthofe gewohnt. Selten liess man ihn vor 10 Tagen aus seiner Haft, gleichviel, ob das Schiff, mit dem er gekommen, einen reinen Gesundheitspass oder nicht besass, d. h. gleichviel, ob es von einem Orte kam, wo keine Pest oder andere ansteckende Krankheit herrschte, oder von einem solchen, wo dies der Fall war. Dies ist jetzt beträchtlich besser geworden. Vernünftigere Ansichten von der Natur der Ansteckung haben Platz gegriffen, und der Reisende ist jetzt nicht dem zehnten Theile der Plackereien ausgesetzt, welche ihn früher trafen. Fast in jedem Hafen der Levante ist die Quarantäne auf eine **Beobachtung** beschränkt worden, welche 24 Stunden dauert, und in den meisten Fällen ist sie factisch ganz abgeschafft, da man Dampfschiffen und Kriegsfahrzeugen die Zahl der Tage anrechnet, welche sie auf der Fahrt sind, sobald der Capitän versichert, dass er auf der See mit keinem Schiffe Verkehr gepflogen hat.

Die Regeln der Quarantäne sind indess steten Abänderungen unterworfen, da sie sich in der Hauptsache nach dem Stande der Gesundheit in der Türkei oder überhaupt dem Lande richten, welches das Fahrzeug zuletzt berührt hat. Wenn die Pest, die Blattern oder die Cholera in der Türkei, Griechenland oder sonstwo ausbrechen, so wird in den Häfen des Mittelmeeres die Quarantäne verlängert, und wenn der Reisende das Unglück haben sollte, mit einem Schiffe zu segeln, das einen **unreinen** Gesundheitspass hat, so muss er sich auf einen längern Aufenthalt im Lazareth der Stadt gefasst machen, wo er an das Land steigt. Für solche wird es gut sein, sich zu erinnern, dass die besten Lazarethe der Levante sich in Syra, Korfu, im Piräus und in Malta befinden.

In allen diesen Anstalten wird man unter Aufsicht eines Guardiano (Wächters) gestellt, welcher darauf zu sehen hat, dass man nicht mit seinen Mitgefangnen verkehrt. Versieht man es in dieser Beziehung und berührt man einen Reisenden, der später in das Lazareth gekommen ist, so muss man so lange eingesperrt bleiben, bis letzterer **Pratica** bekommt, d. h. bis derselbe für rein gilt. Ueberall werden **Trinkgelder** und andere Geldzahlungen verlangt, ehe man die Erlaubniss zum Herausgehen erhält. Verletzungen der Quarantänegesetze wurden früher als todeswürdige Verbrechen bestraft und sie werden noch jetzt mit grosser Strenge geahndet.

Da die Quarantäne gewisse Bezeichnungen hat, welche dem Uneingeweihten nicht bekannt sind, so mag noch bemerkt werden, dass Personen und Gegenstände, die ihr unterworfen sind, **contumaci** und **sporchi** genannt werden, bis sie **pratica**, das heisst die Erlaubniss zum Herausgehen und zum Verkehr mit Andern nach Belieben bekommen. Früher, wo lange Quarantäne gehalten wurde, konnte die Zeit der Haft dadurch abgekürzt werden, dass der Eingesperrte sich dem **spoglio** unterwarf, d. h. ein Bad nahm und seine Kleidung wie sein Gepäck im Lazareth liess, indem er sich aus der Stadt Kleider verschaffte, die entweder gekauft oder geliehen wurden. Auf diese Weise liess sich eine Quarantäne von vierzehn Tagen auf sieben verkürzen. Vierzehn Tage nach der Ankunft im Lazareth erhielt man seine inzwischen vom Guardiano durchräucherten Effecten zurück.

1. Tour von Wien über Triest und Venedig an Bord des Lloyd-Dampfers.

Für Deutsche (und selbst für Engländer) ist **die billigste, schnellste und bequemste Fahrgelegenheit** nach den meisten Küstenorten des Orients die über **Triest** führende. Der Nordwestdeutsche fährt von Hannover oder Kassel oder Köln, der Norddeutsche von Hamburg, Berlin oder Königsberg nach Dresden und Wien. Der Südwestdeutsche begibt sich während des Frühlings, Sommers und Herbstes auf der Donau nach der Hauptstadt Oesterreichs, wobei er die schönsten Partien des Flusses berührt. Von Wien fährt man mit dem Eilzuge der Südbahn bis Triest, wobei man die riesenhaften Brücken und Tunnels des Semmering, die romantischen Alpenthäler Steiermarks und hinter Laibach die öden Steinwüsten des Karst passirt, dessen interessanteste Punkte man von der Station Adelsberg aus besuchen mag.

Zwischen Wien und Triest verkehren täglich ein Eilzug, der den 78 Meilen langen Weg in 16, und zwei Personenzüge, die ihn in 23 Stunden zurücklegen. Die Preise der verschiedenen Wagenklassen findet man in jedem der zahlreichen Verzeichnisse von Eisenbahnen u. s. w. angegeben, nur ist zu bemerken, dass dort die Preise in Silber zu verstehen sind, während die Gesellschaft der Südbahn dieselben in österreichischem Papiergelde zahlen lässt mit einem Agiozuschlage, der halbmonatlich wechselt und so in allen Bahnstationen angezeigt ist.

In der Nähe von Nabresina verlässt die Bahn das dürre, wildromantische Karst-Plateau, dessen traurige Einöde nur selten von einigen Steineichen und kümmerlichen Weingärten unterbrochen ist, und wendet sich scharf nach Südost, um längs des Karst-Abhanges in starker Neigung dem Seekessel zuzulaufen. Da plötzlich erscheint in der Tiefe, amphitheatralisch an den Abhang gelehnt, umgeben von Weinbergen und Olivenpflanzungen, aus denen zahllose, in italienischem Styl erbaute Landhäuser hervorblicken, **Triest**, die **Porta orientalis**, die Haupthandelsstadt des adriatischen Meeres und ganz Oesterreichs. Rückwärts erheben sich über einer flachen Küste in der Ferne in scharfen Umrissen weiss und röthlichgrau die Felshäupter der karnischen Alpen; gerade vorwärts ziehen sich, von Buchten gespalten und spitze Landzungen in das Meer hinausstreckend, die Berge Istriens hin. Unten streckt sich, mehrere Hügel bedeckend, die weisse Stadt mit ihrem Castell hin. Im Hafen liegen zahlreiche Dampfer und Segelschiffe von allen Grössen, während rechts bis an den Horizont die blaue Adria sich ausbreitet.

Schon dieser eine Eindruck ist es werth, dass der Reisende die Tour nach der Levante über Triest und nicht über Pest, Belgrad und Galacz macht. Wird die Reise im Spätherbst unternommen (und dies ist schon deshalb zu empfehlen, weil man auf diese Weise den Schneestürmen und der Kälte des Nordens entgeht), so ist an eine Benutzung der Donaudampfschiffahrt ohnedies nicht zu denken. Aber auch im Sommer sollte diese Route vorgezogen werden, da man vielleicht an keiner Stelle den Unterschied zwischen unserm Norden und dem Süden so plötzlich und so eindringlich gewahr wird, als hier zwischen der starren grauen Welt des Karst und den selbst im Winter des Laubgrüns nicht ganz entbehrenden Gestaden der Bucht von Triest.

Der bemittelte Reisende begebe sich vom Bahnhofe in das *Hôtel de la Ville*. Dasselbe ist ein palastartig eingerichtetes Gasthaus auf der Riva Carciotti, es hat im dritten und vierten Stockwerke eine herrliche Aussicht auf den Hafen. Die Einrichtung ist sehr elegant. Badeanstalt mit Süss- und Meerwasser. Gespeist wird nach der Karte, und man kann Diners von 2 bis 24 Gulden haben. Ein einfaches Zimmer mit Bett kostet 1½ Fl., eins mit 2 Betten 2 Fl., grössere Appartements mit eleganterer Einrichtung mehr. Lohnbediente bekommen für den Tag 2 Fl. Andere empfehlenswerthe Gasthäuser sind: *Aquila nera* am Corso, der Hauptstrasse Triests. Zimmer sind für den Preis von 1 bis 3 Fl. zu haben. *Hôtel Daniel* in der Via S. Nicolò in nächster Nähe der Börse. Zimmer von 80 Nkr. aufwärts. Gespeist wird à la carte. Ferner das *Hôtel de France* im dritten Stocke des Strattichen Hauses zwischen dem Tergesteum und dem grossen Platze. Ein Zimmer mit Bett von 1 bis 1½ Fl., ein Zimmer mit 2 Betten von 1⅓ bis 2 Fl. Endlich die *Locanda grande* (Grand Hôtel), ein geräumiges, in neuester Zeit erweitertes und elegant eingerichtetes Gasthaus am Fischplatz (Pescheria), wo ein Zimmer mit Bett 1 Fl., eins mit 2 Betten 2 Fl. 50 Kr. kostet, und das in der Nähe des Bahnhofes neu errichtete *Hôtel Europa* können als die besten in Triest bezeichnet werden.

Von Kaffeehäusern sind zu empfehlen: Tommaso, hart am Hafen, agli Specchi, Stella Polare, Europa felice. Die hiesigen Landweine sind eines Versuchs werth, namentlich der Istrianer und Costrener. Refosco ist ein süsser, ziemlich feuriger, Prosecco ein weisser Schaumwein. Von Fischen sind mancherlei Arten zu haben; man versuche den Thunfisch, Branzin und die Sfoglia. Austern sind billig, aber nicht so schmackhaft als die der Nordsee.

Wer das Leben des niedern Volks zu beobachten wünscht, der besuche auf eine Stunde eine der Osterien, oder begebe sich auf den Fischmarkt, wo er besonders an Freitagen zugleich eine sehenswerthe Auswahl der Bewohner des adriatischen Meeres kennen lernen wird. Von Buchhandlungen mögen die Coen'sche am Corso, die Münster'sche und die Schimpff'sche neben der Leopoldssäule, nicht weit von der Börse, angeführt werden. In allen Kaffeehäusern liegen zahlreiche Zeitungen auf. Eine Fahrt durch die Stadt kostet mit einem einspännigen Fiaker 30 Kr., mit einem zweispännigen Fiaker 45 Kr. für die Viertelstunde. Die Stunde wird mit 1 Fl. 40 Kr. für Zweispänner, mit 1 Fl. für Einspänner bezahlt.

Von der Plattform des Kastells, zu dessen Besuch es einer Erlaubnisskarte vom Platzkommandanten bedarf, hat man eine gute Aussicht über den grössten Theil der Stadt und den Hafen. Die Kirchen Triests sind in architektonischer Hinsicht ohne Bedeutung. Der Dom, theils im Basiliken-, theils im Rundbogenstyle erbaut, ist ein Werk des 4. und 6. Jahrhunderts mit manchen Zusätzen aus der neuern Zeit. Früher stand ein römischer Tempel an der Stelle, von welchem noch Spuren sichtbar sind. Vor einem Seitenaltare rechts liegen Don Carlos, der spanische Prätendent und seine 2 Söhne, auf dem Friedhofe neben der Kirche der 1768 hier in der Locanda grande ermordete Winkelmann begraben. Unter den öffentlichen Gebäuden verdient das Teatro grande, die Börse und das daneben befindliche Tergesteum Erwähnung. Letzteres ist ein kolossales, palastartiges Gebäude, in dessen Parterresälen jetzt die Börse abgehalten wird. Die Einrichtung ist eben so elegant als praktisch. Eine Reihe von Zimmern enthält die wichtigsten deutschen, italienischen, französischen, englischen, griechischen und slavischen Zeitungen. Der Fremde, der von einem Mitgliede einem der Directoren vorgestellt wird, darf 15 Tage lang unentgeltlich diese Lesezimmer benutzen. Im ersten und zweiten Geschosse sind die Bureaux des Oesterreichischen Lloyd, welches wichtige, in den Welthandel tief eingreifende Institut 1833 gegründet wurde und aus 3 Abtheilungen, den Assecuranzkammern, der Dampfschiffahrtsgesellschaft und der literar.-artistischen Section besteht. Die Dampfschiffahrtsgesellschaft gehört zu den bedeutendsten in Europa, im Jahre 1868 hatte sie 65 Dampfschiffe von zusammen 14600 Pferdekraft und 56220 Tonnengehalt Diese Schiffe haben im Jahre 1868 1422 Reisen gemacht und dabei 990029 Meilen zurückgelegt. Die Zahl der Reisenden betrug 294852, die Summen der Geldsendungen 108680790 Fl. und die der Waaren 4308282 Zollcentner. Das Lloyd-Arsenal in der Bucht von Servola ist im grossartigen Style angelegt und zerfällt in zwei Abtheilungen, deren eine ausschliesslich dem Schiffsbaue, die andere dem Maschinenbaue gewidmet ist.

Von den Sprachen überwiegt in Triest die italienische, doch wird auch das Deutsche verständlich gesprochen und fast überall verstanden. Sonst hört man auch viel slavisch und griechisch, französisch und englisch sprechen. Das Klima gilt für ziemlich gesund, doch tritt oft ein plötzlicher und sehr empfindlicher Temperaturwechsel ein, der durch die zuweilen mit grosser Heftigkeit wehende Bora (Nordostwind) bewirkt wird.

Den interessantesten Anblick in Triest bietet das Menschengewühl auf den Strassen und die Mannichfaltigkeit von Trachten, die sich in denselben bewegen und in denen sich die Nähe des Orients schon sehr deutlich ankündigt. Die Bäuerinnen der Umgegend mit ihren schneeweissen Kopfhüllen, die Bauern mit ihren seltsam gestalteten Pelzmützen, den weiten Knichosen und den thalergrossen Westenknöpfen, die Facchini (Lastträger) in braunen Kaputzenmänteln, zahlreiche Fez, bisweilen ein Turban, die griechische Fustanella, die eigenthümlichen, faltenreichen, wulstigen Pluderhosen der Dalmatiner. k. k. Militärs, Matrosen, Seecapitäne tummeln sich wie eine grosse Maskerade über den Corso, der Sonntags belebter wie die Hauptstrasse mancher grössern Stadt ist.

Für Diejenigen, welche sich einige Zeit in Triest aufhalten, genügen Ausflüge nach Contovello, Muggia, Capo d'Istria, Pola und vor Allem nach Venedig. **Contovello** bietet eine entzückende Aussicht auf den Golf und die Stadt Triest. In dem benachbarten Prosecco übersieht man einen grossen Theil des Karstes und erblickt in der grauen Steinwüste das riesige Berghaupt des Nanos, wo nach dem Volksglauben der Wohnsitz der Bora ist. In **Muggia** besucht man die malerischen Ruinen einer alten Burg. In **Capo d'Istria** sieht man Venedig en miniature.

Nach **Venedig** geht wöchentlich dreimal um Mitternacht ein Lloyddampfer ab, der gegen 7 Uhr Morgens daselbst eintrifft; doch kann man täglich auch zweimal die Bahnzüge benutzen und in etwa 10 Stunden zu Lande dahin gelangen. Die Fahrpreise sind für die Dampfschiffe von Triest, für die Eisenbahn von Cormons ab in Silber zu entrichten.

Wer eine ausführliche Schilderung der alten Lagunenstadt wünscht, um sich ihrer als vorbereitenden Führers zu bedienen und ein Andenken an die geschaute Herrlichkeit mitzunehmen, der kaufe sich „*Venedig*. Herausgegeben vom Oesterr. Lloyd. Triest." Es ist dies eine sehr gute Zusammenstellung alles dessen, was dem Fremden in Venedig zu wissen nöthig ist, geschmückt mit 12 hübschen Stahlstichen und versehen mit einem Plane der Stadt und der Lagunen.

In unserm Zusammenhange kann nur eine gedrängte Uebersicht gegeben werden. Um Venedig zu studiren, bedarf es zum Mindesten mehrerer Monate. Um es gut zu sehen, braucht man wenigstens zwei Wochen. Die folgenden Bemerkungen sind für solche Reisende berechnet, welche höchstens drei Tage auf einen Ausflug dahin verwenden können.

Hôtels ersten Ranges sind in Venedig:

Hôtel royal Danieli an der riva degli Schiavoni; *Hôtel St. Marc* am Marcusplatz; *Hôtel d'Europe* am grossen Kanal, *Hôtel Vittoria*, in der Frezzeria; *Hôtel d'Italia* und *Restaurant Bauer*, beide empfehlenswerth, in der Nähe des Marcusplatzes und vorwiegend deutsch; *Hôtel zur Stadt München, Hôtel New-York* am Canal grande, *Hôtel la Luna* dicht am Marcusplatze und mehre andere in der Nähe desselben. In den Hôtels ersten Ranges zahlt man für ein Zimmer täglich 3—15 Franken, doch kommt dabei ausser der Lage die Jahreszeit sehr in Betracht. Gedenkt man länger in Venedig zu bleiben, so wird man gut thun, vorher nach den Preisen der Zimmer zu fragen und sich nach getroffener Wahl mit dem Wirth zu einigen. Es ist gebräuchlich und auch wohlfeiler im Kaffeehause zu frühstücken. Auch diniren kann man, ohne dass es auffällt, ausser dem Hause; die Table d'hôte, gewöhnlich um 5 Uhr, kostet 3—5 Franken per Couvert und dürfte meist zu empfehlen sein. Von Kaffeehäusern sind *Florian, Quadri, Specchi, Svizzero, Français* alle am Marcusplatz, sowie das kürzlich wieder eröffnete Kaffeehaus im Giardinetto mit herrlicher Aussicht die besuchtesten.

In Venedig rechnet man seit 24. October 1866 in italienischen Lire. 1 Lira ist = 100 centesimi = 1 Frank = 40 österr. Nkr. = 8 Silbergroschen. Daneben sind im gewöhnlichen Verkehr auch noch die alten österr. Bezeichnungen nach Zwanzigern und Gulden keineswegs verschollen.

Fiaker gibt es bekanntlich in Venedig nicht, sondern man bedient sich zu Ausflügen durch die Stadt der Gondeln. Es gibt deren zwei- und einrudrige, von denen erstere doppelt so viel als letztere kosten.

Reisende, welche mit der Eisenbahn eintreffen, finden sowohl Omnibusbarken als *Gondeln* beim Ausgange am Bahnhofe zur Abfahrt bereit. Wer sich der ersteren bedienen will, hat nur seinen Gasthof zu nennen, um sofort an die betreffende Barke gewiesen zu werden. Das Dampfschiff von Triest ankert der Piazzetta gegenüber und hält also in nächster Nähe der frequentirtesten Gasthöfe. Für Gondeln mit einem Ruder, deren Tarife an allen besuchteren Abfahrtsplätzen angeschlagen sind, zahlt man innerhalb der Stadt für eine Stunde 1 Lira, und für jede folgende halbe Stunde 25 Centesimi mehr, für 1 Tag von 10 Stunden 5 Lire. Von der Eisenbahn-Station nach irgend einem Puncte bis San Marco oder umgekehrt 1 Lira, vom Dampfschiffe nach der Piazzetta oder umgekehrt 50 Centesimi. Für jedes Gepäckstück, das nicht in der Hand getragen werden kann, bezahlt man extra 15 Centesimi.

Der Reisende, welcher nur wenige Tage auf die Besichtigung Venedigs verwenden kann, bedarf unbedingt eines *Führers*, und deren gibt es eine grosse Anzahl.

Der Reisende, den wir vor Augen haben, wird wohl thun, wenn er sich zu beschränken weiss, sich mit Besichtigung der Hauptsehenswürdigkeiten begnügt, und den Führer von vornherein darüber verständigt. Diese Hauptpuncte besuche man in folgender Ordnung:

1. **Tag.** Marcusplatz, die alten und die neuen Procuratien, den **Torre dell'orologio**, den Campanile (den man der Aussicht wegen

besteigen mag), die Loggetta am Fusse desselben, die Marcuskirche und den alten Dogenpalast. Die *Marcuskirche*, eine Basilika, zu deren Verschönerung alle Jahrhunderte beigetragen haben, in welcher indess der byzantinische und der maurische Styl vorherrschen, zeichnet sich auch durch ihren Reichthum an Mosaikbildern und seltenen Steinarten aus. Man betrachte die 4 Bronzepferde über dem Eingang, die aus der Zeit Nero's stammen, die kostbaren Säulen der Façade, die Mosaiktafeln neben den Pferden, die metallnen Thüren, die Mosaikbilder der Decke, den Hochaltar, die Sakristei, die Capellen Zeno, della Madonna dei Mascoli, Santo Isidoro, endlich die Reliquien und Kostbarkeiten des Kirchenschatzes. Im *Dogenpalast* werden ausser den mit den herrlichsten Gemälden geschmückten Empfangs- und Rathsälen der alten Zeit die berühmte Marcusbibliothek, die unterirdischen Kerker (Pozzi) und die Seufzerbrücke gezeigt. Dem Dogenpalast gegenüber liegt, an der sogenannten Piazzetta, der königliche Palast, das Meisterwerk Sansovino's und rechts davon das prachtvolle Münzamt (la Zecca).

2. **Tag.** Der *Canale grande*, welcher die Stadt in zwei Hälften theilt und als ihre Hauptstrasse gelten kann. Man nimmt zu diesem Zwecke eine Gondel an der Piazzetta und lässt sich langsam bis dahin rudern, wo der Kanal sich erweitert und in der Ferne die prachtvolle Eisenbahnbrücke sichtbar wird. Auf dem Rückwege mag man zur Besichtigung der auch im Innern sehenswerthen Gebäude aussteigen. Zu letzteren gehören: der Palazzo Treves mit vielen guten Gemälden, der Palazzo Morosini, nicht weit vom Canale grande entfernt und die Bilder der acht Dogen aus dieser Familie enthaltend, der Palazzo Giustiniani, die Paläste Foscari, Mocenigo, Pisani (mit dem berühmten Gemälde P. Veroneses „Darius' Familie vor Alexander d. Gr." und andern Bildern), Mangili, Sagredo, Tron mit einem sehr reichhaltigen Museum, Manfrin mit einer der besten Sammlungen von Bildern venetianischer Meister und der Palazzo Valmarana, dessen Gemälde indess nur auf besondere Erlaubniss des Besitzers zu sehen sind. Ueber den Canale grande führt ausser der Rialto-Brücke auch eine eiserne Brücke.

3. **Tag.** Früh nach der *Akademie*, welche die vollständigste Sammlung der Gemälde venetianischer Schule, darunter die besten Werke Tizian's, Tintoretto's, Paolo Veronese's, Giorgione's, Palma Vecchio's und Bordone's enthält, dann nach den *Kirchen*, von denen ausser der Marcuskirche die Sta. Maria gloriosa dei Frari, Sti. Giovanni e Paolo, Sta. Maria della Salute und San Giorgio maggiore die sehenswerthesten sind. Die Kirche Sti. Giovanni e Paolo ist das Pantheon Venedigs, da hier die Mehrzahl seiner berühmten Männer, namentlich viele Dogen ruhen. In der Kirche Sta. Maria gloriosa dei Frari befinden sich die prachtvollen Mausoleen des Dogen Pesaro, Tizians und Canovas. In den Nachmittagsstunden besuche man das *Arsenal* oder eine der Inseln.

An den Abenden mag man in eines der Theater, unter denen das Teatro *la Fenice* das grösste und beste ist, gehen oder in einem der Kaffeehäuser unter den Procuratien venetianisches Leben studiren.

2. Tour von Wien die Donau hinab nach Constantinopel.

Wer direct nach Constantinopel will und den Orient von der Hauptstadt des türkischen Reiches aus besuchen möchte, der wird heute am besten thun, von Wien die Donau bis Rustschuk hinab zu fahren, die neue Eisenbahn von Rustschuk nach Varna zu benutzen und von Varna mit dem Lloyddampfer nach Constantinopel zu reisen. Nicht nur dass diese Route die kürzeste ist, sie bietet auch eine Menge von Schönheiten, die man bei der Meerfahrt, die nur für die Rückreise empfehlenswerth, nicht zu sehen bekommt. Von Wien aus mag man mit dem Dampfschiff, das Sonntag Morgens nach Pest fährt, oder mit dem Abendzuge der Nordbahn abgehen, damit man zu dem Eilschiffe, welches alle Montage um sieben Uhr früh nach Galatz abgeht, rechtzeitig eintreffe. Wer **Pest** nicht kennt, mag wohl einige Tage dort bleiben. Die prachtvollen Bauten längs des Donauquais, das ganz neu eingerichtete königliche Schloss in Ofen drüben, das in Abwesenheit der Majestäten leicht zu sehen ist, die prachtvolle Kettenbrücke, leider noch mit Brückengeld behaftet, die wunderliche, am Festungsberge hinangewundene Reizenstadt, das rege ungarische Volksleben lohnen wohl einiger Aufmerksamkeit.

Die Donaufahrt ist namentlich jenen Orientreisenden zu empfehlen, welche im Frühjahr oder Anfangs des Sommers, im Mai und Juni, ihre Tour beginnen. Die Donau ist zu dieser Zeit ungeheuer angeschwollen, und die grossen Eilschiffe fahren ungehindert durch den Engpass von Kazan und das Eiserne Thor. Diese Eilschiffe, deren zwischen Pest und Galatz vier verkehren, sind vortrefflich eingerichtet und die Reisenden geniessen auf ihnen für vier Gulden Oesterr. W. in Silber täglich eine Verpflegung, wie man sie nur in den besten Hôtels findet. Morgens Thee oder Kaffee mit Gebäck, um eilf Uhr Frühstück, bestehend aus fünf Gängen mit weissem und rothem Wein (eine Flasche für Jeden), um fünf Uhr Diner, sechs Gänge mit zweierlei Wein und einem Glas Madeira oder Sherry, alles vortrefflich zubereitet, Abends Thee. Die Schlafcajüte ist nach Möglichkeit bequem, im Salon liegen Zeitungen in mehreren Sprachen auf, eine Badecabine gewährt die Möglichkeit erfrischender Donaubäder, das hohe Doppelverdeck die schönste Aussicht auf das Ufer. Die Capitäne sind meist gebildete Leute, die fünf bis sechs Sprachen reden und sich mit Deutschen, Rumänen, Serben, Türken u. s. w. in deren heimatlichen Lauten verständigen.

Die Gegend zwischen Pest und Belgrad bietet sehr wenig. Wer den Orient rasch erreichen will, von der langweiligen Fahrt erschreckt, die bei den kolossalen Frühjahresüberschwemmungen der Donau, die sich stundenbreit über das eigentliche Flussbett erstrecken, beinahe einer Seefahrt ähnelt, der mag Sonntag Abends von Wien mit dem Eilzuge, der Abends vom Nordbahnhofe abgeht, über Pest, Czegled und Szegedin nach Bazias fahren und dort das herabkommende Eilschiff erwarten. Die Eisenbahnfahrt von Wien nach Bazias nimmt nur

einundzwanzig Stunden in Anspruch und die thalwärts fahrenden Schiffe
sind selten so voll, dass man nicht noch ein gutes Plätzchen in der
Schlafcajüte erobern könnte. Aber man versäumt auf diese Art Belgrad,
und **Belgrad** ist sehr sehenswerth. Schon die Lage der Stadt und der
auf einem ziemlichen Berge gelegenen Festung ist äusserst malerisch.
Wer Belgrad näher kennen möchte, der muss in Semlin das Eilschiff
verlassen, mit dem Localdampfer über die Save fahren, seinen Pass
den an der Landungsbrücke wachehaltenden Gensdarmen vorzeigen und
dann einen Gang durch die Stadt machen. Die neuen Theile derselben
sind sehr hübsch gebaut, die Strasse Terrazin z. B. besteht ganz aus
freundlichen modernen Häusern. Hier liegt auch der Palast (Konak) des
Fürsten, eigentlich nur eine Villa mit hübschem Garten, in den Jeder
hineingehen und sich nach Belieben auf einen der Aussichtsplätze setzen
mag. Der Garten ist dadurch merkwürdig, dass er beinahe ausschliesslich mit Nussbäumen bepflanzt ist. Von der Strasse Terrazin gehe
man links hinab in das Türkenwinkel, wo noch zahlreiche Minarets
verkünden, dass einst Mohamedaner hier gewohnt und zu Gott gebetet
haben. Mit der türkischen Besatzung der Festung wanderten sämmtliche türkische Einwohner von Belgrad aus. Es waren ihrer über fünf-
tausend und ihre Häuser verfallen. In einigen haben sich Zigeuner und
anderes Gesindel einquartiert, viele sind niedergerissen oder von selbst
eingestürzt — es ist ein trauriges Bild der Verwüstung und Verödung.
Von hier steige man langsam zur Festung hinan, die durch ihre natürliche Lage noch immer stark ist. Der Eintritt ist Jedermann gestattet.
Man sieht das serbische Militär oben exerciren und geniesst von dem
höchsten Plateau, wo die Commandantur gelegen ist, eine prachtvolle
Aussicht. Sonst ist in Belgrad nicht viel zu sehen; man versäume
jedoch nicht, sich die merkwürdigen Ruinen des alten Hunyadyschlosses
zeigen zu lassen und in einem Kaffeehause den ersten nach türkischer
Art zubereiteten Kaffee zu trinken. Nachmittags mache man einen
Spaziergang nach dem durch die Ermordung des Fürsten Michael berühmt gewordenen Toptschider, einem freundlichen Parke, in der die
schöne Welt Belgrads spazieren geht, in dem aber zugleich höchst
sonderbarer Weise das Landeszuchthaus liegt und die Sträflinge arbeiten.
Dann kehre man nach Belgrad zurück und fahre mit dem Localdampfer wieder nach Semlin hinüber und nehme sein Nachtquartier im
„Löwen“, wo man nicht übel speist und einen vorzüglichen Negotiner
trinkt. Wer in Belgrad übernachten will, kann anständigerweise nur
im „Hôtel du Roi Serbe“ neben der Festung einkehren.
    Wer auf dem Eilschiffe bleibt, der fährt an Belgrad eben nur
vorüber. Wer Zeit hat, der folge unserem Rathe, in Semlin auszusteigen
und den Tag in Belgrad zuzubringen. In *Semlin* ist gar nichts zu sehen
als der uralte verschanzte Kirchhof auf den Höhen hinter der Stadt und
die alten Quarantänegebäude. Am folgenden Morgen (Mittwoch) fährt
man mit einem kleinen Seedampfer weiter nach *Orsova*. Kann man
die „Diana“ treffen, so ist das um so besser, denn auf ihr speist man
fast so gut wie auf den Eilschiffen. Bis *Bazias* ist die Gegend, obwohl

hügelig, nicht besonders schön, gleich hinter dem genannten, aus einigen Häusern bestehenden Orte aber beginnt eine der wunderbarsten Flusslandschaften der Welt, an wildromantischer Schönheit sogar die berühmte Rheinpartie zwischen Bingen und Coblenz übertreffend. Eine halbe Stunde östlich von Bazias, bei den Trümmern der alten Serbenburg **Golumbacs** treten die höher werdenden Berge hart in den Fluss herein, das Katarakten- und Felsengebiet der Donau beginnt. Von hier bis Orsova, eine Strecke, deren Befahrung sechs Stunden in Anspruch nimmt, fliesst der in Ungarn so breite Strom in einem engen Bette mit ungeheurer Tiefe, aus welcher spitze Klippen bis zum Wasserspiegel emporragen; im Engpass von **Kazan**, dem Glanzpuncte der ganzen Fahrt, verengt sich das Bett auch 80 Klafter bei vierhundert Fuss Tiefe. Die Ufer sind von unvergleichlicher Schönheit, bald nackte steile Felswände, an denen die Adler horsten, bald tiefgrüne Wälder bis an die Gipfel hinauf. Manchmal, wenn der Strom sich bei einer plötzlichen Wendung ausweitet, glaubt man auf einem Alpensee in Oberbaiern oder der Schweiz zu fahren. Man lasse sich das Golumbacser „Mückenloch“ zeigen, eine weite Spalte oben im Felsen, aus welcher dem Volksglauben nach die gefährlichen kleinen Golumbacser Mücken herauskommen, dann die berühmte *Veteranihöhle* und die *Trajanstafel*. Die Katarakte der Donau sieht man bei hohem Wasserstande kaum, bei niedrigem gewähren sie ein höchst anziehendes Schauspiel, sind aber der Schiffahrt äusserst gefährlich.

Orsova, der letzte österreichische Ort, liegt malerisch zwischen den Bergen am Strome, ist aber ein arges Nest, das die arge Zollquälerei allen aus dem Orient kommenden Reisenden unvergesslich macht. Wer Abends mit dem Satschiff ankommt, das überhaupt nicht weiter geht, muss sich entschliessen, in einem der unweit der Douane gelegenen, keineswegs comfortablen Gasthäuser Quartier zu nehmen. Er mag das als eine Vorschule für den Orient betrachten und den folgenden Tag zu einem Ausfluge nach **Mehadia** verwenden. Denn das Passagierschiff nach Galatz geht erst Freitag Morgens ab. Ist man nun nach unserem Vorschlage mit dem Eilschiffe Montags von Pest abgegangen, Dienstags in Belgrad geblieben, so kommt man Mittwoch Abends in Orsova an und hat den Donnerstag für Mehadia frei. Für sechs Gulden bekommt man in Orsova einen Wagen nach Mehadia und zurück. Es ist ein elender Korbwagen, allein es gibt keine andern. Man fährt ausgezeichnet, bergauf und bergab in schärfstem Trabe, wird aber gerüttelt und geschüttelt, dass Einem Anfangs Hören und Sehen vergeht. Die Fahrt geht das Czernothal aufwärts, das mit seinen im Grün zerstreuten Häusern an die deutschen Voralpen erinnert. Römische Trümmer und die Reste einer Wasserleitung sind an der Strasse zu bemerken. In zwei und einer halben Stunde ist man in Mehadia, vom Juli bis September eines der besuchtesten Modebäder im Osten, von Russen und walachischen Bojaren wimmelnd. Es liegt reizend in einem Felsenkessel, voll herrlicher Wälder, über welche der an sechstausend Fuss hohe Gipfel des Domoglett hereinragt. Das neue Curhaus ist ein wahrer

Prachtbau im orientalischen Style, voll reicher färbiger Ornamentik, das schönste in Oesterreich. Ein hübscher Spaziergang führt unter den ruhigen Eschen an der rauschenden Dzema zur Herculesquelle, und von da weiter zur Räuberhöhle. Für den Vormittag ist das genug, zumal da · das Diner curmässig schlecht schmeckt. . Nachmittags mag man die auf der Südseite des Bades gelegenen Bergwälder besuchen und kann zeitig die Heimfahrt antreten.

Des andern Tages zeitig früh sagt man Oesterreich und damit dem Abendlande Lebewohl. Unmittelbar hinter Orsova liegt auf einer Insel das türkische Fort Ada Kale, verfallen, aber scharf bewacht. Das weltberühmte „eiserne Thor" enttäuscht den Reisenden. Nach der herrlichen Gegend zwischen Bazias und Orsova ist die Partie hinter Orsova sehr unbedeutend, so hübsch sie an und für sich genannt zu werden verdient. Vom „eisernen Thor" sieht man absolut nichts als zwei Felsen an beiden Ufern und ein paar kleine Wirbel im Flusse. Man kommt nach **Turn-Severin**, wo das Schiff sich gewöhnlich eine Stunde aufhält. Diese benütze der Reisende, um auszusteigen, den alten Severusthurm und den schönen Park zu besichtigen. Von hier ab wird die Gegend wieder sehr einförmig, nur uninteressante Ortschaften und die Blockhäuser an beiden Ufern unterbrechen die Einsamkeit. Kurz vor Sonnenuntergang (im Mai) fährt man in den grossen Bogen ein, den die Donau bei **Widdin** macht, um die südlichste Spitze ihres Laufes zu erreichen. Hier hat man einen überraschend schönen Anblick der ganzen Balkankette, vollständiger als von irgend einem andern Puncte. Widdin ist als die erste echte Türkenstadt von ganz besonderem Interesse für den Reisenden. Er benützt die Haltezeit des Schiffes, um am Ufer Tabak und einige der langen gesprenkelten Pfeifenrohre zu kaufen, die man hier bekommt. In die Stadt selbst lassen die Türken in Widdin keinen Fremden hinein; wer einige Gassen durchwandern will, kann das nur unter dem Schutze der weissen Mütze, das heisst in Begleitung eines Officiers oder Beamten der Donau-Dampfschiffahrts-Gesellschaft thun. Die Nacht hindurch ankern die Schiffe gewöhnlich unterhalb Widdin's bei der Insel unweit *Lom-Palanka*. Am folgenden Tage kommt man um elf oder zwölf Uhr nach Rustschuk und landet gleich an dem, eine kleine halbe Stunde entfernten Bahnhofe der Rustschuk-Varnaer Eisenbahn.

Wer dem Eilschiffe treu geblieben ist, kommt schon Mittwoch Vormittags in **Rustschuk** an und wird augenblicklich weiter befördert. Der Zug nach Varna geht immer eine halbe Stunde nach Eintreffen des Schiffes. Wer den von uns angegebenen Reiseplan befolgt, trifft Samstag Vormittag in Rustschuk ein. Es ist der Mühe werth, einen Tag in Rustschuk zu bleiben und die grossen Veränderungen zu bewundern, die der bekannte Midhat Pascha während des einen Jahres, als er Gouverneur des Donau-Vilagets war, in seiner Provinzialhauptstadt zu Wege brachte. Der Donauhafen hat einen prächtigen Quai, die Strassen haben Benennungen und Beleuchtung, die Häuser haben

Nummern erhalten, die nach Süden gekehrten Befestigungen wurden demolirt und an mehreren Puncten der Stadt Anlagen errichtet. Rustschuk ist zu zwei Dritteln von Bulgaren, zu einem Drittel von Türken bewohnt; höchst sehenswerth ist das Zigeunerviertel, eine Sammlung von Häuserruinen ohne Gleichen. In das Kloster der tanzenden Derwische, das sich unweit der Stadt befindet, erlangt man leicht Zutritt. Seine Wohnung nehme man nicht im Hôtel neben dem Bahnhofe, weil. man hier zu entfernt von der Stadt wohnt, sondern im „*Grand Hôtel*" (Islah-Kanè, zu deutsch Waisenhaus, weil die Pachtertrfägnisse des Gasthofes an das Waisenhaus abgeliefert werden) Der Pächter ist ein Italiener, doch spricht sowohl er als ein Theil seiner Leute französisch. Die Preise sind für orientalische Verhältnisse mässig, die Betten gut, das Essen erträglich. Ein Gang durch den Bazar, wo sehr hübsche Sachen und ausgezeichneter Tabak zu haben sind, ist jedem Fremden zu empfehlen Zu Fuss braucht er nicht zu gehen, denn es gibt hier eine Menge Fiaker, die um billiges Geld sehr gut fahren. Allerdings versteht kaum ein einziger Kutscher eine westeuropäische Sprache. Höchstens, was man am allerwenigsten erwarten sollte, kann ein oder der andere etwas Deutsch.

Für jene Reisende, welche den ganzen Lauf der Donau kennen zu lernen wünschen, wollen wir hier einige Bemerkungen einschalten. Wenn sie den folgenden Mittag von Rustschuk Donauabwärts fahren, geht das Schiff zuerst nach *Giurgewo* hinüber. Auch hier kann man die Verladungsfrist zu einem kleinen Spaziergang benutzen, auf der Promenade die elegante Welt von Giurgewo sehen und in einer Stunde bemerken, dass daselbst nichts zu sehen ist. Die Fahrt bis *Galatz* hinab bietet nur wenig schöne Puncte. Abends kommt man an der Festung *Silistria* vorüber, die malerisch hoch auf Felsen liegt und einen pittoresken Anblick gewährt. Aehnlich liegt *Hirsova*, dann aber werden die Ufer flach und eintönig. Von *Czernavoda* nach *Küstendsche* fährt wohl eine Eisenbahn, die erste in der Türkei und die kürzeste Verbindungslinie zwischen der Donau und dem Schwarzen Meere, allein sie wird fast nur für den Waarentransport benützt und es ist nicht rathsam, sich nach Küstendsche hinüber zu begeben. Die Stadt ist ein elendes Nest, der Dampferverkehr zwischen dem dortigen Hafen und Constantinopel ein höchst unregelmässiger, so dass der Reisende in eine Sackgasse geräth und umkehren muss. In Küstendsche auf ein Schiff zu warten, ist zudem bei dem gänzlichen Mangel an anständiger Unterkunft sehr fatal. Man verzichte also auf diesen Abstecher und bleibe auf dem Schiffe, das von Czernavoda aus in weit kürzerer Zeit, als man nach den Landkarten vermuthen sollte, **Braila** erreicht Hier bietet sich ein doppeltes Bild dar. Erstens der Hafen mit seinen hundert und hundert Schiffen, worunter die grössten Dreimaster, zweitens die Balkankette südöstlich von der Donau. In einer starken Stunde erreicht der Dampfer das Endziel seiner Fahrt, **Galatz**, oder wie vielfach, aber fälschlich, geschrieben wird, Galacz. Die grösste Stadt der Moldau hat eine ungeheure Ausdehnung und ein sehr rauhes Klima.

Man mag sich wohl in Acht nehmen, denn der Wind, der vom schwarzen Meere hereinweht, hat Ende Mai noch eine fast winterliche Schärfe, und nach Sonnenuntergang tritt empfindliche Kälte ein. Sehenswürdigkeiten besitzt Galatz ebenso wenig wie Giurgewo, ein Gang durch die Stadt, der ihre Physiognomie kennen lehrt, erschöpft Alles. Wer Lust hat, mag das Theater besuchen, ein elegantes Gebäude, in dem eine leidliche französische Gesellschaft spielt. Dicht daneben liegt ein grosser wüster Platz, auf dem eine riesige Herde Schweine weidet. Ein Besuch in Walzel's Garten-Restauration, zu dem man sich, da man im Freien sitzt, einen tüchtigen Winterrock mitnehme, gibt ein anschauliches Bild von dem Sonntagsvergnügen der Galatzer Welt und Halbwelt. Wer in Gesellschaft reist oder mit den Capitänen der Donaudampfschifffahrt-Gesellschaft bekannt ist, gehe spät Abends, zwischen zehn und elf, von Walzel weg zur „Bella Italia", einer verrufenen Kneipe, die aber sehr charakteristische Typen des Volkslebens entwickelt. Wer nicht sehr viel Zeit hat, der hüte sich nach Galatz zu gehen, und noch mehr, dort zu bleiben. Denn der Lloyddampfer, welcher den directen Verkehr zwischen Galatz und Constantinopel vermittelt, geht nur jeden Freitag; auf russische und französische Schiffe ist nur im Juli und August Verlass, und die ersteren gehen zudem nach Odessa. Nach der Sulinamündung hinauszukommen hält schwer, das einzige Schiff, welches regelmässig verkehrt, ist der „Metternich," der Remorquer der Donaudampfschifffahrt-Gesellschaft, also kein Passagierschiff. Der einz ge lohnende Ausflug ist ein Besuch in *Tultscha*, wofür man eine Barke nur zu hohem Preise miethen kann. Das Beste ist, man fährt mit demselben Schiffe, mit dem man Sonntag Mittags angekommen, Montag Morgens wieder zurück nach Rustschuk. Wer dem Oriente rasch zustrebt, verzichtet ohnedies auf den untersten Lauf der Donau.

Die **Eisenbahn von Rustschuk nach Varna** ist eine Art von Schmerzenskind der türkischen Regierung. Sie hat enorme Summen gekostet und ist trotzdem sehr schlecht gebaut. Verkehrsstörungen sind so regelmässig, dass sich Niemand darüber wundert. Die Fahrzeit von Rustschuk nach Varna ist auf sieben Stunden festgesetzt, man fährt aber manchmal zwölf bis fünfzehn und muss, da sich ausser an den beiden Endpuncter. auf der ganzen Strecke keine Personenhalle befindet, oft stundenlang in der glühendsten Sonnenhitze warten, bis die eingeleisige Bahn frei ist. Eigentliche Unglücksfälle sind indess noch nicht vorgekommen und die Coupés sind bequem. Der Bau dieser Bahn wurde von einer englischen Gesellschaft unternommen, in der Erwartung, dass dieselbe sich bald dem grossen türkischen Netz anschliessen werde; allein das grosse Netz harrt noch immer auf seinen Beginn und die Linie Rustschuk-Varna fristet, auf ihre eigenen Kräfte angewiesen, jämmerlich ihr Dasein. Um einen Begriff von der ungewöhnlichen Bewegung auf dieser Linie zu bieten, brauchen wir blos zu erwähnen, dass wöchentlich auf derselben vier Passagier-Trains verkehren. Die Gesellschaft besass ursprünglich eilf Locomotive, gegen-

wärtig sind aber nur noch vier marschfähig. Ein Platz erster Classe
kostet 45 Francs. Die Gardinen in den unsauberen Waggons hängen
in Fetzen, die Thüren sind kaum verschlossen. Man überschreitet bald
weite von Bergen überragte Ebenen, bald fährt man längs Sümpfen,
aus deren oft mannshohem Schilfe Büffelheerden hervorlugen. Jeden
Augenblick lässt der Maschinist ein Nothsignal ertönen und der Zug
hält stille, denn eine Büffelschaar hat sich der Strasse bemächtigt und
den Weg abgesperrt. Das Locomotiv pfeipft aus allen Kräften und
einige Büffel ziehen sich erschreckt in das Rohrdickicht zurück, allein
die kühneren lassen sich nicht davonscheuchen; der Train geht behut-
sam vorwärts und der Maschinist lässt auf die hartnäckigen Bestien
den Dampf entladen, so dass sie uns endlich gestatten, unsere Fahrt
fortzusetzen. Dieses Manöver muss fast jede halbe Stunde erneuert
werden. Am schlimmsten ist es, wenn man bei der Wendung um einen
Felsen auf einen Büffel geräth, denn dann droht den Reisenden wirkliche Gefahr.

Die Bahn, durch starke Steigungen auffällig, geht über Rasgrad
und Schumla. Die erste grössere Hälfte des Weges bis zu der obengenannten Station geht durch einförmiges Hügelland, nur durch die
Ueberfülle an Rosengebüschen ausgezeichnet. *Schumla* selbst bekommt
man nicht zu sehen, die berühmte Festung liegt seitwärts in ihrem
Felsenkessel und man berüht nur Schumla-Wad. Um den Bahnhof
herum hat sich ein neues Städtchen entwickelt, das schon ziemlich
bevölkert ist. Von hier an wird die Bahn interessant, denn sie geht
durch ein Längenthal des Balkan. Die abenteuerlichen Formationen der
Kalk- und Kreidefelsen, die aus den tiefgrünen Wäldern bald in Schan-
zen- bald in Tempelgestalt emporstarren, fesseln das Auge und verkürzen die Fahrzeit. Wie die Berge zurücktreten, verkünden die weit
hingestreckten, trefflich bebauten Felder die fruchtbare *Dobrudscha.*
Einige Tatarendörfer, an denen der Zug vorüberbraust, sind durch
die spitze, zeltartige Form ihrer Häuser von weitem kenntlich. Endlich
beginnen die Seen von Varna, mit einander verbunden und vom Meere
nur durch eine schmale Erdzunge getrennt, dennoch aber süsswas-
serhaltig.

Varna ist stark befestigt und hat mehrere schwere Belagerungen ausgehalten; so 1828, wo Varna zuletzt in die Hände der Russen
fiel, aber nicht, wie man gewöhnlich liest, durch den Verrath seines
Commandanten Jussuf Pascha. Die Stadt hat gegen 20,000 Einwohner
und sieht von der Rhede recht freundlich aus. Sie liegt auf der Nordseite einer kleinen Bucht des Pontus, das Vorgebirge, welches sich auf
der anderen Seite in die See hinausstreckt, heisst Cap Galata. Die Bai
von Varna ist ein guter Ankerplatz für Schiffe von geringer Grösse.
Man hat aber den Plan, durch einen Canal den benachbarten See von
Dewna (an dem im letzten Kriege die Truppen der Westmächte einige
Zeit lagerten, wobei sie ausserordentlich viel Leute durch die Cholera
verloren) in einen sicheren und bequemen Hafen für grosse Fahrzeuge

zu verwandeln. Die Sceseite der Stadt wird von drei gewaltigen Batterien, eine in der Mitte und eine an jeder Seite vertheidigt. Bei der
geringen Tiefe des Wassers an der Küste hält man diese Batterien für
hinreichend zur Vertheidigung der Rhede, denn Schiffe von einiger
Grösse könnten der Stadt nicht nahe genug kommen, um ihr beträchtlichen Schaden zu thun. Die Batterien sind durch eine mit Schiess-
scharten versehene Mauer mit einander verbunden und mit schweren
englischen Kanonen armirt. Auf der Landseite ist die Stadt vollkommen
mit einer Enceinte eingeschlossen, welche der Richtung des alten Wal-
les folgt, der die Stadt einfasste, als die Russen Varna das letzte Mal
belagerten. Aber an jedem dazu passenden Orte hat man Bastionen
aufgeworfen, die nach wissenschaftlichen Grundsätzen construirt, die
Gräben vor den Courtinen flankiren und mit sehr schweren Geschützen
armirt sind. In der südwestlichen Ecke der Festung ist eine Bastei,
welche einen grossen, die Stadt von der Hügelreihe auf der anderen
Seite trennenden Sumpf beherrscht. Gegen Westen ist offenes Terrain,
welches sich nach dem Thal hinaufzieht, wo die beiden Seen von Dewna
liegen. Von dort herum nach Norden läuft eine Kette von Hügeln, die
sich ziemlich schroff von der Ebene erheben und, etwa 250 Fuss hoch,
gegen das Meer hin mit einem zuckerhutförmigen Berge endigen, auf
dem während der Belagerung durch die Russen Kaiser Nikolaus sein
Zelt aufschlagen liess. Varna hat etwa 200 Geschütze, von denen die
meisten vom schwersten Kaliber sind. Es hat Casernen, in denen sich
5000 Mann unterbringen lassen, bedarf aber zu gehöriger Vertheidigung seiner Wälle fast doppelt so viel Soldaten. Im Allgemeinen kann
man Varna als eine Festung zweiten Ranges bezeichnen, welche sich
eine gute Weile vertheidigen kann, und da es einer der besten von
den wenigen guten Häfen der Westküste des Schwarzen Meeres ist,
so ist es eine Position von der äussersten Wichtigkeit in jedem Kriege
mit Russland. Während des Jahres 1828, wo auf seinen Wällen nicht
mehr als einige zwanzig Kanonen standen, und die Werke nicht halb
so ausgedehnt und bei Weitem nicht in so guter Ordnung waren, als
jetzt, hielt es eine Belagerung von drei Monaten aus. Man kann annehmen, dass es sich jetzt mindestens eben so lange halten würde. Die Bahn
führt auf dem Damme zwischen zwei Seen hindurch bis zum Bahnhofe. Der Lloyddampfer nach Constantinopel liegt im Hafen, der Anschluss ist prompt. Nur mag Jeder, der nicht ein **directes** Billet von
Pest oder anderwärts bis Constantinopel besitzt, zusehen, wie er nach
dem Hafen hinabkommt. Hat man endlich einen Wagen aufgetrieben,
so zahle man willig den allerdings für die viertelstundige Fahrt enormen
Preis von zwanzig Piastern, sonst fährt der Wagen davon und man
hat das Nachsehen. Die Deutschen, die sich am Bahnhofe in Varna
an jeden Landsmann mit freundlicher Dienstwilligkeit herandrängen,
fertige man barsch ab. Die Bursche sind durch den Aufenthalt längst
verdorben und keinen Schuss Pulver werth. Auf dem Schiffe bleibe
man so lange als möglich auf dem Deck, denn unten lauert die Seekrankheit. Das Schwarze Meer ist selten ruhig, gewöhnlich sogar sehr

stürmisch. Die Ueberfahrt von Varna nach Constantinopel währt zwölf bis vierzehn Stunden, wenn kein Unwetter dazwischen kommt. Wer auf dem Eilschiffe bis Rustschuk geblieben ist und sofort die Eisenbahn benutzt hat, kömmt Donnerstag, also bereits am vierten Tage, zwischen zehn und zwölf Uhr Vormittags in Constantinopel an. Die herrliche Fahrt durch den Bosporus ist an einer andern Stelle dieses Buches beschrieben; sie ist ein Grund mehr, die Donaufahrt der Reise über Triest vorzuziehen.

ERSTES CAPITEL.

Palästina im Allgemeinen.

Geographische und ethnographische Verhältnisse des Landes. — Die Eintheilung Palästina's zur Zeit Christi. — Die geeignetste Zeit zum Aufbruch dahin. — Der nächste Weg von Deutschland nach dem heiligen Lande. — Ausrüstung. — Geldsorten. — Dragomane. — Räuber. — Krankheiten. — Verschiedene kürzere oder läng-re Touren. — Strassen. — Gasthöfe. — Consulate. — Zeit- und Kostenaufwand für eine auf Palästina sich beschränkende Reise.

Palästina, nicht bloss für Christen und Juden, sondern auch für Bekenner des Islam, das heilige Land, hiess in der ältesten Zeit Kanaan. Sein späterer Name Palästina stammt von der Benennung des niedern, am Mittelmeer sich hinziehenden Strichs, welchen die Philister — Pelischthim — bewohnten. Es ist seinem Hauptcharakter nach ein Gebirgsland. Seine Grenzen sind im Süden die arabische, im Osten die syrische Wüste, im Norden der Dschebel Heisch, das Gebirg Naphthali und der Antilibanon, im Westen endlich das Mittelmeer.

Geologisch zerfällt das Land in vier von Westen nach Osten aufeinanderfolgende Striche. Unmittelbar am Meere zieht sich ein niedriger, sehr fruchtbarer Ufersaum hin, dessen Südhälfte einst von den Philistern bewohnt wurde (die Gegend von Gaza und Askalon) und der, nachdem er im Norden von einem Vorgebirge des Karmel unterbrochen worden, in der Nähe von Akko mit einem zweiten Vorgebirge, der sogenannten tyrischen Leiter, endigt. Den zweiten Strich bilden Ketten von Gebirgen, welche von schmalen und breiten Thälern unterbrochen werden. Die Gebirge bestehen gleich den griechischen aus Kalkstein und tragen nur auf dem Karmel Wald. Der nördlichste Theil dieses Streifens ist das alte Galiläa. Dann folgt die von Westen nach Osten streichende Ebene Esdrelom, auch Ebene Jesreel genannt. Südlich von dieser erhebt sich wieder ein Hochland mit verschiedenen fruchtbaren Thälern und den Bergen Ebal und Garizim, das alte Samaria. Ganz im Süden endlich liegt, ebenfalls ein Bergland, die Landschaft, welche einst Judäa hiess. Der dritte Streifen ist das Ghor, eine breite, zum grossen Theil tief unter dem Spiegel des Mittelmeeres gelegene, sehr heisse Tiefebene, durch welche der Jordan fliesst und an deren südlichem Ende das Todte Meer liegt. Der vierte Strich endlich ist das Land vom Ostufer des Jordan bis zur Wüste. Derselbe ist im Norden breiter als im Süden, und besteht im Nordwesten aus Kalkstein, im Nordosten zum Theil aus Basalt, im Süden aus Sandboden. Unmittelbar am Fusse des Dschebel Heisch ist diese Landschaft eine fruchtbare Hochebene, weiter südlich schliesst sich hieran das Gebirg Gilead, welches mit Eichenwäldern bewachsen ist, dann folgt eine baumlose, aber fruchtbare zweite Hochebene, endlich das sandige Gebirge, welches im Alterthum Seir hiess.

Flüsse besitzt Palästina nur wenige. Die wichtigsten sind: der zwischen Hasbeia und Rascheia entspringende, in das Todte Meer mündende Jordan (Scheriat El Kebir), dessen grösster Nebenfluss, der Hieromax (Scheriat El Mandhur), welcher einen Theil von Galiläa durchströmt, der Arnon (Wadi Modschib), ebenfalls ein Nebenfluss des Jordan, endlich der Kison, welcher die Gewässer der Ebene Esdrelom dem Mittelmeere zuführt. Die übrigen fliessenden Gewässer des Landes trocknen im Sommer ein, oder strömen dann wenigstens nur eine kleine Strecke. Stehende Gewässer hat Palästina in dem Todten Meere und in dem See Tiberias oder Genezareth.

Palästina hat in seinen Thälern und auf seinen Ebenen Anlagen zu grosser Fruchtbarkeit. Indess fehlt es ihm jetzt, wo seine Wälder mit wenigen Ausnahmen ausgerottet sind, sehr an Wasser. Die Unsicherheit des Besitzes ferner lässt auch die besten Striche nicht in dem Maass anbauen, in dem es möglich wäre, und so liegt das Land auf weite Strecken hin wüst. Indess ist in den letzten Jahren, namentlich um Jerusalem, Manches besser geworden, und Gärten beginnen zu grünen, wo früher nur dürres Gestein war. Von Fruchtbäumen begegnet man am häufigsten dem Olivenbaum, dem Feigen- und Maulbeerbaum; ausserdem trifft man (besonders bei Jaffa) grosse Orangen- und Zitronengärten, Pflanzungen von Granatbäumen, hin und wieder auch Mandel- und Aprikosenbäume. Der Apfel- und der Birnbaum kommen nur wild, Palmen nur vereinzelt vor. Wein wird an mehren Stellen, der beste bei Hebron und in der Nähe des Dorfes St. Philipp bei Jerusalem gebaut. Die Bergwälder bestehen aus Eichen und Pinien. Am Jordan finden sich Pappeln, Weiden, Tamarisken, wilde Lorbeer- und Pistazienbäume, sowie gewaltige blüthenreiche Oleandersträuche, die auch die Ufer des Kison schmücken. Von Getreide säet man vorzüglich Gerste, Weizen und Durrah. Im Uebrigen wird Sesam, etwas Tabak, ein wenig Baumwolle, indischer Pfeffer und Hanf gebaut. Wild wachsende Blumen trifft man im Frühling eine grosse Menge. Am häufigsten sind: die Lilie, die Adonis, die Ringelblume, eine schöne Malvenart, die Anemone und Jelängerjelieber. Die Rose von Saron ist ebenso verschwunden, wie die Balsamstaude von Jericho. Von Hausthieren zieht man vorzüglich Schafe (mit Fettschwänzen) und Ziegen, Büffel, unser Rindvieh, welches indess hier klein und unansehnlich ist, Pferde, unter denen sich manches schöne Thier findet, Esel, Maulthiere und Kameele. Hunde laufen in den Städten in Masse herrenlos umher. Von wilden Thieren ist der Schakal häufig. Ausserdem findet man in den weniger bewohnten Gegenden Hyänen, und in den Wäldern am Jordan und auf dem Karmel und Tabor wilde Schweine und Panther. Der Löwe ist allenthalben ausgerottet und ebenso der Bär. An wilden Vögeln ist besonders die Jordangegend reich; es gibt hier Reiher, Pelikane, Enten, Gänse, Störche, Rohrdommeln und Schnepfen. Von Singvögeln hört man Lerchen, bisweilen auch die Nachtigall. An Raubvögeln ist kein Mangel. Von giftigen Thieren kommen verschiedene Schlangen, der Vierzigfuss, der Scorpion und die Tarantel vor. Sehr zahlreich ist das Geschlecht der Eidechsen vertreten. An Ungeziefer, namentlich an Flöhen und Mücken, fehlt es nirgends. Endlich stellen sich mitunter Heuschreckenschwärme ein, welche das Land auf weite Strecken verheeren. Jagdliebhabern bieten sich ausser den Ebern des Jordanthales und des Karmel auf der Ebene Esdrelom gelegentlich Rudel von Gazellen und im übrigen Lande Hasen, Rebhühner und anderes Federwild.

Die grosse Mehrzahl der **Einwohner** Palästina's besteht aus Arabern. Die Landessprache ist die arabische, die Religion, zu der sich bei Weitem die meisten Eingebornen bekennen, der Islam. Ausser den ansässigen Einwohnern, den Bürgern der Städte und den Bauern (Fellahin), leben in Palästina auch zahlreiche Nomaden, Wüstenaraber

Ein vornehmer Muhamedaner.

Arabische Landfrauen.

(Bedauin), welche namentlich im Frühjahr das Land mit ihren Heerden durchziehen, in mehre Stämme (z. B. die Beni Sakr, die Hauarah, die Taamirah) zerfallen und auf ihren Wanderungen hauptsächlich die Gegenden am Jordan, die Striche zwischen Gaza und Hebron und besonders die Ebene Esdrelom heimsuchen, oft aber auch bis in die Nähe des Meeres vordringen. Ausserdem wohnen im Lande zahlreiche Juden und Christen. Die ersteren zerfallen ihrer Abkunft und Sprache nach in Aschkenasim und Sephardim, ihrer religiösen Haltung nach in Peruschim und Chassidim. Die Aschkenasim sprechen ein verdorbenes Deutsch, die Sephardim spanisch, jene stammen meist aus Osteuropa, diese aus Spanien und Marokko, jene stehen grösstentheils unter Jurisdiction der Consulate, diese sind türkische Unterthanen. Die Peruschim kann man als orthodoxe Talmudjuden, die Chassidim als jüdische Mystiker bezeichnen. Karaiten, welche den Talmud verwerfen, gibt es einige Wenige in Jerusalem, Samariter, welche nur die fünf Bücher Mosis anerkennen, noch etwa hundert in Nablus. Von den Christen sind alle Hauptbekenntnisse vertreten. Am stärksten ist die Zahl der Bekenner der orthodoxen morgenländischen Kirche und die der Lateiner oder Römischkatholischen. Ausserdem trifft man Armenier, syrische Christen, Maroniten, Abyssinier, Kopten und Protestanten. Die Griechen und Russen besitzen verschiedene Klöster, mit denen Pilgerherbergen verbunden sind; noch grösser ist die Zahl der lateinischen Klöster, die ebenfalls als Gasthöfe dienen. Die Protestanten, meist Deutsche und Engländer, haben in allen bedeutenderen Städten Missionäre und stehen unter einem Bischof, der in Jerusalem seinen Sitz hat.

Zur Zeit Christi zerfiel Palästina in verschiedene Theile: ein kleiner Strich im Südosten hiess **Idumäa**; daran schloss sich die grosse Provinz **Judäa** mit den Städten Jerusalem, Hebron, Jericho, Bethlehem, Cäsarea und Joppe (Jaffa); dann folgte weiter nördlich **Samaria** mit den Städten Sichem (Nablus) und Schomron, Ginnäa (Dschenin) und Hepha (Chaifa); dann noch nördlicher **Galiläa** mit den Ortschaften Nazareth, Nain, Kana, Tiberias, Kapernaum und Bethsaida. Das transjordanische Land endlich zerfiel in die Provinzen **Peräa**, die südlichste und grösste, **Gaulonitis**, das Land östlich vom See Genezareth umfassend, **Batanäa**, **Auranitis** und **Trachonitis**, die kleinste und nördlichste. Gegenwärtig gehört der ganze Süden zum Paschalik Jerusalem, ganz Galiläa und ein beträchtlicher Theil von Samaria zum Paschalik Damaskus.

Die Moabiter, mit denen David kämpfte, wohnten in den Bergen östlich vom Todten Meer, die Ammoniter in den Strichen östlich vom Jordan. Das Gebirge Juda durchzog Judäa, das Gebirge Ephraim Samaria, das oft erwähnte Gebirge Gilead Peräa.

Eine **Reise durch Palästina** schliesst sich am besten einer Tour durch Egypten an. Man bricht am besten Ende Februar oder Anfang März von Kairo auf und begibt sich entweder zu Lande auf Kameelen über El-Arisch nach Gaza oder — will man den Besuch des **Suezkanals** dabei verbinden — von **Kairo** per Bahn nach Ismailia, von da nach Besichtigung der wichtigsten Kanalbauten, per Postdampfschiff nach Port-Said und von hier mittelst eines Dampfers des österr. Lloyd oder der Messageries Imperiales nach Jaffa, dem Haupthafen Palästinas. Der Abgang der Schiffe von Port-Said wird in Kairo sowie in Ismailia in den betreffenden Agentien zu erfragen sein. Die erste Reise erfordert 10 bis 12 Tage, die letztere 18 Stunden. Jerusalem ist am interessantesten während der Osterwoche (settimana santa), man thut daher wohl, sich so einzurichten, dass man einige Tage vor derselben hier eintrifft. Indess muss erwähnt werden, dass in dieser Zeit des Pilgerandranges halber die Miethe von Pferden, Eseln und Kameelen doppelt und dreimal, ja viermal so hoch zu stehen kommt, als gewöhnlich, und dass die Klosterherbergen dann überfüllt sind. Wer von Deutschland direct nach Palästina reisen will und den kürzesten Weg einzuschlagen wünscht, muss sich mit dem Schnelldampfer des Lloyd, der jede Woche nach Constantinopel geht, nach Syra begeben, von dort mit einem andern Lloydschiffe nach Smyrna, dann mit demjenigen Dampfer des österr. Lloyd weiter, welcher über Rhodos, Cypern, Beirut und Kaiffa nach **Jaffa**, resp. Alexandrien fährt. Da jedoch dieser Dampfer nur jede zweite Woche seine Tour zurücklegt, so ist darauf bei der Abfahrt von Triest zu achten, wenn man nicht in die Nothwendigkeit versetzt werden will, in Smyrna den Dampfer abwarten zu müssen, oder mit dem von Smyrna nach Alexandrien direct gehenden Dampfer zu reisen, der von letzterem Orte den Anschluss eines andern Dampfers über Port-Said nach Jaffa vermittelt.

Im Herbst nach Palästina zu gehen, ist nicht gerathen, da das Land dann, von der Hitze des Sommers ausgetrocknet und verbrannt, einen trostlosen Anblick gewährt. Im Frühjahr aber, Anfangs März eintreffend, wird der Reisende in der Regel noch von den Güssen der Regenzeit zu leiden haben, und es kann dann geschehen, dass er viel Zeit an uninteressanten Orten zu verlieren genöthigt ist, da viele Gegenden nach starkem Regen völlig unpassirbar sind.

Das Wichtigste, womit der Pilger nach dem heiligen Lande sich auszurüsten hat, ist Geduld und die Kunst, von gewohnten Genüssen und Bequemlichkeiten auf einige Zeit abzusehen, ohne die gute Laune zu verlieren. Dann ist es gut, wenn er Kenntniss der italienischen Sprache hat, und drittens muss er reiten und, wenn ihm Zeit und Kosten nicht gleichgiltig sind, anhaltend reiten können. Früher gingen Omnibus von Jaffa nach Jerusalem. Diese sind neuerdings wieder eingestellt, aber die Strasse ist in gutem Zustand; Wagen sind aber gar nicht vorhanden.

In Betreff der übrigen **Ausrüstung** lassen sich allgemein gilltige Regeln nicht wohl aufstellen. Auf keinen Fall bedarf es der Unzahl von Gegenständen, welche englische Reisehandbücher mitzunehmen empfehlen, da die Führer, von denen sogleich die Rede sein soll, Alles, was erforderlich ist, besitzen. Man versehe sich mit einigen Brech- und Abführmitteln, mit etwas Chinin (über dessen Gebrauch bei Fieberanfällen man sich vor der Abreise von seinem Arzt Raths erholen möge) und mit Heftpflaster. Die Mitnahme von Insectenpulver ist nicht mehr nöthig, jedes Bett hat Muskitairen, das sind grosse Schleier, die über das Bett herabfallen und die Muskitos vollständig abhalten. Von Waffen nehme man eine Doppelflinte oder einen Revolver Colt'scher Construction sammt der erforderlichen Munition mit. Man trage entweder baumwollene Hemden oder unter leinenen ein wollenes Unterhemd. Der Hitze wegen wähle man zu den Kleidern, die man vorzüglich zu benutzen denkt, lichte Stoffe, welche die Sonnenstrahlen weniger auf sich lenken, als dunkle. Zur Bedeckung des Kopfes ist eine wattirte weisse Mütze oder ein breitkrämpiger leichter Hut zu empfehlen, den man zum Schutz gegen den Sonnenstich mit einem weissen Tuch turbanartig umwickelt. Ein Visitenanzug: Frack u. s. w. ist für Den, der nicht auf den Umgang mit den Consulaten und der übrigen besseren Gesellschaft Jerusalems Verzicht leisten will, fast unerlässlich. Ein Lederbecher wird sich als bequemer Trinkapparat erweisen; eine farbige Brille Denen, die an leicht entzündlichen Augen leiden, gute Dienste leisten. Wer wenig Gepäck hat, wird, wenn er dasselbe in einem ledernen Mantelsack mit sich führt, ein Packthier ersparen können, da ein solcher Sack sich mit auf's Pferd oder Maulthier nehmen lässt. Von gelehrten

Werken über Palästina sind „Palästina und die angrenzenden Länder von Robinson" (3 Bände), Jerusalem von Graf Wartensleben und Ritters „Erdkunde", 2. Auflage, Band 15 und 16 die brauchbarsten. Ein Zelt, ein fränkisches Reitzeug, einen Kochapparat von Europa mitzubringen, ist jetzt durchaus nicht mehr erforderlich.

Sein **Reisegeld** nimmt man sich am besten in Gold, französischem, italienischem, englischem oder in österreichischen neuen Ducaten oder russischen Imperialen, und ausserdem mit einer kleinen Summe in österreichischem, französischem, russischem oder englischem Silbergeld, mit dem man die ersten Ausgaben bei und nach der Anschiffung bestreitet. Creditbriefe sind durchaus **nicht** anzuempfehlen, da man nicht allein in Europa 3—4%, sondern auch im Orient wiederum $1\frac{1}{2}$—2% Verlust bei denselben hat.

Die Landesmünze, nach der hauptsächlich gerechnet wird, ist der Piaster (arabisch: Grusch), welcher etwa 19 Pfennige preussisch werth ist. Man hat in Gold Stücke zu 100, zu 50, zu 20, zu 10 und zu 5 Piaster ausgeprägt. Die erstgenannten standen im Frühling dieses Jahres $108\frac{1}{2}$ Piaster; sie werden Goldmeschidje genannt. Der halbe Goldmedschidje, zu 50 Piastern ausgeprägt, galt damals $54\frac{1}{2}$ Piaster. Silbermünzen türkischen Gepräges sind: der türkische Thaler, auch Silbermedschidje, arabisch Gasi genannt, und jetzt $21\frac{1}{2}$ Piaster werth; der Bischlik, 5 Piastern gleich, endlich Stücke von 3, von 2. von 1 und von ½ Piaster. Türkische Kupfermünzen sind: der etwa thalergrosse Kupferpiaster, der etwa 40 Para werth ist, 20-, 10- und 5 Parastücke.

Die fränkischen Münzen hatten im April 1869 folgenden Curs:

Napoleonsd'or (sehr häufig vorkommend) .	95 Piaster
Sovereigns (das englische Pfund Sterling) .	120 „
Russische Imperials	96 „
Oesterreichische Ducaten	57 „
Holländische Ducaten	56 „
Französische Fünffrankenthaler	$23^3{}_4$ „
Oesterreichische Mariatheresienthaler . . .	26 „
Rubel	$18^5/_1$ „
Spanische Colonnaten	27 „
Oesterreichische neue ¼ Guldenstücke . .	$3\frac{1}{4}$ „
Der englische Shilling	6 „
Der Franc	$4^3/_4$ „

Wer des Arabischen nicht mächtig ist, muss für die Reise durch Palästina einen **Dragoman** annehmen. Von diesen gibt es in Jerusalem eine ziemliche Anzahl, und man hat keine Mühe, sie zu finden, da sie sich in den Gasthöfen und Klöstern selbst anbieten. Man zahlt ihnen, wenn zwei oder mehre Reisende zusammen geben, pro Mann täglich zwei Napoleonsdor, geht man allein, $2\frac{1}{2}$—3 Napoleonsdor. Dafür dient der Dragoman als Führer, Dolmetscher und Koch, und besorgt zugleich Alles, was zur Reise nothwendig ist. Er bestreitet die

Miethe der Pferde und Maulthiere, die Beköstigung, inclusive Wein, den Lohn der Pferdeknechte und Maulthiertreiber (Mukkarin) und die Unterkunft in den Locanden, Khans oder Klöstern, er liefert Bett- und Tischzeug und nimmt ein Zelt mit, für den Fall, dass im Freien campirt werden muss.

Die **Dragomane** stehen mit wenigen Ausnahmen in üblem Ruf. Sie sind gewandte, der Wege und Verhältnisse wohlkundige, aber lügenhafte, verschlagene und im höchsten Grade eigennützige Bursche. Es ist daher durchaus nothwendig, dass man mit ihnen einen schriftlichen Contract mache, in welchem alle Leistungen und Gegenleistungen genau und bis in's Einzelne aufgeführt sind. Diesen Contract schliesst man auf dem Consulat ab, unter dem man steht. Er muss namentlich auch die Verpflichtung für den Dragoman enthalten, den Reisenden in so und so viel Tagen an die betreffenden Orte zu bringen, bestimmte Stationen einzuhalten und dafür zu stehen, dass vom Gepäck nichts verloren gehe. Den bedungenen Lohn zahlt man in der Regel zur Hälfte im Voraus und lässt dies im Contract bemerken. Was sonst in solche Verträge gehört, erfährt man auf dem Consulate. Klug ist es, sich an einen Dragoman auf nicht zu lange Zeit zu binden. In der heiligen Stadt selbst bedarf es keines Dragomans, da sich in den Klöstern, in den Gasthöfen und im preussischen Hospiz immer Leute finden, welche für eine Kleinigkeit den Führer durch die Stadt und ihre Umgebung abgeben. Nach dem Jordan und dem Todten Meer, nach Hebron sowie nach Samaria und Galiläa ist ein Dragoman unerlässlich, doch miethe man einen solchen immer nur für eine der genannten drei Haupttouren, da nur so Gelegenheit ist, zu wechseln, wenn der Führer Anlass zur Unzufriedenheit gegeben hat.

Einer **Escorte** ist man nur auf Ausflügen nach dem Jordan benöthigt. Dieselbe wird von den Beduinen der dort wohnenden Stämme gestellt, von deren Schechs sich stets einige in der Nähe der jerusalemer Gasthöfe aufhalten. Ausflüge in das transjordanische Land erfordern besondere Vorbereitungen und Verträge mit den Schechs, welche die einzelnen Striche als ihre speciellen Weidegründe betrachten. Ohne Bedeckung auch nur bis Jericho zu reisen, würde gefährlich sein. Alles Nähere über das Beduinengeleit erfährt man auf den Consulaten, wo man die Schechs hinführt, um mit ihnen abzuschliessen.

Raubanfälle waren früher häufiger als jetzt. Indess ist es auch gegenwärtig nicht zu rathen, sich, wofern man nicht in starken Karawanen reist, zwischen Jaffa und Jerusalem von der Nacht im Freien überraschen zu lassen, und selbst unmittelbar vor den Thoren der Hauptstadt des Landes kamen noch in diesem letzten Jahre nach Einbruch der Dunkelheit Räubereien und Mordthaten vor.

Im Allgemeinen kann Palästina als ein gesundes Land bezeichnet werden. In Jerusalem kommen häufig Wechselfieber vor, welche Folge der Ausdünstung der Cisternen sind; sie gelten indess für gutartig. Andere **Krankheiten** des Landes sind: Dyssenterien und Diarrhöen, die Masern und Augenentzündungen. Man hüte sich, des Nachts ohne

Zelt im Freien zu schlafen, halte den Unterleib warm, und geniesse nicht zu viel süsse oder säuerliche Früchte, auch nicht zu viel frische Milch. Ebenso hüte man sich, Wasser in grossen Quantitäten zu trinken. Endlich nehme man sich in Acht, den entblössten Kopf der Sonne auszusetzen. Fälle von Lungenkrankheiten sind sehr selten.

Die Hitze ist vom April bis zum October sehr stark, aber in den höher gelegenen Strichen sowie am Meere nicht unerträglich, es wäre denn, der Scirocco (Chamsin) wehte. Das Thermometer steigt in Jerusalem nur ausnahmsweise über 24 Grad R., und es wehen hier einen grossen Theil des Jahres in den Nachmittagsstunden von der See her kühlende Winde.

Wir geben nun **zwei Reisepläne** für Palästina, einen für Solche, die nur 14 Tage, und einen für Solche, die 4 Wochen auf die Besichtigung des Landes verwenden können:

1. Man begibt sich von Jaffa über Ramleh und Abu Gosch nach Jerusalem, wozu man per Pferd anderthalb Tage bedarf, widmet der heiligen Stadt und ihrer unmittelbaren Umgebung drei Tage, besucht Bethlehem, die Teiche Salomo's und den Frankenberg, wozu ein weiterer Tag genügt, macht, nach Jerusalem zurückgekehrt oder besser sogleich von Bethlehem aus (über das Kloster Mar Saba) einen Ausflug nach Jericho, dem Jordan und dem Todten Meere, wozu zwei und ein halber Tag erforderlich sind, und begibt sich endlich von Jerusalem über Nablus, Dschennin und Nazareth nach Caifa — eine Tour, zu welcher man vier Tage bedarf. Von Caifa aus geht man nach dem eine halbe Stunde von hier entfernten Kloster auf dem Vorgebirg des Karmel, kehrt nach der Stadt zurück und begibt sich von hier entweder zu Lande (durch Phönicien) nach Beirut oder mit dem von dort kommenden Lloyddampfer nach Alexandrien und von da nach Triest. Ein Reisender, welcher sich auf diese Tour beschränkt, bedarf zu der ganzen Pilgerfahrt von Triest bis in's heilige Land und zurück nach Triest nicht mehr als fünf Wochen. Gut ist, sich ein Zaumzeug von Triest mitzunehmen, noch besser auch einen Sattel, beide Gegenstände sind bei den Arabern in sehr schlechtem Zustande. Für längere Reisen im Palästina ist es Bedürfniss.

2. Man geht von Jaffa über Abu Gosch nach Jerusalem, unternimmt von hier verschiedene kürzere Ausflüge: nach dem Oelberg, dem Berg des Aergernisses, den Gräbern der Könige und der Richter, und nach der Höhe von Nebbi Samwil und bricht, nachdem man einen Rasttag gehalten, zu einer grösseren Tour nach dem Jordan und dem Todten Meere auf, mit der man die nach Bethlehem und Hebron verbindet. Wer alle Orte von einiger Bedeutung zu besuchen wünscht und nicht zu grosse Eile hat, wird zu diesem combinirten Ausflug eine Woche verwenden und dabei nachstehenden Plan befolgen: Jerusalem, Bethanien, Jericho, Wüste, wo Christus während seines vierzigtägigen Fastens versucht wurde, Badestelle am Jordan, Todtes Meer, Schlucht von Endschiddi, zurück nach Jericho, Kloster Mar Saba, Bethlehem, Frankenberg, Artas, Teiche Salomo's, Dschedur, Ed Dirweh,

Bet Ainun, Hebron, zurück nach den Teichen Salomo's, Kloster St.
Georg, Bet Dschalah, St. Philipp, Kloster St. Johannis des Täufers
(Ain Karim), Kreuzkloster, zurück nach Jerusalem.

Dort macht man wieder auf einen oder einige Tage Rast und
begibt sich dann auf den Weg nach dem Norden, um, an den Grenzen
Palästina's angelangt, entweder 1. von Nazareth nach Caifa zu
gehen und dort sich einzuschiffen, oder 2. nordostwärts nach Damaskus weiter zu reisen, oder endlich 3. sich über die phönizischen Städte
Akko, Sur und Saida nach Beirut zu begeben. Die Hauptpuncte, die
man im ersten Fall innerhalb der Grenzen Palästina's nach einander
berührt, sind: Birreh, Sindschil, Ain Hebrud, Silo, der Jakobsbrunnen,
Nablus (von wo man den Ebal und den Garizim besteigt), Sebastijeh
(das alte Samaria), Dschebba, Sanur, Dschennin, Nazareth, Tabor, Kana,
Tiberias, Nazareth, Caifa und Karmelkloster. Im zweiten Falle wird
man, in Dschennin eingetroffen, wohl thun, statt von hier direct nach
Nazareth zu gehen, den Weg dahin über das Karmelkloster zu nehmen,
wobei man zunächst an den Nahr Ledschun, dann an den Kison, dann
nach den Dörfern El Jadschur und Schech Sejd und endlich nach
Caifa kommt. Der Weg von hier nach Nazareth beträgt acht Stunden
und führt zunächst am Karmel hin, dann über einen Ausläufer dieses
Gebirges in die Ebene Esdrelom und zuletzt durch das galiläische
Gebirge. Im dritten Falle ist es gerathen, zunächst wie im zweiten
nach Nazareth zu gehen, sich von hier nach Tabor und Tiberias zu
begeben und von dort über Safet, das Drusenstädtchen Rameh und
die Dörfer Masd El Krum und Berue nach Akko zu reisen. Die Tour
von Jerusalem über Nazareth und Tiberias nach Caifa und dem
Karmelkloster erfordert, wenn sie die zuletzt angegebenen Puncte alle
berühren soll, mindestens sieben, die von Jerusalem über Caifa,
Karmelkloster und Nazareth nach Damaskus elf, die von Jerusalem
über Nazareth, Tiberias, Safet und Akko nach Beirut zehn Tage.

Die **Pferde**, deren man sich bei diesen Touren bedient, sind
nicht schön, aber sehr ausdauernd und von so sicherem Tritt, dass
man sich auch auf den gefährlichsten Bergpfaden vollkommen auf sie
verlassen kann. Ein Pferd zu miethen kostet in gewöhnlicher Zeit
für den Tag einen österreichischen Thaler. Der Dragoman zahlt dafür
kaum mehr als 15 Piaster. In der Osterzeit aber, wo grosse Nachfrage
nach Reit- und Packthieren ist, steigt die Miethe bis auf 40, ja bisweilen bis auf 50 Piaster. Auf Eseln zu reiten gilt in Jerusalem nicht
für anständig, dagegen bedient man sich oft der Maulthiere.

Die **Strassen** des Landes sind im Gebirge allenthalben schlecht,
mit Steinen besäet, steil und holpricht. Die Strasse zwischen Jaffa und
Jerusalem ist zwar fahrbar, doch existiren keine Wagen. Lasten werden
auf Maulthieren, schwereres Gepäck auf dem Rücken von Kameelen
von Ort zu Ort befördert. Damen, welche nicht reiten können, müssen
sich der Tragsessel (Tachteruan) bedienen, welche von Maulthieren
oder Kameelen getragen werden, und von denen sich in Jaffa wie in
Jerusalem eine Anzahl findet, die aber sehr theuer sind.

Gasthöfe trifft man in Jaffa, Jerusalem und Caifa. Sie sind in Betracht der Verhältnisse leidlich, und es herrscht in ihnen das im ganzen Orient eingeführte Pensionssystem, nach welchem man für den Tag eine bestimmte Summe — $\frac{1}{2}$ Napoleon bis $\frac{1}{3}$ Pfd. St. — zu entrichten hat, wofür Wohnung, Bett, Frühstück, Mittagsessen und Abendbrod nebst Bedienung gewährt wird. Wein und andere Getränke sind extra zu bezahlen. Die tägliche Zeche wird dadurch, dass man auf ein Essen oder auf die Tafel überhaupt verzichtet, nicht vermindert. Gewaschen kann man in Jaffa wie in Jerusalem bekommen. Ausser den Gasthöfen sind auch die Klöster zur Aufnahme von Pilgern eingerichtet. Doch darf man hier in Betreff des Essens keine grossen Ansprüche machen. Am besten sind die lateinischen Klöster, namentlich das in Ramleh, die griechischen leiden an zu grosser Vorliebe für Wassersuppen und andere Fastenspeisen. Der Wein, der gereicht wird, ist in der Regel Cyperwein. Herberge und Verköstigung sind umsonst. Doch ist es billig und deshalb Gebrauch, per Kopf für den Tag einen österreichischen Thaler zurückzulassen und dem Pförtner beim Abschied ein kleines Bakschisch zu reichen. In Jerusalem ist ausserdem das preussische Hospiz sowie das sehr elegant eingerichtete österreichische. Ersteres zunächst für Preussen, dann für protestantische Deutsche, dann für Deutsche überhaupt bestimmt, hat nur für eine kleine Anzahl Gäste Raum, ist aber sonst sehr zu empfehlen. Eintritt gewährt der Consul, dem man seinen Pass zu präsentiren hat. Letzteres, zunächst für Oesterreicher, dann für alle Deutsche errichtet, hat für mehr als hundert Pilger Platz, und hat man sich wegen der Aufnahme an den Generalconsul zu wenden. In ersterem entrichtet man für den Tag 13 Piaster, wofür ausser der Wohnung Kaffee, Thee, Essen und Wein gewährt wird, und ausserdem wöchentlich 7 Piaster für Bettwäsche. In letzterem wird nichts bezahlt.

Was die orientalischen Gasthäuser (Khane) betrifft, die sich in allen Städten und ebenso in allen an den Hauptstrassen gelegenen grösseren Dörfern finden, so thut man klug, wenn nicht die äusserste Noth die Einkehr gebietet, sie bei Seite liegen zu lassen und sich mit seinem Zelt zu begnügen. Sie sind in der Regel stallartige, äusserst schmutzige Löcher, voll Ungeziefer und gemeines Volk, und es ist in ihnen ausser Kaffee und schlechtem Branntwein nichts zu bekommen, was nicht jedes Bauernhaus böte.

Consulate und Consularagenturen trifft man in allen Städten. In Jerusalem ist Deutschland durch einen österreichischen Generalconsul und einen norddeutschen Consul vertreten, während England, Frankreich, Russland, Spanien, Sardinien, Griechenland und die Vereinigten Staaten von Nordamerika hier Consuln haben. Dieselben üben über die in Palästina wohnenden Angehörigen ihrer betreffenden Staaten die richterliche Gewalt, sind ihre Berather und Beschützer gegenüber den Türken, und erstrecken diese Dienstleistungen auch auf die Reisenden, die sich ihnen als zu ihrer Flagge gehörig legitimiren. Ihre Wohnungen sind leicht erkennbar an den Flaggenstangen, welche ihre

Dächer überragen. Der vorsichtige Reisende schliesst jeden Vertrag von einiger Bedeutung auf seinem Consulate ab. Auch thut man in allen Fällen, wo man in ernstliche Conflicte mit den Eingebornen oder den türkischen Behörden kommt, wohl, sich sofort auf seinen Consul oder den nächsten Consularagenten zu berufen.

Wir haben schliesslich noch von den **Kosten einer Reise** *von der Mitte Deutschlands nach Palästina und zurück* zu sprechen. Es wird dabei angenommen, dass der Reisende sich auf das eigentliche Palästina beschränkt. Wer innerhalb dieser Beschränkung der ersten der oben angeführten vierzehntägigen Reiserouten folgt, auf den Eisenbahnen und Dampfern in zweiter Classe fährt; wer ferner in Triest beim öst. Lloyd nicht vergisst, ein Fahrbillet zu lösen, das für die Hin- und Herreise gilt, wobei ein beträchtlicher Nachlass der Kosten eintritt; wer sodann in Jerusalem in einem Kloster oder Hospiz wohnt, während der Ausflüge einen Dragoman mit Andern zusammen nimmt, wozu sich vom März bis zum Mai stets Gelegenheit findet, wer endlich allen unnützen Aufwand vermeidet, wird Alles in Allem nicht mehr als 400 bis 450 Gulden, oder 270 bis 300 Thaler bedürfen. Reisende katholischer Confession thun wohl, sich der alljährlich um die Osterzeit nach dem heiligen Lande aufbrechenden österreichischen Pilgerkarawane anzuschliessen, die meist aus Pilgern besserer Stände besteht. Eine Tour von vier bis fünf Wochen wird, da die Ausgaben für Eisenbahn und Dampfschiff dieselben bleiben, 150 bis 200 Gulden mehr kosten. Die Ausgaben von luxusliebenden Reisenden lassen sich nicht berechnen, indess ist zu bemerken, dass man — von Einkäufen natürlich abgesehen — die ganze Tour für 800 Gulden mit allem möglichen Comfort machen kann.

ZWEITES CAPITEL.

Jerusalem.

Jaffa. — Ramleh. — Allgemeines über Jerusalem. — Thore. — Stadtviertel. —
Einwohnerzahl. — Strassen und Plätze. — Bazars. — Kirchen und Klöster. — Orte
der Legende. — Synagogen. — Moscheen. — Die Citadelle. — Teiche und Brunnen in
der Stadt und ihrer Umgebung. — Gärten. — Die Tempelmauer. — Gräber. — Berge
und Thäler. — Einiges über das alte Jerusalem. — Plan, nach welchem die Stadt und
ihre Nachbarschaft binnen sechs Tagen mit Nutzen zu sehen.

Vor **Jaffa** angekommen, lässt man sich, nachdem das Schiff
Pratica erlangt, von einem der Bootführer, die sich einstellen, an das
Land setzen, wofür, je nach Zustand des Meeres 3 bis 5 Fr. (Francs)
ja 8—10 Fr. zu zahlen sind. Zuweilen, bei Sturm, ist die Aus- und
Einschiffung total gefährlich und bleibt dann nichts übrig als das
Urtheil des Schiftscapitäns einzuholen und eventuell bis nach Caifa zu
fahren und dort die Ausschiffung zu versuchen. Man lässt sich dann
entweder nach dem lateinischen Kloster, welches sich in der Strasse
am Landungsplatze befindet, oder nach dem Hôtel „Jerusalem" führen,
das erste liegt auf dem Gipfel des Stadthügels, das Hôtel links ausserhalb der Stadt. In beiden zahlt man für den Tag ½ Napoleon.
In dem letztern wird deutsch gesprochen. Der Wirth ist gefällig, das
Haus nicht unsauber, das Essen gut. Es gibt in Jaffa mehre Consularagenten, darunter einen norddeutschen und einen österreichischen. Auch
leben hier mehre protestantische Missionäre. Die Quarantäneanstalt ist
eine der schlechtesten am Mittelmeere, der Hafen oder vielmehr die
Rhede unsicher.

Jaffa, das alte Joppe, ist eine sehr alte Stadt. Es wird schon
Josua 19, 46 erwähnt. Andere Stellen der Bibel, die sich auf die Stadt
beziehen, sind Jonas 1, 3, Apostelgesch. 9, 36 und 43. Die Stadt ist
mit einer Mauer und einem trockenen Festungsgraben umgeben und
hat zwei Thore, eines auf der See- und eines auf der Landseite. Die
Gassen sind eng und düster. Einwohner hat Jaffa gegen 12,000. Dieselben nähren sich von Handwerken, besonders Seifensiederei und Gerberei, von Handel und Gartenbau. Klöster befinden sich hier drei, ein
lateinisches Franziscanerkloster, ein griechisches und ein armenisches;
Moscheen zwei, Synagogen eine. Die hier wohnenden Juden sind mit
wenigen Ausnahmen Sephardim. Von Legendenorten zeigt man: das

Jerusalem von Siloah aus.

Jaffa.

Haus des Gerbers Simon (bei dem Petrus wohnte, als er das Gesicht vom Tuch mit den unreinen Speisen sah) in einer Capelle des lateinischen Klosters, nach Andern in einem kleinen mohammedanischen Bethause im südlichen Theile der Stadt, und das Haus der Jüngerin Tabitha, welche derselbe Apostel vom Tode erweckte, in einem Trümmerhaufen eine Viertelstunde östlich von Jaffa. Sehr eines Besuches werth sind die Orangengärten im Osten der Stadt, prächtig das Panorama von Land und Meer, welches man von der Terrasse des Gasthauses überschaut. Die Orangen Jaffa's sind sehr gross, aber nicht fein, vortrefflich dagegen seine Melonen.

Von Jaffa führt die Strasse nach Jerusalem zunächst ½ Meile durch Gärten, dann 2½ Meile durch Felder und Triften, das einstige Gefilde Saron, dann 3½ Meile durch die Thäler und über die Kämme eines wilden, grösstentheils öden Gebirges. Ein guter Reiter auf einem tüchtigen Pferde kann die Strecke in einem Tage zurücklegen. Indess macht man in der Regel in Ramleh Nachtquartier. Die Dörfer, denen man auf der Ebene bis Ramleh begegnet, heissen Bet Dedschen, Jasur und Serfend. Auf der Ebene vollbrachte Simson seinen Streich mit den Füchsen. **Ramleh,** 3 starke Stunden von Jaffa, 9½ von Jerusalem entfernt, war einst eine sehr blühende und volkreiche Stadt. Jetzt ist es ein kleiner, ärmlicher Ort mit etwa 3000 Einwohnern. Die Archäologen vermuthen, dass es die Stelle des alten Arimathia einnimmt. Es hat ein zur Aufnahme von Pilgern sehr gut eingerichtetes lateinisches, ein griechisches und ein armenisches Kloster, sowie zwei Moscheen. Eine gute Viertelstunde von der Stadt steht ein hoher, weithin sichtbarer viereckiger Thurm (von Quadern, den man auf 118 Stufen ersteigt, und von welchem man eine gute Aussicht geniesst. Die südlich von demselben befindlichen Ruinen mit unterirdischen Gewölben sind Reste der Kalaun-Moschee, eines Baues des 14. Jahrhunderts, welchem auch der Thurm angehörte.

Eine starke halbe Stunde von hier liegt das Dorf *Ludd,* in dem man das *Lydda* (Diospolis) des Alterthums sucht, wo Petrus den gichtbrüchigen Aeneas heilte. In der jetzt in Trümmern liegenden Kirche des Ortes erblickt die Legende das Grab des heiligen Georg. Die Mohammedaner des Mittelalters glaubten, dass hier Christus den Antichrist besiegen werde.

Auf dem geraden Weg von Ramleh nach Jerusalem trifft der Reisende, nachdem er bei dem in Ruinen liegenden Dorfe *Latrun* die Gebirgsregion betreten, erst drei Stunden vor der heiligen Stadt einen Ort von einiger Grösse. Es ist das Städtchen *Kurjat El Enab* nach einem Räuber, der hier hauste, gewöhnlich *Abu Gosch* genannt. Einige Gelehrte suchen hier das Emmaus des N. T., welches jedoch von Robinson nach dem eine Viertelmeile nördlich von Latrun gelegenen Amwas verlegt wird. Andere erblicken im Abu Gosch das Kirjat Jearim des A. T., die „Stadt der Wälder", wo zu David's Zeit einmal die Bundeslade stand.

1½ Stunde von Abu Gosch liegt links vom Wege Kulonijeh, ein Dorf, in dessen Nähe David nach der Legende die Kiesel auflas, mit deren einem er den Riesen Goliath tödtete. Eine Stunde von hier steigt die Strasse einen steilen Berg hinan, auf dem der Pilger Jerusalems zuerst ansichtig wird.

Frühere Wallfahrer stiegen hier von den Pferden, beteten und legten die Strecke bis zu den Thoren zu Fuss zurück. Die Stadt nimmt sich mit ihrer hohen, grauen Zinnenmauer und ihren Kuppeln und Minarets recht gut aus, die Umgebung aber macht von hier den Eindruck der Dürre und Oede.

Wer im lateinischen Kloster oder im preussischen Hospiz oder in dem zu empfehlenden Hôtel des Gastwirthes Hornischer abzusteigen wünscht, schlägt den nächsten Weg ein, wenn er durch das Jaffathor geht. Der nächste Weg nach dem österreichischen Pilgerhaus führt durch das Damaskusthor. Das österreichische Pilgerhaus liegt auf der Gasse, die vom Damaskusthor nach der Amtswohnung des Pascha führt, das Generalconsulat ebendaselbst. Das lateinische Kloster befindet sich etwa hundert Schritte vom Jaffathor, nicht fern vom Patriarchat, das preussische Hospiz hart beim heiligen Grab und dicht neben dem Consulat. Letzteres ist nicht übel eingerichtet, und man zahlt daselbst für den Tag ½ Pfd. St. = 5 Gulden für Wohnung, Essen und Bedienung. Billiger (10 Francs per Tag), aber weniger gut, ist die Rosenthal'sche Locanda.

Jerusalem, hebräisch Jeruschalajim, von den Arabern El Kods, d. i. die Heilige, genannt, hat so viele Zerstörungen erlitten, dass es sehr schwierig ist, die alten Oertlichkeiten wissenschaftlich festzustellen. Die Legende macht sich's leicht, da für sie Phantasie und Traditionsglaube massgebend ist. Die Archäologie dagegen weiss selbst von manchen der alten Thäler und Hügel noch nicht mit Genauigkeit anzugeben, welche der jetzigen Höhen und Vertiefungen ihnen entsprechen. Gewiss ist nur, dass der Moriah, auf welchem der Tempel Jehova's sich erhob, da zu suchen ist, wo jetzt auf dem Platze Haram Esch Scherif die Sakhra- und die Aksa-Moschee stehen; ferner, dass Zion der südwestliche Hügel der Stadt war, auf dem die protestantische Kirche sich befindet, und welcher noch jetzt wie vor Alters im Norden mit einem steilen Abhang endigt. endlich, dass der alte viereckige Thurm der Citadelle am Jaffathor der Hippicus des Josephus ist. Von den Bauten des alten Jerusalem sind ausser diesem Thurme nur die Substructionsmauern des Tempelplatzes, einige Teiche und einige Grabmäler und Grotten noch vorhanden. Sicher ist auch, dass der jetzt als der Oelberg bezeichnete Hügel der alte Oelberg ist.

Die Stadt liegt etwa 2500 Fuss über dem Mittelländischen und ungefähr 3680 über dem 3 ½ Meilen von hier entfernten Todten Meere auf vier Hügeln: dem bereits genannten Moriah, dem Zion, dem Akra im Nordwesten und dem Bezetha im Nordosten. Im Westen und Süden senkt sich diese Hügelgruppe nach dem Gihonthal, dessen südlicher Theil das Thal Hinnom genannt wird, im Osten nach dem Kidronthal. Jenseits des ersteren Thales erhebt sich der Berg des bösen Rathes, jenseits des Kidron der Berg des Aergernisses und der Oelberg. Sowohl der Gihon wie der Kidron hat nur nach den Regengüssen des Winters ein wenig Wasser.

So stolz und schön Jerusalem sich von aussen ausnimmt, so wenig schön ist es im Innern. Es mag nicht mehr so schmutzig sein, als früher, aber die Gassen sind immer noch schmutzig genug. Dazu kommt, dass die Strassen meist eng und schlecht gepflastert, die Häuser mit wenigen Ausnahmen zwar massiv, aber unansehnlich sind, dass man vielen halben und ganzen Ruinen, selten einem grösseren Platz, fast nirgends einem Garten begegnet.

Jerusalem ist rings mit einer Mauer umgeben und gilt als Festung, obwohl es schwerlich auch nur 24 Stunden einer europäischen Belagerungsarmee Widerstand leisten könnte. In die Stadt führen sieben *Thore*, von denen jedoch gegenwärtig nur vier offen sind. Das Jaffathor, aus dem man nach Bethlehem und Hebron geht, befindet sich auf der Westseite, hart neben der Citadelle. Da man vor ihm die beste Gelegenheit hat, sich von dem im Sommer fast alle Nachmittage wehenden Westwinde kühlen zu lassen, so geht die fränkische Welt hier viel spazieren, und so sind hier auch zwei ziemlich gute Kaffeehäuser entstanden. Die Araber nennen dieses Thor Bab El Chalil, d. h. wörtlich das Thor des Freundes, d h. Abrahams, in dem der Koran ebenso wie die Bibel den Freund Gottes erblickt. Chalil ist aber auch zugleich der arabische

Name Hebrons, da Abraham lange Zeit dort wohnte, und so heisst Bab El Chalil einfach Hebronthor. Einige hundert Schritte nördlich davon öffnet sich das Damascusthor, ein schöner Spitzbogen, der nach den Säulen, von deren Capitälern er sich erhebt, arabisch Bab El Amud, Säulenthor genannt wird. Nicht fern von der Nordostecke der Stadt folgt das kleine, jetzt verschlossene Herodesthor, welches die Eingebornen mit dem Namen Bab Es Sahira, d.-i. Thor der Wächterin, bezeichnen. Auf der Ostseite der Mauer befindet sich zunächst das Stephansthor, welches bei den Mohammedanern Bab Es Sebat, Thor der Stämme, bei den arabischen Christen, weil von hier der Weg zum angeblichen Grabe der Jungfrau Maria hinabführt, Bab Setti Mirjam heisst. Seine Aussenseite schmücken vier steinerne Löwen in Hautrelief, wesshalb Einige ihm auch den Namen Löwenthor geben. Geht man von hier weiter nach Süden, so gelangt man an das goldene Thor, arabisch Bab Er Rachmeh, Thor der Barmherzigkeit, einen byzantinischen Doppelbogen mit schönen Säulen, dessen Oeffnung jetzt vermauert ist, da es direct auf den alten Tempelplatz führt und die Mohammedaner die Sage fürchten, es werde einst durch dasselbe ein König einziehen, welcher die Stadt und von ihr aus die ganze Welt zu beherrschen bestimmt sei. Auf der Südseite der Mauer trifft man das jetzt meist verschlossene Mistthor, an der Südwestecke endlich das Zionsthor an, welches nach dem sogenannten Grabe David's führt und darum bei den Arabern Bab En Nebbi Daud heisst.

　　　Die Stadt zerfällt in vier **Quartiere** (Hareth), die nach den Confessionen benannt werden, indess, ohne dass die Bekenner des einen Glaubens gehindert wären, sich im Bereich der Andersgläubigen anzusiedeln. Diese Stadtviertel sind: das mohammedanische, welches die ganze Osthälfte Jerusalems umfasst, in dem aber auch viele Christen und Juden wohnen, das Christenquartier, welches die nordwestliche Ecke der Stadt einnimmt, ferner das armenische Viertel im Südwesten, endlich das Judenviertel, im Süden zwischen dem armenischen und mohammedanischen. Im Quartier der Mohammedaner liegen: der alte Tempelplatz, die sogenannte Via dolorosa, der Teich Bethesda und die Caserne, in welcher der Pascha seine Amtswohnung hat; im christlichen: die Grabeskirche, der Hiskiasteich, die Wohnungen des lateinischen und griechischen Patriarchen und des protestantischen Bischofs und die Hauptklöster der Lateiner und Griechen; im armenischen: die Citadelle, eine zweite Caserne, die protestantische Kirche und das grosse Kloster, in dem der armenische Patriarch wohnt. Das Judenviertel zeichnet sich durch eine stattliche Synagoge aus, die jedoch noch unvollendet ist.

　　　Wie viele **Einwohner** Jerusalem hat, lässt sich nicht genau ermitteln. Man weiss nur, dass die Zahl derselben nicht unter 24,000 betragen kann, und dass darunter etwa 4000 Christen verschiedener Bekenntnisse, und 5500 Juden sind. Von europäischen Nationen sind die Griechen und die Italiener am stärksten vertreten. Die protestantische Gemeinde zählt ungefähr 240 Mitglieder, worunter sich circa 60

Deutsche befinden. Die Zahl der Einwohner, welche nicht Unterthanen
des Sultans sind, sondern unter dem Schutze der Consulate leben, beläuft sich etwa auf 2000. Die grosse Mehrzahl derselben besteht aus
österreichischen und russischen Juden. Die Sitten der Eingebornen
gleichen im Allgemeinen denen in den andern arabischen Städten. Als
Bewohner der heiligen Stadt halten die Angehörigen aller Confessionen
strenger als anderwärts auf die Beobachtung religiöser Gebräuche. Der
Fanatismus der Mohammedaner hat in den letzten Jahrzehnten sehr
nachgelassen. Die Franken leben unter sich, soweit es die Verhältnisse
gestatten, wie in der Heimat. Europäische Stoffe, Kleider, selbst Luxus-
artikel sind — allerdings zu ziemlich hohen Preisen — in der Spitt-
ler'schen Handlung unweit des Jaffathores, welche sich auch mit Spe-
ditionsgeschäften nach Deutschland befasst. Von Zeitungen sahen wir
die Triester und die neue Preussische. Eine Briefpost ist mit dem
österreichischen Generalconsulat verbunden. Bälle, Theatervorstellungen,
Concerte kommen natürlich nicht vor. Aerzte gibt es mehre in Jerusalem. Spitäler haben die Engländer, die Preussen (in welchem die Kranken von Diaconissinnen gepflegt werden, die auch eine Schule halten)
und die Juden. Das Spital für die Aussätzigen (Biut El Massakin)
besteht in 17 elenden Hütten am Zionsthor, in welchen etwa 30 Kranke
wohnen.

Gassen hat Jerusalem 170, doch sind die meisten kurz und
wenig belebt. Die wichtigsten sind: die Christengasse (Batrak), die
vom Jaffathor zum Haram Esch Scherif führt, die Via dolorosa, die
zwischen dem Damaskusthor und der Amtswohnung des Pascha und
die Marktgassen oder Bazare (arabisch Suk), von denen drei überwölbt
sind und welche aus langen Reihen kleiner Boutiquen bestehen, in denen
Kaufleute und Handwerker ihre Geschäfte treiben. Die Kaffeehäuser
sind mit wenigen Ausnahmen schmutzige, dunkle Löcher.

Grosse öffentliche Plätze hat die Stadt mit Ausnahme des
Haram Esch Scherif, zu dem in der Regel nur Bekenner des Islam
Zutritt haben, nicht. Der Platz vor der Grabeskirche ist klein, etwas
grösser ist der im Osten der Citadelle, und der Meidan an der östlichen Gasse des jüdischen Quartiers, in welchem man den alten Xystus sucht. Ebenfalls wenig geräumig ist der Viehmarkt am Zionsthor.

Von den Kirchen und Klöstern Jerusalems ist zuerst die
Kirche des heiligen Grabes zu erwähnen, welche richtiger als die
Grabes- und Kalvarienkirche bezeichnet wird, da sie nach der Tradition
nicht nur die Begräbnisstätte Christi, sondern auch den Hügel Gol-
gotha einschliesst. Der Eintritt steht gegenwärtig Jedermann (mit
Ausnahme der Juden) mehre Stunden des Tages frei. Die Kirche besteht
aus drei Hauptabtheilungen, von denen die erste das Grab, die zweite
die Kreuzigungsstätte, die dritte den Ort umschliesst, wo die Kaiserin
Helena die Kreuze Christi und der Schächer fand. Vor dem Thore
befindet sich ein gepflasterter Platz, auf dem Händler mit Wachskerzen,
Rosenkränzen, allerlei Perlmutterschnitzwerk und Jerichorosen ihre
Waaren anpreisen. Zwei Portale, von denen das eine jetzt vermauert

Façade der Grabeskirche.

ist, und über denen sich zwei gleichgrosse und gleichgeformte, jetzt ebenfalls mit Steinen geschlossene Fenster befinden, schmücken mit ihren von kleinen Säulen getragenen Rundbogen die Façade. Das Wächteramt an der Thüre versehen Türken. Einige Schritte vom Eingang gelangt man zu der ersten Reliquie dieses grössten Reliquienschreins der christlichen Welt. Es ist eine röthliche Marmorplatte, auf welcher die Salbung des Gekreuzigten durch Joseph von Arimathia stattgefunden haben soll. Hängelampen und Leuchter mit dicken Wachskerzen werfen ihr Licht auf den heiligen Stein. Wendet man sich von hier zur Rechten, so gelangt man an eine Treppe, die auf den Hügel Golgotha führt; geht man zur Linken weiter, so kommt man in die Rotunde des heiligen Grabes. Der Gipfel des Golgotha ist überbaut und in eine Kirche verwandelt, die durch weisse Marmorsäulen in zwei Hälften geschieden ist. Die Nordhälfte umfasst die Stelle, wo man Jesus an das Kreuz nagelte, die südliche den Ort, wo man sein Kreuz neben dem der beiden Schächer aufstellte. In beiden Abtheilungen brennen an hundert Ampeln und Kerzen. Ueber der Vertiefung, in

Kreuzigungstätte.

welcher das Kreuz Christi stand, hat man eine Silberplatte mit
der griechischen Inschrift: „Hier bewirkte Gott, unser König, vor
Jahrhunderten das Heil im Mittelpunct der Welt", befestigt. Zu beiden
Seiten werden die Stellen, wo die Kreuze der Schächer standen, gezeigt,
und dahinter schimmert ein mit Silberblech beschlagener Altar. Nicht
fern von dem Puncte, wo das Kreuz des linken Schächers eingelassen
war, sieht man den bei Christi Verscheiden entstandenen Felsen-
spalt, der bis zum Centrum des Erdballs hinabgeht und der einst am
jüngsten Tage die Lämmer von den Böcken scheiden soll. Der Raum
unter dieser Calvarienkirche ist ebenfalls durch eine Scheidewand in
eine Nord- und eine Südhälfte getrennt, von denen jene als Sakristei
für die griechischen Geistlichen dient, welche hier den Dienst versehen,
während die andere Abtheilung eine Capelle des Evangelisten Johannes
ist. Hier befand sich das Grab Melchisedeks, des Priesterkönigs von
Salem, und hier wurde der Schädel Adams gefunden. Vor der Capelle
aber lagen einst in ihren Steinsärgen die Kreuzfahrerkönige Gottfried
von Bouillon und Balduin der Erste. Jetzt ist von den Särgen nichts
mehr vorhanden.

Betritt man durch das Pförtchen neben der Treppe zur Kreu-
zigungskirche den halbrunden dunklen Gang, der die Ostseite des innern
Kirchenbaues umgibt, so öffnet sich nach einigen Schritten rechts eine
Capelle, in welcher unter dem Altar ein Stück von einer grauen,

schwarzgesprenkelten Säule steht. Es ist ein Rest der Säule, an
der man Jesu die Dornenkrone aufsetzte. Eine kleine Strecke weiter
führt, ebenfalls auf der rechten Seite, eine Thür auf eine Treppe von
30 Stufen, auf welcher die heilige Helena betete, als ihre Leute nach
dem Kreuze Christi suchten. Rechts von dieser Capelle, noch 11 Stufen
tiefer, steht ein Altar über dem Ort, wo jenes Kleinod sammt den
Kreuzen der Schächer, der Dornenkrone, den Nägeln u. s. w. endlich
gefunden wurde. Ein hier aufgehangenes Kreuz soll die genaue Grösse
des wirklichen haben, welches, wie man sagt, in Constantinopel verloren gegangen ist.

Die Treppe empor auf den Rundgang zurückgekehrt, trifft man,
immer zur Rechten, die kleinen Capellen der Kleidertheilung und des
Kriegsknechts Longinus, der die Seite des verschiedenen Erlösers mit
dem Speer durchstach und, später bekehrt, hier Jahre lang als Büsser
lebte. Alle diese Capellen sind je nach der Wichtigkeit, die sie in der
Legende einnehmen, mit einer grösseren oder geringeren Zahl von
Lampen, die meisten auch mit Bildern ausgestattet, von denen indess
keines künstlerischen Werth hat.

Steigt man, um zum innern Hauptbau zu gelangen, in der Mitte
des Hufeisens, welches den Rundgang bildet, die halbzirkelförmigen
Stufen empor, die der Capelle der Kleidertheilung gegenüberliegen, so
kommt man in das sogenannte Katholikon oder Griechenchor, den
prachtvollsten Theil des ganzen Gebäudecomplexes, und zwar in den
Raum, wo hinter der Ikonostasis der Altar sich erhebt. Zwei Thüren
führen von hier durch die Wand der Ikonostasis in das Schiff, in dessen
Mitte auf dem Boden ein Stern von farbigen Steinen den Nabel der
Erde bezeichnet. Die Zierrathen der Wände sind ein Gemisch von byzan-
tinischem und Renaissancestyl, sarazenischen und altclassischen Mustern.
Gold, Silber, Bronze und Marmor sind bis zur Ueberladung verwendet.
Schnitzwerk und Gitterwerk, Riesenleuchter mit Kerzen von Mannes-
dicke, Hängelampen und Kronleuchter, lange Gallerien von Heiligenbildern, zwei hochragende Throne für die obersten Würdenträger des
Clerus lassen mit ihrer farbenreichen, funkelnden Pracht das Ganze
mehr wie einen Prunksaal, als wie eine Kirche erscheinen.

Durch drei Portale tritt man an der Westseite dieser Abtheilung
in die grosse Rotunde der eigentlichen Grabeskirche. 16 Pfeiler bilden
die Rippen dieses Kuppelbaues und haben zwischen sich 17 Arkaden,
welche sich in einer Gallerie darüber wiederholen und sich oberhalb
der Hohlkehle als Nischen fortsetzen. Auf den Zwischenwänden der
letzteren ruht die jetzt sehr schadhafte Dachkuppel, die in der höchsten
Mitte durch eine Oeffnung das Tageslicht hereinfallen lässt. Unter
dieser Oeffnung befindet sich die kleine Capelle, welche das heilige
Grab einschliesst; ein längliches, mit röthlich weissem Marmor bekleidetes Viereck, das, von etwa 60 Schritt Umfang und 60 Fuss Höhe,
ringsum mit Pilastern im Rokokostyl geziert und oben mit einer durch-
brochenen Brüstung versehen ist, innerhalb welcher aus dem platten
Dach eine kleine Kuppel heraustritt. Vor dem Eingang, zu welchem

Inneres der Grabeskirche.

einige Stufen hinaufführen, stehen rechts und links Steinbänke. Ueber
dem Portal hängen Reihen von Ampeln. Davor stehen sechs grosse
prächtige Silberleuchter. Ueber der Kuppel schweben gewöhnlich zwei
schiefhängende Seidenpaniere von blauer Farbe mit weissen Sternen,
die man zu Ostern mit Tüchern vertauscht, welche den aus seiner
Gruft emporschwebenden Weltheiland darstellen.

Das Innere der Grabcapelle ist in zwei Abtheilungen geschieden,
von denen die vordere die Stelle, wo der Engel den heilige Frauen
erschien, die hintere das Grab umfasst. In der ersten wird der Fels-

block gezeigt, auf dem der Engel sass; man bemerkt den Abdruck, den sein Hintertheil darauf zurückgelassen hat. Die Grabkammer ist ein längliches Viereck von 7 Fuss Länge und 6 Fuss Breite, welches fast zur Hälfte von einem röthlich gesprenkelten Marmorsarkophag eingenommen wird. Ueber dem letzteren, der in der Mitte einen Riss hat, stehen auf einem Sims goldene und silberne Leuchter, sowie Vasen mit Blumen, und über dem Sims wieder ist ein Gemälde der spanischen Schule angebracht, welches die Auferstehung darstellt. Von der Decke des Gemachs schweben an Ketten 48 Ampeln von edlem Metall, Geschenke katholischer Mächte.

Geht man von der Grabescapelle durch die Arkaden des nördlichen Theiles der Rotunde, so gelangt man in eine den Franziscanern gehörige dunkle Capelle, welche eine Orgel besitzt, und auf deren Fussboden ein grauer Marmorstein die Stelle angibt, wo der Auferstandene der Maria Magdalena als Gärtner erschien, und gleich daneben befindet sich, drei Stufen höher, eine Capelle, die den Ort umschliesst, wo er seiner trauernden Mutter begegnete. Hier wird auch hinter einem Gitter die Hälfte der Säule bewahrt, an der Christus gegeisselt wurde. Nicht weit von hier endlich trifft man eine Nische, welche das Gefängniss des Herrn genannt wird, da man ihn hier so lange in Verwahrung hielt, bis das Loch zur Aufstellung des Kreuzes gegraben war. Endlich ist noch das Grab des Joseph von Arimathia und das des Nikodemus zu nennen, die sich beide westlich vom heiligen Grabe befinden.

Aussen an die Grabeskirche sind noch verschiedene Heiligthümer von geringerer Bedeutung angebaut, darunter eine Capelle, wo Johannes und Maria der Kreuzigung zusahen; eine Jacobscapelle, eine Capelle der vierzig Märtyrer, und eine Capelle über der Stätte, wo Abraham den Isaak opfern wollte; letztere stösst östlich an die Capelle der Kreuzanheftung. Endlich muss noch erwähnt werden, dass mit der Grabeskirche sechs Klöster in Verbindung stehen: im Norden ein lateinisches, im Westen ein katholisches, im Süden ein armenisches und zwei griechische, und hinter dem Katholikon ein abyssinisches, in dem sich auch Nonnen befinden.

Der Complex von Kirchen und Capellen, welchen man als die Grabeskirche bezeichnet, vertheilt sich unter die verschiedenen christlichen Confessionen folgendermassen: den Lateinern gehört die Capelle, wo Christus der heiligen Magdalena, und die, wo er seiner Mutter nach der Auferstehung erschien, die Hälfte des heiligen Grabes, ein Stück des Salbungssteins, die Capelle der Kreuzfindung, und die Hälfte der Kreuzigungskirche; die Griechen besitzen das Katholikon, die Hälfte der Grabcapelle und der Kreuzigungscapelle, die Capelle des Longinus, das Gefängniss Christi und einige Altäre; Eigenthum der Armenier ist die Capelle der Helena, die der Kleidertheilung, das Grab Josephs von Arimathia und das des heiligen Nikodemus; die Kopten besitzen nur die ärmliche kleine Capelle, welche an die westliche Seite des heiligen Grabes angebaut ist.

Ob die Grabeskirche wirklich die Stelle einschliesst, an 'der Jesus begraben wurde, ist eine Frage, die sich nicht eher definitiv entscheiden lässt, als bis der Lauf der alten Stadtmauern ermittelt ist. Jetzt nehmen die urtheilsfähigsten Forscher an, dass die Kirche an einer Stelle stehe, welche von der zweiten Mauer des Josephus eingeschlossen worden sei, und so könnte das heilige Grab nicht das echte sein, da sowohl nach dem Referat des Matthäus, als nach dem des Johannes Christus ausserhalb der Stadt begraben wurde. Wäre das aber auch zu widerlegen, so müsste immer noch entweder die Kreuzigungstätte oder die des heiligen Grabes unecht sein. Beide liegen hart neben einander, die letztere am Fusse des angeblichen Golgothahügels. Joseph von Arimathia aber kann sein Erbbegräbniss nicht unmittelbar unter der Schädelstätte Jerusalems haben aushauen lassen. Damals so wenig als jetzt liess ein reicher Man seine Angehörigen am Rabenstein beisetzen.

Interessant ist die Ceremonie der Austheilung des heiligen Feuers am Ostersonnabend. Dem Orte angemessen (sie findet an der Grabcapelle statt) und erbaulich ist sie indess nicht, und der Zuschauer hüte sich, dass er nicht in die Prügelei verwickelt wird, mit der Griechen und Armenier bei dieser Gelegenheit das Grab ihres Erlösers zu entweihen pflegen. Wir freuen uns, dass die römische Kirche sich von dieser Posse fernhält.

Die **übrigen Kirchen** Jerusalems sind (mit Ausnahme der protestantischen) ebenso wie die Grabeskirche mit Klöstern verbunden. Lateinische Klöster sind: 1. das *Salvatorkloster*, arabisch Dejr El Frandsch, von etwa fünfzig Franziscanern bewohnt, deren Guardian den Titel Custos des heiligen Landes führt. Ein grosser Theil der Mönche besteht aus Laienbrüdern, welche Handwerke treiben; mit dem Kloster sind eine Druckerei, mehre Schulen für arabische Kinder und in der benachbarten Casa Nuova eine Pilgerherberge verbunden, welche letztere fünfzig Personen aufnehmen kann. Die Kirche des Klosters, welches der Mittelpunct der Franziscaner Palästina's ist, hat nichts Sehenswerthes. Zu bemerken ist, dass man in diesem Kloster während der Osterzeit allerlei Andenken an Jerusalem, als Perlmutterarbeiten, Kreuze, Rosenkränze billiger als anderwärts zu kaufen bekommt. 2. Ein Nonnenkloster am Damaskusthor.

Die Griechen besitzen: 1. das *Patriarcheion*, arabisch Dejr Er Rum El Kebir, in welchem der Patriarch, 5 Bischöfe, 10 Archimandriten und gegen 130 Geistliche niederen Ranges wohnen, und mit dem mehre kleine Kirchen verbunden sind. 2. Das Nikolauskloster im Norden des grossen lateinischen. 3. Das Demetriuskloster in der Hareth Stambulieh. 4. Das neue, hart unter dem grossen lateinischen gelegene Georgskloster. 5. Das Michaelskloster, gleich unter dem vorigen. 6. Das Theodorskloster, ebenfalls in der Hareth Stambulieh. 7. Ein zweites Georgskloster im Norden des Hauses des Hannas. 8. Das Kloster Johannes des Täufers in der südwestlichen Ecke des viereckigen Platzes, wo einst das Spital der Johanniter stand. Endlich sechs Nonnenklöster.

*

Inneres des grossen armenischen Klosters.

Alle diese Klöster sind zur Aufnahme von Pilgern eingerichtet. Keines hat besondere Sehenswürdigkeiten aufzuweisen.

Armenische Klöster sind: 1. das grosse zur Aufnahme von 2000 Pilgern eingerichtete, von mehr als 100 Geistlichen (worunter ein Patriarch und fünf Bischöfe) bewohnte *Jakobskloster*, Dejr Mar Jakub. Dasselbe liegt zwischen dem Zions- und Jaffathor. Seine Terrassen bieten eine prächtige Aussicht über die Stadt und ihre Umgebung, der Garten des Klosters ist der umfangreichste in Jerusalem, die dazu gehörige Kirche ungemein reich. Bemerkenswerth sind darin die schönen Arbeiten armenischer Gitterschmiede, noch sehenswürdiger die eingelegten, mit den elegantesten Mustern von Perlmutter- und Schildkrotmosaik überkleideten Thüren, welche in die Schatzkammer des Klosters, sowie in das Grab des heiligen Jacobus führen. Die Wände des Schiffes sind unten bis auf Mannshöhe mit blauglasirten, gemusterten Ziegeln belegt. Darüber laufen Reihen von Oelbildern hin, welche meist Scenen aus den Zeiten der Christenverfolgungen darstellen. Zu beiden Seiten des Chors stehen bunt und voll Goldschmuck die Gestalten der Patriarchen, welche der armenischen Kirche bis jetzt vorstanden: Jacobus, Simeon, Justus u. A. mit zur Segnung aufgehobenen Händen. Von der Decke hängen zahlreiche Lampen und Straussen- eier herab. Zwischen Schiff und Chor erhebt sich ein vergoldeter Thronsessel mit Baldachin, vor dem eine ewige Lampe brennt. Auf ihm sitzt — nur dem verzückten Glaubensauge sichtbar — der heilige Jacobus, der den Armeniern das ist, was Petrus der römisch-katholischen Kirche. Daneben steht ein weniger prächtiger Stuhl für seinen Stell- vertreter in Jerusalem, den Patriarchen. 2. Das Kloster vor dem Zions- thor, an der Stelle, wo das Haus des Kaiphas gestanden haben soll.

3. Das Nonnenkloster Dejr Es Setuneh, im Osten des Jacobsklosters, der Sage nach die Stätte bezeichnend, wo das Haus des Hannas stand. Die Syrer besitzen ein kleines Kloster, mit dem eine Kirche verbunden ist, nicht fern von dem Dejr Es Setuneh. Unter den Gemälden der Kirche ist ein Marienbild, das angeblich von der Hand des Apostels Lucas ist. Das Kloster der Kopten, arabisch Nobal Es Soltan, welches dem heiligen Georg geweiht ist, steht in der Nähe des Demetrius-klosters.

Die Protestanten besitzen die *Christuskirche*, auf dem Zion, welche im Jahre 1849 eingeweiht wurde. Dieselbe gehört den Engländern, doch ist an ihr auch ein deutscher Geistlicher angestellt, der einen Sonntag um den andern in deutscher Sprache Gottesdienst hält. Der Baustyl der Kirche ist gothisch, ihre Form das lateinische Kreuz. Sie hat eine Orgel, eine Glocke, aber keinen Thurm. Mit ihr sind Missionsanstalten und zwei Schulen verbunden. Der jetzige englisch-preussische Bischof, ein Schweizer, wohnt in der Nähe.

Den Griechen, Lateinern, Armeniern und Kopten gemeinschaftlich gehört die *Marienkirche*, arabisch Gesmanijeh genannt. Dieselbe liegt vor dem Stephansthor im Kidronthal und ist eine Kellerkirche, in die man auf 48 Stufen hinabsteigt. Das Portal ist ein schöner Spitzbogen. Neben der Treppe befinden sich in kleinen Seitennischen die Gräber der Mutter und des Vaters der heiligen Jungfrau: Anna und Joakim, sowie weiter unten das Grab des Pflegevaters Joseph. Vor dem Grabe der Maria brennen zahlreiche Lampen und Leuchter. Offen ist diese Kirche gewöhnlich in den ersten Stunden des Vormittags. Die Legende erzählt, dass der Leichnam Mariens von den Aposteln hier bestattet wurde, und soll sie dann von hier gen Himmel gefahren sein.

Andere **Legendenorte** sind zunächst auf der *Via dolorosa*, der Strasse, welche Jesus zu wandeln hatte, als er sich vom Richthaus des Pilatus nach Golgotha begab. Die Caserne, in welcher der Pascha seine Amtswohnung hat, soll die Stelle bezeichnen, wo das Richthaus stand. Weiterhin trifft man die Capelle der Dornenkrönung und die Scala Santa, den Ort, wo Jesu das Kreuz aufgelegt wurde. Dann folgt, rechts, die Capelle der Geisselung, den Lateinern gehörig, dann der Ecce-Homo-Bogen, ein sehr flacher Spitzbogen, der, die Strasse über-spannend, ein kleines Häuschen trägt, dann die Stelle, wo Jesus zum ersten Male unter der Last des Kreuzes zusammenbrach und Simon von Kyrene ihm dasselbe abnahm, dann weiter das Haus der heiligen Veronica, wo Christus zum zweiten Male fiel, noch weiter das Gerichts-thor, endlich, unter dem Gewölbe der Hareth El Chankeh, die Stelle, wo Christus zu den weinenden Weibern sprach: Weinet nicht über mich, sondern über euch und eure Kinder.

Man zeigt ferner hart vor dem Zionsthor in dem dortigen arme-nischen Kloster das Haus des Hohenpriesters Kaiphas mit dem kleinen Kerker, in dem Jesus hier verwahrt wurde, und dem Ort, wo Petrus stand, als er den Herrn verleugnete, ja sogar der Stelle, wo der Hahn

Grab der Maria.

dreimal krähte. Im Hofe des Klosters befindet sich ein riesenhafter Weinstock. Ferner sind zu erwähnen:

1. Eine Capelle über der Stätte, wo Christus vor dem Hohenpriester Hannas stand, beim Nonnenkloster Dejr Es Setuneh.

2. Eine den Armeniern gehörige Capelle über dem Ort, wo der Apostel Jacobus enthauptet wurde.

3. Das Haus des reichen Mannes, vor dem der arme Lazarus lag, ehe ihn die Engel in Abrahams Schoss trugen, der Ueberbau einer Gasse, die vom Damaskusthor nach der Via dolorosa hinläuft.

4. Das Haus, in dem die Mutter Maria starb, neben dem Grabe David's vor dem Zionsthor.

5. Das Haus, wo Maria geboren wurde, nicht fern von der Geisselungscapelle.

6. Das Haus Simon des Pharisäers, wo Maria Magdalena Busse that, im Mittelalter eine Kirche, auf dem innerhalb der Mauer befindlichen Theil des Bezetha gelegen.

7. Die Stätte, wo Stephanus gesteinigt wurde vor dem Stephansthor, nicht weit davon der Fleck, wo Maria der Hinrichtung zusah.

8. Das Haus des Urias und das Bad der Bathseba, nicht fern von der Citadelle.

9. Das Haus des Apostels Marcus.

10. Das Haus des heiligen Thomas in der Armeniergasse.

11. Das Haus des Hohenpriesters Zacharias.

12. Die Höhle, wo Petrus weinte.

13. Die Stelle, wo Christus den Aposteln das Vaterunser lehrte.

14. Die Höhle, in welcher das apostolische Glaubensbekenntniss abgefasst wurde, wie Nr. 13 am Oelberg.

15. Die Stätte, wo Christus über Jerusalem weinte, auf dem Mittelgipfel des Oelberges.

16. Der Ort, wo Judas sich erhängte, ein windschiefer Baum von etwa 200 Jahren, ebenfalls auf dem Berg des Aergernisses.

17. Die Stätte, an welcher Salomo dem Moloh opferte, auf dem Berg des Aergernisses.

18. Die Stelle, wo Maria bei ihrer Himmelfahrt den Gürtel verlor.

19. Die Stelle, wo Jesus am ersten Palmsonntag vom Esel stieg.

Eine gute Anzahl anderer, von der kirchlichen Sage heilig gesprochener Orte werden unter den Gärten, Grotten, Teichen und Gräbern zu erwähnen sein.

Von verfallenen Kirchen und andern **Ruinen** kirchlicher Gebäude ist zunächst die Armenierkirche zu nennen, die auf dem Bezetha, nicht fern vom Teiche Bethesda liegt, eine Basilika mit Spitzbogen, die bis 1856 der mohammedanischen Secte der Schafeiten gehörte, in diesem Jahr aber in den Besitz der Franzosen überging. Die Kirche, im Ganzen etwa 80 Fuss lang und 60 Fuss breit, besteht aus einem Mittelschiff, zwei Seitenschiffen, einem Chor und einer unterirdischen Grotte. Hier und da findet man noch Spuren christlicher Malereien. Ferner ist der

Platz zu erwähnen, wo das Ritterkloster der Johanniter stand. Derselbe, hart beim heiligen Grabe gelegen, umfasst ein Areal von 150,000 Quadratfuss und wurde im November 1869 dem Kronprinzen von Preussen bei seiner Anwesenheit iu Constantinopel vom Sultane zum Geschenke gemacht. Das Portal, dessen Oeffnung jetzt mit Steinen gesperrt ist, ist schön. Von den übrigen Gebäuden des Convents sind nur noch Ruinen übrig, und der Rest des Platzes ist mit Kaktusgesträuch und Unkraut bewachsen. Endlich muss des verfallenen Bades auf der Via dolorosa, welches einst eine Kirche war, und wo Maria beim Anblick des kreuztragenden Jesus in Krämpfe verfiel, sowie der Moschee Muluwijeh nicht fern vom Damaskusthor gedacht werden, welche durch halbverwischte Fresken daran erinnert, dass sie einst eine Kirche des heiligen Johannes war.

Die Juden haben in Jerusalem sechs **Synagogen**, von denen eine den Aschkenasim, vier den Sephardim und eine den Karaim gehören. Man vergesse nicht, den Klageplatz der Juden zu besuchen, der sich unten an der Westseite der Substructionsmauer des Tempelplatzes befindet, und wo man jeden Freitag in den Nachmittagsstunden Massen besonders von deutschen Juden und deren Frauen ihr Gebet verrichten und dabei über den Untergang Jerusalems wehklagen sieht.

Von den **Moscheen** sind die interessantesten die beiden auf dem *Haramplatz* gelegenen. Zu letzterem ist der Zutritt, wie bemerkt, nur den Mohammedanern gestattet. Indess findet sich bisweilen Gelegenheit, sich fürstlichen Personen anzuschliessen, zu deren Gunsten die Türken eine Ausnahme machen. Der Verfasser besuchte ihn und die Moscheen bei Gelegenheit des Besuchs des Grossfürsten Constantin von Russland. Der Haramplatz oder der Ort, wo der Tempel Salomo's und Herodes des Grossen sich erhob, ist ein ungleichseitiges Quadrat, das im Osten etwa 1600, im Westen 1500 Länge, im Norden gegen 1000, im Süden ungefähr 900 Fuss Breite hat und im Westen und Norden von Gebäuden, im Süden und Osten nur von der Stadtmauer eingeschlossen ist. Den grössten Theil des Raumes nehmen Grasplätze ein, auf denen einzelne Olivenbäume und Cypressen wachsen.

Von den Gebäuden des Platzes ist zunächst die grosse *Omarmoschee*, von den Arabern *Kubbet Es Sakrah* genannt, zu erwähnen, nach den Moscheen in Mekka und Medinah das berühmteste Heiligthum des Islam. Dieselbe steht auf einer mit Platten von bläulichem Kalkstein bekleideten Plattform, zu welcher von allen Seiten breite Stufen emporführen. Die Form der Moschee ist ein Achteck, von dessen Seiten jede etwa 60 Fuss misst und über dessen Mitte sich eine Kuppel wölbt. In das Innere führen vier Portale. Licht erhält das Gebäude durch 52 Fenster, welche farbige Glasscheiben haben. Die äusseren Wände sind unten mit Marmor, oben mit glasirten Ziegeln bekleidet, auf welchen man Koransprüche liest. Die inneren Wände sind unten einfach weiss getüncht, oben mit Sprüchen und Arabesken geschmückt. An jeder einzelnen erblickt man drei mächtige Pfeiler. Die Kuppel wird von sechzehn Säulen getragen. So zerfällt das Ganze in den von der Kup-

Der Platz Haram Esch Scherif in Jerusalem.

pel überragten Raum und zwei Gänge um denselben, einen innern und
einen äussern. Die Kuppel hat eine Höhe von 90 und einen Durchmesser von 45 Fuss. Unmittelbar unter ihr befindet sich, umgeben von
einem schöngemusterten vergoldeten Gitter, ein mit einer rothen Bro-
katdecke verhüllter Kalksteinblock, von dem die Legenden des Islams
allerlei wundersame Dinge erzählen. Er soll vom Himmel gefallen sein.
Alle Propheten: Adam, Abraham, David u. s. w. sollen auf ihm gebetet haben, Mohammed von ihm begleitet gen Himmel gefahren sein,
Abraham auf ihn Isaak zur Opferung gelegt haben. Die Juden glauben,
dass der Stein die Bundeslade einschliesse, dass aus ihm die Welt geschaffen wurde. Die Christen des Mittealters hielten ihn für den Stein,
auf dem Jacob den Traum von der Himmelsleiter hatte. Unter ihm
befindet sich eine Grotte, in welcher Holzbalken den über ihr liegenden Steinblock stützen. Man gelangt auf der Südostseite auf einigen
Stufen hinab. In den Seitenwänden der Grotte erblickt man Nischen,
in denen die Könige David und Salomo gebetet haben. Auf dem Boden
verschliesst eine Metallplatte die Oeffnung des Seelenbrunnens (Birreh
Ruach), den Eingang zum Todtenreich.

Das kleine Kuppeltempelchen hart neben dem Ostportal der
Moschee wird von den Mohammedanern der Richterstuhl David's genannt. Es bezeichnet für Den, der in der Moschee steht, die Richtung
von Mekka.

Etwa 150 Schritt südlich von der Sakrahmoschee liegt, unterhalb der Plattform, die *Aksa*, welche von den Juden Midrasch Sche-
lomo genannt wird. Dieselbe ist aus einer von Justinian im Basiliken-
styl erbauten und der Panagia geweihten Kirche entstanden, die noch
jetzt ihren Hauptkörper bildet. An diese sind später sarazenische An-
hängsel angebaut worden. Gegenwärtig besteht sie aus einem Mittel-
schiffe und sechs Seitenschiffen. Die Pfeiler, welche die Decke tragen,
sind sarazenisch, die Säulen römisch. Im äussersten Süden lässt eine
Kuppel durch gefärbte Fenster ein magisches Licht auf die Stelle fallen,
wo sich die Kanzel und die Erhöhung befinden, von welcher der Koran
verlesen wird.

Unter dieser Moschee ziehen sich weitgedehnte Gewölbe mit Pfeilern hin, welche von den Mohammedanern als die Pferdeställe Salomo's
bezeichnet werden, die indess wahrscheinlich nur dazu dienten, den
Platz, der sich ursprünglich in dieser Gegend senkte, in eine Ebene
zu verwandeln. Ausser den genannten Gebäuden trifft man auf dem
Haram Esch Scherif noch zwei kleine Moscheen: die Kubbet En Na-
haresch und die Kubbet Es Sakrah El Baraneh, welche letztere ein
Stück des heiligen Steins bewahrt, das von ihm absprang, als er vom
Himmel fiel. Die erstere steht zwischen der westlichen Eingangshalle
des Platzes und der Sakrahmoschee, die letztere östlich von dieser.
Sonst liegen auf dem Platze noch mehre Brunnen, ein Bad und sieben
Kuppelgräber (Welis), darunter das der Fatimeh, der Tochter Moham-
med's. Endlich ist der prachtvollen Cypressen zu gedenken, welche zum
Theil so gross wie die grössten unserer Pappeln den Platz schmücken.

Der Thurm David's.

Die Gebäude im Westen enthalten Wohnungen für den Schech der Sakrah, für Moscheediener und Pilger, sowie einige Schulen (Medressen).

Von den andern Moscheen Jerusalems muss noch die Dschami Abd Es Samed und die Muluwijeh genannt werden. Jene ist die, deren Minaret sich unmittelbar neben der Grabeskirche erhebt. Diese ist mit einem Kloster der Muluwijeh-Derwische (es sind tanzende) verbunden, welches indess 1859 nur noch einen Insassen hatte. Die übrigen Moscheen sind unansehnlich und ohne Interesse für den Fremden.

Die **Citadelle** (Kal'ah) auf der Nordwestseite des Zionsgipfels ist in einigen ihrer Theile jedenfalls sehr alt. Sie ist ziemlich geräumig, aber zum Teil verfallen. Sie hat eine Länge von 500, eine Breite von 350 Fuss. Im Mittelalter hiess sie Anfangs die Burg David's, später das Pisanercastell. Wie bemerkt, steht sie an der Stelle des Thurmes Hippicus, den Josephus erwähnt. Eines ihrer Gemächer wird als das gezeigt, aus welchem David die badende Bathseba sah. Nicht weit davon finden sich Reste von Mauerwerk, welches den Thürmen Marianne und Phasaëlus angehört haben könnte. Ein türkischer Unterofficier führt den Fremden gegen ein Trinkgeld von einigen Piastern in der alten Burg umher und zeigt auch die inneren Räume der daneben liegenden neuen Caserne.

Von den **Teichen** und **Quellen** müssen wir zuerst des Teiches gedenken, der unter dem Namen *Teich Bethesda* im N. T. erwähnt wird. Ob der jetzt so genannte Graben an der Nordseite des Haram-

Hiskias- oder Patriarchenteich.

platzes wirklich der Teich Bethesda ist, in dem der Engel das Wasser
rührte, ist zweifelhaft. Derselbe hat eine Länge von 460, eine Breite
von 130 und eine Tiefe von etwa 75 Fuss. Woher der Teich sein
Wasser bekommen, ist noch zu erweisen. Vielleicht erhielt er es aus
einem der Wasserbehälter vor dem nahegelegenen Stephansthor, vielleicht aus den Brunnen des Haram. Wahrscheinlicher ist, dass die Vertiefung überhaupt nie ein Teich, sondern ein Graben war. Ferner: der
Badeteich der Maria (arabisch: Birket Es Sebat, d. h. Teich der
Stämme) einige Schritte vor dem Stephansthor, im Sommer ohne
Wasser. Das Marienbad (Hammam Setti Mirjam) auf der Nordseite der
Strasse, die durch das Stephansthor mündet, eine Art Trog, über dem sich
ein Hautrelief-Bild aus dem Mittelalter befindet. Die Quelle der Jungfrau, auch *Marienquelle* oder *Quelle Siloah* genannt, bei den Mohammedanern Om Ed Deradsch, Mutter der Stufen, liegt im Kidronthal
unter dem Dorfe Siluan und ist nach Robinson der echte Teich Bethesda, nach Anderen der Nehemias 2. 13 erwähnte Drachenbrunnen.
Es ist eine schöne klare Quelle, zu welcher 32 Stufen hinabführen, und
in welcher nach der Legende Maria die Windeln des Jesuskindes zu
waschen pflegte. Damit steht durch einen unterirdisch durch den Fels
gehauenen Kanal der Teich Siloah in Verbindung. Der Kanal ist 1750

Fuss lang, seine Höhe beträgt nur 17, seine Breite 18 bis 25 Zoll. Zu dem Teich, der stets Wasser hat, führen Stufen hinab. Merkwürdig ist das periodische Steigen und Fallen des Wassers in diesem Teich, welches von einigen Gelehrten mit vulkanischen Oscillationen, von andern durch den Bau des Kanals erklärt wird, während das Volk glaubt, dass in der Höhle ein Drache liege, der, wenn er wache, das Wasser einschlucke, wenn er schlafe, es fliessen lasse. Mohammed hat von der Quelle gesagt, dass sie gleich dem Semsem bei Mekka eine Quelle des Paradieses sei. Der Nehemiasbrunnen (arabisch Bir Ejub, Hiobsbrunnen) im Kidronthal gelegen, wo es mit dem Hinnomthal zusammentrifft, könnte der Rogel des A. T. sein. Er hat gutes und reichliches Wasser, und in seiner Umgebung trifft man schöne Baum- und Gemüsegärten. Die beiden Gihonteiche, von denen der untere Birket Es Soltan, der obere Birket El Mamilla heisst, und von denen der letztere nicht weit vom Jaffathor, der andere etwa 600 Schritt südlicher liegt, sind im Sommer wasserlos.

Der *Teich des Hiskias*, jetzt gewöhnlicher *Patriarchenteich* (Birket Hammam El Batrak) genannt, befindet sich mitten im Christenviertel und ist rings von Häusern umgeben. Seine Länge beträgt 240, seine Breite 142, seine Tiefe etwa 20 Fuss. Sein Wasser erhält er im Winter aus dem obern Gihonteich, durch einen unterirdischen Kanal, der südlich vom Jaffathor in die Stadt hineingeht. Er ist wahrscheinlich der alte Mandelteich (Amygdalon). Die Stadt hat keine Quellen innerhalb der Thore, deren Wasser trinkbar wäre. Die Brunnen des Haram erhalten ihr Wasser von dem sogenannten versiegelten Brunnen, der bei Bethlehem sich befindet. Die Quelle Ain Esch Schefah am Baumwollenmarkt, ist mit salzsaurer Soda geschwängert und wird deshalb nur zum Baden benutzt. So sind die Einwohner der heiligen Stadt auf das Wasser von Cisternen angewiesen, welches indess dem besten Quellwasser an Geschmack wenig nachgibt, und keineswegs, wie man bisweilen behaupten hört, ungesund ist.

Gärten hat Jerusalem innerhalb der Thore nur wenige. Zu erwähnen sind: der ziemlich ausgedehnte, aber baumarme Garten des grossen armenischen und der Gemüsegarten des lateinischen Klosters, sowie der blumenreiche kleine Garten des preussischen Consulats, in dem sich ausser einigen Orangen- und Granatbäumen auch schöne Cypressen erheben.

Ausserhalb der Mauern liegt unten im Kidronthal, einige hundert Schritte vom Stephansthor, der den Lateinern gehörige *Garten Gethsemane*. Derselbe ist jetzt mit einer Mauer umgeben und mit Rosen und andern Blumen bepflanzt, zwischen denen sich mehre ziemlich alte Oelbäume erheben. Es ist nicht unmöglich, dass hier das wirkliche Gethsemane zu suchen ist. In der Nähe zeigt man die Höhlencapelle, wo Christus Blut schwitzte. Dieselbe ist in den ersten Stunden des Morgens offen, da um diese Zeit die Franciscaner, denen der Platz gehört, hier Messe lesen. Ein Stück davon, am Wege, der von hier auf den Gipfel des Oelberges führt, ist der Ort, wo die Jünger

Gethsemane.

schliefen, während der Herr betete, noch einige Schritte südlicher die Stelle, wo Judas ihm den Kuss des Verräthers gab. Von den Gemüsegärten beim Nehemiasbrunnen ist nachzutragen, dass sie die alten 2. Kön. 25, 4 erwähnten Königsgärten sein mögen. Endlich haben die Griechen in den letzten Jahren auf den Höhen westlich über dem Gihonthal schöne und gutgedeihende Pflanzungen von Maulbeer- und anderen Bäumen angelegt.

Die jetzige **Stadtmauer** ist, zum Theil aus Resten der alten, vom Sultan Soliman II. in der ersten Hälfte des 16. Jahrhunderts erbaut worden. Sie hat einen Umfang von 5800 Schritten und ist im Westen und Norden 20 bis 30, im Osten und Süden dagegen 40 bis 88 Fuss hoch. An einigen Stellen gehen Stufen hinauf, so dass man auf derselben hin und her wandeln kann.

Vom höchsten Interesse ist der Theil der Stadtmauer, welcher östliche und südliche Einfassung des Haramplatzes bildet und die sich daran schliessende Westseite der Substructionsmauer dieses Platzes. Während die Mauer im Westen und Norden aus Steinen von gewöhnlicher Grösse besteht, findet man hier in die Umfassungsmauern des Haramplatzes behauene Quadern von so riesigen Massen eingefügt, wie sie kein neuerer Bau und ausser dem von Baalbek auch kein Bauwerk des Alterthums zeigt. Besonders gross sind diese Quadern, welche in der Regel längliche Vierecke präsentiren, die an den vier Seiten glatte, vertiefte Ränder haben, während die Mitte rauher gelassen ist, auf der Ostseite zwischen dem goldenen Thor und der Südostecke der Stadtmauer, an einigen Stellen der Südseite, gleichfalls nicht weit von der Südostecke, und am Klageplatz der Juden. Dort an der Ostseite findet man auch die horizontal wie ein Kanonenrohr aus der Mauer hervorstehende Säule, auf der nach arabischer Sage Mohammed einst reiten wird, wenn er am jüngsten Tage die im Thal Josaphat versammelten Menschenseelen richtet. Man trifft hier Steine der beschriebenen Art von 19 bis 25 Fuss Länge und zwar bis zur achten Lage hinauf. Sehr merkwürdig sind hier auch einige Steine, welche wie der Ansatz zu einer über das Kidronthal nach dem Oelberg hinübergespannten Brückenwölbung aussehen, eine Wölbung, von der indess die Geschichte nichts weiss.

Auf der Südseite begegnet man ebenfalls bis in die achte, an einigen Stellen bis in die zwölfte Lage hinauf, Quadern von 16 bis 19 Fuss. Etwa fünfzig Schritt westlich von der Südostecke trifft man ein gemauertes Thor von 12 Fuss Höhe; achtzig Schritt westlicher finden sich drei nebeneinander stehende, jetzt gleichfalls vermauerte Thore. Es ist kaum ein Zweifel, dass diese Steine aus der Zeit Salomo's stammen, jedenfalls reichen sie bis auf Herodes zurück.

An der Stelle im Westen, wo die Juden klagen, begegnet man dem längsten Stein, welcher 29½ Fuss hat, ausser vielen andern Quadern von 18 bis 22 Fuss. Auch hier befindet sich eine Stelle an der Mauer, die einem Brückenansatz gleicht. Dieselbe ist etwa sechzehn Schritt von der Südecke entfernt und 48 Fuss lang, und könnte ein

Rest der Brücke sein, welche vom Moriah nach dem auf dem Zion gelegenen Palast der Hasmonäer oder vielmehr zu dem Xystus, d. h. der Terrasse vor diesem Palast führte. Die Sehne des Bogens, welchen der Brückenansatz bildet, beträgt 12 Fuss, der Radius zwischen Bogen und Sehne 10 Zoll. Einige Gelehrte halten den Ansatz für den Rest eines Aquäducts, der nach dem Tempelplatz geführt habe, andere für den Rest einer Substructionswölbung, welche eine vom Tempelplatz an dieser Südwestecke herabgehende Treppe gestützt habe.

Höchst interessant sind die verschiedenen alten Gräber und Grotten in der Umgebung Jerusalems. Dahin gehört zunächst das sogenannte Grab David's vor dem Zionsthor, eine Moschee, mit welcher verschiedene andere Gebäude verbunden sind. Mehre Kuppeln geben dem Ganzen ein ziemlich stattliches Ansehen. Die Moschee zerfällt in ein oberes und ein unteres Stockwerk; in jenem befindet sich ein grosser Saal, in welchem die Einsetzung des Abendmahls stattgefunden haben soll, im untern Stock wird das *Grabmal König David's* gezeigt. Der *Abendmahlsaal*, in dem sich auch das Pfingstwunder begeben hat, ist jedenfalls früher eine Kirche gewesen, sein Bogengewölbe wird von zwei in der Mitte stehenden Säulen gestützt. Eine dritte Säule ist in die Querwand vermauert, welche den früher grösser gewesenen Raum in zwei Theile schied. Dem Eingang gegenüber ist eine rothbraun angestrichene Holzwand angebracht, die eine Nische verbirgt. In der Ecke links vom Eingange führt unter einem kleinen Kuppelbaldachin eine Treppe in die Grabcapelle hinab, zu welcher Christen der Zutritt nur ausnahmsweise gestattet wird. Die niedrige Decke ruht auf einem dicken viereckigen Pfeiler, an den Wänden liest man Koransprüche, der Boden ist mit Teppichen belegt, der ganze Raum ziemlich düster. Aus der Capelle führt eine niedrige Pforte in eine Seitenkammer, die nur durch letztere Licht erhält. Hier befindet sich an der Mauer ein langer steinerner Sarkophag, auf dem arabische Goldschrift verkündigt, dass in ihm der „Prophet Daud" liegt und welchen gewöhnlich eine seidene Decke verhüllt. In dem Abendmahlssaal nehmen die Franziscaner, denen früher das ganze Gebäude gehörte, am Gründonnerstag die Ceremonie der Fusswaschung vor. Es ist nicht unmöglich, dass sich hier, wenn nicht das Grab David's doch die Gräber anderer Könige Judas befunden haben.

Das Grabmal, welches jetzt von den Führern als die *Gräber der Könige* bezeichnet wird, ist wahrscheinlich die *Gruft der Königin Helena von Adiabene*, die zur Zeit des Kaisers Claudius von ihrem Reich am obern Tigris nach Jerusalem kam, dort blieb und zum Judenthum übertrat. Dasselbe befindet sich eine Viertelstunde vom Damaskusthor, nicht weit rechts von der Strasse nach Nablus, und liegt in einer Bodenvertiefung, welche entweder ein alter Steinbruch oder ein künstlich ausgehauener Vorhof zu dem Grabmal ist. Letzteres besteht in Katakomben, in welche eine Art Vorhalle führt. Die Säulen und Pfeiler, welche die Façade derselben schmückten, sind weggebrochen. Nur der mächtige Felsendachstuhl, den sie stützten, ist ge-

blieben und lässt mit seinem Skulpturschmuck von Triglyphen, Trau-
benbündeln, Palmenkronen und Blumenkränzen allerdings schliessen,
dass das Grab einst vornehme Leichen barg. Ein Pförtchen in der
südlichen Seitenwand bringt in eine Kammer hinab, aus der andere
Thüren in Seitenräume führen, an deren Wände sich Steinbänke hinziehen und Nischen öffnen. Hier standen einst die Sarkophage der
Königin und ihrer Kinder. Frevlerhände haben sie in unbekannter
Zeit zerschlagen. Einiges von ihren Trümmern bewahrt das Louvre
in Paris.

In derselben Gegend, eine halbe Stunde nordwestlich vom Da-
maskusthor, hart am Wege nach Nebbi Samwil, trifft man die soge-
nannten *Gräber der Richter*, vier Hauptkammern in zwei Stockwerken.
Ebenfalls vor dem Damaskusthor, nicht weit vom Exercierplatze der
türkischen Garnison, befindet sich die *Grotte des Jeremias*, arabisch
Mogareth El Edamijeh. Dieselbe liegt in einem Garten mit hübschen
Bäumen und ist eine künstlich ausgehauene Höhle. Man zahlt für den
Eintritt wie beim Grab David's einige Piaster Bakschisch. Nach der
Legende schrieb der Prophet hier seine Klagelieder. Interessanter ist
die Höhle, welche der Jeremiasgrotte gegenüber unter der Stadtmauer
in die grossen *Steinbrüche im Innern des Bezetha* hineinführt.
Wahrscheinlich stammt ein Theil der Quadern in der Tempelmauer
aus diesen unterirdischen Brücken. An mehren Stellen erblickt man
kleine Nischen, in welchen die Lampen der Steinbrecher standen, da
über denselben der Fels von Rauch geschwärzt ist; hier und da trifft
man Kohlen, Knochen und vermodertes Holz.

Vom höchsten Interesse sind die **Grotten und Grabmonumente,**
welche sich auf der Sohle und an den Abhängen des Thales Josaphat,
d. h. dem Theil des Kidronthales, welcher zwischen dem Oelberg und
der Südostecke der Stadtmauer liegt, befinden, namentlich die Gruppe
der Monumente, welche als die Gräber Absalom's, Zacharias', Jacobus'
und Josaphat's bezeichnet werden. Die Grabmonumente Absalom's und
Zacharias' sind Monolithen, d. h. aus dem Felsen herausgehauene, aus
einem Stück bestehende Architekturwerke, die Gräber des Jacobus und
Josaphat ausgehöhlte Grüfte mit verzierten Portalen. Der Styl ist ein
Gemisch griechischer und altorientalischer Formen. Das *Grab Absaloms*
befindet sich über der zweiten Kidronbrücke und ist ein Würfel, auf
dem sich ein gemauertes Thürmchen von Kegelgestalt erhebt. Jede
Seite des Würfels ist aussen mit zwei Halb- und zwei Viertelsäulen
von jonischer Ordnung geschmückt. Oben herum läuft ein Fries, der
mit Rosen und Tropfen verziert ist. Das ganze Monument (es ist nur
ein Gedächtnissmal des Sohnes David's; denn er selbst lag im Walde
Ephraim unter einem Steinhaufen begraben, welchen die Verachtung
Israel's auf ihn geworfen) hat eine Höhe von 46 Fuss.

Das zweite Denkmal, jenem ähnlich, nur dass der Würfel statt
eines Kegels eine kleine Pyramide trägt, und dass das Ganze nur 31
Fuss hoch ist, soll dem Andenken des zwischen Tempel und Altar
getödteten jüdischen Martyrers *Zacharias* geweiht sein, auf den Jesus

anzuspielen scheint, wenn er die Heuchelei der Pharisäer tadelt (Matthäus 23, 29), mit der sie den todten Propheten prächtige Gräber bauten, die lebenden verfolgten und umbrachten.

Das Grab des *Jacobus*, nördlich von letzterem Monument gelegen, hat drei hintereinander befindliche, roh gearbeitete Kammern. Das nach dem frommen und siegreichen *Josaphat* benannte endlich hat gleichfalls mehre Kammern und zeichnet sich durch ein schönes Portal von 8 Fuss Breite aus, dessen dorische Säulen durch ihre Form an die erinnern, welche man am Eingang der nördlichsten von den Höhlengrüften bei Beni Hassan in Oberägypten sieht.

Andere Begräbnissstellen dieser Gegend, in der sich auch der grosse jüdische Begräbnissplatz des modernen Jerusalem mit seinen tausend und abertausend kleinen Steintafeln befindet, sind die sogenannten *Gräber der Propheten*, eine Anzahl theils künstlicher, theils natürlicher Felsgrotten südöstlich vom Grabmal Absaloms, ferner der Matth. 27, 8 erwähnte *Blutacker, Hakeldama*, der für Judas Ischarioth's Verrätherlohn gekauft wurde, und wo man im Mittelalter noch Pilger begrub, am Südabhang des Zion, endlich die 27 altjüdischen Grabgrotten an dem südlichen Abhang des Hinnomthales, unter denen sich die Höhle befindet, in welcher sich nach der Legende die Apostel versteckten, als Christus gefangen genommen worden war.

Neue Begräbnissplätze befinden sich vor dem Zionsthor, wo sich die Christen beerdigen lassen, im Südwesten der Siloah-Quelle, wo die Juden ihren zweiten Gottesacker haben, am obern Gihonteich und an der Ostseite der Stadtmauer, wo sich zahlreiche Grabsteine von Mohammedanern erheben.

Wir kommen nun zu einer näheren Betrachtung der **Berge und Thäler** in und um Jerusalem. Der **Oelberg**, arabisch Dschebel El Tur, ist ein sehr edel geformter Berg mit drei Kuppeln, einem Adler mit ausgebreiteten Flügeln vergleichbar. Der nördlichste Gipfel heisst *Viri Galiläi*, der mittlere und höchste ist der eigentliche Oelberg. Dieser erhebt sich etwa 500 F. über dem Bett des Kidron mit 100 F. über dem höchsten Punct der Stadt. Aus dem Kidronthal führen mehre Wege hinauf. Er trägt auf seinen Abhängen noch jetzt eine Anzahl Olivenbäume, und hin und wieder ist auch ein Stück mit Getreide besäet. Den Gipfel krönt die den Lateinern gehörige Himmelfahrtscapelle, eine kleine Moschee, das Weli eines mohammedanischen Heiligen und ein von Mohammedanern bewohntes Dorf von 20 bis 30 elenden Hütten. In der Capelle wird ein Stein gezeigt, von dem sich Christus in den Himmel aufgeschwungen hat. Wer dies im Hinblick auf die Stelle des N. T., nach welcher die Himmelfahrt bei Bethanien stattfand, nicht glaubt, den wird vielleicht der Eindruck des Fusses überzeugen, den der Erlöser bei jener Gelegenheit auf dem Steine zurückgelassen hat.

Die Aussicht vom Oelberg ist umfassend. Im Westen sehen wir in klaren Farben und Umrissen die weissgraue Stadt mit ihren Kuppeln und Minarets und mit den buntschimmernden Moscheen des

Haram vor uns, während weiter hinaus das Terebinthenthal und der
spitze Berg mit Samuel's Grab sich zeigt. Im Norden erblicken wir
die Berge Samaria's. Im Osten und Süden erscheinen über den grauen
Wüstenhügeln des Vordergrundes die schroffen Felsrücken des Moabi-
tergebirges, des Morgens rosenroth überhaucht mit blauen Schatten,
am Tage in das einfache Grau aller Ferne gekleidet. In der Tiefe unter
ihnen zieht sich durch das gelbe Land fast in gerader Linie der grau-
grüne Streif der Jordanufer hin, glänzt weiter südlich der hellblaue
Spiegel des Todten Meeres.

Südlich vom Oelberg erhebt sich der **Berg des Aergernisses**
(Dschebel Batn Haua) mit dem Judasbaum und der Stelle, wo zu Salomo's Zeit dem Moloch geopfert wurde. Dem Zion südlich gegenüber
liegt der *Berg des bösen Rathes* (Dschebel Abu Tor), so genannt,
weil hier in einem Landhaus des Hohenpriesters Kaiphas die Juden
Rath hielten, wie sie Jesum tödteten. Ruinen, welche sich hier finden,
sollen die Reste jener Villa sein. Endlich ist von den Anhöhen ausserhalb der Stadt noch der eine halbe Stunde nördlich vom Damaskusthor anschwellende Hügel Scopus zu nennen, von dem man ebenfalls
eine gute Aussicht auf Jerusalem hat, und wo Titus wahrscheinlich
sein Lager aufschlug, als er zur Belagerung der Stadt schritt.

Von den übrigen Anhöhen, sowie von den Thälern Gihon, Hinnom (richtiger Ben Hinnom) und Josaphat ist das Nöthigste bereits
bemerkt. Was das *Tyropäon* oder *Käsemacherthal* betrifft, über dessen
Lage viel gestritten worden ist, so schliessen wir uns der Meinung
Toblers an, welcher dasselbe in der Senkung sucht, die, zwischen dem
Zion und dem Moriah hindurchstreichend, die Stadt in eine östliche
und eine westliche Hälfte scheidet.

Wir geben jetzt noch eine kurze **Topographie des alten
Jerusalem** *nach den Worten des Josephus*, von denen alle Archäologen bei ihren Untersuchungen auszugehen haben. Die Stadt war nach
Josephus auf zwei Hügeln erbaut, die einander gegenüber lagen und
durch ein dazwischen sich hinziehendes Thal getrennt waren. Der
eine von den Hügeln, auf dem die Oberstadt lag, war beträchtlich
höher und der Länge nach gerader. Wegen seiner Festigkeit hiess
man ihn die Burg König David's. Der andere Hügel, auf dem die
Oberstadt lag, wurde Akra genannt und war allenthalben abschlüssig.
Diesem gegenüber lag eine dritte Anhöhe, die von Natur niedriger
als Akra und von demselben durch ein breites Thal geschieden war.
Später aber, als die Hasmonäer herrschten, verschütteten sie das Thal,
um die Stadt mit dem Tempel zu verbinden, und machten Akra durch
Abtragung niedriger, so dass der Tempel höher lag als der Gipfel
dieses Hügels. Das Thal, welches die Hügel der Ober- und Unter-
stadt von einander trennte, erstreckte sich, Käsemacherthal genannt,
hinab bis Siloah, wie die Quelle heisst, die süss und reichlich fliesst.
Von Aussen aber waren die beiden Hügel der Stadt von tiefen Thälern
eingefasst, und nirgends war hier, wegen der Abhänge auf beiden
Seiten, ein Zugang.

Wo die Stadt von Natur nicht fest war, hatte man sie mit Mauern befestigt, deren es zur Zeit des Josephus drei gab. An den von Natur unzugänglichen Stellen stand nur eine einfache Ringmauer,

Die älteste oder erste Mauer begann im Nordem beim Thurm Hippicus, erstreckte sich zum Xystus (westlich vom heutigen Klageplatz der Juden) und endigte hier bei der Westhalle des Tempels. Auf der andern Seite, im Nordwesten begann diese Mauer ebenfalls am Hippicus, lief durch Bethso nach dem Essenerthor, wendete sich, nach Süden hinstreichend oberhalb der Quelle Siloah herum, bog dann wieder aus nach Osten zum Teich Salomo's, ging durch bis zu einem Orte, der Ophla hiess und schloss sich endlich der Osthalle des Tempels an.

Die zweite Mauer nahm ihren Anfang von einem Thor in der ersten, welches Genath hiess, und indem sie nur die nördlich gelegene Gegend der Stadt einschloss, ging sie hinauf bis zur Burg Antonia (im Norden des Moriah- oder Haram-Plateaus).

Die dritte endlich begann am Hippicus, von wo sie sich nach Norden bis zum Psephinosthurm erstreckte. Darauf zog sie sich fort gegenüber den Gräbern der Helena (also beträchtlich weiter im Norden der heutigen Stadtmauer) und durch königliche Höhlen in die Länge gedehnt, wendete sie sich bei dem sogenannten Walkergrabe um (nach Osten) und senkte, sich der alten Mauer anschliessend, sich nach dem Kidronthal hinab. Mit dieser Mauer umgab Agrippa die hinzugebaute Stadt (Neustadt, Bezetha, griechisch Kaenopolis), welche bis dahin ganz bloss gelegen hatte. Die Stadt floss nämlich über von der Menge ihrer Einwohner und trat ein wenig über die (nördlichen Theile der alten) Mauern hinaus. Indem man sich in der nördlich vom Tempel gelegenen Gegend an dem Hügel niederliess, schritt man nicht wenig vor, so dass ein vierter Hügel umbaut wurde. Er lag der Burg Antonia gegenüber, getrennt von derselben durch einen tiefen Graben, welcher künstlich gezogen wurde, damit nicht die Grundmauern von der Antonia, indem sie dem Hügel sich näherten, leichter zugänglich und weniger hoch wären.

Diese Beschreibung ist nicht sehr deutlich. Indess möchte daraus hervorgehen, dass der Zion, der höchste und am längsten gestreckte Hügel, die ganze Westhälfte der Stadt einnahm, d. h. die Strecke von der Nordwestecke des heutigen Jerusalem bis zum Zionsthor und von da bis hinab in die Senkung, welche sich von Süden nach Norden vom Mistthor an, noch ziemlich erkennbar hinaufzieht und in welcher wir das alte Käsemacherthal erblicken. Ferner, dass der Tempelberg Moriah der Südhälfte des Zion gegenüber lag, dass die Burg Antonia sich auf dessen Nordseite erhob, und dass Akra von den Stellen der heutigen Stadt bedeckt wird, welche in dem Dreieck zwischen dem Stephans-, dem Damaskusthor und der Nordwestecke der jetzigen Stadt liegen. Für den Bezetha blieben dann die Nordostecke des heutigen Jerusalems und eine Strecke Boden vor dem Herodes- und Damaskusthor übrig. Völlig sicher ist indess von diesen Annahmen nur, was oben über die Lage des Zion und des Tempelbergs, sowie des Hippicus gesagt wurde.

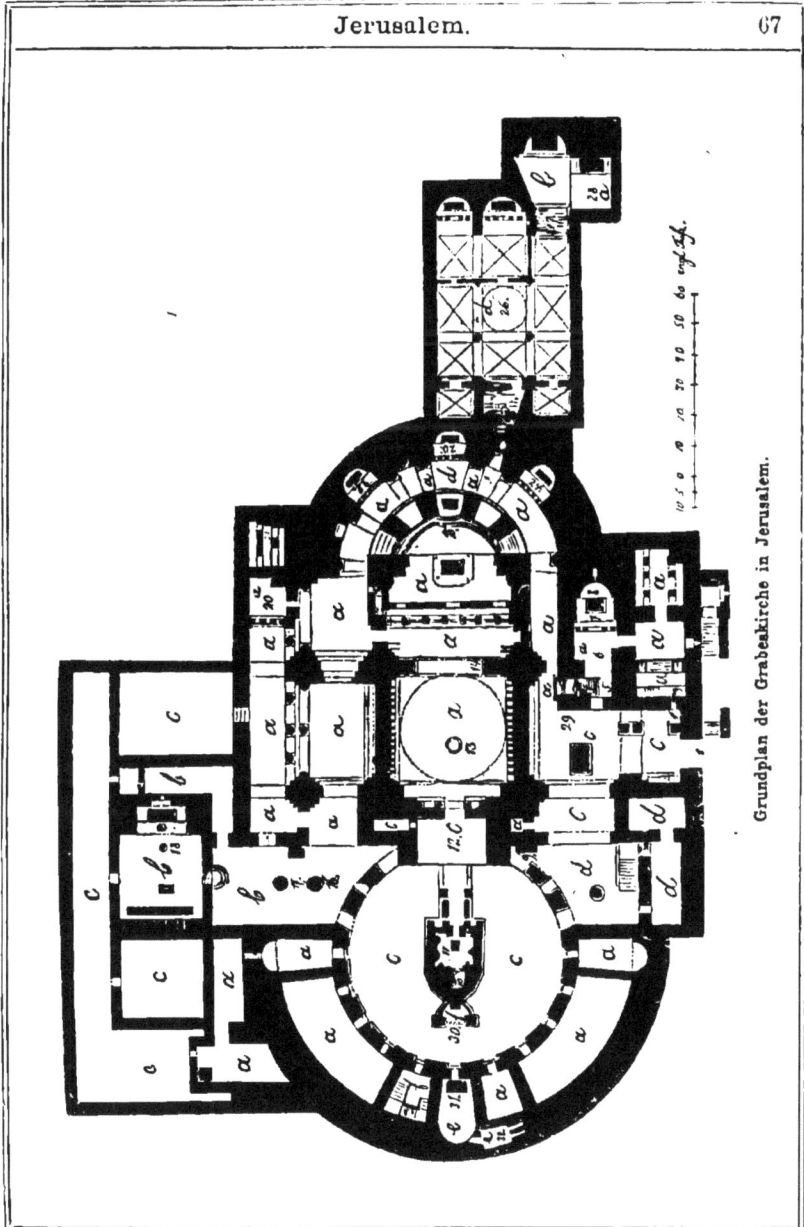

Grundplan der Grabeskirche in Jerusalem.

*

Eine gründliche Besichtigung Jerusalems und seiner unmittelbaren Umgebung lässt sich sehr wohl binnen sechs Tagen bewerk-
stelligen. Wir schlagen dazu folgenden Plan vor:

Erster Tag: Grabeskirche, Johanniterconvent, Via dolorosa,
Patriarcheion und Salvatorkloster, Bazare.

Zweiter Tag: Citadelle, armenisches Patriarchat und Jakobskloster, protestantische Christuskirche, Diakonissenhaus, Hütten der
Aussätzigen, Zionssynagoge, Haus des Kaiphas und Grab David's.

Dritter Tag: Annenkirche, österreichisches Hospiz, Bethesdateich,
Haramplatz (wofern der Zutritt wieder gestattet ist, Omar- und Aksa-
Moschee), Klageplatz der Juden, zum Schluss ein Gang um die Thore,
der eine gute Stunde erfordert, wenn man sich auf die Wege beschränkt,
die unmittelbar an den Mauern hinlaufen. Türkischer Gottesacker am
goldenen Thor, Säule Mohammeds, grosse Steine in der östlichen und
südlichen Mauer des Tempelplatzes.

Vierter Tag: durch das Stephansthor hinaus und in das Kidronthal hinab zu der Marienkirche, der Blutschwitzungsgrotte, dem Garten
Gethsemane. Dann auf den Oelberg, zu den Gräbern der Propheten,
auf den Berg des Aergernisses, auf der Strasse von Jericho hinab zu
den Grabmonumenten im Thale Josaphat und durch das Stephansthor
zurück.

Fünfter Tag: zum Jaffathor hinaus nach dem obern Gihonteich,
im Thal fort nach Süden zu den Bogen der Wasserleitung, die von
den Teichen Salomo's über den Berg des bösen Rathes herabkommt.
Ferner unterer Gihonteich, jüdische Felsengrüfte im Hinnomthal, Gipfel
des Bergs des bösen Rathes mit den Ruinen von Kaiphas' Landhaus.
Blutacker, Nehemiasbrunnen, Teich und Quelle Siloah, zurück durch
das Stephansthor.

Sechster Tag: zum Damaskusthor hinaus nach der Jeremiasgrotte und in den Steinbruch unter dem Bezetha, nach dem Scopus,
zu den Gräbern der Richter und der Könige, ins obere Kidronthal und
nach dem Gipfel Viri Galiläi, zurück durch's Stephansthor.

DRITTES CAPITEL.

Touren durch den Süden Palästina's.

Kurzer Wegweiser und Stundenzeiger für Ausflöge nach den Hauptpuncten in der Nachbarschaft Jerusalems. — Tour nach Bethanien, Jericho, dem Jordan, dem Todten Meere und Mar Saba. — Tour nach Bethlehem und Hebron und zurück über St. Philipp, Ain Karim und das Kreuzkloster.

Wir beginnen dieses Capitel mit einer kurzen Aufzählung der Orte, welche, in der Entfernung von einer halben bis drei Stunden um Jerusalem herumliegend, sich durch **Ausflüge zu Fuss** erreichen lassen, wobei wir die Namen in alphabetischer Folge geben und Bethlehem auf einen späteren Zusammenhang versparen.

Abu Dis, Dorf von einigen sechzig Häusern, 1¼ Stunden südöstlich von Jerusalem auf einem Berg rechts von der Strasse nach Jericho.

Ain Karim, von den Christen St. Johann genannt, 1¾ Stunden südwestlich vom Jaffathor, Dorf mit 800 grossentheils mohammedanischen Einwohnern, dabei ein festungsartiges Kloster und Ruinen aus dem Alterthum. Eine Stunde westlich von hier ist die sogenannte Johanneswüste mit einer Quelle und einer Grotte, in welcher Johannes der Täufer gewohnt haben soll.

Anata, vielleicht das alte Anathot, wo Jeremias geboren wurde, mohammedanisches Dorf mit guter Aussicht, 1¾ Stunden nordöstlich von dem Damaskusthor.

Apostelbrunnen, arabisch Bir El Chod, ¾ Stunden vom Stephansthor am Weg nach Jericho.

Artas, halb in Trümmern liegendes Dorf an der Stelle des 2. Chron. 11, 6 erwähnten Etham, drei kleine Stunden südwestlich von Jerusalem, mit Fruchtgärten, welche, da reichlich Wasser vorhanden ist, sehr wohl gedeihen. Gleich dabei sind die Teiche Salomo's.

Bet Dschala, 1¼ Stunden südwestlich von Jerusalem, sehr grosses Dorf mit einer griechischen Kirche.

Bethanien, arabisch El Asarijeh, mohammedanisches Dorf von 30 bis 35 Häusern, auf der östlichen Seite des Oelbergs ½ Stunde vom Stephansthor entfernt. Ueber seine Sehenswürdigkeiten siehe weiter unten die Tour nach Jericho.

Bet Hanina, wohlgebautes Dorf, 1½ Stunden nordwestlich vom Damaskusthor. Man sucht hier, wohl ohne Grund, das Nehem. 11, 32 erwähnte Ananja.

Bir Nebala, Dorf, zwei Stunden nordwestlich von Jerusalem mit Gewölben aus dem Alterthum.

Dreikönigsbrunnen, eine Stunde südlich von Jerusalem etliche hundert Schritte vom

Eliaskloster, Dejr Mar Elias, einem stattlichen, den Griechen gehörigen Gebäude u. s. w.

Frankenberg, arabisch Dschebel El Furidis, ein Berg mit Trümmern, starke drei Stunden südöstlich von Jerusalem und 1½ Stunde von Bethlehem entfernt. Sehr wahrscheinlich lag hier die von Josephus beschriebene Festung Herodium. Näheres weiter unten bei der Tour nach Jericho.

El Khadr, drei kleine Stunden südwestlich von Jerusalem, ¾ Stunden von Bet Dschala, mohammedanisches Dorf, bei dem sich das griechische Kloster St. Georg befindet, in welchem eine Irrenanstalt ist.

Kkareitun (Chariton), ein Dorf 1¾ Stunden von Frankenberg. Dabei ist eine Höhle mit mehren Gängen, die über tausend Fuss lang sind. Tobler hat hier Inschriften, römische Aschenkrüge und Scherben gefunden. Roth dagegen hat von dem Allem nichts gesehen.

Kreuzkloster, arabisch Dejr El Musalabeh, ½ Stunde westlich vom Jaffathor, den Georgiern gehörig. Näheres weiter unten bei Bethlehem.

Lifta, Dorf, eine Stunde westlich von der Stadt, mit einer guten Quelle, einer Moschee und Ruinen. Die Franken schlagen hier im Sommer gewöhnlich Zeltlager auf, in denen sie die heisseste Zeit über wohnen.

Om Rasras, Ruinen einer Burg, 1¼ Stunde von Jerusalem an der Strasse nach Jericho, vielleicht das alte Adumim.

Philippsbrunnen, arabisch Ain Hanijeh, 1½ Stunden südwestlich von der Stadt, eine schöne Quelle, in welcher der Apostel Philippus den Kämmerer der Königin Kandace taufte. In der Nähe wächst der beste Wein Südpalästina's.

St. Samuel, arabisch Nebbi Samwil, Dorf, zwei starke Stunden von Jerusalem und zwar im Nordwesten. Nimmt man den Weg über Kulonieh, so braucht man drei Stunden. Das Dorf liegt auf einem 2480 Fuss hohen Kegelberg, von dem man eine sehr gute Aussicht bis an das Mittelmeer hat, und hat nur wenige, meist schlechte Häuser. Die Einwohner sind Mohammedaner. In der halbverfallenen Moschee wird das Grab des Propheten Samuel gezeigt. Die Moschee steht an der Stelle eines in Kreuzesform erbauten Klosters. Man steigt zu dem Grabmal eine Treppe hinab in einen viereckigen Raum, dessen Ueberwölbung zum Theil eingebrochen ist. Hier sieht man einen gewölbten, weissübertünchten Sarkophag, der an den vier Ecken mit kupfernen Ezchajim, Lebensbäumen, geschmückt und gewöhnlich mit einer Decke überhangen ist. In der Nachbarschaft der Moschee finden sich Spuren alter Gebäude und einiger Cisternen. Der Gipfel des Berges soll nach der Legende die Prophetenstadt Rama getragen haben, wogegen neuere Forscher hier das alte Mizpa suchen, von wo Judas Makkabäus zum Angriff auf die Heiden ausrückte.

Siluan, Dorf von 80 Wohnungen, die zum Theil Felsengrotten sind, $\frac{1}{4}$ Stunde vom Stephansthor am Westabhang des Bergs des Aergernisses, ohne Zweifel das alte Siloam. Die Einwohner gelten für fanatisch und räuberisch.

Simeons Haus, nach der Legende die Wohnung des greisen Simeon, welcher das Jesuskind im Tempel segnete, ein Trümmerplatz, eine kleine Stunde vom Jaffathor, rechts am Wege nach Bethlehem.

Wir beschreiben nun die Touren nach Jericho, dem Jordan, dem Todten Meere und nach Mar Saba, sowie nach Bethlehem und Hebron, wobei wir an den in der Einleitung eingetheilten Plan erinnern, nach welchem sich dieselben verbinden lassen:

1. Ausflug nach Jericho, dem Jordan und dem Todten Meere, und über Mar Saba nach Jerusalem zurück.

Man verlässt Jerusalem durch das Stephansthor und reitet um den Oelberg herum nach Bethanien. Rathsam ist, um die Mittagszeit, etwa um zwei Uhr aufzubrechen, da Jericho nur sechs Stunden entfernt ist und der am Morgen dahin Aufbrechende diesen Ort so zeitig erreicht, dass er gerade in den hier besonders heissen Nachmittagsstunden in dieser Gegend verweilen muss.

In **Bethanien** werden gezeigt: a) ein in Ruinen liegendes Gebäude, welches das Haus des Lazarus sein soll: b) das Haus seiner Schwester Maria; c) das der Martha; d) das Simons des Aussätzigen, endlich e) das Grab des Lazarus. Letzteres ist eine Art Felsenkeller, in welchen man auf sechsundzwanzig Stufen hinabsteigt. Von hier führen noch zwei Stufen in ein kleineres Seitengemach, in dem Lazarus gelegen haben soll. Die Grabstätte, die jedenfalls sehr alt und sehr wahrscheinlich wirklich eine Gruft ist, steht auch bei den Bekennern des Islam in hoher Achtung.

Eine starke Viertelstunde von hier trifft man den *Apostelbrunnen* (arabisch Bir El Chod) und daneben Ruinen eines Khans. Weiterhin wird die Gegend kahler und steiniger und man befindet sich endlich völlig in der Wüste.

Drei Stunden von Bethanien kommt man an die Trümmerstätte Karjat El Kurd, die einst ein Nebengebäude des in der Nähe liegenden Khan Chadrur gewesen zu sein scheint, eines Kastells, welches die Strasse beherrschte, jetzt aber ebenfalls in Ruinen liegt. Eine Stunde von hier bemerkt man links auf der Höhe eine doppelte alte Wasserleitung. Der Weg, der von hier in das Ghor oder Jordanthal hinabführt, ist ziemlich steil. Im Thale angelangt, hat man erst einen schmalen Kanal, dann den in der Nachbarschaft entspringenden, an seinen Ufern mit dichtem Gebüsch bewachsenen Bach Ain Es Soltan zu passiren. Von der Furth ist es noch eine halbe Stunde bis nach Jericho, welches jetzt Richa heisst und ein höchst elendes Dorf von etwa vierzig Hütten ist, bei dem sich einige Felder und eine Gruppe von Feigen- und andern Bäumen befinden. Das Kastell von Jericho ist ein alter viereckiger Thurm, in welchem einige Baschibozuks als Wachtposten stationirt sind. Von den Palmen und Balsampflanzungen des alten Hierichunt ist nichts, von den Prachtbauten der Stadt (welche übrigens eine halbe Stunde westlich vom heutigen Richa lag) nur ein Stück der Wasserleitung mit mehren Bogen noch vorhanden. Man pflegt sein Zelt in der Nähe des Baches aufzuschlagen. Die Einwohner des Dorfes liefern gegen Bezahlung Milch und Eier. Die Beduinen der Escorte führen gegen ein Bakschisch eine Fantasia, d. h. eine Art Tanz auf, bei dem sie ihre Pistolen abfeuern. Die Gegend von Jericho ist sehr wenig angebaut, wie das ganze Jordanthal, aber nicht ohne Bäume und Sträucher. Man findet ausser einigen Feigen- und Granatbäumen sehr häufig den dornreichen Nabkbaum, dessen Frucht, von den Arabern Dom genannt und gegessen, einer Kirsche gleicht, aber ganz saftlos ist; ferner die Palme Christi, die das Ricinusöl liefert; die milchreiche Asklepias Gigantea, von den Arabern Ascher geheissen, ein Strauch, welcher die sogenannten Sodomsäpfel trägt, endlich gelegentlich eine Tamariske. Die sogenannte Jerichorose (arabisch Kaf Mirjam), eine Pflanze, welche in Jerusalem als Andenken verkauft wird und zu den kreuzblüthigen Siliquosen gehört, wächst nicht hier, sondern in Arabien. Sie hat die Eigenschaft, ins Wasser gesetzt, aufzugehen und sich, trocken geworden, wieder zusammenzuziehen.

Von Jericho aus kann man entweder direct nach dem Jordan aufbrechen oder erst einen Abstecher nach der *Wüste Quarantena*, Dschebel Karantel unternehmen, wohin die Legende die Stelle verlegt, an welcher Jesus nach vierzigtägigem Fasten vom Teufel versucht wurde. Dieselbe liegt 1¼ Meilen nordwestlich von Richa, über dem sogenannten *Elisäusbrunnen*, der Quelle des Baches Ain Es Soltan. Dieser schöne klare Quell entspringt in einer schauerlichen Schlucht, 720 Fuss über dem Spiegel des Todten Meeres und bildet ein von allerlei Grün umgebenes Becken, in dem es Fische gibt. Die Wüste Quarantena mit dem Berg der Versuchung liegt noch 600 bis 800 Fuss höher. Es fährt ein schmaler und beschwerlicher Weg hinauf, neben dem man eine Anzahl von Einsiedlerhöhlen trifft, die indess jetzt unbewohnt sind. Auf der Ostseite des Berges befinden sich drei besonders grosse Grotten, in denen man noch schwachen Spuren von Fresken begegnet. Sie sind indess ebenso wie der Gipfel des Berges nur mit Schwierigkeit zu erreichen und verlohnen die Mühe so wenig wie die Aussicht von diesem.

In Jericho fuhr Elias gen Himmel, starb Herodes der Grosse, fand die Begegnung Christi mit Zachäus statt.

Wer die Tour von Jericho nach dem Norden und dem Todten Meere machen und die Nacht im Kloster Mar Saba zubringen will, muss bei Zeiten aufbrechen, da es von Jericho bis zum Jordan 1¼

Der Taufplatz am Jordan.

von da bis zum Todten Meer 1½ und von dort wieder bis nach Mar Saba sechs Stunden ist und das Kloster nach Sonnenuntergang Niemand mehr einlässt, wie es denn überhaupt nur solchen Fremden Einlass gewährt, welche durch einen Empfehlungsbrief vom Patriarchen in Jerusalem legitimirt sind. Der Weg von Jericho nach dem **Jordan** führt über eine von sanften Senkungen unterbrochene Ebene, die zum Theil mit einer dünnen Salpeterkruste bedeckt ist. An manchen Stellen, besonders gegen den Fluss hin, finden sich Sträucher und Bäume. Die Ruinen rechts im Südosten sind Reste des Klosters Hadschla, welches dem Täufer Johannes geweiht war, und in dem man Spuren von Wandgemälden antrifft, die sich auf Elias beziehen. Die Stelle, wo man den Jordan gewöhnlich zuerst erreicht, gilt der Tradition für die, wo Christus die Taufe empfing. Der Fluss ist hier etwa 80 Fuss breit und in der Mitte 10 bis 12 Fuss tief. Seine Ufer sind mit schönem Wald von wilden Lorbeerbäumen, Eichen, Weiden, Akazien und Tamarisken bedeckt. Das Wasser ist trüb und so reissend, dass auch gute Schwimmer, schon der steilen Schlammufer halber, wohl thun, sich nicht zu weit hineinzuwagen. In dem Uferdickicht halten sich wilde Schweine und, wie man sagt, auch Panther auf. Der arabische Name des Jordan ist Scheriat, ausführlicher Scheriat El Kebir, d. i. die grosse Tränkstelle. Die Höhen im Osten sind die Berge der Kinder Ammon.

Zwischen dem Jordan und dem Todten Meere findet sich nirgends eine Quelle; man nehme sich daher Wasser zum Trinken aus dem Flusse mit, was noch nöthiger ist, wenn man einen Ausflug bis nach Endschiddi vorhat. Der Weg bis zum Nordende des **Todten Meeres** (arabisch Bachr Lut, Lotssee oder Bachr El Mid, Salzsee) führt über salpetergeschwängerten Boden ohne Bäume, Sträucher und Gras. Man pflegt gegenüber einer kleinen Insel Halt zu machen Das Ufer ist hier mit zahlreichen, ihrer Rinde entkleideten Bäumen bedeckt, welche der links in den See mündende Jordan herabgeschwemmt und der See wieder an's Land geworfen hat. Die Farbe des Landsee's ist, wenn nicht Wolken den Himmel bedecken, ein schönes Dunkelblau, die der Berge am Nordende gelblich grau. Das stark mit Salz und Asphalt geschwängerte Wasser lässt weder vegetabilisches noch animalisches Leben in sich aufkommen, so wie auch der See weder Fische, noch Muscheln, noch Pflanzen irgendwelcher Art in sich. Es hat einen scharfen, bittersalzigen Geschmack, verursacht dem Badenden an wunden Stellen des Leibes ein heftiges Brennen und trägt ihn, wo es tiefer ist, wie einen Kork.

Was sonst Ausserordentliches von dem See erzählt wird, ist Fabel. Er hat weder einen üblen Geruch, noch haucht er giftige Dünste aus.

Die Länge des Todten Meeres beträgt 10, seine durchschnittliche Breite zwei deutsche Meilen. Als grösste Tiefe hat man 1170 Fuss gefunden, am Südende, wohin der räuberischen Stämme am Ufer wegen selten ein Reisender gelangte, soll man den See durchwaten können. Seine Oberfläche liegt zwischen 1200 und 1300 Fuss unter dem Spiegel des Mittelmeeres. Entstanden ist er höchst wahrscheinlich durch einen Erdsturz, den vulkanische Kräfte vorbereiteten. Die Steinarten am Ufer (das Gebirg war einst von den Moabitern bewohnt, der höchste Gipfel soll der Neho sein) bestehen hauptsächlich aus gewöhnlichem Kalk- und Sandstein, Stinkschiefer und bituminösem Quarz. An der Ostküste fand man hin und wieder vulkanische Bildungen und Lava. Im Süden erhebt sich ein dunkler Kegelberg, der vom Fuss bis zum Gipfel mit Schlacken und Lava bedeckt ist. Oestlich von der sehr weit in den See hinaustretenden Halbinsel Usdom (Sodom) erblickt man über einer Schlucht und 60' über dem Wasserspiegel eine Art Säule von Steinsalz, die eine Höhe von 40 Fuss hat und für die Säule gilt, in welche Lot's Weib verwandelt wurde.

Wo die untergegangenen Städte gelegen haben (ausser Sodom und Gomorrha werden von der Genesis noch Adama, Zoar und Zeboim genannt), ist unbekannt. Schliesslich ist zu bemerken, dass die Umgebung des Meeres nur da dürr und baumlos ist, wo es an süssem Wasser fehlt. In der Schlucht *Endschiddi*, bis zu welcher man vom Ufer bei der kleinen Insel im Norden etwa drei Stunden reitet, und welche vielleicht das Engeddi ist, wo David sich als geächteter Rebell und Räuber vor Saul verbarg, und mit dessen Traube die Sulamith des Hohenliedes ihren Geliebten vergleicht, wachsen neben der Quelle, die den anmuthigen Ort bewässert, ausser Schilf, Tamarisken und Gurrabäumen auch einige Palmen. Flüssiges Erdharz wird in der Nachbarschaft des See's nirgends gefunden, wohl aber der sogenannte Mosesoder Asphaltstein.

Auf dem Wege vom Todten Meere nach dem Kloster Mar Saba begegnet man nirgends einer Menschenwohnung, keinem Baum oder Strauch und nur zwei Quellen Die Richtung desselben ist zuerst nordwestlich, dann nördlich, zuletzt westlich. Eine halbe Stunde von der Haltstelle bei der Insel erreicht man die mit Schilf und Tamarisken umgebene Quelle Ain Ed Dschahir, deren Wasser zwar etwas Salzgehalt hat, aber — namentlich mit Orangensaft gemischt — zu trinken ist. Eine Viertelstunde weiter streift der Weg das Südende des Wadi Daber, einer tieferen Bodensenkung mit steilen, zum Theile felsigen Wänden, dann steigt er allmälig bergan, führt am Wadi Abu Dis hin und senkt sich hierauf in das Wadi Kunetereh hinab. In der Ferne erblickt man den *Nebbi Musa*, eine Höhe, auf deren Gipfel eine in Ruinen liegende kleine Moschee den Mohammedanern das den Christen und Juden bekanntlich verborgen gehaltene Grab Mosis bezeichnet. Weiterhin führt die Strasse über die Hochfläche Sahel Abu Kea und verschiedene Wüstenthäler und Höhen nach einem Thal, in welchem eine Cisterne mit gutem Wasser ist, und von wo man noch 1¼ Stunde bis Mar Saba reitet. Der Weg ist nicht besonders beschwerlich, die Temperatur aber, vorzüglich in den engen Thälern ausserordentlich heiss. Das Wasser der Cisterne ist vortrefflich, enthält aber rothe Würmer, wesshalb man gut thut, es durch ein Tuch zu seihen.

Das **Kloster Mar Saba** hängt, seiner Gestalt nach einer mittelalterlichen Burg ähnlich, am Abhang des Wadi Nahr, einer wildeu, schauerlichen Felsenschlucht, welche eine Fortsetzung des Kidronthales ist. Die schroffen Wände der Schlucht haben eine Höhe von 400 bis 500 Fuss und zeigen eine grosse Anzahl von Höhlen und Grotten, in welchen im Alterthum Tausende von Anachoreten wohnten. An der einen Wand führt, vielfach sich schlängelnd, eine gute Strasse bis vor die Klosterpforte. Damen haben in das eigentliche Kloster keinen Einlass, sondern müssen in einem Seitenthurm übernachten. Nichtchristen dürfen nur bis in den ersten Hof. Das Kloster gehört den Griechen. Der Schlafsaal für die Pilger ist bequem eingerichtet, die Verköstigung dagegen in der Regel mager. Wein trinkt man hier nur, wenn man ihn selbst mitgebracht hat. Unter den Mönchen (Kalugern) befindet sich gewöhnlich einer, welcher, italienisch sprechend, das Führeramt übernimmt. Er zeigt dem Fremden verschiedene düstere Kirchen und Capellen mit vielen Heiligenbildern und mancherlei Gold- und Silberschmuck, eine Nische mit einem Haufen Todtenschädel, die angeblich von dem Blutbad herrühren, welches die Sarazenen im Jahre 812 unter den Klosterleuten anrichteten, einen Sarkophag mit den Gebeinen des Kirchenvaters Johannes Damascenus, und die Höhle, in welcher der heilige Saba lange Jahre mit einem Löwen zusammengewohnt hat. Die Palme, welche sich unter der Kirche erhebt, soll von ihm gepflanzt worden, also etwa 1300 Jahr alt sein, hat aber höchstens 50 Jahre.

Von Mar Saba reitet man, da der Weg grossentheils gut ist, in zwei Stunden nach Jerusalem zurück und zwar folgt die Strasse bis vor die Stadt dem Kidronthal. Die ganze im Vorstehenden beschriebene Tour kann, wenn man die Ausflüge nach der Wüste Quarantena und nach Endschiddi weglässt, recht wohl binnen zweimal vierundzwanzig Stunden gemacht werden, mit Einschluss jener Ausflüge erfordert sie vier Tage. Wer von Mar Saba sogleich nach Bethlehem und Hebron weiter gehen will, gelangt auf dem nächsten Wege. über den Wadi und das Dorf Antubeh, binnen drei Stunden dahin.

2. Ausflug über Bethlehem nach Hebron und über die Johanneswüste und das Kreuzkloster nach Jerusalem zurück.

Man verlässt Jerusalem durch das Jaffathor, steigt in das Gihonthal hinab und ersteigt in der Nähe von Montefiores Windmühle die jenseitige Thalwand wieder. Dann führt der Weg über die Ebene nach dem Dreikönigsbrunnen und am Kloster Mar Elias vorüber an der Wand eines in mehre Senkungen getheilten Kessels hin nach **Bethlehem**, welches zwei Stunden von Jerusalem entfernt ist. Das kleine, weiss schimmernde Grabmal, welches man auf der Mitte des Weges zwischen Mar Elias und Bethlehem zur Rechten erblickt, ist das *Grab Rachels*, der Lieblingsfrau des Patriarchen Jakob, der grosse Ort weiter oben am Berghang Bet Dschala. Bethlehem liegt recht hübsch auf einem Hügelvorsprung, dessen Seiten mit Baumgärten und etwas Wein

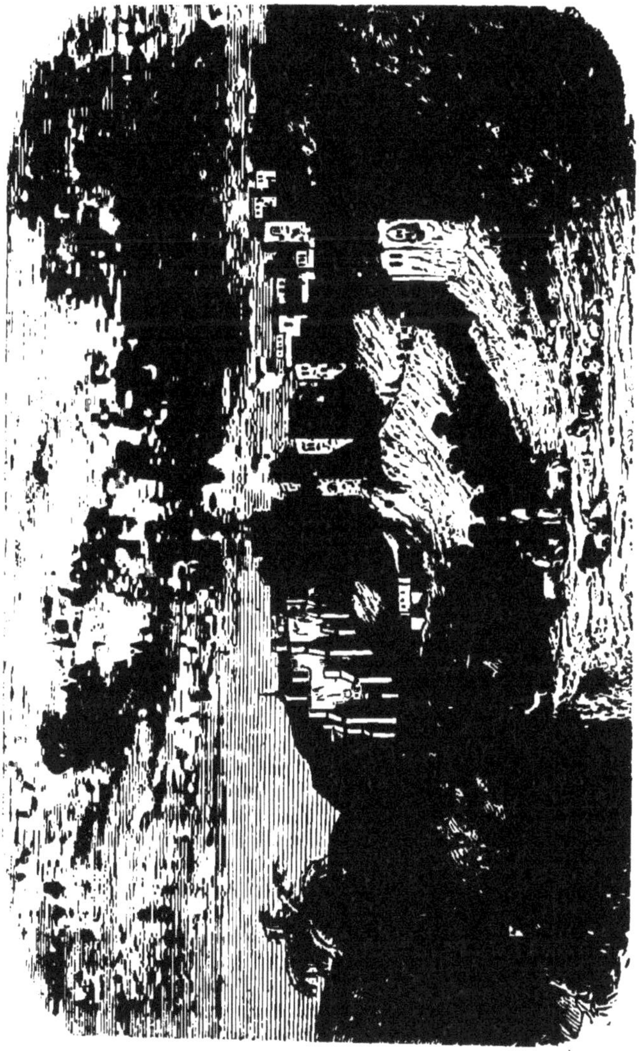

Bethlehem.

bepflanzt sind. Es hat gegen 3000 Einwohner, die fast alle Christen sind. Die Frauen tragen eine eigene Kleidung, die in einer über das blaue arabische Hemd geworfenen rothen Tunica besteht. Die Bethlehemiten beschäftigen sich mit Garten- und Feldbau, und ausser andern Handwerken mit der Anfertigung von Andenken für Pilger: Dosen mit dem Bild des heiligen Abendmahls, Rosenkränzen, Krucifixen, Trinkschalen u. a. Das Innere des Städtchens ist schmutzig.

Die Klöster — es sind drei, ein lateinisches, ein griechisches, ein armenisches — bilden einen Stadttheil für sich. Sie sind allesammt von einer hohen, mit mächtigen Strebepfeilern gestützten Mauer umgeben und schliessen drei Kirchen ein. Durch ein grosses Thor gelangt man auf einen gepflasterten, von Arkaden eingefassten Hof, aus dem eine Pforte in die Kirche führt, welche die Höhle, in der die Sage Jesum geboren sein lässt, einschliesst. Die Kirche ist nächst der Grabeskirche in Jerusalem die schönste in Palästina. In ihr wurde 1101 der Kreuzritterkönig Balduin gekrönt. Ihrer Grundform nach ist sie eine Basilika, ihre jetzige Ausschmückung stammt von den Griechen her, welche sie 1842 ausbesserten, 48 gelbliche Marmorsäulen mit korinthischen Kapitälern tragen die Decke, die aus Cedernholz vom Libanon gefertigt sein soll. Grosse Fenster erhellen das Schiff, welches ein Kreuz vorstellt. An den Wänden erblickt man griechische Inschriften, Spuren musivischer Darstellungen und einige Gemälde auf Holztafeln. Der Chor, vom Schiffe durch eine Quermauer geschieden und drei Stufen höher als dieses, enthält einen den drei Weisen aus dem Morgenlande geweihten Altar, vor dem ein Marmorstern am Boden die Stelle andeutet, über welcher der Wegweiserstern stille stand „oben über, da das Kindlein war". Rechts und links von dem Altar führen Stufen in die Geburtshöhle hinab.

Während die Kirche ziemlich schmucklos ist, kommt die Capelle, in die man die Höhle verwandelt hat, an Pracht der Grabeskirche gleich. Wände und Boden des unterirdischen Raums sind mit weissen Marmorplatten belegt. Gegen dreissig Hängelampen werfen im Verein mit mehren grossen Leuchtern ein helles Licht auf die verschiedenen heiligen Gegenstände in der Grotte. Die besonders verehrten Stellen sind mit seidenen Stoffen behangen. Hinten im Osten der Grotte ist die Stelle, wo nach der Legende Maria entbunden wurde. Sie wird durch einen Altar bezeichnet, unter dem sich in einer Nische eine Tafel von weissem Marmor befindet, auf welcher von den Strahlen einer Sonne von Silber und Jaspis umgeben die Worte zu lesen: „Hic de virgine Maria Jesus Christus natus est." Etwa fünf Schritte südlich von hier steigt man auf sechs Stufen in die kleine Nebengrotte hinunter, wo die Krippe stand, die dem Jesuskind als Wiege diente. Ein ausgehöhlter Marmorblock stellt jetzt die Krippe vor, die drei grossen Silberleuchter davor sollen die Hirten, die hier anbeteten, nach anderer Deutung die lateinische, die griechische und die armenische Kirche vorstellen, die sie gestiftet haben. Der Krippe gegenüber begegnet man dem Altar der drei Könige oder Weisen, der an dem Ort stehen soll,

Geburtskirche in Bethlehem.

wo dieselben dem göttlichen Kinde Gold, Weihrauch und Myrrhen opferten. Die Lampen der Krippengrotte tragen das österreichische Wappen. Die Gemälde, welche die Capelle schmücken, sind meist Copien nach Raphael, auch ist ein Originalbild von Giacomo Palma darunter. Endlich besitzt das unterirdische Heiligthum auch eine kleine Orgel.

Um die Geburtsgrotte herum liegen vier kleinere Höhlen: eine, in welcher die Gebeine der heiligen Paula ruhen, die von Rom hierher pilgerte, um ihre Tage als Siedlerin neben der Wiege Christi zu beschliessen, eine zweite, in der man St. Eusebius von Cremona begrub, eine dritte, in welcher der Kirchenvater Hieronymus das Alte Testament übersetzt haben soll, endlich eine vierte, in welcher die Schaar der von Herodes ermordeten bethlehemitischen Kinder bestattet sein soll. Ueber der zuletzt genannten Höhle befindet sich eine der heiligen Katharina geweihte, recht freundliche Kirche, welche im Besitz der lateinischen Mönche ist.

Die Umgebung ist reich an Legendenorten:

Im Südosten des Klosters, in welchem man beiläufig gute Herberge findet, liegt die sogenannte *Milchgrotte*, in der sich Maria mit dem Jesuskinde eine Zeitlang verborgen haben soll, bevor sie nach Aegypten floh. Dieselbe ist etwa zehn Schritt lang, und man zeigt auf dem Boden nicht weit von dem dort befindlichen Altar noch die Tropfen der Milch, welche die heilige Mutter beim Säugen verlor — eine mergelartige Masse, die gut für Frauen sein soll, welche nicht stillen können.

Gegen Osten, etwa eine halbe Stunde von der Stadt, wird *das Feld der Hirten* gezeigt, wo das Gloria Deo in excelsis der Engel erschallte. Daselbst trifft man den Ort der Hirten (Dejr Er Rawat) der mit einer Mauer umgeben ist und in dem sich eine ziemlich tiefe und 30 Fuss lange Höhle befindet, welche man zu einer Capelle umgeschaffen hat. Etwas weiter südlich liegt das Dorf Bet Sahur 'En Nassara, in welchem die Hirten gewohnt haben sollen.

Zwischen der Stadt und dem Ort der Hirten bezeichnet die Legende eine Stelle als die, wo Joseph den Traum hatte, in welchem ihm die Flucht nach Aegypten befohlen wurde.

Beim Grabe Rachels endlich findet man das sogenannte *Erbsenfeld*, eine Stelle mit vielen kleinen Steinchen, in welche Maria die Erbsen hartherziger Bauern verwandelte, weil sie ihr dieselben abschlugen.

Von Bethlehem kann man Ausflüge nach den Teichen Salomo's, nach Artas und nach dem Frankenberg unternehmen, und zwar lassen sich dieselben in der Weise verbinden, dass man zuerst nach den Teichen geht, von dort sich nach Artas begibt und dann durch die Wadis Et Tauahin, Dejr Dia und Wia nach dem genannten Ruinenberg reitet, von wo man in zwei Stunden nach Bethlehem zurückkommen kann. Der ganze Ausflug erfordert etwa sieben Stunden.

Die *Teiche Salomo's* sind eines der merkwürdigsten Bauwerke Palästina's. Dass sie von Salomo herrühren, ist nicht zu erweisen, indess sind sie jedenfalls sehr alt. Es sind drei stufenweise übereinander angebrachte, in den Fels gehauene, auf dem Boden und an den Wänden mit Tropfsteinen bekleidete Becken, die theils vom Regen des Winters, theils von einer Quelle ihr Wasser erhalten, die mit einem grossen Stein verschlossen ist und von der Legende als der „versiegelte Brunnen“ des Hohenliedes bezeichnet wird. Der oberste Teich ist 380 Fuss lang und 230 Fuss breit; der in der Mitte hat eine Länge von 424 und eine Breite von durchschnittlich 210 Fuss, der unterste endlich ist 585 Fuss lang und an der schmalsten Stelle 150, an der weitesten 210 Fuss breit. Neben dem Teiche liegt ein Khan, der einst ein Castell war und den Namen Kalat El Borak führt.

Bei *Artas* trifft man die *verschlossenen Gärten Salomo's*, und ringsum grünt das Thal von neuen Pflanzungen, welche von dem getauften Juden Meschulam auf Veranlassung des englischen Consuls Finn angelegt wurden. Das Dorf Artas liegt halb in Ruinen.

Der *Frankenberg*, ein Hügel von vulkanischer Gestalt, soll nach Einigen das Bethulia getragen haben, vor dem die Geschichte von Judith und Holofernes spielte, nach Andern ist er die Jer. 6, 1 erwähnte Warte Beth Cherem. Letzteres ist nicht unmöglich, noch wahrscheinlicher aber ist, dass die Ruinen, die man auf ihm trifft, der von Josephus erwähnten Festung Herodium angehört haben. Auf der nördlichen Seite unten finden sich viele Mauertrümmer. An der Nordwestseite kann man die Spur einer gepflasterten in gerader Richtung nach dem Gipfel führenden Strasse verfolgen. Der Gipfel ist, wahrscheinlich künstlich, geebnet. An jeder der vier Himmelsgegenden erhob sich ein runder Thurm. Man sieht von hier deutlich ein Stück des Todten Meeres.

Der Weg von Bethlehem nach Hebron, welches von Jerusalem sieben Stunden entfernt ist, führt bei den Teichen Salomo's vorbei einen steilen Bergrücken hinauf. Oben auf der Höhe wird die Strasse besser, und man trifft eine ziemlich üppige Vegetation von Krüppeleichen, Lentiscus und Erbeerbäumen an. 1¼ Stunde von den Teichen kommt man an einen mit Oelbäumen bewachsenen Berg, auf dessen Gipfel sich Trümmerstätten und alte Gräber befinden. 1½ Stunden weiter liegt an der Strasse ein antiker Trog, in den sich eine Quelle ergiesst. Ueber diesem Brunnen ziehen sich Reste einer alten Ortschaft hin, die von den Arabern Ed Dirweh genannt werden. Diesen Ruinen gegenüber steht auf einer Anhöhe ein Thurm mit kolossalen Grundmauern. Die Trümmer über der Quelle sind neuester Forschung zufolge wahrscheinlich das alte Bethzur. Auch von andern im A. T. erwähnten Orten glaubt man hier in der Nähe der Strasse Spuren entdeckt zu haben, so von Gedor in dem Dorf Dschedor, von Beth Anoth in Bet Ainun, von Maarath in Bet Ommar, und der Weg zwischen den Weinbergen von der Stadt Hebron hinab ist vermuthlich eine alte Römerstrasse.

Hebron, arabisch El Chalil, d. h. der Freund (scil. Gottes, also Abraham), in der Urzeit Kirjat Arba genannt, ist die älteste Stadt Palästina's und eine der vier heiligen Städte der Juden (die andern drei sind Jerusalem, Safet und Tiberias). Die Zahl ihrer Einwohner beträgt jetzt etwa 10,000. Die Lage ist sehr schön, die Umgebung fruchtbar. Ein Gasthaus existirt hier nicht, man bleibt daher in seinem Zelt. Merkwürdigkeiten der Stadt und ihrer Nachbarschaft sind:

1. der *Abrahamsbrunnen,* der Hebron das ganze Jahr mit Wasser versieht. Er liegt auf einer steinigen Höhe über dem türkischen Gottesacker.

2. Das *Grab Isais,* des Vaters David's, eine kleine, halbverfallene Halle, vor welcher einige Trümmer liegen und in welcher eine schlachtähnliche Vertiefung in den Boden hinabgeht. Dieser Schacht soll mit dem sogleich zu schildernden Grabe Abrahams in Verbindung stehen. Die hiesigen Juden werfen Haarbüschel von Kranken in die Tiefe hinab, indem sie davon Genesung für die Leidenden hoffen. Die Aussicht von der Höhe, auf der dieses Grabmal liegt, ist sehr anmuthig. Alte Oelbäume, hin und wieder ein Nussbaum, zahlreiche Feigen- und Granatbäume grünen in allen Farbenschattirungen auf den Wiesen. Hügel mit Rebstöcken bepflanzt, erinnern an Bacchus' Gabe, auf den Feldern blühen mancherlei Blumen.

3. Das Grab *Abners,* des Feldherrn Saul's, im Hofe eines türkischen Hauses. Es ist eine überkuppelte Capelle, in welche 26 Stufen hinabführen, und in der man hinter einem Baumwollenvorhang einen etwa 9 Fuss langen weissangestrichenen Steinsarg erblickt.

4. Das *grosse Haram*, eine Moschee, die früher eine christliche Kirche war, jetzt aber nur Mohammedanern geöffnet ist, und von der die Tradition behauptet, es befinde sich unter ihr die Doppelhöhle *Machpelah*, in welcher Abraham sich begraben liess. Die Moschee ist mit einer Mauer umgeben, welche ein Viereck von etwa 200 Fuss Länge und 140 Fuss Breite bildet. Die Steine des Unterbaues dieser Umfassungsmauer zeigen gleich denen der Substructionsmauer des Haram in Jerusalem die uralte Fugenränderung, und man findet unter ihnen Quadern von 38 Fuss Länge. Die Moschee selbst bildet ebenfalls ein längliches Viereck. Der D. Fränkel in Jerusalem will in der Grabhöhle unter der Moschee gewesen sein und dort drei mit grünem Seidenstoff behangene Sarkophage gesehen haben, auf denen die Namen der drei Erzväter in arabischer und hebräischer Goldschrift zu lesen gewesen. Ein anderer Jude, der zum Islam übergetreten, wollte auch die Särge von drei Patriarchenfrauen erblickt haben. Das Grab ist unzweifelhaft sehr alt. Man besitzt eine Votivtafel aus den ersten Jahrhunderten nach Christus, welche am Grabmale Abrahams eingefügt war. Ob Abraham, Isaak und Jakob wirklich hier ruhen, ist eine andere Frage. Die Behauptung, dass auch Adam hier bestattet sei, ist talmudistische Faselei, hergenommen von dem alten Namen Kirjat Arba, welches von den jüdischen Erklärern mit „Stadt der Vier", d. h. der vier Patriarchen Adam, Abraham, Isaak und Jakob übersetzt wurde, während es die Stadt Arbas (eines der Enakssöhne) bedeutet. Ebenso abgeschmackt sind die Behauptungen, dass Adam hier geschaffen worden, Abel hier von Kain erschlagen worden sei u. A.

5. Zwei jedenfalls dem Alterthum angehörige *Teiche*, von welchen der grössere untere 136 Fuss lang und ebenso breit ist, während der obere 86 Fuss Länge und 56 Fuss Breite hat.

6. Das *Haus Abrahams* (Rachmet El Chalil), Ruinen eines sehr grossen Gebäudes, welches mit dem Erzvater nichts zu thun hat, da dieser in Zelten wohnte.

7. Reste einer Citadelle nördlich vom Haramplatz, vielleicht die Stelle bedeckend, wo *David's Burg* stand, ehe er König über ganz Israel wurde und nach Jerusalem übersiedelte. Endlich

8. der sogenannte *Hain Mamre* oder vielmehr der Baum, unter dem Abraham sein Zelt aufgeschlagen hatte und wo ihm der Untergang Sodoms vom Engel angekündigt wurde. Josephus nennt diesen Baum eine Terebinthe, es ist indess eine Eiche. Dieselbe steht etwa eine Stunde von der Stadt auf einem mässig geneigten Wiesenplatz und hat 23 Fuss im Umfang, ein wenig über dem Boden theilt sie sich in drei Hauptäste. Der Baum, in dessen Nähe sich ein Brunnen befindet, ist dicht belaubt. Er mag über tausend Jahr alt sein. Dass er zu Abrahams Zeit schon vorhanden gewesen, ist Fabel. Die Juden halten übrigens einen andern Ort, etwa eine Stunde nördlich von Jericho für die, wo Abrahams Zelte sich erhoben hätten. Man trifft hier antike Mauerreste, welche, aus Lagen kolossaler Quadern bestehend, einen viereckigen Raum auf zwei Seiten umfassen, in dem sich eine

Cisterne befindet. Möglich ist, dass das alte Hebron hier oben lag. Wo die heutige Stadt, steht, kann es nicht gelegen haben, da es im Buch Josua heisst, es liege „auf dem Gebirg Juda," und da nach einer Stelle der Mischna angenommen werden kann, man habe es von Jerusalem sehen können, was von dem jetzigen Hebron nicht gilt.

Eine Haupterwerbsquelle der Bewohner von Hebron, unter denen sich 400 Juden (meist Sephardim) befinden, ist der Weinbau. Ausserdem gibt es hier Glasfabriken, in denen besonders Finger- und Armringe für arabische Frauen verfertigt werden, Fabriken von Wasserschläuchen und eine Baumwollentuchfabrik. Die Häuser der Stadt sind denen von Jerusalem ähnlich, die meisten sind gut und hoch aus gelbgrauen Quadern erbaut und haben zahlreiche Terrassen, sowie über allen Zimmern kleine, weissgetünchte Kuppeln.

Von Jericho nach Jerusalem zurückkehrend, mag man bei den Teichen Salomo's nach Nordwesten abbiegen, und statt über Bethlehem über St Georg, St. Philipp und St. Johann nach Jerusalem gehen. Es ist dies eine Tour, die sich lohnt und nur 4½ Stunden erfordert. Von den Teichen führt der Weg zuerst im Thal hin, dann eine Höhe hinauf zu dem griechischen Kloster *St. Georg* (arabisch El Chadr), neben welchem ein kleines Dorf liegt. Die Gegend ist ziemlich gut angebaut und hat viele Weingärten. Nachdem man wieder zwei Bergrücken überschritten, erreicht man das nordöstlich von St. Georg gelegene grosse christliche Dorf *Bet Dschala*, von dem es unter dem Volke heisst, dass in ihm kein Bekenner des Islam älter als zwei Jahre würde, wesshalb die Türken und Araber sich hier nicht niederzulassen wagen. Die Strecke Land zwischen hier und dem Grab Rachels ist nach der Legende die Stelle, wo das Heer Sanheribs sich gelagert hatte, als der Würgengel unter ihm erschien.

Von hier bis nach dem Dorf *St. Philipp* (arabisch El Weledscheh) geht man eine starke Stunde. Der Weg, theilweise und namentlich zu Anfang rauh, führt durch das Wadi Achmed, dann, bei Ain Jalo links ab durch das Wadi Ain Hanijeh. Der reichlich sprudelnde Quell bei dem (beiläufig mohammedanischen) Dorf von der kirchlichen Sage als der bezeichnet, in welchem der Apostel Philippus nach Apostelgesch. 8, 26—39 den Kämmerer der Königin Kandace taufte. Das Dorf hat eine anmuthige Lage zwischen stattlichen Baumgruppen und Rebenpflanzungen. Der Wein, dem man in Jerusalem und Bethlehem, an letzterem Ort bei dem Deutschen Schäfer, als Landwein trinkt, wird grossentheils aus Trauben von St. Philipp gekeltert.

Von St. Philipp kann man durch das Wadi Malcha in 1½ Stunden nach Jerusalem zurückgelangen. Doch thut man wohl, von hier aus gleich die Tour nach der sogenannten **Johanneswüste** (arabisch Ain El Habis) zu machen. Man steigt von St. Philipp in einer halben Stunde über einen öden Berg, von dem man eine weite Aussicht hat, bei welcher die Ruinen beim Dorfe Suda, die nach der Legende Reste der Makkabäerstadt *Modin* sind, das Auge vorzüglich fesseln, in einen Seitenzweig des *Terebinthenthales* hinab und gelangt, in dieses selbst einbiegend, vor die Stelle, wo der Täufer gewohnt haben soll. In Baumpflanzungen erhebt sich ein schroffer Fels, an dessen Fuss eine Quelle zwei Becken mit Wasser füllt. Neben diesen Becken führen Stufen zu einer mit Schlafbänken und einem Fenster versehenen Höhle empor. Weitere Stufen erleichtern aussen die Ersteigung des Felsens, auf dessen Gipfel man eingestürzte Gewölbe einer Kirche und eines Klosters antrifft. In der Johannishöhle wird von den Mönchen des eine halbe Stunde von hier entfernten Klosters St. Johannes zu gewissen Zeiten des Jahres Gottesdienst gehalten.

Auf dem Wege nach dem *Johanneskloster* (arabisch Ain Karim) passirt man eine kleine Grottencapelle, deren Altar das Grab Elisabeths, der Mutter des Täufers, deckt. Gleich dabei ragen zwischen grossen Feigenbäumen die Wölbungen und Bogen eines zerstörten Klosters, welche Mar Zacharia heissen, da sie nach der Legende an der Stelle stehen, wo der heilige Zacharias, der Vater des Täufers, wohnte. Einige hundert Schritte von hier ist eine Quelle, bei der sich Elisabeth und Maria begegnet haben sollen. Das Johanneskloster, burgartig gebaut und von einem Cypressenhain umgeben, ist ein von spanischen Mönchen bewohntes Franziscanerstift. Pilger finden hier Unterkunft. Die Klosterkirche steht auf der Stelle, wo Johannes geboren wurde. Ihre Orgel ist eine der besten in Palästina. Unter den Bildern, welche sie schmücken, befindet sich eines von Murillo. Der Garten des Klosters ist gut bewässert und so gelegen, dass in ihm Pflanzen und Früchte reifen, die sonst im Gebirg Juda nicht vorkommen, oder doch erst später im Jahre geniessbar werden.

Dreiviertel Stunden östlich von hier liegt das **Kloster des heiligen Kreuzes** (arabisch Dejr El Musullabeh), ebenfalls in der Gestalt einer kleinen Burg aufgeführt und von Georgiern bewohnt. Es enthält viele Bilder georgischer Fürsten und eine Sammlung georgischer Manuscripte. Die Ueberlieferng lässt es die Stelle einnehmen, an welcher der Oelbaum stand, aus dem das Kreuz Christi gezimmert wurde. Von hier gelangt man in zwanzig Minuten nach dem Jaffathor zurück.

VIERTES KAPITEL.

Touren durch den Norden Palästina's.

Von Jerusalem nach Nablus. — Ebal und Garizim. — Sebastijeh. — Dschennin. — Ebene Esdrelom. — Caipha. — Karmelkloster. — Nazareth. — Tabor. — Tiberias und See Genezareth. — Safed. — Itameh. — Akko oder St. Jean d'Acre.

Der Weg von Jerusalem nach Samaria und Galiläa führt zunächst zum Damaskusthor hinaus und über den Skopus hinweg immer in nördlicher Richtung. Nach 2½ Stunden erblickt man westlich am Wege in einer Senkung Ruinen, über denen sich die Höhe Er Ram erhebt. Die Trümmer bezeichnen wahrscheinlich die Lage des alten Rama Benjamin, welches sieben Meilen (genau zwei Stunden zwanzig Min.) nördlich von Jerusalem gegen Bethel hin lag. Eine gute Stunde von hier erreicht man den grossen alten Brunnen, neben dem, rechts von der Strasse, das Dorf *El Birreh* steht. Der Ort, von Bekennern des Islam bewohnt, könnte das alte Beeroth (Jos. 9, 17) sein. Nach der Legende war es hier, wo die von Jerusalem nach Nazareth zurückkehrenden Eltern Jesu den im Tempel zurückgebliebenen Sohn vermissten. Wer des Nachmitags von Jerusalem aufgebrochen ist, pflegt hier zu übernachten. Es befindet sich in dem Ort ein Khan, dessen Gebäude früher ein Kloster war. Sodann trifft man hier die Ruinen einer christlichen Kirche, deren Spitzbogenstyl auf ihre Erbauung in der Zeit der Kreuzzüge schliessen lässt, während die Sage behauptet, dass schon Helena, die Mutter Constantins, hier ein Gotteshaus errichtet habe.

Bergauf, bergab durch sehr gut angebaute Gegenden voll Feigen-, Granaten- und Olivenpflanzungen, kommt man in drei Stunden von Birreh an die im Wadi Tin unter einer schroffen Wand gelegene *Räuberquelle*, arabisch Ain El Haramijeh. Wieder eine Stunde von hier liegt am Abhang eines Bergrückens über Feldern und Olivenhainen das grosse mohammedanische Dorf *Sindschil*, wo sich wieder Gelegenheit zum Uebernachten findet, wofern man es nicht vorgezogen hat, in dem zwei Stunden von Birreh entfernten Khan Lubban zu bleiben.

Auf dem Weiterweg sieht man links von der Strasse das Dorf Ain Hebrud und die Ruine Bordsch Garab, rechts in der Ferne auf einem Berggipfel das Dorf Sejlun, wahrscheinlich das alte *Silo*, wo von Josuas bis auf Samuels Zeit die Stiftshütte mit der Bundeslade stand. Von Sindschil hat man sechs Stunden bis Nablus. Die letzten beiden

Stunden führt der Weg durch ein tiefes Thal, dessen breite Sohle sehr fruchtbar ist und über dem sich am Anfang eines von Südost nach Nordwest hinstreichenden Seitenthales links (d. h. im Norden des Seitenthales) der Garizim, rechts oder südlich der Ebal erhebt. Eine halbe Stunde vor Nablus, am Fusse des Garizim, und noch im Hauptthal befindet sich hart neben der Strasse der *Jakobsbrunnen*, an dem Jesus das Gespräch mit der Samariterin hatte. Der Brunnen soll einst sehr tief gewesen sein, ist aber jetzt verschüttet. Daneben bezeichnet ein Trümmerhaufen die Stelle, wo jenes Gespräch vom Wasser des ewigen Lebens stattgefunden habe.

Etwa einen Büchsenschuss nördlich vor dem Brunnen erblickt man am Fuss des Ebal ein weissgetünchtes Gebäude von der Gestalt eines mohammedanischen Weli, welches das *Grab Josephs*, des Sohnes Jakobs, sein soll. Es besteht aus einem Mauerviereck ohne Dach, welches von einem Hof umgeben ist. Im Innern befindet sich rechts ein einfacher Sarkophag, zu dessen beiden Enden sich niedrige Säulchen erheben. An der Wand daneben sieht man zwei Nischen, von denen die eine zwei Marmortafeln enthält, auf welchen die auf den Tod und die Bestattung des Patriarchen bezüglichen Stellen des ersten und zweiten Buchs Mosis in hebräischen Charakteren verzeichnet sind.

Einige hundert Schritte rechts von der Strasse ist die Quelle Ain El Asker, welche von einigen Topographen Palästina's für den eigentlichen Jakobsbrunnen gehalten wird.

Nablus, auf der Wasserscheide zwischen dem Todten und dem Mittelmeere gelegen, hiess im Alterthum *Sichem* (Schechem), in der römischen Kaiserzeit Flavia Neapolis, woher der heutige Name. Das Thal, in welchem es liegt, ist eng, aber auf seiner Sohle des Wasserreichthums der Gegend wegen sehr fruchtbar. Die Stadt ist gut gebaut und nimmt sich mit ihren Minarets und Kuppeln, die mit einem grünen Kranz von Feigen-, Orangen- und Olivengärten umgeben, sehr anmuthig aus. Im Innern trifft man hohe steinerne Häuser, einen gut versehenen Bazar und mehre schöne Brunnen. Die Zahl der Einwohner mag 12,000 betragen. Herberge gewährt das kleine griechische Kloster, welches sonst nichts vor Interesse bietet. Als Hauptsehenswürdigkeit der Stadt gilt das *Quartier der Samariter*, welches, auf der Seite des Garizim gelegen, aus mehren sehr grossen und sehr massiv gebauten Häusern besteht. Angehörige der Secte führen den Fremden gegen ein Bakschisch herum. Man zeigt hier eine kleine Synagoge, neben welcher in einer Art Alkoven der berühmte, nach der Behauptung der Samariter von Abisua, den Sohn des Pinchas, geschriebene und 3664 Jahre alte Pentateuch verwahrt wird. Derselbe liegt in einem schmalen Kupferkasten, der mit Silber eingelegt ist und den Namen des Meisters trägt, der ihn vor etwa einem halben Jahrtausend verfertigte. Nablus ist der einzige Ort, wo es noch Samariter gibt, und zwar beträgt ihre Zahl jetzt nur noch 140. Sie glauben nur an die fünf Bücher Mosis, hoffen auf den Messias, den sie Hataib nennen, und leben in ärmlichen Verhältnissen. Ihr Charakter wird im Allgemeinen nicht gelobt. Das

Nablus.

Thal, in welchem Nablus liegt, ist reich an historischen Erinnerungen. Schon Abraham kam bis hierher, und Jakob wohnte geraume Zeit hier bei Sichem. In dieser Gegend wurde Joseph von seinen Brüdern verkauft. In Sichem rächten die Söhne Jakobs die ihrer Schwester Dinah angethane Schmach. Auf dem *Ebal* baute Josua einen Altar für den Gott Israels. Auf dem Garizim stand später der grosse Tempel der Samariter, bis ihn der Makkabäer Johannes Hyrcanus zerstörte. In Sichem spielten die Hauptacte des blutigen Dramas, welches der Brudermörder Abimelech, Gideons Sohn, aufführte.

Von Nablus kann man einen Ausflug nach dem Gipfel des Garizim und einen andern nach den Ruinen von Sebastijeh machen. Zu dem ersteren lässt man sich am besten von einem der Samariter führen. Der **Garizim**, arabisch Dschebel Et Tor, erhebt sich gegen 800 Fuss über der Sohle des Thales von Nablus und 2300 Fuss über dem Spiegel des Mittelmeeres. Vom Samariterquartier erreicht man seinen Gipfel, der in einem langgezogenen Tafelland besteht, in einer halben Stunde. Auf einer kleinen Erhöhung am Rande des Berges befindet sich ein mohammedanisches Grab oder Weli, welches sehr weit hin sichtbar ist. Hier verrichten die Samariter am Neujahrs-, Versöhnungs- und Laubhüttenfest Gebete und am Passafest Opfer von Lämmern. Die Stelle zu letzteren ist durch zwei Reihen von Steinen und eine gemauerte Grube bezeichnet. Hinter der Erhöhnng mit dem Weli erblickt man ziemlich umfängliche Ruinen von Mauern und Thürmen, unter denen sich Quadern mit Fugenränderung finden. Sie werden von den Samaritern mit dem Wort „Kasr", d. i. Burg, bezeichnet und mögen Reste einer von den Römern zur Sicherung des Passes angelegten Festung sein. Etwas tiefer zeigt der Führer in einigen grossen Felsblöcken „die zwölf Steine, welche die Kinder Israels als Denkzeichen ihres trockenen Durchgangs durch den Jordan mitnahmen". Dieselben wurden aber (vergl. Josua 4. 20) zu Gilgal, nicht auf dem Garizim aufgerichtet. Nicht fern von hier findet sich eine ziemlich ausgedehnte Abplattung des Berges, auf welcher die Stiftshütte mit der Bundeslade gestanden haben soll. Vielleicht deuten die an den Seiten sichtbaren Spuren einer Mauer an, dass hier der Samaritertempel sich befand. (Auch die Stelle, wo Abraham den Isaak opfern wollte, wird von den Samaritern hier gezeigt.) Die Bundeslade hat aber nicht auf dem Garizim, sondern auf dem Ebal gestanden, als der siegreiche Feldherr der Israeliten das Volk hier (vergl. Josua 8, 30) auf das Gesetz verpflichtete. Den Standpunct der Bundeslade hat man sich etwa in der Nähe des heutigen Nablus zu denken. Um sie schaarten sich die Leviten mit dem Gesicht gegen Morgen gekehrt, sie hatten somit zur rechten (vornehmeren) Seite den Garizim, zur linken den Ebal, und so erklärt es sich, warum die am ersteren Berge aufgestellten Volksmassen den Segen, die am Ebal, trotz des auf ihm errichteten Altars den Fluch sprachen.

Sebustijeh mit den *Trümmern von Samaria* (Schomron) oder, wie es später hiess, Sebaste, liegt zwei Stunden nordwestlich von Nablus. Auf dem Weg dahin trifft man bei Bet Ajaba eine Wasserleitung mit zwölf Bogen. Nachdem mehre Quellen passirt sind, gelangt man in ein weites Thal, aus dem sich der schön gerundete Berg von Samaria erhebt Von König Amri gegründet, wurde diese Stadt unter Herodes dem Grossen die Königin der Städte Palästina's, aber zugleich der Schauplatz mancher Bluthaten. Hier ermordete Herodes seine Gemahlin und seine beiden Söhne, hier liess (nach der Legende, Eusebius sagt: am Todten Meer) sein Sohn Antipas Johannes den Täufer enthaupten. Die Stadt scheint noch in der Zeit kurz vor den Kreuzzügen einige Bedeutung besessen zu haben, da sie noch im zehnten Jahrhundert Bischöfe zu den Concilien sandte.

Das Erste, was man beim Ersteigen des Berges erblickt, sind die Ruinen der Kirche, welche nach der Legende das *Grab Johannes des Täufers* einschliesst. Das Ostende dieses Gebäudes ist noch wohl erhalten und bildet die hohe, achteckige Altarnische, einen Bau gemischten, vorwiegend griechischen Styls. Die Fenster dieser reichverzierten Nische sind gleich den Gewölben der Kirche Spitzbogen. Die Capitäle der Säulen gehören dem korinthischen Styl an, haben aber Verzierungen, die von der Form des Palmenstammes hergenommen sind. Die Südmauer des Gebäudes wird von schlanken Strebepfeilern gestützt; die Fenster befinden sich auffallend hoch oben. Die Kirche selbst, die man durch einen schmalen Vorhof im Westen betritt, hat ein schönes Portal und ist 156 Fuss lang und 78 Fuss breit. Ihre Mauern umfassen eine Moschee und einen kleineren Raum, in dem sich das Grab des Täufers befindet. Letzteres ist eine kleine unterirdische Felsenkammer, zu welcher man 21 Stufen hinabsteigt, und die mit Steinplatten getäfelt ist. In den obern Mauern erblickt man mehre Marmortäfeln mit verstümmelten Johanniterkreuzen.

Die Kirche, in die man übrigens nur gegen ein gutes Bakschisch gelangt, ist jedenfalls das Erzeugniss verschiedener Zeiten. Einiges mag von der heiligen Helena stammen, die so viele heilige Stätten Palästina's mit Kirchen zierte. Der ganze Oberbau aber rührt wahrscheinlich von den Johanniterrittern her, welche dazu Bruchstücke der benachbarten Architekturwerke des Herodes verwendet haben dürften.

Steigt man den Gipfel des Berges über der Kirche hinauf, so gelangt man zu einem Raum, der mit Säulen von Kalkstein umgeben war. Von denselben stehen noch fünfzehn aufrecht, während zwei gebrochen am Boden liegen. Das Gebäude, dem sie angehörten, scheint ein heidnischer Tempel gewesen zu sein. Die Aussicht von diesem Puncte ist grossartig und reicht über einen grossen Theil Samaria's, sowie bis hinab zum Spiegel des Mittelmeeres. Eine noch grossartigere Erinnerung an die Prachtliebe des Herodes als jene Säulen begegnet uns weiter unten am Abhang des Berges in der doppelten Säulenreihe, die von Nordwesten auf die Höhe strebend, sich südlich um den Gipfel herumzieht, und welche vielleicht den Eingang zur Stadt Sebaste bildete. Am Westende dieser Colonnade von 50 Fuss Breite und 300 bis 350 Fuss Länge stehen noch gegen achtzig Säulen, zum Theil bis auf die Capitäle erhalten, zum grössern Theil blosse Stümpfe. Die höchsten dieser Säulenfragmente sind 16 Fuss hoch. Der Durchmesser beträgt ziemlich anderthalb Fuss. Der Styl ist der jonische. Den Anfang des Säulenganges bildet im Westen ein Trümmerhaufen, welcher der Rest eines Thores oder Triumphbogens sein könnte. Am südlichen Fuss des Berges endlich finden sich noch etwa zwanzig vereinzelte Säulenstümpfe in verschiedener Entfernung von einander auf jetzt bebautem Boden.

Der nächste Weg von Sebustijeh nach Dschennin, wo Samaria aufhört und die Ebene von Esdrelom beginnt, geht über den hohen Rücken, der das Thalbecken im Norden einschliesst und von welchem man im Nordosten, wohin sich die Strasse [dann wendet, Ruinen erblickt, in denen Einige das alte Bethulia gefunden haben wollen. Der nächste Weg von Nablus nach Dschennin führt zunächst über den Ebal und dann durch verschiedene Thäler und Kessel an *Dscheba* (vielleicht Gibea), einem stattlichen, hochgelegenen Dorfe, wo man neben der Moschee Nachtquartier findet, an *Sanur*, einem burgartigen Orte über einem weiten Thalkessel, dessen Boden sich in der Regenzeit in einen seichten See verwandelt, und zuletzt an dem Dorfe *Kebatijeh* vorüber. Von Nablus Dscheba ist es vierthalb, von dort bis Sanur anderthalb, von da bis Kebatijeh eine, und von hier bis Dschennin dreiviertel Stunden.

Dschennin, ein hübscher Ort mit einer Moschee und den Ruinen eines Klosters, die aus Palmengruppen und Hainen von Kaktusfeigen-, Maulbeer-, Feigen-, Granaten- und Orangenbäumen malerisch hervorschauen, ist sehr wahrscheinlich das Ginaea des Josephus, und vielleicht das Sunem, wo der Prophet Elisa das Söhnchen seiner Wohlthäterin vom Tode erweckte. Eine Wasserleitung, die durch das Dorf geht, bietet schöne Gelegenheit, ein erfrischendes Bad zu nehmen.

Von Dschennin reitet man auf grossentheils ebenem Wege in etwe sechs Stunden nach Nazareth, wobei man keine Ortschaft berührt, wohl aber auf der Ebene Esdrelom, welche die Strasse durchschneidet, zahlreichen Herden und Zelten von Beduinen begegnet. Zieht man es vor, zuerst das Karmelkloster zu besuchen, so erfordert die Tour von Dschennin bis dahin einen starken Marsch von zwölf Stunden. Auf dem letzteren Wege gelangt der Reisende nach ungefähr drei Stunden an den Nahr Ledschun, einem im Sommer wasserlosen Bach, in dessen Nähe man eine Trümmerstätte, die von Einigen für das alte Legio gehalten wird, und einen Khan trifft. Nach drei weitern Stunden kommt man an den Fuss des Karmel, einen steil ansteigenden Gebirgsstock mit mehren Gipfeln, welcher mit seinen finstern Wäldern und seinen wilden Schluchten nicht an die Bedeutung seines Namens „Gottesgarten" erinnert. Bald darauf sieht man den in tief eingeschnittenem Bette hinfliessenden, mit prächtigblühenden Oleanderbüschen an seinen Ufern geschmückten *Kison*, der nach dem Sieg Baraks und Deboras über Sissera die Leichen der Erschlagenen wälzte und an dem später Elias die Baalspfaffen schlachtete, wesshalb er mit Recht Megiddo (noch jetzt Nahr El Mekatta) d. i. Mordbach heisst. An vielen Beduinenzelten vorüber führt der Weg dann, immer westlich, nach dem neun Stunden von Dschennin entfernten, am Fuss des Karmel gelegenen Dorfe *El Jadschur*, und bald nachher zu einem zweiten Orte, welcher *Schech Sejd* heisst, und bei dem sich ein klarer Gebirgsbach, der Nahr Saadeh, in den Kison ergiesst. Von hier reitet man auf gutem Weg noch 1½ Stunden bis *Caipha*, wo man Gelegenheit hat, sich wieder europäische Genüsse zu verschaffen, da Griechen hier mehre Trinkhäuser und eine Locanda halten, welche ziemlich gut ist.

Caipha, das Hepha oder Kepha des A. T., vielleicht auch das alte Porphyrion der Griechen, ist eine kleine, ziemlich hübsch gebaute See- und Handelsstadt, in der sich mehre Consuln, Agenturen des Lloyd und anderer Dampfschiffahrts-Gesellschaften, ein armenisches Kloster, eine Kirche und zwei kleine Moscheen befinden und dessen Markt häufig von den Beduinen der Ebene besucht wird. Von hier bis zum *Karmelkloster* reitet man in zwanzig Minuten. Das letztere liegt auf einem Vorgebirge des genannten Bergzuges etwa 850 Fuss über dem Meere. Die Wälder des **Karmel** bestehen vorzüglich aus Pinien und Steineichen. In ihnen hausen wilde Schweine und Panther. Auf dem Karmel wohnten mehre israelitische Propheten als Einsiedler oder Flüchtlinge vor dem Zorne ihrer abgöttischen Könige. Auf ihm opferten die Baalspriester vergeblich, während Elias das erbetene Feuer auf seinen Farren herabfallen sah; auf dem Karmel besuchte die Sunamitin ihren Gastfreund Elisa. Den Griechen galt der Berg ebenfalls für heilig, vermuthlich auf den Vorgang der Phönizier hin, welche hier den Baal-Melkarth verehrten. Hier soll Pythagoras als Eremit gelebt haben. Hier wurde dem Vespasian seine Erwählung zum römischen Kaiser geweissagt. Nach dem Sieg des Christenthums gründete die heilige Helena hier eine christliche Kirche. Während der Kreuzzüge siedelten sich Mönche auf dem Vorgebirge an, die in Höhlen lebten. 1217 bauten die Tempelherren hier einen Wartthurm auf. Erst zu Anfang des vorigen Jahrhunderts entstand auf dem Karmel ein eigenes **Kloster**. Dieses wurde 1799, nach der Belagerung von St. Jean d'Acre von den Türken zerstört, weil die Mönche französische Verwundete von Napoleons Armee aufgenommen und verpflegt hatten. Durch die Bemühungen des Mönchs Fra Giovanni Battista wurde das Kloster in einer Weise wieder aufgebaut, nach welcher es das schönste und stolzeste in ganz Syrien ist. Der unermüdliche Mönch war elfmal im Abendland, um Beiträge zur Erreichung seines Zweckes zu sammeln, und es gelang ihm, mehr als 600,000 Francs zusammenzubringen, die alle auf den Ausbau des Klosters verwendet wurden. Beim Hinaufsteigen nach dem Kloster bemerkt man links in der Felswand verschiedene Grotten, die Spuren des Meissels zeigen. Oben angelangt, sieht man ein Haupt- und ein grosses Nebengebäude, von denen ersteres drei Stock hoch ist. Die Mönche sind sehr gut für den Empfang und die Beherbergung von Pilgern eingerichtet und ungemein freundlich und zuvorkommend. Wir fanden unter den Laienbrüdern auch einen deutschsprechenden Oesterreicher. Die Kirche des Klosters ist gross und, wie das Kloster selbst, dem heiligen Elias geweiht. Das Altarbild besteht in einer Darstellung der Jungfrau Maria mit dem Jesuskind, einer Holzfigur, welche ein schönes seidenes Kleid und auf dem Kopfe eine von Edelsteinen funkelnde Krone trägt. Unter dem Altar zeigt man die Grotte, in welcher Elias gewohnt haben und von Gottes Raben mit Speisen versorgt worden sein soll. In der Sakristei befindet sich eine sehr kunstreiche Holzschnitzarbeit eines spanischen Meisters, welche den Elias darstellt, wie er mit flammendem Schwert einen der Baalspriester erschlägt. Die schöne Lage des Klosters, der Luftstrom, der im Sommer, vom Libanon und dem noch 1500 Fuss über das Kloster aufragenden Gipfel des Karmel kommend, die Atmosphäre kühlt und reinigt, die herrliche Aussicht, die saubere und geschmackvolle Einrichtung der für die Fremden bestimmten Zimmer, die gute Küche und die angenehmen Getränke, welche die Klosterapotheke aus den würzigen Pflanzen des Berges bereitet, vermögen manchen Wanderer, sich hier mehr als einen Rasttag zu gestatten. Am Westfuss des Berges wird eine zweite Eliashöhle gezeigt, welche 20 Fuss in den Felsen hineingeht und sich durch ein eigenthümliches Echo auszeichnet. Sie wird auch von den Mohammedanern als Heiligthum verehrt. Ein Ausflug nach El Mohraka, dem „verbrannten Ort", wo Elias Feuer vom Himmel fallen liess (derselbe liegt auf der südwestlichen Kuppe des Gebirgsstocks), erfordert (hin und zurück) einen besondern Tag und bietet nichts besonders Sehenswerthes. Dagegen lasse man sich nach der sogenannten Höhle der Ordensbrüder führen, in der man noch gegen vierhundert Felsenzellen, jede mit einem besondern Fenster und einer aus dem Felsen herausgearbeiteten Schlafbank findet.

Der Weg von Caipha nach Nazareth führt zunächst wieder nach dem Dorfe El Jadschur zurück, dann in dessen Nähe durch eine Furth des Kison (man hüte sich hier vor den Rohrsümpfen, welche der Fluss auf seinem rechten Ufer bildet und welche bis in den Sommer hinein gefährliche Stellen haben), hinauf über eine mit schönen Steineichen bewachsene Hügelwelle, die ein Ausläufer des Karmel ist. Eine besonders grosse Eiche am östlichen Ende des Waldes bezeichnet die Hälfte des Weges von Caipha nach Nazareth, der nun etwa 1¼ Stunden durch die Ebene Esdrelom, dann am Nordrand derselben und endlich durch mehre Thäler des galiläischen Gebirges hinführt.

Die **Ebene Esdrelom**, von den Arabern Merdsch Ibn Amr genannt, im A. T. auch als `Gefilde Jesreel bezeichnet, ist ein weites von Westen nach Osten laufendes Thal, welches Samaria von Galiläa scheidet. Sie ist, vom Mittelmeer bis fast an den Jordan reichend, etwa fünf deutsche Meilen lang und durchschnittlich halb so breit, und zerfällt in drei durch ziemlich hohe Bergketten geschiedene Zweige: einen im Norden, einen in der Mitte und einen im Süden. Sie ist ausserordentlich fruchtbar, jetzt aber wenig bebaut und im Allgemeinen nur ein Weidegrund für die hier umherwandernden Beduinen In ihrem mannshohen Gras und Kraut weidet die Gazelle, bergen sich Panther. In den Sümpfen, die ihre Quellen bilden, wälzt sich der Eber des Karmel und des Tabor. Von der Urzeit an bis auf Napoleons Feldzug

nach Syrien war sie das grosse Schlachtfeld des Landes Hier am Kison
schlugen Deborah die Prophetin und Barak an der Spitze der nörd-
lichen Stämme Israels Sissera, den Feldhauptmann des Königs von
Chazor und seine neunhundert eisernen Kriegswagen. Hier erfocht der
Held und Richter Gideon den glänzenden Sieg über die Midianiter
Sebas und Zalmunas, die Vorväter der Beduinen, die jetzt diese Strecken
durchziehen. Hier, im Angesicht der Berge von Gilboa (wahrscheinlich
etwas östlich von Dschennin) starb Saul, der erste König Israels, den
Heldentod im Streit mit den Fürsten der Philister. Am Hauptbach der
Ebene ' endlich, dem Wasser Megiddo, durchbohrten die Pfeile der
Schützen Pharao Nechos den König Josias, der sich dem mächtigen
Aegypter auf seinem Zuge nach Karchemisch unbesonnen entgegen-
gestellt. Hier, in der Nähe von Hattin, nicht fern vom See Genezareth,
brachte am 5. Juli 1187 Saladin dem Kreuzfahrerheer König Veits von
Lusignan die verhängnissvolle Niederlage bei, welche den Fall Jerusa-
lems zur Folge hatte. Hier endlich fand 1799 das Treffen statt, in
welchem General Kleber mit 2300 Franzosen 25,000 Türken schlug.

Jetzt ist die Ebene der Weideplatz für den Beduinenstamm der
Beni Saker. Da dieser wiederholt sich Räubereien erlaubte, so siedelte
die türkische Regierung hier den Stamm der Hauara an, mit der Verpflichtung, das Land gegen die Nomaden zu unterstützen. Diese neu-
geschaffenen Grenzer arteten jedoch bald aus und bekämpften zwar die
Beni Saker, machten es aber im Uebrigen wenig besser als sie. Darauf
wurden Abtheilungen von Kurden hieher geschickt, die eine Zeitlang
Ordnung hielten, endlich aber auch in den Geruch geriethen, ·Mein
nicht immer von Dein unterscheiden zu können, so dass die Gegend
1859 für ziemlich unsicher galt.

Indessen ist der Verfasser dieser Blätter ohne Escorte einen
ganzen Nachmittag durch die Beduinenlager gereist, und weder ihm
noch anderen Reisenden, die er sprach, wurde ungebührlich begegnet.
Die Furcht vor den Beduinen möchte demnach bisweilen grösser als
die Gefahr sein.

Der hohe Berg mit den drei Gipfeln, der, mit einem weiss
schimmernden Weli gekrönt, sich gegen Osten hin zwischen zwei Armen der Ebene erhebt, ist der sogenannte *kleine Hermon*, der bienen-
korbförmige Gipfel weiter nordöstlich der *Tabor.*

In die Berge gelangt, erblickt man eine halbe Stunde vor Nazareth am Abhang eines Thales das sehr anmuthig in Palmen, Orangen-
und Feigenbäumen gelegene Dörfchen Jafa, welches durch seinen Namen
an das Jos. 19, 12 genannte Japhia erinnert, und hinter demselben
auf einer Anhöhe den grösseren Ort Semunijeh. Vorher · hat man einen
guten, Brunnen passirt, der für den Reisenden um so mehr Werth hat,
als die Quellen zwischen dem Kison und hier schlechtes, dumpfig
schmeckendes Wasser enthalten. Die ganze Entfernung von Caipha
bis Nazareth beträgt etwa 8 ½ Stunden und ist an keiner Stelle
beschwerlich. Ein guter Reiter ohne Gepäck legt sie darum in fünf
Stunden zurück.

Nazareth.

Nazareth, arabisch En Nasirah genannt, am Westrand eines länglichen Gebirgsbeckens amphitheatralisch gelegen, auf drei Seiten von Bergen überragt, macht einen recht freundlichen Eindruck. Den Mittelpunct des Städtchens bildet das grosse lateinische Kloster, das mit seinen hohen Umfassungsmauern Aehnlichkeit mit einer mittelalterlichen Burg hat. Etwas höher liegt, von alten Cypressen überragt, die Moschee der Stadt mit einem Minaret und einer Kuppel. Der Ort mag zwischen drei- und viertausend Einwohner haben, von denen die Mehrzahl — wie an den vielen blauen und schwarzen Turbanen. auf den Gassen zu ersehen — lateinische oder griechische Christen sind. Auch ein protestantischer Missionär lebt hier, der eine Schule hält. Juden dagegen werden in Nazareth nicht geduldet. Man steigt in der Casa Nuova, der Pilgerherberge des lateinischen Klosters ab, wo die Mönche mit freundlichen Gesichtern, trinkbarem Cyperwein und guten Betten aufwarten.

Die Merkwürdigkeiten Nazareth's sind:

1. das Franziscanerkloster mit der dazu gehörigen Kirche der Verkündigung;

2. das griechische Kloster, dessen Kirche ebenfalls darauf Anspruch macht, die Stelle einzunehmen, wo der Engel Marien ihre Beschattung vom heiligen Geiste verkündete;

3. die Werkstätte des Zimmermanns Joseph, der Jesu Pflegevater wurde, jetzt eine kleine Capelle;

4. die Synagoge, in welcher Christus gelehrt haben soll;
5. eine Capelle, über der Stelle erbaut, wo Jesus nach seiner Auferstehung mit mehren Jüngern zu Tische sass, endlich
5. der Felsen, von dem ihn die Juden herabstürzen wollten, nachdem er gesagt, dass kein Prophet in seiner Vaterstadt etwas gelte.

Das *Kloster der Franziscaner* ist nicht so alt, wie es aussieht, da es erst 1620 gestiftet und seine Räumlichkeiten erst 1730 erbaut wurden. Mönche befinden sich darin in der Regel zehn bis zwölf. Die damit verbundene Schule ertheilt arabischen Kindern christlichen Glaubens-Unterricht in ihrer Muttersprache und im Italienischen, sowie im Lesen, Schreiben und Rechnen. Die Kirche der Verkündigung, die sich innerhalb der Klostermauern befindet, ist nächst der Geburtskirche in Bethlehem und der Kirche des heiligen Grabes in Jerusalem das schönste Gotteshaus Palästina's. Das Innere ist nicht sehr gross, in einfachem, edlem Styl gehalten, mit massiven Bogen versehen. Die Wände sind mit Tapeten von Damaststoff behangen, auf welchen Scenen aus der Kindheitsgeschichte Jesu gestickt sind. Unter den Gemälden der Kirche, die auch eine gute Orgel besitzt, sind einige gute, unter denen wieder eine Mater dolorosa und eine Verkündigung sich besonders auszeichnen. Nach dem Hochaltar hin ist der Fussboden erhöht und es führen einige Stufen zu ihm hinauf, die mit Eisengeländern versehen sind. Unter diesem Altar schimmert im Strahl mehrer kostbarer Lampen das eigentliche Heiligthum, die *Grotte der Verkündigung*, zu welcher man auf sechzehn Marmorstufen hinabsteigt. Unten findet man einen kleinen Altar, und das Gemach ist durch den Meissel in eine viereckige Capelle verwandelt. Nicht fern von dem Altar stehen zwei Säulen, welche die Stelle bezeichnen, wo die Jungfrau Maria und der Engel standen, als die Verkündigung stattfand. Von einer der Säulen haben die Sarazenen unten ein Stück abgeschlagen, so dass nur der obere Theil noch an der Decke hängt. Noch zeigt man hier in der Nähe zwei andere Felsenhöhlen, von denen die eine Mariens Küche, die andere eine Gaststube gewesen sein und während des Besuchs des Engels eine Freundin Mariens beherbergt haben soll.

Ueber der Grotte der Verkündigung stand bis zum Jahre 1291 das Haus der Eltern Jesu, die Santa Casa, die jetzt sich zu Loretto befindet. Bekanntlich wurde es von Engeln dorthin getragen. Als Grund der Wegführung wird angegeben, dass die Mutter Gottes gefürchtet habe, ihre Wohnung von den Sarazenen, welche damals Nazareth bedrohten, verunehrt sehen zu müssen.

Das *griechische Kloster* ist sehr ansehnlich und hat ebenfalls eine Kirche, aussen einfach, innen sehr reich an Gold- und Silbergeräthen, Bildern und anderem Schmuck, über einem Quell errichtet ist, an dem nach der griechischen Legende Maria den Gruss Gabriel's empfing. Der Quell sprudelt unter der Mauer der Kirche hervor und ergiesst sich, durch eine steinerne Wasserleitung gegen fünfzig Schritte fortströmend, zuletzt in einen grossen Marmortrog, der die Gestalt eines antiken Sarkophages hat und der *Marienbrunnen* heisst.

Die *Werkstätte des heiligen Joseph*, auch Joseph's Haus genannt, wo also Jesus bei seinen Eltern gelebt hätte, ist eine kleine Kirche, die gleich am lateinischen Kloster liegt und früher mit diesem zusammenhing, jetzt aber von einem besondern Hof umschlossen ist, den Wohnungen von Mohammedanern umgeben. Die Kirche ist durch eine Wand in zwei Hälften geschieden, von denen die eine den Bekennern des Islam gehört. Ein hier befindlicher Pfeiler von porösem Gestein soll ein Rest von der wirklichen Wohnung Jesu und seiner Eltern sein.

Die Stelle, wo Christus nach seiner Auferstehung mit den Jüngern zu Tisch gesessen, findet man in einer Grotte, welche man in einer Schlucht auf der südwestlichen Seite der Stadt antrifft. Es liegt darin eine grosse, runde Felsenplatte, welche Aehnlichkeit mit einem niedrigen Tische hat. Auf den Felsen ist das Bild des Erlösers gemalt, nach der Legende eine Copie des bekannten an den Fürsten Abgar von Edessa gesandten Porträts Christi.

Der *Berg des Herabstürzens* ist ein schroffer, etwa 300 Fuss hoher Abhang, südöstlich von Nazareth, am Ausgang des Thales sich erhebend. Andere suchen die Stelle, da bei Lucas von der Stadt gesprochen wird, auf dem dicht bei Nazareth selbst befindlichen Felsen, in dessen Nähe jetzt die kleine Capelle der Maroniten steht.

Von Nazareth macht man einen Ausflug nach dem **Tabor**, bis zu dessen Gipfel man von dort etwa drei Stunden hat. Der Weg geht an der Quelle der Maria vorüber, über die südöstlich von Nazareth sich erhebende Thaleinfassung und dann auf einer Art Hochebene fort, die sich rechts nach der Ebene Esdrelom abflacht, endlich durch ein mit niedrigen Eichenbüschen bewachsenes Thal, bis endlich der von Hügeln oder Ausläufern umgebene Fuss des Tabor erreicht ist. Rechts sieht man hier das Dorf Deburijeh, welches man für das im A. T. erwähnte, zum Stamm Isaschar gehörige Debrat hält. Zur Ersteigung des Gipfels bedarf man etwa vierzig Minuten. Der Tabor, arabisch Dschebel El Tor genannt, ist, wie viele Berge Palästina's, ein Kalksteinkegel, der sich 1755 Fuss über dem Spiegel des Mittelmeeres und etwa 1000 Fuss über die niedrigsten Stellen der Ebene Esdrelom erhebt. Er ist vom Fuss bis zum Rand seines Gipfels mit Bäumen und Sträuchern bewachsen, unter denen man hauptsächlich Eichen von den Gattungen Angilops und Ilex, sowie wilde Pistazienbäume sieht. Der Gipfel bildet eine Art Krater, dessen Vertiefung ohne Baumwuchs ist. Im Walde hausen Eber und andere wilde Thiere. Auf dem Rande der Höhe kann man Spuren einer Umfassungsmauer verfolgen, und auch an anderen Stellen trifft man Ruinen, zerstörte Festungswerke, in den Felsen gemeisselte Keller und Cisternen, zerbrochene Wölbungen und umhergestreute Quadern. Eine einzige von den Cisternen enthält noch Wasser, auch steht noch ein Thor aufrecht, welches von den Arabern Bab El Haua, Thor der Winde, genannt wird. Mitten unter den Trümmern ist ein kleines unterirdisches Gewölbe, in welchem ein Altar steht, an dem die Mönche alljährlich das Andenken an die Verklärung Christi durch eine Messe feiern. Die Legende verlegt nämlich die Verklärungsgeschichte Matth. 17, 2 auf den Tabor, aber ohne Grund, da das N. T. den Berg Tabor nicht nennt, und zu der Zeit Christi hier oben eine Festung lag, die Erzählung von dem Wunder aber voraussetzen lässt, dass dasselbe auf einem einsamen Gipfel stattgefunden habe.

Dagegen kann man wohl bei der Aussicht, die der Gipfel gewährt, an das Wort denken: „Hier lasst uns Hütten bauen." Im Osten glänzt der schöne blaue Spiegel des Sees Genezareth und jenseits desselben das röthliche Gebirge von Basan und Gilead. Im Norden schimmert Safed, vielleicht (vergl. Matth. 5, 14) die „Stadt, die auf dem Berge liegt", und dahinter der schneebedeckte 9500 F. hohe Gipfel des Dschebel Esch Schech, welcher der grosse Hermon ist. Nach Süden und Westen hin dehnt sich die weite Ebene Esdrelom aus, im Südwesten ragt der dunkle, vielgipfelige Karmel auf, neben dem das Mittelmeer als bläulicher Streifen erscheint, im Südosten endlich erblickt man den kahlen, kleinen Hermon und den Dschebel Fekua, den man für das Gebirge Gilboa des A. T. hält.

Vom Tabor kann man direct nach Tiberias aufbrechen oder nach Nazareth zurückkehren und von dort den Weg nach Tiberias einschlagen. Im ersteren Falle braucht man sechs Stunden, und die Strasse berührt dann eine Stunde vom Tabor den Khan Et Tudschar, wo sich einige Fellahhütten und die Ruinen eines Castells finden; weiterhin trifft man am Wege selbst keine menschliche Wohnung mehr, wohl aber Berg auf Berg. Seitwärts indess erblickt man das Dörfchen Lubijeh, den elenden Ort Kafr Kenna und Hattin, wo Saladin die Kreuzritter schlug, und wo sich der Hügel erhebt, den die Araber seiner Gestalt nach die „Hörner von Hattin" nennen, während er von den Mönchen als der Berg bezeichnet wird, auf dem Jesus die Bergpredigt hielt.

Der Weg von Nazareth nach Tiberias erfordert gleichfalls sechs Stunden und ist stellenweise sehr ·steil und beschwerlich. Anderthalb Stunden von Nazareth erblickt man am Abhang einer Schlucht zur Linken das Dorf Reineh. Ein Stück weiter findet sich an der Strasse ein Brunnen, der einige Gärten tränkt. Gleich dabei liegt das Dorf *Kafr Kenna*, das nach der Meinung der Mönche jenes *Kana* ist, wo Christus bei einer Hochzeit sein erstes Wunder verrichtete, indem er Wasser in Wein verwandelte. Man zeigt noch heute in einem Trümmerhaufen das „Haus des Bartholomäus", in welchem die Hochzeit stattgefunden haben soll. Die neuere Forschung hat indess nachgewiesen, dass das Kana des N. T. nicht hier, sondern vielmehr in dem drei Stunden nördlich von hier gelegenen, jetzt zerstörten Orte Kana El Dschelil zu suchen sei. Weiterhin liegt rechts vom Wege auf einer mit Oliven- und Feigenbäumen bepflanzten Anhöhe Lubijeh. Dann führt der Weg durch unbewohnte Gegenden, bis er sich endlich einen tiefen Abhang hinab nach Tiberias und See Genezareth hinunterwindet.

Tiberias, arabisch Tabarijeh, ist eine kleine, ziemlich hübsche · Stadt mit etwa 2000 Einwohnern. ·Hart über dem galiläischen Meer oder See Genezareth gelegen, gehört es zu den heissesten Orten Palä-

Tiberias am See Genezareth.

stina's. Nach dem Talmud stand früher hier die Stadt Hamath. Tiberias wurde von Herodes II. Antipas erbaut und nach dem Kaiser Tiberias benannt. Es ist eine der heiligen Städte der Juden, da hier der berühmte Rabbi Akiba lehrte und 24,000 Schüler um sich sammelte, die sämmtlich hier begraben liegen, und da ein Theil des Talmud hier verfasst wurde. Noch jetzt wohnen gegen 1600 Juden hier, unter denen viele deutsch sprechen, und von denen einer — ein Herr Weissmann — hier eine Locanda hält, in der man ziemlich gut isst. Wer ein Zelt mit sich führt, thut indess wohl, nicht in der Stadt zu schlafen, da sie mehr wie jede andere in Syrien voll Ungeziefer ist (sagt doch das Sprichwort, dass der König der Flöhe hier seinen Hof hält) und da man keinen Augenblick sicher ist, dass die Erdbeben sich wiederholen, die in den letzten Jahrzehnten wiederholt Hunderten von Einwohnern den Tod brachten und von deren grauenvollen Verwüstungen noch jetzt zahlreiche Ruinen in der Stadt Zeugniss ablegen.

Merkwürdigkeiten von Tiberias sind die *warmen Bäder* im Südosten der Stadt, einige Fuss über und etwa zwanzig Schritte von dem Rande des Sees. Dieselben sind von Ibrahim Pascha von Aegypten erbaut worden. Das Gebäude ist indess schon sehr verfallen. Aus einer offenen Halle tritt man in eine zweite, aus dieser in eine Rotunde, mit einem von Säulen getragenen Kuppeldach. Ringsum sind marmorbelegte Gänge, aus denen man in die Badegemächer tritt. In der Halle neben der Rotunde befindet sich eine schöne weissmarmorne Badewanne. Das Wasser der vier heissen Quellen hat 49° R., schmeckt scharf salzig und hat einen Schwefelgeruch. Sein Bodensatz enthält kohlensauren Kalk und etwas Kochsalz und hat Aehnlichkeit mit dem des Todten Meeres. Die Bäder werden mit Erfolg von Gichtkranken und an Rheumatismen Leidenden gebraucht.

Ferner besuche man die Grabstätten der gelehrten Juden, die sich nicht fern vom Thore auf einer mässigen Anhöhe befinden. Man nehme dazu den Wirth aus der Judenlocanda oder einen andern Juden als Führer mit, da diese am besten Bescheid wissen. Hier liegen in Gräbern ohne Inschrift zunächst die berühmten Rabbinen Jochannan Ben Jokai, Raw Ami und Raw Aschi, dann folgt weiter oben auf dem Berge das Grab des Rabbi Akiba, dann weiter unten die Gräber des Rabbi Chias, Raw Hamnunas, des Meier Ben Ness u. a. Am dreiunddreissigsten Tage der Sefira zieht eine grosse Judenprocession hier herauf, zündet Kerzen und Lampen an und schlägt Zelte auf, um eine Art Todtengottesdienst zu feiern. An dem Grabe Raw Hamnunas betet man bei langer Dürre um Regen, an dem Grabe des Meier Ben Ness um Heilung von Krankheiten. Auf dem nicht weit von hier entfernten türkischen Friedhofe trifft man eine Anzahl zerbrochener und umgestürzter Säulen von Granit und Syenit. Dieselben sollen Reste eines Palastes sein, den Herodes Antipas hier gehabt hätte. In der Nachbarschaft befinden sich Höhlengräber mit Eingängen von Mauerwerk. Auf der Höhe des Felsenkammes darüber hat nach jüdischer Sage Bathseba, die Mutter Salomo's, ein Schloss gehabt, und ein verfallenes Gebäude am Fuss des Berges soll — ein Meierhof der Mutter Abrahams sein! Die Mohammedaner haben in Tiberias eine Moschee, die Christen (es sind deren nur wenige hier) eine Capelle, die auf der Stelle steht, wo St. Petrus gewohnt hat, und die dem Franziskanerkloster in Nazareth gehört. Sie ist klein und sehr einfach und wird nur durch die Thür erleuchtet.

Der **See Genezareth,** in den Büchern Mosis See Kinnroth genannt, ist fünf bis sechs Stunden lang bei einer Breite von zwei bis drei Stunden. Seine tiefsten Stellen befinden sich 160 Fuss unter der Oberfläche, sein Spiegel liegt 653 Fuss unter dem des Mittelmeeres. Er ist reich an Fischen, besonders an Karpfen und Schollen. Während im Alterthum allein Tiberias 230 Schiffe und Boote auf ihm hatte, gibt es auf ihm jetzt nur einen einzigen Kahn. Man weiss aus dem N. T., dass Jesus auf ihm wandelte, dass er auf ihm dem Sturm Schweigen gebot, dass er an seinen Gestaden seine ersten Jünger warb. Im Osten begrenzt ihn eine hohe Kalkfelsenwand. Am Nordende liegt das Dörfchen Medschdel, wo der Reisende Wilson eine Colonie von Zigeunern traf und wo man noch mit alterthümlichen Dreschschlitten drischt. Es ist hier vielleicht Magdala, die Geburtsstätte der Maria Magdalena, zu suchen. Eine Stunde von Medschdel trifft man den Khan Minjeh, wo Robinson die Stätte des alten Kapernaum zu finden glaubte, während Ritter die Stelle bei Tell Hum sucht. Möglich, dass Hum der Rest des hebräischen Namens Kapharnahum, d. i. Ort der Lieblichkeit ist. Robinson sucht hier die Stadt Chorazim und an der Quelle Tabigha die Stadt Bethsaida.

Der Weg von Tiberias nach Safed führt zunächst am Ufer des Sees über verschiedene, zum Theil kahle, zum Theil mit Eichenkraut bewachsene Bergwellen. Die Gestade unten am See bestehen hin und wieder aus Wiesen, und wo Quellen sind, schimmern rothblühende Oleanderbüsche. Vier Stunden von Tiberias trifft man die Quelle Ain Kaleh, von wo man noch zwei Stunden bis Safed hat.

Safed, vielleicht das Zeph des Josephus, liegt auf einem hohen, steinigen Berge und hat in seinen Mauern nächst Jerusalem unter allen Städten Palästina's die meisten jüdischen Einwohner, nämlich 2100. Wie Tiberias ist auch Safed in den letzten Jahrzehnten mehrmals von furchtbaren Erdstössen heimgesucht worden, und noch im Jahre 1837 begrub ein solcher binnen wenigen Secunden 1500 Menschen unter den Trümmern ihrer Wohnungen. Die Juden leben mit wenigen Ausnahmen von Almosen, die ihnen aus Europa zukommen. Die neue Synagoge, von dem Triester Kaufmann Queda erbaut, ist sehenswerth; sie gehört den spanischredenden Juden oder Sephardim. Fremde finden hier Unterkommen in der Weinschenke des Herrn Barner, wo auch deutsch gesprochen wird.

Von Safed bis Rameh sind es 5½ Stunden. Der Weg ist grossentheils sehr beschwerlich. Die Puncte, an denen man vorüberkommt, sind: Ain Masadum, links von der Strasse, ein kleines Dorf, Marun, rechts hoch in den Bergen, mit einem weissschimmernden Grabe, in welchem der Verfasser des Sohar ruht, Samoi, ebenfalls rechts am Abhange, weiterhin die Dörfer Bethanan und Faradah, wo an der Strasse ein Quell ist. **Rameh** ist ein grosses, festungsartig gebautes, theilweise mit einer Zinnenmauer umgebenes Dorf, welches nur von Christen und Drusen bewohnt ist, und wo man im Hause des Christen Daud Jakub Unterkunft findet. Man ist hier bereits in den Vorbergen des Libanon. Man hat von hier bis Akko oder St. Jean d'Acre vier Stunden zu reiten, und zwar geht der Weg zuerst noch zwei Stunden durch das Gebirge, dessen Thäler hier gut angebaut und mit Feigen- und Olivenbäumen bepflanzt sind. Von Dörfern berührt man eine Stunde von Rameh das auf der Höhe gelegene Masd El Krum und eine Stunde später Berue. Die Meerebene, die hier beginnt, heisst Sahel Akka, Ebene von Akka.

    Akko oder Ptolemais, wie es im Mittelalter hiess, ist eine befestigte Stadt von etwa 10,000 Einwohnern, welche nichts von Interesse bietet, als die Ruinen, welche das Bombardement von 1840 allenthalben zurückgelassen hat. Es war die letzte Stadt Palästina's, welche von den Kreuzfahrern, die erst 1291 von hier wichen, behauptet wurde. Man findet hier im lateinischen Kloster Herberge. Ausserhalb der Mauern zu bleiben, ist nur dann gerathen, wenn man in starker, gutbewaffneter Gesellschaft reist. Im Nordosten der Stadt befinden sich schöne und grosse Gärten, durch die eine grossartige Wasserleitung hindurch führt, und in denen mehre Landhäuser liegen. Eine Viertelstunde südöstlich von Akko mündet der Nahr Ahmar in das Meer, ein Fluss, welcher der Belus des Alterthums ist, an dessen Ufern phönizische Kaufleute das Glas erfunden haben sollen. Die Berge, welche sich von hier an bis Sur, dem alten Tyrus, hinter dem ebenen Gestade hinziehen, sind fast nur von Drusen bewohnt, die auch weiter nördlich, bis über Saida hinaus noch Theile des Gebirges inne haben, und über die im folgenden Capitel das Nöthigste bemerkt werden soll.

    Von Akko bis Caipha zurück sind es drei Stunden. In Caipha findet sich jede Woche Gelegenheit, mit Dampfern über Aegypten oder Beirut und Smyrna nach Europa zurückzugelangen.

FÜNFTES CAPITEL.

Syrien.

Syrien im Allgemeinen. — Der Libanon. — Drusen und Maroniten. — Tour von Akko durch Phönizien über Sur und Saida nach Beirut. — Touren nach Damaskus, den Cedern des Libanon, Baalbek und Tripolis. — Die karamenische Küste. — Cypern.

Syrien heisst das 2100 Quadratmeilen grosse Hochland, welches sich 20 bis 30 Meilen breit und etwa 90 Meilen lang an der Ostseite des Mittelmeeres zwischen Kleinasien und Palästina hinzieht und im Osten von der grossen syrischen Wüste begrenzt wird. Sein Gebirge gehört im Norden dem Taurus an. Im Süden durchstreichen es der Libanon und der Antilibanon. Es bildet im Ganzen eine grosse Gebirgsplatte, die in der Mitte ein bald schmaleres, bald breiteres Thal hat und von bedeutenden Erhebungen überragt wird. Jene Thalfurche beginnt mit dem oberen Jordanthal, wo sie sehr eng ist, breitet sich dann zwischen dem Libanon und Antilibanon zu dem Thal von Cölesyrien aus und wird im Norden vom oberen Orontes und zuletzt, am Südfuss des Taurus, von dem See von Antiochia bewässert. So zerfällt die erwähnte Gebirgsplatte in einen östlichen und einen westlichen Streifen. Der östliche steigt im Westen steil an und dacht sich im Osten allmälig zu dem grossen Plateau der syrischen Wüste ab. Der westliche, der an den meisten Stellen hart an das Meer herantritt, ist an drei Stellen von Querthälern durchbrochen: im Norden durch das Thal des Orontes, in der Mitte, nördlich von Tripolis, und wo der alte Lykos, jetzt Nahr El Kelb mündet, endlich südlich, wo der Leontes das Gebirge verlässt.

Das Klima des Landes ist dem von Palästina gleich, nur sind die Gebirge beträchtlich höher. Ebenso sind die Verhältnisse, die den Reisenden zunächt interessiren, denen Palästina ähnlich. Der Charakter der Berge ist Dürre und Vegetationsarmuth. Nur wo Wasser sich findet, grünen die Thäler und Berge von subtropischen Gewächsen. Grössere Waldungen sind selten. Der Hauptbestandtheil der Gebirge ist in Libanon Kalk, im Antilibanon Kreide. In den Wildnissen finden sich Bären, Panther, wilde Büffel und Hyänen. Einwohner hat das Land etwa 1½ Millionen. Sie sind grösstentheils semitischen Stammes. Etwa die Hälfte derselben bekennt sich zum Islam, die übrigen gehören verschiedenen christlichen Secten und den Religionen der Drusen, Motuwalis und Ansarijeh an. Griechische Christen gibt es 250,000, Maroniten 200,000, römische Katholiken 40,000, Armenier etwa 30,000 im Lande. In politischer Beziehung bildet Syrien unter dem Namen Scham eine Provinz des türkischen Reiches, die in die Ejalets Aleppo, Damaskus, Tripolis und (da Palästina mit zu der Provinz gerechnet wird) Jerusalem zerfällt.

Wir können hier nur die am häufigsten von europäischen Reisenden besuchten Theile Syriens, also nur die Küsten, den Libanon und die grösste Stadt des Landes, Damaskus, berücksichtigen, wobei wir im Voraus bemerken, dass, was im Vorigen über Reisen in Palästina, Geldsorten, Dragomane, Strassen, Ausrüstung u. d. m. gesagt wurde, auch von Syrien gilt. Gute Gasthöfe gibt es nur in Beirut und Damaskus. Von Dragomanen findet sich eine Auswahl in den beiden Haupthôtels in Beirut. Consulate trifft man in Damaskus, Aleppo und allen, auch den kleineren Küstenorten. Pferde bekommt man allenthalben zu 15 bis 20 Piaster per Tag zu miethen. Die Klöster üben überall dieselbe Gastlichkeit wie in Palästina. Räuber sind jetzt nur im Osten von Damaskus zu fürchten. Europäische Waaren kauft man in den Bazars von Beirut, Erzeugnisse der Gewerbthätigkeit der Eingebornen am besten und wohlfeilsten in Damaskus.

Der **Libanon,** arabisch Dschebel El Liban, d. i. der weisse Berg, ist in dem engeren Sinne, in dem das Gebirge uns besonders interessirt, das sechs Meilen lange von Süden nach Norden ansteigende Plateau, welches südlich den 7780 Fuss hohen Dschebel Sanin, nördlich den 8800 Fuss hohen Dschebel Makmel zu Eckpfeilern hat und sich zwischen Beirut und Tripolis erhebt Von Beirut führt ein Fahrweg, von Tripolis führt nur ein Saumthierweg über dasselbe. Die Gipfel haben nicht die den Kalkgebirgen eigenthümliche Kegelform. Das Gebirge ist vielfach zerklüftet, voll wilder Schluchten und jäher Abgründe, reich an Quellen und Bächen und in den Thälern sowie an den culturfähigen Abhängen von den fleissigen Bewohnern, soweit es möglich ist, angebaut. Namentlich der dem Meere zugekehrte Abhang ist vortrefflich angebaut und trägt eine grosse Menge von Maulbeerpflanzungen. Der *Antilibanon,* Dschebel Esch Schark bei den Arabern, ist durchschnittlich ebenso breit wie der Libanon, aber im Allgemeinen nicht so hoch, obwohl sein höchster Punct, der grosse Hermon, sich über 9000 Fuss erhebt. Das Thal zwischen beiden Bergzügen — Cölesyrien, jetzt Beka — hat bei den Ruinen von Baalbek seinen Scheitelpunct, in dem hier die Wasserscheide zwischen dem nach Norden abfliessenden Orontes und dem sich südwärts wendenden Leontes ist.

Von den Bewohnern des Gebirges interessiren uns vorzüglich die beiden herrschenden Stämme oder Secten der **Drusen** und der **Maroniten.** Beide leben unter der Oberhoheit der Pforte in zwei von einander abgesonderten Vasallenstaaten, die, unter Kaimakamen oder Emiren stehend, nach Konstantinopel Tribut zahlen, sonst aber fast ganz unabhängig sind — ein Verhältniss, welches nach dem Aufstande von 1842, wo Drusen und Maroniten vereint der türkischen Regierung die Spitze boten und bei dem Dorfe Eden nicht fern von dem berühmten Cedernhain das türkische Heer schlugen, und der zweiten Erhebung von 1845, wo die Maroniten den mit den Drusen verbündeten Türken erlagen, auf Vermittelung der Grossmächte festgestellt wurde. Indess sind die Streitigkeiten dadurch nicht vollständig erledigt.

Die *Drusen* bewohnen den Süden des Libanon und fast den ganzen Antilibanon. Sie sollen 150,000 Köpfe zählen und können gegen 20,000 Krieger in's Feld stellen. Ihre Verfassung ist eine Art Demokratie, die durch den Einfluss alter Geschlechter gemässigt wird. Die Vertreter dieser Geschlechter (Emirs und Schechs) bilden eine Art von Landständen, welche, zu Dar El Kamr tagend, die Abgaben und überhaupt die öffentlichen Angelegenheiten bestimmen. Sie gelten für arbeitsam, reinlich und mässig, tapfer und gastfrei, aber zugleich für treulos, rachsüchtig und stolz. Die Blutrache ist ihnen Gesetz. Nur Wenige haben mehr als eine Frau. Ihre Religion ist eine Geheimlehre. Als Stifter derselben gilt der fatimitische Chalif Hakem, der um das Jahr 1000 unserer Zeitrechnung lebte. Ueber ihre Glaubenssätze sind wir noch sehr wenig unterrichtet. Indess weiss man, dass sie der Secte der Ismaeliten beizuzählen sind, dass pantheistische Ideen und der Glaube an Seelenwanderung und an verschiedene Menschwerdungen Gottes eine Rolle darin spielen, endlich dass Reste des altorientalischen Gottesdienstes, sowie jüdische, christliche und mohammedanische Lehren sich darin mischen. Priester haben die Drusen nicht: sie theilen sich nur in Eingeweihte (Akal) und Uneingeweihte (Dsiahels). Zu ersteren gehören die meisten Emirs und Schechs, und es bilden dieselben einen Geheimbund, der allein die heiligen Bücher besitzt und sich in geheimen Versammlungen, zu denen in gewissen Abstufungen auch Weiber zugelassen werden, zum Gottesdienst vereinigt.

Die *Maroniten* sind eine Secte, die im 8. Jahrhundert n. Chr. in Folge der monotheletischen Streitigkeiten entstand. Ihr erstes Oberhaupt war der Mönch Johannes Maro, der den Titel eines Patriarchen von Antiochia annahm. Ihr jetziger Hauptsitz ist das von ihnen fast allein bewohnte Kesrawan, ein syrischer District in der Gegend von Tripolis, doch wohnen auch südlich von hier sehr viele von ihnen, und ebenso trifft man Colonien von Maroniten bis in die Gegend von Aleppo. Ihre politische Verfassung ist die eines militärischen Freistaats. Zum Zeichen ihres Adels tragen sie den grünen Turban. Sie sind tapfere Krieger und fleissige Ackerbauer, Seidenwurmzüchter und Winzer, gastfrei und sehr mässig. Auch unter ihnen gilt noch die Blutrache. Ihre Kirchensprache ist die syrische, im gewöhnlichen Leben sprechen sie indess gleich den Drusen nur arabisch. Sie haben sich dem Papst unterworfen und 1736 die Beschlüsse des Concils von Trident angenommen, halten aber doch auf einige Einrichtungen, welche die römisch-katholische Kirche nicht duldet. Sie folgen dem abendländischen Kalender, beobachten dieselben Fasten wie die katholische Kirche, und feiern jetzt auch das Abendmahl wie diese. Andererseits aber verehren sie einige Heilige, welche vom Papst nicht canonisirt sind, z. B. ihren Patron

Mar Maron und lassen ihre Geistlichen (mit Ausnahme der Mönche
natürlich) heirathen. Ihr geistliches Oberhaupt nennt sich noch jetzt
Patriarch von Antiochien, wohnt im Kloster Kanobin auf dem Libanon
und legt dem Papst alle zehn Jahre Rechenschaft von der maroniti-
schen Kirche ab. Unter ihm stehen zahlreiche Bischöfe und andere
Geistliche. Ueberall im Libanon findet man maronitische Mönchs- und
Nonnenklöster, die der Regel des heiligen Antonius folgen. Zur Bildung
ihrer Geistlichen besteht seit 1584 ein maronitisches Collegium in
Rom, und in neuerer Zeit hat der Patriarch zu Ain Warkah im Kes-
rawan für dieselben eine Schule errichtet, welche eine der besten in
Syrien ist und in der man auch Lateinisch und Italienisch studirt.
Endlich ist zu erwähnen, dass sich in Kascheiah, nicht weit vom Kloster
Kanobin, eine Druckerei befindet, in welcher die Maroniten ihre Kir-
chenbücher drucken.

Wir gehen jetzt zu den interessantesten Touren über, die man
in Syrien macht und nehmen an, dass der Reisende, den wir bis Akko
geführt, von dort durch Phönizien nach Beirut und von da nach Damaskus geht.

1. Tour von Akko nach Beirut.

Zu der Reise von Akko nach Beirut bedarf man drei Tage, und
zwar reitet man (im Karawanenschritt) von Akko bis Sur zehn, von
da bis Saida, dem zweiten Nachtquartier neun, und von dort bis Beirut
acht Stunden. In Sur findet sich eine schlechte Herberge bei einem
Christen, Namens Michael, in Saida ein grosses lateinisches Kloster,
mit dem ein „Hôtel" verbunden ist, welches indess nur aus einer dunkeln Stube mit einem Tisch und drei Pritschen besteht. Dörfer trifft
man nur selten, Quellen dagegen in hinreichender Menge.

Nachdem man über die Wasserleitung und die Gärten von Akko
hinaus ist, und das ziemlich steile Kap Nakurah überstiegen hat, kommt
man an eine Stelle, welche *Om El Amid* genannt wird, und wo sich
die Reste einer Stadt der Urzeit finden. Welchen Namen sie trug, ist
unbekannt. Man sieht auf den Höhen rechts von der Strasse zwei jonische Säulen, die vielleicht einem Tempel angehört haben, und im
Gebüsch daneben Häusermauern im sogenannten cyclopischen Styl. Die
Steine sind unbehauen, schliessen nur lückenhaft zusammen und die
Zwischenräume sind mit kleinen Steinen ausgefüllt. Dazwischen stehen
pyramidal geneigte Thürpfeiler; namentlich eine Pforte, deren oberer
Querstein jetzt zerbrochen daneben liegt, ist bemerkenswerth, da sie
lebhaft an den Eingang zum sogenannten Grab des Agamemnon bei
Mykenä in Peloponnes erinnert.

Weiter nordwärts überklettert man das Capo Bianco, auch Scala
die Sur, die Treppe von Tyrus genannt, ein steiles Vorgebirge von
Kreidefelsen, an dessen Abhang sich eine breite Strasse hinauf und
hinab windet, unter der sich das Meer mit furchtbarer Brandung an
den Klippen bricht. Von hier sieht man bereits Sur liegen, indess hat

man noch mehr als drei Stunden bis dahin. **Sur,** das alte Tor oder **Tyrus,** ist jetzt eine offene Stadt von etwa 7000 Einwohnern. Es liegt auf einer sandigen Landzunge und erinnert nicht im Entferntesten daran, dass hier einst die reichste Handelsstadt des ganzen Mittelmeeres stand. Der Hafen ist versandet und wird nur von wenigen kleinen Schiffen besucht; die Stadt liegt zum Theil wüst.

Ein Theil von einer christlichen Kirche steht als Ruine da. Man nimmt an, dass sie von den Christen der Kreuzfahrerzeit erbaut wurde, dabei liegen die Trümmer gewaltiger Granitsäulen, die ursprünglich einem Tempel angehört haben mögen.

Alt-Tyrus lag zum grösseren Theil auf dem Festlande, später zogen sich die Bewohner auf eine Insel, welche bei der Belagerung durch Alexander den Grossen durch einen Damm mit dem Lande verbunden wurde. Auf diesem Damm und der Nordhälfte der Insel liegt das jetzige Sur. Noch jetzt werden hier bisweilen alte Werkstücke aus dem Sande gegraben, und am Westufer der einstigen Insel bricht sich das Meer an umgefallenen Säulen und Klippen, die wie altes Mauer·werk aussehen. Interessant sind die Reste aus dem Alterthum, welche sich ausserhalb der Stadt finden. Dahin gehört die Wasserleitung von *Ras El Ain,* eine Stunde südöstlich von der Stadt. Dieselbe wird auch *Salomo's Brunnen* genannt und bildet an ihrem Ende einen Bach, der mehre Mühlen treibt. Der Aquäduct stammt aus verschiedenen Zeitaltern und läuft auf Bogen, die mit Tropfstein bekleidet und mit Gebüschen bewachsen sind, eine geraume Strecke fort. Bei einem kleinen Dorfe wird das Wasser in einen Behälter gefasst. Man sieht ein grosses viereckiges Gebäude, das sich 25 Fuss über dem Boden erhebt. Dasselbe enthält ein achteckiges Becken von ungeheurer Grösse. Die Mauern bestehen aus kleinen Kieseln und Cement, sind aber so hart wie Granit. Man hat gefunden, dass der Behälter unter der Oberfläche mit regelmässigen Stufen im Durchmesser abnimmt, in der Mitte will man keinen Grund getroffen haben. Weiter oben sind noch andere zwei Behälter, ihr Wasser strömt durch einen andern Aquäduct in den ersten. Dass Salomo diesen Brunnen gebaut, um Hiram, den König von Tyrus für die beim Tempelbau in Jerusalem geleistete Hilfe zu danken, ist blosse Sage. Man weiss bis jetzt nur, dass einige Theile des Bauwerks in die vorchristliche Zeit hinausreichen.

Eine Stunde nordöstlich von Sur überschreitet man auf einer spitzgewölbten Brücke den von Oleandern umblühten, ziemlich breiten *Nahr El Litani* oder *Leontes,* der aus dem Hochthal von Cölesyrien durch enge Felsschluchten herabkommt und in seinem untern Lauf Aschmijeh oder Kaschmijeh heisst. Einige Stunden von der Brücke aufwärts bei dem Castell Schefik (im Mittelalter Belfort) finden sich gewaltige Wasserfälle in Klüften, durch die sich der Fluss hindurchdrängt. Die Schlucht ist hier kaum 100 Fuss breit, und an einer Stelle haben von den höhern Bergen herabgerollte Felsmassen sich so in die Spalte geklemmt, dass sie eine natürliche Brücke bilden. Das Castell ruht auf uraltem Unterbau mit Fugenränderung und nimmt wahrscheinlich die Stelle einer altphönizischen Burg ein, durch welche die Tyrier oder Sidonier sich den Uebergang in die Ebene der Jordanquellen sicherten. Das Gebirg wird hier von den *Motuwalis* bewohnt, einer 20,000 Köpfe zählenden Secte, die zu den Schiiten gezählt wird, deren Bekenner aber so fanatisch sind, dass sie den Krug zerschlagen, aus dem sie uns Andersgläubigen zu trinken geben.

Das alte Tyrus reichte bis an den Leontes, und die *Nekropolis* oder Todtenstadt lag sogar noch eine Stunde weiter nördlich und zog sich fast bis in die Hälfte des Weges nach Sidon hin. Man trifft von ihr noch eine Menge von Ueberresten in den Felsen rechts vom Wege. Es sind leere Kammern, meist von quadratischer Form, die sich nach den Seiten in halbrunde Nischen vertiefen. Dazwischen soll sich in den Felsen auch eine jener ägyptischen Gedenktafeln finden, welche nach Herodot der Eroberer Sesostris in Syrien zurückgelassen hat und von denen man noch eine am Nahr El Kelb nördlich von Beirut trifft.

Eine halbe Stunde nördlich von der Metropole von Tyrus folgt bei einem von einem Bogen überspannten Bache die Stätte von *Sarepta*, wo Europa vor dem in einen Stier verwandelten Zeus entführt wurde, und wo der Prophet Elias die 1. Kön. 17 erzählten Wunder verrichtete (der nicht versiegende Oelkrug und die Erweckung des Sohnes der Witwe vom Tode). Von hier bis Sidon oder Saida sind es noch vier Stunden. Bei der Quelle Ain El Kanterah ist in den dieselbe umgebenden Gärten ein passender Platz, um Mittagsrast zu halten.

Saida oder Sidon ist ein sehr anmuthig in den Gärten gelegener stattlicher Ort mit engen Gassen und auffallend hohen, zum Theil vierstöckigen Häusern. Es soll 12,000 Einwohner haben. Die Bazars sind gut versehen und zum Theil überwölbt. Ein malerisch gethürmtes Castell, das nordwärts auf einer Felsenklippe im Meer liegt, ist durch eine Bogenbrücke mit der Stadt verbunden. Auf der Westseite dieses Castells, welches im Mittelalter erbaut wurde, soll man noch einen vermuthlich altphönizischen Unterbau von kolossalen Quadern sehen. Auf der Landseite der Brücke befindet sich der kleine seichte Hafen der Stadt, der nur den Küstenfahrern Unterkunft gewährt, und überhaupt wenig besucht ist. Sidon ist eine der ältesten Städte der Welt. Es hat, nach der Bibel, schon vor der Erbauung des Babelthurms existirt, und schon zu Homer's Zeit war es durch Handel, Schiffahrt und Kunstfertigkeit berühmt. Menelaus schenkt dem Telemach einen sidonischen silbernen Mischkrug mit vergoldetem Rand. Achill setzt bei den Leichenspielen des Patroklus als Siegespreis einen „von kunstreichen sidonischen Männern geschaffenen" Krug von Silber aus. Ihren Untergang fand die alte Stadt durch die Perser unter Artaxerxes. Der Uebermuth persischer Statthalter hatte zum Aufstand gereizt, und in Verbindung mit dem ägyptischen Rebellenkönig Nektanebo und zahlreichen griechischen Söldnern wurde erst siegreich gekämpft, bis die belagerte Stadt durch ihren Oberbefehlshaber Tennes verrathen wurde. Die Sidonier hatten bereits ihre Schiffe verbrannt, jetzt verbrannten sie sich selbst mit Weib und Kind. Der Schutthaufen der Stadt soll des vielen geschmolzenen Goldes und Silbers wegen von hohem Werth gewesen sein. Im siebzehnten Jahrhundert machte der berühmte Drusenemir Fachr Eddin, ein Mann von europäischer Bildung, Saida zu seiner glanzvollen Residenz.

Der Weg von Saida nach Beirut führt zunächst am sandigen Ufer hin und dann durch eine Furth des Stromes *Nahr El Auwaleh*, welcher der Bostrenus des Alterthums ist, und dessen Thal ebenfalls hinauf nach der Hochebene von Cölesyrien geht. Die Abhänge des Gebirges sind hier voll von Dörfern und Terrassen mit Oliven- und Feigenbäumen und besonders mit Maulbeerpflanzungen.

Zwei Stunden nördlich von Saida ist der kleine *Khan Nebbi Juna*, der Sage nach auf der Stelle stehend, wo der Fisch den Propheten Jonas an's Land spie.

Weiter nordwärts, vor und hinter dem *Khan El Kaldeh*, trifft man viele Grabdenkmale, die in freistehenden Sarkophagen bestehen. Ihre Seitenwände sind mit Skulpturen, Genien und Porträtköpfen römischen Styls, Friesen von Triglyphen, die mit Rundschilden wechseln u. A. verziert. Die Deckel haben die Form von Dächern, lassen aber ihre vier Ecken in Gestalt eines Halbkugelviertels sich wieder aufbäumen. Die meisten sind abgehoben und zerschlagen. Wo dies nicht möglich war, hat man in die Seitenwände Löcher gebrochen, um die Todten ihres Schmuckes berauben zu können. Nördlich von El Kaldeh verlässt der Weg das Ufer, das er bisher verfolgt hat, um seine rein nördliche Richtung fortzusetzen, während das Gestade sich nach Westen hinausbeugt und das sandige Vorgebirge *Ras Berut* bildet. Es ist das eine Sandwüste, deren Fortschritt von den Gärten der Stadt Beirut, die wir nun eine halbe Stunde lang durchziehen, nur durch Pinienpflanzungen abgehalten wird.

Rechts am Fuss des mit grossen Maronitendörfern und Klöstern besetzten Abhanges des Gebirges strecken sich ungeheure Olivenwälder hin.

Beirut hat mehre europäisch eingerichtete Gasthöfe, und ausser andern Consuln einen preussischen und einen österreichischen, deren Wohnungen an den Flaggen erkannt werden. Von den Gasthöfen sind die beiden zu empfehlen, welche den Namen „Belle vue" führen, und von denen der eine, in der äussern Stadt gegen Süden hin gelegen, besonders von Engländern, der andere, in der innern Stadt, nicht fern von den Bazars und dem Hafen befindlich, vorzüglich von deutschen Schweizern besucht wird. Im ersteren zahlt man ¹/₂ Pfund Sterl., im letzteren 10 Franken täglich (hier mit, dort ohne Wein). Wer länger hier bleiben will, findet Pensionen, die billiger sind, über die sich indess, da sie ebenso schnell vergehen, als sie entstehen, nichts auf die Dauer Giltiges mittheilen lässt. Beirut ist das altphönizische Berytos, hat jetzt, seit dem Bombardement, welches die Stadt im letzten türkisch-ägyptischen Kriege in einen Trümmerhaufen verwandelte, ausserordentlich aufgeblüht, gegen 80,000 Einwohner, unter denen sich eine beträchtliche Anzahl Franken und viele Griechen befinden, und ist nächst Con-

stantinopel und Smyrna die lebhafteste und schönste Küstenstadt der
Türkei. Es ist die Hafenstadt für Damaskus und den ganzen Libanon
und durch verschiedene Dampferlinien mit Smyrna und Alexandrien,
Palästina und Caramanien, sowie Rhodus und Cypern verbunden. Beirut
hat von Resten des Alterthums nur einige zwischen Häusern verbaute
römische Säulen und die Spuren alter Grundmauern in den felsigen
Ufern ausserhalb der Stadt aufzuweisen.

2. Von Beirut über den Libanon nach Damaskus und Baalbek.

Zu einem Ausflug von Beirut nach Damaskus, von dort nach
Baalbek, dann nach dem Cedernhain und hierauf nach Tripolis und an
der Küste zurück nach Beirut, bedarf man 7 bis 8 Tage, wobei auf
den Aufenthalt in Damaskus 2 Tage gerechnet sind.

Täglich fährt eine Diligence zu 20 Personen von Beirut nach
Damaskus und eine andere zurück. Die Abfahrtzeit ist für beide Morgens 4 Uhr, die Ankunft Abends 5 Uhr, so dass also eine Strecke von
21 Meilen in 13 Stunden zurückgelegt wird. Es wird stets scharfer
Trab oder Galopp gefahren und alle 2 Stunden in grösster Schnelligkeit umgespannt. Nur an einer Station, in Stora, am Ostfusse des Libanon, wird ³/₄ Stunden zu Mittag gehalten.

Es gibt in der Diligence zwei Plätze; der erste zu 3 der zweite
zu 2 Napoleonsd'or. Der Verkehr ist ein so bedeutender, dass man
namentlich im Sommer 5 bis 6 Tage vorher seinen Platz bestellen muss.

Leider hat der Reisende, der die Diligence benutzt, keine Gelegenheit, eine Zwischen- oder Nachtstation zu machen. Ein sehr passender Ort würde Stora, die Mittagsstation der Diligence sein. Man
erreicht es von Beirut nach siebenstündiger Fahrt und der Reisende,
der bis dahin im Wagen eng eingeschlossen gesessen hat, bei einer
grossen, tödtenden Hitze, würde gerne den zweiten sechsstündigen
Theil der Reise auf den andern Tag verschieben; dazu kommt, dass
Stora in einem sehr schönen und interessanten Abschnitt der ganzen
Tour liegt. Jedoch der dort etablirte Wirth, ein Franzose, hat von der
Compagnie nur die Erlaubniss erhalten, seine Gäste zu speisen, aber
er darf ihnen kein Nachtquartier geben, damit sie gezwungen sind, die
ganze Tour bis Damaskus die Diligence zu benutzen.

Jedem, der nicht in Geschäften nach Damaskus reist und nicht
die Reise so schnell wie möglich zurücklegen muss, ist zu rathen, es
so zu machen, wie ich es gemacht habe. Ich habe die Reise mit einem
Bekannten zurückgelegt und jeder von uns hatte ein Reitpferd und
ausserdem hatten wir zusammen ein Packpferd, auf dem ein Zelt und
alles Nöthige zur Reise transportirt wurde. Auf dem Packpferd sass der
Diener, der uns und die Pferde bediente. Ein Zelt bekommt man hier
zu Lande in jedem grösseren Orte zu kaufen, in der Regel für den
Preis von 10 Pfd. St. und wenn man es benutzt hat, was ein halbes
Jahr lang dauern kann, verkauft man es wieder mit einem geringen

Verlust. In Storn wurde dann das Zelt aufgeschlagen, übernachtet und am andern Tage mit Sonnenaufgang weiter geritten. Auf diese Weise habe ich die Reise viel billiger, unstreitig interessanter und bedeutend weniger anstrengend zurückgelegt. Die Strasse, welche jetzt von Beirut über den Libanon nach Damaskus führt, ist in ganz Syrien und Palästina die einzige Fahrstrasse und wurde von den Grafen Pertius, Vater und Sohn, gebaut und im Frühjahr 1863 in ihrer ganzen Länge dem Verkehr übergeben. Jeder übrige Verkehr im Gebirge findet ausserhalb derselben heute noch, wie vor 1000 Jahren, auf Eseln, Pferden, Maulthieren und Kameelen auf den schmalsten, oft nur fussbreiten Pfaden statt.

Jeder Fuss- oder Schleichweg in einem deutschen Gebirge ist in einem bessern Zustande, als diese Strassen, auf denen der allein schon durch seine Seiden- und Leinenstoffe so reiche Verkehr in und über dem Libanon stattfindet. Es lässt sich darnach ermessen, welch' eine Wohlthat eine fahrbare, gute Strasse für jenes Land ist. Die Strasse führt zunächst von Beirut aus durch das schmale Vorland, das sich längs des Meeres bis nördlich Beirut hinzieht und das mit üppigen Obstgärten und Feldern reich angepflanzt ist. Schon nach 1 Stunde Weges beginnt das Aufsteigen. Die Strasse geht in einer Schlangenlinie von einer Höhe zur andern, immer eine herrliche Aussicht auf das untere Stufenland bietend, die sich, je höher man steigt, immer mehr erweitert. Sie fährt über den Knisscpass am Fusse des Berges gleichen Namens (Kirchberg). Hier, von dem höchsten Puncte der Strasse, hat man einen letzten Blick den Libanon abwärts, der mit seinen terrassenförmigen Abfällen allmälig bis zum Fusse und seinem vorliegenden Küstenlande, je weiter desto mehr, in der Luft verschwimmt, bis die dunkelblaue Fläche des Meeres die Küste in scharfer Zickzacklinie abgrenzt. Die Strasse führt nun horizontal in einigen Windungen an dem Fuss der höchsten Gipfel entlang. Rechts die Berglehnen und links ein unheimliches zerrissenes Felsenthal. Da wendet sich aber die Strasse und ein ganz neues Bild, welches den Reisenden so überrascht, dass er unwillkürlich die Zügel seines Pferdes anzieht, stellt sich ihm dar: der Pass ist durchschritten und man steht am obern Rande des Ostabhanges des Libanon. Vor den Augen ist das Bergland verschwunden, und in einer Tiefe von einigen tausend Fuss breitet sich die fruchtbare Ebene der *Bekaa* aus, ein grünes weites Feld, auf dem die Bewohner bei den verschiedensten landwirthschaftlichen Arbeiten thätig sind. Dörfer liegen zerstreut hier und da. Dieses Bild der Ruhe und des Friedens fesselt um so mehr, da es gar nicht zu dem Charakter des Libanon gehört, welcher mit wenigen Ausnahmen — nur wilde und zerrissene Zerklüftungen hat.

In kurzen Windungen steigt die Strasse den steilen Ostabhang in die *Bekaa* hinab und führt zwei Stunden durch die culturreiche Ebene, worauf sie sich in das schroffe schluchtenreiche Gebirge des Antilibanon, welches an diesen Stellen gänzlich ohne Cultur ist, verliert. Die Nähe von Damaskus ist gekennzeichnet durch das Wiedererscheinen der Vegetation und der Cultur. Das letzte Thal, durch das man kommt, ist von hohen Felsen eingeschlossen, aber zum Ergötzen der Reisenden ist der Weg begleitet von dem Rauschen des herrlichen Barradaflusses, dessen sprudelndes, klares Nass ganz Damaskus mit Wasser versieht. Der letzte Abfall der Berge zu beiden Seiten der Strasse heisst Rabuë, d. h. Säge, so genannt, weil die Seitenansicht des Abfalles die Gestalt einer Säge hat; der Reisende tritt aus der Umgebung des Gebirges und vor ihm liegt die altberühmte, die heilige mohammedanische Stadt, umgeben von den schönsten und üppigsten Obstgärten, von welchen der Reisende gleich beim Eintritt in die Stadt einen herrlichen Eindruck empfängt. Es ist *Damaskus*, die „Paradiesduftige“, das „Muttermal auf der Wange der Welt“, das „Gefieder der Paradiesespfauen“, das „Halsband der Schönheit“, wie die Stadt von den überschwänglichen arabischen Geographen bezeichnet wird. Nach einer Stunde etwa kommt man an die ersten Gärten, dann zwischen den Lehmmauern vielgewundener Strassen hindurch nach dem griechischen Gasthof (Preis ¹/₂ Pfund Sterl. per Tag), der alle Bequemlichkeiten des europäischen Lebens mit orientalischem Luxus verbindet, und der deshalb von den Reisenden jetzt fast ausschliesslich besucht wird, während man früher im lateinischen Kloster Herberge nahm.

Damaskus, arabisch Dimeschk genannt, ist eine Stadt von mindestens 200,000 Einwohnern, unter denen etwa 10,000 Christen und 5000 Juden sind. Es hat über zweihundert Moscheen und gilt den Arabern für eines der vier irdischen Paradiese. (Die andern drei sind Obolla in Chaldäa, Scheb Baoran in Persien und Sogdiana oder das Thal von Samarkand.) Mohammed schätzte die Stadt dreimal selig, weil die Engel über sie die Fittiche gebreitet haben, und soll bei ihrem Anblick sie nicht eingenommen haben, weil der Menschen nur ein Paradies bestimmt sei, und er das seine im Himmel finden werde. Auf den ersten Anblick scheint solch ein Lob nicht zu überschwänglich; kommt man aber in die Gassen, so wird man beim Anblick ihrer Enge und ihres Schmutzes, sowie der grauen Lehmwände, welche die Häuser dem Wege zukehren, andern Sinnes. Hat man dann wiederum Gelegenheit, ausser dem Hôtel ein anderes grösseres Haus im Innern zu sehen (wozu die hier befindlichen Consuln, die selbst sehr schön wohnen, gern behilflich sind), so wird man wieder zu seinem ersten Urtheil zurückgeführt und preist sich glücklich, die Reise hierher unternommen zu haben; denn man sieht das Morgenland hier in seinem vollen bunten märchenhaften Glanze und weniger wie irgendwo in dieser Entfernung von der Küste mit europäischem Wesen und Treiben gemischt. Damaskus verdankt seine Gartenpracht einzig dem Baradas, einem Flusse, der südlich von der Stadt in die grosse Ebene tritt und die Stadt dann in sieben Armen durchströmt, um sich zuletzt in einen kleinen See zu verlaufen. Es ist der Chrysorrhoas des Alterthums, der vielgepriesene Farfar der Dichter des Morgenlandes.

Ausser dem norddeutschen und österreichischen Consul leben

Damaskus.

in Damaskus noch mehre Deutsche, von denen sich Viele durch Gastfreundschaft gegen ihre Landsleute auszeichnen.

Die Stadt gehört zu den ältesten Städten der Welt. Nach der
Sage der orientalischen Christen wurde Adam aus der röthlichen Erde
dieser Gegend gebildet, und auf dem benachbarten Berge Kasiun
erschlug nach der Legende Kain seinen Bruder Abel. Endlich zeigt
man nicht fern von dem einen Thor die Stelle, wo Paulus bekehrt
wurde, und die jetzt von den Christen nach dem Apostel benannte
Strasse soll „die richtige" der Apostelgeschichte sein. Unter den Moscheen der Stadt zeichnet sich die der Ommajaden durch ihre sieben
Thürme, ihre Grösse und ihre schöne Architektur aus. Sie steht an
der Stelle einer von Kaiser Heraclius erbauten Johanniskirche, und
man verwahrt in ihr das Exemplar des Koran, welches im Besitz des
dritten Chalifen Othman war, der hier ermordet wurde. Vierzig Jahre
nach dem Untergang der Welt soll in dieser Moschee noch zu Allah
gebetet werden. Merkwürdig ist ferner das mit mehren Thürmen versehene, aus der Zeit der Kreuzzüge stammende Schloss, welches jetzt
als Citadelle dient. Sehr interessant sind endlich mehre der grossen
Khans, in denen die Kaufleute von Damaskus ihre Waaren aufstapeln.
Die berühmten Säbelfabriken sind nicht mehr vorhanden. Dagegen verfertigen die Einwohner noch immer schöne Seidenstoffe, Stickereien,
Teppiche, Glas- und Lederwaaren. Auch treiben sie beträchtlichen Handel mit diesen Erzeugnissen, sowie mit Oel, Baumwolle und einge-
machten Früchten. Berühmt sind die stark duftenden Damascenerrosen,
aus denen man hier Rosenöl bereitet, und die Damascenertrauben,
welche, am Stock getrocknet, die besten Rosinen geben. Die Moslemin
von Damaskus gelten für sehr fanatisch, und es ist hier fast unmöglich,
Zutritt in eine der Moscheen zu erlangen.

Es sind weniger einzelne Merkwürdigkeiten, welche die Tour
nach Damaskus lohnen, als das morgenländische Leben auf den Strassen
und in den Häusern. Besonders lohnend ist ein Gang durch die Bazare, in denen die einzelnen Gewerbszweige wie in allen orientalischen
Städten ihre Läden und Werkstätten bei einander haben. Im Bazar der
Goldarbeiter sieht man sehr geschmackvolle, reich mit Edelsteinen besetzte Arbeiten. Anderswo blitzen Reihen von Läden von krummen
Säbeln, eingelegten Flinten und Pistolen, Dolchen und Yatagans.
Die Kleiderhändler bieten seidene und wollene, mit Gold- und Sil-
berfäden in phantastischen Mustern durchwirkte Stoffe, Mäntel und
Röcke feil. Die Beduinen der Wüste finden hier ihre rauhhaarigen, was-
serdichten Abajen, türkische Beamte ihre europäisch geformten Uniformen. Im Bazar der Schuhmacher trifft man Hunderttausende von
hellgelben Ledersocken und ebenso viele rothe Schnabelschuhe. Wieder
in einer andern Bazarstrasse werden Tschibbuks und Nargilehs feil-
geboten. Besonders schön sind die kunstreichen, mit Silberbeschlägen,
Gold- und Silberstickereien und anderen Zierrathen bedeckten Arbeiten
der Sattler. Sehr reich endlich ist die Auswahl von Teppichen, von
Spezereien und wohlriechenden Essenzen. Zur Seite laden Kaffeehäuser

an plätschernden Springbrunnen zum Niedersitzen ein, wo man den braunen Trank Arabiens oder Scherbet, gekühlt mit Schnee vom Libanon, trinkt. Hier und da geht man an einem der grossen Khans vorbei, von denen eine, Asad Paschas Khan, mit einer ungeheuren Kuppel überwölbt ist. Man sieht einen Hof mit Marmor gepflastert, in welchem Springbrunnen rauschen, und um den sich in mehren Stockwerken die im prächtigsten Sarazenenstyl erbauten Lagerräume und Läden der grösseren Kaufleute reihen. In jenem grössten von diesen Gebäuden sollen 2000 Kameele und doppelt so viele Menschen Raum haben, und es drängen sich hier die Karawanen, welche nach Aleppo und durch die grosse Wüste nach Bagdad ziehen.

Zu erwähnen ist noch, dass in Damaskus auch Abdelkader, der Beduinenheld von Algerien, lebt, und dass es nicht schwer hält, von ihm empfangen zu werden. Er wohnt in einem kleinen Hause und ist sehr einfach eingerichtet, indem er das Jahrgehalt, welches ihm Frankreich zahlt, meist für schöne Pferde und Frauen ausgibt. Wir bemerken, dass man seinem Diener für den Besuch ein Bakschisch zahlt, zu dem ein Napoleon hinreicht. Ein Sovereign wird indess lieber gesehen. Auch pflegt Abdelkader seinem Gast in der Regel ein Geschenk zu machen, welches natürlich mit einem andern von gleichem Werthe zu erwiedern ist und oft für einen Reisenden keinen Werth hat.

Wir schliessen unsere Bemerkungen über Damaskus mit einem kurzen Blick auf die wechselvolle Geschichte der Stadt. Dameschek existirte bereits zu Abrahams Zeit. Später war es die Hauptstadt eines kleinen syrischen Königreichs, welches von David unterjocht wurde, weil sein Beherrscher dem König von Zoba Hilfe geleistet hatte. Unter Salomo machte es sich wieder unabhängig. Den höchsten Glanz erreichte das alte Damaskus unter dem König Hasael, der sowohl gegen das Reich Juda, als gegen Israel glücklich kämpfte, doch schon dessen Sohn Benhadad wurde wieder den Königen von Israel tributpflichtig. Um 800 v. Chr. ging das damascenische Reich durch die Assyrer unter, indess behielt die Stadt ihre Bedeutung durch ihre günstige Lage für den Handel. Nach Alexanders des Grossen Sieg über Persien gerieth Damaskus mit ganz Syrien in dessen Gewalt, und nach dem Tode desselben fiel es den Seleuciden zu, welche zu Antiochia residirten. 64 v. Chr. kam es unter die Botmässigkeit der Römer, welche es durch eigene Könige regieren liessen, unter denen die Stadt von Neuem aufblühte. Später wurde Damaskus dem oströmischen Reich einverleibt und Sitz eines christlichen Bischofs. 632 nach Chr. aber nahm es der Chalif Omar nach zweimonatlicher Belagerung ein. Omar residirte abwechselnd hier und in Mekka. Der Chalif Moawijja, der Stammvater der Omajadendynastie, verlegte den Sitz des Chalifats ganz hierher, und seine Nachkommen sowie die Abassiden residirten von 660 bis 753 hier, bis Almansor Bagdad zu seiner Residenz wählte. Von da an wurde Damaskus durch Statthalter verwaltet, von denen mehre ein eigenes Sultanat begründeten. So wurde es der Sitz der Tuluniden im IX., der Fatimiden im X., der Seldschucken-Dynastie im XI. Jahrhundert. Während der Kreuz-

Die Ruinen von Baalbek.

züge wurden heftige Kämpfe um den Besitz der Stadt geführt. Im Jahre 1154 von Nureddin erobert und mit Aleppo und Aegypten zu einem Reiche vereinigt, kam Damaskus nach Nureddins Tod in die Gewalt Saladins, der von hier aus das christliche Königreich Jerusalem unterwarf. 1401 erschienen Timur Lengs Mongolen vor der Stadt, nahmen sie ein und zerstörten sie fast ganz; doch wurde sie sehr bald wieder aufgebaut. Später waren die Mamelucken als Beherrscher Aegyptens auch Herren von Damaskus, bis es im Jahre 1516 dem türkischen Sultan Selim I. gelang, Stadt und Gebiet denselben zu entreissen, seit welcher Zeit ein türkischer Statthalter hier die Regierung übte. 1832 eroberte es Ibrahim Pascha für Mehmed Ali, welcher letzte es jedoch schon 1840 der Pforte zurückgeben musste.

Von Damaskus geht jedes Jahr am Ende des Monats Ramadan die grosse Mekka-Karavane, zu der sich alle Pilger der nördlichen Provinzen der Türkei vereinigen, ab. Ausserdem bricht jedes Jahr dreimal eine Karavane nach Bagdad und jeden Monat zwei- bis dreimal eine Karavane nach Aleppo auf. Der Wege von hier nach Jerusalem geht zunächst anderthalb Tage durch wüste Gegenden, dann um den Fuss des grossen Hermon herum nach den Quellen des Jordan und dem kleinen See Merom, und von da über Tiberias und Nablus weiter. Eine Tour durch die Wüste nach den *Ruinen von Palmyra* erfordert eine sehr ausdauernde Natur und (da allein das unbedingt nothwendige Beduinengeleit mindestens 50 Napoleons beträgt, wofür noch immer keine vollkommene Sicherheit vor Räubern erkauft wird) Geldkräfte, über die wenige Reisende zu verfügen haben, wesshalb wir das Nähere über einen solchen Ausflug übergehen.

Von Damaskus aus pflegt man in der Regel zuerst Baalbek und dann die Cedern des Libanon zu besuchen. Der Weg nach Baalbeck erfordert zehn bis elf Stunden, und führt zunächst über den Berg Kasiun, dann durch die Schluchten, welche der Barada in die Felsen gewühlt hat, und zuletzt über die oft noch im Mai mit Schnee bedeckten Höhen des Antilibanon, etwa nach der Mitte der Längenfurche zwischen diesem und dem Libanon. Hier, auf der Wasserscheide, zwischen dem Nahr El Asi (Orontes) und dem Nahr El Litani (Leontes), liegen nicht fern von einem Städtchen, an dem ein Bach vorüberfliesst, Ruinen, welche zu den grossartigsten der Welt gehören.

Man hat, ohne einen vollständigen Beweis führen zu können, angenommen, dass die Stadt **Baalbek** oder Heliopolis von Salomo erbaut worden sei, indem man meinte, dass das im A. T. als von diesem Herrscher gegründet bezeichnete Barlath dieses Baalbek sei. Wir wissen aber aus Josephus, dass Barlath im Lande der Philister lag. Möglich dagegen ist, dass der Prophet Amos die Sonnenstadt Baalbek nennt, wenn er vom Götzendienst in der Ebene Avan spricht. Der Styl der Ruinen, welche in einem grossen und einem kleinern Tempel bestehen, scheint griechisch-römisch zu sein. Richtiger aber werden die Trümmer von Braun als „eine lateinische Uebersetzung oder Ergänzung altsyrischer Formen" bezeichnet. Man thut wohl, die Betrachtung der

Ruinen mit der Ostseite zu beginnen. Dort war die Vorderfront des ganzen Baues, eine breite Säulenhalle von zwölf Säulen, deren Fussgestelle noch jetzt stehen, weil eine neuere Mauer sie aufgenommen hat. Die breite Treppe, die einst heraufführte, ist verschwunden. Zu beiden Seiten der Halle waren vierseitige, geschlossene Flügel, die aussen mit korinthischen Pilastern geschmückt sind und aus welchen die Sarazenen Festungsthürme gemacht haben. Durch die Rückwand der Halle tritt man in einen sechsseitigen mit Kammern gesäumten Hof. Die Breite jeder seiner sechs Seiten, also auch die Breite derjenigen, mit welcher er sich dem Rücken der Vorhalle anschliesst, ist geringer als diese letztere, so dass deren Flügel oder Thürme ihn rechts und links überragen. Aus diesem sechsseitigen Hofe gelangt man in einen bei Weitem grösseren vierseitigen, der rechts und links noch weiter sich ausdehnt, als selbst die Vorhalle mit ihren Flügeln. Er ist allenthalben mit abwechselnd viereckigen und halbrunden, nach vorn offenen Kammern gesäumt. Diese Kammern hatten am Eingang Säulen aus ägyptischem Granit, welche jetzt fehlen, indem sie zum Theil zertrümmert umherliegen, theils in die ruinenhafte Moschee des Städtchens verbaut sind. Die halbrunden Räume des Hofes haben im Innern Rundbogennischen, zwei übereinander, zwischen korinthischen Pilastern. Diese Nischen scheinen für Bildsäulen bestimmt gewesen zu sein. Die gestreckten viereckigen Räume zwischen diesen halbrunden Kammern sind gleichfalls mit Pilastern bezeichnet, von denen immer eine obere Ordnung auf dem Kopf der untern steht. Der grosse, viereckige Hof ist nur nach der Seite offen, an der sich in der Mitte der grosse Tempel anschloss, welcher nur die Breite des ersten sechseckigen Hofes hatte. Er hatte in der Front zehn, an den beiden Seiten rechts und links, wie es scheint, neunzehn Säulen. Das geht aus den noch sichtbaren Fussgestellen hervor; denn von den Säulen selbst stehen nur noch sechs aufrecht. Diese letzteren, welche ihr Steingebälk noch tragen, sind ohne dieses 70, mit diesem 72 Fuss hoch und haben unten einen Durchmesser von 8½, oben einen solchen von 5½ Fuss. Sie bestehen jede nur aus drei Stücken und sind aus ägyptischem Granit gemeisselt. Eine Anzahl anderer gleichgrosser liegen zerfallen auf dem Boden umher. Die Ordnung ist die korinthische, und zwar gehören die Säulen mit ihren im Verhältniss zum Schaft zu wenig starken Kapitälen der Zeit des Verfalls dieses Styles an. Der Tempel ist vollendet gewesen, sonst hätte man nicht ihm zur Seite, links an die Südwestecke des vierseitigen Hofes, später ein neues Stück zu der Terrasse gefügt, auf der sich die Ruinen erheben, und auf diesen tieferen Grund, der die Symmetrie der Anlage stört, einen weniger kolossalen Tempel gestellt, parallel mit dem grossen, der, wie noch hinzuzufügen, mit der Vorhalle und den beiden Höfen eine Länge von ungefähr tausend Fuss hat.

Auf jenem zweiten, kleineren Tempel dürfte es zu beziehen sein, wenn wir lesen, dass der römische Kaiser Antoninus in Syrien einen *Jupitertempel* baute, der ein Weltwunder war. Einen Tempel des Jü-

piter nämlich deuten die Darstellungen über seiner noch ziemlich gut
erhaltenen Flankenhalle an, derselben, welche der höheren Terrasse
des grossen Tempels zugekehrt ist. In den dortigen Deckenfeldern,
von denen sich noch einige oben befinden, während andere herabge-
stürzt sind, trifft man unter Anderm Leda mit dem Schwan, Ganymed,
vom Adler entführt. Der grosse Tempel aber wird dem Baal Scheinesch,
dem syrischen Sonnengott geweiht gewesen sein, und auf ihn bezog
sich's, wenn Baalbek einst Heliopolis genannt wurde.

Der *zweite Tempel* ist besser erhalten als der grössere. Er ist
225 Fuss lang und 120 Fuss breit. Dreissig jetzt zertrümmerte Stufen
führten nach der Plattform, die ihn trägt, empor; neben der obersten
Stufe befanden sich rechts und links 15 Fuss hohe Piedestale, auf
denen Bildsäulen standen. Um ihn herum lief ein Peristyl, der auf
den Längenseiten fünfzehn, auf den schmalen acht Säulen hatte. An
der Ostseite waren nach innen noch acht Säulen angebracht, welche
die Vorhalle bildeten. Die Höhe der noch aufrecht stehenden dreizehn
Säulen beträgt 46 Fuss. Das auf ihnen ruhende Steingebälk ist mit
der Cella durch Platten, in deren Mitte sich Sechsecke befinden, verbunden, die mit Basreliefs, welche jetzt bis auf jene Leda und jenen
Ganymed, völlig unkenntlich geworden sind, geschmückt waren. Die
Sarazenen haben, indem sie die Trümmer von Baalbek in eine Festung
verwandelten, die Vorderseite dieses Tempels durch Festungsmauern
verbaut und ihre Zinnenmauer an der Aussenseite selbst auf dem Steingebälk über den Säulen herumgeführt. Nur durch Klettern über zerfallene Säulen und kolossale Mauerquadern kommt man zu dem Tempel
empor, und man muss durch ein enges Loch schlüpfen, wenn man zu
dem grossen Prachtportal des Heiligthums gelangen will. Dieses Portal,
das mit einem reichen Ornamentenband gesäumt ist, ist wohl das gross-
artigste auf Erden. Die zu ihm führende Vorhalle ist tief und lässt
nur die Breite desselben, 21 Fuss, sehen. Die steinernen Seitenpfeiler
des Portals sind Monolithen und mit schön gemeisseltem Blumenwerk
verziert. Der Schluss-Stein des Thorgewölbes hängt scheinbar nur
ganz lose noch oben und bedroht den Eintretenden mit plötzlichem
Niedersturz. Auf dem Blocke erkennt man einen Adler, der auf dem
Kopf einen Federbusch und in den Krallen eine Schlange hat. Von
seinem Schnabel gehen Blumenketten aus, die mit jetzt kaum noch
erkennbaren Gestalten von Genien zusammenhängen. Treten wir in
das Innere des Tempels, die Cella, die hoch mit Schutt angefüllt ist,
so bemerken wir, dass sie — gleich dem Parthenon in Athen — keine
Decke hatte. Die Seitenwände sind mit kannelirten Halbsäulen korinthischen Styls geschmückt, zwischen denen sich eine doppelte Nischen-
reihe hinzieht. Die im Hintergrund vorspringenden Piedestale lassen
schliessen, dass sich in ihnen Statuen befanden. Die Nischen zu ebener
Erde sind halbrund oder muschelförmig, die symmetrisch sich öffnenden haben einen dreieckigen Giebel. Die Länge der Cella beträgt 90,
die Breite etwa 70 Fuss.

Treten wir wieder hinaus durch das Portal und das Loch in

der sarazenischen Mauer davor, so stehen wir vor einem hübschen Qua-
derthurm, der zu den Bauten gehört, mit denen die Araber die Tempelruinen zur Burg umwandelten. Ueber seinem Eingang nach dem
Hofe zu findet man ein zierliches Tropfsteingewölbe

Endlich ist noch des *kleinen runden Tempelchens* zu gedenken,
das sich in einiger Entfernung von hier befindet, und welches im
Mittelalter gleich dem zuletzt geschilderten als Kirche benutzt wurde.
Die Cella hat acht korinthische Säulen, zwischen denen sich Nischen
öffnen. Im Innern trifft man zwei Reihen von Säulen, von denen die
eine der korinthischen, die andere der jonischen Ordnung angehört.
Die Wände sind zerborsten und durch das eingesunkene Dach schaut
der Himmel herein.

Kehren wir zu der *Terrasse* zurück, welche den grossen Tempel
trägt, so bemerken wir, dass der ganze viereckige Hof dieses Bauwerks
ganz so wie die Südseite des Tempelplatzes in Jerusalem auf Gewölben
ruht. Wir können in den Tunnel eintreten, der sich zwischen den beiden
Tempeln, dem höher und dem tiefer stehenden, öffnet und unter der
ganzen südlichen Längenseite des Hofes hindurchführt. Wie wir be-
merkten, überragt der grosse zweite Hof mit seiner Breite nach beiden
Seiten sowohl den grossen Tempel im Westen, als den sechseckigen
ersten Hof, der sich im Osten ihm anschliesst. Diese überragende Breite
längs der ganzen nördlichen Seite mit jenem Nischensaum, ruht auf
zwei Tonnengewölben von derselben Richtung. Dieselben waren einst
durch Quertunnels verbunden, welche jetzt vermauert sind. Der Tunnel
auf der Südseite zeigt in seinen Schluss-Steinen zuweilen Porträtbüsten
und römische Buchstaben; aber trotzdem dürfte ein älterer Unterbau
zu unterscheiden sein, der sich an den grösseren Blöcken, anderer
Farbe des Gesteins und durch den Ansatz eines wenig hochgespannten
Gewölbes erkennen lässt.

Mit noch grösserer Wahrscheinlichkeit gehören einer älteren
Zeit als der römische Bau die ungeheuren, nirgends so gross gefun-
denen Quaderblöcke an, die man in der westlichen und nördlichen
Wand der Tempelterrasse erblickt. Im Westen, wo einst das Hinter-
ende des grossen Tempels stand, finden wir in einer Höhe von 30 Fuss
an der Mauer eine Reihe von drei Quadern, von denen jeder bei 14
Fuss Höhe, über 60 Fuss (der eine 62, der andere 64, der dritte 68)
Länge hat. Man findet das Ende kaum, wenn man einen davon in der
Quadermauer mit dem Auge zu verfolgen anfängt. Damit war aber auch,
wie es scheint, die altsyrische Kraft erschöpft. Der obere Theil der
Wand über diese Blöcke hinaus ist römischen und arabischen Ursprunges, und nur in dem benachbarten Steinbruch findet sich noch ein
solcher Block oder Quader vor, der auf seine Beförderung nach der
Mauer harrt. Auf der ganzen Nordseite ist gleichfalls ein altsyrischer
Unterbau kolossaler Quadern, die gleich denen der Substructionsmauer
des jerusalemer Harem immer nur an den Fugen glatt behauen oder
gerändert sind, zu verfolgen. Dort aber hat die römische Mauer sich
nicht auf sie gesetzt, sondern erhebt sich eine Strecke hinterwärts, da

sio die einstige Nordflanke des grossen Tempels zu tragen hatte. Zwischen beiden Wänden ist eine Art Graben, der jetzt als Garten bebaut wird. Sehr weit gebracht also hatte es die einheimische Baukunst nicht, als sie von der römischen ersetzt wurde. Zu welcher Zeit jene diese Riesenquadern auf einander schichtete, wird immer unbekannt bleiben müssen. Da indess der Handelsweg von Sidon und Tyrus herauf nach Baalbek und von hier weiter nach Damaskus und Palmyra seinen ganzen Schwung vermuthlich erst in der Glanzperiode Palmyras erreicht hat, so wird der gewaltige Entwurf, der unvollendet bleiben musste, kaum in viel früherer Zeit gemacht worden sein.

Das in der Nähe liegende Städtchen ist von Christen und Mohammedanern bewohnt. Man trifft in den Häusermauern mancherlei Bruchstücke der Tempel eingefügt. In der kleinen Moschee des Ortes stammen die Säulen jedenfalls aus den Nischen des grossen Tempelhofes. Ebenso mögen die schöngeformten Säulen am Altar der Capelle im benachbarten Kloster antiken Ursprunges sein.

Einige hundert Schritte vom Dorf trifft man die *Steinbrüche* an, aus denen die Steine zu den Tempeln geholt wurden. Interessant ist hier eine Anzahl vom Felsen losgebrochener und schon theilweise bearbeiteter und geglätteter Steinblöcke, die seit zwei Jahrtausenden liegen gelassen, den Eindruck machen, als ob sie die Steinmetzen eben erst verlassen hätten. Einer dieser Blöcke zieht vorzüglich die Aufmerksamkeit des Reisenden auf sich. Von einer senkrechten Felswand von oben und zu beiden Seiten abgelöst, steht er da wie ein Pfeiler, der nur noch mit dem Grunde zusammengewachsen ist, 72 Fuss in der Länge, 17 in der Breite und 15 in der Höhe.

Endlich mag noch der ältern zertrümmerten Moschee an der schönen Quelle von Baalbek Erwähnung gethan werden. In einem viereckigen Vorhof erhebt sich ein Grabdenkmal mit einer arabischen Inschrift auf kleinen zerbrochenen Säulen von rothem Porphyr. Ein schattiger Kastanienbaum breitet über einen Theil des Hofes sein Wipfeldach, daneben, nur durch eine halbzerfallene Mauer getrennt, ragen in einem Längenviereck zwei Reihen 9 Fuss hoher Säulen empor, die zum Theil noch durch Bogen verbunden sind, aber kein Dach mehr tragen. In der einen Ecke des Hofes erhebt sich ein Thurm, dessen sehr gebrechliche Wendeltreppe man hinaufsteigen kann. Oben hat man eine weite Aussicht über die grüne Ebene.

3. Von Baalbek nach dem Cedernhain und über Tripolis nach Beirut zurück.

Von Baalbek nach den **Cedern des Libanon** reitet man mit guten Pferden in acht, im gewöhnlichen Karavanenschritt neun bis zehn Stunden. Der Weg geht zunächst über die Ebene mit ihren Getreide- und Tabakfeldern. Eine halbe Stunde von Baalbek sieht man mitten in den Saatfeldern eine hohe, einsame Säule, über deren Bedeutung sich nichts Bestimmtes sagen lässt. Nach drei Stunden gelangt man nach dem Dorfe Dejr El Achmar. Nicht weit davon befindet sich ein zweites El Horsch. Das erstere ist grossentheils von Christen bewohnt und hat eine Kirche, die der heiligen Barbara geweiht ist. Hinter Dejr El Achmar betritt man.das hier mit Zwergeichen bewachsene Gebirge. Dritthalb Stunden von hier berührt die Strasse das auf einer Höhe über einem gutgebauten Thal gelegene Dorf Ainitha, von dem man bis zu den Cedern noch drei Stunden hat. Vor dem Reisenden erhebt sich der zu Ende Mai noch mit Schnee und Eis bedeckte *Dschebel El Makmel*, der fast 9000 Fuss Höhe hat. Gewöhnlich macht man hier in Ainitha Nachtquartier. Um über das Hochgebirge zu gelangen und die Cedern, die sich auf der andern Seite befinden, nicht zu verfehlen, thut man wohl, im Dorfe einen Führer mitzunehmen. Man reitet erst wieder in das Thal hinab, durch das ein Bach rauscht, dann geht es steil und immer steiler hinauf am ·Rande schroffer Abgründe und Schluchten, wo nur noch spärliche Sträucher wachsen.

Nachdem man eine Höhe von etwa 7000 Fuss erreicht hat, von der man bis in die Gegend von Tripolis und weit auf das Meer hinaus schauen kann, erblickt man neben sich ein tiefes Thal, in dem sich etwas wie Gesträuch zeigt. Hinabreitend gewahrt man, wie die Sträucher grösser und endlich zu Bäumen werden. Es sind die berühmten *Cedern des Libanon*, nach denen der Berg, zu dem der Thalkessel gehört, Dschebel El Arz heisst. Man reitet zuerst zwischen jüngeren, schlank aufstrebenden und ziemlich weit auseinander stehenden Stämmen hin und ·gelangt auf einen Rasenplatz, auf dem sich· eine kleine dunkle Capelle erhebt. Der hier weilende maronitische Priester liefert den Reisenden Lebensmittel. Früher stand hier nur ein Altar unter freiem Himmel, an dem alljährlich der Patriarch der Maroniten eine Messe las. Das Wäldchen hat etwa 350 Cedern, doch sind darunter nur sehr wenige, die ein Alter von mehr als einigen hundert Jahren haben. Von den Urbäumen, die schon zu Salomo's Zeiten vorhanden gewesen sein könnten, fanden sich im 16. Jahrhundert noch achtundzwanzig, im 18. noch sechzehn vor. Jetzt gibt es von ihnen nur noch neun. Dieselben theilen sich schon vom Boden aus in mehre Aeste oder Stämme, von denen die stärksten einen Umfang von 18 bis 20 Fuss haben. Man kann ohne Mühe an ihnen emporsteigen und in ihrem Gezweig umhergehen. Sie sind mit Namen von Reisenden bedeckt, unter denen man auch den bekannten abenteuerlichen Freiherrn von Geramb findet, der als Trappist starb.

Dieser Cedernhain ist nicht der einzige auf dem Libanon, aber keiner der übrigen hat so alte Stämme aufzuzeigen, und keiner liegt so nahe an den Strassen, welche die fränkischen Reisenden zu wandern pflegen. Das Holz der Cedern ist weisslich, leicht zerbrechlich und verbreitet einen angenehmen Geruch.

Von den Cedern bis hinab nach Tripolis hat man neun bis zehn Stunden. Der Weg führt zunächst aus dem Thalkessel, dessen Boden 6000 Fuss über dem Meer liegt, wieder nach dem Rande hinauf und dann über einsame öde Berge und· Thäler an dem Dorf Bischerreh vorüber in einen mit Weinreben, Cypressen und Olivenbäumen bepflanzten

Kessel hinab, in welchem nicht weit von einem schönen Wasserfall das grosse Dorf *Ehden* liegt, welches von den Cedern drei Stunden entfernt ist, und wo das oben erwähnte Treffen stattfand, in dem die verbündeten Drusen und Maroniten die Türken schlugen. Von hier sieht man bei heller Luft deutlich Tripolis tief drunten über Berggipfeln und Schluchten liegen. Immer bergab steigend, zuweilen auf halsbrechenden Pfaden, gelangt man von Ehden in drei Stunden nach dem prächtig auf der Höhe gelegenen Dorfe *Mileh,* wo man einen mit Oleander bewachsenen Fluss überschreitet und bald darauf zu ebenen Wegen gelangt, die sich zwischen üppigen Maulbeer-, Feigen- und Citronen-Gärten hinschlängeln. Nach zwei Stunden erreicht man eine weitgedehnte Hochebene, die sich nur noch 1000 Fuss über dem Meer erhebt, und von der man auf einer sanft geneigten Abdachung nach Tripolis hinabsteigt, das mit seinem weitläufigen alten Kastell und seinen weissgrau aus grünen Gärten auftauchenden Häusern und Moscheen recht stattlich aussieht. Von hier hat man noch eine halbe Stunde zwischen den Cactuswänden von Baumpflanzungen zu reiten, um nach der Vorstadt oder Hafenstadt von Tripolis zu gelangen, wo man bei richtiger Eintheilung der Zeit Gelegenheit findet, sich auf dem Lloyddampfer nach Cypern oder den Küstenorten Nordsyriens und Karamaniens einzuschiffen.

Tripolis, arabisch Tarablus, hat gegen 12,000 Einwohner. Der Fluss, der es bespült, ist der vom Dschebel El Makmel kommende Nahr Kadischa. Die Hafenstadt heisst El Mina. Wer den Dampfer versäumt hat, mag von hier einen Ausflug nach den zehn Stunden nördlicher gelegenen Trümmerstätten von Tartus und Ruad unternehmen. Dieselben liegen am Meer, da, wo sich das breite Thal des Nahr El Kebir (im Alterthum Eleutherus) zwischen dem Nordende des Libanon und dem Nosairiergebirg öffnet, und bezeichnen die Stellen, wo die altphönizischen Städte Arad und Marathos standen.

Arad, das jetzige Ruad, liegt auf einer Insel und war im 8. Jahrhundert v. Chr. eine volkreiche Stadt mit hohen Häusern und einem von Hallen umgebenen Marktplatz, eine Art phönizisches Venedig. Von dieser sind zunächst die ungeheuren Mauern mit Fugenränderung noch übrig, die man auf der Nord- und Südseite der Insel antrifft. Nach Osten öffnete sich der Haupthafen. Der innere erhöhte Felsboden der Insel ist voll von alten Cisternen und Felsenkammern. Die jetzigen Bewohner der Insel nähren sich von Schiffahrt und Schwammfischerei. Auf Ruad sowohl, wie auf der benachbarten Küste findet sich die echte Aloe.

Von der Stadt **Marathos,** jetzt Tartus, die der Insel auf dem Festland gegenüber liegt, steht noch ein gewaltiges Castell mit doppelter Mauer und doppeltem in den Fels gehauenen Graben, dessen äussere Mauer, theilweise noch gegen 60 Fuss hoch, unten Lagen von alterthümlichen Quadern zeigt. Im innern Hofe befindet sich ein mittelalterlicher Saal mit grossen Fenstern und von Granitsäulen getragenen Gewölben. Die Stadt hiess im Mittelalter Tortosa. Von damals stammt auch die Ruine der grossen Kirche, die man im Bereich der alten Stadt antrifft.

Noch wichtiger ist die *Nekropolis* der alten phönizischen Städte, die sich auf dem Wege von Tripolis nach Tartus ausdehnt. Hier zwischen den Steinbrüchen und Gebüschen sieht man bald einen kolossalen Steinwürfel, nach dem Stufen hinaufführen und vielleicht einst einen Thurm wie Absaloms Grab trug, bald einen quadratischen Bau aus gewaltigen Quadern mit Kammern im Innern, bald einen ganzen in den Felsen gehauenen Hof, in dessen Mitte ein altarartiger Würfel steht. Man kennt namentlich zwei fast 30 Fuss hohe Grabaufsätze, die in geringer Entfernung von einander im Angesicht der Insel Ruad liegen, und von denen der eine über einem viereckigen Felsblock sich in Walzenform erhebt und mit einer kurzen Spitze endigt, während der andere, gleichfalls von Walzenform, sich nach oben kegelartig verjüngt. Ein doppeltes Band von Stufenzinnen umzeichnet den obersten und den mittleren Theil. Darunter, zwischen Schutt und Gestrüpp sind grosse Grabkammern mit Nischen und Bänken zu sehen.

Der Weg von Tripolis nach Beirut zurück erfordert neun bis zehn Stunden, im Karavanenschritt elf bis zwölf. Er führt vierthalb Stunden südlich von Tripolis über ein Kap, welches, im Alterthum *Theuprosopon*, d. i. Gottesstirn, genannt, sich fast 1000 Fuss senkrecht über das Meer erhebt. Steile Pfade führen an der weissen Kreidewand empor. Oben liegen einige griechische Klöster. Dritthalb Stunden von hier berührt man das elende Städtchen *Dschebil*, wo einst die Stadt Byblos, syrisch *Gebal*, die Heimat der phönizischen Steinmetzen, lag, welche Tyrus ausbesserten und dem König Salomo seine Quadern behieben. Man findet hier in der Nähe ein Castell, dessen untere Mauern Fugenränderung zeigen, während die obern Lagen, in die mehre Granitsäulen verbaut sind, von den Römern oder Sarazenen herrühren.

Von hier wendet sich der Weg nach Osten und geht, nachdem er den Fluss Nahr Ibrahim durchschritten, um die tiefausgeschweifte *Bucht von Dschuneh* herum. Der Nahr Ibrahim ist der alte Adonis, an dem die altasiatische Sage entstand, welche, später von den Griechen ausgeschmückt und umgewandelt, vom Dichter Panyasis besungen wurde. Der Fluss kommt, wie die meisten Gewässer des Libanon, von Nordosten, und ist von hier aus nicht aufwärts zu verfolgen. Indess weiss man, dass er im Gebirg aus einer grossen Höhle hervorbricht und sich dann in einer Reihenfolge von Wasserfällen herabstürzt. Nicht fern von seinem Quell liegen die Ruinen eines alten Venustempels, in dem im Alterthum grosse Ausschweifungen stattfanden.

Am Südende der Bucht von Dschuneh ergiesst sich wieder ein Gebirgswasser in die See, der *Nahr El Kelb*, im Alterthum *Lykos* genannt. Nicht fern von der hohen Bogenbrücke, auf der man ihn überschreitet, am Berge über seinem Südufer finden sich zwischen wilden Feigensträuchern die berühmten *altägyptischen und altsyrischen Rhamsesbilder*. Es sind drei ägyptische. Sie gehören, wie der noch wohl erkennbare Namensschild auf der einen Tafel besagt, der Zeit des zweiten Rhamses oder Sesostris an, der sie hier als Denkmal seiner Siegeszüge in Syrien und Phönizien zurückliess. Ueber den Tafeln befindet sich das bekannte ägyptische Hohlgesims. Die Sculpturen sind sehr verwittert. Indess erkennt man doch noch den König, wie er einen Gefangenen am Schopf gefasst hat, um ihn vor verschiedenen Göttern, in der einen Tafel vor Amun, in der andern vor dem Sonnengott und in der dritten vor Ptah niederzuschlagen. Die darunter befindlichen Hieroglyphen sind kaum noch zu erkennen. In den vier Ecken der Rahmen finden sich Löcher, welche auf Angeln deuten, in welchen sich die Thüren drehten, mit denen die Sculpturen bedeckt wurden. Neben jeder ägyptischen Tafel erblickt man eine nach oben gerundete assyrische. Sie enthält die Figur des Sanherib, der mehre Jahrhunderte nach Sesostris hier als Eroberer auftrat Der König trägt einen langen Rock und erhebt den rechten Arm. Die Figur sowohl, wie der leer gelassene innere Raum im Rahmen, ist mit halbverwitterter Keilschrift bedeckt. Diese Tafel wiederholt sich noch mehrmals, auch wo sich keine ägyptische findet.

Am Felsen links von der Brücke im Thal begegnet man noch einer dritten Sprachprobe, die gleichfalls an einen grossen Eroberer erinnert. Es ist eine gleichfalls sehr verwitterte Tafel des Sultan Selim I., des Besiegers Aegyptens. An der Brücke ladet ein Khan zur Rast ein. Dem Fluss stromaufwärts zu folgen, ist unmöglich. Seine Quelle ist hoch oben im Gebirge, von wo er sich, oft in unterirdischen Seen und Tropfsteingrotten verschwindend, raschen Laufes herabstürzt. Ganz oben, an einem seiner Quellbäche, liegt unter dem Dschebel Sannin die Trümmerstätte von *Fakrah.* Man trifft hier Tempelruinen und eine kleine Pyramide. Die letztere hat unten 50 Fuss im Quadrat, lässt ihre Seitenwände in einer Höhe von 9 Fuss zu Stufen werden, und schliesst oben mit einer vierseitigen Fläche. Im Innern trifft man eine Grabkammer, zu der zwei Eingänge führen: einer auf der Nordseite und ein höher gelegener im Osten.

Nach Beirut zurückgekehrt, kann man entweder über Cypern und Rhodus oder über Lattakiah, Alexandretta, Mersina und Adalia nach Smyrna fahren. Für beide Fälle kann der Reisende Lloyddampfer benutzen.

Die Orte der zuletzt angegebenen Linie bieten dem Reisenden nur geringes Interesse. **Lattakiah,** das von Seleucus Nicator gegründete *Laodicea* des Alterthums, liegt sehr anmuthig in Gärten und Hainen, und ist seines Tabaks wegen berühmt. Die beste Sorte heisst Abu Richa, wörtlich „Vater des Wohlgeruchs" und kostet jetzt 60 bis 80 Piaster die Okka (2¼ Pfund). Derselbe erhält keine Beize, sondern wird über einem Feuer geräuchert, in welches wohlriechendes Holz geworfen wird. Von Alterthümern trifft man hier ausserhalb der Stadt einen noch gut erhaltenen römischen Triumphbogen, und in die Mauern des verfallenen Castells am Meer sind eine Menge Säulentrümmer von Cipollin, Verde Antico und andern kostbaren Marmorarten eingemauert.

Alexandrette, am Meerbusen von Skanderun in sehr ungesunder Gegend gelegen, ist der Hafen für Aleppo, welches von hier fünf Tagereisen entfernt ist. *Mersina* ist ein trübseliger Ort ohne alle Sehenswürdigkeiten, der nur dadurch Bedeutung hat, dass er der Hafenplatz für Tarsus ist. *Adalia* ist eine hübsche, gleich Mersina schon zu Kleinasien gehörige Stadt, die in Hainen von Maulbeer-, Feigen- und Orangenbäumen auf einer schroffen Klippe hart über der See liegt und mancherlei zertrümmerte Reste alter Gebäude in sich birgt.

Interessanter ist die Tour über Cypern und Rhodus. Vor der ersteren Insel hält der Lloyddampfer zehn, vor der letzteren fünfzehn Stunden.

Die Haupthandelsstadt von **Cypern,** vor welcher das Schiff anlegt, ist *Larnaca,* ein flach hingestreckter, weitläufiger Ort, über dem viele Consulatsflaggen wehen, und der an der Stelle des alten Kition liegt. Die Häuser sind aus Stein gebaut und haben noch flache Dächer, wie in Syrien. Merkwürdigkeiten besitzt die Stadt keine. Die Insel, die gegenwärtig von etwa 110,000 Menschen bewohnt wird, unter denen gegen 90,000 Griechen sind, ist berühmt als ehemaliger Wohnsitz der Liebesgöttin der Griechen, was damit zusammenhängt, dass in der Urzeit die Einwohner (sie waren syrischen Stammes) einen sehr ausschweifenden Cultus der Astarte feierten. Wer Zeit hat, sich hier länger aufzuhalten, möge folgende Puncte besuchen: *Delin,* einst Idalion, 3 ½ Stunden landeinwärts, nordöstlich von Larnaca, wo man noch Mauerreste der alten Oberstadt antrifft und wo eine höchst merkwürdige Erzplatte gefunden wurde, welche eine Proclamation des ägyptischen Königs Amasis an die Cyprier in alterthümlichen Schriftzeichen enthält. Ferner *Leukosia* mit 15,000 Einwohnern, die gegenwärtige Hauptstadt der Insel, die von fern mit ihren venetianischen Festungswerken, ihrer gothischen Sophienkirche, ihren Minarets und ihren vielen Palmen recht stattlich aussieht, im Innern aber voll Schmutz und Verfall ist. Hier residirt der griechische Erzbischof von Cypern, der sich seit alter Zeit in Purpur kleiden darf und den Titel „der Selige" führt. Die Sophienkirche, in welcher einst die Könige der Insel gekrönt wurden, ist jetzt Moschee. Von ihren Thürmen überblickt man die Hauptebene des Insellandes. Der Berg im Südwesten ist die cyprische Olympos. Im Südosten begegnet das Auge den Thürmen von *Famagosta,* der einstigen glanzvollen Hafenstadt der Venetianer, von der zahlreiche Kirchen- und Palastruinen neben einigen noch jetzt bewohnten Häusern übrig sind. Nordwärts davon erblickt man die Trümmer des alten *Salamis.*

Noch wichtiger als das bisher Erwähnte sind für den Freund des Alterthums die Stätten, wo einst Paphos und Amathus lag, Orte, wo die cyprische Aphrodite besonders eifrig verehrt wurde. Zu *Amathus,* auf der Höhe des einstigen Berghügels, der nach der See flach, nach dem Innern steil abfällt, steht im Gebüsch ein kolossales Steingefäss Es hat die Gestalt einer von oben gedrückten Kuppel, deren obere Oeffnung etwa die Hälfte der äussern Bauchweite, 7 Fuss, misst. Starke

Henkel sind auf allen 4 Seiten der äussern Rundung und zeigen das halberhabene Bild eines Stiers innerhalb ihrer Wölbung. In der Nähe liegen die Bruchstücke eines ähnlichen Gefässes. Beide könnten andeuten, dass hier der Tempel der Aphrodite gestanden habe.

Eine beträchtliche Strecke weiter nach Westen und jenseits von Limasol oder Limessos, einem lebhaften Hafenort, wo man Cyperwein verschifft, folgt die Stätte von *Paphos.* Von dem Tempel sind nur noch einige grosse Quadern übrig, auf einem Hügel, der ausser ihnen jetzt ein Dorf und einen mittelalterlichen Thurm trägt. Westwärts von hier lag einst der Hafenplatz Neu-Paphos, von wo die Festprocessionen nach dem Heiligthum heraufkamen. In der Nähe erhebt sich ein mit Gräbern ausgehöhlter Hügel aus der Ebene, der in dem an Denkmälern armen Cypern die bedeutsamsten architektonischen Reste enthält. Es sind Gräberhöfe, die man (gleich dem Grabe der Helena von Adiabene bei Jerusalem) in den Fels gesenkt und von 3 Seiten mit einer dorischen Säulenstellung umgeben hat. Die Säulen sind ohne Hohlstreifen und tragen, nur wenig von der Felswand abstehend, das über sie hervorragende Gestein. Diese Decke zeigt über dem glattgelassenen Band eines nur angedeuteten Architravs einen dorischen Triglyphenfries, nur sind es hier eigentlich keine Triglyphen, keine Dreischlitze, sondern Vierschlitze. Unter den Säulen öffnen sich die Grabkammern, die den benachbarten Hirten zu Stätten für ihre Herden dienen und deshalb so wie der Hof hoch mit Schaf- und Ziegendünger angefüllt sind.

Die Tour durch Cypern wird am geeignetsten in folgender Weise gemacht: Larnaca nach dem Barnabaskloster am Berg Santa Croce (griechisch Stavros Bunos) 5 Stunden, Moni 5, Limasol 4, Episkopi 2½, Pissuri 4, Kuklia 3, Paphos 3, Chysorogiatissa 5, Berg Olympos oder Troodos 6, Cicco 4, Levka 3, Morpho 4, Acheropiti 7, St. Hilarion 3, Cerinea 1½, St. Chrysostomo (via Delapais und Buffavento) 4, Nikosia 2, Citrea 3, Hagios Ilias 9, Kantara 2, St. Barnabas 5, Famagosta 2, Larnaca 8 Stunden. Man reist auf Mauleseln, die man für 10 bis 11 Piaster per Tag zu miethen bekommt. Von Gasthöfen ist mit Ausnahme von Larnaca, wo es eine Locanda gibt, nirgends die Rede. Aber das Landvolk ist gastfrei und mit einer geringen Vergütung zufrieden. Wein, Eier, Geflügel, Honig, Brot und Käse sind allenthalben leicht zu haben. Räuber gibt es in Cypern nicht. Zur Jagd gibt es allenthalben Gelegenheit, da die Insel reich an Hasen, Rebhühnern, Schnepfen, Frankolinen und Enten ist. Besonders reich an solchem Wild ist die Gegend von Kuklia und Pissuri, sowie das ganze Thal von Maratassa, und in den Einöden um das Cap Epiphemios trifft man selbst wilde Schafe, wilde Schweine und wild gewordene Esel, Ochsen und Pferde an.

Die Insel ist 250 Quadratmeilen gross und bildet ein Ejalet des türkischen Reiches. Das Klima ist mild und gesund, der Erdboden durchschnittlich sehr fruchtbar, der Anbau im Allgemeinen vernachlässigt. Ausfuhrartikel sind Hanf, Tabak, Oel, Südfrüchte und Wein. Von den Cyperweinen ist der Commanderia der beste. Der Pechgeschmack der Cyperweine kommt davon, dass man sie Anfangs in verpichte Schläuche füllt. Er verliert sich mit den Jahren ebenso wie die rothe Farbe der Weine. Dem Ackerbau schaden die Heuschrecken und die Dürre des Sommers.

Rhodus, jetzt Rhodi, gehört seiner Natur, sowie seiner sonstigen Verhältnisse zufolge schon zu Kleinasien. Es ist eine 9 Meilen lange, etwa 4½ Meilen breite dreieckige Insel, deren Inneres gebirgig ist und sich im Artemira 5000 Fuss über den Meeresspiegel erhebt. Im Alterthum sehr fruchtbar, ist es jetzt nicht so gut angebaut, als es sein sollte. Einwohner hat es gegen 40,000, von denen ³/₄ Griechen sind. In frühern Zeiten hatte allein jede der drei Hauptstädte der Insel so viele Bewohner. Der von Virgil als Göttertrank gepriesene Wein von Rhodus ist jetzt sehr mittelmässig. Das Klima dagegen ist noch immer so mild und schön wie damals. Die *Stadt Rhodus* liegt an der Nordostecke der Insel und nimmt sich, in der Form eines Amphitheaters an den Bergen erbaut, sehr stattlich aus. Im Innern ist sie hässlich und schmutzig. Reste aus dem Alterthum sind nicht mehr vorhanden, und was aus der Zeit der Johanniterherrschaft erhalten war, die Johanneskirche, die alterthümlichen bürgerlichen Häuser der Ritterstrasse, der schöne gothische Thorbogen u. s. w. ist durch die furchtbare Explosion eines Pulvermagazins, welche im Jahre 1857 stattfand, in traurige Ruinen verwandelt worden. Näheres über das Innere von Rhodus und seine Geschichte findet man in unserm *„Reisehandbuch für Griechenland"* (Triest, Literarisch-Artistische Anstalt 1859), wo auch die übrigen türkischen Inseln auf dem Wege von Syrien nach Smyrna geschildert sind.

SECHSTES CAPITEL.

Kleinasien.

Kleinasien im Allgemeinen. — Smyrna. — Nimfi. — Reise über Magnesia und Bergama nach der Ebene von Troja und den Dardanellen. — Drei Routen durch das Gebiet von Troas. — Tour nach den „Sieben Kirchen": Ephesus. Laodicea, Philadelphia, Sardes, Thyatira und Pergamos. — Tour von Smyrna über Sardes und Brussa nach Constantinopel. — Von den Dardanellen über Brussa, Isnik und Ismid nach Constantinopel. — Tour von Adalia durch Lycien und Karien nach Smyrna. — Verschiedene Pläne zu Touren im Innern des Landes. — Tour zur See von Constantinopel nach Trapezunt und von dort zu Lande nach Tripolis und Kerasunt.

In Smyrna gelandet, findet man sich, wenn auch noch von morgenländischen Bildern umgeben, doch schon in einer sehr andern Welt als in Syrien, Palästina und Aegypten. Man hat den Süden, die arabische Hälfte des türkischen Reiches hinter sich gelassen und sieht sich in der griechisch-türkischen. Und dasselbe gilt vom grössten Theil Kleinasiens, namentlich von den Küstenstrichen. Die Farben der Landschaft sind nicht mehr so warm. Statt an die Wüste wird man mehr an das Meer erinnert. Während im Süden die Palme den Charakter der Gegenden bestimmt, sind hier der Oelbaum und die Cypresse die charakteristischen Bäume. Während in Syrien und Palästina die Häuser von Stein, einfarbig weissgrau sind und stets flache Dächer haben, hat das Haus des Kleinasiaten ein schiefes, mit rothen Ziegeln gedecktes Dach, Wände von Holz und in der Regel einen bunten Anstrich. Während die Friedhöfe im Süden meist halbwüste Stätten ohne Baum und Strauch sind, bepflanzt der Türke im Norden seine Gräber mit Cypressen, die dann schöne stolze Haine bilden. Im Süden wurde arabisch als Landessprache geredet, hier nur türkisch und griechisch. Dort sind blaue oder graue Augen eine Seltenheit, hier begegnen sie uns häufig; dort lässt man sich den ganzen Bart wachsen, hier gewöhnlich nur den Schnurrbart; dort trägt die Mehrzahl der Männer noch den Turban und die lang herabgehende kaftanartige Abaje, die Mehrzahl der Frauen den schneeweissen Mantel, hier herrscht als Kopfbedeckung schon das Fez, als Bekleidung des Leibes die Jacke vor, und die Frauen tragen bunte Mäntel. Verschieden ist endlich, um manches Andere zu übergehen, auch der Tabak, indem man im Süden fast nur den schwarzen Lattakiah raucht, während im Norden der Pfeifenkopf oder die Cigarrette mit dem gelben Kraut von Stambul gefüllt wird.

Kleinasien, lateinisch Asia Minor, von den Türken Anadoli genannt, ist die grosse Halbinsel, die sich westlich vom Euphrat bis an das ägäische und das Marmorameer ausdehnt und sich vom Südrande des armenischen Hochlandes bis zum Taurus und vom Schwarzen Meer bis zu den Pässen Ciliciens senkt. Es hat bei einer Grösse von 8000 Quadratmeilen nur 5 bis 6 Millionen Einwohner, während es im Alterthum mindestens die zehnfache Zahl erreicht haben wird. Hier, unter dem milden Himmel Jonieus war die Heimath der Sagen von Troja und der homerischen Gesänge. Hier breitet sich nord-, ost- und südwärts das fruchtreiche Binnenland aus, um dessen Besitz seit den dunkeln Zeiten der Semiramis dreitausend Jahre hindurch die mächtigsten Eroberer und die ruhmvollsten Völker der Geschichte gekämpft haben. In diesen drei Jahrtausenden entstanden, blühten und verblühten hier mächtige Staaten, reiche Königs- und Handelsstädte, Künste und Wissenschaften. Von hier aus erschütterte Alexander der Grosse den ganzen Orient bis nach Indien und Persien hinein, und hier erstritt sich Rom im letzten Jahrhundert v. Chr. die Herrschaft über die civilisirte Welt. So viele Staaten und Städte dabei ihren Untergang fanden, die Civilisation erhielt sich doch. Erst als die Türken unter Osman im alten Bithynien sich festsetzten und von hier aus die ganze grosse Halbinsel unterwarfen und verheerten, fiel ein Werk der Cultur nach dem andern in Trümmer, und nur die Natur mit ihrem Segen blieb dem Lande treu, so dass es noch jetzt zu den schönsten und im Vergleich zu seiner nachlässigen Bebauung zu den reichsten Ländern der Erde gehört.

Die Bergketten des Landes gehen von dem armenischen Plateau aus. Die eine begrenzt zuerst das Euphratthal und durchschneidet es dann bei Samosata, die andere läuft an der Nordküste hin. Diese beiden Bergzüge sind durch gebirgige Districte verbunden, die sich von Angora bis zum Arjisch Dag strecken, dessen mit ewigem Schnee bedeckte Gipfel eine Höhe von 13,000 Fuss erreichen. Die südliche Kette des Taurus bildet die Nordgrenze von Cilicien, ein getrennter Zweig dieses Gebirgs, der Alma Dag, trennt Cilicien von Syrien. Zwei andere Bergreihen, die vom Westen des Mittelplateaus auslaufen, sind der Babadag, der nach Samos und Chios hin, wo er Tmolus heisst, mit verschiedenen Caps endigt, und eine zweite, zu welcher der Ida und der asiatische Olymp gehören, und der sich nordwestlich nach Mysien und Bithynien hineinzieht. Endlich nimmt die Kette des Olgasys den Strich zwischen dem Halys und dem Sangarius, das alte Paphlagonien ein. Am Fuss dieser Gebirgszüge liegen wellenförmige Ebenen, die mit Heidekraut, Myrthen, Rhododendron und zahlreichen wohlriechenden Sträuchern, Disteln und Gras bedeckt sind. Die Flüsse des Landes sind unbedeutend, die grössten ergiessen sich in das schwarze Meer. Unter diesen sind zu nennen: Der Irmak (einst Iris), der Kissil Irmak (Halys), der Bartan (Parthenius), der Filbas (Billaeus) und die Sakaria (Sangarius). Seen hat Kleinasien eine grosse Anzahl, und zwar sind es meist Salzseen. Der grösste derselben ist der See von Tusslar, der eine Länge von 7 deutschen Meilen hat. An der Küste bilden die zahlreichen Vorgebirge schöne Buchten und Häfen, von denen jetzt aber die meisten unbenutzt, ohne Schiffe und Handel sind. Einst volkreiche Städte sind zu elenden Dörfern oder blossen Trümmerstätten geworden. Der Ackerbau wird in der rohesten Weise betrieben, gibt aber trotzdem reiche Ernten. Man erzeugt Weizen, Gerste, Oel, Wein, Südfrüchte und namentlich an der Küste des Schwarzen Meeres ungeheure Massen von Wall- und Haselnüssen, Aprikosen, Pflaumen und Kirschen. Ebenso reich sind diese Küsten an schönen Waldbäumen, vorzüglich Eichen, während die kalten Höhen des Taurus mit Cypressen, Cedern und Wachholdern gekrönt sind. Von Erzen liefern die Berge vorzüglich Kupfer und silberhaltiges Blei. Die Einwohner sind im Innern meist Mohammedaner, die türkisch sprechen. An der Küste wohnen viele Griechen, namentlich in den grössern Städten. Im Alterthum zerfiel Kleinasien in die Reiche (später Provinzen) Mysien, Lydien, Karien, Lycien, Pamphylien, Pisidien, Phrygien, Galatien, Kappadocien, Lycaonien, Bithynien, Cilicien und Pontus. Jetzt ist es in acht Paschaliks oder Ejalets getheilt, welche Chudavendkiar (Theile von Bithynien, Phrygien und Mysien umfassend), Kastamuni (das alte Paphlagonien), Aidin (Lydien, Karien und Pisidien in sich begreifend), Karaman (Lycien, Pamphylien und Theile von Cilicien und Phrygien vereinigend), Adana (der Rest von Cilicien), Bossok und Sivas (Galatien und Kappadocien) und Tarabosan (Pontus) heissen.

Für Reisen in Kleinasien ist ein Firman oder Teskereh sehr wohl zu brauchen, während ein Teskereh in den von uns geschilderten Strichen Syriens nicht nothwendig ist. Die Geldverhältnisse sind dieselben wie in Syrien, doch versehe man sich für Touren in das Innere mit einem reichlichen Vorrath von Scheidemünze. Dragomane, die türkisch und griechisch sprechen, findet man in den Gasthöfen von Smyrna. Wer sich auf die Küstenstädte beschränkt, bedarf ihrer nicht, da hier die meisten Einwohner etwas Italienisch verstehen. Gasthöfe gibt es nur in Smyrna, Brussa und Trapezunt; in letzterer Stadt existirt nur eine schlechte Locanda. An allen andern Orten ist der Reisende auf die Khans oder Privathäuser angewiesen, welche letzteren ihm sein türkischer Pass öffnet. Man reist auch hier nur zu Pferde. Für ein Pferd wird bei längeren Touren ein türkischer Thaler (20 Piaster) für den Tag bezahlt. Doch thut man wohl, dies wie alles Andere, was zur Reise gehört, dem Dragoman zu überlassen, dem man für seine Bemühung und seine Auslagen ungefähr dasselbe gibt, was in Syrien gezahlt wird. Hinsichtlich der Wahl eines solchen wende man sich an sein Consulat in Smyrna. Ob die Gegenden, die man zu durchreisen gedenkt, sicher sind, erfährt man ebenfalls am besten bei seinem Consul. Nicht selten kommen Raubanfälle selbst wenige Stunden von Smyrna vor. Die beste Karte von Kleinasien ist die zu Berlin in 6 Blättern erschienene Kiepertsche. Die geeignetste Zeit zum Reisen in Anatolien ist das Frühjahr und der Herbst. Wer im April hier ankommt, thut wohl, mit den südlichen Gegenden zu beginnen und sich allmälig nach den nördlichen zu begeben. Die Hitze des Sommers ist in den ebenen Gegenden so gross wie in Syrien, und es ist nicht gerathen, Mittags zwischen 11 uud 4 Uhr zu reisen, während wieder im Gebirge oder auf den Hochflächen des Innern die Abende und Nächte zu kalt sind. Man reise nicht in sumpfigen Ebenen nach Sonnenuntergang, schlafe nicht unter Olivenbäumen, da die Nichtbeachtung dieser Regeln bösartige Fieber zur Folge hat, man sehe endlich nach, dass der Dragoman ein gutes Zelt mitnimmt, da die Orte, wo man ein Dach für die Nacht trifft, oft sehr weit auseinander liegen.

1. Smyrna und seine Umgebung.

Die *Hôtels* Smyrna's befinden sich alle in der Nähe des Landungsplatzes. Das beste ist das „Hôtel Mille“, wo man per Tag 12 Franken zahlt. Im „Hôtel Müller“ (Preusse) und im „Hôtel Europe“ gibt man per Tag 8 Franken.

Von *sonstigen Preisen* merke man noch:

Man zahlt per Tag für einen Lohndiener 3 Franken, für einen Wagen 10—15 Franken, für ein Tragthier 3 Franken und für ein Reitpferd 5 Franken.

Eintrittspreis in das italienische Schauspiel beträgt 1 Frank, in die italienische Oper 3 Franken, eine Loge kostet 5—10 Franken, ein Sitz im Parterre ½—1 Frank.

Die *Geldverhältnisse* sind hier, wie im ganzen Orient, etwas verwickelt. Zum Verständniss der gegenwärtig bestehenden vier Währungen ist zu bemerken, dass sie sich (1870) folgendermassen zu einander vorhalten:

	Courentes Geld		Legales Geld		Tarifgeld		Wechselgeld	
1 Lira turca . .	114	Pstr.	100	Pstr.	126	Pstr.	117	Pstr.
1 Lira inglese .	128	„	110	„	138	„	128	„
1 Napoleond'or.	99	„	87	„	109½	„	101½	„
1 Talaro Medjid	22½	„						
5 Franken	24.30	„						
1 Allilik	6.20	„						
1 Beschlik	5.20	„						

Courentes Geld ist für den allgemeinen Verkehr in der ganzen Stadt, legales Geld für den Privatverkehr, Tarifgeld für den Import und endlich Wechselgeld für den Export in Geltung. Das norddeutsche und österreichische Generalconsulat erkennt man an den Flaggenstangen. Deutsche finden sich in Smyrna eine ziemliche Anzahl. Man trifft deren immer einige in dem von einem Deutschen gehaltenen Kaffeehaus am Hafendamme, wenige Schritte von der Lloyd-Agentie. Ein italienisches Theater, welches sich indess auf nicht sehr hoher Stufe befindet, trifft man im Frankenquartier in einer Ecke der Rue des Roses. In den Kaufläden der grossen Strasse des Frankenquartiers bekommt man alle Erzeugnisse europäischer Fabriken zu kaufen. In den bessern Kaffeehäusern, sowie in den verschiedenen Clubs, liest man englische, französische und deutsche Zeitungen. Für Krankheitsfälle wende man sich an den deutschen Prediger, der die Aufnahme in das holländische Hospital vermitteln wird, welches trefflich eingerichtet ist. Katholiken finden Pflege in dem österr.-ungarischen Hospitale St. Antonio, dem Barmherzige Schwestern vorstehen.

Smyrna war bis zum Jahre 1825 der Hauptstapelplatz der Levante. Dann aber kamen in Folge der Dampfschiffahrtseröffnung sowohl Syrien als auch Persien in vielfachen directen Verkehr mit Europa, was nur zum Schaden Smyrnas ausschlug.

Immerhin aber wird es eine der hauptsächlichsten Handelsstädte des ottomanischen Kaiserreiches bleiben, denn es hat ein an werthvollen Bodenproducten gesegnetes Hinterland, für deren Verwerthung es den Centralpunct bildet und bietet zugleich den Seefahrern einen sicheren geräumigen Hafen und guten Ankerplatz.

Smyrna, von den Türken Ismir genannt, die Königin von Anatolien, von den Alten als „die liebliche", die „Krone Joniens", die „Zierde Asiens" gepriesen, macht, von der Rhede aus gesehen, nicht den Eindruck, der diesen poetischen Schwung erklärte. Dagegen ist es, von den Höhen über der Stadt betrachtet und verbunden mit der prachtvollen Bucht, an der es liegt, allerdings eine der schönsten Städte dieser Küsten. Die Bucht ist 8 deutsche Meilen lang und ¼ bis 1 Meile breit Schöngeformte Berge, die im Morgen- und Abendlicht in jenem wunderbar schönen violetten Lichte leuchten, welches diesen Gegenden eigen ist, und von denen sich die Fratelli gegen 1500, der hinter der Stadt aufsteigende Pagos gegen 1000 F. über das Meer erheben, und anmuthige grüne Strandebenen schmücken sie. Am Eingang liegen mehre felsige Inseln, die einst Schlupfwinkel von Seeräubern waren. Die Form der Stadt ist elliptisch, ein Theil liegt auf ebenem Boden und zieht sich fast eine halbe Stunde hart am Strande hin. Hier wohnen, grossentheils in Häusern von Stein, die fast ohne Ausnahme nur ein Stockwerk haben, die Christen, unmittelbar am Ufer die Franken, weiter landeinwärts die Griechen, dann die Armenier. Noch weiter zurück liegt das Quartier der Türken mit vielen Moscheen, welches sich am Pagos so wie an der Höhe im Westen hinaufzieht. Endlich ist das Judenviertel zu erwähnen, welches zwei schmale Winkel zwischen dem türkischen und dem armenischen einnimmt. Im Türken- sowie im Judenquartier sind beinahe alle Häuser von Holz, und der Schmutz der engen Gassen übersteigt an manchen Stellen auch die Erwartungen eines an orientalische Unreinlichkeit gewöhnten Gemüths. Reinlicher ist das Griechen- und Frankenviertel, und man blickt hier in manchen Gassen fast durch jede geöffnete Hausthür in einen hübschen, mit einer Fontäne geschmückten Garten. Die Bevölkerung beläuft sich jetzt auf etwa 180,000 Seelen, unter denen 70,000 Türken, 65,000 Griechen, etwa 15,000 Armenier, 20,000 Juden und gegen 10,000 Franken sind. Die Griechen und Franken besitzen mehre Kirchen und Klöster, die Armenier eine schöne neue Kirche, die Protestanten ein Diakonissenhaus mit einem Mädchenpensionat, welches das eleganteste Institut seiner Art im ganzen Morgenland ist. Der Eintritt in die Moscheen ist in Smyrna auch dem Giaur unverwehrt, nur muss er dabei die Schuhe ablegen. Es ist indess für den, der die Moscheen von Kairo oder Constantinopel gesehen hat, wenig von Interesse darin. Eines Besuches werth sind die grossen, zum Theil überwölbten Bazars am Ende der Frankenstrasse, prachtvoll die gewaltigen Cypressenhaine, die sich über den mohammedanischen Friedhöfen, zum Theil mitten in der Türkenstadt, zum Theil auf den Höhen über derselben erheben. Die neue Caserne im Westen der Marina (des Theiles der Stadt, der unmittelbar am Meere liegt) ist nach europäischem System eingerichtet und kann 3000 Mann fassen. Das kleine Fort, welches dem in die Bucht Einfahrenden eine halbe Stunde vor dem Landungsplatz zur Rechten erscheint, heisst *Sandschak Kalessi*, die Ruinen auf dem Gipfel des Pagos sind Reste einer mittelalterlichen Burg, in welche Theile des altgriechischen Smyrna verbaut sind. Andere Reste der alten Stadt, die am Ostabhang des Pagos lag, sind bei den Grabmälern des einen mohammedanischen Friedhofs verwendet worden. Wo das verfallene Castell steht, wird die Akropolis sich erhoben haben. Archäologen haben hier Spuren eines Zeustempels und die Stelle des Stadions entdeckt, wo der heilige Polykarp den Märtyrertod erlitten haben soll. Die verfallene Moschee innerhalb der Mauern des Castells soll die erste Kirche Smyrna's gewesen sein. Lohnender als diese dürftigen Reste Alt-Smyrnas ist die grossartige Aussicht, die man von den Ruinen aus geniesst, und die, wenn der Abend seine röthlichen Lichter und seine blauen Schatten über die Berge und das Meer giesst, wahrhaft bezaubernd ist. Von der Höhe überschaut man die Ebene im Osten, durch welche sich der Hermus windet und das Thal im Süden, wo über den Meles, einen kleinen Bach, dessen Gewässer die Stadt bespülen, und an dessen Ufer Sagengläubige sich die Höhle zeigen lassen, in der Homer seine unsterblichen Gesänge dichtete, eine Wasserleitung führt.

Interessant ist die *Karavanenbrücke*, die über den Meles führt und in deren Nähe sich unter den schattigen Bäumen eine Anzahl eleganter Kaffeehäuser findet, in denen namentlich Sonntags ein reges, buntes Leben herrscht. Ueber die Brücke passiren oft Hunderte von beladenen Kameelen auf einmal, und auf dem Haltplatz daneben sieht man bisweilen Tausende dieser Thiere gelagert. Nicht fern von hier aber erhebt sich jetzt der Bahnhof der neuen Eisenbahn nach Magnesia und Kassaba, die später noch weiter in das Innere des Landes fortgeführt werden soll und so nicht nur die Verwerthung der Producte desselben erleichtern, sondern auch den Europäer ein bequemeres Reisen vermitteln wird. Eine zweite Eisenbahn führt von Smyrna nach Burnabat und eine dritte endlich von Smyrna nach Aidin.

Von Smyrna kann man zunächst Ausflüge mit der Bahn nach Burnabat, dann zu Pferde oder mit einem Miniaturdampfboot, welches täglich mehrmals von den Landungsbrücken der Marina abgeht, nach

Nymphœon.

.

den schön gelegenen Dörfern Budscha und Sediköi machen, wo sich die Landsitze der Consuln und der reicheren Kaufleute befinden. Eine andere interessante Excursion, die zur Noth in einem Tage zu machen ist, würde die nach **Nimfi** sein, wo man das bekannte Monument sieht, welches eine Zeit lang dem Sesostris zugeschrieben wurde, aber wohl eher einen kleinasiatischen oder irgend einen andern nicht ägyptischen Herrscher vorstellt. Das Dorf Nymfi liegt fünf Stunden von Smyrna an der Strasse nach Sardes. Der Weg von dort nach dem Denkmal geht erst östlich und wendet sich dann allmälig mehr südlich um die Berge in einen Pass hinein. Anderthalb Stunden bringen uns an einen Ort, wo Felsen dicht mit Strauchwerk und Bäumen bekleidet, sich auf jeder Seite erheben. Auf der Linken befindet sich ein Felsblock, auf dessen Fläche sich im rechten Winkel mit dem Wege Sculpturen zeigen. Es ist eine in Relief ausgeführte Kriegergestalt, die von einem Rahmen umgeben ist. Herodot, der dieselbe für den Sesostris hält, sagt, es sei „ein Mann, fünf Spannen hoch, den Speer in der Rechten, den Bogen in der Linken, in ägyptischer Rüstung" — eine Beschreibung, die in sofern unrichtig ist, als die Figur den Bogen in der Rechten und den Speer in der Linken hält.

2. Reise über Magnesia und Bergama nach der Ebene von Troja und den Dardanellen.

Diese Tour, eine der interessantesten in Kleinasien, erfordert mindestens sechzehn Tage und berührt nach einander folgende Orte: Manissa (das alte Magnesia), Aksa (einst Thyatira), Soma, Bergama (Pergamos), Karaweren, Kimereh, Adramiti, Chetme, Biaram (Assos), Eski Stambul (Alexandria Troas), Enaeh, Bunarbaschi (angeblich Troja's Stätte); hierauf kehrt man zurück nach Enaeh und geht über Schebiak, Hallil Elli und Chemak Kalessi (Dardanellenschloss) nach Abydos. Auf der Bahn von Smyrna nach Magnesia, jetzt Manissa oder Manser, passirt man zunächst die Karavanenbrücke und geht dann durch schöne Thäler voll Feigen- und Olivenpflanzungen, Platanen, wilde Birnbäume und Bergfichten weiter, bis 2½ Meilen von Smyrna die Strasse ein erhöhtes Thal voll prächtiger Cypressen und Platanen erreicht, von wo man noch vier Stunden bis Magnesia hat.

Magnesia liegt am Südufer des Flusses Hermus unter einer schöngeformten Hügelkette, über der sich der Sipylus erhebt, in dessen schroffen Wänden man Grabgrotten sehr alter Zeit findet. Die Stadt hat gegen 40,000 Einwohner, unter denen 15,000 Griechen sind. In der Nachbarschaft wird viel Safran gebaut. Hier erfocht Scipio im Jahre 190 v. Chr. einen grossen Sieg über den syrischen König Antiochus III. Der Khan in der Stadt ist ausserordentlich geräumig und ungewöhnlich reinlich. Seine Gemächer werden von den Kuppeln überragt. Die Strasse geht jetzt auf einer Brücke über den Hermus, dann setzt man auf einer Fähre über den Hyllus und wendet sich hinauf nach Osten in das Thal des zuletzt genannten Flusses. Auf dem halben Wege

nach dem acht Stunden von Magnesia entfernten Aksa, welches in nie-
driger, sumpfiger Gegend liegt, trifft man bei einem einsamen Hause
Bruchstücke von Säulen aus weissem und rothem Marmor, die von
Sardes hierher gebracht sein sollen.

Aksa ist das alte Thyatira, eine der sieben Kirchen Asiens. Es
finden sich hier zahlreiche Reste der altgriechischen Stadt, von der
indess kein Stein mehr auf dem andern steht. Die Strassen sind an
vielen Stellen mit Fragmenten von Sculpturwerken gepflastert und in
die Grabmäler des Friedhofes hat man zahllose Säulen eingemauert,
und ebenso hat man die Brunnen in der Nachbarschaft des Ortes fast
allenthalben mit den Kapitälen korinthischer Säulen verziert. Die Strasse
geht von hier in der Richtung von W. N. W. durch reiches, gut angebautes und anmuthiges Land. 4½ Meilen von Aksa öffnet sich ein
schönes Thal, in dem man Kirkagatsch und unmittelbar dabei Bakir
erblickt. Der Weg führt hier hart unter den Felswänden hin, an denen
prächtige Fichten und andere Bäume stehen. Die Hecken bestehen aus
Jasmin, Arbutus und Myrthen.

Soma, das dritte Nachtlager auf dieser Tour, liegt sechs Stunden von Aksa. Anderthalb Stunden von hier liegen auf einem steilen
Felsgipfel die Ruinen einer byzantinischen Stadt, die man durch eine
mit Wallnussbäumen und mächtigen Platanen bewachsene Schlucht
erreicht. Nachdem man Soma verlassen, erblickt man von einer Erhebung des Thales plötzlich vor sich die Ebene von Bergama, die der
Caicus bewässert. Auf dem halben Wege zwischen Soma und Bergama
steht am Wege ein Trog, welcher der umgekehrte Deckel eines antiken
Sarkophags ist, und ein Stück weiter reitet man an Quellen mit langen
griechischen Inschriften vorüber.

Bergama oder Pergamos, acht Stunden von Soma gelegen, war
ebenfalls eine der sieben Kirchen. Man bedarf hier keines Führers zu
den Ruinen; denn die grossartigen Trümmer kündigen sich dem Auge
selbst an. Bergama liegt am Kaystros und war einst die Hauptstadt
des pergamenischen Reiches, welches von Philetärus, dem Statthalter
des Lysimachus, 283 v. Chr. gegründet wurde. Er und sein Nachfolger
Eumenes behaupteten ihre Unabhängigkeit gegen die Seleuciden, und
Attalus, der von 241 bis 197 v. Chr. herrschte, nahm zuerst den Kö-
nigstitel an. Dieser wurde Freund und Bundesgenosse der Römer, ein
Verhältniss, welches sich unter seinem Nachfolger fortsetzte und 133
damit endigte, dass Attalus III. bei seinem Ableben sein Reich und
seine Schätze an Rom vermachte. Die Stadt Pergamos war sehr präch-
tig und besass unter Anderm auch eine höchst werthvolle Bibliothek.
Im Mittelpunct der jetzigen (nicht bedeutenden) Stadt liegt die
Ruine eines kolossalen Palastes, der zum Theil auf einer Brücke von
schönem Quaderwerk ruht. Die Brücke ist so breit, dass sie einen
Tunnel von hundert Schritt Länge bildet. Ausser ihr gibt es vier andere.
Viele von den Khans und Moscheen der Stadt nehmen die Stelle alter
Bauwerke ein. Darunter ist eine Moschee, welche nach ihrem Styl
ohne Zweifel einst eine christliche Kirche war. Das Amphitheater, süd-

westlich vom Castell der Stadt, ist ein prachtvolles Gebäude, durch welches ein Bach hindurchfliesst. Die Bogen desselben sind von vortrefflicher Ausführung. Triumphpforten und zerfallene Häuser mischen sich mit türkischen Hütten, und die Begräbnissplätze sind voll von den schönsten Reliquien alter Architektur.

Von Bergama kann man auf zwei verschiedenen Wegen nach Béaram (Athos) gehen, entweder über Adramiti oder über Aivali und von dort in einem Boot weiter.

a) Die Strasse über *Adramiti* geht über Karaweren (sechs Stunden), Kimereh (acht Stunden), Adramiti (dritthalb Stunden) und Chetme (vier Stunden) und führt durch wildes Gebirg, das mit Fichten und Zwergeichen und in den Thälern mit schönen Platanen bewachsen ist. Zwei Stunden von Bergama sieht man rechts vom Wege die Reste eines Aquäducts, dem weiterhin ähnliche Ruinen folgen. Karaweren ist ein Gebirgsdorf von wenigen Hütten, Kimereh liegt in einem wohlangebauten Thal, in dem man einige Säulen und andere Fragmente aus römischer Zeit findet. Ueber Adramiti hinaus geht die Strasse am Ufer eines Golfs durch grosse Oelwälder, dann durch schönen Wald von Myrthen-, Lorber- und Erdbeerbäumen. Chetme ist ein Dörfchen hoch über der See, ohne Khan, so dass man auf sein Zelt angewiesen ist. Weiterhin geht der Weg zwischen dem Meer und den Bergen hin, die vom Fuss bis zum Gipfel mit Immergrün bekleidet sind.

b) Die Route über *Aiwali* ist weit kürzer als die vorhergehende und kann zur Noth in einem Tage gemacht werden, da sie bei nur zwölf Stunden Länge immer über guten Weg führt. Man passirt auf ihr mehre kleine Khans und zwei Dörfer. Von Aiwali, über das wir im nächsten Abschnitt Genaueres mittheilen, fährt man in einem Boot binnen vier bis fünf Stunden hinüber nach Athos.

Die **Ruinen von Athos** geben vielleicht von allen, die existiren, den besten Begriff von der Gestalt einer altgriechischen Stadt. Ein Wäldchen in der Nähe der Stadt liegt voll von alten Sarkophagdeckeln. Die Unter- wie die Oberstadt sind beide mit einer hellenischen Mauer umgeben, die gut erhalten und an manchen Stellen noch 50 Fuss hoch ist. Die Felsen um die Stadt erheben sich als steile Klippen von 60 bis 80 Fuss Höhe, von denen eine einst mit einem Tempel gekrönt war. In der Akropolis oder Oberstadt liegen Massen von Säulen, Triglyphen und Friesbruchstücke umher, an einer Stelle findet man dreissig dorische Säulen in einer Reihe wie Pallisaden aufgestellt, und der ganze Hügel, von dem man eine gute Aussicht auf das Meer und die Insel Mitylene hat, ist mit Trümmern von Tempeln, Bädern und Theatern besäet. Zahlreiche Inschriften sind auf ihnen zu lesen. Die Sitzplätze des Theaters sind noch vorhanden, aber (vermuthlich durch ein Erdbeben) umhergeworfen. Die Via Sacra oder Gräberstrasse ist fast eine Stunde weit zu verfolgen, und manche von den Grabmälern sind noch gut erhalten. In der Reihe derselben erblickt man runde Sitzplätze wie in Pompeji. Nicht fern von der Via Sacra begegnet man einer Mauer von uralter cyklopischer Construction.

Der Weg von Athos nach Eski Stambul ist neun Stunden lang und führt zum Theil über waldiges Gebirgsland. In den Eichenwäldern sammelt man Galläpfel. Auf der Hälfte des Weges passirt der Reisende das Dorf Dusla. In der Nähe von Eski Stambul bestehen die Hügel aus Muschelschalen, und an einem derselben entspringt ein heisser Quell.

Eski Stambul steht auf der Stätte einer alten Stadt, die bald Alexandria, bald Troas genannt wurde. Der heutige Ort besteht nur aus einem Dutzend Hütten. Die alte Stadt aber muss sehr gross gewesen sein. Ihre Trümmer sind gegenwärtig mit Eichenwald überwachsen, so dass man keinen Gesammteindruck erhält. Besonders interessant ist der frühere Hafen, wo nach allen Richtungen hin Hunderte von Säulen umhergestreut sind, und wo die Wellen der Brandung zeigen, dass sich der alte Hafendamm noch unter dem Wasser hinstreckt. Gerade gegenüber sieht man die Insel Tenedos, und gegen N. W. hin Imbros. Einen starken Büchsenschuss vom Ufer erblickt man grossartige Ruinen, welche als der *Palast des Priamus* bezeichnet werden. Es sind schöne Bogenwölbungen eines Gebäudes, welches ein Bad gewesen zu sein und die eine Seite eines öffentlichen Platzes gebildet zu haben scheint. Innerhalb seiner Mauern ist der Boden mit Bruchstücken von Sculpturwerken besäet. Nicht fern davon befindet sich eine von Wölbungen getragene rechtwinkelige Plattform, auf der ein Tempel gestanden haben könnte und von der man eine gute Aussicht hat. Gleich dabei trifft man eine zweite ähnliche aber halbrunde Plattform. In einigen andern Ruinen sind die Steine so gelegt, dass sie eine Art Mosaik bilden. Unter den wenigen Einwohnern des Ortes ist Einer, der sich Consul nennt und zugleich den Gastwirth macht.

Vom höchsten Interesse für den Freund des Alterthums ist die drei Stunden südöstlich von Eski Stambul gelegene *althellenische Festung von Tschigri*. Dieselbe krönt einen steilen Felsenhügel von oblonger Gestalt. Die Mauern, welche vortrefflich erhalten sind, laufen um den Rand des Gipfels herum, wobei sie Rücksicht auf die natürlichen Einbiegungen nehmen. Die Länge der Festung beträgt 1900, ihre Breite 530 Schritte. In Zwischenräumen von einander trifft man Thore, deren Seitenpfeiler und Decksteine Monolithen sind. Im Innern zeigen sich Spuren von Häusern. Nirgends findet sich eine Inschrift, und nur an dem einen Thorweg begegnet man einigen Sculpturen. Das Ganze ist aus rechtwinkelig behauenen Granitblöcken ohne Anwendung von Mörtel erbaut. Diese Burg ist wahrscheinlich nicht so alt wie die Cyklopenbauten von Argos und Mykenä, aber weit besser erhalten und um Vieles grösser.

Die Strasse nach Enaeh führt östlich nach einem Berge mit heissen Quellen, der mit den zahlreichen überwölbten Bädern und Brunnenhäusern an seinen Abhängen wie eine Honigwabe aussieht. Indem wir einer gepflasterten Strasse eine halbe Stunde weit folgen, finden wir neben dem Wege eine ungeheure Granitsäule im Gebüsche. Nach zwei Stunden erreicht man *Gaikle*, in dessen Nähe man in einem Steinbruch noch sieben solche Säulen trifft. Sie haben eine Länge von

39 Fuss, und ihr Durchmesser beträgt oben $4^3/_1$, an der Basis 6 Fuss. Sie sind mit Ausnahme der Pompejussäule in Alexandrien, der sie gleichen, die grössten Monolithsäulen in der Levante.

Nicht fern von hier liegen auf zwei nebeneinander aufragenden Gipfeln die Ruinen von Krisul und Krisa. Nachdem man eine waldige Höhe passirt, überschaut das Auge plötzlich die ganze **Ebene von Troja**, den mit. Schnee bedeckten *Ida* und das Amphitheater von Höhen, welche das Thal des Mendereh, des alten *Skamander* einfassen.

Enaeh, vier Stunden von Eski Stambul entfernt, ist ein grosses, von Türken und Griechen bewohntes Dorf von Lehmhütten mit einem hübschen Bade und einem ziemlich bequemen Khan. Von hier hat man noch $5\frac{1}{2}$ Stunden bis zu der Stätte zu reiten, wo das **Troja** oder *Ilion* Homer's stand. Gleich bei Enaeh liegt ein Grabhügel, den man das Grab des Aeneas nennt, und der jetzt den Türken des Ortes als Friedhof dient. Der Mendereh oder Skamander nimmt den Bach auf, an dem das Dorf liegt, und ist ein grosser Fluss, über den eine Holzbrücke führt. Sonst kann man nur in der heissen Jahreszeit an einer andern Stelle als hier und ganz unten an der Mündung des Flusses auf das rechte Ufer gelangen. Der Ritt am Westufer hin führt durch eine malerische Gegend. Eine kleine Stunde vor Bunarbaschi verlässt die Strasse den Fluss und überschreitet eine Hügelkette, von der man Strecken des Festlandes von Europa und Asien und die Inseln Imbros und Tenedos überblickt. Dieser Theil der Küste Troja's, der von der Insel Tenedos im Südwesten geschützt wird, bildet die bekannte *Besika-Bucht*, wo die englisch-französische Flotte vor Ausbruch des letzten orientalischen Krieges sich sammelte.

Bunarbaschi, von den Franken Alttroja genannt, steht am Fuss einer Bergkette, die mit zwei Gipfeln endigt. zwischen denen der Fluss sich in die Ebene hinabdrängt. Letztere dehnt sich bis an die See etwa drei deutsche Meilen weit aus. In dem Lehm der Hütten des Dorfes findet man gelegentlich eine Reliquie antiker Bauten verklebt, aber die eigentliche Stelle, wo Ilion gestanden haben mag, trifft man etwa eine halbe Stunde östlich von dem Dorfe. Indem man die Höhe in dieser Richtung ersteigt, erblickt man zwei Grabhügel, von denen man den einen für das Grabmal Hector's erklärt hat, da er, mit der Beschreibung Homer's übereinstimmend, aus einer Schicht lose aufeinander geworfener Steine besteht. Es ist auf dem Hügel nichts zu entdecken. was mit einiger Sicherheit dem heroischen Zeitalter zugeschrieben werden könnte. Die Quellen des Skamander, von denen die eine kalt, die andere lau ist, können dazu dienen, die Stelle des skäischen Thores zu bestimmen; man findet sie im Südwesten des Dorfes. Alles, was sonst in Bezug auf das Ilion Homer's hier gezeigt wird, ist Erfindung, die sich allerdings von altgriechischer Zeit herschreiben mag, sich aber gewiss nicht bis auf den trojanischen Krieg zurückleiten lässt, von dem man überhaupt nicht einmal bestimmt weiss, ob seine Helden und seine einzelnen Ereignisse, wie sie bei Homer vorkommen, Wahrheit oder Dichtung sind. Alexander der Grosse veranstaltete um diese Hügel glänzende Leichenspiele, da er die Sage von ihnen entweder glaubte, oder doch wie wir ehrte. Aber schon zu Strabo's Zeit war die Stelle der alten Stadt nicht mehr zu finden, und selbst die spätere äolische Colonie Neu-Ilium ist fast spurlos verschwunden. Dass aber die Gegend um Bunarbaschi diejenige ist, welche Homer bei seiner Schilderung der Oertlichkeiten in der Iliade vor Augen hat, ist nach dem Obigen nicht zu bezweifeln, und so bleibt dem Reisenden immer noch Gelegenheit zu poetischen Empfindungen.

Von Bunarbaschi kehrt man nach Enaeh zurück. Die Strasse von hier nach Scheblak folgt etwa vierthalb Stunden dem Ostufer des Flusses und passirt dann den Hügel, welcher dem gegenüber liegt, auf den man Alttroja verlegt. Von hier nördlich weiter führend, geht sie nach Scheblak, wo jenes Neutroja gestanden haben soll, und wo man auf einem türkischen Friedhof eine Anzahl von Säulen und andern Resten antiker Tempel findet. In der Fläche unten erhebt sich ein kleiner Hügel, welcher das Grabmal des Ilos sein soll.

Hallil Eli, sieben Stunden von Enaeh, ist ein Ort, wo sich wieder Reste einer antiken Stadt zeigen. Namentlich sieht man die Grundmauern einiger kleinen Tempel. Einer derselben könnte der des thymbrischen Apollo sein, bei welchem Achilles von dem Pfeil des Paris fiel. Der Bach, der hier vorbeiströmt, führt den Namen Tumbreck, was vielleicht eine Verstümmelung seines alten Namens ist. Die Strasse läuft weiter über niedrige Kalksteinhügel, welche weiter hin beim Dorfe Renköi die asiatische Grenze der Dardanellenstrasse bilden. Von hier ist es noch sechs Stunden bis zu dem *Dardanellenschloss Chanak Kalessi*, neben dem sich ein Städtchen befindet, in welchem viele Töpfer wohnen, welche besonders eigenthümlich gestaltete glasirte und vergoldete Töpfe verfertigen, woher der Name des Schlosses „Töpferburg" kommt. Von hier ist es noch eine kleine deutsche Meile bis nach der Landspitze Nagara Burun, wo einst *Abydos* stand, der Ort, an den sich die Sage von Hero und Lander knüpft, und wo Xerxes den Hellespont überbrücken liess und Alexander der Grosse mit seinem Heere über die Meerenge ging. Das Dardanellenschloss auf dem gegenüberliegenden europäischen Ufer heisst Chilil Bahri, Vorlegschloss der See. Beide Schlösser zusammen werden von den Türken Bogass His Sarleri genannt. Der Name der Dardanellen ist abgeleitet von der alten Stadt Dardanus, die in dieser Gegend stand.

Hier ist wöchentlich mehrmals Gelegenheit, sich mit dem Dampfer nach Constantinopel einzuschiffen.

Wir geben nun noch zwei Routen durch das Gebiet des alten Troas für solche Reisende, welche dieselbe gründlich zu durchforschen wünschen.

a) Von Bergama über den Berg Ida nach dem Gefilde von Troja und Kum Kaleh.

Diese Tour kann in fünf, zur Noth auch in vier Tagen gemacht werden, und berührt folgende Hauptpuncte: Awriamasti, Adramiti, Narlen, Bairamitsch, Enaeh, Eski Stambul und Kum Kaleh. Die Gegenden, welche die Strasse durchschneidet, sind bezaubernd schön, allenthalben prächtige Bergformen und schöne Blicke auf das Meer. In den zahlreichen Dörfern am Wege findet der Reisende Khans zur Nachtruhe, in den einzeln gelegenen Kaffeehäusern mancherlei Erfrischungen. Awriamasti liegt acht Stunden von Bergama. Zu Armutlu, fünfthalb Stunden von da, geht ein Weg nach **Aiwali** oder **Kidonia** ab, einer zwei Stunden von dort gelegenen Küstenstadt, die ihres Schicksals wegen Erwähnung verdient. Dieselbe erhob sich nämlich durch die Bemühungen eines Griechen, Namens Oikonomos, vom Range eines Dorfes in kurzer Zeit zu einer der ersten Handels- und Fabriksstädte dieser Küsten. Oikonomos wusste sich bei der Pforte einen Ferman zu verschaffen, welcher den Türken verbot, sich in Aiwali niederzulassen. Darauf strömten von allen Seiten Griechen hier zusammen, und so. wuchs die Einwohnerzahl und der Reichthum der Stadt mit wahrhaft staunenswerther. Schnelligkeit. Zu Anfang dieses Jahrhunderts gab es hier dreissig Seifenfabriken, vierzig Oelmühlen, sechs Kirchen, zwei wohleingerichtete Spitäler und eine Gelehrtenschule, die sich in einem eleganten Gebäude befand. Die Stadt regierte sich selbst und war gewissermassen eine kleine Republik unter dem Schutze des Sultans. Diese schöne Entwickelung wurde im Jahre 1821 völlig vernichtet, und zwar an einem einzigen Tage. Die Führer der Revolution in Griechenland, ermuthigt durch verschiedene Erfolge, dachten an Ausbreitung des Aufstandes unter ihren Landsleuten in Asien. Sie wollten zuerst Smyrna zu nehmen versuchen. Da meldete man ihnen von Aiwali, dass die Türken die Stadt bedrohten. Der Pascha von Brussa hatte Truppen zum Schutz derselben gegen einen Handstreich der Insurgenten beordert. Diese misshandelten bei ihrem Einzug die auf den Strassen umherstehenden Einwohner und wurden in Folge dessen verjagt. Am nächsten Tage kehrten sie verstärkt wieder und besetzten die Stadt Darauf erschien die griechische Flotte, siebzig Segel stark, vor dem benachbarten Eiland Moskonisi, wohin sich der grösste Theil der Einwohner von Aiwali geflüchtet, und zwei Tage später griffen 3000 Griechen unter dem Schutz der Schiffsgeschütze die Stadt an und trieben nach hartem Kampfe die Türken hinaus. Letztere aber steckten bei ihrem Rückzug die Stadt an allen vier Ecken in Brand, und dieselbe sank in Asche. Eine Stadt von 30,000 Einwohnern war in einem einzigen Tage zur Trümmerstätte geworden. Noch heute hat sie sich nicht wieder erholt.

Kimair, vierthalb Stunden von Armutlu, ist ein Ort von etwa 3000 Einwohnern, der in einer sumpfigen, mit Olivenbäumen bewachsenen Fläche liegt und ausser zwei Moscheen auch eine kleine griechische Kirche besitzt zehn Stunden von hier. (Vergl. die vorhergehende Route.) *Narlen*, sieben Stunden von Adramiti, ein hübsches Dorf, das am Abhang eines anmuthigen, mit Olivenhainen bedeckten, sich nach der See hin öffnenden Thales liegt. Von hier bis Bairamitsch sind es neunthalb Stunden. Auf dem Wege dahin überschreitet die Strasse den Abhang des Berges **Ida**, welcher der Schau-

platz vieler griechischer Sagen und Mythen ist, wo Paris den Streit
zwischen Aphrodite, Here und Pallas Athene um den goldenen Apfel
entschied, und von wo Zeus in Adlersgestalt den Ganymed entführte.
Die Gebirgsnatur ist hier sehr wild und grossartig, die Strasse führt
auf hölzernen Brücken über tiefe Thäler, deren Wände mit Fichten
bewachsen sind; die Aussicht von der Höhe des Passes ist prachtvoll.
Bairamitsch ist ein Städtchen, das recht freundlich von dem Gipfel
des Hügels herabschaut, auf dem es steht. Von hier kann man der
Quelle des Simoïs einen Besuch abstatten. Man geht zuerst nach dem
vierthalb Stunden von Bairamitsch im Gebirg gelegenen Dorfe Eve-
gelli, wohin ein sehr steiler und rauher Pfad führt, und von wo man
bis zu der Quelle des Flusses noch dritthalb Stunden hat. Das Wasser
strömt aus einer viereckigen Grotte in den Felsen und stürzt sich bald
darnach, durch kleine Rieselbäche, die aus benachbarten Spalten her-
vorrinnen, geschwellt, über eine 50 Fuss hohe Wand in die Tiefe. Die
Aussicht von hier ist sehr umfassend, denn man sieht bei heiterem
Wetter nicht bloss die ganze Ebene von Troja vor sich bis nach den
Dardanellen, sondern überblickt das ganze Küstenland bis in die Gegend von Smyrna. Von Bairamitsch hat man bis Enaeh fünfthalb, von
da nach Eski Stambul drei, von hier nach Bunarbaschi dritthalb und
von dort nach dem Küstenort **Kum Kaleh** noch drei Stunden.

b) Von Bairamitsch über Kodschunlu Tepeh nach dem Berg Gargarus.

Dieser Ausflug erfordert hin und zurück drei Tage, und man
berührt dabei die Puncte. Kodschunlu Tepeh und Godschillar. Der
erstere ist zwei, der andere fünf Stunden von Bairamitsch entfernt.
Das Ersteigen des Gargarus kostet sechs Stunden. Der **Kodschunlu**
ist ein kegelförmiger Hügel, welcher sich am Fuss des Gargarus wie
ein vorgeschobener Posten erhebt. An seinem Fuss strömt der Simoïs
hin. Auf der halben Höhe des Hügels finden sich beträchtliche Reste
aus dem Alterthum. Das erste, was man erblickt, ist ein länglich
runder Raum von etwa zweiundvierzig Schritt Länge und fünfundzwanzig Schritt Breite, an dessen Nordseite sich eine Mauer befindet, während man auf der Westseite die Ruine eines Bades trifft, deren Wände an
manchen Stellen noch mit Stuck überzogen sind. Ueber dieser Stelle begegnet man Gräbern und einem Bogengewölbe. In der Nähe ist ein
zweites Bad, dem nur das Dach fehlt, und neben dem mehre Säule von
1½ Fuss Durchmesser und viele Marmorfragmente, sowie Scherben
von antiken Gefässen liegen. Noch höher hinauf stösst man auf die
Ruinen eines Tempels. Auf dem Gipfel endlich finden sich Alterthümer
der Urzeit. Eine Art cyklopischer Mauer von Steinen so wenig behauen,
als die in Tiryns, wird sichtbar hinter alten Eichen. Im Osten und
Westen der Bäume sind andere Steine in der Weise der sogenannten
Druidenkreise zusammengelegt. Sehr wahrscheinlich hat man hier das
uns von Homer, Aeschylus und Strabo geschilderte *Heiligthum des
Idäischen Zeus* zu suchen. Die Aussicht von hier auf den Gargarus
und das Thal des Simoïs ist sehr schön.

Von hier nach Godschilar ist es drei Stunden. Dort beginnt man den **Gargarus** zu ersteigen, der eine dreifache Zone hat: zuerst bebautes Land, dann Wald, zuletzt (im Winter und Frühling) Schnee und Eis und keine Vegetation mehr. Die erste dieser Zonen kann zu Pferde durchschnitten werden. Während der ersten Stunde passirt man eine Anzahl griechischer Capellen, von denen die eine in sehr romantischer Umgebung über einem brausenden Gebirgswasser liegt. Die Gegend wird immer wilder und grossartiger, der Weg immer beschwerlicher und rauher. In der Waldregion gibt es wilde Schweine. Weiter hinauf ist alles öde und still. Der Berg hat vier Gipfel, von denen immer einer etwas höher als der andere ist. Wer das Wetter so trifft, dass sich der höchste erreichen lässt, der sich gegen 7000 Fuss über das Meer erhebt, wird durch das Schauspiel, das sich ihm hier bietet, reichlich für die Mühsal belohnt sein, die ihm die Ersteigung kostete. Man überblickt von hier einen sehr grossen Theil von Rumelien und Anatolien, das ganze Marmormeer bis nach Constantinopel hin und eine Menge von den Sporaden, die Berge von Brussa, die Insel Euböa, die Bucht von Smyrna, fast ganz Mysien und Bithynien und den grösseren Theil des südlichen Thracien und Macedonien — in der That, ein Panorama, welches seines Gleichen sucht!

3. Die Tour nach den „Sieben Kirchen Asiens".

Diese Rundreise nach den Städten, welche sich rühmten, die ersten zu sein, wo grössere christliche Gemeinden entstanden waren, und die desshalb oben in der Apokalypse erwähnt sind, erfordert, von Smyrna aus unternommen, mindestens zwei Wochen. Man wird wohl thun, wenn man folgenden Plan verfolgt: Smyrna, Ephesus, Giussel Hissar, Geyra, Laodicea, Hierapolis (zurück nach Laodicea) Tripolis, Bulladan, Philadelphia, Sardes, Thyatira, Pergamus, Awriamasti, Smyrna.

Ephesus ist von Smyrna auf dem nächsten Wege in zwölf, auf der weniger beschwerlichen Strasse über Hypsile in vierzehn Stunden zu erreichen.

Hypsile, ein kleines Dorf, liegt auf einem hochragenden Vorgebirge, wenig nördlich von einer Stelle, wo man noch einige Spuren der alten, von Lysimachus zerstörten Stadt Lebedos antrifft. *Zilli*, auf der Stätte von Klaros gelegen, hat ebenfalls einige Alterthümer. Hier stand ein Orakeltempel von Apollo, von dem man noch die Höhle der Weissagung zeigt. In der Nachbarschaft begegnet man mehren zertrümmerten christlichen Kirchen. Zwischen Lebedos und Klaros liegt eine kleine Insel, die einst der Diana geweiht war und jetzt Pendikonisi heisst. Von der alten Stadt Kolophon, die sich rühmte, der Geburtsort Homers zu sein, ist keine Spur mehr vorhanden. Eine halbe Stunde vor Ephesus überschreitet man den Kayster vermittelst einer Brücke.

Auch **Ephesus** ist zur Trümmerstätte geworden, und wo einst die grösste, volkreichste und wohlhabendste Stadt Kleinasiens stand, liegt jetzt nur noch ein ärmliches Dörfchen Namens Aiasoluk. Ephesus, im Alterthum der Mittelpunct alles vorderasiatischen Handels, wozu der geräumige Hafen viel beitrug, sollte von den Amazonen erbaut worden sein. Besondere Berühmtheit gewann die Stadt durch den überaus prachtvollen Dianentempel, der das Artemision hiess und zuerst von einem kretischen Baumeister errichtet worden sein soll. Er war im jonischen Styl erbaut, 425 Fuss lang, 200 Fuss breit und mit 127 Säulen, jede von 60 Fuss Höhe, geschmückt. Man zählte ihn zu den sieben Wundern der Welt. Im Jahre 356 v. Chr. durch Herostratus niedergebrannt, wurde er von den Ephesiern noch prächtiger wieder aufgebaut. So stand er, von Kaiser Nero nur seiner Schätze beraubt, bis ihn 262 n. Chr. die Gothen niederbrannten. Ephesus wurde ebenfalls wiederholt zerstört, aber sein jetziger Zustand datirt sich erst vom Einbruch der Mongolen, welche unter Timur die Stadt erstürmten und zur Trümmerstätte machten. Ephesus liegt auf einer Strandebene, die im Norden vom Galessus, im Süden vom Koressus eingeschlossen ist Auf der Niederung stehen zwei vereinzelte Hügel, auf dem einen liegt jetzt das Dorf Aiasoluk, der andere ist der Prion, an welchen sich die alte Stadt lehnte, und der noch jetzt der Mittelpunct des Trümmerfeldes ist, in das sie zusammengefallen. Man darf sich keine zu grossartige Vorstellung machen von den Ruinen, sie sind in der That sehr ausgedehnt, da man mindestens vier Stunden braucht, um sie zu durchwandern, fallen aber nur an einigen Stellen sehr in die Augen. Ueber die Stelle des Theaters, wo der Goldschmied Demetrius den Tumult gegen den Apostel Paulus erregte, kann kein Zweifel obwalten, aber die steinernen Sitze sind jetzt verschwunden. und das Proscenium ist ein Ruinenhaufen. Ziemlich gut erhalten ist ein Stadion von 690 Fuss Länge, welches sich an dem Hügel Prion befindet, und an dem man noch die Bogenwölbungen bemerkt, welche es zum Theil trugen. Ferner sieht man noch einen gigantischen Trümmersturz, der entweder ein grosser Palast oder ein Gymnasium gewesen ist. Die alten Mauerreste am Berg Koressus im Süden sind Beispiele althellenischer Architektur. Die Ruinen von Aiasoluk bestehen fast nur aus Bruchstücken von Gebäuden des alten Ephesus. Die zerfallene Moschee, die sich da findet, soll früher eine Kirche des Apostels Johannes gewesen sein, mit dessen Namen auch der des Dorfes (Aiasoluk zusammengezogen aus Hagios Theologos, Hagios vulgär wie Ai ausgesprochen) erklärt wird. Von dem Dianentempel und seinen Riesensäulen ist ein gewaltiger Trümmerhaufen am Ende des Hafens übrig. Wenigstens deutet man diesen so nach Strabo. In der Nähe sollen sich in einer Höhle eine grosse Menge Marmorstatuen befinden — eine Behauptung der Bauern des Ortes, die indess die Stelle nur gegen hohe Belohnung zeigen wollen. Vielleicht sind diese Statuen, wenn anders die Sache nicht ein Märchen ist, Statuen vom Dianentempel. Wir bemerken noch, dass man in der Nähe der Steinbrüche am Prion das Grab St. Johannes des Apostels, der hier eine Zeitlang lebte und vielleicht auch hier starb, und am Koressus das Grab der Jungfrau Maria zeigt.

Von Ephesus oder Aiasoluk, wo man in Khan Unterkunft findet, nach Giussel Hissar oder Aidin hat man eine starke Tagereise von zwölf Stunden. Zwischen beiden Orten, bei dem Kaffeehaus Balitschek Kanessi, fünf Stunden von Ephesus, führt ein Weg zur rechten Seite der Strasse über die Ebene und den Kamm einer Hügelreihe nach den Ruinen von *Magnesia ad Mäandrum.* Dieselben sind von Kaffeehaus eine kleine Stunde entfernt und ziemlich ausgedehnt. Man trifft an verschiedenen Stellen Bruchstücke von Säulen, Mauerquadern u. a. Im Südwesten des Stadtaerals, nahe dem Gipfel der Höhe, ist das Stadium, von dem die Gestalt und ein Theil der Sitzplätze erhalten ist. Im Osten erhebt sich ein Stück Mauer, neben dem sich, wie ein grosser Ruinenhaufen andeutet, ein dorischer Tempel erhob. Unter den Trümmern hat man mehre sehr schöne Basreliefs gefunden.

Aidin oder *Giussel Hissar,* von Balitschek Kanessi noch sieben Stunden, steht an der Stelle des alten *Tralles* auf einem schönen Hügel. Von der alten Stadt sind hier und da noch Grundmauern und die Ruinen eines Palastes übrig, dessen Bogenwölbungen man schon aus weiter Ferne erblickt. Die moderne Stadt hat dreiviertel deutsche Meilen im Umfang, ist die Residenz eines Pascha und gehört zu den lebhaftesten Handelsstädten der asiatischen Türkei. Sie liegt recht anmuthig in Obst- und Gemüsegärten über der Ebene. Bazars, von Bäumen beschattet, bilden die Hauptstrasse. Mehre hübsche Moscheen fesseln den Blick, die Griechen haben einige Kirchen, die Juden mehre Synagogen hier.

Von hier führt der weitere Weg durch die Feigengärten und Getreidefelder der Ebene nach *Sultan Hissar,* einem Dorfe, von Türken bewohnt, welches an der Stelle des alten *Nysa* steht. Man hat bis dahin fünf Stunden. Etwa drei Stunden weiter folgt das grosse Dorf Nasi, nicht weit von der Stelle, wo *Mastaura* stand. Zwei Stunden weiter erhebt sich das alte Castell von Jeni Scheher, wieder drei Stunden weiter kommt man nach Karajasu. Am Südufer des Mäander, da wo der Karasu in ihn mündet, trifft man Ruinen, welche die Stätte von *Antiochia ad Mäandrum* bezeichnen. Indem man dem Karasu etwa neun Stunden weit nach Süden folgt, gelangt man nach *Geyra,* einem Orte, der die Stelle des alten *Aphrodisias* einnimmt. Laodicea, jetzt Eski Hissar, liegt nordöstlich von Geyra. Am Eingang in die alte Stadt, deren Stätte jetzt ohne irgendwelche Bewohner ist, stehen die mächtigen Trümmer einer Brücke. Eine gepflasterte Strasse führt zu einem Thor mit drei Bogenwölbungen. An dem Abhang des Hügels, an dem die Stadt lag, finden sich zwei Theater, deren Sitzplätze noch wohl erhalten sind. Das eine, im Osten, ist sehr elegant gewesen: die Sitze waren alle von Marmor und stützten sich auf Löwenfüsse. Die Tempel der Stadt sind zu blossen Steinhaufen zusammengesunken. Einige noch erhaltene Mauern scheinen christlichen Kirchen angehört zu haben.

Von hier geht die Strasse in das Thal Likos hinab, welches von ihr in nördlicher Richtung quer durchschnitten wird. Nach dritthalb Stunden kommt man nach Bambuk Kalessi, dem wegen seiner heissen Mineralquellen im Alterthum berühmten **Hierapolis**. Der Berg, auf dem die Reste der alten Stadt liegen, ein Ausläufer des **Messogis**, bietet einen eigenthümlichen Anblick. Die Felsblöcke unter den Ruinen sehen aus wie gefrorene Wasserfälle, was von den Incrustationen der Mineralquellen herkommt, welche als kleine Bäche zwischen und über den Ruinen hervorbrechen. Die von ihnen abgesetzten erdigen Bestandtheile, über welche die Wasser dann wieder fliessen und neue Mineralien absetzen, haben die Oberfläche des Grundes und Bodens an manchen Stellen 15 bis 20 Fuss erhöht und Massen eines bröckeligen gelblichen Gesteins gebildet, welches das Gehen zwischen den Trümmern sehr erschwert. Von den Resten der Stadt sind mehre Bäder, ein Theater, ein Triumphbogen, die massiven Wände von Tempeln, eine ziemliche Anzahl von Säulen, von denen einige noch aufrecht stehen, und die Ruinen mehrer christlicher Kirchen besonders bemerkenswerth. Der Umfang der ganzen Trümmerstätte beträgt etwa dreiviertel Stunden.

Drei Stunden von Laodicea liegt das sehr ausgedehnte Trümmerfeld von Chonas, in welchem einige Archäologen die Reste der Stadt *Kolossä* erkennen wollen, an deren Einwohner der Apostel Paulus die bekannte Epistel schrieb. Die Stadt hiess in späterer Zeit Chöna, woher der heutige Name.

Wir kehren jetzt nach Laodicea zurück, von wo die Strasse in das Thal des Mäander abbiegt und in der Nähe von Kasch Jenidschi über den Fluss geht. Hier, vier Stunden von Laodicea, stand einst **Tripolis**, wo St. Bartholomäus gelehrt und der Apostel Philippus den Märtyrertod erlitten haben soll. Man trifft Spuren eines Theaters, einer Burg und anderer Gebäude, aber Alles ist bis auf die Grundmauern zerstört. Von hier geht man über das neun Stunden entfernte Bulladan, Aineh Giul und den Berg Tmolus auf sehr schlechtem Wege nach *Allah Scheher*, dem alten **Philadelphia**, welches etwa sechs Stunden von Bulladan entfernt ist. Die Stadt ist noch jetzt ziemlich gross und mag 12 bis 15,000 Einwohner haben, unter denen sich gegen 2000 Griechen befinden, die hier einen Bischof haben. Man trifft sechs Moscheen, zwei Kirchen, mehre Bäder und einen ziemlich guten Khan. Von der alten Stadt, die viel durch Erdbeben gelitten hat, ist nur wenig noch übrig. Man sieht auf den Hügeln, die sie einnahm, noch Reste ihrer Umfassungsmauern und Gemäuer von grossen Gebäuden, welche christliche Kirchen gewesen sein sollen, möglicherweise aber auch Tempel waren.

Von hier hat man bis *Sart*, der Stätte des alten **Sardes**, neun Stunden zu reiten, wobei wir, wie bei den früheren und den folgenden Distanzenberechnungen annehmen, dass man gute Pferde hat und etwa dreiviertel deutsche Meilen in der Stunde zurücklegt. Die Umgebung von Sardes ist öde und menschenleer, die Lage desselben aber sehr schön. Der heutige Ort besteht nur aus wenigen Schäferhütten und einer Mühle, die von den Fluthen des berühmten Paktolus in Bewegung gesetzt wird. Der Besitzer dieser Mühle' ist der einzige Christ an der Stelle, welche einst der Sitz eines Bischofs war und zu den ältesten Sitzen des Christenthums in Asiens Ländern gehörte. Sardes war in der Urzeit die glänzende Hauptstadt des lydischen Reiches und die Residenz des goldreichen Crösus. Nach dessen Besiegung durch die Perser (575 v. Chr.) war es der Sitz eines persischen Satrapen. Nachdem die Stadt bei dem Aufstand der Jonier unter Aristagoras von Darius (500 v. Chr.) erobert und mit Feuer verwüstet worden, erhob sie sich rasch wieder aus der Asche und war noch zur Zeit Alexanders d. Gr. und seiner nächsten Nachfolger eine der schönsten Städte Kleinasiens. 215 v. Chr. aber wurde sie von Antiochus nach langer Belagerung eingenommen und zerstört. Nach Besiegung des Antiochus gelangte sie in den Besitz Rom's, und erhielt sich, wenn auch sehr herabgekommen, selbst noch unter der Herrschaft der Mohammedaner, die sich ihrer im 11. Jahrhundert bemächtigten. Endlich wurde sie zu Ende des 14. Jahrhunderts von den Mongolenhorden Timurs dem Erdboden gleichgemacht und auch das Castell, das sich über ihr auf einem Gipfel des Tmolus erhob, wurde zerstört. Die Reste der Stadt sind sehr verschiedenen Datums. Der älteste Theil, bestehend in Spuren eines Stadiums und eines Theaters, sowie in Trümmern von Tempeln, lässt sich leicht herausfinden. Alles Andere ist, mit Ausnahme der Ruinen eines Gebäudes, welches der Palast des Crösus genannt wird, nur in sofern von Interesse, als es die Ausdehnung der Stadt andeutet. Eine halbe Stunde von der Stadt stehen am Ufer die Ruinen des kolossalen *Cybeletempels*, der vor dem Einbruch der Perser gegründet, fast so gross wie der von Agrigent war. Von dem gewaltigen Gebäude sind nur noch zwei aufrecht stehende und vier liegende jonische Säulen, sowie einige verwirrt durcheinandergestürzte Mauerquadern übrig. Sehr eigenthümlich ist der Anblick des von Erdbeben zerrissenen Hügels, auf dem die Burg von Sardes stand.

Thyatira, die fünfte der Kirchen Asiens, zehn Stunden von Sart entfernt, ist oben (Route von Smyrna nach Troja), *Pergamos*, die dritte der sieben Kirchen, zwölf Stunden von Thyatira gelegen, ebendaselbst geschildert. Von Pergamos gelangt man über Awriamasti in zwanzig Stunden nach Smyrna zurück.

4. Die Tour von Smyrna über Sardes und Brussa nach Constantinopel.

Diese Reise erfordert mindestens zwei Wochen, wenn sie über die folgenden Puncte gehen soll: Ephesus, Tyria, Supetram, Sardes, Thyatira, Galembie, Gülgüt, Mandragora, Susugürli, Ulubat, Chetalorgul, Brussa, Mudania.

Der Weg von Smyrna nach Ephesus ist in der vorigen Route angegeben, und wir fügen nur noch hinzu, dass man, da vierzehn Stunden für eine Tagereise zu viel sind, wohl thut, Smyrna in den letzten Nachmittagsstunden zu verlassen und in dem hübschen Dorfe Sediköi drittbalb Stunden von Smyrna, zu übernachten Von Ephesus nach Tyria sind es neun Stunden. Der Weg folgt dem Lauf des Kayster durch ein schönes, sehr fruchtbares aber wenig angebautes Thal. Die malerisch geformten Berge, welche dasselbe einschliessen, gehören den Ketten des Messogis und Tmolus an. Sie sind durchaus mit Wald bewachsen. Das Thal ist in der Nähe der See nur eine starke Viertel-stunde, weiter oben eine bis anderthalb Stunden breit. Auf dem Wege trifft man die Hütte eines Kafedschi, wo man ruhen und Erfrischungen einnehmen kann. *Tyria* ist eine ziemlich grosse, fast nur von Türken bewohnte Stadt am Abhang des Tmolusgebirges. Jedes Haus steht einzeln und ist gewöhnlich von einem Garten umgeben Zahlreiche Moscheen mit ihren Kuppeln und Minarets, umgrünt von den Wipfeln schöner alter Bäume, geben der Stadt ein Aussehen von Reichthum und Bedeutung, welche sie nicht besitzt. Man glaubt, dass sie die Stelle des alten *Tyrinthio* einnimmt, indess finden sich nirgends Spuren von Alterthümern

Die Strasse führt nun nordöstlich durch ausgedehnte Weingärten, in denen sich viele kleine Wartthürme befinden, über die Ebene hin, überschreitet mehrmals den Fluss und berührt dann das lebhafte Städtchen *Odemes*, wo sich ein grosser Khan und mehre Kaffeehäuser befinden. Von hier aus gelangt man auf beschwerlichen Felsenpfaden in drei Stunden auf den Gipfel des Tmolus, von dem man eine pracht-volle Aussicht auf das Thal des Kayster und die weitausgedehnte Bergkette des Messogis hat. Man befindet sich jetzt auf der Hochfläche von Supetram, die mit ihrer Abwechslung von schönen Wiesen, pracht-vollen Wallnussbäumen, herrlichen Eichen und anderen Bäumen, die theils einzeln, theils in kleinen Wäldchen beisammen stehen, Aehn-lichkeit mit einem künstlich angelegten Park hat. Durch die Mitte der Ebene rauscht ein wasserreicher Bach, der an einigen Stellen Gärten bewässert, während der grösste Theil der Ebene mit den Herden wan-dernder Turkomanen bedeckt ist, welche den Einwohnern des Dorfes Kapai unten im Thal diese Weiden abpachten. Man findet bei den Turkomanenhütten gastfreie Aufnahme, indess haben diese Hirten nicht viel mehr als Milch und Brot zu bieten. Der Weg geht um zwei Stunden über die Hochfläche hin, indem er dem Ufer des Baches folgt Nach vier weiteren Stunden gelangt man auf sehr schroffen und be-schwerlichen Pfaden hinab nach Sardes, über welches in der vorigen Route das Erforderliche gesagt ist.

Von *Sardes* führt die Strasse zunächst nach einer Furt in dem Flusse Giediskai (dem alten Hermus), nach welcher man einen Führer mitnehmen muss, da der Weg durch die gefahrvollen Moräste an den Ufern schwer zu finden ist Der Fluss ist breit und ziemlich tief. Das Land zwischen ihm und dem gleichfalls von sumpfigen Ufern einge-fassten Gygäischen See ist voll von den Grabhügeln des Volkes und der Könige des alten Lydien. Dieselben sind von konischer Gestalt und mit Rasen überzogen. Die grossen bergen die Leichen vornehmer, die kleinen die geringer Leute. Man zählt noch heute über sechzig solche Grabdenkmale, die zum Theil hundert bis dreihundert Schritte Umfang haben, und unter denen drei durch ihre besondere Grösse hervorragen. Da von den altgriechischen Schriftstellern *die Gräber des Attys, des Gyges und des Alyattes* besonders genannt werden, so werden wir wohl in jenen drei grossen Hügeln die Gräber jener drei lydischen Herrscher zu suchen haben. Gewiss ist, dass der grösste der drei das Denkmal ist, welches Crösus seinem Vater, dem siegreichen König Alyattes errichtete. Herodot sagt von diesem, dass es nach den Bauwerken der Babylonier und Aegypter das grösste Bauwerk der Welt gewesen 'sei. Der Unterbau sei von Stein, sechs Stadien und zwei Plethren im Umfang (3800 Fuss), die Länge betrage dreizehn Plethren (1300 Fuss) und die Breite sechs Plethren (600 Fuss). Ueber diesem Unterbau sei ein Hügel von Erde hoch aufgeschüttet. „Auf diesem Hügel standen," fährt Herodot fort, „bis auf meine Zeit fünf Säulen. An diesen war verzeichnet, wie viel von diesem Werk die Handelsleute des Marktes, die Handwerker und die Freudenmädchen gemacht hatten, und nach dem Maasse war das, was die Freudenmädchen gemacht, das grösste." Nach Xenophon bezeugte eine andere dieser Säulen auch das, was die Eunuchen gethan, deren es in dem alten Lydien eine grosse Anzahl gab. Die Reste des *Grabes des Alyattes* messen noch jetzt über 3400 Fuss im Umfang, die schräge Höhe beträgt 650 Fuss. Auf dem Gipfel der aufgeschütteten Erde erhebt sich ein Steinbau von 18 Fuss Länge und ebenso viel Breite, auf dem eine stumpfe Säule steht, die wahrscheinlich eine der fünf von Herodot erwähnten ist, und an die Gestalt eines Phallus erinnert. Der Grabhügel, der dem des Alyattes am Grösse am nächsten kommt, misst ebenfalls über 3000 Fuss im Umfang, und über 600 Fuss schräge Höhe Der dritte hat einen Umfang von etwa 2000 und eine Höhe von 400 Fuss.

Die Gräber liegen etwa eine deutsche Meile von Sardes. Vierthalb Stunden weiter liegt Marmora, ein von Griechen bewohntes Dorf, auf dessen Begräbnissplatz sich Säulentrümmer und andere Spuren einer alten Stadt finden.

Neun Stunden von Marmora ist Aksa (Thyatira), welches oben beschrieben ist. Zwei Stunden von hier liegen am Abhang eines Berges verschiedene Felsenkammern, welche Grüfte gewesen zu sein scheinen. Die Strasse passirt mehre Begräbnissplätze oder Dörfer oder Städte, dann fünf Stunden von Aksa das grosse türkische Dorf Galembie; hierauf nach weiteren fünf Stunden, zum Theil sehr beschwerlichen Weges über einen steilen Bergpass das in der Ebene gelegene Dorf Gülgüt, worauf sie wieder in's Gebirge hinaufsteigt. Zwei Stunden von Gülgüt kommt man an den Ruinen eines Gebäudes vorbei, an das sich eine seltsame Sage knüpft. Das Gebäude war ein Kloster, welches von zwölf frommen Derwischen gegründet wurde. Dieselben waren weithin berühmt wegen ihres heiligen Wandels und ihres tiefen Wissens, und es hiess sogar, dass sie Wunder verrichten könnten. Besonders sollten sie unfruchtbare Weiber heilen, und da Unfruchtbarkeit im Orient nicht bloss für ein Unglück, sondern für eine Schande gilt, so stellten sich zahlreiche Frauen zur Cur ein. Die heiligen Männer nahmen solche Hilfesuchende in ihr Kloster auf, beteten mit ihnen, hingen ihnen Amulete um, gaben ihnen Pulver ein, und entliessen sie nicht eher, als bis ihre Mittel geholfen oder sich als gänzlich erfolglos bewiesen hatten, was sehr selten vorkam. Ueber Alles, was mit den Damen vorgenommen wurde, mussten sie eidlich Schweigen angeloben. Indess brach eine der Geheilten endlich ihren Schwur, und die Folge war, dass der Gatte zum Pascha klagen ging, und dieser mit Soldaten nach dem Kloster zog und die zwölf Heiligen an die um dasselbe herumstehenden Bäume hängen liess. Die Frauen aber, welche sich hier hatten curiren lassen, wurden theils in Säcke genäht und in's Meer geworfen, theils lebendig begraben. Dem Volke jedoch leuchtete die Erzählung der Dame nicht ein, es hält die Gehenkten noch jetzt für Heilige und Märtyrer, und häufig sieht man Leute auf ihrem Grabe beten.

Weiterhin verlässt die Strasse wieder die Berge und führt über eine weite, theilweise angebaute, Ebene nach dem Dorfe Mandragora, welches zehn Stunden von Gülgüt entfernt ist, und wo man in dem Hause eines Griechen Nachtherberge findet. Zwei Stunden von hier sieht man ein eigenthümliches Naturspiel in einem von unzähligen Feldmäusen vollständig durchlöcherten Hügel. Die Thiere sind von ungewöhnlicher Grösse, dunkelbraun von Farbe und ohne Schwänze. Zehn Stunden von Mandragora gelangt man nach dem grossen Dorfe Susugirli, welches am Ufer des Flusses gleiches Namens steht. Eine Tour von sieben weiteren Stunden, welche über eine langgestreckte morastige Fläche geht, bringt den Reisenden nach *Ulubat*, griechisch Lupathron, einer Stadt, welche fast nur von Griechen bewohnt ist und im Alterthum *Lopadium* hiess. Dieselbe war einst volkreich und rings mit hohen Mauern und Thürmen umgeben, welche zum Theil noch stehen, obwohl sie jetzt nur zur Wohnung von Eulen, Fledermäusen und zahllosen Störchen dienen. Die wenigen Häuser, welche in dieser Umfassung noch existiren, befinden sich in ähnlicher Verfassung, und der grösste Theil des Areals innerhalb der Mauern wird von Gärten und Rebenpflanzungen eingenommen. Hart bei der Stadt trifft man die Ruinen einer grossen byzantinischen Burg. Die Einwohner haben ein bleiches, abgezehrtes Aussehen, eine Folge der ungesunden Lage der Stadt, die am Ufer eines Flusses steht, der hinter der Stadt aus einem See kommt und vor ihr einen ungeheuren Morast bildet. Herberge findet der Reisende hier in einem grossen, aber halb in Trümmern liegenden Kloster, in welchem jetzt nur noch wenige Mönche wohnen. Zu bemerken ist, dass die Griechen in dieser Stadt wie in vielen andern Städten und Dörfern des Innern von Kleinasien nicht mehr griechisch, sondern lediglich türkisch sprechen, obwohl der Gottesdienst in griechischer Sprache abgehalten wird.

Der Fluss von Ulubat ist der Rhyndacus der alten Schriftsteller. Man überschreitet, oder vielmehr, man überklettert ihn auf einer sehr baufälligen, zum guten Theil verfaulten Brücke. Die Pferde müssen durch das Wasser schwimmen. Dann führt der Weg durch eine schöne

Ebene längs des See's Apollonia hin, dessen zahlreiche Inseln stark bewohnt sind.

Nach fünf Stunden erreicht man das schmucke Dorf *Chatalorgul*, dessen Einwohner, ohne Ausnahme Griechen, fleissige Ackerbauer und Winzer sind. Von hier geht die Strasse über eine prachtvolle Fläche, die vortrefflich bebaut und zum Theil mit prächtigen Waldbäumen bewachsen ist und auf der man in der Ferne den gewaltigen Schnee- gipfel des asiatischen Olymp vor sich hat, nach der grossen Stadt *Brussa*, welche nach sechs Stunden erreicht wird.

In **Brussa** findet sich in dem wohleingerichteten Hotel d'Olympe Gelegenheit, wieder in der Weise civilisirter Leute zu essen und zu schlafen. Der Preis dafür ist für den Tag zehn Franken. Diese Stadt, im Alterthum der Sitz der bithynischen Könige, ist nach Prusias, dem Gönner und Beschützer Hannibals benannt, der 200 v. Chr. lebte. Unter der Römerherrschaft hören wir wenig von Brussa, obwohl es stets wegen seiner Bäder und seiner anmuthigen Lage berühmt war. Hier wohnten die Gouverneure der Provinz Bithynien, unter denen Plinius war. Später (1326) wurde es den schwachen Händen der oströmischen Kaiser durch Orchan, den Sohn Othman's, entrissen, welcher die ottomanische Dyna- stie gründete und die Stadt, die er zu seiner Residenz wählte, mit einer Moschee, einem Medresse und einem Hospital schmückte. Nach der Schlacht bei Angora von Timur erstürmt und zerstört, wurde es von Mohammed II. wieder aufgebaut und blieb die Residenz der tür- kischen Sultane, bis Amurath dieselbe nach Adrianopel verlegte. Jetzt ist es die Hauptstadt des Ejalets Kudawendkjar, welches Südbithynien und das Innere von Mysien umfasst. Die Einwohnerzahl beträgt jetzt gegen 70,000, unter denen etwa 10,000 Armenier und 6000 Griechen, sowie 3000 Juden sind. Das Erdbeben von 1855 hatte einen grossen Theil der Stadt in einen Ruinenhaufen verwandelt, indess ist das Ein- gestürzte, da die Häuser mit wenigen Ausnahmen aus Holz erbaut sind, jetzt meist wieder hergestellt. Brussa liegt am südwestlichen Ende eines schönen Thales, welches vier deutsche Meilen lang und durch- schnittlich eine Meile breit ist, auf dem Abhang des Gebirges, so dass man von der Stadt eine weite Aussicht über die Ebene hat. Die Strassen sind ausserordentlich eng, aber reinlicher als sonst in der Türkei. Die eigentliche Stadt steht zum Theil auf senkrecht abfallenden Felsen, zwischen welchen schöne alte Bäume ihre laubigen Wipfel zeigen, ist mit Mauern und Wällen umgeben, und wird durch ein auf einem andern Felsen erbautes Castell, dessen cyklopische Mauern von hohem Alter- thum Zeugniss geben, beherrscht. Der Hauptschmuck Brussas sind seine Moscheen, die, über dreihundert an der Zahl, freilich jetzt zum Theil zusammengestürzt sind, und von denen sich die der Drei Sultane (Murad I, Bajasid I. und Mohammed I.), die Moschee Sultan Orchans und die Murads I. durch ihre Grösse auszeichnen. Ausserdem besitzt Brussa mehre griechische und armenische Kirchen und drei Synagogen, anmuthige Spaziergänge, schöne schattige Gärten, warme Quellen und Bäder, Springbrunnen und mehre grosse Khans. Einige der Quellen

sind Stahlwässer, andere schwefelhaltig. Das schönste und grösste der
Bäder, Kalputscha Hamman genannt, liegt eine halbe Stunde von dem
Thore, welches sich im Nordwesten der Stadt öffnet. Die Quelle ist
schwach schwefelhaltig und hat eine Wärme von 180° Fahrenheit. Hier
ist ein rundes Becken, das mit Marmorplatten belegt und mit bunten
Ziegeln geschmückt ist, und in welchem man sich mit Schwimmen
vergnügt. Daneben sind andere Badegemächer, in denen klare Springbrunnen kühles Trinkwasser hervorsprudeln. Die Bazare von Brussa
sind gross und wohlversehen, namentlich mit den hier gefertigten
Seiden- und Baumwollenstoffen, aber auch mit europäischen Waaren
aller Art. Die Seidengewebe Brussa's haben einen grossen Ruf nicht
bloss in der Türkei, sondern auch im westlichen Europa. Ausserdem
verfertigen die Einwohner Flor, Leinwand, Tapeten, Gold- und Silber-
brokat, Pfeifenköpfe, und treiben beträchtlichen Handel, besonders mit
roher Seide, von der sie jährlich an 4000 Centner ausführen. Die
Griechen und Armenier leben streng von einander geschieden in den
beiden am Fuss des Berges gelegenen Vorstädten, die mit Gräben
versehen sind, über welche Zugbrücken führen. Sehenswerth ist noch
das mit Marmor und Jaspis geschmückte Denkmal des Sultans Osman
I., welches ausserhalb der Stadt in der Nähe des ebenerwähnten grossen
Bades liegt. Im nahen Gebirge Eski Schehir, sowie bei Kiltschik, wird
viel Meerschaum gegraben, der dann in Brussa zu Pfeifenköpfen gebohrt
wird. Endlich ist des vortrefflichen weissen und rosenrothen Brussa-
weines zu erwähnen, der zu den besten Sorten Kleinasiens gehört.

Von Brussa pflegt man den **asiatischen Olymp** zu besteigen,
welcher eine Höhe von 4500 Fuss hat und bis in den April und Mai
hinein mit Schnee bedeckt ist. Die Tour ist, wenn das Wetter sich
nicht ungünstig gestaltet, nichts weniger als besonders beschwerlich,
und die Mühe des Ersteigens lohnt sich reichlich durch die Aussicht,
die man auf dem Gipfel geniesst, und die bis über Constantinopel und
das Marmormeer hinausreicht. Man kann sich für diese Excursion Pferde
in Brussa miethen, und zwar zahlt man für das Pferd per Tag 25 bis
30 Piaster, und 15 bis 18 Piaster für den halben Tag. Nach vier- bis
fünfstündigem Reiten den Berg hinan, muss man des beschwerlicher
werdenden Weges halber absteigen und die letzte Stunde zu Fuss
zurücklegen. Am besten thut man, in den Nachmittagsstunden von der
Stadt aufzubrechen, die Nacht in der Nähe des Gipfels zuzubringen
und vor Sonnenaufgang den höchsten Punct zu ersteigen. In diesem
Falle sieht man die Landschaft im Morgenlicht und kann in der Mittagsstunde wieder in der Stadt sein.

Von Brussa nach Constantinopel reist man am raschesten und
wohlfeilsten über das sieben Stunden von Brussa entfernte Küstendorf
Mudania, von wo man zur See nach der türkischen Hauptstadt geht.
Mudania ist ein grosses griechisches Dorf, dessen einzeln liegende
Häuser sich weit am Gestade hinziehen, und dessen Umgebung anmuthig und wohl angebaut ist. Man kann von hier in einem Kaik (Ruder-
boot) nach Constantinopel fahren, wofür Eingeborne nicht mehr als

100 Piaster zahlen, während dem Fremden, namentlich wenn nicht viele Boote da sind, das Doppelte abverlangt wird. Man bedarf zu einer solchen Bootfahrt bei günstigem Wind und Wetter sechs bis sieben Stunden. Ausserdem aber fährt ein türkischer Dampfer wöchentlich mehrmals zwischen hier und Constantinopel, und da derselbe nur fünf Stunden zur Fahrt braucht und der Fahrpreis nur 80 Piaster beträgt, eine Bootfahrt bei Gegenwind aber mehre Tage, bei gar keinem Wind mindestens zwölf Stunden dauert, so wird der Reisende den Dampfer vorziehen.

Auf der Fahrt von Mudania nach Constantinopel passirt man die **Prinzeninseln,** die man von Constantinopel aus besuchen mag. Dieselben liegen ungemein schön und sind von Landhäusern der vornehmen Welt Stambuls und Peras bedeckt, in denen sie die heissen Monate über wohnen. Die Inseln erheben sich etwa zwei Meilen südlich von Constantinopel und sind an der Zahl neun. Die grössten davon heissen: *Prote, Chalki* und *Prinkipo.* Prote ist weniger besucht, Chalki etwas mehr, Prinkipo ist ein Lieblingspunct der Bewohner der Hauptstadt, von der jeden Nachmittag ein Dampfer dahin abgeht, der am nächsten Morgen zurückkommt. Es gibt mehre Hotels auf Prinkipo. Interessant ist der Besuch eines der griechischen Klöster auf Chalki, wo sich jetzt ein Seminar zur Ausbildung von Geistlichen befindet. Das Kloster wurde von dem byzantinischen Kaiser Basilius II. gegründet, den man den Bulgarentödter nannte und der hier voll Reue über seine Grausamkeiten sein Leben beschloss. In früherer Zeit nannte man die Inseln Demonesi. Sie sind übrigens die einzigen Inseln im Marmorameer.

Die Landreise von Brussa nach Constantinopel ist in der nun folgenden Route zu Ende beschrieben. Man bedarf zu ihr vier Tage.

5. Von den Dardanellen über Brussa, Ismik und Ismid nach Constantinopel.

Zu diesem Ausflug hat man zehn Tage nöthig, und zwar berührt der Reisende folgende Puncte: Lampsacus, Demotikon, Salsdereh, Bendramo, Muhalitsch, Ulubat, Brussa, Isnik, Ismid, Gebse, Kartal und Scutari. **Lampsacus** liegt sechs Stunden von den Dardanellen, und ist bekannt als eine der drei Städte, welche Xerxes dem Themistokles zu seinem Unterhalt anwies; von hier sollte er seinen Wein, von Myrus sein Fleisch und von Magnesia sein Brot haben. Das jetzt hier stehende Dorf Lamsaki hat ausser seiner anmuthigen Lage auf einer mit Oliven- und Reben-Pflanzungen bedeckten Landzunge nichts Bemerkenswerthes. Der gegenüber auf dem europäischen Ufer der Dardanellenstrasse mündende Fluss ist der durch Lysander's Sieg berühmte Aegospotamos. Zwölf Stunden weiter passirt man den Karakasu, welcher der **Granicus** des Alterthums ist, an dem Alexander der Grosse den ersten Sieg über die Perser erfocht. Man trifft hier die Ruinen einer römischen Brücke von acht Bogen. Der Fluss hat an dieser Stelle eine Breite von etwa achtzig Fuss. Anderthalb Stunden weiter gelangt man nach Demotikon, von hier in neun Stunden nach dem ärmlichen Dörfchen Salsdereh und von da in siebenthalb Stunden nach der Stadt *Bendramo*. Zwischen den beiden letzten Orten liegt die berühmte *Halbinsel von Kyzicus und Artaki*, welcher der Reisende einen Tag widmen sollte. Man thut wohl, sie von Bendramo aus zu besuchen. Bendramo hat vier Moscheen und etwa 1000 hölzerne Häuser. Es liegt sehr hübsch am Südufer einer schönen 3½ Meilen tiefen und durchschnittlich 1 Meile breiten Bucht, die auf allen Seiten von Bergen eingeschlossen ist.

Kyzikus ist eine schöngeformte Halbinsel, die früher eine Insel war. Die Verbindung mit dem Festland ist durch einen schmalen Landstreifen hergestellt, der sich aus den Ruinen von zwei antiken Brücken gebildet hat. Die Alterthümer von Kyzikus bestehen zunächst aus einem ziemlich grossen römischen Amphitheater, welches eine halbe Stunde vom Ufer an zwei Hügeln liegt; die Arena wird von dem dazwischen eingesenkten kleinen Thal gebildet. Die Mauern und Bogenwölbungen sind gegen 60 Fuss hoch, der Durchmesser des Theaters beträgt etwa 300 Fuss. Das Innere ist mit Strauchwerk und Bäumen bewachsen, in der Mitte rieselt ein kleiner Bach hindurch. Man trifft hier ferner zwischen Gesträuch und Büschen ein zweites, ebenfalls grosses Theater, beträchtliche Reste der Stadtmauern, Ueberbleibsel von zwei achteckigen Thürmen und sehr ausgedehnte, aus grossen Quadern aufgeführte Substructionen mit Gewölben. Indess ist alles dies nicht leicht zu übersehen, da die ganze Stätte mit Gestrüpp, Waldbäumen, Obstgärten und Rebenpflanzungen bedeckt ist. Die Ruinen dürften übrigens keiner frühern als der römischen Zeit angehören. Oestlich von der Stadt, zum Theil an der erwähnten schmalen Landzunge, trifft man Spuren alter Hafenbauten, sowie einen gemauerten Kanal. Der Ort, der jetzt hier steht, heisst *Balkis*. Viele Marmorfragmente aus den Ruinen von Kyzikus sind nach dem Städtchen *Aidindschik* gebracht worden, welches 6 Stunden von hier an dem See Manias Gol oder Milopotamo liegt. An der Westseite dieses fischreichen Sees, 3 Stunden von Aidinschik, findet man eine Niederlassung von Kossaken, die 1770 aus der Gegend von Ismail hierher auswanderten und zum Theil ihre heimischen Sitten bewahrt haben. Das Land zwischen Kyzikus und Artaki (türkisch Erdek), wo sich Ueberbleibsel eines antiken Hafendammes befinden, ist mit Rebenpflanzungen bedeckt, die einen in Constantinopel sehr geschätzten Wein geben.

Muhalitsch, 4 Stunden von Bendramo, ist eine grosse und volkreiche Stadt mit 9 Moscheen und 3 Khans. Die Mehrzahl der Einwohner, welche lebhaften Handel treiben, sind Griechen und Armenier. Der vorüberfliessende Fluss ist der Rhyndacus des Alterthums. Die Entfernung zwischen hier und der See beträgt 4 Stunden. Von hier nach Ulubat (s. d. vor. Route) sind es 4, von da bis Brussa (s. d. vor. Route) 9 Stunden.

Die Landreise von Brussa nach Constantinopel geht über Isnik und Ismid. **Isnik,** zwölf Stunden von Brussa entfernt, ist das alte

Nicäa. Die berühmte Stadt ist jetzt ein elendes Dorf von etwa sechzig Hütten, die von Türken und einigen Griechen bewohnt sind. Letztere haben hier eine kleine Kirche, die der Gottesgebärerin geweiht ist, und deren Priester den Reisenden als Führer durch die Ruinen, sowie als Gastwirth dient. Die Lage des Oertchens am Südostende des 2½ Meilen langen und durchschnittlich ¾ Meilen breiten *Sees Askanius* ist sehr schön. In der Ferne ragt der Olympus auf, die näheren Höhen sind mit Wäldern von Eichen verschiedener Gattung und Immergrün bewachsen, zwischen denen man die sehr grossartigen Ruinen der alten Stadt, gewaltige Mauern, Thore und Thürme, ähnlich denen von Constantinopel, eine Wasserleitung und den sogenannten Palast des Theodorus erblickt. Die Stadtmauern umschliessen ein Areal von mehr als einer halben Quadratmeile. Sie bestehen meist aus abwechselnden Lagen römischer Ziegel und grosser Quader, die mit Mörtel verbunden sind. An einigen Stellen sind Bruchstücke von Säulen und Architraven eingefügt, die vermuthlich der ältesten Stadt angehören. Ruinen von Moscheen, Bädern und Häusern, zwischen den Getreidefeldern und Gärten zerstreut, die jetzt den Raum innerhalb der alten Ringmauern einnehmen, zeigen, dass auch das türkische Isnik einst eine beträchtliche Stadt war.

Nicäa wurde von Antigonus, dem Sohn des Philippus bald nach dem Tode Alexanders des Grossen erbaut und nach diesem ihrem Erbauer Antigonia genannt. Erst später erhielt sie von Perdikkos, nach dem Namen von dessen Gemahlin, den Namen Nicäa. Die Stadt ist besonders berühmt wegen der Kirchenversammlungen, die hier gehalten wurden (das erste und das siebente ökumenische Concil). Die erste derselben wurde 325 n. Chr. von Constantin d. Gr. zur Schlichtung der arianischen Streitigkeiten veranstaltet. Durch den persönlichen Einfluss des Kaisers und die Beredsamkeit des alexandrinischen Diakons Athanasius trug die orthodoxe Kirche den Sieg davon. Die Lehre des Arius wurde verdammt, und das, auf den Grund des alten apostolischen Symbolums gebaute Glaubensbekenntniss angenommen, welches unter dem Namen des nicänischen in unseren Katechismen steht. Ausserdem wurde die Gleichzeitigkeit der Osterfeier in allen christlichen Gemeinden angeordnet und Verschiedenes über die Kirchenzucht festgesetzt. Das zweite nicänische Concil hielt im Jahre 787 die Kaiserin Irene. Sie wusste auf demselben den folgenreichen Beschluss durchzusetzen, dass den Bildern Jesu und der Heiligen eine durch Küssen, Kniebeugung, Beräucherung und Lichteranzünden zu erzeigende Verehrung zu widmen sei. Auch wurde das Aufbewahren von Reliquien in den Kirchen anbefohlen. 325 wurde die Stadt durch ein Erdbeben zerstört, aber durch Kaiser Valens wieder aufgebaut. Im Jahre 1080 eroberte sie mit Hilfe der Türken Nicephorus Melissenus, 1097 erstürmten sie die Kreuzfahrer unter Gottfried von Bouillon. Nach Begründung des lateinischen Kaiserthums in Constantinopel stiftete Theodor Laskaris hier ein eigenes griechisches Kaiserthum, welches von 1206 bis 1261 bestand, wo Michael Paläologus den Sitz der Kaiser wieder nach

Constantinopel zurückverlegte. 1330 kam es durch Orchan für immer in die Gewalt der Türken. Die Stelle, wo die Kirchenversammlungen abgehalten worden sein sollen, wird ausserhalb der Mauern am Ufer des Sees gezeigt.

Von Isnik reitet man in etwa 7½ Stunden nach **Ismid** oder *Isnikmid,* dem alten **Nikomedia.** Die Stadt, welche etwa 13,000 Einwohner hat, unter denen sich 5—6000 Griechen befinden, liegt am Abhang eines Hügels an dem tiefen Meerbusen, der nach ihr benannt ist und ist der Sitz eines Paschas. Die Einwohner treiben nicht unbedeutenden Handel. Die Stadt hiess in der ältesten Zeit Olbia. Nikomedes, König von Bithinien, der sie vergrösserte und verschönerte, nannte sie nach sich. Diocletian erhob sie zur zweiten Hauptstadt des römischen Reiches, einem Rang, den es bald nachher an das günstiger gelegene Constantinopel abtreten musste. 1339 fiel es in die Hände der Türken. Ueberreste seines früheren Glanzes finden sich nur sehr spärlich. Man kann von hier jeden Dienstag früh per Dampfer nach Constantinopel gelangen, und zwar dauert die Fahrt nur sieben bis acht Stunden. Wer es vorzieht, den Rest des Weges zu Lande zurückzulegen, bedarf dazu zwei Tage. Der Weg führt erst durch bergiges Land, dann am Ufer des Marmorameeres hin, wo die Prinzeninseln sich sehr vortheilhaft präsentiren, dann durch eine Anzahl von Dörfern, von denen wir Gebse (zwölf Stunden von Isnik) und Kartal (fünf Stunden von Gebse) nennen, nach Scutari (vier Stunden von Kartal), wo man sich entweder mit einem Kaik nach Pera hinüberbegibt, oder eine der Dampffähren benutzt, welche zwischen Scutari und der Brücke über das Gold'ne Horn alle Stunden hin- und herfahren. Der Anblick von Constantinopel ist von den Höhen über Skutari überaus herrlich und prachtvoll.

6. Von Adalia durch Lycien und Karien über Ephesus, Laodicea und Sardes nach Smyrna.

Diese Tour erfordert vierzehn bis fünfzehn Tage und berührt folgende Puncte: Tekrowa (zur See zu erreichen), Deliktasch (Olympus), Berg Chimära (Yanar), Atresarni, Hadschi-Thal (Gagä), Phineka, Myra, Kassabar, Antiphellus, Suaret, Basirian, Köi, Petara, Kunik, Xanthus, Dimelhir, Duwa, Ilos, zurück nach Duwa, Makri (Telmessus), Dollomon, Kuges, Hula, Mula, Akri Köi, Eski Hissar (Stratonicäa), Melassa, Baffi, Palattia (Milet), Sansun, Chauli (Neapolis), Scala Nuova, Ayasoluk (Ephesus), Aidin (Tralles), Geyra, Laodicea (Eski Hissar), Hierapolis, Aineh Giul, Philadelphia, Sardes, Kassaba und Smyrna.

Nach **Tekrowa,** dem alten **Phaselis,** von dem noch Hafendämme sowie Spuren eines Tempels und eines Theaters übrig sind, gelangt man mit einem Boot in fünf Stunden. Von hier fährt man in drei Stunden nach *Deliktasch,* dem alten Olympus, wo man die Reste einer Stadt der Venetianer antrifft. Dreiviertel Stunden von der Küste findet der Reisende, erst eine fruchtbare Ebene durchschreitend, dann eine waldbewachsene Schlucht emporsteigend den *Yanar* oder die vulkanische Flamme des im Alterthum vielerwähnten Berges *Chimära*, die bisweilen selbst auf dem Meere geschen wird. Von Deliktasch geht man zu Lande weiter nach dem drei Stunden entfernten Atrasarni, von da nach dem Hadschi-Thal, wo sich Reste des Theaters von Gagä finden, von dort nach Phineka, wobei man die Ueberreste Limyras und eine Anzahl altlycischer Grabgrotten passirt. Von Atrasarni nach dem Hadschi-Thal ist es sieben, von da nach Phineka fünfthalb Stunden. Die Felsengräber liegen zwei Stunden nordöstlich von Phineka. Eines der letzteren hat eine Inschrift in griechischer Sprache und zugleich in lycischer. Zahlreiche Basreliefs über den Gräbern zeigen, dass sie einst roth und blau bemalt waren. Zwei von den Grüften sind mit jonischen Säulen geschmückt. Ein Stück davon trifft man die Ruine eines Theaters, in deren Nähe ein schöner mit Sculpturen verzierter Sarkophag steht. *Phineka* ist ein Dörfchen an einem schiffbaren Fluss, eine Stunde von der See gelegen, wo man viele wild wachsende Palmen findet. Von hier kann man in einem Boot den fünf Stunden entfernten Trümmerplatz des alten *Agurä*, jetzt Kakava, besuchen. Nach Phineka zurückgekehrt, schlägt man den Weg nach Myra ein, welches neun Stunden von hier liegt. Der Pfad, der dahin führt, ist einer der beschwerlichsten und gefährlichsten im ganzen Orient. Auf einer der Höhen, die man passirt, finden sich Sarkophage, alte Mauern und verschiedene viereckige Thürme von antiker Bauart; am Fuss des Berges steht eine alte türkische Feste. Die Aussicht hinab auf das **Kap** Chelidonia (Promontorium Sacrum) ist prachtvoll.

Myra, wo Paulus auf seiner Reise nach Rom einsprach, liegt am Fuss eines felsigen Berges, der die eine Seite der Ebene von Dembre Chai zukehrt und auf der andern sich längs des Flusses Andraki bis zu dem einstigen Hafen der Stadt Andriace hinstreckt. Im Westen steht ein Konak, der ein gutes Beispiel für die Art ist, wie man früher in der Türkei die Häuser decorirte. Das Theater von **Myra** ist eines der imposantesten Ueberbleibsel altrömischer Baukunst in Kleinasien, ja, es erinnert mit seinen gewaltigen und auf's sorgfältigste ausgeführten Corridoren und doppelten Galerien an die Bauten von Rom selbst. Ein breites Diazoma und eine Mauer, welche die beiden Flächen der Sitze trennt, hat hinten eine Statue mit einer griechischen Inschrift darüber. Dieselbe scheint das Glück der Stadt dargestellt zu haben, indem man Embleme, wie Früchte, ein Füllhorn und ein Steuerruder erkennt. Die architektonischen Fragmente, die man findet, zeigen einen guten Styl. Auf einem Stück Deckenfüllung sieht man eine grosse tragische Maske. Das Proscenium ist, namentlich in der Ostecke, trefflich erhalten. Ueber einer Seitenthür erblickt man ein Medusenhaupt. Eine schöne Säule und ein Pfeiler stützen noch jetzt die Entabulatur, die reich verziert ist. Der Durchmesser des Theaters beträgt 360 Fuss, unter dem Diazoma hat es zwanzig, über demselben sieben Sitzreihen. In der unmittelbaren Nähe desselben sind die Felsen voll von Grüften, von denen einige von wunderbarer Schönheit und mit Inschriften und

Basreliefs verziert sind, welche letzteren Begräbniss-Scenen darstellen. Eine andere. Gruppe von Felsengräbern trifft man in einer steilen Wand, nicht weit vom türkischen Gottesacker. Nach dem einen derselben steigt man eine Treppe hinauf. An der Façade stehen .mehre lebensgrosse Bildsäulen, im Innern finden sich mit Farbe bemalte Sculpturen, welche häusliche Scenen vorstellen. Auf der .andern Seite des Felsens, über das Theater und den türkischen Konak hinaus trifft man die jetzt mit Palmen überwachsene Ruine eines ausgedehnten Gebäudes, das ebenfalls antik ist. Noch weiter nach dem Flusse hin stehen die Ruinen der Kirche und des Klosters St. Nikolaus, in denen eine kleine griechische Kirche liegt, deren Priester dem Fremden in den noch bewohnbaren Gemächern des Klosters Herberge gewährt. In derselben Richtung weitergehend, trifft man am Flusse die Reste .eines Bades mit zwei grossen Bogen und sechs Nischen, und nicht weit davon Spuren eines Tempels und ein grosses Felsengrab. Auf der linken Seite des Flusses liegen die Ruinen eines andern. Tempels hoch oben auf einem bewaldeten Berge. Endlich stösst man an der Einfahrt in den Fluss auf ein sehr ausgedehntes römisches Gebäude, welches nach der Inschrift auf seiner Front ein Speicher war.

Kassabar, sieben Stunden von hier, ist ein hübsches Dorf mit einem Konak, in dem ein Aga wohnt, einem Bazar und einer grossen Kuppelmoschee. Auf dem Wege dahin trifft man ebenfalls mehre Grottengrüfte. *Antiphellus,* zwei Stunden von Kassabar, ist ein meist von Griechen bewohntes recht lebhaftes Städtchen, welches als Hafenplatz für die gegenüber gelegene kleine Insel Castellovizzo dient und wo man eine bequeme Herberge antrifft. Letztere liegt am Ende der Landzunge, auf der das Oertchen steht. Man findet hier die Trümmer eines Theaters und verschiedene Felsengräber mit einst gefärbt gewesenen Basreliefs. Oben auf den Bergen über der Strasse, die nach dem Städtchen herabführt, steht ein grosses, viereckiges Gebäude mit dorischen Pilastern, dessen Thür vollkommen gut erhalten ist.

Suaret, fünfthalb Stunden sehr steilen Weges von hier, scheint nach den ausgedehnten Mauerresten, die man hier findet, das alte Phellus zu sein, welches in dieser Gegend lag. Weiterhin passirt der Reisende das sehr hoch über dem See gelegene Basirian Köi (6½ St.) und Fornas, ein lebhaftes Türkendorf. **Patara,** vier Stunden von Basirian Köi, war im Alterthum die blühende Seestadt, in welcher Apollo Orakel spendete. Man stösst hier auf zahlreiche Alterthümer, griechische Gräber, Spuren von Tempeln, einen 24 Fuss hohen Triumphbogen mit korinthischen Ornamenten, ein grosses, jetzt mit Palmen bewachsenes Gebäude, welches ein Gymnasium gewesen sein kann, ein Stadtthor mit drei gewölbten Eingängen und Nischen, über dem man in griechischen Charakteren die Inschrift liest: „Patara die Metropole des lycischen Volkes". Das Theater, etwas versandet, lehnt sich an einen kleinen Hügel im Norden. Es hat einen Durchmesser von 265 Fuss, vierunddreissig Sitzreihen und ein wohlerhaltenes Proscenium, an dessen Ostwand eine Inschrift sagt, dass es von Q. Velius Titianus im 4. Consulat des Antoninus Pius erbaut wurde (145 v. Chr.). Am Abhang derselben Anhöhe steht ein kleiner, halbzerfallener Tempel, und etwas höher stösst man auf einen tiefen, kreisrunden Schacht, in welchen Stufen hinabführen, und aus dem vielleicht die Apollo-Orakel kamen. **Kunik,** drei Stunden von hier, liegt in der Nähe der Ruinen von **Xanthus,** der alten Hauptstadt Lyciens. Das Werthvollste in diesen Ruinen, z. B. das sogenannte Löwengrab, ist weggeschafft und ziert die Sammlung des britischen Museums in London. Indess findet man noch manches Interessante, Gräber mit lycischen Inschriften, Polygoncumauern von sorgfältigster Bauart, ein weithin sichtbares, mit weissem Marmor bekleidetes Grabmonument u. a. Sehenswerth ist die sehr ausgedehnte Ruinengruppe aus christlicher Zeit, welche auf den felsigen Höhen im Süden liegt. Die Form der ältesten christlichen Kirche mit der runden Apsis ist deutlich erkennbar. Am Theater ist das Proscenium verschwunden, aber die Sitzplätze sind grossentheils erhalten. Endlich müssen die Trümmer eines Stadtthors erwähnt werden, welches, wie eine Inschrift auf der Westseite sagt, unter Vespasian erbaut wurde. Jenseits des Flusses erblickt man die Ruinen eines türkischen Forts. Die Umgebung ist reich an wildwachsenden Feigenbäumen und eine schöne Palme beschattet den Fluss und die nicht fern davon sich erhebende kleine Moschee.

Von Xanthus geht die Strasse durch eines der schönsten Thäler Kleinasiens. Sie überschreitet eine halbe Stunde unterhalb der alten Stadt den Fluss, passirt die Ortschaften Dimelhir (4½ St. von Xanthus) und Duwa (5 St. von Dimelhir) und steigt dann allmälig nach dem dritthalb Stunden weiter oben gelegenen Trümmerplatz von *Ilos* empor, wo man ein Theater mit Marmorsitzen und die Reste von sehr massiv gebauten Palästen römischen Styls, Bruchstücke der Stadtmauer und in den Abhängen der Akropolis eine Menge von Felsengräbern in der Form von Tempelchen findet. Eines der grössten dieser Felsengräber hat einen hübschen Porticus und ist mit einem Basrelief geschmückt, welches Bellerophon auf dem Pegasus darstellt.

Von hier kehrt man nach Duwa zurück, von wo sich nun der Weg durch waldbewachsenes Gebirg hinwindet, bis er nach sieben Stunden das Städtchen **Makri** erreicht, welches die Stelle des alten Telmessus einnimmt. Die Einwohner sind meist Griechen. Von der alten Stadt ist noch das Theater und eine Anzahl mit Säulen geschmückter Grabgrotten zu sehen. Von Makri geht der Weg, erst über die Ebene, dann über bewaldete Höhen nach Dollomon (12 St.), Kugess (8 St.) und die Gebirgsorte Hula (12 St.), Mula (4 St), Akri Köi (7 St.) nach **Eski Hissar,** dem alten *Stratonicea,* welches von Akri Köi dritthalb Stunden entfernt ist. Die alte Stadt, eine der grössten Binnenstädte Cariens, muss aus sehr grossen Gebäuden bestanden haben. Man trifft hier Spuren von sechs Tempeln und einem Theater, mehre noch aufrecht stehende Säulenstümpfe und einige Thorgewölbe. Im Centrum der Stadt steht die Cella eines sehr grossen und nach den Steinen zu schliessen, sehr alten Tempels. Die Strasse nach dem sieben

Stunden von hier gelegenen Melassa geht zuerst über Berge, dann sehr steil hinab in die Ebene. Melassa, das alte *Mylasa*, zeigt in den Mauern der modernen Stadt, die beiläufig ziemlich gross ist, zahlreiche Fragmente der antiken. In einem Hause ist die sehr schöne Figur eines Kindes eingemauert. Ausserdem findet man ein prächtiges korinthisches Thor und eine kannelirte Säule, die noch aufrecht steht. Auf dem Weiterwege gelangt man nach dritthalb Stunden nach *Takli*, in dessen Nähe in einer Schlucht ein wohlerhaltener korinthischer Tempel liegt. Derselbe scheint nicht vollendet worden zu sein, da von seinen sechzehn Säulen nur zwölf Kanneluren haben. Auf einem kleinen Hügel nordwestlich von hier hat man Grundmauern von anderen Gebäuden entdeckt. Eine halbe Stunde weiter erblickt man vor sich das malerische Dorf Kisledschik. Bafli, ein Dorf zwischen Waldhügeln, wird nach sieben Stunden erreicht. Palattia, in der Nähe eines See's, in den ein Arm des Mäander mündet, sechs Stunden weiter, ist wahrscheinlich das alte *Myus*. Die Gegend ist sehr ungesund, der Ort besteht nur aus einigen Hütten. Die Alterthümer desselben bestehen aus einem sehr grossen Theater, den Resten einer Wasserleitung und einigem Mauerwerk. Sansun, elf Stunden von hier, ist ein hübsch an einem Felsenabhang gelegenes Griechendorf. Eine halbe Stunde von hier nach dem See hin erblickt man auf einem schroffen Felsen Ruinen, welche vermuthlich das alte Priene sind. Auf beschwerlichen Gebirgspfaden gelangt man von hier in fünfthalb Stunden hinab nach Chauli, von da in zehn Stunden nach Scala Nuova, von dort in drei Stunden nach Ephesus. Ueber die weiteren Haltpuncte dieser Tour ist im Obigen (vergl. die Touren 3 und 4) das Erforderliche berichtet, und wir haben hier nur zu bemerken, dass Aidin oder Tralles von Ephesus zwölf, Geyra von Aidin vierzehn bis fünfzehn, Laodicea von Geyra dreizehn, Hierapolis von Laodicea anderthalb, Aineh Giul von Hierapolis sechzehn, Philadelphia von Aineh Giul fünf, Sardes von Philadelphia neun Stunden entfernt ist. In Kassaba, welches neunthalb Stunden von Sardes liegt, trifft man auf die grosse Karawanenstrasse, die aus dem Innern des Landes hierher führt. Hier besteigt man die Eisenbahn und ist dann in wenigen Stunden in Smyrna.

7. Verschiedene Pläne zu Touren im Innern Kleinasiens.

Bei den Grenzen, die diesem Reisehandbuch gesteckt sind, ist es nicht möglich, auf die weit von der Küste entlegenen Theile Kleinasiens ausführlich einzugehen. Auch wird es nur selten vorkommen, dass Europäer ihre Touren weiter als nach den im Vorigen beschriebenen Orten ausdehnen. Um indess dazu Neigung oder Veranlassung haben, einigermassen an die Hand zu gehen und ihnen wenigstens ein Schema der etwa in Betracht kommenden Touren, der Hauptpuncte auf ihnen und der Eintheilung der Tagereisen zu geben, theilen wir im Nachstehenden nach der dritten Auflage von Murray'e „Handbook für Trevellers in Turkey", dem wir auch im Vorhergehenden theilweise folgten, einige Routen mit.

a) Von Constantinopel über Amasia und Tokat nach Erzerum und Wan: Gaibassa 6 St, Ismid 5½, Sabnja 4½, Khan Dag 6, Duschi 7¹⸗, Boli 6¼, Garidi 6, Hamamlu 5¼, Karadschular 6¼, Karadschorem 4, Kadschasir 4¼, Tosia 5½, dann am Kissil Irmak oder Halys bis nach Hadschi Hamssa 5¾, Osmandschik 4½, Marsiwan (Eudocia) 8, Amasia (wo eine prachtvolle Moschee und die Gräber der alten Könige von Pontus) 4¾, Torkal 7¼, Tokat (Phazemon) eine Stadt von 30 bis 35,000 Einwohnern, 8, Niksar (Neocäsarea) 9, Koilahissar 14, Karahissar (von wo eine Strasse nach dem drei Tagereisen von hier entfernten, von Lloyddampfern besuchten Kerasunt geht) 12, Schairan 12¼, Kalket 2¾, Karukulah 7¼, Aschkala 10½, Erzerum (Stadt von 70,000 Einwohnern in einer vorzüglich von Armeniern bewohnten Gegend, 6000 Fuss über dem Meeresspiegel) 6½, Hassan Kaleh 5, Chuli 10 Stunden. Man ist hier im Quellgebiet des Araxes, den man eine halbe Stunde von Chuli überschreitet. Dann folgen bis Wan die Orte: Kanus Kuremai 8, Yangali (ein von Christen bewohntes Dorf, nach welchem man gelangt, nachdem man den Ostarm des Euphrat überschritten hat), Lata 5, Taschkuu 6, Ardschich (wo man den grossen See von Wan erreicht) 11, Dschanik 12, Wan (Stadt von 12 13,000) Einwohnern 8 Stunden. Zu bemerken ist, dass der Weg in seiner letzten Hälfte von Kurden unsicher gemacht wird, und dass man ihn deshalb hier nur mit starkem militärischen Geleit oder in grossen Karawanen zurücklegen kann.

b) Von Constantinopel nach Kastamuni: Zuerst nach Boli (s. oben) und Hamamlu, dann folgen die Orte: Hadschi Abassi 10, Aschar 12, endlich Kastamuni 10 Stunden; letzteres ist eine Stadt von etwa 13,000 Einwohnern, dreissig Moscheen, fünfundzwanzig öffentlichen Bädern und mehren grossen Khans, die an der Stelle des alten Germanicopolis steht.

c) Von Constantinopel über Samsun, Mossul und Bagdad nach Basrah: Samsun (mit dem Dampfer in zwanzig Stunden zu erreichen), Kawak 6, Ladik 8, Amasia 6, Tarchal 12, Tokat 10, Sivas 20, Deliktasch (der höchste Punct der Tauruskette) 10, Allajah 10, Hakim Khan 11, Ogli Oglu 12. Denesli 8, Kebban Maden, der Uebergangspunct über den Euphrates, 2, Karput 10, Arganeh 16, Diarbekir, 12, Merdin 18, Nisibin 12, Asnauer 12, Dschessireh 12, Saku 12, Semil 12, Mossul 12, Jesid Köi (Uebergang über den Sabfluss) 9, Tasch Tepeh 12, Kerkus 14, Tasseh Kormat 16, Kara Tepeh 18, Hozoz 15, Bagdad 9 Stunden. Diese Reise erfordert einen sehr ausdauernden Körper. Die Pferde kosten per Stunde 2½ Piaster. Wenn die Beduinen unruhig sind, was jetzt oft der Fall ist, so kann die Tour durch die Wüste zwischen Merdin und Mossul nicht gemacht werden, sondern man muss dann durch das Gebirge gehen. In Mossul und Basrah, nach welchem letzteren Ort man von Bagdad auf einem Boot gelangt, sind englische Viceconsuln, in Bagdad ein englischer Generalconsul, in

Diarbekir ein Consul. In der Nähe von Mossul trifft man die Ruinen von Niniveh. Die Khans in Mesopotamien sind zum grossen Theil vortrefflich.

d) *Von Tokat nach Trapezunt:* Niksar 9, Koilahissar 14, Karahissar 12, Ulescheran 16, Gümisch Chaneh 12, Trapezunt 18 Stunden.

e) *Von Trapezunt über Batum und Kars nach Erzerum:* Batum (mit dem Lloyddampfer zu erreichen, Tschoruk zu Wasser 4 Stunden, dann Dschagat 5, Didewadschi 7, Ako 7, Kulah 7, Danesworola 5, Digwir 9, Luramel 5, Ardaha 8, Kars 16, Karahamssa 8, Messingherd 10, Chorassan 4, Hassan Kaleh 8, Erzerum 6 Stunden.

f) *Von Erzerum nach Kaisarijeh über Diarbekir und Siwas:* Yenköi 10, Kargan 10, Erssingen 12, Kemach 12, Herhemeh 10, Edschin 12, Arab Dschir 10, Karput 10, Argana Maden 12, Stadt Argana 3, Diarbekir 12, zurück nach Karput, Eissoglu 12, Aspusi-Malatijeh 6, Hakim Khan 14, Gurun 15, Mandschelik 9, Ulasch 9, Siwas 6, Sagileh 12, Dschemerek 6, Kaisarijeh 12 Stunden. Auch auf dieser Route sind die Räuberbanden der Kurden zu fürchten. Diarbekir ist eine grosse, von Mauern aus schwarzer Lava umgebene Stadt von 40,000 Einwohnern am rechten Ufer des Tigris. Arabdschir hat gegen 30,000, Siwas ungefähr ebenso viele Einwohner. Kaisarijeh, am Fuss des 12,400 Fuss hohen Argisch gelegen, besitzt ausgedehnte Bazare, in denen man selbst deutsche Waaren findet und hat gegen 40,000 Einwohner, von denen 10 bis 12,000 Armenier und 3000 Griechen sind.

g) *Von Kaisarijeh nach dem Argisch und dann nach Karaman:* Griechisches Kloster am Abhang des Argisch 3 1/2, Ewerek Köi 8 Stunden. Von hier aus besteigt man den Gipfel des Berges, der ein ausgebrannter Vulkan ist, und kehrt nach dem zuletzt genannten Orte zurück, ein Ausflug, der zwei Tage kostet. Von Ewerek Köi geht es dann weiter über Kara Hissar 8, Misli 5, Nigdeh 5, Bor 5 1/2, Kiss Hissar 1, Erekli 12, Karaday 12, nach Karaman 12 Stunden. Man passirt auf diesem Wege häufig die Lager von wandernden Turkomanen.

h) *Von Karaman über Bejschehr nach Smyrna:* Kassaba 4, Elmasun 4, Hadschilar 8, Tris Maden 2 1/2, Kara Euran 7, Sejdi Schehr 4, Bejschehr 6 Stunden, Kereli 1, Kara Agatsch 1, Oluborlu (Apollonia) 2, Dinair 1, Ischekli 1, Demirdschi Köi 1, Ainch Giul 2, Philadelphia 1, Sardes 1, Kassaba 1 und Smyrna 1 Tagereise von circa 9 bis 10 Stunden.

i) *Von Skutari nach Konia, Tarsus und Baias:* Kartal 4, Gebse 5, Kissderwend 9, Isnik 5, Lefke 6, Wessir Khan 4, Schogschot 8, Eski Schehr 10, Sejd El Gasi 9, Kosru Pascha Khani 7, Bolawadnu 12, Ak Schehr 11, Jorgan Ladik 12, Konia 9, Jeschil 9, Karabunar 10, Erekli 12, Pylä Cilicia 29, Tarsüs 12, Adana 8, Messis 6, Kastanleh 6, Kara Kepeh 2 1/2, Karabolat 3 1/2, Baias 2 1/4 Stunden. Bei Schogschot befindet sich in einem schönen Hain von Eichen und Cypressen das prächtige Grabmal Ali Othmans, des Gründers der türkischen Dynastie.

.Zwischen Sejd El Gasi und Kosru Khani finden sich im Thal Doganlu höchst merkwürdige seltsam verzierte Grabgrotten, welche im Alterthum für das Grab des Königs Midas gehalten wurden und jedenfalls Beispiele altphrygischer Kunst sind. Ak Schehr ist eine Stadt von 10,000 Einwohnern, vor deren westlichem Thor das Grab Nurredin Hodscha's, eines berühmten türkischen Heiligen ist, zu dem man wallfahrtet. *Konia*, der Sitz eines Paschas und eines griechischen Metropoliten, hat gegen 30,000 Einwohner und wimmelt von Derwischen. Hier liegt in einem grünangestrichenen cylinderförmigen Thurm, den eine Kuppel krönt, der berühmte Stifter der tanzenden Derwische (Mewlewi) begraben, wesshalb die Stadt sich in der ganzen Türkei des Rufes besonderer Heiligkeit erfreut. Konia ist das alte Ikonium, welches im 11. Jahrhundert zur Residenz der Seldschukensultane von Rum wurde. Tarsus (die Geburtsstadt des Apostels Paulus) und Adana sind Städte von 28 bis 30,000 Einwohner.

k) Von Constantinopel über Aidindschik nach Koniah und Kaisarijeh: Man fährt mit dem Dampfer nach Mudania und geht dann weiter über Abullionte 5½, Ulubat 4, Muhelisch 2, Aidinschik 10, Mülwer Köi 8, Manias 1, Susugirli 4, Ildiss 3, Kofsat 4, Bugaditza 7, Singerli 4, Simal 18, Kulah 8, Medere Köi 18, Demerdschi Köi 4½, Ischekli 9, Sandukli 11, Afjun Karahissar 12, Bolawadun 11, Ak Schehr 11, Arkut Khan 7, Ladik 12, Konia 9, Karabunar 10, Ak Serai 16, Kodsch Hissar 16, Tatlar 20, Nem Schehr 6, Bektasch 9, Kaisarijeh 9 Stunden. Etwa 4 Meilen von da, am Fuss des Hassan Dag und an dem Weg nach Bor, findet sich eine sehr interessante uralte Stadt, deren Häuser noch gut erkennbar und deren Ringmauern von cyklopischer Bauart sind. Bei Kodsch Hissar liegt ein Salzsee, dessen Wasser so stark mit Salz geschwängert ist, dass in ihm keine Fische leben können.

l) Von Konia nach Gulnar an der Küste: Tschomra 6, Kassaba 9, Karaman 4, Khan im Gebirg 8 Stunden. In der Nähe liegen bei einem Felsen, der Aehnlichkeit mit einem Thurm hat, viele mit Sculpturen geschmückte römische Sarkophage. Ferner Mut 11, Schech Amer 12, Gulnar (ein Hafenort, in dessen Nachbarschaft sich ein gut erhaltener viereckiger Thurm und ein Marmordenkmal korinthischen Styls befinden) 6 Stunden.

m) Von Kaisarijeh nach Angora: Dscheuesin 11, Bektasch 5, Kir Scheher 9, Hamid 8, Denek Maden 4, Akschehan 8, Angora 12 Stunden. Kir Scheher ist eine Stadt von 25 bis 30,000 Einwohnern, unter denen gegen 5000 Derwische sind. Angora ist das alte Ancyra. Es hat 20,000 Einwohner, unter denen 6 bis 7000 Armenier sind. In der Nähe befindet sich ein, mit Ausnahme des Daches, sehr gut erhaltener Tempel aus römischer Zeit, welcher dem Augustus und der Roma geweiht war.

n) Von Brussa über Sulimanli nach Smyrna: Hassan Aga 6, Kermasli 6, Kesterlik 4, Adranos 6, Haidar 4, Harmandschik, wo man frische Pferde bekommen kann, 4, Eschen Köi 4, Tauschanli 8, Azani

10, Giediss (Kados) 8, Uschak 10 (hier werden schöne Teppiche gemacht), Ahad Köi 6, Sedschikler 5, Gobek 8, Sulimanli (mit Ruinen) 2, Takmak 6, Kula (in der sogenannten Katakekaumene) 8, Adala 8, Sardes 12 Stunden. Von hier gelangt man über Sardes in 23 bis 24 Stunden nach Smyrna.

o) *Von Sinope über Amasia nach Angora und Afijun Kara-hissar:* Niksar 8, Gumenek 7, Tokat 1, Torkat 8, Zilleh 4, Amasia 8, Hadschi Köi 12, Chorum 6, Jusgat 16, Sangurlu 16, Kaladschik 18, Angora 12, Balok Kujumdschi 6, Ufer des Sangarius von Angora 15, Malk von Baluhujumi 12, Sewri Hissar 8, Alekiam 6, Hamsa Hadschi 6, Ruinen von Amorium 1, Bejat 7, Eski Karahissar 5, Afijun Karahissar 4 Stunden. Zwischen Chorum, einer ziemlich grossen, nur von Mohammedanern bewohnten Stadt, und Jusgat liegen an einem Felsen, der sich schroff aus der welligen Ebene erhebt, Ruinen einer alten Stadt. Noch interessanter aber ist ein Denkmal des Alterthums, welches sich in einem benachbarten Turkomanendorfe befindet. Es besteht dasselbe aus einem Thorweg, der auf beiden Seiten noch ein Stück Mauer hat, und dessen Seitenpfeiler von gewaltigen Steinblöcken gebildet werden. Auf der Aussenseite ist eine groteske Figur mit einem Menschenkopf von ägyptischem Charakter und einem Körper, der einen Vogel darzustellen scheint und an dem Löwenklauen die Füsse vertreten. Auf der untern Steinlage der Mauern sieht man ein plump ausgeführtes Basrelief, welches eine Procession, ein Opfer und Thiere, die zum Altar getrieben werden, vorstellt.

p) *Von Trapezunt nach Bajasid:* Dscheweslik 5, Stawros Bogass 5½, Sugarni 5½, Ballahur 5, Mimansur 4½, Erzerum 6½, Hassan Kaleh 6, Kumansur 5½, Escheck Ilias 6, Sidkhan 5½, Kara Kilisa, 6½. Odsch Kilisa 8, Bajasid 9 Stunden. 3½ deutsche Meilen südwestlich von Bajasid, einer Stadt von 18 bis 20,000 Einwohnern, erhebt sich der Agri Dag oder *Berg Ararat*, der eine Höhe von 16,250 Fuss hat und vom Gipfel herab 3000 Fuss mit ewigem Schnee bedeckt ist.

9. Tour zur See von Constantinopel nach Trapezunt und zurück zu Lande nach Tripolis und Kerasunt.

Nach Trapezunt reist man am bequemsten und schnellsten mit den Dampfern, die von Constantinopel dahin abgehen, und zwar fahren zwischen den beiden Städten ausser dem Lloyd auch englische und türkische Schiffe, indess sind die letztern nicht zu empfehlen. Die Lloydschiffe fahren bis Samsun etwa 1, bis Trapezunt 2½ Tag. Die Landschaft an der Küste ist ausserordentlich schön, das Meer im Winter und im Frühjahr sehr stürmisch. Die hauptsächlichsten Küstenpuncte sind: Erekli, Ineboli, Sinope, Samsun, Kerasunt, Tripolis und Trapezunt. **Erekli,** das alte Heraklea, hat keinerlei Sehenswürdigkeiten. In der Nähe hat man ein ausgedehntes Kohlenlager entdeckt, welches indess den Erwartungen, die man von ihm anfangs hegte, nicht völlig entsprochen hat, da die hier gegrabene Kohle keinen Vergleich mit der englischen aushält. Ineboli ist ein hübsches Städtchen am Eingang einer Schlucht, über der sich hohe Bäume thürmen. Sinope, jetzt Sinub genannt, ist eine hässliche, ärmliche und schmutzige Stadt von etwa 6000 Einwohnern, die zum Theil in Ruinen liegt. Dieselbe erhebt sich über einer Bucht, welche von einem hammerförmigen Vorgebirge gebildet wird und den sichersten Ankerplatz zwischen dem Bosporus und Batum bietet. In dieser Bucht wurde am 30. November 1853 ein Theil der türkischen Flotte von einem überlegenen russischen Geschwader, das meist aus Linienschiffen bestand, angegriffen und in den Grund gebohrt. Die Masten der versunkenen türkischen Fregatten stehen noch jetzt aus der Fluth empor. Von der alten hellenischen Stadt Sinope, dem Geburtsorte des Diogenes, und der Residenz des Mithridates, ist nichts mehr übrig, als eine grosse Menge zusammengefallener korinthischer Säulen, Friese, Grabsteine, Inschriften (die meist aus der Zeit der Antonine sind) und Statuen, die in die Mauern der alten byzantinischen Festungswerke und des Castells eingefügt sind, welches, von drei Mauern und einem Graben umgeben, auf dem Isthmus steht. Einige von den Franzosen 1808 errichtete Schanzen sind jetzt zusammengefallen. Die Türken haben hier Werften, wo sie Kriegsschiffe bauen, zu denen ihnen die benachbarten schönen Wälder das Material liefern. Einige Meilen über Sinub hinaus ergiesst sich der Fluss Kissil Irmak, der alte Halys, in die See. An seinen Ufern steht das Städtchen Bafra.

Samsun ist ein blühender Seehandelsplatz, der wichtigste auf dieser Küste nächst Trapezunt, da von hier die grosse Karavanenstrasse nach Tokat und Diarbekir ausgeht. Eine Viertelstunde nordwestlich von hier findet man Reste des Hafendammes und der Akropolis von Amisus, jetzt Eski Samsun.

Kerasunt, das alte Pharnacia, ist ein nettes Oertchen, bei dem sich Reste altgriechischer Mauern zeigen, auf welche Genuesen und Türken weitere Steinlagen geschichtet haben. Folgt man der Linie um das Vorgebirge, so passirt man zwischen Kerasunt und Tripolis die *Insel Arctias,* welche indess jetzt keinerlei Erinnerungen an die Amazonenköniginnen mehr bewahrt.

Tripolis, am Fusse dicht bewaldeter Berge, eine Stunde von dem grossen Fluss gelegen, der von Gumisch Khane und Zigana herabkommt. An dem Ausfluss des letzteren sind ausgedehnte Kupfer- und Silbergruben, die indess jetzt nicht mehr bearbeitet werden, da eine Ueberschwemmung des Stromes sie mit Wasser gefüllt hat. Man glaubt, dass sie die Argyria der Alten sind. Die Strasse von Tripolis oder Tireboli führt durch einen ununterbrochenen Wald von blühenden Bäumen und Sträuchern, Azaleen, Myrthen, Rhododendrons und schönen Schlingpflanzen, dessen Thäler von zahlreichen Bächen durchströmt sind, und die Gegend hat nur einen Fehler, den nämlich, dass sie, wie alle Küsten des Schwarzen Meeres, besonders die asiatischen, einen grossen Theil des Jahres giftige Fieber der schlimmsten Art aushaucht.

Trapezunt, italienisch Trebisonda, türkisch Tarabosan, die
Hauptstadt des Ejalets gleiches Namens, liegt im ehemaligen kappa-
docischen Pontus zwischen zwei hohen Felsgipfeln. Durch seinen guten
Hafen und seine glückliche Lage war es seit der Zeit seiner Gründung
bis heute mit wenigen Unterbrechungen eine Stadt von Wichtigkeit.
Es war von Colonisten aus Sinope erbaut, wurde aber in der Staaten-
geschichte erst bedeutend, als es im Mittelalter Hauptstadt des kleinen
Kaiserthums Trapezunt wurde. Als nämlich durch die Streitigkeiten
in der byzantinischen Kaiserfamilie die Kreuzfahrer veranlasst wurden,
Constantinopel anzugreifen und nach Eroberung der Stadt die kaiserliche Familie von ihnen vertrieben wurde (1204), errichtete der Prinz
Alexius in Kleinasien einen neuen kleinen Staat und nahm seinen Sitz
in Trapezunt, wo er früher Statthalter gewesen war. Seine Nachfolger,
die den Familiennamen der Komnenen fortführten, nahmen den Kaiser-
titel an und herrschten hier bis zur Mitte des 15. Jahrhunderts, und
zwar noch nach der Eroberung Constantinopels durch die Türken.
Endlich aber erlagen auch sie. David Komnenus, der letzte Kaiser
dieses Restes des oströmischen Reiches, wurde 1461 von Mohammed
II. in seiner Hauptstadt belagert und musste sich, da ihm alle aus-
wärtige Hilfe fehlte, ergeben. Das Land wurde dem Türkenreich einverleibt, der gefangene Kaiser sammt seiner Familie 1462 in Adrianopel hingerichtet. Der Name der Stadt ist von dem griechischen
Worte Trapeza, Tisch, abgeleitet, da dieselbe auf einem Terrain steht,
welches einige Aehnlichkeit mit einem Tisch hat. Das jetzige Trapezunt hat gegen 30,000 Einwohner, unter denen etwa 10,000 Griechen
und einige Franken sind. Oesterreich und England haben hier Consulate. Der türkische Stadttheil ist mit einer zinnengekrönten Mauer
umgeben, vor der sich tiefe Schluchten senken, über welche Brücken
führen. Die Citadelle ist sehr verfallen, sie beherrscht die Stadt, wird
aber ihrerseits von den benachbarten Höhen beherrscht. Alterthümer
aus vorchristlicher Zeit finden sich, mit Ausnahme eines Tempels aus
Hadrians Zeit, der ausserhalb der Stadt liegt, hier nicht; dagegen
trifft man zahlreiche Gebäude aus der Komnenenzeit. Abgesehen von
den zehn griechischen Kirchen, in denen noch christlicher Gottesdienst
gehalten wird, sind fast alle Moscheen, deren es hier gegen dreissig
gibt, ursprünglich Kirchen gewesen. Die schönste der letzteren ist die
Santa Sofia, dreiviertel Stunden westlich von der Stadtmauer. Ueber
einem der Hauptthore liest man eine lange griechische Inschrift, die
sich augenscheinlich nicht an ihrer ursprünglichen Stelle befindet, da
sie sich auf einen Bischof und einen byzantinischen Kaiser bezieht.
In zwei kleinen griechischen Kirchen sieht man seltsame, ziemlich
wohlerhaltene Fresken aus dem 12. Jahrhundert, welche byzantinische
Fürsten u. A. vorstellen, in einer andern Kirche ein Denkmal Salomon's, des Königs von Georgien. Die Stadtmauer und die Citadelle
stammen gleichfalls aus der Periode vor der Türkenherrschaft. Weit
interessanter als durch ihre Alterthümer ist die Stadt, welche beiläufig
fast nur einstöckige Häuser hat und so in Gärten versteckt ist, dass

man im grössten Theil des Jahres von der Rhede aus nur wenig von ihr sieht, durch das Völkergemisch, das sich in ihren sehr wohl versehenen Bazars und vor ihren Thoren tummelt. Man sieht hier die Stämme des Kaukasus, Lasen, Georgier, Armenier, Tscherkessen, man begegnet Persern und Kurden; denn Trapezunt ist jetzt das Centrum des Waarenaustausches, der auf dem Landwege vom Schwarzen Meer an zwischen Teheran und Constantinopel stattfindet. Im Jahre 1852 belief sich die Einfuhr von Europa aus auf etwa 15 Millionen Thaler, und zwar war das Meiste davon europäisches, vorzüglich englisches Fabrikat, und drei Viertel davon ging nach Persien. Die Ausfuhr betrug etwa 6 Millionen Thaler an Werth, und bestand besonders in Seide, dann in Safran, Nüssen, Tabak, Kupfer, Wachs, Blutigeln und Galläpfeln. Zu erwähnen ist, dass man hier niedliche Armbänder von Silberdraht macht, die nicht theuer sind. Zum Schluss die Erinnerung, dass es sehr wahrscheinlich hier bei Trapezunt war, wo Xenophon bei seinem berühmten Rückzug mit den zehntausend Griechen nach der Schlacht bei Kunaxa zuerst das Meer erreichte; denn der jetzt gebräuchliche Pass von hier in das Innere ist der einzige, der auch im Winter, wo der Rückzug stattfand, zugänglich ist.

Von Trapezunt kann der Reisende bei günstiger Gelegenheit noch einen kurzen Ausflug nach **Batum**, der Grenzstadt der kleinasiatischen Türkei gegen Russland hier unternehmen, wo man den Gebirgsvölkern des Kaukasus noch näher ist. Ausser diesen ist jedoch hier nichts zu sehen, als etwa hundert Holzhäuser mit Verkaufsläden und eine kleine Moschee. Ein anderer lohnender Ausflug ist der nach dem berühmten *Kloster Sumelas*, welches in einer prachtvollen Waldgegend zwei Tagereisen von Trapezunt liegt und wo man ein vom Evangelisten Lukas gemaltes Bild der Panagia zeigt.

Wer die Küste zwischen Trapezunt und dem Bosporus näher kennen zu lernen wünscht, mag von Trapezunt nach Tripolis zu Lande gehen, von hier mit einem Boot nach Kerasunt und von dort mit dem Dampfer nach Stambul zurückkehren. Man engagirt zu diesem Zweck in Trapezunt einen Tatar oder Kawasch. Die Gegend, durch die der Weg führt, ist einer der schönsten Walddistricte der Levante, theilweise aber auch gut angebaut, der Weg selbst aber sehr beschwerlich und hin und wieder nur zu Fuss zu passiren. 1½ Stunde von der Stadt führt er über einen Bach, weiterhin über den Fluss Gera, dann über den Kalanoma Dere Su, dann durch das Städtchen Platana, wo sich eine sehenswerthe, altbyzantinische Kirche befindet und wo man im Kaffeehause übernachten kann. Eine Stunde von hier ersteigt man das niedrige Vorgebirge Zitun Burun, dann passirt man, immer nicht fern vom Meere eine Reihenfolge schöngeformter bewaldeter Kaps, gelangt nach dem verfallenen Fort Akjah Kaleh, das auf einem Basaltfelsen liegt und wahrscheinlich das alte Kordyle ist. Dann folgen das Kap Thoros und die kleine Bucht Jedschi Liman. Hierauf wendet sich der Weg nach Südwesten, überschreitet den Iskefeh Dere Su, passirt das in Trümmern liegende Fort Dschellita Kaleh, das am Rande einer mit Azaleen und

Rhododendrons bewachsenen Schlucht liegt, geht, in eine Ebene hinabsteigend, über einen breiten Bach, dann über Hügelland, dann über den Karasun Dere Su, um an dem Dorfe Fol und der verlassenen Factorei Kerte Khana vorüber, das mit einem Kramladen verbundene Gasthaus Bujuk Liman zu erreichen, wo man (dasselbe ist 9¹/₂ Stunden von Platana entfernt) die zweite Nacht bleibt.

Von hier gelangt man über den Aksa Dere Su und an dem Cap Kaledschik mit seinem zerfallenen Fort vorbei über sehr gefährliche Pfade am Felsen über der See nach dem Cap Kireli, wo einst Koralla stand. Dann überschreitet man den Audschenesin Dere Su und dessen wohlbebautes Thal, bald nachher den Tschausli Dere Su, der gleichfalls eine fruchtreiche Thalebene durchströmt, passirt das Dorf Eleheu, setzt jenseits desselben über den wasserreich aus waldigem Grund hervorströmenden Kara Burun Tschai und erblickt hier das schroffe Vorgebirge von Kara Burun. Dann folgen die Ruinen von Gulak Kaleh auf einzeln stehender Klippe über dem Gestade, dann die Flüsse Baba Dere Su und Basar Tschai, deren Ufer in Reisfelder verwandelt sind. Hier betritt man die von den Anschwemmungen des Tireboli Su, einem breiten Fluss, über den eine Fähre geht, gebildete Ebene und gelangt bald nachher nach Tripolis, wo man zum dritten Mal übernachtet, und zwar findet man (gegen ein gutes Bakschisch, welches der Dienerschaft gezahlt wird) im Konak des Gouverneurs Unterkommen.

Der Weg zwischen Tripolis und Kerasunt ist für Thiere, die mit Gepäck beladen sind, nicht wohl zu passiren; man thut daher gut, sich nach Kerasunt ein Boot zu nehmen, welches die Fahrt bei gutem Wind in vier Stunden zurücklegt. Man passirt auf diesem Wege zuerst Cap Sefreh und eine Stunde weiter westlich ein Felseneiland, von dem Hamilton, dem wir bei der Beschreibung dieser Tour folgen, meint, es möge die Philyreis-Insel der Agonautensage sein. Etwas weiter südlich trifft man eine andere kleine Insel, die Kerasunt Ada heisst und vielleicht die Insel Aretias des Apollonius Rhodius ist, welche im Alterthum einen von zwei Amazonenköniginnen errichteten Marstempel trug, der indess jetzt spurlos verschwunden ist. Von dieser Insel ist es noch anderthalb Stunden bis zur Stadt Kerasunt, wo man den nach Constantinopel zurückkehrenden Dampfer erwartet.

Wir bemerken, dass auf dieser letzten Tour nichts von Räubern zu fürchten ist, dass man sich aber sehr hüten muss, in den Waldgegenden und an den Flüssen im Freien zu übernachten, da eine einzige so zugebrachte Nacht ein tödtliches Fieber zur Folge haben kann und von ärztlicher Hilfe in diesen Regionen nirgends die Rede ist.

SIEBENTES CAPITEL.

Constantinopel.

Constantinopel im Allgemeinen. — Geschichte der Stadt. — Gasthöfe. — Führer.
— Kaiks. — Plan, Constantinopel in sechs Tagen zu sehen. — Die Vorstädte: Galata,
Pera, Tophana, Kassim Pascha, Ejub. — Stambul. — Die kaiserlichen Moscheen: die Aja
Sophia, Sulimanijeh, Achmedijeh, Moschee Mahomed II. — Die Turbas. — Die Bazars.
— Bäder. — Khans. — Die Paläste von Dolmabagdsche und Tschiragan. — Das alte
Serail. — Thore. — Die Brücke. — Brunnen. — Alterthümer: der Atmeidan, der Pa-
last des Belisar. — Die Marcianssäule. — Die Wasserleitung des Kaisers Valens. —
Friedhöfe. — Das Bairam und andere Feste. — Feste und Sitten. — Die Aquäducte
ausserhalb der Stadt.

„Ich sah Athens heilige Räume, ich sah die Tempel von Ephesus und war in Delphi, ich habe Europa durchstreift von einem Ende
zum andern und die schönsten Länder Asiens besucht, aber nirgends
erfreute mein Auge ein Anblick, dem von Constantinopel zu vergleichen." So sagt Lord Byron, und sein Spruch ist wahr. Es gibt in
Europa nur einen Punct, der einen Vergleich erlaubt — Neapel, und
manche Reisende, welche die Schönheiten des Golfs unter dem Vesuv
mit denen des Bosporus vergleichen, haben dem ersteren die Palme
zuerkannt. Wir nennen das eine irrige Ansicht. Man darf verschiedene
Schönheiten mit einander vergleichen, aber man kann nicht sagen,
dass dies als Ganzes mehr, das andere minder schön sei. Der Golf von
Neapel hat mehr Majestät, mehr Ausdehnung, er hat den hohen, schöngeformten Vulkan mit der geheimnissvollen Rauchwolke. Am Bosporus
aber findet man einen feenhaftern Duft, einen reicheren und zarteren
Farbenschmelz und bei Weitem mannigfaltigere Formen. Sodann aber
ist die Ausdehnung des Halbkreises der Bucht von Neapel so gross,
dass man immer nur einige Puncte zugleich deutlich überschaut. Auf
den Höhen von Skutari oder Pera aber beherrscht das Auge das ganze
Panorama, das sich in wunderbar harmonischer Reihenfolge vom Vordergrund dunkler Cypressenhaine oder blauer Gewässer bis nach dem
fernen, nebelhaften Schleier der Berge hinstreckt, ohne dass die Hauptsache, Constantinopel selbst mit dem goldenen Horn und seinen sieben
terrassenförmig mit Häusern, Palästen und Moscheen zwischen Gärten
und Baumwipfeln bebauten Hügeln in seinen Einzelheiten verschwömme.
So präsentirt sich Constantinopel aber nur dem zur See, vom
Schwarzen oder vom Marmorameer Ankommenden oder dem Reisenden,
der aus dem Innern Kleinasiens sich ihm nähert. Wer ihm von der
europäischen Seite naht, erblickt zuerst seine Ruinen und seinen Schmutz,

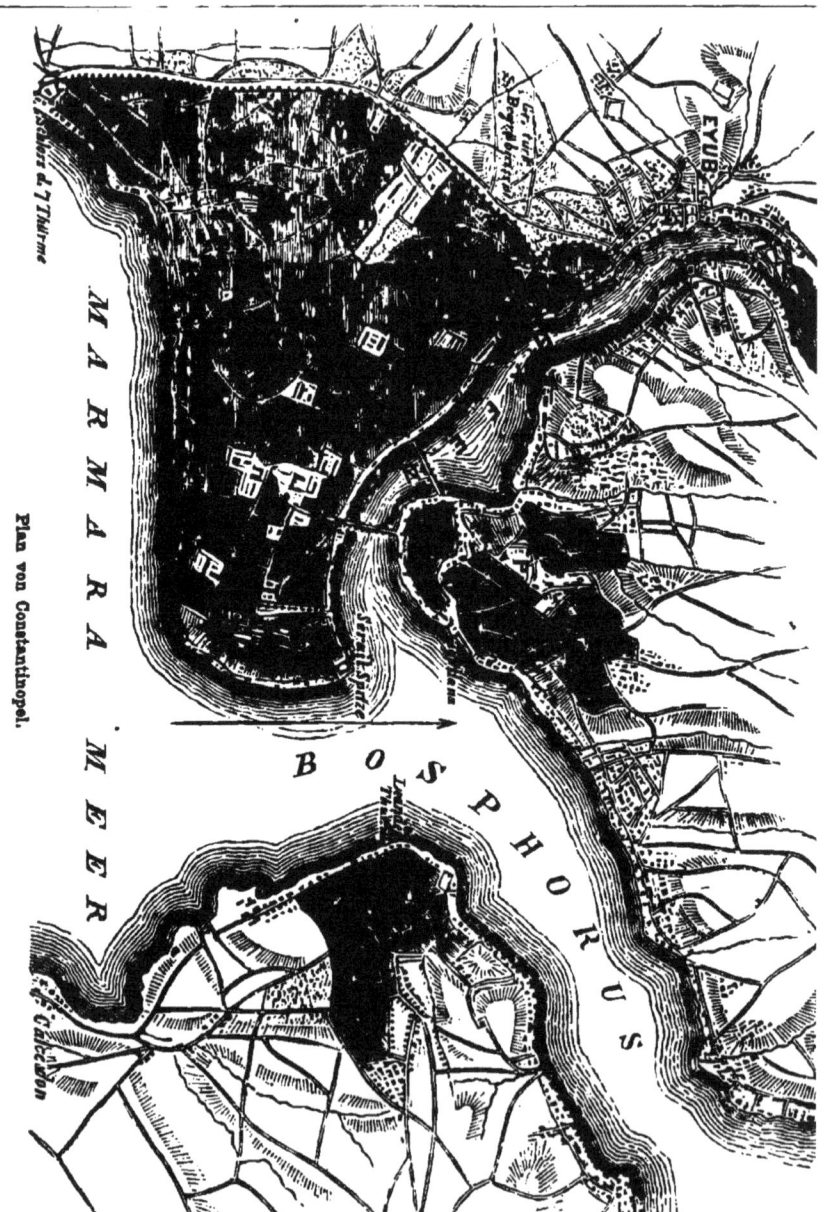

Plan von Constantinopel.

mit dem es alle Städte des Südens ebenso sehr übertrifft, wie mit
seiner äusseren Schönheit. Und so grossartig seine öffentlichen Bauten,
namentlich viele seiner Moscheen sind, so überaus hässlich sind, nahe
betrachtet, seine Privathäuser, die mit Ausnahme eines Theils von
Pera fast durchgehends von Holz sind. Je mehr man sich beeilt, bald
unter jene prächtigen Hallen und in die Schatten jener grünen Baumgruppen zu gelangen, die malerisch neben den Häusergruppen auf-
streben, um se mehr beklagt man nach dem ersten Eindruck, den jene
windschiefen, verräucherten Holzbarracken und jene schlechtgepflasterten,
bei Regenwetter von Kothbächen durchflossenen, winkeligen Strassen
machen, sich nicht mit dem blossen Anblick von ferne begnügt
zu haben.

Constantinopel liegt auf 41° n. Br. und 47° öst. L., auf einer
am südwestlichen Ausgang des thrazischen Bosporus befindlichen dreieckigen Landzunge, die durch eine von jener Meerenge aus fast eine
Meile in das Land hineingehende schmale Bucht (das Goldene Horn)
und das Marmormeer — jene im Norden, diese im Süden der Stadt
— gebildet wird. Constantinopel hängt somit an seiner Westseite, der
Basis des Dreiecks, die ³⁄₄ Meilen lang ist, mit dem festen Lande
Thraziens (jetzt Rumeliens) zusammen und erstreckt sich zwischen den
genannten beiden Gewässern nach Osten bis zu dem Puncte, wo das
Goldene Horn, der Bosporus und das Marmormeer zusammentreten
und die Landzunge mit einer abgerundeten Spitze endigt. Dies ist das
eigentliche Constantinopel, welches bei einem Umfang von 2¼ deutschen Meilen mit einer an der Landseite dreifachen Ringmauer umgeben ist, die zum Theil aus der Zeit der byzantinischen Kaiser herrührt,
und durch welche achtundzwanzig Thore und neun Pforten führen. Um
die eigentliche Stadt, türkisch Istambol, von εἰς τὴν πόλιν, von den
Slaven Zaregrad, Kaiserstadt, genannt, liegen fünfzehn Vorstädte, von
denen Galata, Tophane und Pera, an und auf dem Hügel im Norden
des Goldenen Horns, Ejub im Nordwesten desselben, Dolmabagdsche,
nordöstlich am Bosporus, und Skutari, auf dem asiatischen Ufer dieser
Meerenge die wichtigsten sind. Das alte Schloss an der Südwestecke
der Stadt, welches man bei der Annäherung an das Ende des Marmorameeres vom Dampfer aus gewahrt, ist das Schloss der sieben Thürme,
in das man früher bisweilen die Gesandten der europäischen Mächte
sperrte, der Thurm mitten im Meer vor Skutari der sogenannte Leanderthurm. Stambul, Skutari sind fast nur von Türken und Juden bewohnt. In Galata und Pera wohnen ausser vielen Griechen und Armeniern auch mehre tausend Franken, darunter eine beträchtliche Anzahl
Deutsche. Hier werden alle Sprachen gesprochen, man findet gute europäisch eingerichtete Gasthäuser, Conditoreien, Concerte, Casinos (worunter zwei deutsche), eine italienische Oper, elegante Läden, Daguer-
reotypisten und Photographen, Buchhandlungen, pariser Moden und
europäischen Luxus; auch wohnen hier (in Pera) die europäischen
Gesandten. Auf den Höhen über und neben Stambul und den Vorstädten stehen zehn bis zwölf grosse, nach europäischer Weise gebaute

Kasernen, in denen gewöhnlich eine Garnison von 20 bis 25,000 Mann liegt.

Constantinopel zählt sammt seinen Vorstädten gegen 90,000 Häuser und über eine Million Einwohner, unter denen sich 150,000 Griechen, 230,000 Armenier, 30,000 Juden und etwa 15,000 Franken befinden. Die Zahl der Moscheen beträgt über 300, von denen mehre sehr gross und mit vier bis sechs Minarets geschmückt sind. Die Griechen haben vierzehn, die Armenier drei, die Katholiken neun Kirchen und mehre Klöster; die Juden zahlreiche Synagogen. Die Griechen stehen unter einem Patriarchen, der seinen Sitz im sogenannten Fanar am Meer hat. Die Armenier haben hier gleichfalls einen Patriarchen, die Katholiken einen Bischof. An Unterrichtsanstalten mangelt es nicht. Die Mohammedaner besitzen dreihundert Medressen, in welchen die Ulema gebildet werden, und viele, freilich sehr unvollkommene, Elementar-Schulen. Mit den Kirchen und Klöstern sind Schulen für die verschiedenen christlichen Religionsparteien verbunden. Ausserdem gibt es eine Marineschule auf der Insel Chalki, eine Artillerie- und Ingenieurschule, welcher 1859 der deutsch gebildete Galib Pascha vorstand, und das Galata Serai, eine medicinische Schule, welche von deutschen Aerzten geleitet wird, deren in Pera und Galata eine beträchtliche Zahl practiciren. Spitäler, in welchen Arme unentgeltlich Aufnahme finden, gibt es zwei deutsche, ein englisches, ein französisches und ein österreichisches. In den dreizehn türkischen Bibliotheken Constantinopels, von denen die des Serails die bedeutendste ist, liegen für den Orientalisten noch grosse Schätze. Deutsche Buchhandlungen finden sich in Pera zwei, beide an der Hauptstrasse dieses Stadttheils. Zeitungen erscheinen hier mehre türkische, zwei französische, zwei italienische und eine griechische. Bäder soll die Stadt mehre tausend haben, Kaffeehäuser ebensoviele. Die besten der letzteren trifft man ausserhalb der Stadt und in Pera auf dem kleinen Campo. Der Gewerbfleiss der türkischen Einwohner ist noch immer in den dem Orient eigenen Fabrikaten, z. B. Teppichen, Sattlerarbeiten, Gold- und Silberstickereien, Waffen, Essenzen und Parfumerien nicht unbedeutend. Noch wichtiger aber ist bei der unvergleichlichen Lage Constantinopels der hier getriebene Handel, der ausser zahlreichen Karawanen jährlich zwischen 6 und 7000 Segelschiffe und 450 bis 500 Dampfer hierherführt; doch muss bemerkt werden, dass der Grosshandel sich bis vor kurzer Zeit ganz in den Händen der Griechen, Armenier und Franken befand und erst in den letzten Jahren auch die Türken angefangen haben, daran theilzunehmen.

Die Natur hat für die gesunde Beschaffenheit Constantinopels mehr gethan, als für viele andere grosse Städte. Es liegt auf Hügeln, zwischen denen Thäler sich strecken, die den Durchzug der Luft gestatten. Eine beständige Strömung, genährt durch die Gewässer der Bäche Ali Bei und Kihat Chana, die sich oberhalb Ejub zu einem Fluss vereinigen, duldet in dem fluthlosen Goldenen Horn nur wenig stehendes Wasser und hört nur dann auf, wenn Südwind dem Drang des Bosporus sich entgegenstemmt, zwischen den Wassern des Kanals und denen des Marmorameeres einen Zusammenstoss veranlasst und einen Theil der Strömung im Goldenen Horn zurückhält. Andererseits geht die Strömung aus dem Schwarzen in das Marmormeer mit der Geschwindigkeit von einer Viertelmeile in der Stunde an Tophana vorüber auf die Serailspitze zu und schwemmt allen Unrath, der sich dort vom Goldenen Horn her anhäufen würde, hinweg, so dass die See hier stets klar und hell wie Krystall ist. Im Durchschnitt herrschen nördliche Winde vor. Im Sommer weht einige Stunden nach Tagesanbruch ein gelinder Südwind von dem asiatischen Olymp herüber. Obgleich der Regen im Frühling und im Herbst in grösserer Menge fällt, ist er doch nicht periodisch. Bei Nacht fällt wenig Thau, daher wird die Vegetation auf den Gipfeln der Berge bald welk, und die Früchte und Gemüse mit Ausnahme derer, welche im Frühjahr und an feuchten Orten wachsen, sind unschmackhaft und nicht von langer Dauer. Der Winter beginnt mit dem December und ist gewöhnlich nicht streng. Es fällt oft Schnee, aber nur selten bleibt er einige Tage liegen. Der Sommer ist sehr heiss, der Herbst ausserordentlich mild und schön. Der Frühling tritt erst spät ein und ist hier die unfreundlichste der vier Jahreszeiten; denn es wehen dann wie zu Ende des Winters die „Kara Jell", Nord-, Nordost- und Nordwestwinde, die vom Balkan und vom Kaukasus her kommen und sehr scharf und schneidend sind. Trotzt seiner gesunden Lage ist Constantinopel kein gesunder Aufenthalt. Es kommen in Folge der Unreinlichkeit der Strassen, die übrigens im Griechen- und Armenierquartier grösser als unter den Türken ist, häufig Fieber, in Folge des plötzlichen Temperaturwechsels, der oft zwischen Mittag und Abend eine Differenz von 30⁰ Fahrenheit eintreten lässt, Ruhr, gastrische Leiden anderer Art und Lungenkrankheiten vor.

In Betreff der **Geschichte Constantinopels** kann hier nur an das Nöthigste erinnert werden. In der ältesten Zeit stand da, wo jetzt das alte Serail mit seinen Gärten sich erhebt, die von Megarensern um das Jahr 660 v. Ch. gegründete Stadt Byzantium, deren vortreffliche Lage sie in vorchristlichen Jahrhunderten wiederholt zum Gegenstand des Streites zwischen Persern, Spartanern und Athenern machte. 300 v. Ch. halfen sie die Athener gegen Philipp von Macedonien vertheidigen. Während dieser Belagerung waren die Belagerer in einer dunkeln Nacht bereits dabei, die Mauern zu ersteigen, als der aufgehende Mond den Bürgern der Stadt die Gefahr offenbarte. Zum Dank setzten sie — so geht die Sage — den Halbmond auf ihre Münzen, der später von den Sultanen adoptirt wurde. Bekannt ist, wie Byzanz später mit der übrigen griechisch-macedonischen Welt in die Gewalt der Römer fiel und wie es 330 n. Ch. von Constantin d. Gr. umgetauft und zur Reichshauptstadt gemacht wurde. Justinian trug um die Mitte des 6. Jahrhunderts viel zur Verschönerung der Stadt bei. 616 wurde dieselbe vom Perserkönig Chosroes belagert, zehn Jahre später von den Avaren. 668 erschienen zum ersten Male die Araber

vor der Stadt, wurden indess mit Hilfe des griechischen Feuers zurück-
geschlagen. 716 bis 718 belagerten sie dieselbe abermals und mussten
wieder abziehen. Im neunten, zehnten und elften Jahrhundert bedrängten
russische Völker Constantinopel. 1204 eroberten fränkische Kreuzfahrer
die Stadt und stifteten ein lateinisches Kaiserthum, welches indess
schon 1261 wieder byzantinischen Herrschern Platz machen musste,
1422 erschienen die ersten Türken unter Amurath II. vor den Mauern.
Sie wurden zurückgewiesen. Aber 1453 kamen sie wieder, und am 29.
Mai desselben Jahres wurde die Stadt von ihnen mit Sturm genommen.
Der letzte oströmische Kaiser fiel tapfer kämpfend am Thor des heiligen Romanus (jetzt Top Kapussi) und die Hagia Sophia-Kirche wurde
eine Moschee. Der Erbe des Chalifen trat auch die Erbschaft der
Cäsaren an.

Die Lloyddampfer von Syra und Smyrna legen in der Regel ebenso
wie die von Odessa, Galatz und Varna kommenden Schiffe vor dem Eingang in das Goldene Horn an. Sofort stellen sich Massen von Lohn-
bedienten und Kaikdschis ein. Man lässt sich nach dem Zollhaus übersetzen, wofür man nicht mehr als 1 Fr. per Person und Gepäck zu
zahlen nöthig hat, obwohl der Kaikdschi in der Regel das Doppelte
fordert, und begibt sich nach Untersuchung der Sachen nach der
grossen Strasse von Pera, wobei man sich von einem der zahlreichen,
am Landungsplatz versammelten Hamals (Lastträger) seinen Koffer
tragen lässt. Der Hamal wird für den Gang bis zu einem der an oder
nahe bei jener Strasse befindlichen Gasthöfe mit 4 bis 5 Piastern
zufrieden sein. Zu den ersten Hôtels zählt gegenwärtig das *Hôtel
d'Angleterre* und *Hôtel Misury* in der Hauptstrasse von Pera. In
beiden beträgt der Pensionspreis einen Napoleondor für den Tag. Diese
Hôtels haben einen eigenen Dragoman. Etwas billiger ist das *Hôtel
Luxembourg* (14 Fr. per Tag) ebenfalls in der Hauptstrasse von Pera,
nur sehr weit oben. Hier speist man am besten in ganz Constantinopel,
das Couvert zu 5, 6 und 7 Franken. Allen Europäern, die Constantinopel besuchen, möchten wir rathen, in diesem Hôtel zu essen und
im Deutschen Hôtel *Zur Stadt Pest* zu wohnen. Dasselbe liegt in
einer Seitengasse der Peraer Hauptstrasse, der Rue de Venedik und
enthält hübsche Zimmer mit guten Betten, zu 3 bis 10 Franken täglich.
Essen darf man in diesem Hôtel nicht, wenn man an gute Kost gewöhnt
ist. Fernere Hôtels sind das *Hôtel de Byzance*, das *Hôtel de l'Europe*
in der Strasse, die von Tophana hinauf nach Pera führt, *Hôtel de
France*, *Hôtel du Globe*, *Hôtel Pera*, letzteres fordert für Kost und
Wohnung nur zehn Franken täglich. Ob es für einen gebildeten Menschen möglich ist, darin auszudauern, können wir allerdings nicht
versichern. Wir bemerken übrigens, dass alle Gasthöfe Peras die gleiche
Unbequemlichkeit für den Reisenden haben. Sie liegen alle auf der
steilen Höhe oben und es ist furchtbar ermüdend, drei, viermal des
Tages hinaufklettern zu müssen. Wer also Constantinopel bequemer
sehen will und keine zu grossen Ansprüche macht, der gehe in das
englische Hôtel in Galata, ein kleines, unscheinbares Haus, wo man

gutes Roostbeuf und echtes Ale bekömmt. Es ist das nächste Gasthaus am Hafen.

Besonders zu empfehlen ist das Haus des deutschen Zucker-bäckers Baltzer, welches ebenfalls für Gäste eingerichtet ist und für 10 Franken täglich eine vortreffliche Table d'hote Mittags und Abends, gutes Frühstück, in den Zimmern der 3. Etage die schönste Aussicht und von Seiten des Wirthes verständigen, uneigennützigen Rath in allen den Dingen bietet, welche als stetem Wechsel unterworfen, hier nicht besprochen werden können. Dasselbe liegt auf der grossen Strasse von Pera, dem einen lateinischen Kloster gegenüber und nicht fern vom Palais der österreichischen Internuntiatur. In der Conditorei trifft man jeden Morgen Deutsche. Eine Menge von Landsleuten findet man auch in des Wieners *Vogl* Weinstube in der Rue Voyvoda in Galata. Dort trinkt man das einzige gute Wiener Bier in ganz Constantinopel und reine Oesterreicher Weine. Man bekommt auch kalte Küche und Vormittags bis zwölf Uhr Beefsteaks, alles gut und ordentlich, während man in Pera oben in den mit pompösen Aushängschildern versehenen Localen wie Palais crystal, Alcazar u. s. w. zwar elegante Säle, aber schlechte Getränke findet.

Um sich in Constantinopel zurecht zu finden, bedarf man, we-nigstens für die ersten Tage, eines *Führers* oder **Platzdragomans**, den man für 40 bis 50 Piaster per Tag in jedem Hôtel haben kann. Man miethe einen solchen indess zunächst nur auf einen Tag, und entspricht er den Erwartungen, so verhandle man mit ihm über einen bestimmten Zeitraum in dem man die Puncte, die man zu sehen wünscht, gezeigt haben will. Besondere Ehrlichkeit und Uneigennützigkeit darf man von diesen Leuten nicht voraussetzen, ebenso wenig eine verlässliche Kenntniss von den Alterthümern der Stadt. Man hüte sich, wo möglich, in den von ihnen empfohlenen Läden Einkäufe zu machen, da man dann in der Regel das Trinkgeld mit bezahlt, welches sie von gewissen Kauf-leuten für die Zuführung von Käufern erhalten und welches bisweilen 40 Procent des Werthes der Waare beträgt. Man hüte sich ferner, sie mit Besorgung eines der *Fermans* zu beauftragen, welche dem Rei-senden die grossen Moscheen und die Räume des alten Serails öffnen, sondern besorge sich einen solchen Ferman bei seiner Gesandtschaft, die ihn bei der Pforte vermittelt, selbst. Die Kosten eines solchen Fermans hängen von der Zahl der Moscheen ab, die man zu besuchen wünscht, und betragen 6 bis 700 Piaster. Folgendes gibt eine Ueber-sicht: der mit Ausfertigung des Fermans beauftragte türkische Beamte erhält 200, der Kawasch der Gesandtschaft 20, der Serailbeamte 150, die Pfortenhüter der Aja Sophia Moschee 100 Piaster; für den Eintritt in die übrigen kaiserlichen Moscheen (die Ejubmoschee ist in der Regel Christen nicht zugänglich) sind an jede einzelne 40 Piaster zu ent-richten. Wenn ein Dragoman mehr fordert, so ist das Prellerei. Im Uebrigen findet sich in den Gasthöfen stets Gelegenheit, einen solchen Ferman in Gesellschaft mit mehrern zu benutzen, wo sich die Kosten beträchtlich ermässigen; nur ist zu bemerken, dass in diesem Fall nur so viele Personen davon Gebrauch machen können, als auf demselben genannt sind.

Ueber **Geldverhältnisse** ist zu dem im Capitel über Smyrna Gesagten hinzuzufügen, dass auch hier alle europäischen Münzen bis zum Schilling, Frank und Zwanziger herab gelten, dass man aber nach Piastern Metallique rechnet, von denen jetzt stets mehr auf das Pfund Sterling, den Napoleon und die übrigen Gold- und Silbermünzen gehen, als bei geregelten Verhältnissen der Fall sein würde. Den Curs der verschiedenen Münzen in Kaimé findet man in allen Zeitungen Constantinopels. Näheres auch nur andeutend anzugeben ist unmöglich, da dieser Curs ausserordentlichen Schwankungen unterworfen ist. Papiergeld (Kaimé) gibt es seit einigen Jahren in der Türkei nicht mehr.

Für jeden Gang über die grosse Brücke zwischen Galata und Stambul sind an den Einnehmer 5 Para zu zahlen. Fast ebenso häufig kommt der Reisende bei der Lage Constantinopels in den Fall, die Dienste der **Kaikdschi's** in Anspruch zu nehmen, welche allenthalben am Bosporus wie am Goldnen Horn mit ihren Booten halten. Dieselben unternehmen mit ihren ausserordentlich leichtgebauten Fahrzeugen grössere und kleinere Fahrten. Beim Einsteigen ist Vorsicht nöthig, da sie leicht umschlagen, und bei der Fahrt hat man sich auf den Boden zu setzen und nach Möglichkeit das Gleichgewicht zu bewahren. Im Goldnen Horn kommt man, wenn man allein oder zu Zweien fahren will, mit einem einrudrigen Kaik aus. Wer weit am Bosporus hinauffahren will oder über die Serailspitze hinaus einen Punct zu besuchen gedenkt, hat ein zweirudriges nöthig. Um die Prinzeninseln zu besuchen, wozu man bei gutem Wetter dritthalb Stunden braucht, thut man wohl, ein grosses, vierrudriges Kielboot zu miethen, welches ein Steuer hat; denn in dieser landumschlossenen, plötzlichen Windwechseln und unverhofften Stürmen ausgesetzten See bietet ein gewöhnliches Kaik nur wenig Sicherheit. Noch besser aber fährt man nach den Prinzeninseln mit dem Dampfboot. Die Kaikdschi's sind eine Zunft, die nahe an 20,000 Glieder und 16 bis 17,000 Boote zählt, unter strengen Polizeigesetzen steht und Vater Noah zum Patron hat. Die Bootführer von Stambul sind Türken, die von Galata und Tophana meist Griechen. Die Taxen betragen für ein Ruderpaar innerhalb des Goldnen Horns, je nach den Entfernungen, für die Person 1 bis 2 Piaster, nach Skutari 3, nach Kihat Kaneh, den sogenannten Süssen Wassern von Europa 5, nach Kadiköi und Ortaköi 4 Piaster. Ein zweiruderiges Boot kostet das Doppelte; indess ist ein solches, wenn man es für den ganzen Tag miethet, mit 40 Piastern und einem Nebenbakschisch von 2 Piastern für jeden Ruderer hinlänglich bezahlt. Ein Kaik von zwei Ruderern kann man für einen Mondmonat von 28 Tagen um etwa 600 Piaster miethen. Diese Taxen werden indess von den Forderungen der Kaikdschi's, wenn man nicht vorher mit ihnen accordirt, gewöhnlich um das Doppelte überschritten, und zwar sind die griechischen in dieser Hinsicht gewöhnlich unverschämter, als ihre türkischen Kameraden, wie der Türke überhaupt mit sehr wenigen Ausnahmen ehrlicher ist, als der Grieche.

Für Den, der Eile hat, oder sich den schwankenden Kaiks anzuvertrauen Bedenken trägt, stehen an der ersten grossen Brücke über das Goldene Horn kleine Dampfer bereit, die zwischen hier und den Dörfern am Bosporus fahren. Die Preise für die Fahrt in diesen stets wohlgefüllten Wasseromnibussen betragen, je nach der Entfernung, 1 bis 4 Piaster. Die ausgetheilten Billets behalte man, da sie am Landungsplatz abgefordert werden. Man findet bei solchen Fahrten gute Gelegenheit, die untere Classe des Volkes mit Musse zu betrachten.

Tarife: Für einen *Wagen* zahlt man, wenn solcher auf einen ganzen Tag genommen wird, 40 Frcs *Lohndiener* und *Dragoman* begehren 10 Frcs., ein *Pferd* kostet per Tag ebenfalls 10 Frcs., *Senftenträger*, deren es der schlechten Strassen wegen eine grosse Anzahl gibt, zahlt man für eine Tour in Pera 2½ Francs, von Galata nach Pera 5 Francs.

Belustigungs-Etablissements sind in der Wintersaison: das *Theater Naum* mit guter italienischer Oper, das *Theatre français* mit Schauspiel und Offenbach'schen Operetten, an manchen Tagen wird auch ein griechisches Schau- oder Trauerspiel gegeben. Es gibt ferner mehrere *Cafés chantants*, unter denen die bemerkenswerthesten sind: das Café zur Stadt Leipzig, das Café Concordia mit schönem Garten, Alcazar de Bysance, Palais und jardin des fleurs etc. Im Sommer sind die Theater geschlossen, da die vornehme Gesellschaft Pera's auf's Land geht.

Wir geben im Folgenden nur einen *Plan, nach dem man die* **Sehenswürdigkeiten Constantinopels** *binnen sechs Tagen in Augenschein nehmen kann.*

Erster Tag: Man nehme ein Kaik in Tophana, gegenüber der Moschee von Kilidsch Ali Pascha, dem schönen Brunnengebäude, der Kanonengiesserei und der Artilleriekaserne, fahre hinüber nach dem Landungsplatz am Gartenthor (Bagdsche Kapu), betrachte die Bibliothek und die Armenküche Sultan Abdul Hamid's, folge der Diwanstrasse nach dem Alai Kiosk an der Ecke des kaiserlichen Serails, wende sich rechts um das Thor des Grossvezirs und die benachbarte grosse Cisterne Yere Batam Serai, betrachte sich dann das Aeussere der Sophienmoschee und widme den Rest des Tages der Betrachtung des Serails im Innern und Aeusseren, so weit es den grossen Brand überlebt hat, der vor einigen Jahren nicht nur einen beträchtlichen Theil des Serails, sondern auch mehrere tausend Häuser Stambuls vom goldenen Horn über den Hügel hinweg bis zum Marmormeer in Asche legte. Der Eintritt in die Serailgärten, früher streng verwehrt und durch starke Wachen verhindert, steht heute Jedermann frei. Weit offen steht das Thor, an welchem früher die Haremswächter schilderten, die einst prachtvollen Gärten mit den riesigen Bäumen, unter welchen die Odalisken so vieler Sultane wandelten, sind verwildert; an Stelle der Blumenbeete hat man vielfach Gemüse angebaut. Auch die „hohe

Achmedmoschee und Obeliak des Atmeidan.

Pforte" (mitunter „goldene Pforte" genannt) kann man jetzt in der
Nähe besehen. In den ersten Vorhof wird man von den Soldaten, die
da Wache stehen, ohne alle Schwierigkeit eingelassen. Wer türkisch
versteht, erhält zugleich von den Officieren bereitwillig Auskunft auf
alle Fragen. Seit dem Brande wird auch jener Theil der alten Stadtmauer, der von der grossen Brücke bis zum Serail reicht, niedergerissen,
die angrenzenden Häuser demolirt. Man will hier am Ufer des goldenen Horns einen grossen Platz gewinnen und beabsichtigt dereinst

den Bahnhof hier anzulegen, wo dann der Schienenweg bis Belgrad laufen soll.

Zweiter Tag: Man folge demselben Wege, wie am vorhergehenden Tag, bis zur Aja Sophia, und gehe von da nach dem Serailthor und an den Wagenschuppen vorbei nach dem Hippodrom oder Atmeidan, wo die Achmedmoschee, der Obelisk und die gewundene Säule stehen. Von hier begebe man sich zu der sogenannten Cisterne der tausend und ein Säulen, von da nach dem Quartier von Kondoscala, wo sich die griechischen Kirchen Hagia Kyriake und Panagia Elpidos befinden, von dort nach dem sogenannten Galeerenhafen, dann nach der kleinen Sophienmoschee, deren Betrachtung mit einem Ferman in der Hand unmittelbar nach dem Besuch der grossen Moschee gleiches Namens gute Belehrung über die byzantinische Baukunst im grossen und kleinen Styl bietet. Von Tschatladeh Kapu kehre man zu Wasser nach Tophana zurück. Man fährt dabei längs der Mauern der Stadt und des Serails hin und landet, wo es beliebt, um das, was am Ufer interessant ist, mit mehr Musse zu besehen, als es das rasch hingleitende Kaik gestattet. Man mag die Ställe des Sultans, das Stallthor Achör Kapu, den Brunnen des Scharfrichters, Dschellal Tschesmessi, und die heilige Quelle des Erlösers, Agiasmo tu Sotiros, den Kiosk der Bestrafungen, Adab Köschki, den der Perlen, Indschu Köschki, den neuen Kiosk Selims II., Jeni Köschki, den Marmorkiosk, Mermer Köschki, das Spital Sultan Mahmud's, den Ausgang aus dem Serail, die kleine eiserne Pforte Demir Kapu und das grosse Kanonenthor Top Kapu sammt den Batterien, von denen es seinen Namen hat, auf der Seite der Serailspitze in Augenschein nehmen, während auf der andern Seite der Ort, wo die Kaiks des Sultans und die beiden schönen Kiosks Sepeldschiler und Jalli Köschki die Aufmerksamkeit fesseln werden. Von diesen prachtvollen Amtssitzen des Bostandschi Baschi kehrt man nach Tophana, dem Mittelpunct des Wirkungskreises des Topdschi Baschi zurück.

Dritter Tag: Man lande am Fischerthor, besuche die Moschee der Sultanin Walideh, den Aegyptermarkt Misr Tscharschi, die Werkstätten der Kaffeestampfer, Tamis, und gehe durch die Läden des langen Marktes, Usun Tscharschi, nach denen des Yeni Khan und des Walideh Khan und nach der neben dem Besestan gelegenen Moschee Sultan Osmans. Von da durch die lange Gasse längs des alten Serails nach dem früheren Sclavenmarkt und dem Wessir Khan. Von hier weiter nach nach der Porphyrsäule Dikilitasch und von dort durch die Strasse zur Rechten nach der Moschee Ali Pascha's und Sultan Bajasid's. Hart neben dem alten Serail ist der Markt der Kesselschmiede, Kasandschillar, und der Geflügelmarkt, Tauk Basar. Dann weiter zur Rodran Dschamissi, in deren Nachbarschaft sich die griechischen Kirchen Hagios Theodoros und Narthos befinden. Dann steigt man wieder empor zur Laleli Moschee und zur Bibliothek Radschib Pascha's, in welchen beiden sich Grabmäler ihrer Gründer befinden. Weiterhin trifft man die neun Brunnen, Tschukar Tschesme, und die Stelle, wo früher die Janitscharen-

Kaserne stand, deren Thor sich der Schahsadeh-Moschee gegenüber
öffnete. Von hier geht man nach der Sulimanijeh, vor welcher einst
das Rendezvous der Opiumesser war. Gegenüber der Strasse, welche
auf der einen Seite vom Rundgang der Sulimanijeh und auf der andern
vom chemaligen Janitscharen-Hospital gebildet wird, ist die einstige
Residenz des Janitscharen-Aga und der Wachtthurm der Feuerwächter,
Yangin Köschki. Von hier steigt man hinab nach dem Wasserpalast,
Sulu Serai, sieht sich die Moschee Rustem Pascha's an sowie das
Fettwaaren- und Honig-Magazin, Yag Kapu und Bal Kapu, schifft sich
am Kerkerthor wieder ein und landet am Thor des Bleimagazins, wo
man die Moscheen Sultan Mahmuds und Yeralti Dschamissi und die
Kirchen trifft, die früher den Jesuiten und Kapuzinern gehörten. Dann
kehrt man entweder durch das Thor von Kitschab Killi Kapussi oder
durch das von Tophana Kapussi nach Pera zurück.

Vierter Tag: Man bricht von Galata auf, besteigt zuerst den
Galata-Thurm, geht dann durch das Frankenquartier an der Moschee
Arab Dschamissi vorüber und schifft sich an der Todtentreppe, Meit
Skelessi, nach dem gegenüberliegenden Blumenthor, Un Kapu, ein. Von
hier geht man durch die Mühlgasse, Digirmen Sokagi, nach der neuen
Sultana-Moschee und steigt rechts über den Hügel von Sirek nach
der Kirchen-Moschee Kilissi Dschamissi und der benachbarten grossen
Cisterne. Von da nach dem Bade und der Moschee Mahomed's II. Hier
in der Nähe ist der Rossmarkt, At Basar, und dabei befinden sich die
Werkstätten der Sattler. Weiter unter der Wasserleitung des Valens
durch (Bosdogan Kimeri) geht man nach den Moscheen Serradschoba-
bano Dschamissi und Kawat Khan Dschamissi, nach der Marcians-
Säule, Kistaschi, und dem südlich von hier gelegenen grossen Janit-
scharenplatz, wo die Moschee Hakim Baschi Dschamissi steht. Von der
Marcians-Säule kehrt man durch die Strasse Deweh Khane um nach
dem Grabmal Soliman Pascha's und den Moscheen Nischandschi Pascha, Schemli Hamam, Karagamrak und Sultan Selim. Vor der letztern
sieht man den Garten Tschukar Bostan. Dann weiter nach der Rosen-
Moschee, Gül Dschamissi, an der Stadtmauer hin zu den Thoren Aja
Kapussi und Jeni Kapussi, durch das Thor Petri Kapussi nach dem
Fanar, wo man das Patriarchat, verschiedene griechische Kirchen, den
walachischen Palast und die Moschee Fotijeh Dschamissi in Augenschein nimmt. Dann besteigt man in Fener Iskelessi das Boot und
landet wieder in Meit Iskelessi, wo man diesmal über den sogenannten
kleinen Campo nach Pera zurückkehrt.

Fünfter Tag: Man geht von Pera über den kleinen Campo
zunächst nach dem Mewlewi-Kloster, der angrenzenden Vorstadt Kassim
Pascha (wo die Derwische jeden Freitag 3 Uhr Nachmittags ihre
Tänze aufführen, eine Ceremonie, zu der Jedermann Zutritt hat, der
man indess bei Befolgung dieses Planes nicht beiwohnen kann, man
müsste es denn so einrichten, dass man den Plan für diesen fünften
Tag in umgekehrter Reihenfolge ausführte, wobei man jedoch sehr
früh aufbrechen müsste), dann hinab nach den sehr ausgedehnten

Etablissements des Arsenals, vor dem stets mehre Kriegsschiffe liegen, dann auf dieser Seite des Goldenen Horns fort nach dem Agasma des Allbarmherzigen (Pantelemonos), nach der Moschee Sultan Mahomed's, nach der Kirche Hagia Paraskewi und nach Kasköi, wo viele Juden wohnen und die Ingenieurschule ist. Weiterhin liegt die Kaserne der Bombardiere und die Ankerschmiede, und dahinter ist der Okmeidan, ein Platz, auf dem sich früher die Sultane im Bogenschiessen übten. Nachdem man diese Puncte in Augenschein genommen, lässt man sich hinüberfahren nach dem Haiwar Serai, wo man in das Viertel der Blacherner kommt. Hier trifft man in der Nähe des Holzthores, Xylo Porta, des entlegensten Theil der Stadt, die griechische Demetriuskirche und, bei dem Löwen-Landungsplatz, Arslan Iskelessi, eine Synagoge. Weiterhin stösst man auf die Basiliuskirche und beim Thor Balat auf die armenische Johanniskirche (Paläos Taxiarches), dann beim Thor Egri Kapu und der nach demselben benannten Moschee auf die Panagiakirche und den Brunnen des heiligen Niketas, sowie das Tekir Serai, den altgriechischen Palast En Hebdomo. Ferner beim Thor von Adrianopel die Moschee Kahrijeh und die der Walideh, die Kirche der Kyria Touranu und im Quartier Salina Tombak die alte Cisterne von Bonus. Auf der Strasse nach dem Kanonenthor, Top Kapu, trifft man die Nikolauskirche und die Moschee Schech Soliman. Alsdann hinaus nach den Vorstädten Daud Pascha und Topdschilar und den Landgütern Tzitzo und Sultanschiftlik, hierauf nach Ejub und an dessen grosser Moschee vorüber nach dem Landungsplatz, wo man sich entweder nach den **Süssen Wassern von Europa** einschiffen, oder eine Fahrt über den ganzen Hafen von seiner innersten Ecke bis hinab nach Tophana unternehmen kann. Der Besuch des ersteren Ortes ist besonders an Freitagsnachmittagen zu empfehlen, da sich dann Tausende von buntgekleideten türkischen Frauen auf Kaiks hierher begeben, um sich entweder mit Freundinnen oder ihren Kindern hier im Freien zu belustigen. Auch ein Sonntagsnachmittag ist für den Ausflug nach den „Süssen Wässern" sehr geeignet. An diesem Tage herrscht natürlich die christliche Welt vor, sie ist aber nicht weniger interessant und schenswerth als die türkische, von deren weiblicher Hälfte man ausser dem hässlichen Uebergewand und dem mit der Zeit dünner gewordenen, aber noch immer die Züge verhüllenden Schleier, dem Yaschmak, nichts sieht. Am Sonntage sind es die Griechinnen, Armenierinnen und fränkischen Frauen, deren elegante, meist die abenteuerlichsten Pariser Moden noch überbietenden Toiletten man hier studiren kann. Die weiten grünen Wiesen sind von Tausenden bedeckt, die theils auf und nieder wandeln, theils in malerischen Gruppen auf dem Boden lagern und die mitgebrachten Vorräthe verzehren. Da es auch Sonntags der Türken genug gibt, ist das Bild um so bunter und bewegter. Die feine Halbwelt von Pera rauscht in langen Seidenschleppkleidern vorüber, und lässt sich von emancipirten Türken in Lackstiefeln, Pariser Handschuhen und weisser Weste den Hof machen. Hier und da liegt ein Kreis von Deutschen um einen Korb mit Weinflaschen

und ein deutsches Lied tönt schallend in die Ohren der Moslims. An
den „Süssen Wässern" liegen zwei grossherrliche Lustschlösser, ein
älteres und ein neueres, letzteres von dem gegenwärtigen Sultan erbaut
und von sehr hübschen Gartenanlagen umgeben. Die Anlagen stehen
dem Publicum offen und die Menge wogt in den Baumgängen, an den
kleinen Cascaden auf und nieder. Das neue Lustschloss ist unter allen
dem Sultan gehörigen Gebäuden für den Fremden am leichtesten zu
besichtigen. Es bedarf hiezu weder eines Fermans, noch besonderer Empfehlungen, sondern nur einer kurzen Verhandlung mit der Dienerschaft,
die natürlich ein des Türkischen kundiger Mann führen muss. Gegen
Erlag von einem oder zwei Medschidjes (22—44 Piaster) wird eine
Gesellschaft von 6—12 Personen in das Innern eingelassen. Die persischen Shawls auf dem Fussboden, die europäischen Fauteuils neben
den türkischen Divans, die zahlreichen in Böhmen gefertigten, prachtvollen Glasluster und besonders das weiss und blau gestreifte Schlafzimmer mit dem goldbrokatenen Himmelbett geben jedem Besucher ein
prägnantes Bild von dem Landaufenthalte eines türkischen Sultans.
Die Einrichtung ist übrigens keineswegs allzuprachtvoll, mit Ausnahme
des Schlafzimmers beinahe einfach.

Sechster Tag: Man schifft sich direct nach Yeni Kapu ein, besucht das neue arabische Quartier und begibt sich von dort nach Vlan-
gabostan, wo man nicht weniger als drei heilige Brunnen trifft, von
denen der eine dem St. Phokas geweiht ist. Von hier steigt man zu
der Moschee Chassaki oder zum Weibermarkt, Awret Basar, hinauf,
wo man die Säule des Arkadius und die Moschee des Barbiers, Dscher-
reb Pascha, sowie nicht weit davon die des Arztes, Hakim Ali Pascha,
findet. Nördlich von da ist die Kirche Egi Marmora und die Moschee
gleiches Namens, in deren Nähe man die in einen Garten verwandelte
alte Cisterne Mocisia erblickt. Von da geht man nach dem Thor Psamatia Kapussi, wo die neue armenische Kirche Sulu Monastir und die
Kirchen des heiligen Polykarp und Nikolaus liegen. Weiter besucht
man die Moschee Kodscha Mustafa Pascha, die Paraskewikirche und
die von Belgrad, im Garten Ismael Pascha's. Dann verlässt man die
Stadt durch das Thor von Selivria und geht nach Balakli und von dort
zurück nach dem Schloss der sieben Thürme, wo man aussen das Goldene Thor und innen, so weit es gestattet ist, die Staatsgefängnisse
in Augenschein nimmt. Von den Sieben Thürmen begibt man sich zur
Moschee des Stallmeisters, von dort nach Narli Kapussi, wo man einen
unterirdischen Gang trifft, welcher mit den unterirdischen Gängen von
Tschemetjeh in Verbindung stehen soll. Hier beim Thor Narli Kapu
besteigt man wieder das Boot und fährt an der Seite der Stadt hin,
welche nach dem Marmormeer hinausblickt.

Wir werfen jetzt einen kurzen Blick auf die *Vorstädte,* und
zwar zunächst auf **Galata,** den Hauptsitz des Handels von Constantinopel. Dasselbe ist im Westen durch einen grossen Friedhof getrennt
von Kassim Pascha und hängt im Osten mit Tophana zusammen. Dieser
Theil der Stadt ist von den Genuesen gegründet worden. Dieselben

legten 1216 hier eine Handelscolonie an, welche schon im nächsten Jahrhundert eine solche Wichtigkeit erlangt hatte, dass sie von den griechischen Kaisern das Privileg erlangte, sich nach eigenen Gesetzen zu regieren und sich mit Befestigungen von Mauern und Thürmen zu umgeben, die sich bis auf diesen Tag erhalten haben. Die Genuesen vergalten diese Begünstigung mit Undank, indem sie, in der Hoffnung, von den Türken günstigere Bedingungen zu erhalten, bei der letzten Belagerung der Stadt durch Mohammed II. den Belagerern Vorschub leisteten. Das half ihnen indess nichts, denn sie erlangten die gehoffte Erneuerung ihrer Privilegien nicht, sondern die lateinische Colonie endigte mit dem griechischen Reiche.

Die alten Mauern sind an den meisten Stellen so mit Häusern verbaut, dass man sie nicht herausfindet. Galata hat mehre lateinische Kirchen und Klöster, verschiedene griechische und armenische Kirchen, aber nur eine Moschee. Eine lange, schmale und schmutzige Hauptstrasse geht durch diese Vorstadt von einem Ende bis zum andern. Die Wohnhäuser sind mit geringen Ausnahmen von Holz, die Magazine der Feuersgefahr halber von Stein, gewölbt und mit starken eisernen Thoren und Läden versehen. Das berühmteste Gebäude Galata's ist der weithin sichtbare, gewaltige *Genueserthurm*. Derselbe wurde um das Jahr 1350 erbaut und bildete das Hauptbollwerk einer starken, jetzt zerstörten Citadelle, welche sehr viel dazu beitrug, die Macht der Genuesen gegenüber den Byzantinern nicht nur in Galata, sondern am ganzen Bosporus zu verstärken. Jetzt nutzlos für militärische Zwecke, wird er seiner hohen Lage wegen als Wachthaus für Feuersbrünste benutzt. Im obersten Zimmer befinden sich stets vier Wächter, deren Pflicht es ist, auf der Brüstung, die um dasselbe herumläuft, abwechselnd umherzugehen und zu spähen, ob irgendwo in der Stadt oder den Vorstädten Flammen oder verdächtiger Rauch aufsteigen. In diesem Falle geben sie sofort mit einer grossen Trommel ein Signal, welches von den Wachen auf dem über dem andern Ufer des Goldenen Horns stehenden Thurm des Kriegsministeriums (Seriaskerthurm) beantwortet wird. Darauf feuern gewisse Batterien drei, fünf oder sieben Schüsse ab, je nach der Gegend, wo das Feuer ausgebrochen ist. Zu gleicher Zeit laufen die am Galatathurm stationirten Läufer unter dem Geschrei: „Jangun Var!" auf die Hauptstrasse zu, wo die gewöhnlichen Strassenwächter aufgestellt sind. Nun rennen auch diese herum und wiederholen das Geschrei mit Angabe des Quartiers, wo es brennt. Darauf eilen die Soldaten der verschiedenen Kulaks (Wachtposten) nach dem Schauplatz der Gefahr, bewaffnet mit Aexten, Feuerhaken und ledernen Eimern. Die Tulambadschi (Feuermänner) stürzen mit ihren tragbaren Spritzen herbei, die Saka (Wasserträger) folgen ihrem Beispiel, und die Strassen hallen wieder von dem Geschrei „Jangun Var!" und dem Echo der Keulen, mit denen die Wächter auf den Boden stampfen. Von der Höhe des Thurmes geniesst man eine der schönsten Aussichten der Welt, die nur von dem wunderprächtigen Panorama übertroffen wird. welches sich in

*

unermesslicher Weite. zu unseren Füssen ausbreitet, wenn wir auf dem Hügel Bulgerlu, eine Stunde nordöstlich von Skutari, stehen.

Pera, von dem griechischen Worte, welches „jenseits" heisst, indem Pera jenseits oder ausserhalb Galata entstand, ist in seinen unteren Theilen ebenso schmutzig und hölzern, als Galata. Dagegen sind die oberen Strassen massiv gebaut, und die grosse Hauptstrasse auf dem Gipfel des Hügels unterscheidet sich mit ihren eleganten Läden, ihren stattlichen Häusern wenig von denen in Südwesteuropa Sie hat theilweise sogar Trottoirs und ist des Nachts gut beleuchtet. Im Nordosten liegt der fränkische und der grosse armenische Kirchhof. Im Westen, zwischen Kassim Pascha und Galata befindet sich der sogenannte Piccolo Campo, ein sehr ausgedehnter türkischer Begräbnissplatz mit riesenhaften Cypressen, in dessen Nähe mehre Wirthschaften sind, in deren Gärten des Abends vielbesuchte Concerte stattfinden. Hier trifft man zwei deutsche Klubs, zwei deutsche Buchhandlungen und eine sehr gute deutsche Conditorei, diese sowie die Buchhandlungen auf der Hauptstrasse. Die Gesandten residiren nur im Winter in ihren hiesigen Hôtels, den Sommer bringen sie in Bujukdere zu.

Tophana bildet die Fortsetzung von Galata am Nordufer des Bosporus. Es hat seinen Namen von der grossen Kanonengiesserei, die sich hier befindet. Nicht weit vom Strande liegt hier die Artilleriekaserne, ein ausgedehntes Gebäude mit mehren Kuppeln. In der Nähe des Landungsplatzes (Skelessi) kann man beobachten wie die Türken ihre Kaiks bauen. Der Brunnen des Marktes von Tophana ist sehenswerth. Er ist ein schönes Bauwerk orientalischen Styls, von weissem Marmor, mit einem vortretenden Dache, umgeben von einer Balustrade, geschmückt mit Arabesken und Koransprüchen. Nicht fern von hier sind zwei Kaffeehäuser, in denen man vorzüglich Tscherkessen und andere Bewohner der östlichen Provinzen trifft.

Kassim Pascha ist eine sehr ausgedehnte, fast nur von Türken bewohnte Vorstadt im Westen von Galata und Pera, von denen es durch den Piccolo Campo getrennt ist. Die einzige Merkwürdigkeit, die es für den Fremden hat, ist ein Kloster der Mewlewi-Derwische, welche Allah durch Tanz verehren. Diese mystische Secte wurde im 14. Jahrhundert unserer Zeitrechnung von dem berühmten Schech Mewlana Dschellaleddin Rumi gestiftet, der im Orient als Sultan El Ulema, d. i. König der Gelehrten, bekannt ist, und ist der einzige unter den vielen Derwischorden, welcher noch einer gewissen Achtung geniesst. Einige dieser Derwische, namentlich die Schechs, sind wirklich würdige und gelehrte Männer. Die Musik, nach der sie tanzen, ist nicht übel, ihre Manieren sind artig, auch halten sie sich und ihr Haus sehr reinlich. Ihr Drehen, sowie ihr tactmässiges Umherschreiten ist keineswegs eine blosse Kunstproduction ohne Bedeutung, sondern man sieht darin Symbole für zwei Mysterien der Secte. Die kreisförmige Bewegung bedeutet, dass sie die Allgegenwart der Gottheit anerkennen und ihre Nähe allenthalben suchen. Die vorschreitende Bewe-

gung dagegen versinnbildet den Gang des Menschen durch das Leben,
der schwach und langsam anfängt, sodann mit unaufhaltsamer Geschwindigkeit weiter eilt, bis er endlich durch die Hand des Todes gehemmt
wird. Auch soll es ein bildlicher Ausdruck für die Entsagung Derjenigen sein, die mit Hintansetzung aller weltlichen Beschäftigung sich
ausschliesslich dem Dienste Gottes geweiht haben. Die Ausstreckung
der rechten Hand mit der Fläche nach oben bedeutet die Bitte um
himmlische Wohlthaten, die des linken Armes mit der nach unten
gekehrten Handfläche hat den Sinn, dass sie die Güter der Erde Andern überlassen.

Unter dieser Vorstadt liegen am Ufer des Goldenen Horns die
weitläufigen Gebäude der türkischen *Admiralität* (Tershana) sammt
Werften, Ankerschmiede u. s. w. Vor denselben ankert in der Regel
ein Theil der Flotte des Sultans.

Hinter Kassim Pascha auf der Höhe ist das von Griechen bewohnte Quartier St. Demetri. Weiter hinab nach dem Hafen zu ist der
Okmeidan, d. h. der Platz der Pfeile, wo frühere Sultane bis auf Mahmud II. sich mit ihren Freunden im Bogenschiessen übten, wobei
weniger auf genaues Zielen, als auf weites Schiessen gesehen wurde.
Man findet hier eine Menge kleiner Obelisken, welche die Puncte
angeben, wo die Pfeile des letzten Sultans abgeschossen wurden und
niederfielen.

Ejub ist eine sehr malerische Vorstadt auf dem andern Ufer
des Goldenen Horn, nicht fern von der Mündung des Perami-Kanals
gelegen und umgeben von Gärten und türkischen Begräbnissplätzen.
Es hat seinen Namen von Ejub (Hiob), dem Fahnen- und Waffenträger
des Propheten Mohammed. welcher bei der ersten Belagerung Constantinopels durch die Sarazenen im Jahre 668 fiel und hier begraben
worden sein soll. Nachdem seine Grabstätte von einem mit Mohammed
II. zur letzten Belagerung der Stadt gekommenen Gelehrten entdeckt
worden, wurde an der Stelle ein Mausoleum und eine Moschee erbaut.
In der Moschee, welche sehr schön aus weissem Marmor errichtet ist,
liegt der liebenswürdige unglückliche Sultan Selim begraben. Auch
werden hier die Sultane beim Regierungsantritt mit dem Schwert des
Propheten umgürtet. Die Grabstätte Ejubs befindet sich im Westen des
von Mauern umgebenen, von schönen alten Bäumen beschatteten Mo-
scheehofes. Der Ort wird für so heilig gehalten, dass es für Franken
sehr schwer ist, die Moschee und das Grabmal zu betreten. Indess,
ganz unmöglich ist es nicht, wenigstens einen Blick in das letztere
zu werfen. Der Sarkophag oder die Sanduka ist mit reichgestickter
Seide, Ueberbleibseln der Kaaba-Decke umhüllt. Der obere Theil oder
das Kopfende desselben trägt eine grosse Filzkappe, die mit einem
grünen Turban umwunden ist. Ein silbernes Gittergeländer fasst den
Sarkophag ein. Ringsum stehen sechs ungeheure silberne Leuchter mit
riesigen Wachskerzen, und dazwischen liegen auf Lesepulten Exemplare
des Koran, die von berühmten Schreibern geschrieben sind. Darüber
hängt ein grünes Banner. Die Wände sind mit Inschriften verziert,

.die von Sultanen auf Porzellaufliessen oder Täfelchen geschrieben worden sind. Von der Decke hängen Lampen und Strausseneier herab. Der Brunnen im Hofe nebenan soll mit dem berühmten Semsem in Mekka durch unterirdische Kanäle in Verbindung stehen. Auf den Friedhöfen in der Nähe von Ejub liegen viele vornehme Türken begraben. Auch ist hier die Fabrik, in welcher die Fess der türkischen Armee gefertigt werden.

Stambul, die eigentliche Stadt, wo sich fast alle grossen Moscheen, alle Alterthümer und das Serail befinden, hat zur Nordgrenze den Hafen oder das Goldene Horn, zur Südgrenze das Marmormeer, im Westen bildet die Stadtmauer, im Osten der Bosporus die Grenze derselben. Die Mauer, auf lange Strecken hin wohlerhalten, ist aus abwechselnden Lagen von Ziegeln und Steinen erbaut. Auf der Seite des Marmormeeres ist sie etwas länger als eine deutsche Meile, auf der des Hafens ungefähr eine Stunde lang, während die Strecke zwischen den sieben Thürmen und dem Goldenen Horn ziemlich anderthalb Stunden Länge hat. Die beste Strasse ist die, welche von der hohen Pforte nach dem Thor von Adrianopel führt. Die zahlreichen Gassen sind reinlicher als die von Galata, die Häuser orientalischer in ihrem Charakter als in den Vorstädten.

Die **Moscheen** Constantinopels zerfallen in zwei Classen: kaiserliche Versammlungshäuser (Dschami Es Salatin) und Medschid (Betcapellen). Von den erstern gibt es 16, von den letztern gegen 150. Zu den kaiserlichen Moscheen gehören: die Aja Sofia mit einem Jahreseinkommen von anderthalb Mill. Piast., die bereits erwähnte Ejub-Moschee, die Moschee Mohammed II., ferner die Moscheen Bajasids II., Selims I., die Schahsade (Kronprinzen-Moschee), dann die Achmeds I., Solimans I., die Yeni-Dschami, die Walideh. die Ajasma (in Skutari), die Nuri Osmanjeh, die Laleli (Tulpenmoschee), die Abdul Hamid (in Stavros auf der asiatischen Seite des Bosporus), die Selims III. (in Skutari vor der grossen Gardekaserne) und die Nusredjeh, vom vorigen Sultan in Tophana erbaut. Letztere zeichnet sich durch die Leichtigkeit ihrer Minarets aus, deren Spitzen vergoldet sind.

Die **Aja Sofia** war die Cathedrale Constantinopels, als es noch christlich war. Sie war der Weisheit, d. h. der zweiten Person der Trinität geweiht, die nach Salomo bei Erschaffung der Welt mitwirkte und ein und dasselbe mit dem Logos, dem Wort oder der göttlichen Intelligenz späterer Auffassungen ist. Die älteste Kirche, welche hier stand, war ein Werk Constantin's d. Gr., welcher 325 n. Chr. den Bau begann. Dreizehn Jahre später wurde dieselbe durch Constantinus erweitert. Unter Arkadius (404 n. Chr.) brannte sie, von der Partei des Johannes Chrysostomus angezündet, nieder. Theodosius II. baute sie 415 wieder auf. 532 brannte sie während des berühmten Aufstandes des Hippodrom abermals nieder. Sechs Jahre später begann Justinian sie mit grösserer Pracht wieder aufzubauen. Zwanzig Jahre darauf stürzte die östliche Hälfte der grossen Kuppel zusammen, aber Justinian stellte die beschädigte Kirche schöner und dauerhafter wieder

Die Aja Sofia in Konstantinopel.

her, und seit dem Jahre 568, wo ihre Einweihung stattfand, ist sie nur noch mannigfach verändert, nicht wieder zerstört worden. Die Architekten, welche Justinian zu diesem Meisterstück der byzantinischen Baukunst verwendete, waren Anthemius von Tralles und Isidorus von Milet. Die Kosten waren so gross, dass man sie durch neue Steuern und Abzüge von den Gehalten der Beamten decken musste. Die Mauern und Gewölbe wurden von Ziegeln aufgeführt, aber die Pracht der Säulen übertraf Alles, was bis dahin gesehen worden. Alle möglichen Arten von Marmor, Granit und Porphyr wurden verwendet: phrygischer weisser Marmor mit rosafarbenen Streifen, grüner Marmor von Lakonika, blauer aus Lybien, schwarzer celtischer mit weissen, weisser vom Bosporus mit schwarzen Adern, thessalischer und molossischer Marmor, egyptischer gesternter Granit und Porphyrsäulen, welche Aurelius vom Sonnentempel zu Baalbek entführt und die Wittwe Marina nach Rom geschickt hatte, die acht grünen Säulen, welche vom Dianentempel zu Ephesus geholt, und die, welche von Troas, Kyzikus und Athen, sowie von den Cykladen herbeigeschafft worden waren. So hatten alle grossen Heidentempel, die der Isis in Aegypten, der des olympischen Zeus in Athen, der grosse Dianentempel in Ephesus und der des Phöbus Apollo auf Delos beitragen müssen, das Reichsheiligthum der Byzantiner zu verzieren. Auch die Türken haben dasselbe später weiter geschmückt. Mohammed II. erbaute die beiden Pfeiler, welche die südöstliche Seite nach der See hin stützen, sowie das eine Minaret. Sultan Selim II. fügte das nächste Minaret hinzu, welches etwas niedriger ist. Murad III. errichtete die Minarets auf der anderen, nordöstlichen Seite. Die Hagia Sofia wurde nach ihrer Wiederherstellung unter Justinian der Schauplatz der Haupt- und Staatsactionen der byzantinischen Kaiser: ihrer Vermählungen, Krönungen und kirchlichen Handlungen. Die Sage und die Geschichte vereinigten sich, um sie zum ersten Tempel der östlichen Christenheit zu machen. Hundert Baumeister, von denen jeder hundert Maurer unter sich hatte, leiteten den Bau, 5000 Arbeiter waren auf der rechten, eben so viele auf der linken Seite beschäftigt. Der Plan war dem Kaiser durch einen Engel übergeben worden, der ihm im Traume erschienen. Der Engel erschien abermals, und zwar als Eunuch im glänzendem Gewande, an einem Sonnabend in der Feierstunde einem Knaben, welcher die Werkzeuge der Maurer hütete, und befahl ihm, die Arbeitsleute schnell zu holen, damit das Werk gefördert werde. Als der Knabe sich weigerte, schwur der glänzende Eunuch bei der göttlichen Weisheit, dass er nicht hinweggehen werde, bis er zurückkäme, und dass er den Bau inzwischen bewachen wolle. Als der Knabe zum Kaiser geführt wurde, und in der ganzen Schaar der Eunuchen den, der ihm erschienen war, nicht fand, erkannte der Kaiser, dass es ein Engel gewesen, und damit dieser auf ewig an seinen Eid, den Tempel zu bewachen, gebunden sei, verwies er den Knaben, nachdem er ihn reich beschenkt, auf Lebenszeit nach den Cykladen, und beschloss, nach dem Schwur des Engels die Kirche der göttlichen Weisheit zu weihen. Zum dritten Mai erschien der Engel als Eunuch

im glänzenden Gewand, als das Gebäude bis auf die Kuppel vollendet,
zu dieser aber das erforderliche Gold nicht vorhanden war. Er führte
die Maulthiere des Schatzes in ein unterirdisches Gewölbe und belud
sie mit achtzig Centnern Goldes, welche sie dem Kaiser brachten, der
in dieser unvermutheten Goldkarawane sofort die Hand des Himmels
erkannte. So hatte also ein Engel Namen, Plan und Gold zum Bau
dieses Weltwunders des Mittelalters hergegeben. Der Kaiser förderte
den Bau jeden Tag durch sein persönliches Erscheinen, indem er sich
seinen Mittagschlaf versagte und an die Fleissigsten reiche Gaben ver-
theilte. Er kam dann in einfaches Linnen gekleidet, den Kopf mit
einem Tuch umwunden, in der Hand einen Stab. Der Mörtel wurde
mit Gerstenwasser angemacht, und die Steine der Grundmauern durch
eine breiartige, ebenfalls mit Gerstenwasser angefeuchtete Masse ver-
kittet. Als die Mauern sich zwei Ellen über den Grund erhoben hatten,
waren bereits 152 Centner Goldes ausgegeben. Die Ziegel zu dem Gewölbe der Kuppel, die durch ihre Kleinheit und Leichtigkeit alle Welt
erstaunen liessen, wurden zu Rhodus aus besonders leichtem Thon
verfertigt; sie waren so leicht, dass zwölf derselben nicht mehr als ein
gewöhnlicher Mauerziegel wogen. Diese kreideweissen Ziegel trugen die
Inschrift: „Gott hat sie gegründet, und sie wird nicht erschüttert
werden. Gott wird ihr beistehen im Morgenroth." Als der Bau der
Kuppel begann, wurden je zwölf Ziegel gelegt, und nach jeder Lage
von zwölfen mauerte man Reliquien ein, während die Priester Hymnen
und Bittgesänge für die Dauerbaftigkeit des Baues und den Bestand
der Kirche anstimmten.

Als die muschelförmige Nische auf der Ostseite der Kirche, in
welche der Altar zu stehen kam, gebaut wurde, und der Kaiser und
seine Baumeister verschiedener Meinung über die Zahl der Fenster
waren, durch die das Licht auf den Altar fallen sollte, erschien dem
Kaiser wiederum der Engel, diesmal aber im Kaiserpurpur und rothen
Schuhen, und belehrte ihn, dass auf den Altar durch drei Fenster
Licht fallen sollte, zu Ehren des Vaters, des Sohnes und des heiligen
Geistes. Der Altar sollte noch kostbarer als Gold sein, und so wurde
derselbe aus allerhand kostbaren Stoffen, aus Gold und Silber mit
zerstossenen Perlen und Edelsteinen zusammengeschmolzen, und die
Vertiefung in demselben, welche das Meer hiess, dann noch mit den
reichsten Steinen besetzt. Ueber dem Altar erhob sich thurmartig das
Tabernakel oder Ciborium, auf dem eine goldene Kuppel, geschmückt
mit goldenen Lilien, ruhte, zwischen denen sich ein 75 Pfund schweres,
mit Edelsteinen besetztes Kreuz erhob. Die sieben Sessel der Priester
sammt dem Throne des Patriarchen, welche den Altar im Halbkreise
von hinten her umgaben, waren von vergoldetem Silber. Der Altar
stand auf erhöhtem Boden und war den Augen der Menge durch eine
mit vergoldeten Heiligenbildern bedeckte Holzwand (Ikonostasis) ent-
zogen, durch welche drei Thüren führten. An der Ikonostasis befanden
sich zwölf vergoldete Säulen. Vor derselben stand das Evangelionpult
mit dem goldenen Dach, auf dem sich ein 100 Pfund schweres, mit

Karfunkeln und Perlen besetztes Goldkreuz erhob. Ein anderes Kreuz, von Silber und stark vergoldet, stand in der Kammer, in der man die heiligen Gefässe verwahrte. Letzteres war genau so gross, als das, an welchem der Erlöser gestorben, und that Wunder, indem es Kranke heilte und Teufel austrieb. Die für die zwölf grossen Feste des Jahres bestimmten Gefässe als Kannen, Kelche, Schüsseln u. a. waren aus dem reinsten Golde, und der mit Perlen und Edelsteinen durchwirkten Kelchdecken hatte man nicht weniger als 42,000. Es gab ferner vierundzwanzig grosse Evangelienbücher, deren jedes mit seinen Goldbeschlägen 2 Ctr. wog. Die Rebstöcke darstellenden Candelaber für den Hochaltar, die Kanzel, die Emporkirche für die Frauen und die Vorhalle wogen zusammen 6000 Centner und waren vom reinsten Golde. Ausserdem gab es in der Kirche noch zwei goldene Hängeleuchter mit Sculpturen geziert, jeder 111 Pfund schwer, und sieben goldene Kreuze, von denen jedes einen Centner wog. Die Thürme waren theils von Elfenbein, theils von Bernstein, theils von Cedernholz, das Hauptthor silbern und vergoldet, und drei derselben waren sogar mit Brettern fournirt, welche von der Arche Noah's herstammten! Die Einfassung des Taufbeckens in der Kirche war die des berühmten Jakobsbrunnens bei Sichem (vgl. Nablus), und die vier Trompeten, welche über demselben von Engeln geblasen wurden, waren dieselben, von deren Schall die Mauern Jericho's zusammengestürzt! Der Boden war mit vielfarbigem Marmor gepflastert, dessen Wellenlinien wogende Fluten nachahmten. Im Vorhof, dem jetzigen Haram, stand ein grosses Wasserbecken aus Jaspis, in dem sich die Andächtigen vor dem Eintritt in das Heiligthum die Füsse waschen mussten. Die Priester hatten ihren besonderen Waschort innerhalb der Kirche, rechts von der Emporkirche der Frauen, wo zwölf Muscheln das Regenwasser auffingen, zwölf Löwen, zwölf Pardel und zwölf Damhirsche dasselbe wieder ausspien. Von den Löwen, als den ältesten Brunnenköpfen, wurde dieser Ort Leontarium genannt.

Sieben und ein halbes Jahr hatte die Herbeischaffung und Vorbereitung der Baumaterialien, acht und ein halbes Jahr der Bau selbst gedauert. Als die Kirche mit allem Zubehör vollendet war, fuhr am Weihnachtsabend des Jahres 538 der Kaiser vierspännig über das Augusteum nach der Kirche, schlachtete 1000 Ochsen, 1000 Schafe, 1000 Schweine, 10,000 Hühner und 600 Hirsche, während zu gleicher Zeit 30,000 Metzen Getreide und später 300 Centner Gold unter das Volk vertheilt wurden. Vom Patriarchen Eutychius begleitet, ging Justinian dann in die Kirche, wo er allein vom Eingange der Hallen bis zum Betpult lief und hier mit emporgestreckten Armen ausrief: „Gott sei gepriesen, dass er mich für würdig erachtete, solch ein Werk zu vollenden. Salomon, ich habe dich besiegt!" Am folgenden Morgen, dem ersten Feiertage, wurde die Kirche dem Volke geöffnet und Brandopfer und Dankfeste währten vierzehn Tage nach einander.

Als später, wie gemeldet, bei einem Erdbeben die östliche Hälfte der Kuppel zusammenstürzte und die ganze Herrlichkeit des Altar-

tisches, der Kanzel und der Ikonostasis zerschlug, schoben die Baumeister die Schuld darauf, dass man das Baugerüst ohne die erforderliche Vorsicht weggeräumt habe. Die Kuppel wurde wieder aus denselben
leichten Ziegeln von Rhodus aufgeführt, aber um 15 Ellen niedriger
gehalten und das Gerüste blieb ein ganzes Jahr stehen. Dann wurde
die Kirche 8 Ellen hoch mit Wasser gefüllt und die Balken und Quer-
riegel des Gerüstes darein geworfen, damit nicht, wie früher, durch den
Widerstoss des Falles derselben die Grundmauern des Baues und die
Kuppel erschüttert werden möchten.

Als Justinian den Bau des Tempels begann, gehörte der Grund
und Boden, worauf der rechte Theil der Frauengalerie steht, einem
Eunuchen, der linke einem Schuster. Jener verkaufte sein Grundstück
gern und billig, dieser aber verlangte nicht nur den doppelten Preis,
sondern forderte auch noch, dass an den Tagen des festlichen Wett-
fahrens auf dem Hippodrom von den vier Parteien des Rennplatzes
ihm gleicher Lebehochruf wie dem Kaiser zuerkannt würde. Der Kaiser
gewährte ihm den Wunsch, verordnete aber zugleich, dass zum ewigen
Andenken an die Unverschämtheit dieses Menschen bei jedem Wett-
rennen ein Schuster in der Mitte des Platzes mit dem Rücken gegen
die auslaufenden Wagen gekehrt sitzen und dass diesem die Wagen-
lenker, ehe sie ihre Wagen bestiegen, von rückwärts in spöttischer
Weise langes Leben zurufen sollten.

Die Sophienkirche hat die Form eines griechischen Kreuzes,
dessen oberes Ende (das, wo der Altar stand) wie üblich nach Osten
gekehrt ist. Drei von den Seiten derselben sind mit gewölbten Säulen-
gängen umgeben, über denen sich Kuppeln erheben. Die vierte oder
Westseite bildet die Eingangseite. Unmittelbar zur Rechten der Haupt-
eingangspforte erblickt man den alten Glockenthurm, der indess mit
den Minarets verglichen, die neben ihm emporstreben, von sehr beschei-
dener Grösse erscheint. Hart neben diesem Glockenthurm, zur Rechten
desselben, fliesst das Wasser der grossen Cisterne, welche den grössten
Theil der Ausdehnung des Tempels mit unterirdischen gewölbten
Wasserbehältern einnimmt. Ausserdem gibt es noch drei Brunnen,
einen im Mittelpunct des Vorhofes, wo früher das grosse Jaspis-Bassin
stand, einen zweiten unmittelbar aussen an der Mauer des Vorhofes in
der Gasse, welche von der Hauptstrasse nach der Seitenpforte führt,
und einen dritten neben dem Minaret im Südosten. Die östliche Seite
des Vorhofes bildet zugleich das erste Vestibulum der Kirche, wohin
aus dem Hofe drei Thüren, zwei grosse an den beiden Ecken und eine
kleine hart neben dem alten Glockenthurme führen. Dieser erste Vorhof der Kirche hiess im Alterthum Narthex, und war für solche, die
Kirchenbusse zu thun hatten, sowie für die Katechumenen bestimmt.
Jene hatten hier zu warten, bis ihre Vergehungen abgebüsst waren,
diese, bis ihnen die Taufe den Eintritt in die Kirche selbst gestattete.
Dieser Theil des Heiligthums ist desshalb sehr einfach gehalten und
ohne den architektonischen Schmuck des Innern.

Der zweite innere Vorhof, länger, breiter und schöner als der erste, hat sechzehn Bronzethüren, die mit Kreuzen verziert sind, welche die Türken verstümmelt haben. Der Raum zwischen denselben ist mit schönem gewässerten Marmor belegt, und darüber sieht man noch Reste der Mosaikbilder, welche früher als Schmuck der Thore dienten. Die kleinen bunten, mit einem Ueberzug von Vergoldung versehenen Glasstifte, deren man sich zur Anfertigung jener Mosaik bediente, fallen oft von der Decke herab, und werden von Judenknaben gesammelt, die sie dann an Fremde verkaufen, als Andenken an den Besuch der grossen Basilika des Oströmerreiches. Charakteristischer als diese Glasstoffe sind die Mosaiktrümmer aus den Säulen, die aus den feinsten Steinen bestehen, mit Gold durchsprenkelt sind und einen deutlichen Beweis dafür liefern, mit welchem kostbaren Materiale der Bau der Sophienkirche aufgeführt wird. Diese Mosaiktrümmer bekömmt man für ein Bakschisch von 5—10 Piastern von dem Türken, der die Fremden in der Aja Sophia herumführt, er bricht sie ganz gemüthlich aus einer Säule aus, die schon lange für diese Speculation herhalten muss und aussieht, als wäre sie von Mäusen angenagt. Die beiden Seitenthüren des innern Hofes führen jede in ein Vestibulum, und durch dieses zu dem sanft aufsteigenden Aufgang des Gynaikites oder Frauenchores, welcher, um drei Seiten der Kirche herumlaufend, die ganze Breite des innern Vorhofes einnimmt. Er ist 60 Schritt breit und hat auf jeder Seite vier Aufgänge. Zwei von diesen kann man auf jeder Seite von aussen erreichen, da sie für die zur Kirche kommenden Frauen erreichbar waren; zwei dagegen sind nur kleine Treppen, die vom Innern aus zugänzlich sind und zum Gebrauch der Priester und Diakonen dienten. Nachdem man (was von den Reisenden in der Regel geschieht) die zwölf Stufen von der Seitenpforte der südlichen Front hinabgestiegen und dann den sanft ansteigenden Aufgang zum Gynaikites emporgeschritten ist, sieht man in der Mitte des letztern, gerade über der inneren Halle und den drei Mittelpforten, plötzlich das ganze Innere des gewaltigen Baues vor sich: die wunderbare Hauptkuppel, die gleichsam in der Luft schwebt, dann im Osten und Westen die kleineren Halbkuppeln, denen sich wieder auf jeder Seite die drei kleinen Kuppeln anschliessen, so dass das Dach des Tempels aus neun solchen Kuppeln besteht, von denen die grösste die oberste Stelle einnimmt. Die Letztere ist so flach gewölbt, dass ihre Höhe nur den sechsten Theil ihres Durchmessers ausmacht, welcher letztere 115 Fuss beträgt. Die Mitte der Kuppel befindet sich 180 Fuss über dem Boden. Das Innere der Kirche hat eine Länge von 270 und eine Breite von 245 Fuss.

Neben den vier grossen Pfeilern, welche die Hauptkuppel tragen, sind vier Säulen, zwei im Osten und zwei im Westen, welche, im Halbkreis mit den Pfeilern aufgestellt, die drei halbkreisförmigen Kuppeln auf jeder Seite tragen. In den vier Zwischenräumen zwischen den Pfeilern und Säulen stehen zwei und zwei Pilaster beisammen mit Capitälern und Piedestalen von trefflich bearbeitetem weissem Marmor.

Dies sind die acht Porphyrsäulen vom Tempel zu Baalbek, deren oben Erwähnung geschah. Auf der Süd- und der Nordseite zwischen den Pfeilern rechts und links stehen je vier Pilaster vom schönsten grünen Granit als Stützen der Frauengalerie. Es sind die ebenfalls schon erwähnten Säulen vom Dianentempel zu Ephesus. Die anderen vierundzwanzig Säulen von ägyptischem Granit, welche die Wucht der Galerien auf beiden Seiten tragen, sind zu vier und vier in den sechs viereckigen Abtheilungen aufgestellt, welche von den grossen Pfeilern und den Aufgängen zum Frauenchor auf der südlichen und nördlichen Seite der Kirche gebildet werden. Diese vierundzwanzig Säulen von ägyptischem Granit machen zusammen mit den acht grünen Marmorpilastern und den acht Porphyrsäulen vierzig — eine Zahl, die bei orientalischen Prachtgebäuden, z. B. bei den Ruinen von Persepolis, eine Rolle spielt. Auf diesen vierzig Säulen des Erdgeschosses ruhen dann die sechzig der Frauengalerie. Endlich findet man noch vier mittelgrosse und drei kleine Säulen über den Pforten, so dass im Ganzen hundertsieben Säulen sind — die mystische Säulenzahl, welche das Haus der göttlichen Weisheit tragen sollte. Diese siebenundsechzig Säulen sind ebenfalls theils von Granit oder rothfarbigem Marmor und mit den feinsten Kannelüren versehen, aber mit den verschiedensten Capitälern gekrönt, welche zu keiner von unsern fünf Ordnungen zu zählen sind.

Von den vier grossen Gewölbbogen, welche auf den vier Pfeilern ruhen, sind nur die im Norden und Süden gleichsam vermittelst einer Mauer durch die Säulen des unteren und die Fenster des obern Frauenchores geschlossen. Durch die Wölbungen im Osten und Westen erstreckt sich die Aussicht ununterbrochen vom Eingangsthore bis zu dem Halbkreis des Altars. In den vier Ecken des grossen Kuppelgewölbes befinden sich vier Seraphim von Mosaik, und auf den vier gewölbten Bogen sind noch jetzt die Figuren verschiedener Heiligen zu erkennen. Mehre andere schmückten früher die Mauer, sind aber jetzt durch Koransprüche und heilige Namen des Islam in kolossalen Zügen ersetzt worden. Die Namen der vier Gefährten des Propheten: Abubekr, Omar, Osman und Ali figuriren jetzt als die Seitenstücke zu den vier sechsflügeligen Seraphim, welche der mohammedanische Glaube unter den Namen Gabriel, Michael, Rafael und Israfil anerkennt. In der Kuppel selbst liest man in den schönen, von Jakut eingeführten Schriftzeichen den wohlbekannten Koranspruch: „Gott ist das Licht des Himmels und der Erde." Diese Inschriften sind das Kunstwerk eines berühmten Kalligraphen, Namens Bitschakjisadeh Mustapha Tschelebi, welcher unter Murad IV. lebte. Die Länge der stehenden Buchstaben, z. B. die Elif, soll nicht weniger als 30 Fuss betragen. Nach einer Volkssage waren die vier Erzengelgestalten einst Talismane, welche vor der Geburt des Propheten in Zeiten schweren Unglücks zu sprechen pflegten und ausserordentliche Ereignisse weissagten, seitdem aber stillgeschwiegen haben. Der erwähnte Koranvers wird in den Nächten des Ramadan durch das Strahlenmeer von tausend und aber tausend Lampen, die in dreifachem Kreis über einander hangend das

Gewölbe der Kuppel nachzeichnen und zwischen denen Strausseneier und Bündel künstlicher Blumen und Goldflitter schweben, zauberhaft schön erleuchtet. Die grosse Hauptkuppel empfängt das Tageslicht durch vierundzwanzig Fenster. Die Sakristei und der Taufplatz wurden aussen an der Kirche errichtet, und zwar auf der Stelle eines Hauses, welches einer Wittwe Namens Anna gehörte. Dasselbe war auf 85 Pfund Gold abgeschätzt, aber die Frau erklärte den wegen des Verkaufs mit ihr unterhandelnden Beamten, es sei ihr nicht für 50 Centner feil. Darauf kam der Kaiser selbst zu ihr, um sie zur Nachgiebigkeit zu bewegen. Gerührt von so viel Milde und Herablassung, warf sich die Witwe ihm zu Füssen und erklärte, dass sie für ihren Grund und Boden überhaupt kein Geld nehme, sondern sich nur ausbitte, neben der Kirche begraben zu werden, um am Tage des Gerichts ihren Kaufschilling im Himmel zu bekommen. Der Kaiser sagte dies zu, und sie wurde hart neben der Kammer der heiligen Gefässe beerdigt.

Die vertiefte Muschel (Apsis), in welcher der Hochaltar mit dem Tabernakel stand, war der Mittelpunct des grossen Halbkreises, um welchen die sieben Stufen der Priestersitze liefen. Da dieser Punct genau nach Osten steht, so konnte er nicht als Mihrab, das heisst als muselmännisches Allerheiligstes oder Gebetsnische gebraucht werden, da die Bekenner des Islam bei ihren Gebeten sich stets nach der Kiblah, d. h. nach der Richtung der Kaabah zu Mekka richten müssen, welche Richtung von dem Mihrab eben angegeben wird. Nach der Lage Constantinopels müssen die dortigen Moscheen ihr Mihrab im Südwesten haben. So kommt es, dass in allen hiesigen Moscheen, welche früher christliche Kirchen waren, die betende Gemeinde nie in gerader Richtung gegen den Altar, sondern immer in einer Diagonale querüber zu stehen kommt. Es sieht nicht symmetrisch aus, wenn die ganze Versammlung, statt mit dem Gesicht nach Osten, wo der christliche Altar stand, zu sehen, sich nach Südwesten auf eine Gebetsnische hinwendet; aber man hat in diesen Diagonalen gewissermassen ein sprechendes Symbol für den grossen Querstrich, welchen der Islam durch das Christenthum des Orients gemacht hat.

Gegenüber dem Hochaltar, im Centrum der Kirche, wo das Presbyterium endigte, stand die christliche Kanzel. Auf derselben Linie, obschon nicht in der Mitte, sondern seitwärts am südöstlichen Pfeiler, erhebt sich das Mimbar oder die Kanzel für den mohammedanischen Freitagsgottesdienst, von welcher der Chatib oder Prediger alle Freitage das Gebet für den Sultan spricht; bisweilen wird auch gepredigt, aber nicht auf dieser, sondern auf einer anderen Kanzel in der Mitte der Moschee. Hier wie in allen Moscheen, die einst Kirchen waren, besteigt zum Zeichen der Erinnerung an den Propheten, der, den Koran in der einen, das Schwert in der andern Hand, die Länder des Ostens dem Islam unterwarf, noch jetzt der Prediger die Kanzel mit einem hölzernen Schwert. Die beiden rechts und links auf der Kanzel ausgesteckten Fahnen bedeuten den Sieg des Islam über Christen- und Judenthum, des Korans über das Alte und das Neue Testament. Das

Mimbar ist nur in den grössten Moscheen zu finden, welche das Recht
zu jenem Gebet für den Sultan haben. Die jetzige Kanzel rührt von
Murad IV. her. Sein Vorgänger Murad III. restaurirte das Heiligthum
und schmückte es mit den beiden gewaltigen Marmorvasen, welche im
unteren Theile des Gebäudes, eine auf jeder Seite zwischen den beiden
Porphyrpilastern von Baalbek stehen, und von denen jede 1000 Mass
Getreide halten soll. Sie werden alle Tage mit Wasser zur Erfrischung
der Gläubigen gefüllt und nehmen sich wie riesige Weihwasserbecken
aus. Auf den Spitzen der Minarets glänzen stark vergoldete Halb-
monde, der grösste auf der Hauptkuppel, wo einst das Kreuz schim-
merte. Derselbe hat von Horn zu Horn 50 Ellen Durchmesser und es
heisst, Sultan Murad III. habe auf seine Vergoldung nicht weniger
als 50,000 Ducaten verwendet. Er ist bei sonnenhellem Wetter an 20
Stunden weit auf der See erkennbar, und selbst auf dem Gipfel des
bithynischen Olymp kann man ihn in den Strahlen der Sonne funkeln sehen.
   Die fromme Ueberlieferung der Türken hat zu den historisch
begründeten Erzählungen von der Moschee noch etliche Sagen hinzugefügt, welche muselmännischen Pilgern zu mehrer Erbauung mitge-
theilt zu werden pflegen. So zeigt man hier die Stätte der Propheten,
die Stätte Salomonis auf der rechten Seite der Freitagskanzel; ferner
die Wiege des Herrn Jesu (ein ausgehöhlter Block röthlichen Marmors
auf der obern Galerie im Süden), endlich nicht weit davon eine Art
Kufe, in welcher Jesus von Maria gebadet worden sein soll, und die
gleich der Wiege von Bethlehem hierher geschafft worden ist. Des-
gleichen weist man hier die Stätte der zwölf Apostel Christi auf.
Endlich sind noch die schwitzende Säule, das kalte Fenster und der
leuchtende Stein vielbesuchte Wallfahrtspuncte der Moslim. Die schwitzende Säule befindet sich in dem untersten Viereck auf der linken
Seite des Einganges der aus dem Vorhof herausführenden Nordpforte,
und die Feuchtigkeit, welche sie ausschwitzt, gilt als wunderthätiges
Heilmittel. Nicht fern von dem Thor, durch welches sich der Sultan
aus dem Viereck des Serails in die Moschee begibt, und in der Nähe
des Mihrab ist ein nach Norden gelegenes Fenster, wo immer ein
frischer Wind weht, und wo der berühmte Schech Ak Schemseddin, der
Begleiter Mohammeds II., in dieser Kirche zuerst den Koran auslegte.
Von dieser Zeit an wurde dieser Ort ein heiliger für alle Lehrer und
Prediger des Islam. Schon der bekannte türkische Reisende Ewlia weiss
in seiner Beschreibung von Constantinopel von den Segnungen des
kalten Fensters zu berichten, und noch jetzt glaubt man, dass er
Lehrer besonders weise mache, vermuthlich, weil der Nordwind es hier
im Sommer kühler als an andern Stellen der Moschee sein lässt und
so den Vortragenden vor dem Schläfrigwerden bewahrt. Der leuchtende Stein befindet sich in der obern Gallerie an einem nach Westen
gerichteten Fenster und ist ein heller, durchsichtiger Stein, den Manche
für einen Onyx halten, der indess in Wirklichkeit ein persischer Marmor ist, welcher die Lichtstrahlen einsaugt, und wenn die Sonne auf
ihn scheint, sie funkelnd zurückwirft.

Weit wunderbarer als dieser Stein ist die Beleuchtung der Moscheen selbst in den sieben heiligen Nächten des Islam, besonders in der Lejlet El Kadr, der Nacht der Vorherbestimmung (27. Ramadan), in welcher der Koran vom Himmel gesandt wurde. In dieser Nacht begibt sich der Sultan in grosser Procession nach der Aja Sofia, und nachdem er dort dem Gottesdienst beigewohnt, zieht er unter Vortragung einer Menge farbiger Laternen in's Serail zurück, wo ihm die Sultanin Mutter eine noch unberührte Jungfrau zuführt. An diesem Tage fungiren alle bei der Moschee angestellten Imams, Schechs, Chatibs, Mueddins sammt den niederen Bediensteten, und so kann man da den Islam in seinem höchsten Pomp sehen.

Die *Moschee Solimans des Grossen* oder **Solimanijeh** ist das glänzendste Werk türkischer Baukunst, errichtet in der Zeit, wo das Türkenreich den höchsten Gipfel seiner Entwickelung erreicht hatte, ein würdiges Denkmal des grossen Sinnes, des Stolzes und der Prachtliebe jenes mächtigen Herrschers. Ihr Erbauer war Sinan, der berühmteste Architekt des ottomanischen Reiches. Der Bau begann 1550 und wurde binnen fünf Jahren vollendet. Der Plan der Moschee ist nach ihren Abtheilungen derselbe, wie bei allen andern Hauptmoscheen, d. h. er ist eine Nachahmung der Aja Sofia. Das Viereck der Moschee ist auf der Eingangsseite von einem Vorhof eingeschlossen, auf der Seite des Mihrab von einem Kirchhof. In der Mitte des ersteren, welcher Haram genannt wird, befindet sich der Brunnen, in dessen Wasser die regelmässigen Abwaschungen vor dem Gebet vorgenommen werden; im zweiten, welcher den Namen Bostan (Garten) führt, erheben sich die Kuppeln der Mausoleen des Gründers, seiner Gemahlin und seiner Kinder. Diese drei Vierecke, welche zusammen ein Oblong bilden, sind von einer Mauer umgeben, die den grossen äusseren Hof bildet. Der dem Eingang unmittelbar gegenüberliegende Hof, in dessen Mitte sich das überkuppelte Brunnenhaus befindet, ist auf den drei andern Seiten mit Colonnaden umgeben, über denen sich dreiundzwanzig kleine Kuppeln, von welchen sich sieben rechts und sieben links vom Eingang in die Moschee erheben und neun in einer Reihe dem Eingang gegenüber stehen. In den vier Ecken des Vorhofs ragen die vier Minarets empor. Dieselben sind von ungleicher Höhe, indem die beiden hart neben der Moschee stehenden höher sind, als die am andern Ende des Hofes und diese letztern nur zwei, jene dagegen drei Galerien für den Rufer zum Gebet haben. Der Haram hat drei Thüren, eine der Moschee gegenüber genau in der Mitte zwischen den beiden Minarets, und zwei andere an der Seite neben den beiden höheren. Die Moschee ist, wie bemerkt, nach dem Muster der Aja Sofia erbaut, doch mit der Absicht, sie zu übertreffen, und dieser Wunsch ist, was die Vollkommenheit der einzelnen Theile und die Harmonie des Ganzen betrifft, in der That erreicht worden. Das Auge schreckt hier nicht wie dort vor der Verdrehung und Verkehrung des reinen griechischen Geschmacks zurück. Man erblickt ein Meisterwerk echt sarazenischen Styls nach dem Muster der grosser Bauten der Ommajaden in Syrien und Aegypten sowie in Spanien, obwohl nicht ohne den Einfluss spätgriechischer Architektur im Kuppelbau. Die grosse Hauptkuppel wird von vier Säulen getragen, zwischen welchen sich rechts und links (zwei auf jeder Seite) die vier grössten Säulen Constantinopels befinden. Diese letzteren messen an der Basis 13 Fuss im Umfang, und ihre Höhe steht damit im Verhältniss. Dieselben stammen aus altbyzantinischer Zeit; die eine trug im Heidenthum eine Statue der Venus, die andere stand unter Justinian und später, mit dem Bilde dieses Kaisers geschmückt, auf dem Augusteumsplatz. Die beiden andern sind wahrscheinlich die rothen Säulen, auf welchen die Standbilder der Theodora und der Eudoxia im Palast der Kaiser standen. Die Kapitäler dieser vier Säulen sind von weissem Marmor. Sie stützen die Doppelgalerie, welche um beide Seiten herumläuft, und in welcher sich Schatzkammern befinden, in denen Privatpersonen ihr baares Geld niederlegen, wenn sie verreisen oder wenn sie es nicht sicher halten vor der Hand des Despotismus, die sich an diesen geheiligten Räumen nicht zu vergreifen wagt. Unter den Galerien findet man auf dem Boden terrassenförmige Steinsophas errichtet, welche auf niederen Säulenstümpfen ruhen und für Koranvorleser bestimmt sind. Die Gebetsnische, die Kanzel und der Gebetsplatz für den Sultan sind aus weissem Marmor und mit schönen Sculpturen geschmückt. Neben dem Mihrab stehen zwei riesige Kandelaber von vergoldetem Metall, auf denen dicke Wachskerzen des Abends das Sonnenlicht ersetzen, das durch das geschliffene Glas der Fenster fällt. Diese Glasfenster, von denen viele mit bunten Blumen oder mit dem Namen Gottes geziert sind, stammen aus der Glasfabrik von Serkosch Ibrahim, die zur Zeit der Erbauung der Moschee in grossem Ruf stand.

Die Hauptkuppel der Solimanijeh hat denselben Umfang wie die der Aja Sofia, ist aber 20 Fuss höher und deshalb weniger kühn und ausserordentlich, obwohl die Türken diese grössere Höhe als ein grösseres Wunder der Baukunst ansehen. Im Innern der Kuppel liest man denselben Vers, wie in der Aja Sophia (24. Sure des Koran, Vers 36): „Gott ist das Licht des Himmels und der Erde. Sein Licht ist eine Weisheit auf den Mauern, in welcher eine Lampe, bedeckt mit Glas, brennt. Das Glas glänzt wie ein Stern, die Lampe ist gefüllt mit dem Oel des heiligen Baumes. Kein östliches, kein westliches Oel, sie leuchtet für Jeden, der sie will."

Die Moschee mit ihrem Vorhof (Haram) und ihrem Begräbnissplatz, ist von einem äusseren Hof umgeben, dessen Seiten 1000 Schritt lang sind und welcher zehn Thore hat. Von diesen öffnen sich zwei auf der Seite des Mihrab, nach dem alten Serail, vier andere: die Thore der Schule, des Markts, der Akademie, des Oberarztes sind im Süden; drei andere, die Thore der Armenküche, des Hospitals und der Janitscharen-Agas sind im Westen. Im Norden ist ein Thor, vor welchem man auf einer Treppe von zwanzig Stufen nach einem Bade hinabsteigt. Hier hat man eine prächtige Aussicht auf den Hafen, die Brücken, die Vorstädte Galata und Pera, und auf die Küste von Kleinasien und den Kanal des Bosporus. Mit der Moschee sind gelehrte und mildthätige

Stiftungen: drei Schulen, vier Akademien für die vier orthodoxen Secten des Islam, die Hanafiten, Malikiten, Hambaliten und Schafeiten, eine medicinische Schule, ein Hospital, eine Armenküche, eine Herberge für Fremde und eine Bibliothek verbunden. Das Einkommen der Moschee beträgt jährlich 360,000 Piaster.

Die *Moschee Sultan Achmed's I.* oder **Achmedijeh**, welche am Atmeidan liegt und einen Theil des alten Hippodrom einnimmt, wurde im Jahre 1614 dem Gottesdienst übergeben und hat eine Einnahme von 710,000 Piastern. Sie ist die grösste aller Moscheen Stambuls und die einzige im ottomanischen Reiche, welche sechs Minarets hat, d. h. zwei mehr als die Aja Sophia und selbst als die grosse Moschee in Mekka. Die grösste Merkwürdigkeit in derselben sind die vier Riesensäulen, welche die Hauptkuppel stützen. Sie bestehen jede aus drei Stücken und haben einen Umfang von nicht weniger als 36 Ellen, ein **Maass**, zu dem ihre Höhe nicht im Verhältniss steht. Sie erheben sich nach aussen neben der Kuppel wie ebenso viele kleine Thürme. Die Hauptkuppel ist von vier Halbkuppeln umgeben, an die sich wieder je zwei ganz runde Kuppeln anschliessen, welche, genau hinter den vier Riesensäulen, die vier Ecken der Moschee bilden, die so von aussen gesehen aus neun Kuppeln zu bestehen scheint. Um beide Seiten der Moschee läuft rechts und links eine Doppelgallerie hin, eine aussen und eine innen, in welchen sich unten die Bänke für die Koranleser und darüber Schatzgewölbe als Niederlagen für Geld und Kostbarkeiten von Privatleuten, wie in der Solimanijeh, befinden. Rechts und links vom Mihrab stehen gewaltige Leuchter mit Wachskerzen, deren Grösse sie wie Säulen erscheinen lässt. Rechts vom Mihrab ist das Mimbar, ein Meisterwerk der Bildhauerkunst, geschaffen nach dem Muster der Kanzel in Mekka, überragt von einer grossen vergoldeten Krone, auf der ein Halbmond funkelt. Keine andere Moschee Constantinopels ist so reich an Curiositäten und Kleinodien als diese. Dieselben sind theils in Schränken und Kasten verwahrt, theils an den Kränzen der Lampen oder sonst wo aufgehangen. Sultan Achmed, ein sehr gottesfürchtiger Herr, beschenkte seinen Lieblingsbau auf das reichste, und seinem Beispiele folgten die Grossen seines Staates. So schickte unter Anderem Dschafer Pascha, der Statthalter von Abyssinien, sechs goldene, mit Smaragden besetzte Lampen, welche an Goldketten in der Achmedijeh aufgehangen wurden. Koranexemplare von allen Formen auf's schönste geschrieben und eingebunden liegen hier auf golddurchwirkten Kissen und Pulten, die mit Perlmuttermosaik geschmückt sind. An der Wand wird jedesmal die letzte Decke der Kaaba aufgehangen, welche die jährliche Mekkakarawane für das Geldgeschenk, das ihr der Sultan mitgibt, bei der Rückkehr von der heiligen Stadt mitbringt. In dem grossen Vorhofe der Moschee, zu deren Eingängen Treppen hinaufführen, stehen Reihen schöner, alter Bäume, und in Folge ihrer freien Lage am Atmeidan ist dieselbe der Schauplatz der meisten grossen kirchlichen Processionen des Hofes. Wenn man die Aja Sofia wegen ihrer Lage neben dem alten Serail die Hofkirche Constantinopels nennen

kann, so muss die Achmedijeh als die Reichskathedrale bezeichnet
werden. Hierher begibt sich der Sultan mit seinem ganzen Gefolge an
den muselmännischen Oster- und Pfingstfesten (Bairam und Kurban
Bairam). Von hier bricht die Mekkakarawane auf, hierher kehrt sie
beim Wiedereinzug zurück, und hier wird hauptsächlich das von Murad
III. gestiftete Mulid En Nebbi, das Geburtsfest des Propheten, gefeiert.
Bei letzterer Gelegenheit erscheint der Sultan im grössten Pomp, umgeben von allen grossen Würdenträgern des Hofes und Staates, um
den Lobgesängen auf den Propheten beizuwohnen, welche von den besten Sängern des Landes vorgetragen werden.
· Die **Moschee Sultan Mohammed's II.**, im Jahre 1496 vollendet, hat ein Jahreseinkommen von 670,000 Piastern. Nachdem der
Eroberer Constantinopels die grössten und prächtigsten der Kirchen
der Stadt in Moscheen verwandelt, dachte er daran, selbst Moscheen
zu errichten, ein Vorrecht, welches nach dem Gesetz des Islam nur
solchen Fürsten zukam, welche der Religion des Propheten neue Länder oder Städte unterworfen hatten. Diese durften nicht nur zu diesem
Zweck das Geld ihrer Unterthanen verwenden, sondern auch das Löse-
geld von Gefangenen und die Tribute neu erworbener Länder. Auch
sollten nur in diesem Falle die neuen Moscheen den Namen ihrer
Erbauer führen. Die sieben Hauptmoscheen, welche vor Mohammed II.
Kirchen waren, sind: die grosse und die kleine Aja Sofia, die Setijeh,
die Kachrijeh, die Rosen-Moschee, die Kilissi Dschami und die Moschee
der sechs Marmorsäulen. Fünf andere wurden von ihm neu erbaut,
nämlich die sogleich zu beschreibende, welche den Namen des Eroberers
trägt, die des Schech Abul Wefa, die des Schech Bochari, die der
Janitscharen und die schon geschilderte Ejubmoschee. Die nach seinem
Namen genannte steht auf der Stelle einer den zwölf Aposteln geweihten Kirche und des Grabes der Kaiser. Der Erbauer war der griechische Architekt Christodulos, den der Sultan dafür mit der ganzen
anstossenden Strasse beschenkte. Die Sage erzählt, dass der Sultan,
erzürnt darüber, dass Christodulos seine Moschee niedriger als die
Aja Sofia gebaut und zwei der grössten und schönsten Säulen absicht-
lich zerschnitten, den Befehl ertheilt habe, ihm beide Hände abzuhauen.
Am folgenden Tage sei der Architekt vor dem Richter erschienen und
hätte über die ihm widerfahrene grausame Behandlung Klage geführt,
worauf der Kadi dem Sultan den Befehl zugefertigt, sich zur Verant-
wortung zu stellen. Der Sultan gehorchte der Stimme des Gesetzes,
steckte aber, ehe er vor Gericht ging, seine Streitaxt unter sein Ober-
gewand. Vor dem Richter angelangt, wollte der Sultan sich setzen,
jener aber befahl ihm, stehen zu bleiben wie der Kläger. Der letztere
trug nun seine Klage vor, indem er sagte, er habe die Säulen und die
ganze Moschee der häufigen Erdbeben wegen niedriger und damit
dauerhafter machen müssen. Dafür habe ihm der Padischa die Hände
abgehauen und ihn so der Möglichkeit beraubt, sich seinen Unterhalt
ferner zu verdienen; der Richter möge dem Gesetz seinen Lauf lassen.
Der Sultan gab das Abhauen der Hände zu, wollte es aber als gerechte

Strafe betrachtet wissen. Der Richter erwiederte: „Padischa, Glanz erzeugt oft Unglück. Die Niedrigkeit Deiner Moschee hindert Niemand, darin andächtig zu sein. Selbst wenn alle Steine Deiner Moschee Juwelen wären, so würden sie doch in den Augen Gottes nicht mehr als Koth gelten. Dadurch, dass Du diesem Mann die Hände abhiebst, hast Du Dich einer gesetzwidrigen Handlung schuldig gemacht. Er kann nichts mehr verdienen. Die Pflicht, für seine Familie zu sorgen, geht auf Dich über. Was antwortest Du?" Der Sultan erwiederte: „Es ist, wie es ist. Lasst das Gesetz entscheiden." Darauf der Richter: „Das Gesetz bestimmt, dass, wenn der Mann bei seiner Klage beharrt, Deine Hände ebenfalls abgehauen werden." Der Sultan entgegnete: „Ich werde ihm ein Jahrgehalt aus dem öffentlichen Schatz anweisen." — „Nein," sagte der Richter, „nicht aus dem Schatz. Die Schuld ist Dein, Du musst aus Deiner Tasche bezahlen. Dies ist das Urtheil." Da sagte der Eroberer: „Ich will ihm täglich zwanzig Goldstücke geben. Ist das billig?" Der Architekt erklärte sich damit zufrieden, und damit war die Sache beendigt. Jetzt bezeigte der Richter dem Padischa seine Ehrfurcht. Dieser aber sagte: „O Richter, Du hast wohl gethan. Denn hättest Du das Urtheil aus Rücksicht auf mich zum Schaden des Baumeisters gefällt, so hätte ich Dich mit dieser Streitkeule erschlagen." Mit diesen Worten entblösste er das Ende seiner furchtbaren Waffe. Der Richter aber erwiederte unerschrocken: „O Padischa, hättest Du, statt die Hoheit des Gesetzes anzuerkennen, Dich als halsstarrig erwiesen — siehe, so hätte ich diesem Drachen befohlen, Dich zu zwingen." Damit hob er den Zipfel seines Teppichs auf und zeigte einen grossen Drachen, der sofort aufsprang und Feuer spie.

Diese Sage ist schön, aber die Nachricht, dass Christodulos die Moschee ohne Unfall vollendet und mit einer ganzen Strasse dafür belohnt worden, scheint mehr Recht auf Glaubwürdigkeit zu haben, schon deshalb, weil Kantemir sich unter Achmed III. auf diese Schenkung bezog, um die in ihr wohnenden Christen gegen die Türken zu beschützen, welche sie daraus vertreiben wollten.

Der kaiserliche Begräbnissplatz in der Apostelkirche hiess das Heroon, und hier schliefen die Herrscher des byzantinischen Kaiserreichs in Steinsarkophagen von Granit und Serpentin, grünem, weissem und rothem Marmor von Thessalien und Paros, bekleidet mit ihren Prachtgewändern. Jetzt ist von dieser Kaisergruft nichts mehr vorhanden. Aber nicht die Türken waren es, welche die Ruhe der alten Kaiser störten, sondern die Lateiner, als sie in der Zeit der Kreuzzüge Constantinopel mit Sturm nahmen. Diese Barbaren, welche die heiligen Gefässe der Kirchen als Pferdeeimer und Tröge benutzten, die Bischofsmützen in Helme, die Messgewänder in Reitdecken verwandelten, brachen auch in die Kaisergruft, beraubten die Leichen, warfen sie aus ihren Särgen und liessen zugleich die Kirche der Apostel in Flammen aufgehen. Nach fünfjähriger Arbeit erhob sich nördlich von den Ruinen derselben in dem genannten Jahre die Moschee Mohammed's, des „Vaters der Eroberung". Dieselbe steht auf dem vierten der sieben Hügel

Stambuls zwischen zwei Plätzen, welche der grosse und der kleine Karaman heissen. Die ganze Moschee sammt dem Vorhof und dem Begräbnissplatz hinter dem Mihrab steht auf einer 12 Fuss hohen Terrasse, und hat vom Boden bis zum Dach eine Höhe von 87 Ellen. Das Mihrab oder die Mekkanische steht hier in angenehmer Symmetrie, nicht in schiefer Stellung zum Hauptportal, sondern in gerader Richtung diesem gegenüber.

Diese Nische, die Kanzel des Freitagspredigers, die Tribune der Sultane und der Platz der Gebetvorleser sind von weissem Marmor in der alten einfachen Weise ausgeführt. Rechts von dem Haupteingang liest man auf einer Marmorplatte in einem Felde von Lapis Lazuli in erhabenen Goldbuchstaben die Weissagung des Propheten in Betreff Constantinopels: „Sie werden Stambul einnehmen, und Heil dem [Fürsten, Heil dem Heere, das dies ausrichtet!" Der Vorhof (Haram) ist auf drei Seiten mit Säulenhallen umgeben, deren bleigedeckte Kuppeln auf Pfeilern von Granit und Marmor ruhen. An den Seiten der Colonnaden läuft eine glänzende Marmorbank hin, die nur durch die Thüren unterbrochen wird. In der Mitte ist ein Brunnen, der von bleigedeckten Kuppeln überspannt wird, und neben dem ringsum Cypressen stehen. Hinter einem kunstreichen Metallgitter stürzt das Wasser aus mehren Hähnen. Die Fenster des Vorhofes, mit starken Gittern verwahrt, sind auf der Aussenseite mit vielfarbigen Marmortafeln geschmückt, über denen die erste Sure des Korans in schöngemeisselten Schriftzügen hinläuft. Auf der Seite, wo sich in der Moschee das Mihrab erhebt, und wo folglich kein Ausgang ist, schliesst sich aussen der Hof mit den Begräbnissen des Eroberers und seiner Familie an. Dieser Kirchhof heisst hier wie überall in den Moscheen Bostan (Garten), was von der Moschee in Medina hergenommen ist, in welcher der Prophet begraben liegt.

Die Umgebungen der Moschee auf beiden Seiten bestehen aus acht Akademien (Medressen), die von Mohammed II. gegründet sind, den Wohnungen der Studenten, einem Speisehause für Arme, einem Hospital, einer Karawanserai und einem Bade, Gebäuden, die allesammt bleigedeckte Kuppeln haben. Auf der, welche das Dach der einen Schule bildet, befindet sich eine Sonnenuhr, errichtet von dem berühmten Astrologen Ali Kuschdji, welche die Inschrift aus dem Koran trägt: „Sahest Du nicht Deinen Herrn, wie er Deinen Schatten ausdehnte?"

In Betreff der **übrigen Moscheen** müssen wir kurz sein. Die Bajasids II. wurde im Jahre 1505, die Selims I. 1526 vollendet. Die Schachsadeh wurde von Soliman dem Grossen 1549 errichtet und zwar zu Ehren seines Lieblingssohnes Mohammed, der mit seinem jüngeren Bruder Mustafa in dem anstossenden Mausoleum begraben liegt. Die Yeni, zwischen dem Aegyptermarkt und dem Landungsplatz am Bagtschi Kapussi gelegen, stammt aus dem Jahre 1665, und ihre Erbauerin war Terkan Sultana, die Mutter Mohammed's IV. Die Nuri Osmanjeh, eines der anmuthigsten Bauwerke Stambuls, wurde von Osman III. im Jahre

1745 vollendet. Die Laleli, von Mustafa III. 1760 erbaut, hat ihren Namen nicht, wie man oft hört, von der Tulpengestalt ihres Minarets, sondern von dem berühmten Schech Lala, der hier predigte, und dessen Name mehr galt, als der des Erbauers. Die älteste Moschee in ganz Constantinopel ist die Arabdschelar, die sich in Galata nicht weit von der Brücke über das Goldene Horn befindet und von Moslema, dem Bruder des ommajadischen Chalifen Soliman I., als er 715 an der Spitze einer arabischen Armee Constantinopel belagerte, errichtet worden sein soll. Sie zeichnet sich durch die Form ihres Minarets aus, das eher einem Glockenthurm, als der türkischen Nadelgestalt gleicht.

Einige Moschen haben sehr wunderliche Namen: so heisst eine Tadki Dschedim, d. i. nimm an, ich hätte es gegessen; eine andere Alti Bogadascha, d. h. sechs Kuchen, eine dritte Adsch Baschi, d. i. drei Köpfe, wieder eine andere Sogan Merdschian Agas, Zwiebel- und Korallenherren, u. s. w. Die Tadki Dschedim, nicht weit vom Psamatia Kapussi, soll von einem Schlemmer erbaut worden sein, welcher, plötzlich in sich gehend, jeden Tag das Geld, welches er früher auf Tafelfreuden verwendete, in einen Kasten warf und davon eine Moschee errichtete. Seinem Haushofmeister, der ihn das erste Mal erstaunt darüber befragte, antwortete er: Nimm an, ich hätte es (das nämlich, was auf der ihm von jenem überreichten Speisekarte stand) gegessen." Die Sechs-Kuchen-Moschee hat zu ihrem Gründer einen Hofbäcker, der dem Sultan Mohammed II. täglich sechs warme Kuchen zu liefern hatte, durch das ihm dafür verliehene Monopol des Mehlverkaufs aller Pferdemühlen der Stadt reich wurde, endlich aber Gewissensbisse empfand, und, um diese zu beschwichtigen, die Moschee erbaute. Vor dem über seinen Wucher erbitterten Volke half ihm das nichts; denn bald nach Vollendung des Baues brach es in seine Bäckerei und erstickte ihn in einem seiner Teigtröge.

Die **Turbas oder Mausoleen** der Sultane und anderer reicher und vornehmer Türken gehören zu dem Interessantesten, was Stambul bietet. Man trifft sie mitten in den belebtesten Strassen, und zwar liegen sie fast immer auf der Mekka-Seite der Moscheen, eine Andeutung der Pilgerreise zu Mohammed, welche die Todten angetreten haben. Das imposanteste dieser Mausoleen ist das Soliman's des Grossen, ein Muster sarazenischer Architektur, das prächtigste möchte das Mahmud's II. sein, welches sich nicht weit von der sogenannten „verbrannten Säule" befindet und ein Gemisch griechischen und italienischen Styls ist. Die meisten dieser Turbas sind hohe, von vielen Fenstern, die bisweilen bunte Scheiben haben, hell erleuchtete Gebäude. Ihre Wände sind in der Regel mit Arabesken, Koransprüchen und Stellen aus dem Burda, d. h. dem Gedicht vom heiligen Rock (Mohammed's) in goldenen Buchstaben auf grünem oder blauem Grunde verziert. Kronleuchter, Lampen und Strausseneier mit seidenen Quasten hängen von der Decke herab, und der Marmorboden ist, wo ihn nicht die Bahre mit dem Sarkophag einnimmt, mit Teppichen belegt. Sämmtliche Turbas sind über dem Boden erhaben, einige mit einem kleinen, bedeckten

Säulengang umgeben. Viele haben vor dem Eingang einen Vorhof, auf dessen Thüren Inschriften die Namen des Gründers und das Datum der Vollendung angeben. Die Leichen werden in die Erde gesenkt und über der Gruft liegt eine etwa ½ Fuss hohe, in der Mitte mit einer Oeffnung versehene Marmorplatte, auf welche dann der leere Sarkophag (Sanduka) gestellt wird. Letzterer ist bei den kaiserlichen Grüften von bedeutender Grösse und zuerst mit einem Streifen des gestickten Vorhanges der Kaabah in Mekka und mit sieben Shawls bedeckt. Sechs dieser letzteren werden der Länge nach gefaltet und einzeln über den eckigen Deckel gelegt, den siebenten windet man als Turban um das Fess, welches sich am Kopfende des Sarkophags erhebt. Die oberen Enden dieser Sarkophage sind in Constantinopel stets nach Südwest gekehrt und gewöhnlich mit Inschriften in Goldstickerei auf rothem Grunde geziert, welche Namen und Titel des Verstorbenen angeben. Oft umgibt ein Parmaklik, d. h. eine Gallerie von Cedernholz, reich geschmückt und mit Perlmutter belegt, den Sarg. Kolossale Leuchter mit Kerzen stehen neben demselben, und auf Stühlen liegen verschiedene Exemplare des Koran umher. Die Särge der Sultane und Kronprinzen zeichnen sich durch Aigretten an den Turbanen aus, die der Sultaninnen sind kleiner, ohne Turbane und nur mit zwei Shawls bedeckt. Nur Sultane, deren Mütter und deren Kinder werden in kaiserlichen Mausoleen beigesetzt. Im Nachstehenden folgt ein Verzeichniss der kaiserlichen Turbas mit den Namen der darin beigesetzten Sultane und dem Datum des Todes oder der Gründung des Grabmals:

Mohammed II. (1481) bei seiner Moschee. Hier liegt der „Vater der Eroberung" in einem Gebäude allein. Eine Strecke davon steht das prächtige Grab seiner Mutter Ailima, der Gemahlin Murad's II., die eine Tochter König Karl's VII. von Frankreich gewesen sein soll (blosse Sage) und sich durch Gelehrsamkeit auszeichnete. Auch befinden sich hier noch viele Sarkophage seiner Kinder, von denen ihm achtzehn in das Grab vorangingen.

Bajasid II. (1512) im Garten neben seiner Moschee. In demselben Mausoleum liegt auch die Mutter des Sultans, Gül Bahar, d h. Frühlingsrose.

Selim I. (1520) hart neben seiner Moschee, die sich auf dem fünften Hügel von Stambul erhebt. Hier ruht er allein. Zwei benachbarte Turbas enthalten die Ueberreste seiner Enkel Mahmud, Abdallah und Murad, und die der Mutter Soliman's des Grossen, Hafisa.

Schachsadeh (1544) im Garten der Moschee gleiches Namens. Hier liegen die Prinzen Mohammed und Mustafa. Der erste war der Lieblingssohn Soliman's des Grossen, der zweite ebenfalls ein Sohn dieses Sultans; letzterer Prinz fiel sammt seiner Mutter Kasseki als ein Opfer der Eifersucht einer andern Frau Soliman's, der berühmten Charrem.

Soliman der Grosse (1566), bei seiner Moschee. Hier stehen auch die Särge *Soliman's II.* (1690) und *Achmed's II.*

Selim II. (1575) im südlichen Hofe der Aja Sofia, wo er neben Nur Banu (Lichtfrau), der Gemahlin seines Sohnes Murad, beerdigt ist. *Murad III.* (1595) beim Vorigen. In dieser Turba liegen bei einander die siebzehn gemordeten Brüder und der Sohn Mohammed's III. sammt diesem Sultan, welcher im Jahre 1602 neben die Opfer seiner Grausamkeit gebettet wurde. *Achmed I.* (1617) an der nordöstlichen Ecke seiner Moschee. Diese Turba, weniger elegant als massiv, enthält eine ganze Anzahl von Särgen, unter andern die der Sultane *Osman II.*, der 1622 von den Janitscharen erdrosselt wurde, und *Murad IV.*, der 1640 starb, sowie die der Prinzen Mohammed und Bajasid, von welchen der eine von seinem ältern Bruder Osman II., der andere, der Held des Racine'schen Trauerspiels, von seinem jüngern Bruder Mustafa I. umgebracht wurde.

Mustafa I. (1623) im Hofe der Aja Sofia, doch so gebaut, dass es auf die Diwan Dscholli hinausgeht. Es enthält auch die Reste des Prinzen Ibrahim, der gleich dem Sultan, nach dem die Turba benannt ist, den Tod der Erdrosselung starb.

Walide Terkan Sultana (1665), Gründerin der benachbarten Moschee, bei Balik Basari. Hier findet man zugleich die Särge ihres Sohnes Mohammed IV., der 1687, und ihres Enkels Mustafa II., der 1705 starb, sowie die der Sultane Achmed III., der 1730, Mahmud I., der 1754, und Osman, der 1757 mit Tode abging.

Mustafa III. (1775), südöstlich von der Laleli-Moschee. Hier ist auch Selim III. beerdigt, welcher im Jahre 1807 ermordet wurde.

Abdul Hamid (1789) in der Strasse Wessir Dscholli, die vom Bagdschi Kapussi nach dem Serail führt. Dieses Gebäude, welches eine der geräumigsten Turbas ist, birgt ausser dem Leichnam des Stifters auch die des gemordeten Sultans Mustafa IV. und vieler Kinder und Schwestern des Ersterwähnten.

Mahmud II. Das Grabmal dieses drittletzten Padischa (er verschied bekanntlich 1839 am Delirium tremens, das er sich durch vieles Trinken von Spirituosen zugezogen) übertrifft an Pracht alle übrigen. Es besteht aus weissem Marmor, hat eine achteckige Form und wird von sieben grossen Fenstern erleuchtet, welche durch sehr elegant gearbeitete, reich vergoldete Eisengitter geschützt sind. Im Innern ist es mit Sophas, Armsesseln, weiss-seidenen Behängen, Glascandelabern und Uhren versehen. Die Balustraden, die Shawls, die Candelaber und alles übrige Beiwerk, alles ist von gleicher Pracht. Der Sarg des Sultans, auf welchem das mit einer Feder geschmückte Fess ruht, ist von ungewöhnlicher Grösse. Die Flügelthüren schmücken goldene Gesimse. Fünf Fenster gehen auf die Strasse Diwan Dscholli, die andern auf einen Garten hinaus, der im Sommer von Blumen duftet. In der Nähe befindet sich ein anmuthiges Brunnenhaus. Die Leichtigkeit und der innere Möbelschmuck dieses Mausoleums thun der Würde desselben Eintrag; denn es gleicht mehr einem abendländischen Salon, als einem Sultansgrabe. Es enthält übrigens ausser den irdischen Resten des

Reformators der Türkei auch die seiner Schwester Habait Ullah und seiner Töchter Soliha und Kadidscha.

Walide Gülnar Sultana (1804). Dieses hübsche Gebäude·wurde von Selim III. zu Ehren seiner verstorbenen Mutter errichtet. Es bildet die Hauptzierde der Strasse, welche vom Landungsplatz bei Ejub zu der grossen·Moschee dieses Stadttheils führt. Obschon diese Turba an Pracht von mancher andern übertroffen wird, so zeichnet sie sich doch vor allen durch die Ausdehnung der damit verbundenen wohlthätigen Anstalten aus, welche fast drei Viertheile der westlichen Seite dieser Gräberstrasse einnehmen. Am südlichen Ende steht das Mausoleum mit den Ueberresten der Walide und zweier ihrer Töchter. Gegen Norden liegt ein anmuthiger Garten, welcher mit Grabstätten berühmter Personen angefüllt ist. Zu den merkwürdigsten gehört das von Kudschuk Hossejn Pascha, Gemahl der Sultanin Esma und Kapudan Pascha (Grossadmiral), welcher mit dem englischen Seeofficier Smith Jean d'Acre so tapfer vertheidigte und im Jahre 1804 starb. Diese Turba sowie andere hier befindliche Gräber, die der Wessir-Turban auszeichnet, sind mit grünen Drahtgittern eingeschlossen, die mit vergoldeten Rosetten verziert und von Rosen- und Jasminbüschen beschattet sind. Nur Singvögel fehlen, um ihnen das Aussehen von Volièren zu geben.

An diesen Begräbnissgarten stösst ein Gebäude, welches eine Gelehrtenschule für vierzig Zöglinge, eine Elementarschule für ebenso viele Kinder und eine Küche enthält, welche täglich an vierzig Arme Speisen vertheilt. Die Front ist durch eine hohe Mauer geschützt, die von vergitterten Fenstern durchbrochen ist und in welche Tafeln eingelassen sind, auf deren grünem Grunde man goldene Inschriften erblickt. Links von dieser milden Stiftung steht ein sehr malerisches Brunnenhaus (Sebil Khana) von buntem Marmor im schmuckreichen orientalischen Style. Ueberall herrscht hier Ordnung und Reinlichkeit, und das Ganze ist ein schönes Bild morgenländischer Frömmigkeit und Wohlthätigkeit.

Ausser den hier aufgeführten Turbas gibt es hier noch mehre hundert, doch bieten diese nichts, was sehenswerth wäre.

Die **Bazars** oder Märkte von Stambul zerfallen in bedeckte (Besestans), die in der Nähe des Seriaskerthurms liegen, und unbedeckte (Tscharschis), welche man in verschiedenen Gegenden der Stadt trifft. Die ersteren sind die interessanteren, der Fremde lenkt daher seine Schritte zuerst nach diesen. Dieselben sind ein ungeheures Labyrinth oben überwölbter Gassen, in deren Seitenwänden die Kaufleute in einer Art Nischen Mann an Mann ihre Waaren auslegen. Jeder Gewerbszweig hat in der Regel seine eigene Strasse in diesem riesigen Bau. In der einen sieht man auf hundert Schritte weit rechts und links nichts als gelbe Lederstrümpfe oder rothe Schnabelschuhe, in einer andern entwickeln lediglich indische und persische Shawls ihr prächtiges Farbenspiel, in einer dritten schimmern die.Verkaufsnischen von Goldfäden und Silberstickereien, in einer vierten haben Pelzhändler die Seitenwände mit kostbaren Pelzen drapirt, wieder in andern sieht man alle Läden von Waffen starren. Aehnlich ist es mit den offenen Bazars oder Tscharschis. So findet man in At Bazar neben Pferdehändlern fast nur Lederarbeiter und zwar meist Sattler und Riemer, im Misr Tscharschi nur Droguisten, im Tamis Bazar Kaffeehändler und Kaffeestampfer, im Tusuk Bazar Buchhändler, Bücherabschreiber und Buchbinder.

Besestan heisst eigentlich Leinwandhalle, von Bes, Leinwand. Die Besestan bestanden ursprünglich aus vereinzelten Gebäuden, jedes mit vier Thoren, die man nach den Handwerken benannte, welche in den Buden rings um die Bogengänge oder unter denselben betrieben wurden. Allmälig häuften sich um diese Niederlagen neue Läden und Verkaufsstrassen, bis das Ganze mit einer Mauer eingeschlossen, überwölbt und mit Thoren verwahrt wurde. Unter den letzteren sind zwölf grosse und zwanzig kleine. Sie wurden darauf denselben Regeln unterworfen, wie die alten Gebäude, nur mit dem Unterschiede, dass diese letzteren am Freitag gänzlich und in der übrigen Zeit um die Mittagsstunde geschlossen werden. Geöffnet wird der bedeckte Bazar schon in der Frühe, während des Ramadan aber erst um Mittag, geschlossen wird er, mit Ausnahme jener alten Besestans, gegen 5 Uhr Nachmittags. Der Seiden-Besestan, ausschliesslich im Besitz der Armenier, wird an Sonntagen und an allen andern religiösen Festtagen — zusammen etwa an 80 Tagen des Jahres — gänzlich geschlossen. Obgleich das Religionsgesetz den Mohammedanern Handel und Gewerbe am Freitag nicht verbietet, so erscheinen doch an diesen Tagen nur wenige türkische Kaufleute nach 12 Uhr in ihren Läden. Der Dschwasir Besestani oder Juwelen-Besestan wird immer um Mittag geschlossen Der ganze von den Peroten mit dem Namen Bazar belegte Platz nimmt ein unregelmässiges Viereck von etwa siebentausend Quadratklaftern ein. Begrenzt ist er im Norden durch die Mauern verschiedener Khans, die zwischen den Strassen Mahmud Pascha und Merdschian Dscholli stehen, im Süden durch die Moschee Sultan Bajasid's und ihre Nebengebäude, im Osten durch die Moschee Nur Osmanja und einige Khans, im Westen endlich durch verschiedene andere Magazine und Speicher, welche auf die abschüssige Merdschian Dscholli (Koralleustrasse) hinausgehen, die von dem grossen Walide Khan nach dem Seriaskerat hinführt. Mit Ausnahme von zwei Besestans haben die Bazars keine Kuppeln, mit denen sonst alle älteren öffentlichen Gebäude geziert sind. Die Dächer, welche die gewölbten Gänge schützen, bestehen aus Sparrwerk, das mit Ziegeln überdeckt ist, so dass die ganze Oberfläche vom Thurm des Seriasker gesehen, ein ungeheures Ziegelfeld ohne die mindeste architektonische Abwechslung darbietet. Das Licht fällt oben durch Glasfenster herein.

Wer Erinnerungen an Constantinopel mitbringen will, kauft sie natürlich im Bazar. Die Auswahl an schönen und werthvollen Gegenständen ist enorm, die Preise sind billig. Nur muss man nicht bei den Griechen und Armeniern, sondern bei den Türken kaufen. Die grösseren Kaufleute unter den Letzteren sprechen meist französisch oder italienisch, so dass sich der Fremde wohl mit ihnen verständigen kann. Sie schlagen stark vor und man darf ihnen dreist dreissig, auch vierzig Procent weniger bieten. Jeder Handel dauert lange, aber der türkische Kaufmann, der an Höflichkeit und Zuvorkommenheit nicht seines Gleichen hat, weiss dem Käufer die Zeit zu verkürzen. Er bietet zuerst einen Platz, dann eine Cigarette, wohl auch eine Tasse Kaffee, ein Glas Limonade oder eine andere Erfrischung an. Betrug hat man bei den Türken nicht zu fürchten. Jede Waare ist das wirklich, wofür sie ausgegeben wird. Wer reich ist, dem brauchen wir nicht zu sagen, was er sich kaufen soll; er wird des Schönen genug nach seinem Belieben wählen. Wer aber nicht reich ist und für eine geringe Summe hübsche Sachen nach Hause bringen will, dem empfehlen wir folgende Einkäufe. Ist er Raucher, so versteht es sich von selbst, dass er einige Tschibucks mitnimmt. Man kauft diese billiger als im Bazar selbst in der Strasse, die zum Misr Tscharschi führt. Weichsel- und Jasminrohre um 20—50 Piaster das Stück sind schon sehr schön. Bei sehr langen Exemplaren achte man darauf, ob sie nicht zusammengesetzt sind, denn in diesem Falle sind sie nur halb so viel werth. Die Mundstücke (Dutten) lasse man zu Hause machen. Gelber Bernstein ist in der Türkei schlecht, der schwarze ungemein theuer. Die Pfeifenköpfe kosten $1\frac{1}{2}$ bis 3 Piaster das Stück, die einfachsten, ohne alle Goldverzierung, sind die besten und theuersten. Tabak kaufe man nicht zu viel, er leidet durch die Reise, ausser wenn er in Blättern transportirt wird. Um 100 Piaster pr. Oka ($2\frac{1}{4}$ Pfd.) bekömmt man sehr guten, auch halb so theure Sorten sind nicht zu verachten. Als Andenken, im Bazar zu kaufen, schlagen wir vor: Taschentücher aus Brussa, mit weisser oder gelber Seide gestickt, 5—6 Franken das Stück, goldgestickte Pantoffel (diese sind übrigens nicht türkisches, sondern Wiener Fabricat) um 30—60 Piaster das Paar, Tischdecken, mit Koransprüchen in färbiger Seide ausgenäht, zu 20—40 Franken, den originellen türkischen Silbergeldschmuck, aus doppelten, einfachen und halben Piastern bestehend, auch vergoldet zu haben, die Garnitur aus Ohrgehängen, Collier und Bracelet im Durchschnitt 20 Franken, die sehr billigen, wohlriechenden Schmucksachen aus Rosenholz und Gewürzmassa, schliesslich einige Fläschchen Rosenöl. Wer einen echt algerischen Burnus mitnehmen mag und kann, wird grosse Ehre mit diesem Geschenke einlegen; ein solcher Burnus ist der schönste Theatermantel für eine Dame, kostet indess 100—120 Franken, auch mehr.

Ausser dem grossen Centralbazar ist der ägyptische (Misr Tscharschi), der bei der schönen Yeni- oder Walide-Moschee liegt und ebenfalls überdacht ist, von besonderem Interesse. Hier sieht man nur Specereien, und die Verkäufer sind mit wenigen Ausnahmen Türken oder Araber. Hier stört keinerlei Erzeugniss englischer oder französischer Manufacturen, die im grossen Hauptbazar sehr stark vertreten sind, das Auge. Man ist unter diesen Verkaufsnischen, die mit Maschallahs und anderen frommen Sprüchen, Abbildungen von Schiffen, Straussenleiern und seltsamen Vogelkäfigen geschmückt sind, vollkommen im

Orient. Die hier feilgebotenen Waaren begreifen Alles in sich, was von
Apothekern, Färbern und Parfumeurs gebraucht wird, und namentlich
der Technolog findet Mancherlei darunter, was ihn interessirt. Hier
kauft man Sandel- und Aloeholz, Tamarinden, Henna zum Färben der
Fingernägel, Ambra, Borax, das beste Rosenöl, alle Gewürze und Far-
behölzer, Wachs und die seltensten Erzeugnisse Persiens und Indiens.
Die Kaufleute sind meist Männer von einiger Bildung und stehen im
Rufe, nicht vorzuschlagen.

Bäder gibt es in Constantinopel, wie bemerkt, eine sehr grosse
Anzahl, sowohl in den Vorstädten als in Stambul, wo die besten sind.
Man erkennt sie an den grossen, bemalten oder mit Vorhängen versehenen Thüren und den mit rothen Ziegeln gedeckten Kuppeln, aus
denen dünne Röhren hervorstehen. Als besonders gut sind zu empfehlen:
das Tschukur, von Mohammed II. über den Ruinen der arkadischen
Cisterne erbaut, das Walide Hammam, bei der sogenannten verbrannten
Säule, das Yenni Hamman oder Dschigal Oglu, nicht weit nördlich von
der Aja Sophia, und das Dscherrah Pascha auf dem Awret Bazari. Die
grössten Bäder sind: das Tochtikahla am ägyptischen Bazar und das
Bad Mahmud Pascha's, nicht fern vom Centralbazar; doch werden
diese nur von Leuten der unteren Classen, Lastträgern, Bootsknechten
u. A. besucht. Ebenso wenig können die Bäder Kasseki, am Awret
Bazari, und Aja Sophia, am südlichen Hofe der gleichnamigen Moschee
empfohlen werden, da dieselben viel von Frauenspersonen einer gewissen Classe frequentirt und deshalb von anständigen Leuten ge-
mieden sind.

Es ist hier vielleicht der Ort, den Reisenden, der so häufig mit
abenteuerlichen Gedanken in den Orient reist, vor den gefälligen
Schönen des Ostens zu warnen. Sie sind allerdings im Ueberflusse vorhanden, aber man darf ihnen in keiner Hinsicht trauen. Von den Türkinnen wollen wir gar nicht reden. Obwohl die beschäftigungslosen
Dragomans und andere Lungerer in der Peraer Hauptstrasse zu dem
Fremden, der an ihnen vorübergeht *„des femmes turques"* anbieten, so
sind dies doch meist nur *verkleidete* Türkinnen, oder, wenn wirklich
mohammedanische Weiber, ein wahrer Abschaum. Schon Mancher, der
einer solchen Einladung folgte, ist nicht nur beraubt, sondern ermordet
worden; — er verschwand, ohne dass man jemals wieder von ihm hörte.
Wer die Prostitution in Constantinopel kennen lernen will, der gehe
gegen Abend im Hafenquartier von Galata umher, wo der Venus Vul-
givaga nicht einzelne Häuser, sondern ganze Gassen gewidmet sind.
Die Bewohnerinnen derselben stehen theils vor den Thüren und ver-
sinnlichen so den lateinischen Namen ihres Gewerbes, theils liegen und
sitzen sie in malerisch sein sollenden Stellungen im Innern. Es gibt
keine europäische Nationalität, die nicht unter ihnen vertreten wäre;
der Fremde wird in allen Sprachen angerufen. Leider gibt es unter
diesen Mädchen viele Oesterreicherinnen, namentlich Ungarinnen, meist
blutjunge Geschöpfe, die nach Constantinopel gelockt und dort an die
Besitzer der verrufenen Häuser verkauft werden. Der Menschenhandel

steht, obwohl der öffentliche Weibermarkt in Stambul abgeschafft ist,
in voller Blüte und aus Ungarn wird fortwährend frische Waare eingeführt. Die Neugier, das Innere eines solchen Etablissements in Galata
zu sehen, bezähme man unbedingt, wenn man nicht in grösserer Gesellschaft und bewaffnet ist. Denn diese Venusberge wimmeln Abends von
betrunkenen Matrosen, Abenteurern und Gaunern aller Art. Der ganze
Menschenkehricht der Levante findet sich hier zusammen, und man
weiss nicht recht, was gefährlicher und mehr zu scheuen ist; die Zärt-
lichkeit der Schönen oder die Brutalität der männlichen Stammgäste.
Es nehme sich also Jeder wohl vor beiden in Acht, doppelt Derjenige,
welcher allein reist und in Constantinopel weder Freunde noch Bekannte hat.

Alle grossen Hammams, mögen sie einfach oder doppelt sein,
d. h. mögen sie nur eine Reihe von Zimmern haben, welche abwechselnd zu verschiedenen Tagen oder Tagesstunden dem einen oder dem
andern Geschlecht zur Verfügung stehen, oder zwei Reihen, eine für
Frauen, andere für Männer, in die man durch verschiedene Thüren
tritt, enthalten drei Räume; ein grosses Vorgemach (Dschamakjan),
wo man sich aus- und ankleidet, ein erstes Dampfzimmer (Saukluk)
und ein zweites heisses (Sidschaklik). Der Dschamakjan ist ein längliches Viereck mit hoher Kuppel, von oben und den Seiten her durch
Fenster erhellt und auf dem Boden mit Marmor gepflastert. In der
Mitte befindet sich ein Springbrunnen oder ein Bassin von Marmor.
An den Wänden laufen erhöhte Gallerien mit Sophas hin, über denselben wird eine ähnliche Gallerie von Stein- oder Holzsäulen getragen.
Die Thüre ist aussen durch einen Vorhang vor Zugluft geschützt.
Neben ihr hat der Hammamschi oder Badeinspector seinen Sitz, der
auf Ordnung sieht und den Badegästen ihre Uhren und ihr Geld aufbewahrt. Ihm zur Seite steht ein Oberbadewärter, welcher den Betrag
für die Bäder einnimmt. Ausserdem hat hier ein Kaffeewirth und ein
Scherbetverkäufer seinen Platz. Nachdem man eingetreten ist, wird man
auf eines der Sophas geführt, wo man sich entkleidet und die Stücke
Baumwollenzeug anlegt, mit denen die Badenden sich von den Hüften
an verhüllen. Dann erhält man ein Paar Holzpantoffeln an die Füsse
und geht nun, von einem Badewärter geleitet, in das Saukluk, wo man
zehn Minuten bleibt und bald die Wirkung des heissen Dampfes, der
dieses halbdunkle Gemach erfüllt, zu spüren beginnt. Nachdem man
bemerkt, dass der Schweiss stärker ausbricht, begibt man sich in das
Sidschaklik, wo [die Hitze, 120 bis 130 Grad Fahrenheit, anfänglich
äusserst drückend ist. Dieses Gemach ist mit einem Gewölbe überdeckt,
das mit runden convexen Gläsern zum Einlassen des Lichts und mit
Löchern versehen ist, in welche dünne Röhren einen Theil des Dampfes auslassen. Der Fussboden ist mit Marmor gepflastert und gegen
die Mitte hin leicht geneigt, damit das Wasser abfliessen kann. An
den Wänden stehen halbkreisförmige Brunnen, jeder mit zwei Hähnen
versehen, von denen der eine heisses, der andere kaltes Wasser liefert.
Die Mitte dieses dritten Zimmers nimmt eine breite Steinplatte ein,

die sich 2 Fuss über den Boden erhebt. Auf diese legen sich die Badenden, um sich entweder bloss abreiben oder durchkneten und die Gelenke bis zum Knacken biegen zu lassen, was nicht eben angenehm ist, aber gesund sein soll. Nach diesem Verfahren steht der Badende auf und nimmt Besitz von einem Bänkchen, das bei einem der Brunnen an der Seitenwand steht. Hier findet er eine kleine Messingschale, die er wiederholt an dem halbkreisförmigen Brunnenbecken neben sich füllt, um sich Kopf und Schultern damit zu begiessen. Die Brunnen an den Ecken gelten für die besten und zahlt man für deren Gebrauch etwas mehr. In grossen Bädern findet man auch am obern Ende des Sidschaklik ein grosses Marmorbecken, in dem man untertauchen kann. Hat der Badende sich eine Zeitlang an diesem Brunnen begossen, so kommt der Telak oder Badewärter und reibt ihn mit rauhen Handschuhen so kräftig ab, dass die obere Haut sich ablöst. Dann bringt er ein Becken mit wohlriechendem Seifenschaum, womit er den Körper des Badegastes bedeckt. Nachdem dieser eine Zeitlang in diesem Schaummantel dagesessen, wird ihm derselbe abgespült, und er kehrt in das Saukluk zurück, wo er seines Baumwollenzeugs entkleidet und in leinene Tücher gehüllt wird. Zwei derselben bedecken Kopf, Brust und Schulter, ein drittes wird um die Hüften geschlungen und hängt bis auf den Boden herab. Die Verschiedenheit der Temperatur mindert den Schweiss. Nach einer Viertelstunde bedeutet der Telak dem Badegast, er könne in das Dschamakjan zurückkehren. Hier nimmt man von einem der Sophas in den Gallerien Besitz, hüllt sich in trockene Leintücher und verbringt dann bei einem Tschibbuk oder Nargileh mit Kaffee oder Scherbet eine Zeitlang in behaglicher, träumerischer Ruhe, voll Wohlwollen gegen die ganze Welt.

Dann kleidet man sich an und entfernt sich. Dies kann selbst bei rauhem Wetter ohne besondere Schutzmittel gegen die Kälte geschehen. Selten erkältet man sich, es sei denn, dass man über den Hafen fahren müsste, in welchem Falle die scharfen Winde und der Mangel an Bewegung einen warmen Anzug erfordern. Sonst ist der allmälige Uebergang aus dem heissen in das warme und das kühle Gemach ein sicheres Mittel gegen Verkühlung durch die äussere Atmosphäre.

Die ganze Procedur dauert ungefähr zwei Stunden, und mit Ausnahme der Erfrischungen betragen die Kosten etwa 6 Piaster. Werden Kaffee, Scherbet und Pfeife gereicht, so sind 10 Piaster eine reichliche Bezahlung. Grosse Bäder sind mit mehreren Reihen von Privatgemächern versehen, von denen jede aus drei Zimmerchen besteht. Man zahlt für deren Gebrauch in der Regel die Hälfte mehr als in den öffentlichen Badegemächern. Die Frauenbäder unterscheiden sich von den geschilderten nur dadurch, dass in ihnen die Bedienung und Ueberwachung weiblichen Geschlechts ist.

Khans hat Constantinopel gegen 180. Es sind grosse steinerne Gebäude ohne irgend welche architektonische Schönheiten, bestimmt zu Herbergen und Niederlagen reisender Kaufleute, gleichviel, welcher

Religion oder Nation. Diese Leute wohnen hier umsonst, das heisst, sie zahlen nur dem Aufwärter beim Abschied ein kleines Trinkgeld. Eines der besten dieser Gebäude ist der Walide Khan. Der Hof desselben ist mit einigen Bäumen und zwei hübschen Brunnen geschmückt, und das Gebäude hat, abgesehen von den Ställen und Waarenmagazinen im Erdgeschoss drei Gallerien übereinander, auf welche Reihen kleiner Gemächer münden, die sehr sauber gehalten und mit den Teppichen und sonstigen Geräthen des jedesmaligen Inhabers möblirt sind. Niemand bekommt hier mehr als ein Gemach, das er sich selbst auszumöbliren hat, und der Aermste wohnt genau so, wie der Reichste. Man kann hier Kaufleute und Waaren von den fernsten Grenzländern des türkischen Reiches sehen.

Von den **kaiserlichen Palästen** sind vorzüglich drei zu erwähnen: der von Tschiragan, der von Dolmabagdsche, neben dem sich der Gartenpalast von Beschiktasch befindet, endlich das alte Serail. Von diesen ist der letztere gegen einen Ferman immer zu sehen; der von Dolmabagdsche, die jetzige Residenz des Sultans, nur selten zugänglich.

Der **Palast von Tschiragan** ist am weitesten entfernt vom Mittelpunct der Stadt, indem er ungefähr anderthalb Stunden von der grossen Brücke liegt. Man begibt sich am besten mit einem Kaïk dahin. Dieses Schloss wurde von Sultan Mahmud II. im Jahre 1836 erbaut und bildet eine der anmuthigsten Zierden der Ufer des Bosporus. Näher kommend, findet man freilich, dass der Palast, mit Ausnahme der Treppen, Säulen und Grundmauern, aus Holz besteht. Er ist sehr gross, indem seine Front gegen das Meer hin über 1000 Fuss einnimmt. Das Innere ist prächtig ausgestattet. Das Ganze besteht aus einem mit dreissig Marmorsäulen verzierten Selamlik, einem glänzenden Diwan Khan oder Audienzsaal, dessen Peristyl auf acht korinthischen Säulen ruht und innen mit vierzig anderen verziert ist, endlich aus dem Harem, dessen Front vierzig Marmorsäulen zieren und wo jedes Stockwerk durch fünfundvierzig Fenster Licht empfängt. Hinter dem Selamlik liegt ein schöner mit prächtigen Kiosks besetzter Garten. Einer von den letzteren, im Süden gelegen, steht mit dem Harem in Verbindung und enthält die Gemächer, welche der Sultan bewohnt, wenn er sich hier aufhält. Ausserdem gehören zu dem Palaste noch eine gute Anzahl von Gebäuden für den Hofstaat und das Hofgesinde. Tschiragan heisst übrigens auf türkisch „der Beleuchtete".

Der **Palast von Dolmabagdsche** sammt dem von *Beschiktasch* steht ebenfalls hart am Ufer des Bosporus, aber näher an Tophana. Er ist von Stein erbaut und noch ganz neu. Der Styl ist eine Art Rokoko, in welchem korinthische und maurische Formen vorwiegen. Das Ganze sieht von Weitem nicht übel aus, während bei näherer Betrachtung Manches unsymmetrisch, Vieles überladen scheint. Die Baukosten sollen 200 Millionen Piaster betragen haben. Durch mehre mit allerlei Emblemen gezierte Thore gelangt man in einen mit eisernen, vergoldeten Stäben abgeschlossenen Hofraum, dann eine Treppe emporsteigend in eine auf Säulen ruhende hohe Halle, deren Kuppel mit

Rubinglas gedeckt ist, welches auf den Stuck und Marmor der Wände und des Fussbodens ein zauberhaftes Licht wirft. In der Mitte des Palastes befindet sich der grosse Audienzsaal, ein längliches Viereck, das von einer auf Säulen ruhenden Decke überwölbt ist. In der Mitte hängt der grosse Glaskronleuchter, der mit seiner schönen Form und seinen 10,000 Flammen auf der Pariser Industrie-Ausstellung Staunen erregte. Der gewöhnliche Empfangssaal und das Arbeitszimmer des Sultans haben Wände, die aus Marmor zu sein scheinen, aber blosser Stuck sind. Der Boden ist mosaikartig getäfelt und mit kostbaren Teppichen belegt. Neben hohen Spiegeln sind grosse Glaskandelaber angebracht. Recht niedlich ist der Rauchkiosk, der einer Riesenlaterne gleicht. In den Feldern der Friese sind Landschaften angebracht, der Fussboden ist mit Porcellanplatten bekleidet, in deren Mitte sich ein Springbrunnen aus Krystall in eine weite, glänzende Schale ergiesst. Ebenfalls sehr hübsch ist das Bad des Sultans, in welchem Decke und Wände mit ägyptischem Alabaster belegt sind, der wie leicht angerauchter Meerschaum aussieht. Die aussen mit Gittern versehenen Gemächer des Palastes enthalten das Harem. Hinter demselben ziehen sich grosse und geschmackvoll geordnete Gärten hin, die ein Deutscher, Namens Sester, angelegt hat. Hart neben dem Palast von Dolmabagdsche liegt der kleine Sommerpalast von Beschiktasch mit seinen Gärten, der in den achtziger Jahren des siebzehnten Jahrhunderts erbaut wurde. Hohe Mauern verbergen die Schönheit seiner Anlagen, die aus anmuthigen Cypressenhainen, Bosquets und prächtigen Blumenbeeten bestehen.

Das Serail (Serai Burnu) nimmt mit seinen zahlreichen Palästen, Kiosks, Pavillons und Gärten die Spitze der Halbinsel zwischen dem Marmormeer und dem Goldenen Horn ein, auf welcher das alte Byzanz lag. Von Mohammed II. angelegt, bildet es ein Dreieck von fast $^3/_4$ Meilen Umfang. Es ist allenthalben mit Mauern umgeben. Die Gebäude liegen auf der Höhe des Vorgebirges, dem ersten, oder wenn man will, dem letzten der sieben Hügel, welche Stambul tragen. Nach der Stadt, wie nach der See hin ist das Serail von Gärten mit hohen alten Bäumen umgeben. Der Sultan besucht den Palast jetzt nur bei feierlichen Gelegenheiten, und derselbe ist nur noch von früheren Sultaninnen und deren Hofhalt, sowie von einigen andern Beamten und Würdenträgern bewohnt. Da das Serail das Werk vieler Jahrhunderte ist, so besteht es aus einer grossen Anzahl von Gebäuden ohne durchgehenden Plan. Der Haupteingang ist ein grosser Pavillon mit acht Oeffnungen über dem Thor. Letzteres, die *hohe Pforte*, von welcher die türkische Regierung benannt ist, hat in der That eine beträchtliche Höhe. Sie ist ein Rundbogen, an dem sich eine arabische Inschrift und rechts und links Nischen befinden. Sonst sie sie ganz einfach und sieht mehr wie ein Wachthaus, als wie das Portal zu einem Kaiserpalast aus. An ihr halten fünfzig Kapidschis oder Thorwärter Wache. Zuerst tritt man in einen langen Hof. Rechts sind Krankenstuben, links wohnen die Asankoglans, welche für die Reinlichkeit des Serails zu sorgen haben. Jedermann hat Zutritt in diesen ersten Hof, aber Alles beobachtet die grösste Stille. Vom ersten Hof gelangt man durch ein Thor in den zweiten, der ebenfalls von Kapidschis bewacht ist. Derselbe ist ein Quadrat, dessen Seiten 300 Schritte messen. Die Fusswege sind gepflastert, die Alleen gut gehalten, auf schönen, frischgrünen Rasenplätzen plätschern Springbrunnen. Links befindet sich der Schatz des Sultans und ein kleiner Stall. Hier zeigt man einen Brunnen, an dem früher die zum Verlust ihres Kopfes verurtheilten Paschas enthauptet wurden. Rechts ziehen sich Bureaux und Küchen hin, die mit Kuppeln geschmückt, aber ohne Schornsteine sind. Von den Küchen war früher eine für den Sultan, eine für seine Hauptgemahlinnen, eine für die andern Frauen bestimmt; in einer vierten wurde für den Kapu Agassi (Oberbefehlshaber der Thorhüter), in einer fünften für die Beisitzer des Divans, in einer sechsten für die Pagen des Sultans gekocht, die siebente gehörte den Beamten des Serails, die achte den Dienstleuten, die neunte endlich kochte für alle Die, welche an Sessionstagen verpflichtet waren, zu Hofe zu kommen. Es sollen früher hier alljährlich allein 40,000 Ochsen verspeisst worden sein, ungerechnet die Hunderttausende von Schafen, Gänsen, Tauben und Hühnern, welche gebraucht wurden.

Rings um den Hof läuft eine niedrige von Marmorsäulen getragene und mit Blei gedeckte Gallerie. Niemand als der Sultan darf in diesem Hofe zu Pferde erscheinen; deshalb befindet sich hier der kleine Stall, der aber nur Raum für dreissig Pferde hat Ueber demselben verwahrt man eine Anzahl kaiserlicher Reitzeuge, die ausserordentlich reich an Juwelen sind. Der grosse Stall für die Beamten des Sultans, wo Raum für tausend Pferde ist, liegt weiter hinunter am Bosporus. Die Halle, wo der Divan gehalten wurde, befindet sich links am äussersten Ende dieses Hofes. Rechts ist ein Thor, welches in das Innere des Serails führt. Die Thronhalle ist geräumig, aber niedrig, mit Blei gedeckt, mit Getäfel bekleidet und in maurischer Weise vergoldet, im Ganzen nicht besonders imposant. Hier pflegte früher der Grossvezier als oberste Instanz alle Civil- und Criminalsachen zu entscheiden, und hier war es, wo die Gesandten fremder Mächte Audienz erhielten. Interessant ist im Serail ferner eine Art Zeughaus oder Rüstkammer, in welcher man alttürkische Waffen und die zum Theil malerischen, zum Theil mehr seltsamen Anzüge findet, welche früher die Würdenträger des kaiserlichen Hofes bei feierlichen Gelegenheiten anlegten. Noch interessanter ist die Kammer, in welcher die Reliquien vom Propheten und den ersten Chalifen verwahrt werden. Diese Reliquien belaufen sich auf sieben, von denen fünf in einer Kapelle oder Kammer des oberen Serails liegen. Diese letztere öffnet sich nach einer Gallerie nordwestlich vom Thronsaal und liegt dem schönen, achteckigen Eriwan-Kiosk gegenüber. Sie heisst Hirkai Scherif Odassi, d. i. Kammer des heiligen Mantels. Christen, gleichviel welchen Ranges sie sein mögen, haben nur, durch ganz besondere Glücksfälle begünstigt, Zutritt zu diesem überaus heilig gehaltenen Raum. Ja, ausser dem Sultan, dem

Palast-Immams und den Kapidschi Baschis, welche Tag und Nacht hier Wache halten, werden nicht einmal Moslemin in das Innere gelassen. Am 15. Ramadan aber begibt sich der Sultan in grosser Procession in die Capelle, um seine Huldigung darzubringeń, und' dann werden sämmtliche Reliquien ausgestellt. Charles White hatte das Glück einen Theil derselben zu sehen, und wir folgen im Nachstehenden seinem Bericht.

„Die in der heiligen Kammer aufbewahrten Reliquien bestehen: 1) in dem *Sandschak Scherif*. Diese Fahne diente nach den Versicherungen einiger arabischer Schriftsteller ursprünglich als Vorhang vor dem Eingang in das Zelt Ayeschas, der Lieblingsfrau des Propheten. Nach Andern war sie zuerst das Turbangewinde eines von eifriger Gegnerschaft zu ebenso eifrigem Glauben bekehrten Jüngers Mohammeds. Dieser Mann, Namens Sehmi, statt den Propheten, wie ihm die Schechs von Mekka befohlen, mit einer Reiterabtheilung anzugreifen, warf sich auf die Knie, riss das Tuch vom Kopfe, heftete es an die Spitze seiner Lanze und widmete es nebst seiner eigenen Person fortan dem Dienst und Ruhm des Propheten. Nachdem das heilige Banner durch die Hände der Ommajaden und Abassiden gegangen und durch die letztern nach Kairo gebracht worden; kam es bei der Eroberung Aegyptens durch Selim I. 1512 in die Gewalt der türkischen Sultane.

Dieselben verwahrten es anfänglich in der grossen Moschee von Damaskus. Murad III. aber liess die heilige Fahne nach Stambul bringen, von wo sie 1595 den Feldzug nach Ungarn mitmachte. Zu Ende dieses Jahres kam sie nach Stambul zurück. Von dieser Zeit an wurde sie nur dann wieder gezeigt, wenn der Sultan oder der Grossvezier sich in Person zu der im Felde stehenden Armee begaben, wie dies zwischen 1595 und 1829 wiederholt geschah, oder wenn der Staat in Gefahr erklärt wurde, wie 1826 bei der Vernichtung der Janitscharen. Gegenwärtig ist diese Reliquie von ihrer Stange abgenommen und in einen mit Schildkrot, Perlmutter und Edelsteinen besetzten Kasten von Rosenholz eingeschlossen. Sie ist in eine andere Fahne gewickelt, die dem Chalifen Omar gehört haben soll, und diese ist wieder in vierzig verschiedene Hüllen aus kostbaren Stoffen gefertigt, deren innerste aus grüner Seide gefertigt und mit goldenen Inschriften bestickt ist, z. B. Maschallah! (Wie Gott will!) Bismillah! (Im Namen Gottes!) Ja H ifis! (O Erhalter!) u. a. m. Die Schlüssel zu diesem wie zu dem andern Reliquienkasten hat der Kislar Agassi als Aufseher und Verwalter der heiligen Stätten in Verwahrung. Die Fahnenstange ist an der Spitze mit einer hohlen, vergoldeten Silberkugel versehen, in welcher ein der Sage nach vom Chalifen Omar geschriebenes Exemplar des Koran eingeschlossen ist. Eine andere Abschrift des „Buches", die vom Chalifen Osman herrühren soll, ist im Knopf der erwähnten zweiten Fahne verborgen.

Die zweite Reliquie, ein Gegenstand höchster Verehrung, ist der *Mantel Mohammed's*, den derselbe einem Araber, Namens Keab, als Belohnung für ein Gedicht geschenkt haben soll, das derselbe auf die

Herrlichkeit des Allmächtigen und die unsterblichen Verdienste seines Gesandten gemacht Dieser gefeierte Dichter war einer der sechs heidnischen Gelehrten, welche Mohammed dadurch zu bekehren suchte, dass er sie aufforderte ihm ein Buch vorzulegen, welches schöner sei als der Koran. Fünf derselben bekannten ihre Unfähigkeit dazu und liessen sich bekehren. Keab dagegen wusste Mancherlei am Koran auszusetzen und behielt seinen Glauben. Er wurde verfolgt und floh in die Wüste, wo er sich in eine Höhle verbarg. Dort, scheint er Reue über seine Hartnäckigkeit empfunden zu haben, und um dies zu beweisen, machte er das erwähnte Gedicht, in welchem er um Verzeihung bat. Dasselbe gilt den türkischen Gelehrten als Meisterwerk und soll an Schönheit und Vollendung des Styls nur dem Koran nachstehen Es führt den Titel „Burdai Scherifi". Stellen aus demselben sind in Jedermanns Mund, auch liest man deren häufig auf Brunnen, Gebäuden und Grabmälern.

Die dritte der Reliquien ist der *Bart des Propheten,* der nach dessen Tode. von seinem Günstling, dem Barbier Selman, am Kinn abgenommen wurde, in Gegenwart Abu Kekrs, der als Ober-Imam fungirte, sowie Alis und anderer hervorragender Jünger. Derselbe ist etwa 3 Zoll lang, lichtbraun von Farbe und ohne graue Haare. Er wird in einem hermetisch verschlossenen, reichverzierten Glasschrank aufbewahrt.

Nummer Vier ist *einer der vier Zähne,* welche dem Propheten in der furchtbaren Schlacht bei Bedr, wo der Erzengel Gabriel an der Spitze von dreitausend andern Himmelskriegern (unsichtbar) an seiner Seite kämpfte, mit einer Streitaxt ausgeschlagen wurden.

Die fünfte Reliquie besteht in einer *Fusstapfe* auf einem viereckigen Stück Kalkstein. Man hält sie für eine Fussspur Mohammed's, und zwar soll dieselbe von ihm zurückgelassen worden sein, als er beim Bau der Kaaba den Maurern einen schweren Stein aufheben half. Nach Andern entstand sie, als der Prophet den linken Fuss in den Steigbügel des Himmelrosses Borak setzte, mit dem er bekanntlich alle Himmel durchflog. Abbildungen von diesem Stein sammt dem Fusstritt, vergoldet unter Glas und Rahmen und mit frommen Inschriften versehen, werden in den Buchläden zum Verkauf ausgestellt, namentlich während des Ramadan, und oft sehr theuer — bis zu 2000 Piastern — bezahlt. Diese, sowie die vorhergehend beschriebene Reliquie wird in einem mit durchbrochener Silberarbeit und Edelsteinen geschmückten Kasten aufbewahrt. Sie stehen ungefähr in der Mitte der Capelle, auf einer Art Altar, dessen Seiten mit reichgesticktem Behänge bedeckt sind. An der Südwand des Raumes trifft man verschiedene Glasschränke mit Waffen und andere Merkwürdigkeiten, die ebenfalls mit Stoffen verhangen sind. Ueber den Reliquienschreinen hängen silberne Lampen und Strausseneier. Die Lampen werden jeden Abend mit Sonnenuntergang angezündet. An den Enden stehen zwei ungeheure, massiv goldene Leuchter mit mächtigen Wachskerzen. Die Capelle hat ungefähr 50 Fuss im Quadrat. Der Boden ist mit Matten und kostbaren Teppichen belegt. Das Licht fällt durch ein zum Theil mit Fenstern versehenes Gewölbe. In einer Nische auf der andern Seite stehen ein Divan, ein Sopha und Stühle für den Sultan, der bisweilen hier sein Gebet verrichtet. Zu beiden Seiten der Thüre, die der gewöhnliche rothe, mit silbernen Inschriften bestickte Vorhang verhüllt, befinden sich zwei grosse Uhren.

Thore hat Stambul 28, von denen mehre in der Geschichte der Stadt eine Rolle gespielt haben. Wir betrachten sie im Folgenden einzeln, indem wir am Serail beginnen und der Mauer längs dem Goldnen Horn folgen, um dann die Thore auf der Landseite und zuletzt die am Marmorameer aufzuzählen. Das erste Thor, welches sich am Serail auf das Goldne Horn öffnet, ist das Talli Köschk Kapussi, so genannt nach dem benachbarten Pavillon. Dann folgt das Bagdschi Kapussi, d. h. das Gartenthor, wo gewöhnlich Diejenigen landen, welche mit dem Kaik von Tophana kommen. In der Nähe dieses Thores befindet sich ein Pavillon, welcher der Kiosk des Tschauschbaschi heisst, da hier dieser Beamte, eine Art Hofceremonienmeister, bei Audienztagen die fremden Gesandten zu empfangen pflegte, um sie durch die Divanstrasse nach der hohen Pforte zu geleiten. Weiter hinauf am Hafen folgt Tschufut · Kapu, das Judenthor, in dessen Nähe viele Juden wohnen, und welches von einer benachbarten Moschee auch Walide Kapu, das Thor der Sultanin Mutter, heisst. Dann kommt das Balukbazar Kapussi, oder Fischmarkt-Thor, an der Stelle, wo das Goldne Horn am schmalsten ist; dann folgen das Sindan Kapussi, Gefängnissthor, bei dem früher ein Gefangenhaus stand, das Odun Kapussi, in dessen Nähe sich Bauholzmagazine befinden, das Dschub Ali Kapussi, das von einem reichen Glaser, Namens Ali, erbaut sein soll, das Ajasma Kapussi, so genannt nach dem anstossenden Brunnen, der von den Byzantinern vor der Eroberung als ein Heiliger verehrt wurde und noch jetzt im Geruch der Heiligkeit steht; das Yeni Kapussi oder Neuthor, das Petri Kapussi oder Petersthor, das Fener Kapussi, so getauft nach dem einst hier stehenden Leuchtthurm — Fanar — nach welchem das Griechenviertel benannt wurde. Dann das Balat Kapussi, d. h. Palastthor, früher Basilica genannt, nach dem benachbarten Palast der Blacherner. Endlich das Haiwan Serai Kapussi, das Thor der wilden Thiere oder Menageriethor. Es soll nach dem Amphitheater so heissen, welches einst hier sich befunden habe. Bei der letzten Belagerung von Constantinopel standen die Venetianer und Griechen, welche die Stadt gegen die verbündeten Türken und Genueser vertheidigten, zwischen diesem und dem zuletzt erwähnten Thore. Hier commandirte Davala, am Fanarthore aber der verrätherische Grossfürst Lucas Notaras.

Auf der Landseite gab es früher nicht weniger als sieben Thore, von denen aber jetzt nur einige noch existiren, obwohl man zwei der alten noch von aussen sehen kann. In dieser Ecke der Stadt befanden sich die beiden Paläste der Blacherner und Hebdomon, wo die byzantinischen Kaiser in den letzten Jahren ihrer Herrschaft residirten. Das erste der Thore, welche sich jetzt auf der Landseite öffnen, ist das Egri Kapu oder das schiefe Thor, so genannt, weil es in einem Winkel der Mauer errichtet ist. Früher hiess es Charsisch, was von Charsias, einem Aufseher der Mauerer, abgeleitet wird, die hier arbeiteten. Man nennt es auch das bulgarische Thor. In byzantinischer Zeit wurde es eine Zeitlang von deutschen Söldnern bewacht, und Arno Gilpracht liess hier den Alexius Komnenus ein, der sich sofort des Thrones bemächtigte. Ferner zog durch dieses Thor Justinian als Triumphator ein, wobei ihn hier der Präfect der Stadt und der Senat erwartete, um ihn nach der Apostelkirche zu geleiten, auf deren Stätte jetzt die Moschee Mohammed's II. steht Das Edreneh Kapussi oder Adrianopel-Thor wird in der alten Geschichte unter dem Namen Polyandrii erwähnt. Im fünften Jahre der Regierung des Kaisers Heraklius, 625 n. Chr., als Constantinopel von den Avaren belagert wurde, wurde vor diesem Thore am härtesten gestritten. Bei Gelegenheit dieser Belagerung geschah es, dass die Kirche des heiligen Schreins, in welcher ein Gewand der Mutter Christi verwahrt wird, in die Mauer eingeschlossen wurde. Zwischen diesem Thor und dem nächsten, Top Kapussi, fliesst der Bach Lycus. Das Top Kapussi hiess früher das Thor des heiligen Romanus. Seinen jetzigen Namen: Kanonenthor, hat es von einer früher hier befindlichen Batterie. Hier war es, wo am 29. Mai 1453 der letzte der Paläologen in tapferer Vertheidigung seiner Hauptstadt gegen die Türken den Heldentod starb. Sieben Wochen lang hatten die Schaaren Mohammed's II. die Stadt vergeblich belagert, obwohl die Griechen von Parteiungen zerrissen waren, nur 6000 von ihnen auf den Mauern kämpften und sich unter den Fremden, welche für sie stritten, ja unter ihnen selbst Verräther befanden. Endlich, nachdem Mohammed den Kaiser noch einmal umsonst zur Ergebung aufgefordert, begann am 29. Mai in der Frühe der letzte grosse Sturm. Der Kampf war furchtbar. Am Thor des heiligen Romanus stand der edle Kaiser selbst, und neben ihm Giustiniani mit 300 auserlesenen Genuesern, sowie Don Francesco von Toledo. Am Adrianopelthor befehligte Theodorus aus Karystos eine Compagnie Armbrustschützen und ein deutscher Feldzeugmeister die Artillerie. An diesen Posten bis zum Egri Kapu und weiter am Hafen hin reihten sich Slaven und Bulgaren, an deren Spitze der römische Cardinal Isidorus, Erzbischof von Kiew, kämpfte. Weiterhin stritt eine auserwählte Schaar Italiener, geführt von dem venetianischen Bailo Hieronymus Mainotte und Leonardo de Langosco. Den grössten Theil der Hafenseite vertheidigte, wie bereits erwähnt, der Grossfürst Notaras. Der Venetianer Gabriel Trevisano mit 400 seiner Landsleute stand bei der Akropolis, Contarino, ein anderer Venetianer, am Goldenen Thor, der Genuese Maurizio Cataneo am Thor von Selymbria und der spanische Consul Pedro Giuliani kämpfte an der Spitze wackerer Katalonier auf derselben Seite der Stadt. Der Sturm hatte zwei Stunden gewährt, als Giustiniani verwundet wurde. Er liess sich trotz aller Bitten des Kaisers nach Galata schaffen, und mit ihm zog ein grosser Theil seiner Leute dahin ab. Darauf drangen die Türken

Constantinopel. 213

durch die entstandene Lücke ein, im Getümmel wurde der Kaiser erschlagen, und wenige Stunden später befand sich die ganze Stadt in der Gewalt Mohammed's. Notaras wurde hingerichtet, Giustiniani erlag in Galata seinen Wunden, der Cardinal gerieth in die Sclaverei, wusste sich jedoch loszukaufen und gelangte glücklich nach Rom zurück.

Auf das Kanonenthor, vor dem sich ein grosser Friedhof und mehre elegante Kaffeehäuser befinden, folgt das Mewlaneh Kapussi, so genannt von einem benachbarten Derwischkloster. Es heisst auch das neue (Yeni), weil es von Sultan Achmed aus den Resten des hier befindlichen alten Thores aufgerichtet wurde, auf dieses zunächst das Silivri oder Selymbriathor, dann neben dem Schloss der sieben Thürme das Jedi Kuli Kapussi. Hier in der Nähe war früher das Goldene Thor, durch welches die Kaiser in der Regel ihre Triumphzüge hielten.

Auf der Seite des Marmormeeres befindet sich zunächst das Narli Kapu oder Granatapfelthor. Auf dieses folgt das Psammatia Kapussi oder Sandthor. Es hat seine griechische Benennung behalten, da sich hier viele Griechen angesiedelt haben. In der Nähe desselben muss sich das alte Thor des heiligen Aemilian befunden haben. Das nächste Thor ist das Daud Pascha Kapussi, das seinen Namen von einem Pascha hat, welcher seinen Namen der benachbarten schönen Moschee und dem umliegenden Theil der Stadt gegeben hat. Es heisst auch Planga Kapussi und ist die Stelle, wo die grosse Feuersbrunst von 1755, welche vom Dschub Ali Thor sich quer durch die ganze Stadt hindurch frass, zum Stillstand kam. Das Yeni Kapu, Neuthor, nahe bei dem ebengenannten, führt in ein vorzüglich von Armeniern bewohntes Quartier. Das Kum Kapu hiess früher das eiserne Thor. In der unmittelbaren Nähe des Tschatladdi Kapu, wo sich ein grosses Schlachthaus befindet, sieht man ein paar Löwen und die Thorsäulen eines Palastes in die Mauer hineingesetzt. Sie gehörten entweder zu dem Bukoleon, welches von Theodosius, oder zu einem andern Palast, der von Leo Marcellus erbaut wurde. Das letzte Thor auf dieser Seite ist das Achar Kapussi oder Stallthor, so benannt von den in der Nachbarschaft befindlichen kaiserlichen Marställen. Hier stösst die Stadtmauer mit der des Serails zusammen, welche letztere drei grosse Thore und einige Pförtchen hat.

Die grosse **Brücke** über das Goldne Horn wurde im Jahre 1838 nach dem Plane des Griechen Giorgi erbaut. Sie besteht aus verschiedenen Abtheilungen starker Holzflösse, die an den Enden zusammengefügt sind. Jede Abtheilung zählt vier Lagen von Balken, deren oberste die Fahrstrasse bildet. Die unterste Lage besteht aus starken Stämmen, welche gegen die Strömung einen scharfen Winkel und so einen festen Grund bilden. Auf diesen sind viereckige Balken in die Quere befestigt, in regelmässigen Zwischenräumen von 40 Zoll, welche die Grundlage für hölzerne Bogen bilden, die eine Höhe von 3 Fuss haben, und auf denen wieder die Querbalken ruhen, welche die Plattform der Brücke mit der Fahrstrasse tragen. Jede Abtheilung ist auf jeder ihrer Seiten durch zwei Anker befestigt. An den Seiten der

obersten Schicht läuft ein starkes Geländer hin. Da weder Fluth noch
Ebbe stattfindet, und die Geschwindigkeit der Strömung im Goldnen
Horn nicht gross ist, so ist die Reibung unbedeutend. Da die Enden
der Brücke sich in gleicher Höhe mit den Ufern befinden und an denselben befestigt sind, so kann das grosse Floss sich weder in gefahr-
drohender Weise heben noch fallen, und gegen plötzlichen durch Regengüsse oder anhaltende Südwinde herbeigeführten Wasserandrang ist die
Brücke durch die Bogen geschützt, durch welche das Wasser ungehindert fliessen kann. Um den freien Verkehr kleiner Fahrzeuge zu
erleichtern, hat man zwei Durchfahrten offen gelassen, von denen jeder
300 Fuss vom Ufer entfernt und 80 Fuss weit ist. Der auf der Gala-
taseite ist zur Einfahrt in den Hafen, der auf der Stambul-Seite für
die hinausfahrenden Boote bestimmt. Diese Durchgänge sind mit halbkreisförmigen Bogen überbaut, die mit Räderfuhrwerken etwas beschwerlich zu passiren sind, aber dem Ganzen ein leichtes Ansehen
geben und die lange horizontale Linie angenehm unterbrechen. Damit
grosse Schiffe hin- und hergehen können, ist die mittlere südliche
Abtheilung so gebaut, dass sie eine Zugbrücke bildet, die mittelst
schwerer eiserner Angeln aufgezogen werden kann. Die Tiefe des Wassers beträgt an dieser Stelle 12, sonst durchschnittlich 8 Faden. Die
ganze Länge des Bretterweges beläuft sich auf 1500, die Breite des
Fahrweges auf 30 Fuss. An den Enden der Brücke befinden sich kleine
Moscheen, von denen die auf dem Galata-Ufer Asab (von den leichten
Truppen, deren Caserne hier lag), die auf der Stambul-Seite die Mehl-
magazin-Moschee heisst. Für den Uebergang zahlt man an die Einnehmer, welche an beiden Endpuncten stehen, beim Betreten der Brücke
jedesmal 5 Para. Ein Stück weiter hinauf führt eine andere Brücke
über das Goldne Horn, die aber weniger benützt wird.

Wasser ist den Morgenländern das Symbol des Lebens, und der
Koranspruch: „Durch Wasser lebt alles Ding", bildet die Inschrift fast
aller der zahlreichen öffentlichen **Brunnen** Stambuls. Die interessantesten der letzteren sind folgende:

Der Brunnen vor der Hauptpforte des Serails, erbaut von Achmed III. Er ist ein grosses, viereckiges Gebäude, dessen Dach sich
wie das einer Pagode ausbiegt, und dessen Ecken abgestumpft sind.
Sowohl auf den Seitenwänden, wie auf den Flächen der abgestumpften
Ecken liest man auf blauem Grund goldne Inschriften, welche den
Wasserschatz im Innern preisen, dessen „Fluthen bei Weitem den
Semsem von Mekka und den Selsebil oder Paradiesesbrunnen übertreffen". Suk Tscheschme, eine kalte Quelle gleich neben dem Serailthor,
welche nach ihr benannt ist, zwischen dem Alai Köschki und der
grossen Hauptpforte. Trotz des Lobes, welches jene Inschriften der
erstgenannten Quelle ertheilen, gilt sie doch noch nicht für die beste.
Als solche sieht man den Simeonsbrunnen an, der sich vor dem Serailthor befindet, welches sich nach Osten öffnet. Mohammed II., der nach
der Eroberung alle Quellen der Stadt untersuchen liess, fand, dass
diese das leichteste Wasser gab, und befahl, dass jeden Tag drei

Pferdelasten davon, jede von 20 Oka, in Silberflaschen nach dem Serail gebracht würden. Endlich mögen noch die Brunnen Sultan Achmed's in der Pfortenstrasse, nahe bei dem eisernen Thor des Serails,
und der Sultana Sejnab, der Aja Sofia gegenüber, sowie der in Tophana
als besonders schöne Gebäude erwähnt werden.

Von den **Alterthümern** Constantinopels muss zunächst des
Atmeidan gedacht werden, der einen Theil des einstigen *Hippodroms*
oder Rennplatzes einnimmt. Er ist der grösste freie Platz in Stambul,
indem er 250 Schritt lang und etwa 150 breit ist. Man findet ihn südöstlich von der Aja Sofia. Vor Errichtung der Achmed-Moschee, deren
Hof ihn begrenzt, war er noch einmal so breit. Der Hippodrom wurde
vom Kaiser Severus angelegt, der ihn jedoch unvollendet lassen musste,
da das Reich damals durch Barbaren schwer bedrängt wurde. Derselbe
war in der Zeit seiner Vollendung mit schönen Gallerien, Statuen,
Säulen und Marmorstufen geschmückt. Auch standen hier bis 1204 die
ehernen Rosse, die jetzt das Portal der Markuskirche in Venedig zieren.
Die Marmorstufen wurden unter Soliman dem Grossen durch den
Grossvezier Ibrahim Pascha weggenommen, der seinen in der Nähe
gelegenen Palast damit schmückte, während die damals noch vorhandenen Säulen zum Bau der Solimanijeh verwendet wurden. Der Hippodrom spielt eine grosse Rolle in den blutigen Empörungen, welche in
der byzantinischen Zeit so oft das Reich erschütterten, und obwohl
sie — z. B. durch Belisar — wiederholt hart gezüchtigt wurden, bis
in's siebente Jahrhundert sich erhielten. Apollonius von Tyana, der
bekannte mystische Philosoph, errichtete hier wie auf andern Plätzen
der Stadt verschiedene Bildsäulen mit geheimnissvollen Inschriften,
aus denen man später Weissagungen auf die Schicksale der Stadt her-
auslas. Andere Statuen schaffte man von Athen, Kyzikus, Cäsarea,
Tralles, Sardes, Antiochia, Cypern, Kreta, Rhodus und Nicäa herbei.
Alle diese Kunstwerke wurden zerstört, als die barbarischen Franken
unter Balduin und Dandolo die Stadt erstürmten. Nur drei von den
Zierden des Platzes sind erhalten, und auch diese nur theilweise: zwei
Obelisken und eine Bronzesäule. Der eine *Obelisk*, von ägyptischem
Granit, aus einem Stück gemeisselt, hat eine Höhe von 50 Fuss und
ist auf allen vier Seiten mit Hieroglyphen bedeckt. Griechische und
lateinische Inschriften an der Basis sagen, dass der Kaiser Theodosius
ihn wieder aufrichten liess, nachdem er eine Zeitlang am Boden gelegen.
Dabei sind die Maschinen, die man zu seiner Aufstellung verwendet,
in Reliefplatten abgebildet. Einst zierte die Spitze ein eherner Fich-
tenzapfen. Nicht weit davon steht ein anderer aus verschiedenen Stücken
zusammengesetzter Obelisk, der früher mit Erzplatten überzogen war.
Diese sind wahrscheinlich mit Darstellungen in getriebener Arbeit versehen und grosse Kunstwerke gewesen, da die Inschrift darunter von
dem Obelisken als von einem Wunderwerk spricht. Vielleicht trug er
die einige Schritte davon aus einer Vertiefung aufragende *eherne
Schlangensäule*. Diese ist etwa 16 Fuss hoch und wird von drei
Schlangen gebildet, welche sich spiralförmig, etwa wie eine Rolle Ta-

bak, emporwinden. Oben bildeten ihre hervorgestreckten Hälse eine Art Dreifuss, der als Capitäl gelten konnte. Sultan Murad soll einen der Köpfe abgeschlagen haben. Auch die andern kamen später abhanden und die Säule wurde umgeworfen. Jetzt hat man sie wieder aufgerichtet. Sie ist jedenfalls ein Werk des höchsten Alterthums, wenn es sich auch nicht beweisen lässt, dass sie, wie Manche vermuthen, aus Delphi hierher geschafft worden, wo sie den Dreifuss der Pythia getragen habe.

Der **Palast des Belisar** liegt auf einer Anhöhe im Quartier Chasköi. Es ist die Ruine eines weitläufigen Baues, der zum Theil aus rothem Sandstein, zum Theil aus Ziegeln besteht. Hier und da ist auch noch ein Marmorstück sichtbar. Im Innern der Stockwerke haben arme Juden ihre Wohnung aufgeschlagen. Dass er der Rest des Palastes des berühmten Feldherrn sei, ist blosse Sage.

Die **Säule des Theodosius** befindet sich im Garten des Serails, gehört der korinthischen Ordnung an und hat eine Höhe von 50 Fuss. Sie ist mit einem schönen Capitäl von Verde Antico gekrönt und trägt die Inschrift: „Fortunæ reduci ob devictos Gothos".

Die **Verbrannte Säule** steht in der Adrianopler Strasse und verdient ihren Namen in gewissem Sinn, da sie von den Feuersbrünsten, welche diesen Theil der Stadt wiederholt in Asche legten, schwarz angeräuchert worden ist. Bei näherer Betrachtung sieht man, dass sie von Porphyr erbaut ist. Sie besteht aus mehren Stücken, die Zwischenräume zwischen denselben werden von Kupferringen verborgen. Es heisst, sie habe eine Statue Constantins getragen. Aus der Inschrift erfährt man, dass dieses „bewundernswerthe Bauwerk von dem frommen Kaiser Manuel Komnenus wieder hergestellt wurde." Glycas meldet, dass sie unter der Regierung des Nicephorus Botoniates vom Blitz getroffen würde, welcher die Statue des Constantin, die ursprünglich den Apollo dargestellt hatte, zertrümmerte.

Die **Marcianssäule** liegt etwa dreissig Schritt südlich vom östlichen Eingang des Schuhmacherbazars im Garten eines Türken, ist aber so von Häusern eingeschlossen, dass man leicht an ihr vorbeigeht. Die Türken nennen sie Kis Taschi, d. i. Mädchenstein, eine Benennung, welche ihren Ursprung einer Verwechslung dieser Granitsäule mit einer Marmorsäule verdankt, die unweit des Fanars, im Mittelpunct eines von liederlichen Frauenzimmern bewohnten Quartiers stand. Letztere Säule nämlich trug eine Venusstatue, die nach der Versicherung alter Geschichtsschreiber die seltsame Eigenschaft hatte, Frauen von zweifelhafter Tugend, die an ihr vorbeigingen, die Kleider emporfliegen zu lassen. Als dies einst auch der Kaiserin Sophia, Gemahlin Justinian's II. begegnete, wurde die boshafte Göttin herabgerissen und in's Meer geworfen. Ihre Säule aber blieb stehen bis 1553, wo sie weggenommen wurde, um das Innere der Solimanijeh zu verschönern. Die Marcianssäule, im Jahre 455 errichtet, besteht aus einem einfachen Schaft von röthlich-grauem ägyptischen Granit, welcher aus zwei Stücken

besteht. Das Fussgestell wird durch fünf ungleich grosse Blöcke Mar-
mora-Marmors gebildet. Der mittlere Block, von etwa 7 Quadratfuss,
ist auf drei Seiten mit griechischen Kreuzen in kreisförmigen Medail-
lons geschmückt. Auf der Westseite befinden sich die sehr verstümmelten Gestalten zweier Genien, die eine Erdkugel halten. Auf derselben
Seite liest man die Inschrift: „Principis hanc statuam Marciani cerne
torumque ter vovit quod Tatianus opus". Auf dem korinthischen Knauf,
der ebenfalls von weissem Marmor ist, sind die südlichen Schnörkel
noch fast ganz unbeschädigt. Auf demselben ruht ein grosser viereckigen Marmorblock mit Adlern an den Ecken, der wahrscheinlich der
Statue Marcians als Fussgestell diente. Man zahlt für den Eintritt in
den Garten ein kleines Bakschisch.

Sehr bedeutend und zum Theil interessant sind die Reste der
alten **Wasserleitungen**, von denen die des Kaisers *Valens*, jetzt
Bosdogan Kemari genannt, die wichtigste ist. Dieselbe überspannt
mit ihren Ueberresten das Thal, welches den dritten Hügel Constantinopels vom vierten trennt und führt das aus den sumpfigen Höhen
westlich von Kihat Khana quellende Wasser dem grossen Serai Taksim
zu. Nach den besten Quellen wurde der Aquäduct vor der Umgestaltung
der Stadt durch Constantin d. G. vom Kaiser Hadrian erbaut, und
zwar in einer einzigen Bogenlinie. Da aber der Bau mangelhaft war
und durch Erdbeben bald zerstört wurde, liess Valens ihn von Grund
aus auf einer doppelten Bogenreihe neu aufbauen. Dieser Neubau, der
um das Jahr 367 n. Chr. vollendet wurde, stürzte 558 wiederum ein.
570 wieder hergestellt, wurde er 617 von den Avaren zerstört, und jetzt
blieb er liegen, bis 766 Constantinos Kopronymos seinen Wiederaufbau
in solidester Weise anordnete. So versorgte das grossartige Werk das
Viertel der Aja Sofia und die um die Akropolis gruppirten kaiserlichen
Paläste drei Jahrhunderte hindurch mit Wasser. Als sich Spuren von
Verfall zeigten, und da man fand, dass die Kanäle theils zerfallen,
theils verstopft waren, liess der Kaiser Basilius im Jahre 1020 das
Ganze nochmals herstellen. Dreizehn Jahre später wurde der Aquäduct
wieder durch ein Erdbeben beschädigt. Dann wieder restaurirt, blieb
das Werk in gutem Zustande bis auf Soliman den Grossen, der es im
Jahre 1540 von dem grossen Architekten Sinan wieder ausbessern liess,
es leider aber zugleich verunstaltete. Da er fand, dass die vom Gipfel
des vierten Hügels nach dem dritten fliessende Wassermasse durch
Niederreissung eines Theils der oberen Bogenreihe nicht beeinträchtigt
werden könnte, so beschloss er dieselbe abzutragen, um von der Schach-
sadeh-Moschee eine Aussicht nach der nördlichen Seite des Hafens zu
gewinnen. Aber im Laufe des Zerstörungswerks entdeckte der Sultan,
dass der Zweck desselben nicht zu erreichen sei, und so blieb die
Hälfte der oberen Bogenreihe stehen. Bei Sonnenuntergang bietet dieser
über die Niederung des Thales und die benachbarten Häuser hervorragende, verstümmelte alte Römerbau einen höchst malerischen, impo-
santen Anblick dar, indem dann das Tagesgestirn sein scheidendes
Licht durch die noch stehenden Bogen ergiesst und Alles ringsum in

jene unbeschreibliche aus Gold und Purpur gemischte Fluth taucht, die dem Bosporus so eigenthümlich ist.

Die Höhe des Aquäduct wechselt nach der Tiefe des wellenförmigen Bodens, ihr Maximum beträgt 78 Fuss, die Länge von der Mohammed-Moschee bis zum Eski Serai ungefähr 1250, die Breite des Mauerwerks 11 Fuss.

Die *Bimbir Direk-Cisterne* (Bimbir Direk heisst tausend und eine Säule) ist die berühmte *Cisterne des Philoxenes* der byzantinischen Zeit; jetzt ist sie eine Fabrik, in welcher arme, elend aussehende Knaben Seide spinnen. Sie hat im Innern eine grosse Anzahl von Säulen.

Diese Säulen, deren man 672 gezählt hat, stehen in drei Reihen übereinander, so dass das Dach eigentlich nur von 224 getragen wird. Der vorspringende Fuss der obern Reihe ist etwas ausgehöhlt und dient der untern als Capitäl. Da sie sich gegenseitig das Gleichgewicht halten, so haben sie trotz der häufigen Erdbeben ihre gerade Stellung bewahrt. Man hat berechnet, das diese Cisterne, wenn sie von dem Schutt, der sie jetzt bis auf 6 Fuss vom Knauf der mittleren Säulenreihe füllt, gereinigt würde, 1,270,900 Kubikfuss Wasser halten könnte, eine hinreichende Menge, um den grossen Stadttheil, den sie eigentlich versorgen sollte, auf zwei volle Monate mit Wasser zu verschen. Die auf den Capitälen einiger Säulen zu lesenden Anfangsbuchstaben sind neuer als der ursprüngliche Bau, welcher seine Dauerhaftigkeit vorzüglich dem trefflichen Mörtel dankt, der die Backsteine der Wände und Wölbungen verbindet. Wann und von wem die Cisterne erbaut worden ist, weiss man nicht. Sie liegt nicht fern von der Verbrannten Säule in einem Stadttheil, der im Alterthum den Namen Lausus führte. Andere Cisternen mit Säulen findet man in der Nähe der Sieben Thürme und auf dem dritten Hügel in der Nähe der Laleli-Moschee.

Wir kommen jetzt zu den ungeheuren **Friedhöfen**, welche ganz Constantinopel sammt seinen Vorstädten umgeben und zu den sehenswerthesten Puncten der Stadt gehören. Sie nehmen mit ihren dunklen Cypressengruppen jede geschützte Stelle und jede nicht bebaute Höhe ein und drängen sich selbst in die Strassen der Stadt, so dass sie die Lebenden stets an den Tod mahnen und jene Ergebung erzeugen, mit welcher jeder Moslem der letzten Stunde entgegensieht. Zu den merkwürdigsten dieser Stätten des Todes gehört der ungeheure Friedhof der Juden oberhalb Chasköi, eine Verlängerung des Okmeidan. Dieses einsame Begräbnissfeld zeichnet sich vor allen andern durch den Mangel an Bäumen und durch die fünfeckige Gestalt der Sarkophage auf seinen Grabsteinen aus. Ein anderer sehr interessanter Friedhof, der von Ejub, ist bereits erwähnt, ebenso der fränkische und der armenische hinter Pera.

Auf den offenen Friedhöfen findet man dreierlei Classen von Grabsteinen. Die der Armen bestehen nur aus zwei senkrechten Steinen, von denen der untere etwa 3 Fuss, der obere etwas höher ist. Die mittleren Classen haben ausser dem Kopf- und Fussstein noch eine flache Platte auf dem Grabe, die in der Mitte einen laugen Spalt hat. Letzterer wird gemacht, um dem Gesetz zu genügen, welches die gänzliche Ueberdeckung der Gräber mit festen Substanzen untersagt. Das Volk glaubt, dass durch die Oeffnung die beiden Engel Monker und Naker ein- und ausgehen, welche nach mohammedanischem Glauben die Todten zu verhören haben. An den Ecken der flachen Platte sind runde Vertiefungen angebracht, die dazu dienen, dass sich in ihnen das Regenwasser sammelt, wo sie dann den auf den benachbarten Cypressen nistenden Vögeln als Trinknäpfchen dienen — ein Zeichen, dass der Türke auch manche liebenswerthe Seite hat. Die Vornehmen bedecken ihre Gräber gewöhnlich mit hübschen Sarkophagen, die sich in der ersten Zeit recht gefällig ausnehmen, aber bald vernachlässigt werden, es wäre denn, dass unter ihnen für besonders heilig gehaltene Männer ruhten. Die Gräber der letztern sind gewöhnlich mit Gittern umgeben. An diesen findet man oft Lappen und Fetzen angeheftet. Es herrscht nämlich unter dem Volke der Glaube, dass, wenn man vom Kleide oder Hemde eines Kranken ein Stück abreisst und an das Grab eines Frommen heftet, dies dem Leidenden Gesundheit, wenigstens Linderung bringt.

Obgleich vornehme Leute gewöhnlich verordnen, dass ihre Ruhestätte nur mit einer niedrigen Säule verziert werden solle, sind doch die meisten Gräber mit prächtigen Inschriften und mehr oder weniger Sculpturen versehen. Die Kopfsteine bei Männern tragen stets einen Turban oder ein Fess, das bisweilen roth bemalt ist und aus demselben Stück wie der Grabstein besteht. Bei Frauen endigen sie mit einer Spitze, mit der Form eines ausgebreiteten Blattes oder einer Kamm-Muschel. Die Fuss-Steine zieren ausgehauene Blumen, bisweilen auch bloss gemalte. Die Grabschriften sind nicht oft so poetisch, als sich von der lebhaften Einbildungskraft der Orientalen erwarten lässt. Sie enthalten den Namen, die einstige Beschäftigung, den Todestag des Verstorbenen und bisweilen noch einige Zeilen, die mehr vom künftigen, als vom vergangenen Leben sprechen. Anfangs wird immer der Allmächtige angerufen, wie z. B.: „Er, der Unsterbliche", oder „Gott allein ist unvergänglich". Darauf folgen einige Worte, wie:

„Der in Gott entschlafene und auf Vergebung hoffende Sejd Osman Aga, Hauptmann der 44. Janitscharen-Compagnie. Ein Gebet für seine Seele. 10. Silhidsche 1211."

Einige Inschriften auf Frauengräbern zeigen mehr Aufwand von Kunst. Sie sind in der Regel in Versen geschrieben und in Goldbuchstaben auf blauem Grunde. Beispiels halber führen wir noch einige Grabschriften an, und zwar zuerst die des berühmten Ali Pascha von Janina. Das Grab desselben liegt auf dem Friedhof von Silivri Kapussi auf einer erhöhten Plattform. Bei ihm ruhen seine Söhne, Weli Pascha von Trikala, Muklar Pascha von Avlona, Salik Pascha von Lepanto und sein Enkel Mohammed, welcher Pascha von Delvino war. Die Sarkophage sind von weissem Marmor. Die goldenen Inschriften nennen die Namen der Todten, und deuten an, dass sie durch Enthauptung starben. Die auf Ali's Grab lautet:

„Er allein ist ewig!"

Der Gouverneur der Provinz Janina, der seine Unabhängigkeit länger als dreissig Jahre behauptete — der berühmte Ali Pascha. Hier ruht sein Haupt! 5. Dschamessi Eli Auwel 1227" (1812). Hier wird für die Seele des Todten kein Gebet verlangt, weil er hingerichtet und sein Körper anderswo beerdigt wurde.

Auf dem Grabe eines Studenten im Friedhof zu Pera:

„Einheit und Ewigkeit sind Sein."

„Ach wehe! der Mehlthau des Herbstes hat den Frühling meines Daseins verderbt. Das Schicksal sprach und rief vor der Zeit meine Seele ab. Tag und Nacht arbeitete ich fleissig im Weinberg der Wissenschaft, aber ich wurde von hinnen gerufen, ehe ich die lebensreife Frucht gekostet, und meine Seele schwang sich, aufwärts strebend, empor zu den Gärten der Ewigkeit. Der in Gott und seiner Gnade verschiedene Mohammed Sejd Effendi, Sohn Hadschi Ismail Sadchs, Aeltesten der Schneiderinnung. Ein Gebet für seine Seele. 1251."

Auf dem Grabe einer Dame im Friedhof der malerisch gelegenen Moschee Piali Paschas am Ok Meidan:

„Gott ist unvergänglich."

„Verzeihe mir, o Herr, kraft Deines glänzenden Himmelsgewölbes und der Leuchte des Korans. Tretet an mein Grab, o Freunde, und gönnt meiner Seele ein Gebet. Die in Gott entschlafene Hannifa Chanem, Gemahlin Ali Agas. Der Allmächtige erbarme sich ihrer Seele. Betet für sie! 1184."

Auf dem Kopfsteine Bonnevals im Friedhof der Mewlewi-Derwische in Pera:

„Im Namen des allmächtigen Gottes."

„Möge er, der Höchste und Heiligste, Gnade gewähren den Gläubigen beiderlei Geschlechts, und dem Befehlshaber des Bombardiercorps, Achmed Pascha, vergeben. Redschib 1160."

Bonneval war bekanntlich, nachdem er längere Zeit in der österreichischen Armee mit Auszeichnung gedient, nach Constantinopel gegangen, dort General der Artillerie geworden, zum Islam übergetreten, zum Statthalter von Chios emporgestiegen, endlich aber abgesetzt worden, worauf er 1747 in Constantinopel starb.

Wir fügen hieran einige Mittheilungen über türkische Gebräuche ausser dem Hause, namentlich über religiöse *Festlichkeiten.*

Das türkische Jahr besteht aus 12 Mondmonaten, von denen jeder 29 Tage und 13 Stunden hat. So enthält das Jahr 354 Tage 9 Stunden. Da indess ein solches Jahr unbequem wäre, so beschloss man, dass immer 19 Jahre 354 und 11 Jahre 355 Tage haben sollten, so dass die mohammedanische Zeit sich in Cyklen von je 30 Jahren entwickelt. Dabei rechnet man das Jahr der Hedschra oder Flucht Mohammed's von Mekka, in welchem er zuerst als Prophet auftrat, als das Jahr Eins. Dieses begann Freitag den 16. Juli 622, und das 538.

Jahr der Hedschra begann ebenfalls Freitags am 16. Juli. Dieses Jahr aber entspricht dem Jahr 1143 nach Christi Geburt, und so sind 521 unserer Jahre gleich 537 türkischen. Der Tag wird von Sonnenuntergang an gerechnet, dies ist die zwölfte Stunde. Eine Stunde später ist es an der türkischen Uhr um Eins und so fort bis zur zwölften Stunde am Morgen, wo sie von vorn zu zählen beginnen. Die Folge dieser Art zu rechnen, ist, dass die Uhren, wenn sie richtig gehen sollen, bei dem Wechsel der natürlichen Tageslänge jeden Abend anders gestellt werden müssen.

Unter den Festen der Mohammedaner ist das **Bairam** das wichtigste. Es schliesst den Fastenmonat **Ramadan**, während dessen Jedermann sich von Sonnenaufgang bis Untergang streng alles Essens und Trinkens, des Rauchens und Schnupfens, ja selbst des Riechens von Blumen und Essenzen zu enthalten hat. Der Ramadan beginnt mit dem Erscheinen des Mondes nach Sonnenuntergang am letzten Tage des vorhergehenden Monats Schasban. Bei Tagesanbruch und bei Sonnenuntergang wird von jeder der Hauptbatterien des Bosporus eine Kanone gelöst, um der Bevölkerung den Beginn und das Ende ihres täglichen Fastens zu verkünden. Nach dem Kalender sollte der Ramadan stets 30 Tage haben, allein die Fasten werden in der Hauptstadt bisweilen auf 29 Tage beschränkt, wenn nämlich der neue Mond des Schawal nach Ablauf dieser Periode sichtbar ist. Der Ramadan ist eine Nachahmung der griechischen Fastenzeit, nur mit dem Unterschied, dass man einerseits den Tag über gar nichts geniesst, und andererseits sich des Nachts dafür entschädigt. Mohammed wählte diesen Monat für die Fasten, weil ihm am 19. desselben Gott seine Erwählung zum Propheten und am folgenden Tage das erste Capitel des Koran offenbart hatte. Unter die verschiedenen Uebertretungen, welche das tägliche Fasten ungiltig machen, und durch ausserordentliche Gebete und Kasteiungen gesühnt werden müssen, gehört nach türkischem Glauben das Verleumden — es wäre schön, wenn dieses moralische Fasten auch in christlichen Ländern eingeführt würde.

Bairam heisst türkisch überhaupt: Fest- oder Feiertag. Arabisch nennt man es Id El Fitr. Es dauert vier Tage, vom Sonnenuntergang am letzten Tag des Ramadan bis Sonnenuntergang am 3. Schawal und kann als der Carneval der Moslemin bezeichnet werden. Man macht sich so lustig als möglich, putzt sich mit neuen Kleidern und verpufft besonders viel Schiesspulver.

Kurban Bairam, arabisch Id Ed Dha, beginnt stets 70 Tage nach dem vorigen mit Sonnenuntergang am 10. Silhidsche, und endigt am Abend des 15. Es wurde zum Andenken an das unterbrochene Opfer Ismaels (nach dem Koran wollte Abraham diesen, nicht Isaak, opfern) eingesetzt. An diesem, wie an dem vorhergehenden Feste enthalten sich die Türken aller Arbeit, die Geschäfte ruhen, Freunde und Verwandte besuchen und beschenken sich, und Tag wie Nacht sind dem Schwärmen und Schwelgen geweiht. Am Kurban Bairam vertheilt man aber auch reiche Almosen, erhebt Zehnten zu milden Zwecken und schlachtet Massen von Schafen und Ziegen, um sie an die Armen zu vertheilen. Schon mehre Tage vor diesem Fest wimmeln die Anhöhen um die Stadt und deren Hauptstrassen von Herden, welche zu diesem Zweck aus den benachbarten Districten, ja selbst aus dem Innern von Rumelien und Anatolien herbeigetrieben werden. Die bulgarischen Schäfer des Sultans, die ein Dorf nordwestlich von den sogenannten Süssen Wassern Europa's bewohnen, kommen ebenfalls mit einer Herde solcher Thiere, von denen ein Theil durch den Sultan selbst, andere durch Hofbeamte geopfert werden. Die Hörner der Thiere sind vergoldet, die Vliesse blau, roth und gelb bemalt, mit breiten Bändern und kleinen Papierstreifchen verziert, die Köpfe und Schwänze mit Talismanen behangen. Die Herde zieht, die Treiber in festlicher Kleidung voran, begleitet von lärmender Musik und grossen Hunden, durch das Egri Kapussi in Stambul ein. Die Zahl der an diesem Fest in Constantinopel geschlachteten Schafe und Ziegen soll sich auf 200,000 belaufen. Ungeheure Herden werden zu demselben Zwecke nach allen grossen Städten getrieben, so dass das Landvolk beträchtlichen Gewinn daraus zieht, zumal, da ein Schaf um diese Zeit nicht unter 40, ein Lamm nicht unter 30 Piaster zu haben ist.

  Mulid, genauer *Mulid En Nebbi*, der Geburtstag des Propheten, ist einer von den Tagen, an denen der Sultan sich in Gala nach der Achmed-Moschee begibt, diesmal um dort den Brief des Scherifs von Mekka in Empfang zu nehmen, worin die glückliche Ankunft der grossen Pilgerkarawane und der Geschenke gemeldet wird. Allgemeine Lustbarkeiten aber finden an diesem Tage in Constantinopel nicht statt.

  Ausser den angeführten Festen haben die Moslemin noch sieben Nächte, die als besonders heilig gelten. Dieselben werden **Lejlat Mubaraka,** heilige Nächte, genannt, und man feiert sie durch Erleuchtung der Moscheen, sowie durch Behängung der Gallerien der Minarete mit Laternen. Dieselben sind nach der Reihenfolge des mohammedanischen Kalenders:

  1. Die Nacht vor dem Mulid, am 12. Rebi El Aual.

  2. Die Nacht der Enthüllung (Lejlat Er Regib), in welcher die Empfängniss des Propheten stattgefunden haben soll. Sie fällt auf den ersten Freitag des Redschib und wird türkisch Utsch Ailar genannt.

  3. Die Nacht der Himmelfahrt des Propheten (Lejlat El Miradsch), die auf den 27. Redschib fällt.

  4. Die Nacht der Rechtfertigung (Lejlat El Berat); sie ist die Nacht des 15. Schaban, und in ihr schliessen die über die Thaten der Menschen Bericht erstattenden Engel ihre Bücher und erhalten neue; der Todesengel aber schreibt die Namen derjenigen auf, die im Verlauf des kommenden Jahres sterben sollen.

  5. Die Nacht der Allmacht (Lejlat El Kadr) fällt auf den 27. Ramadan und ist die gefürchtetste und geheimnissvollste unter allen Nächten des Jahres. Erde und Luft, Land und Meer, die Thiere, Pflanzen und Steine, kurz, die ganze Natur ist dem Einfluss dieser Nacht unterworfen und erkennt durch menschlichen Augen unsichtbare Kund-

gebungen die Macht und Majestät des Schöpfers an. In dieser Nacht begibt sich der Sultan, wenn das Wetter es erlaubt, in Gala nach der kaiserlichen Moschee von Tophana, wobei ihn zahlreiche Begleiter mit bunten Laternen umgeben. Dann verfügt er sich in einen Kiosk des benachbarten Arsenals, um ein vor demselben veranstaltetes Feuerwerk anzusehen. Schliesslich kehrt derselbe in seinen Palast zurück, wo man ihm eine neue jungfräuliche Knospe zuführt. Erwächst daraus der kaiserlichen Familie eine Vermehrung, so wird dies als ein Ereigniss von guter Bedeutung für das Reich angesehen. Nach Einigen ist dieser Gebrauch jetzt aus der Uebung gekommen.

Die sechste heilige Nacht ist die, welche dem Bairam, die siebente die, welche dem Kurban Bairam vorangeht. Der 10. Moharrem wird ebenfalls heilig gehalten; es ist der Tag von Kerbelah, wo Hossejn, der Sohn des Chalifen Ali verrätherischer Weise von Jesid getödtet wurde. Oeffentlich gefeiert wird derselbe nur von den Schiiten. Aber auch bei den Sunniten finden an demselben weder Gelage, noch Hochzeiten oder Beschneidungen statt, und er gilt überhaupt als Unglückstag. Arabisch wird er Aschura, von aschr, zehn, genannt.

Sehr interessant und gewissermassen auch ein Fest ist die Ceremonie des *Abzugs der grossen* **Mekkakarawane**. Sie ist ein Fest, bei dem das Publicum die Hauptrolle, der Hof nur den Zuschauer spielt, und wurde 1517 von Selim I. eingesetzt, der zugleich das Amt eines Sarra Emini oder Schatzmeisters und Führers der Karawane stiftete. Damals soll sich der Werth der Geschenke, die der Sultan der Karawane mitgab, auf mehr als eine Million Thaler belaufen haben. In neuern Zeiten haben diese Gaben sehr abgenommen, indess sind sie noch immer beträchtlich, da sie nicht bloss aus der Privatcasse des Sultans, seiner Gemahlinnen und anderer reichen Personen, sondern zugleich aus verschiedenen frommen Stiftungen (Wakuf) fliessen. Die jährlich für Mekka bestimmten Summen werden vom Kislar Agassi und dem Finanzminister festgesetzt und dem Sarra Emini übergeben, von dessen Gutdünken die Vertheilung hauptsächlich abhängt. Die Wallfahrt nach Mekka, von Mohammed im 9. Jahr der Hedschra (631 n. Chr.) eingesetzt, ist eine der fünf Hauptpflichten der Moslemin. Nur aus triftigen Gründen wird davon dispensirt, und dann hat der betreffende einen Ersatzmann zu stellen oder reichliche Almosen zu geben, die unter die armen Pilger vertheilt werden. Die alten Chalifen unterzogen sich der Pflicht wiederholt. Seitdem aber das Chalifat in die Hände des Hauses Osman übergegangen ist, hat nur ein einziger Sultan den Versuch gemacht, sie zu erfüllen. Es war dies Osman II. Als aber dessen Absicht den Janitscharen kund wurde, deren Vernichtung er mit Hilfe der ägyptischen Truppen beabsichtigte, erhoben sie sich in offenem Aufruhr, und der Sultan verlor das Leben. Prinzen und Sultaninnen der jetzigen Dynastie haben nur zwei die Wallfahrt unternommen: eine Tochter Mohammeds I., welche die Reise glücklich vollbrachte und später im Geruch einer Heiligen starb, und Sultan Dschem, der Bruder Bajasids II., welcher ebenfalls glücklich zurückkehrte,

später aber in der Verbannung zu Civita Vecchia starb. Da man es
für unpolitisch hält, dass Sultane die Wallfahrt antreten, so werden
für sie Stellvertreter gewählt. Der eine derselben ist der erwähnte
Sarra Emini, der andere der oberste Mollah von Mekka, der innerhalb
der Kaabah sowie in Medina als Repräsentant des Sultans und obersten
Priesters der Gläubigen fungirt. Auch der Pascha von Damaskus pflegt
als Emir El Hadsch mitzuziehen, wofern es nicht die Verhältnisse ver-
bieten. Von dem Gelde (jetzt etwa 60,000 Thaler) welches ersterer
mitbekommt, bekommen einen Theil die Armen der heiligen Städte,
einen anderen Theil die Wüstenaraber auf dem Wege (als Geleitsge-
bühr oder Tribut), einiges wird auf Erhaltung der Strassen, Brücken
und Brunnen zwischen Damaskus und Mekka verwendet, manches fliesst
auch in die Tasche des Serra Emini und anderer Würdenträger. Die
Pilgerkarawane (Hadsch) ist doppelter Art: die gewöhnliche jährliche
und die ausserordentliche, welche alle sieben Jahre abgeht. Bei gewöhnlichen betheiligen sich selten mehr als 25 bis 30,000 Menschen, bei den
ausserordentlichen steigt die Zahl auf das Doppelte. Es herrscht der
Aberglaube, dass der Hadsch, um nicht erfolglos zu sein, aus wenigstens 60,000 Seelen bestehen müsse, und wenn diese Zahl nicht erreicht
werde, steige der Erzengel Gabriel mit einer hinlänglichen Zahl von
Engeln hernieder, um das Fehlende zu ergänzen. Der erste Sammelplatz
der Karawane ist Constantinopel, wo die Pilger aus Rumelien aus den
Ländern am Schwarzen Meer und den Inseln des Archipelagus zusammentreffen. Der zweite grosse Vereinigungspunct ist Damaskus, wo die
gläubigen Schaaren aus dem Innern von Kleinasien, aus Syrien und
Mesopotamien zur Karawane stossen. Der dritte Sammelpunct ist da,
wo das ägyptische Gebiet an die grosse Wüste grenzt und wo die
afrikanische Karawane sich mit der nördlichen vereinigt.

Die Abreise des Hadsch findet in der Regel am 12. Schewal
(Januar) statt. Indess wird sie bisweilen verschoben, wenn der nächstfolgende Tag ein besonders glücklicher, etwa ein Freitag, ist. Die Stadt
ist in grosser Bewegung. Der Sultan begibt sich dann gewöhnlich
aus seinem Palast in das alte Serail, und hält hier Cour (Richiab,
d. h. Steigbügel), umgeben von den Grosswürdenträgern des Reiches.
Nachdem diese vorbei, eilen die Theilnehmer dieser Ceremonie in den
ersten oder äusseren Hof des Serails, während der Sultan sich zu
Pferde in den dritten Hof begibt. Von hier verfügt er sich durch das
Thor der Glückseligkeit in den zweiten Hof, auf dessen Nordseite der
Kiosk steht, in welchem früher die Grossveziere die fremden Gesandten
zu empfangen pflegten, und sodann in den äussern Hof, wo sich ihm
die Grosswürdenträger wieder anschliessen, um ihm nach einer der
kaiserlichen Moscheen zum Mittagsgebet zu folgen. Nachdem dieses
vorüber ist, kehrt der Zug in das Serail zurück und der Sultan nimmt
in dem über dem Mittelthor befindlichen Kiosk an einem Fenster Platz,
um die Procession der Pilger die Revue passiren zu lassen. Derselben
reitet eine Abtheilung türkischer Cavallerie voraus. Dann kommt der
oberste Emir und andere Nachkommen des Propheten mit neuen, grünen

Kaftans und grünen mit Gold gestickten Turbanen, alle auf schönen, reich geschmückten Pferden. Hinter diesen reiten die Bürgermeister (Effendassi) von Stambul, Galata und Pera, die Grossrichter von Rumelien und Anatolien und ein langer Zug von Mollas und andern Gelehrten, alle von ihren Secretären zu Pferde und ihren Reitknechten zu Fuss begleitet. Hierauf folgen kaiserliche Hausbeamte, Pagen und Diener in grünen und blauen, mit Gold oder Silber verzierten Uniformen. Einige derselben tragen silberne Räucherpfannen mit Bernstein, Aloëholz und sonstigem Räucherwerk, während Andere eine Hymne singen, die wiederholt durch das Geschrei: „Allah! Allah hu akbar!‟ (Gott ist gross!) unterbrochen wird. Hinter diesen kommt dann der Sarra Emini, begleitet von Beamten und Dienern seines Departements, alle wohlberitten und in grüne, goldgestickte Röcke gekleidet. Ihnen zunächst kommt der Musdadschi Baschi, ein Beamter, der den Auftrag hat, dem Scherif von Mekka das eigenhändige Begrüssungsschreiben des Sultans zu überbringen. Dieser Brief ist in drei seidene, sämmtlich mit dem kaiserlichen Siegel versehene Beutel eingeschlossen, die wiederum in einer Kapsel von grüner mit Goldstickerei geschmückter Seide stecken. Der Musdadschi Baschi hält das Gehäuse mit beiden Händen auf dem Sattelknopf, während sein Pferd von zwei Reitknechten geführt wird.

Endlich erscheinen die beiden heiligen Kameele Machmili Scherifi, welche die Hauptrolle bei der Ceremonie spielen. Diese Thiere werden niemals zu weltlichen Zwecken verwendet. Ihr Stambaum ist sehr alt und soll bis zu dem Kameel hinaufreichen, welches den Propheten am Tage der Flucht trug. Das erste ist prächtig aufgezäumt. Zaum, Schwanzriemen und Gurt sind von grünem, mit Goldknöpfen und Edelsteinen besetztem Leder. Nacken und Schwanz sind mit Talismanen und Amuleten behangen, den Kopf schmückt eine Krone von Straussenfedern. Auf dem Rücken desselben erhebt sich ein mit Zinnen versehener Kasten mit der heiligen für die Kaabah bestimmten Decke, die einmal vom Sultan, das andere Mal vom Pascha von Aegypten geliefert wird. Der Kasten hat etwa 6 Fuss Höhe und 2 im Durchmesser, ist senkrecht auf dem Sattel befestigt, mit Decken von Goldstoff behangen und mit kleinen Fahnen und Federn von verschiedenen Farben besteckt. Reiche Decken von gleichem Stoff hängen zu beiden Seiten herunter und verbergen fast das ganze Thier. Das zweite Kameel trägt keine andere Last, als eine Nachahmung des Sattels (Machfil), auf dem der Prophet zu sitzen pflegte, wenn er Recht sprach oder Suren des Koran vorlas. Er ist von grünem Sammt mit Silber gestickt. Von gleichem Stoff ist der Zaum und das übrige Geschirr. Beide Thiere werden von zahlreichen Stallknechten und einer Ehrenwache begleitet. Hinter ihnen kommt der Richter der Karawane (Hakim El! Hadsch) mit seinen Kawassen, der während der Reise Rechtshändel schlichtet und die Polizei handhabt. Dann verkündet eine wilde Musik von Trommeln und Tamburins mit noch wilderen Gesängen, angestimmt von einer Schaar zerlumpter Derwische und Bänkelsänger, die Ankunft der

Pilger. Diese Leute, meist den untersten Classen angehörig, ziehen in ungeordneten Gruppen, auf lange Stäbe gestützt und unter dem beständigen Gebrüll: „Allah! Allah! hu! hu!" einher. Ihnen folgt eine Abtheilung Infanterie als Bedeckung für die sieben heiligen mit dem Schatz der Karawane und den Geschenken beladenen Maulthiere. Der erste befindet sich in starken, mit grünem Tuch überzogenen Kasten, die letzteren in kleinen Behältern, die ähnlich gestaltet und verziert sind, wie der vom ersten Kameel getragene. Zäume und Sättel dieser Thiere sind von rothem Leder und mit feiner Stickerei verziert. Drei derselben tragen die Zelte, in welchen die heilige Decke und der Brief des Sultans bei Nacht aufbewahrt werden. Die Zeltstangen sind oben mit grossen metallenen Kugeln und grünseidenen Wimpeln geschmückt. Auf die Maulthiere folgt eine zweite Musikbande und eine noch grössere Schaar von Pilgern, die ebenso zerlumpt und schmutzig aussehen, als die andern. Anständige Leute wohnen diesem Zuge selten als Theilnehmer bei, sondern schliessen sich ihm entweder in Skutari oder in Damaskus an. Die Strassen, durch welche sich die Procession bewegt, sind mit Militär besetzt, hinter dem sich fast die ganze muselmännische Bevölkerung sammelt, auf der einen Seite die Männer, auf der andern die Frauen. Die Fenster der obern Häuser sind ebenfalls mit Frauen besetzt, während ihre Männer und männlichen Verwandten unten sitzen. Hunderte von vergoldeten Arabas mit den schönsten Damen von Stambul nehmen die offenen Plätze ein.

Sobald die Spitze des Zuges den Landungsplatz am Bagdschi Kapussi oder Gartenthor erreicht hat, schwenkt sie rechts ab, um für die Lastthiere Platz zu machen. Diesen wird, sobald sie am Rand des Wassers angelangt sind, ihre Last abgenommen, um an Bord eines bereitstehenden Dampfers nach Skutari gebracht zu werden. Die Thiere kehren unter Bedeckung einer Ehrenwache nach ihren Ställen im Serail zurück. Der Sarra Emini aber und die übrigen Beamten der Karawane schiffen sich unter einer Salve von 21 Kanonenschüssen nach Skutari ein, wohin ihnen auch die Pilger folgen, mit denen sie einige Tage später nach Mekka aufbrechen.

Diese jährlichen Pilgerfahrten haben gegen früher an Originalität bedeutende Einbusse erlitten. Die Organisation dieser islamitischen Wallfahrtsreisen (Hadschi), welche noch heutzutage zu den Hauptbeschäftigungen zählt, womit sich der syrische General-Gouverneur zu befassen hat, war in früherer Zeit viel bedeutender als eben jetzt. Der genannte Grosswürdenträger führte unter anderen Titeln auch jenen eines Prinzen der Karawanen (Emir-el-Hadschi), er war in dieser Eigenschaft verpflichtet, persönlich den Oberbefehl über die Karawane zu übernehmen, dieselbe von Damaskus nach Mekka zu führen, gleichzeitig auch für die Sicherheit mehrerer tausend Hadschis während einer Reise von 4½ Monaten auf eine Entfernung von 300 Meilen in der Wüste, die Damaskus von den zwei heiligen Städten trennt, nach Möglichkeit Sorge zu tragen. Damaskus war damals der Rendezvousplatz der persischen, sowie auch der aus Constantinopel kommenden Pilger, die dort nach ihrer Vereinigung eigentlich die grosse Mekkapilger-Karawane bildeten. Am zahlreichsten waren die Perser vertreten; seit jedoch der persische Meerbusen bis Dscheddah durch Dampfer befahren wird, benützen dieselben diese beiweitem minder beschwerliche Route. Früher zog die Karawane vom asiatischen Ufer des Bosporus mit sämmtlichen Hadschis der europäischen Türkei durch zahlreiche anatolische und syrische Städte, überall Pilger aufnehmend, die dann zu Tausenden zählten, nach Damaskus. Seit einigen Jahren finden diese romantischen Wallfahrten aus ökonomischen Gründen nicht mehr statt, einige wenige Syrier, ziemlich viel Damascener, sowie auch noch theilweise Perser, bilden heutzutage die Landkarawanen. Die Mehrzahl der Pilger bedient sich französischer, österreichischer und russischer Dampfer bis Port-Said oder Alexandrien, von wo aus dieselben durch den Kanal oder per Eisenbahn nach Suez gelangen, um von da durch egyptische Dampfer der Azizie-Gesellschaft nach Dscheddah überführt zu werden.

Seit der Gouverneur von Syrien die Karawane nicht mehr persönlich führt, wird alljährlich abwechselnd ein pensionirter Civil- oder Militär-Pascha zum Führer (Suri Emini) ernannt; derselbe überbringt die Präsente des Grossherrn an die heiligen Städte, zugleich auch eine Art Subvention, richtiger Tribut an gewisse Beduinen-Chefs, um die Karawane durch ihr Gebiet, dass heisst durch die Wüste, ungefährdet ziehen zu lassen. Die Direction der Pilger-Karawane führt ein anderer Pascha unter dem Namen Mohafaz-el-Hadschi; derselbe ist gleichzeitig Commandant der Escorte, die früher aus regulären Truppen bestand, jetzt aber aus berittenen Beduinen, irregulärer arabischer Cavallerie und Zaptiés (Polizeimännern) zusammengesetzt ist, da Letztere die Strapazen leichter zu ertragen vermögen. Zwei ' Feldgeschütze werden stets mitgeführt. Die Auslagen des Staatsschatzes für diese Karawanen sind noch immer sehr bedeutend. Der Vali von Syrien ist verpflichtet, den Betrag von 10 Millionen Piaster, hiezu für übliche Geschenke wenigstens 6 Millionen, herzugeben; rechnet man die Verpflegung der Pilger und der Escorte auf der Reise hin und retour, den Aufenthalt in den heiligen Städten, sowie auch unvermuthete Auslagen, so macht der Gesammtbetrag die runde Summe von 20, sage zwanzig Millionen = 5 Millionen Francs, die wahrlich zu einem viel nützlicheren Zweck verwendet werden könnten. Der Grossherr ist indess der Beherrscher der Gläubigen, der legitime Nachkomme der Chalifen; ohne Gefahr, das Prestige der herrschenden Dynastie zu gefährden, kann diese alte Sitte nicht so leicht auf einmal über Bord geworfen werden. Indessen, obwohl die Türkei, Aegypten, Tunis, der Kaiser von Marokko, ja selbst Frankreich den Hadschis theilweise freie Ueberfahrten und auch sonstige Unterstützung gewähren, vermindert sich die Zahl derselben dennoch von Jahr zu Jahr sehr erheblich. Die Zeit ist nicht mehr ferne, wo auch diese heilige Spazierfahrt fanatischer mahommedanischer Pilger nach dem Grabe des Propheten sich überlebt haben wird.

Was den **Charakter der Türken** betrifft, so darf man ihn nicht nach Dem beurtheilen, was man in Constantinopel an den Classen

sieht, mit welchen der Fremde am ehesten zusammenkommt, und am
wenigsten nach den Jungtürken, die sich mit europäischer Bildung
brüsten, sich aber in der Regel mehr von den Lastern, als von den
Tugenden der civilisirten Welt angewöhnt haben. Die vornehme Welt
in der Türkei ist auf das tiefste verfault und verdorben, die Beamten
räuberisch und bestechlich. Das Volk, die Mittelclassen, dagegen und
ebenso die untere, namentlich auf dem Lande, sind bei weitem besser,
ehrlicher und wahrhaftiger, als man oft annimmt, bei weitem besser
als die Griechen, besonders die von Constantinopel, unter denen auch
die niedere Classe mit wenigen Ausnahmen auf's Aeusserste verdorben
ist. Der türkische Bauer und Handwerker zeichnet sich durch eine grosse
Anzahl von Tugenden aus. Er ist religiös, ein guter Gatte und Vater
(nur sehr selten bedienen sich diese Classen der Erlaubniss des Propheten, mehr als eine Frau zu besitzen), gastfrei und mildthätig. Er
ist ein fleissiger Arbeiter, ein getreuer Freund, vor Allem aber ohne
Falsch. Das Lügen, Stehlen und Betrügen überlässt er den Griechen
und Armeniern. Er ist endlich mässig und ungemein gutherzig in der
Behandlung der Thiere. Selten sieht man Türken betteln, fast die
einzigen Ausnahmen sind Blinde oder Wanderderwische. Der türkische
Soldat muss mit seiner Tapferkeit und noch mehr mit seiner Ausdauer
bei Ertragung von Strapatzen und Entbehrungen der beste der Welt
sein, wenn er gut befehligt wird. Das Officierscorps, früher meist aus
herzlich unwissenden Türken bestehend, hat in neuester Zeit sehr gewonnen.
Erstens sind sehr viele der jüngern Officiere auf auswärtigen Kriegs-
schulen gebildet, sprechen fremde Sprachen und sind mit der modernen
Kriegskunst vertraut, zweitens ist eine ganze Masse von Fremden in
türkische Kriegsdienste getreten. Die Letzteren sind in der überwie-
genden Mehrzahl Franzosen und Deutsche, namentlich Norddeutsche.
Die ganze Armee hat bekanntlich durch die preussischen, zu Paschas
erhobenen Instructoren die europäische Taktik gelernt und grosse
Theile derselben sind bereits mit Hinterladern, leider nach verschiedenen Systemen, versehen. Die Uniformen der türkischen Soldaten sind
ebenso malerisch als zweckmässig, die Leute durchweg stattlich und
kräftig, ihre Kost gut, die neuen Kasernen gesund und ein wahres
Muster von Reinlichkeit. Die türkische Artillerie soll zu den besten in
Europa gehören, jene Batterien wenigstens, die in Constantinopel garnisoniren. In Asien drüben sieht es freilich noch vielfach anders aus
und es soll dort noch Bataillone geben, welche Gewehre mit Feuer-
steinschlössern führen, weil der und jener Pascha das Geld, welches er
zum Ankaufe neuer Waffen hätte verwenden sollen, in seine Tasche
steckte. Viele der Paschas und Minister sind auf den schmutzigsten
Wegen zu Rang und Würden gelangt, und so kluge Diplomaten manche
von ihnen sind, keiner hat einen fruchtbaren Gedanken, einen festen
Willen, die Uebel, die an Staat und Gesellschaft nagen, abzustellen.
Zum Schluss dieses Capitels fügen wir noch Einiges über die
grossen **Wasserleitungen** *ausserhalb Constantinopels* hinzu, deren
Besichtigung sehr wohl einen Ausflug verdient. Die ganze Wassermasse,

welche die grossen Becken (Taksim) Stambuls und seiner Vorstädte füllt und von da in die öffentlichen und Privatbrunnen fliesst, kommt von den Quellen und Bächen, die auf den waldigen Höhen bei den Dörfern Belgrad, Pyrgos, Aiwal Bend, Dschebedschi· Köi, Petinochori und Bagdschi Köi entspringen. Diese Anhöhen erheben sich 5 bis 700 Fuss über die Meeresfläche, während der höchste Punct in Stambul und Pera nicht 410 Fuss überstcigt. Diese Quellen werden sorgfältig bewacht. Innerhalb des Wasserbezirks, wie man diese Gegend nennen kann, darf kein Baum gefällt werden, damit die Quellen nicht austrocknen. Das Landvolk darf keine Brunnen graben und das Wasser zur Berieselung der Felder nur aus solchen Quellen ziehen, die tiefer als die Kanäle liegen, welche die Behälter ausserhalb der Stadt mit den innern verbinden. Auch dürfen keine · Büffel oder andere Thiere sich den Quellen oder Bächen nähern und sie trüben. Das Wasser wird in sieben grosse Gruben oder Becken geleitet, die *Bende* genannt werden und mit solidem Mauerwerk eingefasst, sowie mit Schleussen versehen sind. Das überfliessende Wasser läuft in ebenfalls ausgemauerte Nebenbecken — Basch Hawuss — ab, die als Vermittler zwischen den Brunnen dienen. Die Bende liegen an den Ausgängen von Schluchten, die von den höchsten Puncten auslaufen und nach unten breiter werdend die Thäler von Pyrgos, Belgrad, Ewaheddin, Pascha Deressi und Bagdschi Köi bilden.

Der erste Bend, 1765 von Mustafa III. erbaut und nordwestlich vom Dorfe Belgrad gelegen, heisst Aiwat oder der Bend von Pyrgos. Der zweite, südlich von Belgrad befindlich, im Thale Ewaheddin, heisst der grosse (Bujuk), der dritte, in demselben Thale nördlich von Belgrad, wird Eski Bend, der alte Bend genannt. Jener stammt aus dem Jahre 1714 und wurde von Achmed III. angelegt, dieser wird dem Sultan Soliman dem Grossen zugeschrieben. Der vierte, südwestlich von Belgrad, ist der von Pascha Deressi und wird gleichfalls für ein Werk Solimans gehalten. Der fünfte, Jeni Bend, d. h. der neue Wasserbehälter genannt, wurde 1817 vom vorletztverstorbenen Sultan Mahmud II. aufgeführt und ist das schönste dieser Bauwerke. Der sechste und siebente, Walide und Mahmud geheissen, liegen nördlich von Bagdschi Köi. Der erste wurde von Mahmud's I. Mutter, der letztere von diesem Sultan selbst erbaut.

Diese Wasserbecken werden in der Regel so hergestellt, dass man den obern Theil einer Schlucht vermittelst eines massiven 18 bis 20 Fuss dicken, von Strebepfeilern gestützten Quaderdammes einschliesst. Der fünfte und sechste Bend haben Marmorbekleidung. Oben auf dem Damm läuft ein breiter, gepflasterter Weg mit Steinsitzen hin. Einige sind mit goldenen Inschriften auf grünem Grunde verziert, welche die Namen der Gründer nennen. Die Inschrift auf dem Bujuk Bend lautet: „Die Gewässer, erschrocken über das Riesenwerk, weichen zurück bei dem Anblick "

Die Basch Hawuss sind kreisförmige Cisternen, deren gemauerte Wände mit einem aus Korassancement und Werg gemachten Stuck überzogen sind. Ihr Durchmesser beträgt 30 bis 40, ihre Tiefe 15 bis 20 Fuss. Steinerne Treppen führen auf den Boden hinab. Den Ueberfluss der Bende nehmen sie durch gewölbte Kanäle auf, die das Wasser vermittelst ihrer Verzweigungen nach allen erforderlichen Richtungen führen. Ist zu viel Wasser vorhanden, so läuft es durch besondere Röhren ab und dient dann zur Speisung der benachbarten Bäche. Der grösste Basch Hawuss ist bei Pyrgos. Er wurde im Jahre 1620 durch den unglücklichen Osman II. erbaut. Sein Wasser fliesst ihm durch zwei Aquäducte zu, die Ossun (der lange) und Gasselschi Kemari (der schöne Kanal) heissen. Aus diesem grossen Becken strömt die Wassermasse durch zwei Leitungen, die Justinianische und die von Dschebedschi Köi über das Thal Ali nach dem Egri Kapu hin.

Von den Aquäducten verdienen sechs eine genauere Beschreibung.

Der erste oder östlichste, der, vom Bosporus aus betrachtet, sich äusserst stattlich ausnimmt, läuft über das Thal von Bagdschi Köi an der Stelle, wo es in das von Bujukdere mündet. Er wurde von Mahmud errichtet und nimmt das Wasser des Walide- und des Mahmud-Bend auf, welches sofort mittelst unterirdischer Kanäle nach dem grossen Taksim von Pera und jenem auf den nördlicheren Höhen zwischen dem Begräbnissplatz und dem neuen Spital geleitet wird. Das erstere dieser Taksim versieht sämmtliche Vorstädte auf dem linken Ufer des Goldenen Horns, also Chasköi, Kassim Pascha, Galata, Pera und Tophana mit Wasser, während das letztere Dolmabagdsche und Besiktasch versorgt. Ein drittes Taksim auf den Höhen von Ortaköi liefert den benachbarten Dörfern und dem Palast Tschiragan ihr Wasser. Alle andern Orte von Kuru Tschesme bis Bujukdere beziehen ihr Wasser aus dem obengenannten Aquäduct oder unmittelbar aus den beiden anstossenden Benden, die denselben speisen. Die äusserste Länge des Aquäducts von Bagdschi Köi beträgt 1270 Fuss, seine Höhe in der Mitte 82 Fuss. Die Strasse von Bujukdere nach Belgrad, eine der schönsten Partien in der Umgebung von Constantinopel, läuft darunter weg.

Der zweite Aquäduct, welcher in der Nähe von Pyrgos das Thal von Petinochori überspannt, heisst Ossun Kemari (lange Wasserleitung). Er hat eine Länge von 2000 und eine Höhe von 80 Fuss. Soliman der Grosse soll ihn erbaut oder vollständig umgebaut haben.

Der dritte, von Einigen Gusselschi (der schöne), von Andern seiner Gestalt wegen Dirsekdschi (der Ellenbogen) genannt, ist durch den schmalen Hügelkamm zwischen dem Thal von Pyrgos und Bejlik Mandra in zwei Theile getrennt. Die Länge der beiden Theile, die auf dem Gipfel der dazwischenliegenden Höhe zusammentreffen, beträgt 1025 Fuss, ihre Höhe 100 Fuss. Dieser Aquäduct wird ebenfalls dem Sultan Soliman zugeschrieben, und zwar soll ihn dessen grosser Baumeister Sinan errichtet haben. Nach byzantinischen Schrifstellern aber war sein Erbauer ein oströmischer Kaiser des zwölften Jahrhunderts.

Der vierte Aquäduct, von den Franken dem Kaiser Justinian zugeschrieben, von den Türken Muallak Kemari genannt, zieht sich

nicht sehr weit von dem kleinen Gartenpalast des Sultans au den sogenannten *Süssen Wässern von Europa* (siehe Seite 177) über das
Thal von Ali Bej Köi. Man thut wohl, den Ausflug hierher an einem
Freitag zu unternehmen, wo Tausende von türkischen Frauen in ihren
bunten Gewändern mit ihren Sclaven und Kindern sich hier versam-
meln, um, auf dem Rasen gelagert, den Nachmittag zu verbringen,
zahlreiche Kutschen und Arabas eine Art Corso beginnen, verschiedene
Orchester sich hören lassen und häufig auch die Frauen des kaiserlichen Harems erscheinen. Man fährt von Galata in einem Kaik in
etwa einer Stunde dahin. Die Länge des Aquäducts beträgt 725, seine
Höhe in der Mitte des Thales 110 F. Er besteht aus zwei gewölbten
Stockwerken, von denen das untere weitere und höhere Bogen hat, als
das obere. Zwischen beiden wölben sich noch kleinere Bogen, welche
die Leichtigkeit des Bauwerks erhöhen, ohne seine Festigkeit zu beein-
trächtigen. Die Basis ist 56 Fuss breit, aber diese Breite vermindert
sich allmälig, so dass sie 4 Fuss unter dem Kamm des Ganzen nur
noch 50 Zoll beträgt. Auf diesem verengerten Raume laufen zwei parallele Kanäle, jeder 15 Zoll breit. Diese sind mit starken Blechplatten
gedeckt, welche den Sujoldschi, die den Bau in gutem Stande zu
erhalten haben, einen schmalen Pfad darbieten. Wenn man sagt, dass
dieser Kanal von Justinian um das Jahr 538 erbaut worden sei, und
sogar wissen will, derselbe stamme von den beiden Erbauern der Aja
Sofia, so ist das wahrscheinlich ein Irrthum. Wenigstens thut Prokopius
in seinem Buch über die Bauwerke, in welchem alle grossen Gebäude,
die Justinian von 527 bis 565 errichtete, aufgezählt sind, dieses Aquäducts keine Erwähnung. Einige byzantinische Schriftsteller schreiben
das Werk dem Tyrannen Andronicus Komnenus zu, aber der zuverläs-
sigere Niketas Choniates bemerkt, Andronicus, der kaum zwei Jahre
den Thron inne hatte, habe das Gebäude blos wieder hergestellt. Viel
Wahrscheinliches hat die Meinung Andreossi's, welcher den Aquäduct
Constantin dem Grossen zuschreibt; denn sie hat grosse Aehnlichkeit
mit andern Ueberresten der byzantinisch-griechischen Periode.

Der fünfte Aquäduct, Pascha Deressi Kemari genannt, und südwestlich vom Dorfe Belgrad gelegen, ist einer der merkwürdigsten. Die
Länge beträgt 1340, seine Höhe 80 Fuss. Er leitet das Wasserzufluss
der Thäler und Bende von Eski, Bujuk, Jeni und Pascha Deressi nach
der grossen Cisterne, welche den Ellenbogen-Aquäduct speist.

Der sechste geht westlich von Dschewedschi Köi über das Thal
und gilt für den ältesten von allen. Nichts destoweniger hat es das
Ansehen eines noch ziemlich neuen Bauwerks, und wird von den Türken
dem Sultan Mohammed II. zugeschrieben. Er ist 475 Fuss lang und
hat eine Höhe von 85 Fuss. Etwas weiter südlich liegt ein mit diesem
Aquäduct in Verbindung stehender Basch Hawuss.

Ueber den malerisch gelegenen Aquäduct des Kaisers Valens ist
im Vorhergehenden das Erforderliche berichtet worden.

Die Wassermasse des Justinianischen Aquäducts wird durch eine
Reihe von gewölbten Kanälen dem grossen Taksim am Thor Egri Ka-

puss zugeführt. Dieser von Constantin d. G. errichtete und seinen Inschriften zufolge von Achmed III. und Mohammed II. restaurirte Behälter liegt gerade südlich vor dem Thore, von dem er seinen Namen hat. Er versieht Stambul mit reichlichem Wasser vermittelst gewölbter Kanäle, welche die Nebenbehälter des Serails, von Aja Sofia, Jeni Bagdschi, Narli Kapu, u. a. speisen. Diese letztern wieder vertheilen ihr Wasser in die zahlreichen Cisternen, Bäder, Moscheenbrunnen und Sebil Khanas (öffentliche Brunnenhäuser) bis zu den Sieben-Thürmen hin. Aus dem Gesagten ergibt sich, dass das grosse System der Wasserversorgung Constantinopels, von einem unregelmässigen Kreise ausgehend, dessen Mittelpunct das Dorf Belgrad ist, in zwei Hauptkanäle zerfällt, von denen der eine nach dem linken, der andere nach dem rechten Ufer des Goldnen Horns hinläuft, so dass die beiden Bende und der Aquäduct von Bagdschi Köi ausschliesslich für das erstere bestimmt sind, während alle übrigen Behälter und Kanäle das letztere, also Stambul, zu versorgen haben. Es braucht kaum bemerkt zu werden, dass dieses System die Vertheidigung Constantinopels gegen einen von der europäischen Seite kommenden Feind sehr schwierig machen würde. Die Höhe des grossen Taksim von Pera über der Meeresfläche beträgt 330 Fuss. Er liegt folglich 120 Fuss unter der mittleren Höhe seiner Quellen. Die Höhe des Taksim von Egri Kapu beträgt nicht mehr als 120 Fuss über dem Meer; er liegt also 230 Fuss unter der geringsten Höhe seiner Quellen.

Der Bau fortlaufender Aquäducte würde bei der grossen Anzahl von Thälern und Thälchen in der Nachbarschaft von Constantinopel unerschwingliche Kosten verursacht haben; ist doch schon der einzige Kanal von Basch Hawuss von Pyrgos bis zum Egri Kapu Thor über 4 Stunden lang. Nachdem daher die ersten grossen Leitungen hergestellt waren, nahmen mehre Sultane hintereinander den einfacheren und minder kostspieligen Plan der hydraulischen Nivellirung auf, wobei sie sich durch die in Syrien und Arabien gebräuchlichen Wasserwagen halfen. Diese bestehen aus abgestumpften Pyramiden von verschiedener Grösse, je nach der Lage und der Masse des Wassers, das sie leiten sollen. Sie werden in Thälern, Schluchten und anderen Orten angebracht und dienen als umgekehrte Heber. Sie mögen gross oder klein sein, ihre Einrichtung ist stets dieselbe. An der Seite, die dem Kanal zugekehrt ist, sind sie mit irdenen Röhren versehen, in welchen das durch seinen eigenen Druck emporgetriebene Wasser aufsteigt. Oben, wo die Röhren endigen, fliesst es in eine kleine Cisterne. Auf der entgegengesetzten Seite befinden sich einige Mündungen, die 2 bis 3 Zoll niedriger sind, als die Einlassröhren. Nachdem nun das Wasser oben circulirt hat und dem Druck der Luft ausgesetzt gewesen ist, fällt es durch diese Oeffnung in Röhren, die mit unterirdischen Kanälen in Verbindung stehen, welche es den nächsten Behältern zuführen.

Durch solche Pyramiden werden nicht nur die Wasserleitungen ersetzt und damit beträchtliche Ausgaben erspart, sondern die Berührung des Wassers oben auf der Höhe mit der reinen Luft dient auch zur Reinigung und Erfrischung des Elements. Auch werden dadurch die Aufseher in den Stand gesetzt, wenn in den unterirdischen Kanälen Risse oder Verstopfungen entstehen, die schadhafte Stelle sofort zu entdecken. Dergleichen Wasserwagen findet man auch in der Stadt an verschiedenen Orten, z. B. auf der Colonnade bei der Schahsadeh-Moschee; einige haben an den Seiten steinerne oder eiserne Vorsprünge, die als Leitern dienen. Andere, wie die im Thal des Pulvermagazins unweit Piali Pascha und die bei dem Maslak zwischen Pera und Bujukdere sind inwendig mit Treppen versehen. Dieser Maslak (Behälter, eigentlich Spund oder Hahn) erhält sein Wasser aus den Benden von Bagdschi Köi und versorgt mehre Dörfer am Bosporus von Bebek bis Jeni Köi.

Die beiden grossen Taksim oder Wasservertheiler in Pera und am Egri Kapussi sind dem Princip nach gleich gebaut, nur die Form ist etwas verschieden. Sie zerfallen, wie alle Taksim in zwei Abtheilungen: die Behälter und die Vertheilungskammern. Erstere sind längliche Bauwerke mit starken Mauern und gewölbten Decken, die mit starken Ziegeln oder Steinplatten belegt sind. Das Innere ist mit einem dauerhaften Kitt überzogen, der so undurchdringlich und so zähe ist, dass, obgleich einige Taksim sich ganz unter der Erde befinden, und folglich den Einsickerungen von Aussen wie dem Druck von Innen ausgesetzt sind, doch noch keinerlei Ausbesserung nöthig geworden ist, was um so mehr Wunder nimmt, als diese gerade die ältesten sind. An den Dächern haben die Behälter eiserne Platten, die geöffnet werden können, um Luft und Licht hereinzulassen. Auf der einen Seite befindet sich eine Thür. Ihr Umfang ist so gross, dass sie viele tausend von Tonnen Wasser aus den Benden aufnehmen können. Eine gewölbte Leitung führt es der Vertheilungskammer zu. Das aus den Taksim fliessende Wasser ist nicht gut trinkbar. Der lange Weg durch die Kanäle aber und seine Erfrischung in der Wasserwage verbessern es, so dass es von den Aerzten nicht für ungesund gehalten wird. Wer indess vollkommen wohlschmeckendes Wasser trinken will, muss sich an die Wasserverkäufer wenden, welche an verschiedenen berühmten Quellen kleine Fässer füllen lassen.

Zu den geschätztesten Quellen auf dem europäischen Ufer gehören die von Defterdar Skelessi, nicht weit von Ejub, die von Mir Akhor bei den Süssen Wässern von Europa, die von Jeni Köi und Stenia in dem anmuthigen Thale beim Landgut Tahir Pascha's, endlich die Sultansquelle im Rosenthal von Bujukdere, welche letztere die Ehre hat, den kaiserlichen Harem zu erfrischen. Die berühmteste Quelle auf der asiatischen Seite des Bosporus ist die von Kara Kulak.

Wir schliessen mit einem Blick auf die **Sieben Thürme**, die auf türkisch Jedi Kuli heissen. Dieses Gebäude steht isolirt am äussersten westlichen Ende von Stambul, wo die über das Vorgebirg laufende Mauer am Marmormeer endigt. Es ist ein altes Schloss, welches einst als Staatsgefängniss diente, und welches jetzt von Jahr zu Jahr mehr verfällt. Drei von den Thürmen sind fast ganz verschwunden, die noch übrigen sind etwa 200 Fuss hoch. Dieses Fort wurde wahrscheinlich sehr bald nach Gründung der Stadt erbaut. Theodosius verstärkte es durch zwei Thürme. Als Mohammed II. die Stadt einnahm, war das Schloss der Sieben Thürme eine Ruine. Er baute es wieder auf, und dasselbe wurde später eine Janitscharenkaserne. Dann war es, wie bemerkt, Staatsgefängniss. Ein kleiner Hof, wo man die Köpfe der hier Enthaupteten aufschichtete, bis sie über die Mauer schauten, heisst noch jetzt der Platz der Köpfe. Die Garnison besteht jetzt nur aus einigen Soldaten, die in der Regel gegen ein kleines Bakschisch den Eintritt in das Innere gestatten. Bekannt ist, dass man hier noch im vorigen Jahrhundert die Gesandten einsperren liess, mit deren Gebietern der Sultan in Krieg verwickelt wurde.

ACHTES CAPITEL.

Die Ufer des Bosporus in Europa und Asien.

1. Das europäische Ufer: Artaköi, Kuru Tschesme, Arnaut Köi, Bebek, Rumili Hissar, Balta Liman, Emirgian, Stenia, Jeni Köi, Kalendar, Therapia, Kefili Köi, Bujukdere, Bagdschi Köi, Belgrad, Sarijari, Rumili Kawak, Bujuk Liman, Karibjeh, Fanaraki, Kilia. — 2. Das asiatische Ufer: Riwa, Poiras, Filburun, Anadoli Kawak, der Riesenberg, Unkiar Skelessi, Bejkos, Akbaba, Sekedereh, Sultania, Indschir Köi, Tschibbuklu, Kandlija, Anadoli Hissar, Kandilli, Kalleh Bagdschessi, Dschengelli Köi, Beglerbeg, Stavros, Kusgundschik, Skutari, Bulgerlu, Kadiköi oder Chalcedon. — Gallipoli. — Die Dardanellen.

Wir betrachten die Strasse zwischen dem Schwarzen und dem Marmorameer zuerst kurz vom militärischen Standpunct, und bemerken zunächst, dass die Länge des europäischen Ufers des *Bosporus* gegen vier, die des asiatischen ungefähr fünf deutsche Meilen beträgt, und dass die Forts und Batterien auf jenem mit 251, die auf diesem mit 235 Kanonen armirt sind, ganz abgesehen von 17 Geschützen, welche grosse Steine schleudern. Diese Forts und Batterien sind gegenwärtig nichts weniger als im verfallenen Zustande, sondern im Gegentheil in der besten Verfassung, und sehr wohl geeignet, das Durchsegeln einer Flotte unmöglich zu machen. Diese Vertheidigungsmittel des Bosporus bestehen in Batterien, die mit 6 bis 10 Geschützen schweren Calibers armirt sind und in Forts oder Schlössern, die auf den Landvorsprüngen an den schmalsten Stellen des Kanals stehen und so angebracht sind, dass ihr Feuer sich kreuzt. Die Batterien befinden sich in dem südlichen Theile des Bosporus und laufen, ein wenig unterhalb Constantinopels beginnend, an beiden Ufern bis an die Bucht von Bujukdere hin, wo dann die Forts beginnen. Zu Rumili Kawak, auf dem europäischen Ufer, befinden sich zwei Forts, eines mit 28, das andere mit 45 Feuerschlünden. Auf der asiatischen Seite, jenen beiden gegenüber, liegen zwei andere Forts, eines zu Riwa, das andere zu Anadoli Kawak, jenes mit 45, dieses mit 30 Geschützen bewaffnet. Der Bosporus ist hier nicht breiter als 3600 Fuss, und wird nach dem Gesagten von etwa 130 Feuerschlünden vertheidigt, die grossentheils 36 Pfünder, zum Theil auch Paixhans sind. Eine Flotte, selbst wenn sie aus Dampfern bestünde, hätte das Feuer dieser Geschützmassen wenigstens 20 Minuten auszuhalten Vier andere Forts vertheidigen die Durchfahrt nach dem oder von dem Schwarzen Meere auf eine halbe deutsche Meile hin. Die vier zu Bujuk Liman und Karibjeh auf der europäischen und

Der Bosporus.

zu Filburun und Poiras auf der asiatischen Seite haben zusammen etwa 100 Kanonen, und die Meerenge ist hier etwa 6000 Fuss breit. Diese vier Forts sind ein fast ebenso grosses Hinderniss für die Forcirung des Bosporus, als die genannten. Wo die Meerenge in das Schwarze Meer mündet, sind wieder zwei Forts, welche jedes 20 bis 30 Geschütze führen. Endlich befinden sich an der Küste des Schwarzen Meeres noch zwei solche Schlösser, die so eingerichtet sind, dass sie eine etwa beabsichtigte Landung von Truppen zur Erstürmung der genannten Befestigungen unmöglich machen.

Nichts kann schöner sein, als die Scenerie an den Ufern des vielgeschlängelten, an Wechsel in Formen und Farben überaus reichen Bosporus. Der Rhein, die Donau in ihren schönsten Stellen, die Hudson zwischen Newyork und Albany bieten nichts dem Aehnliches. Indem wir von Dorf zu Dorf gehen, werden wir das ganze europäische Ufer bis zu den cyaneischen Felsen am Eingang in's Schwarze Meer beschreiben und dann auf dem asiatischen Ufer nach Süden umkehrend ebenfalls Ort für Ort bis nach Skutari und Kadiköi herab schildern.

Der Bosporus, dieser eigenthümliche Kanal zwischen der Propontis und dem Pontus bildet durch seine Windungen eine Kette gleichsam von sieben See'n. Diese Windungen werden auf jeder Seite durch sieben Vorgebirge bedingt, die auf dem gegenüberliegenden Ufer ebenso viele Buchten bilden. Sieben Strömungen von verschiedener Richtung folgen den Windungen der Küste. Jede hat ihre Gegenströmung, durch welche das Wasser, mit Heftigkeit in die verschiedenen Buchten getrieben, von dort in entgegengesetzter Richtung aufwärts in die andere Hälfte des Kanals fliesst. Das erste Vorgebirge auf der europäischen Seite ist das von Tophana (das alte Metopon), welches zu gleicher Zeit den Hafen von Constantinopel schliesst und den Bosporus beginnt. Das nächste, zu dem wir gelangen, ist das von Ortaköi, das dritte das von Arnaut Köi oder Defterdar Buruni, das vierte das von Rumili Hissar, wo der Bosporus am engsten ist. Dann folgt als fünftes das von Jeni Köi, dann das von Rumili Kawak, endlich als siebentes das Vorgebirge am Eingang in's Schwarze Meer, auf dem der Leuchtthurm steht. Die Buchten auf der asiatischen Seite, welche diesen Vorgebirgen entsprechen, sind folgende: Ortaköi gegenüber die von Tschengel Köi, Rumili Hissar gegenüber die, in welche der Göksu mündet, Jeni Köi gegenüber der Bucht von Tschibbukli, fünftens die von Unkiar Skelessi, sechstens die Rhede von Anadoli Kawak, siebentens die beiden Rheden von Ketscheli Liman und Poiras Liman.

Die Vorgebirge der asiatischen Seite sind, von Süden angefangen: das von Skutari, das von Kandilli, das von Kandlijah, die Therapia gegenüber sich in den Kanal hinausstreckende Landspitze von Unar Köi, dann der Fluss des Riesenberges, dann sechstens das Vorgebirge von Anadoli Kawak an der obern Enge des Bosporus, endlich siebentens das mit dem Leuchtthurm auf der asiatischen Seite der Mündung des Pontus. Die sieben grossen Buchten auf dem europäischen Ufer aber sind die zwischen Dolmabagdsche und Ortaköi, die von Kuru Tschesme, die von Bebek, dann die von Balta Liman und Bujukdere. Die **Ortschaften auf dem europäischen Ufer** sind folgende: *Funduklu,* eine Forsetzung von Tophana. Hier stand im Alterthum ein Altar des Ajax und ein Tempel des Ptolemäus Philadelphus, dem die Byzantiner göttliche Ehre erwiesen. *Dolmabagdsche,* dessen Palast im vorigen Capitel erwähnt wurde, ein ziemlich ausgedehnter Ort auf einem Hügel, der das Pentekorikon des Alterthums ist. Hier liegt die Moschee von Auni Effendi, und ein Stück weiter nördlich das Denkmal des türkischen Seehelden Chaireddin Barbarossa, welches indess von der See aus nicht zu sehen ist. Dann folgt das ebenfalls bereits erwähnte *Beschiktasch,* in dessen Nachbarschaft ein sehr anmuthig hart am Ufer gelegenes Derwischkloster und nicht weit davon das Kloster von Jahia Effendi, einem frommen Türken, erblickt, dem Murad III. hier ein Denkmal setzte. Der griechische Name von Beschiktasch war Dipdokion, d. h. die Doppelsäule. Hier liess Mohammed II. die flachen Boote und Schiffe bauen, die er auf dem Landwege (wenn die ganze Erzählung überhaupt richtig ist) nach dem innern Ende des Goldenen Horns schaffte, als er den letzten Sturm auf Constantinopel zu unternehmen im Begriff war. Es sollen 80 Galeeren, jede zu 30 oder 50 Rudern, gewesen sein, die er auf Rollen und mit Benutzung von Segeln hinter Galata herum in die Gewässer von Kosmidion (Ejub) geschafft haben soll.

Der nächste Punct nördlich von Beschiktasch ist der Palast von *Tschiragan.* Dann folgt das Dorf *Ortaköi,* ein schmutziger, von vielen Christen und Juden bewohnter Ort, der ausser einer grossen Moschee und dem Palast eines reichen armenischen Bankiers nichts für das Auge bietet. Auf dem Gipfel des Hügels über dem Dorfe steht das Jildiss Köschki oder Sternkiosk, der mit seiner weiss-schimmernden Umfassungsmauer eine weithin sichtbare Landmarke bildet, und in welchem in den letztverflossenen Jahren die Sultanin Mutter ihre Residenz hatte. Rechts von hier mündet eine gute Fahrstrasse auf die grosse Strasse zwischen Pera und Bujukdere. Die zur Linken führt über die Militärschule und die Artilleriekaserne nach Pera zurück, wobei sie zuerst das schöne Thal von Flamur durchschneidet, in welchem man auf Terrassen an den Seiten der Thalwände eine Art Park von Lindenbäumen mit Gartenhäuschen und Springbrunnen trifft. Der Ort ist ein Lieblings-Spaziergang für die türkischen Damen, und man kann sie hier bisweilen eben so zahlreich versammelt sehen, als an den Süssen Wässern.

Dieser Spaziergang nebst einem grossen Kaffeehause liegt, wenn man von Pera über den Okmeidan herunter kömmt, rechts von der Strasse, die hier steil in das Thal hinabfällt, welches von den schönen Lindenbäumen (Flamur = Linde) seinen Namen hat. Links von der Strasse liegt ein neues grossherrliches Lustschloss mit einem kleinen englischen Garten. Er ist etwas verwildert, aber unendlich schattig, voll reizender Plätzchen in dichtem Grün versteckt und reich an duftenden seltenen Blumen. Zwei Kiöschke liegen in seiner Mitte, beide in jener prächtigen, nur mit Schnörkeln überladenen Architektur gebaut, welche den neuen Palast von Dolma-Bagdsche auszeichnet; der eine für den Sultan, der andere, kleinere und weniger pomphafte, für die Prinzen des grossherrlichen Hauses. Beide sind aus reinem Marmor gebaut und würden einen überaus schönen Eindruck machen, wenn man nicht den verrückten Einfall gehabt hätte, die Marmorquadern von oben bis unten mit gemeinem Kalke zu übertünchen. Nun sehen die Kiöschke wie gewöhnliche mit Mörtel beworfene Ziegelbauten aus. Gegen ein Bakschisch von 10—15 Piastern lässt der Gartenwächter 3—4 Personen sehr gerne ein, nur in das Innere der Kjöschke kommt man nicht leicht Der Sultan liebte es früher, hier im Sommer zu frühstücken. Seit er den Prachtpalast von Beglerbeg in Asien drüben besitzt, der sein Lieblingsaufenthalt im Sommer geworden ist, besucht er Flamur nur mehr drei-bis viermal im Jahre. So verödet der reizende Landsitz allmälig.

Ueber Ortaköi hinaus macht der Bosporus eine plötzliche Wendung nach links, wodurch er das Cap von Defterdar Burnu bildet, bei welchem während starker Nordwinde die Strömung sehr reissend ist. Auf dieser Landspitze steht eine grosse Villa von apfelgrüner Farbe, die einem Schwager des Sultans gehört. Ein Stück weiter hinauf erblickt man einen gelben, mit orientalischen Säulen geschmückten Palast, der das Eigenthum desselben Herrn ist. In demselben wohnte früher Esma Sultana, die Schwester Mahmud's II., deren Name in Stambul noch oft genannt wird. Sie war die Heldin manches tragisch endigenden Liebesabenteuers, und noch zeigt man hier einen Bogen, unter dem das Wasser des Bosporus aus dem Palast geworfene todte Körper hervorspülte.

Eine kleine Strecke weiter hinauf am Bosporus liegt *Kuru Tschesme* Unter dieser Bezeichnung begreift man nicht nur das grosse Dorf dieses Namens, sondern auch alle Gebäude, welche zwischen den beiden Landspitzen Defterdar- und Akindi Buruni liegen. Hier stand in alter Zeit ein Lorbeerbaum, den Medea gepflanzt haben sollte, als sie auf ihrer Flucht von Kolchis mit Jason hier landete. Der Hügel in der Nähe dieses Baumes, der natürlich längst verschwunden ist, wurde von den alten Byzantinern die Beere der Isis genannt. Es ist wahrscheinlich das vortretende Stück Ufer, bei welchem das Dorf Kuru Tschesme beginnt. Dieses letztere hiess früher Estias, Anaplus oder Vicus Michaelicus, von der berühmten Kirche des Erzengels Michael. die Constantin d. Gr. hier erbaute und Kaiser Justinian wiederherstellte. Diese Kirche war berühmt wegen der Styliten oder Säulenheiligen, welche im fünften Jahrhundert unserer Zeitrechnung hier ihr Wesen trieben. Der bekannte Schwärmer Simeon und eben so Daniel Stylites producirten hier ihre Verrücktheiten, wofür das Volk sie als Halbgötter verehrte. Wir fügen bei, was Cedrenus über die Sache mittheilt:

„In diesen Tagen erstieg der grosse Simeon, genannt der Säulenheilige, die Säule, um sich Denen zu entziehen, die seine Kleider zu berühren wünschten, die von Thierfellen (wie die der bocharischen

Derwische) gemacht waren. Zuerst liess er sich die Säule 18 Fuss hoch machen, dann 36, dann 66, zuletzt 108 Fuss. Ich glaube, dass diese Art zu leben nicht möglich gewesen wäre, ohne göttliche Hilfe zur Besserung der Gottlosen. Als der Herr Jesaias nackt und baarfuss gehen hiess, und Jeremias gebot, nur mit einem Gürtel und häufig mit hölzernen und eisernen Schellen um den Hals zu prophezeien, als er Hoseas befahl, sich eine Hure zu nehmen und die Ehebrecher zu lieben, als er Ezechiel 40 Tage auf der rechten und 150 Tage auf der linken Seite liegen, das Schwert schärfen, sich den Kopf scheeren, sich das Haar in vier Theile scheiteln hiess — in derselben Weise, als der Herr alle diese Dinge anordnete, damit alle Die, welche seinem Worte nicht gehorchten, durch die Eigenthümlichkeit des Schauspiels ange- zogen würden, dessen Neuheit Gelegenheit zur Verbreitung des Evan- geliums bot: ebenso verbreitete dieses grosse Licht Symeons, gleichsam auf einen Leuchter gesteckt, überall hin seine Strahlen, so dass Ibe- rier, Armenier und Perser täglich kamen und sich taufen liessen."

Nach Simeon bestieg der erwähnte Daniel die Säule und blieb auf ihr stehen bis zum vierten Jahre der Regierung Leo's des Grossen, das heisst nicht weniger als 28 Jahre.

Arnaut Köi, d. h. das Albanesendorf, liegt jenseits Kuru Tschesme, an der Spitze des felsigen Vorgebirges, welches hier den Bosporus einengt und dadurch eine starke Strömung hervorruft. Hier, auf der Halbinsel Estias, stand einst die Kirche der heiligen Theodora, in welcher unter Alexius, dem Sohn von Manuel Komnenus eine Ver- sammlung vornehmer Byzantiner sich gegen den Sebastokrator ver- schwor. Die Gewalt und Gefährlichkeit der Strömung ist so gross, dass die Ruderer hier ihre Arbeit aufzugeben und sich an Tauen durch dieselbe hindurch ziehen zu lassen genöthigt sind. Wenn mehre Kaiks zusammenkommen, laufen sie Gefahr, zerschmettert oder auf die Küste geschleudert zu werden, und bei stürmischem Wetter ist diese Stelle nur von Dampfern zu passiren. Man nehme sich daher bei Ausflügen mit einem Kaikdschi in Acht, und kehre, wenn Wind droht, lieber zu Fuss oder zu Pferde, als in dem gebrechlichen Boote zurück. Ein Brunnen hart am Ufer ist das einzige Zeichen moslemischen Geschmacks in Arnaut Köi, da das Dorf, wie sein Name sagt, eine Ansiedelung von Albanesen ist. Ausser diesen leben hier nur Griechen und Juden. Die Strasse um das Vorgebirge herum ist mit Läden und Verkaufs- ständen besetzt, die nach der See zugekehrt sind. Darüber erheben sich zerfallene Terrassen, auf denen man an Sonn- und Festtagen Massen griechischer Frauen sitzen sieht, die sich des schönen Wetters und des Anblicks der unten auf der blauen Flut hingleitenden Kaiks erfreuen. Die Nordseite dieses Kaps hat eine Menge schöner Land- häuser, deren schönstes einem andern Schwager des Sultans gehört. Am griechischen Epiphaniasfeste (18. Februar neueren Styls) kann man hier einem seltsamen Schauspiele beiwohnen. Eine Masse von Griechen beiderlei Geschlechts versammelt sich dann an der Spitze des Kaps, gleichviel, ob der unbarmherzigste Sturm wüthet, oder tiefer Schnee die Gegend bedeckt. Ein Bischof erscheint mit einem Kreuz, welches er segnet und dann in die Flut wirft. Sofort stürzen sich kühne Taucher hastig in die dahinschiessende Strömung, um das Kreuz zu erhaschen, und der Glückliche, der es aus dem wüthenden Kampfe im Wasser zurückbringt, erhält eine reiche Belohnung, die nicht nur in klingender Münze, sondern auch im Geruch erhöhter Heiligkeit besteht — beides ein hinreichender Antrieb für ein geldgieriges und fanatisches Volk, sich des angebornen. Abscheues vor kaltem Wasser einmal zu entschlagen.

Bebek. Die liebliche Lage dieser ringsum von amphitheatralisch aufsteigenden öden Bergen eingeschlossenen Bucht zog bald die Aufmerksamkeit der osmanischen Sultane auf sich, und Selim I. beeilte sich, hier einen Kiosk als Sommerresidenz anzulegen. Im Sommer 1725 war die ganze Uferstrecke vom Landhaus Hassan Chalifs bis zu dem felsumschlossenen Hafen unmittelbar unter Rumili Hissar angekauft und ein Palast, ein Bad und eine Moschee erbaut, welche zusammen den Namen Humaiunabad, d. h Kaiserschloss, erhielten. Ausser diesen verdienen hier noch zwei andere Gebäude: die Bäckerei, welche für die türkische Flotte den Schiffszwieback liefert, und der Berathungskiosk, die Aufmerksamkeit des Reisenden. Es gibt wohl kaum einen schöner gelegenen Rathssaal, als diesen. Zu bemerken ist, dass hier in der Nähe einst ein Tempel der Diana Diktynna stand. Bebek ist übrigens von mehren vornehmen Franken bewohnt, es befindet sich hier eine von amerikanischen Missionären geleitete Schule und ein Colleg, welches französische Lazaristen unterhalten.

Wir kommen nun zu dem prachtvollsten Theil des ganzen Bosporus, wo die fast ununterbrochene Reihe von Strassen und Häusern am Ufer zum ersten Mal seit Tophana durch einen romantisch auf schroffem Felsvorsprung gelegenen Friedhof und dessen dunkelgrünen Cypressen und Fichten unterbrochen wird. An den steilabfallenden Klippen ziehen sich die vielgewundenen Mauern des alten Schlosses Rumili Hissar hin, dessen mächtige Thürme sich hoch über die benachbarten Räume erheben und mit diesen und den buntbemalten Häuschen, die man unter den Ruinen gleichsam angeklebt sieht, eines der prächtigsten Landschaftsbilder der Welt bieten. Hier ist der Bosporus am schmalsten, und hier schiesst die Strömung mit solcher Gewalt vorüber, dass sie in der That den Namen Scheitan Akindisi (Teufelsstrom) verdient, den ihr die Türken gegeben haben. Hier muss bei Nordwind jedes Boot einige Leute haben, welche es (man zahlt dann für den Mann einen Piaster) gegen die Strömung ziehen. Mit dem Teufelsstrom verknüpft sich eine Sage. Man erzählt nämlich, dass eine fanatische Sultanin den Befehl ertheilt habe, die christliche Kirche in dem benachbarten Dorfe Neochori niederzureissen, während die Gemeinde gerade dem Gottesdienst beiwohnte. Bei ihrer Rückkehr wurde ihr Kaik von der Strömung ergriffen, und die einzige, welche das Leben verlor, war die grausame Fürstin.

Rumili Hissar, d. h. das Schloss von Rumelien. — Die Erbauung dieser wichtigen Festung am engsten Punct des Kanals ging der Eroberung von Constantinopel vorher. Schon während der Regierung des Kaisers Manuel Paläologus hatte Mohammed I. auf dem asiatischen Ufer die Burg Anadoli Hissar erbaut. Mohammed II. errichtete dieser gegenüber eine zweite Zwingburg zwei Jahre vor seinem siegreichen Sturm auf die Kaiserstadt am Gold'nen Horn. Dies geschah zum grössten Schrecken des zitternden Kaisers. Umsonst liess er dem Barbaren-Sultan durch eine Gesandtschaft alle Gegengründe auseinandersetzen, die ihm der eben abgeschlossene Friede in die Hand gab. Mohammed gab barsch zur Antwort, er werde thun, was ihm beliebe, und der nächste Gesandte, der ihm nahte, werde lebendig geschunden werden. Er hatte bei Beginn des Winters gegen tausend Maurer und ebenso viele Kalkbrenner zusammengetrieben, und ehe der Frühling erschien, war der gebrannte Kalk vom andern Ufer, das nothwendige Bauholz von Nikomedia und Heraklea am Schwarzen Meer herbeigeschafft, und der Sultan selbst kam von Adrianopel herbei, um mit Genauigkeit den Plan und die Lage der neuen Festung zu bestimmen. Im Hafen von Sostenios, an der Stelle, die jetzt von dem lauten Rauschen der Strömung Phonias, d. i. Echo, genannt wird, gab er die Richtung der Grundmauern an, die er nach der wunderlichen Idee, dass sie die arabischen Buchstaben des Namens Mohammed darstellen sollten, ziehen hiess. So kam ein Thurm an die Stelle zu stehen, wo in arabischer Schrift der Buchstabe Mim (M) einen Ring bildet, und das Ganze bekam die unregelmässigste und sinnloseste Gestalt, die jemals eine Festung hatte. Dreien seiner Generale, Chalil Pascha, Tschakan und Saritscha, übertrug er den Bau der drei grossen Thürme, welche der Festung auf den ersten Blick das Ansehen eines vollkommenen Dreiecks gaben. Jedem der tausend Maurer war die Aufgabe gestellt, eine Strecke von 6 Fuss zu bauen, tausend Handlanger standen ihnen bei der Arbeit zur Seite, ungezählt die Menge von Arbeitern, welche, von den Türken in Anatolien genöthigt, Bauholz, Kalk und Ziegeln herbeischafften. Bei dieser Gelegenheit wurden verschiedene christliche Kirchen niedergerissen und mit ihren Pfeilern und Altären in die Veste verbaut, z. B. die Kirche des Erzengels Michael auf der asiatischen Seite, die der zu Anaplus (Kuru Tscheschme) gegenüber lag. Mohammed nannte das Schloss Bogass Kessen, d. i. Zerschneider der Meerenge. Dasselbe wurde binnen drei Monaten vollendet. Die Mauern waren 30 Fuss dick und 60 Fuss hoch. Auf dem von Chalil Pascha erbauten Thurm wurden gewaltige Kanonen aufgestellt, welche Steine von mehr als 6 Centner schleuderten. Firass Aga besetzte das Schloss mit 400 auserlesenen Leuten, wobei er Auftrag erhielt, von jedem vorbeifahrenden Schiffe Zoll zu verlangen.

Obwohl kein Zweifel darüber obwaltet, dass am Fusse dieses Vorgebirges als der schmalsten Stelle des Bosporus Mandrokles von Samos die berühmte Brücke baute, über welche Darius die persische Armee nach dem Scythenlande führte, so muss man sich die Lage dieser Brücke doch nicht in gerader Linie zwischen Rumili und Anadoli Hissar denken. Hier würde die Gewalt der Strömung keine Brücke geduldet haben. Man wird sich dieselbe also etwas weiter oben im Norden, wo die See ruhiger ist, ungefähr in der Richtung von Rumili Hissar nach dem gegenübergelegenen Dorf Korfas Bagdschessi vorstellen müssen. Auf dem Vorgebirge Hermäon selbst, wo jetzt Rumili Hissar liegt, befand sich der zum Thron umgestaltete Felsen, auf welchem Darius sass, als er den Uebergang seiner Leute beobachtete. Dieser Felsen hiess noch in späterer Zeit der Thron des Darius, und hart neben demselben standen die berühmten Säulen, auf welchen die Beschreibung des Uebergangs in assyrischen und griechischen Schriftzeichen eingegraben war. Möglich, dass man dieselben noch einmal entdeckt, wenn das jetzt entwaffnete und dem Verfall entgegengehende Fort niedergerissen werden sollte.

Balta Liman, d. h. Bucht der Streitaxt. Das Vorgebirge Hermäon trennt die Buchten von Balta Liman und Bebek und erhebt sich über verschiedene andere kleine Baien und Häfen, obschon es nicht so hoch als das von Defterdar Buruni ist. Zu Balta Liman befindet sich die Villa, in welcher der berühmte türkische Staatsmann und Reformator Redschid Pascha einst lebte. Später kaufte sie der Sultan Abdulmedschid und schenkte sie seiner Tochter Fatmeh, welche sich mit Redschid's Sohn vermählte. Hier wurden verschiedene wichtige Verträge, z. B. der Tractat der fünf Grossmächte von 1841 und die Convention in Betreff der Donaufürstenthümer von 1849 abgeschlossen. Das Kap, auf welchem das Dorf und Schloss von Balta Liman liegt, erhebt sich allmälig zu einem hohen Gipfel eine Viertelmeile vom Ufer, welcher Schehidler, d. i der Platz der Märtyrer, genannt wird, indem hier in einer Turba, umgeben von Bäumen, mehre muselmännische Heilige begraben sind. Dies ist ein beliebter Ort zum Ausreiten für die Bewohner Pera's und ein Platz, wo die am Bosporus wohnenden Fremden häufig Picknicks veranstalten.

Emirgian. — Das Ufer biegt hier zu einer kleinen Bucht ein, die sehr schön mit Cypressen bepflanzt ist, wesshalb der Ort früher Kyparode, d. i. der Cypressenhain hiess.

Stenia. — Die schönste, grösste und merkwürdigste Rhede am Bosporus, eine Bucht, geformt von der Natur zur Erbauung und Bergung von Schiffen, und auf Grund dessen von den ältesten Zeiten her als der Schauplatz zahlreicher Schiffs-Unternehmungen und Seegefechte berühmt. Es hiess bei den Byzantinern mit dreifachem Namen: Stenos, Leothenius und Sosthenius. Der erste Name (Engpass) kommt von den benachbarten Engen des Bosporus, der zweite von dem Gründer Megaras Leosthenes, der dritte von den Argonauten, welche hier aus Dankbarkeit für ihre Rettung aus den Händen ihres Bedrängers Amykus einen Tempel bauten. Nachdem Amykus, der König der Bebrycer, welcher am Fuss des Riesenbergs auf der andern Seite des Bosporus herrschte, den Argonauten mit Gewalt die Weiterfahrt verwehrt, liefen sie in die waldige Bucht bei Stenia ein, wo sie, ermuthigt durch die Erscheinung eines Genius mit Adlersschwingen, den Kampf mit dem feindlichen König wieder aufnahmen und später, nachdem sie gesiegt, dem Genius einen Tempel errichteten. Constantin der Grosse, der hier den Tempel und das Standbild eines geflügelten Genius fand, verwandelte jenen in ein Kloster, und den Genius in den Erzengel Michael, den Befehlshaber der himmlischen Heerschaaren. Als die Barbaren weiter gegen die Hauptstadt des sinkenden byzantinischen Reiches vordrangen, und ihre Flotten wiederholt im Bosporus erschienen, wurde Stenia ihr Ruheplatz. Später, im Jahre 712, nahmen die Bulgaren Stenia ein und dehnten ihre Streifzüge bis zur Goldenen Pforte aus. Im Jahre 912 verbrannten sie den kaiserlichen Palast in Stenia, und zwanzig Jahre später zerstörten die Russen die ganze Stadt so gründlich, dass fast keine Spur von ihr übrig blieb. Ein sehr anmuthiger Weg führt von hier durch das Thal hinauf nach Maschlak, einem neuen Dorfe auf der Höhe. Ebenfalls ein sehr schöner Spaziergang ist es, wenn man sich von hier über Kosref Pascha's Gut und durch den Wald nach Balta Liman begibt. Ein kurzer Weg endlich führt von hier rechts ab über den Weinberg des Logotheten Aristarchi nach Therapia.

Jeni Köi. — Dieses Dorf hat eine beträchtliche griechische und armenische Bevölkerung, die reicheren unter den Einwohnern besitzen hübsche Landhäuser am Seeufer. Die Höhen hinter dem Dorfe bieten namentlich da, wo sie mit Weinbergen und Nadelholz bedeckt sind, schöne Spaziergänge.

Kalendar. — So heisst die nächste kleine malerische Bucht im Norden, welche das Stelldichein aller Liebhaber der Fischerei in den benachbarten Ortschaften ist. Da die See in dieser fast auf allen Seiten eingeschlossenen Bucht sehr ruhig und der Schiffahrt günstig ist, so nannten die Byzantiner sie die Bai der stillen See. Der Sultan besitzt hier einen kleinen Palast, welcher der Schauplatz des ersten jener langen Reihe diplomatischer Triumphe war, welche Lord Stratford de Redcliffe in der Türkei erfocht, indem hier zwischen ihm und den Ministern der Pforte die Bedingungen des Tractates von Bukarest (1812) vereinbart wurden.

Therapia. — In Therapia befinden sich zwei ganz erträgliche Hôtels, von denen das Hôtel d'Angleterre das beste ist. Im letzteren zahlt man für Kost und Wohnung täglich 50 Piaster. Die Bai von Therapia bildet einen ebenso geräumigen als sicheren Hafen, der nur dem von Stenia an Werth nachsteht. Nach Süden hin ist sie von einer Hügelkette eingeschlossen, die sie von dem kleinen Busen von Kalendar trennen, und im Norden von einem gewöhnlichen Vorgebirge. Man nannte die Bucht früher Pharmakia, wegen des Giftes, welches Medea hier auf der thracischen Seite ausgestreut haben sollte. Später verwandelte man Pharmakia in Therapia, Gift in Gesundheit. Das letztere ist symbolisch für die gesunde Lage des Ortes, der an der Bucht hier entstanden ist. Die kühlen Lüfte, welche vom Schwarzen Meer hereinwehen, kühlen die sommerliche Hitze hier mehr wie anderwärts und machen Therapia zu einem der angenehmsten Aufenthaltsorte am ganzen Bosporus. So wurde Therapia ein Lieblingsaufenthalt zunächst der vornehmen Griechen. Die fürstlichen Familien des Fanar hatten früher besonders in dieser Gegend ihre Villen und Paläste. Der Palast, welcher früher dem Fürsten Ypsilanti gehörte, wurde nach dessen Empörung gegen den Sultan confiscirt und von der Pforte dem französischen Gesandten geschenkt. Der Palast der Familie Soutzo fiel in die Hände des Sultans, der ihn bisweilen im Sommer bewohnte und ihn mit einem schönen Park umgab. Die Grundstücke, welche früher dem Fürsten Mavrojeni gehörten. sind sehr malerisch gelegen, das Gebäude darauf aber hat nichts Merkwürdiges. Dieser Fürst wurde enthauptet, weil er eine Kirche erbaut hatte; letztere wurde niedergerissen, und man kann noch jetzt ihre Ruinen sehen. Die Rhede von Therapia ist ebenso oft wie die von Stenia der Schauplatz von Seetreffen gewesen, namentlich kämpften früher hier oft genuesische und venetianische Galeeren mit einander. Sie war der Punct, wohin sich Nicolò Pisani zurückzog, nachdem er am 13. und 14. Februar 1352 zu Stenia zu gleicher Zeit mit dem Feinde und den Stürmen gekämpft hatte. Die Bucht von Therapia ist der Ausgang eines anmuthigen Thales, welches nach einer frischen Quelle führt und deshalb das Thal des kühlen Brunnens heisst. Da Therapia der Wohnsitz mehrer fränkischer Kaufleute ist und verschiedene bequeme Häuser besitzt, so ist vielleicht kein Ort geeigneter, das Hauptquartier für Reisende vom Mai bis zum October zu bilden. Das Dorf hat eine Bevölkerung von 4000 Seelen, die mit wenigen Ausnahmen Griechen sind. Die Nachbarschaft ist reich an schönen Spaziergängen, und es ist das höchste Vergnügen für Freunde ländlicher Anmuth, im Mai oder Juni im sanften Zwielicht eines heiteren Abends hier herumzustreifen zwischen Cypressen und Pinien und hinabzuschauen auf den klaren blauen Bosporus. An wenigen Orten kann man den Zauber der so oft besungenen südlichen Nächte so voll und reich geniessen als hier.

Kefili-Köi. — Die felsige Küste, welche unmittelbar auf den Strand von Therapia folgt, hiess früher der Schlüssel des Euxinus, weil man hier den ersten Blick auf die Mündung des Bosporus in das Schwarze Meer hat. Das Ende dieser Felsenreihe ist die kleine Spitze von Kiredsch Burnu, d. h. das Kreidevorgebirge, wo ein Agiasma oder ein den Griechen heiliger Brunnen, der Agia Euphemia geweiht und von schönen Platanen beschattet, einen willkommenen Ruheplatz und eine prächtige Aussicht auf das Schwarze Meer bietet. Dieser Platz wird häufig von Liebhabern von Wasserpartien besucht, besonders in der Zeit der Feigenernte.

Bujukdere. — Die Sommerresidenz des grösseren Theiles der fränkischen Gesandtschaften hat ihren Namen von dem grossen Thale, welches sich von hier fast anderthalb deutsche Meilen in's Innere streckt. Dasselbe ist eine Fortsetzung der tiefen Bucht vor dem Orte und geht bis zu den waldigen Höhen über der Wasserleitung von Bagdschi-Köi. Die schöne Bucht hiess im Alterthum Bathy Kolpos, die tiefe Bai. Das grosse Thal ist ein fast ebenso beliebter Spaziergang als die Promenade beim Friedhof von Pera. Auf der Sohle desselben, die mit schönen

Wiesen bedeckt ist, und zwar im unteren Theil des Thales, steht die berühmte Baumgruppe der *sieben Brüder*, Jedi Kardasch, von denen die Sage behauptet, dass Gottfried von Bouillon sie gepflegt oder unter ihnen mit seinem Heere gelagert habe, als er 1096 hier nach Jerusalem vorbeigezogen sei. Die Schriftsteller, welche diesen Kreuzzug beschrieben haben, wissen davon nichts, auch ist es nicht glaublich, dass die Kreuzfahrer, welche von Kosmidion, d. h. von Ejub nach Chalcedon, d. h. Kadiköi, übersetzten, dabei diesen ungeheuren Umweg gemacht haben sollten. Das Dorf Bujukdere besteht aus einer untern und einer obern Hälfte. In jener wohnen Griechen, Armenier und einige wenige Türken, in dieser befinden sich die Paläste und Gärten der europäischen Gesandtschaften. Der schönste und imposanteste dieser Sommerpaläste ist der des russischen Botschafters, der sich auch durch seinen herrlichen Garten auszeichnet. An schönen Mondscheinabenden, wenn das lichte Blau des Himmels sich mit dem tiefen Dunkelblau des Bosporus mischt und das Glitzern des himmlischen Lichts auf den Wellen sich dem phosphorischen Leuchten des letzteren beigesellt, wenn Kaiks voll griechischer Sänger und Guitarrenspieler an den Ufern hingleiten und der duftige Nachtwind die sanftesten Melodien über das Wasser hinträgt und bisweilen das leise Plätschern der Wellen sich hören lässt, versteht man das Lob, welches die Bewunderer dieses Punctes ihm ertheilen. Zwei grosse Hôtels bieten bequeme Unterkunft, auch befindet sich hier ein schönes Kaffeehaus, welches jeden Abend den Sommer hindurch erleuchtet ist und wo fast unablässig Musikchöre spielen. Spaziergänge gibt es in Menge um Bujukdere, und man kann es als die beste Operationsbasis für den Reisenden bezeichnen, welcher den Wald von Belgrad, seine Bende und Aquäducte, die Wildnisse am obern Bosporus, den Riesenberg, das Genueserschloss und die lieblichen Thäler von Unkiar Skelessi und Bejkos zu besuchen wünscht. Niemand daher, der die Hauptstadt zwischen Mai und October besucht, sollte sie (wofern er Zeit hat) verlassen, ohne in Bujukdere eine Woche zugebracht zu haben. Wer nicht so viel Zeit erübrigen kann, könnte wenigstens Gelegenheit suchen, einem dieser Orte einen Besuch abzustatten, indem er mit dem Dampfer nach Bujukdere führe, hier eine Nacht im Hôtel du Croissant bliebe, am andern Morgen einen Ausflug unternähme und Nachmittags nach Stambul zurückkehrte Das Rosenthal, Kesteneh Suju, die Quelle der Kastanienbäume oder Kiredsch Burnu, wären entzückende Ziele von Spaziergängen, wenn ein paar Stunden übrig bleiben sollten. An dem letztern schattigen Orte findet der Reisende in die Rinde des grössten unter den Bäumen ein ganzes Gedicht in schönen persischen Schriftzeichen eingeschnitten. Es soll von einem Shawlverkäufer aus Ispahan sein, und die Zeilen beklagen die vergängliche Natur des Schreibers, während die Schrift geraume Zeit bleiben würde. Nach Kesteneh Suju kann man den Weg durch das Rosenthal nehmen und dann durch den Garten des russischen Gesandtschaftspalastes zurückkehren, wo man beim Herabsteigen von der Höhe eine prachtvolle Aussicht geniesst.

Sehr lohnend ist auch ein Ausflug längs des Ufers hin nach Domasdere, einem Dorf am Schwarzen Meer; auf dem Rückweg kann man einen Theil der Gegend von Belgrad sehen, das heisst den dortigen Wald, der den Hauptreiz dieses Dorfes ausmacht. Dieser Ausflug kann, wenn man zu Pferde ist und sich nicht zu lange aufhält, in etwa acht Stunden gemacht werden.

Bagdschi Köi. — Wir wenden uns jetzt zum ersten Mal vom Meeresufer nach dem Innern des Landes, um zwei Dörfer zu besuchen, welche sehr häufig von den Franken in Constantinopel und Bujukdere zum Ziel ihrer Ausflüge und bisweilen zum Landaufenthalt gewählt werden. Das erste dieser Dörfer ist Bagdschi Köi, gelegen auf dem Kamme der Höhenkette, nach welcher das lange und allmälig verengernde Thal von Bujukdere sich erhebt, etwa 1¼ Stunde von der See. Der Vordergrund wird von malerischen Platanen und Cypressen gebildet, und der Aquäduct Mahmud's I. schliesst das Thal. Einer der besten Puncte, sich der schönen Aussicht zu erfreuen, ist der unmittelbar unter dem grossen Bogen, durch den die Strasse von Bujukdere nach Bagdschi Köi hinaufführt. Man steht gleichsam unter dem Thorgewölbe einer Mauer, welche hier ein persisches Paradies einschliessen könnte; denn innerhalb dieser wasserleitenden Mauerbogen findet man Wälder und Waldwiesen, die einen Park zu bilden scheinen, aber indem sich das Auge nach der See wendet, schweift es durch das grosse, schöne, wohlbewässerte und mit reicher Vegetation bekleidete Thal hinab nach den Ufern des Bosporus, dessen asiatische Ufer anmuthsvoll den Horizont schliessen. Auf der einen Seite erblickt man die blaue Meerenge und die Flaggen zahlreicher Schiffe, die Ruder von Kaiks, auf der andern Seite schaut man in den grünen Wald und auf eine Menge von Arabas oder vergoldete Ochsenkarren, die buntgekleidete türkische Damen spazieren fahren. Ueber die Wasserleitungen und ihre Becken ist im vorigen Capitel alles Erforderliche bemerkt.

Das zweite Dorf, *Belgrad*, liegt eine starke Stunde weiter im Innern des Landes, umgeben von einem Walde, der einen Umfang von etwa 4 deutschen Meilen hat. Ausser der Wichtigkeit, die dem Dorfe die hier befindlichen Wasserbecken und Aquäducte verleihen, ist es deshalb eines Besuches werth, weil es die lieblichsten Spaziergänge auf der ganzen thracischen Seite des Bosporus besitzt, während die dichten Waldpartien den nordischen Reisenden lebhaft an die Wälder seiner Heimat erinnern. Es gibt indess hier keinen Wald, der ganz oder vorwiegend aus einer Art von Bäumen bestünde, ein Eichen-, Buchen- oder Fichtenwald wäre. Diese Eigenschaft macht die hiesigen Wälder aber nur um so schöner. Sie sind ein Gemisch von Buchen, Birken, Eichen, Platanen, Fichten, von Pappeln und Ulmen, die ihre verschiedenen Farben im Frühling und Frühsommer auf das wohlgefälligste für das Auge entfalten. Man trifft hier an schönen Tagen fast immer zahlreiche Griechen, Franken und Armenier unter den Wipfeln gelagert. Die letztern verweilen oft ganze Wochen hier in glücklichem Nichtsthun. Sie nennen den Ort Defigam, Sorgenbrecher, und in der That, kaum lässt sich ein lieblicheres Sanssouci denken, als hier in den schattigen Hainen, auf den von grünen Wipfeln überdachten Waldwiesen von Belgrad. Der schöne Dorfbrunnen ist schon vor Jahren in den bekannten Briefen der Lady Wortley Montagu gepriesen, die hier ihre Sommerresidenz aufschlug, und deren Haus von den Dorfbewohnern noch jetzt den Fremden gezeigt wird. Früher wohnten mehre der fremden Gesandten den Sommer über hier; da indess gegen das Ende des Sommers in Folge der feuchten Stellen im Walde Fieber vorkommen, so wurden Therapia und Bujukdere, wo die Luft stets gut und gesund ist, vorgezogen. Jetzt wohnen nur im Mai, Juni und Juli Franken in Belgrad. Wer Zeit und Neigung hat, sechs Monate der schönsten Jahres-zeit im schönsten Theil der Umgebungen von Constantinopel zu verleben, wird sich so einrichten, dass er den Mai auf den Prinzeninseln, den Juni in Belgrad, Juli bis September in Bujukdere und den October wieder auf den Prinzeninseln verbringen kann.

Wir kehren jetzt wieder aus dem Innern zum Ufer des Bosporus zurück, um unsern Gang bis an dessen Mündung in's Schwarze Meer fortzusetzen und zunächst nach *Sarijari* zu gehen. Die Landspitze, mit welcher die grosse Bucht von Bujukdere im Norden endigt, heisst Mesar Burnu oder das Gräbervorgebirge, weil auf der andern Seite der von Bäumen beschattete Friedhof des Dorfes Sarijari liegt. Sarijari heisst auf türkisch der gelbe Platz, eine Bezeichnung, welche von den vielen hier vorkommenden von Ocher und Schwefel gelbgefärbten Felsen hergenommen ist. Das Dorf wird vorzüglich von Fischern, Schiffern und Gärtnern bewohnt. Die hiesigen Obstgärten sind vorzüglich wegen ihrer Kirschen berühmt. Murad IV. rief, als er hier den Garten eines gewissen Polak besuchte, aus: „Ich, der Diener der beiden edelsten Harems (er meinte Mekka und Medina) besitze keinen solchen Garten wie diesen!" Im Alterthum hiess die Landspitze Mesar Burnu Sinias und die Bucht von Sarijari Skletrinas. Auf dem Vorgebirge von Pimas aber stand eine Statue der Venus Meretricia, welcher die Schiffer besonders eifrig geopfert haben sollen. Am Ende des Thales von Sarijari führt ein Weg nach dem Brunnen Kastanessu, dessen Wasser nur dem von Dschamljidja an Güte nachstehen soll.

Rumili Kawak. — Das Vorgebirge unmittelbar über Sarijari hinaus war in alten Zeiten unter dem Namen Amilton bekannt. Am Fuss desselben liegt die neue Batterie von Dili Talian, die in Verbindung mit der gegenüber befindlichen Batterie von Juscha 1794 von dem französischen Ingenieur Monnier angelegt wurde. Auf der andern Seite des Kaps erhebt sich das Fort von Rumili Kawak, welches zugleich mit der gegenüberliegenden Festung Anadoli Kawak vom Sultan Murad IV. erbaut wurde, um den Bosporus gegen die Streifzüge der damals sehr gefährlichen Kosackengeschwader zu beschützen. Jason soll hier, nachdem er auf der asiatischen Seite den zwölf grossen Göttern geopfert, der Cybele einen Altar errichtet haben, was er bereits auf dem Berg Dindymos bei Kyzikus und an der Mündung des Phasis gethan hatte. In der Zeit der byzantinischen Kaiser lagen die beiden

Burgen, welche die Einfahrt in den Bosporus vertheidigten, auf dem Gipfel der beiden sich gegenüber liegenden Hügel; von ihnen liefen Mauern bis an das Ufer herab. Die Meerenge selbst aber war durch eine Kette gesperrt, welche da anfing, wo diesseits und jenseits die Mauer aufhörte, so dass die Vertheidigungslinie in gewissem Sinn von Gipfel zu Gipfel reichte. Diese alten Burgen, von denen die auf dem europäischen Ufer ganz in Trümmern liegt, während die auf der asiatischen Seite noch ziemlich wohl erhalten ist, werden jetzt die *Genueserschlösser* genannt, und in der That gehörte das asiatische Schloss in den letzten Jahrhunderten des Mittelalters den Genuesen, welche sich von den ein- und aussegelnden Schiffen einen Zoll entrichten liessen.

Das nächste schmale Thal nach dem Grabhügel Mauro Molo's führt zu einer Quelle, über welcher in der byzantinischen Zeit eine Capelle der Panagia von Kastanienbäumen stand. Auf dem Gipfel der Höhe, zu welcher dieses Defilé führt, trifft man einen grossen alten Rundthurm, welcher Turris Timäa hiess. Es war der Leuchtthurm, auf welchem man des Nachts Fackeln emporhielt, deren Licht, in gerade Linie mit denen an der Mündung des Bosporus gebracht, die auf dem Schwarzen Meer fahrenden Schiffe vor dem Scheitern an den cyaneischen Klippen oder der thracischen Küste bewahrte. Man erzählt, dass die ältesten Bewohner, ein grausames und raubgieriges Geschlecht, statt dessen gerade an den gefährlichsten Stellen Fackeln leuchten liessen, so dass viele Schiffer, die sie für den Leuchtthurm hielten, an dem Felsen scheiterten, worauf sie von den Schurken ihrer Ladungen beraubt wurden.

Jenseits des Defilés von Mauros Molos führt längs des Ufers kein Pfad mehr hin, da hier die Küste sich als schroffe Felswand über das Meer erhebt. Aber die Strasse ersteigt die Höhen und führt nicht fern von deren Rande weiter. Wo die Felsen in ein Kap endigen, bildet die Biegung des Landes einen Hafen, der einst der Hafen der Ephesier hiess, jetzt aber den Namen *Bujuk Liman* führt. Dies ist der erste Zufluchtsort auf dieser Seite für Schiffe, welche vom Pontus Euxinus einlaufen, dessen stürmische Natur den sichern Port oft willkommen heissen lässt. Das Vorgebirg, welches den genannten Hafen einschliesst, wird in Folge seiner öden, dürren und unwirthlichen Felsennatur Taschlandschik, d. i. das felsige, genannt. An seiner Spitze erheben sich die Wälle der Festung *Karibjeh*. Dieses Cap hiess im Alterthum Gygopolis, d. h. die Geierstadt. Hierher verlegt die Sage den Hof des Königs Phineus, der hier die Argonauten, seine Retter von der Gefrässigkeit der Harpyen, bewirthete.

Fanaraki oder Fener Köi, d. i. das Leuchtthurmdorf, liegt auf der äussersten Spitze der europäischen Seite des Bosporus. Ihm gegenüber liegen die *cyaneischen Klippen* oder *Symplejaden* der Argonauten-Mythe. Die cyaneischen Klippen hiessen sie von ihrer dunkelblauen Farbe, Symplejaden von ihrer Eigenschaft, fortwährend gleich den Kinnladen eines kauenden Ungeheuers zusammenzuschlagen. Die Fabel von dieser Beweglichkeit entstand, wie man gemeint hat, daraus, dass sie (was freilich auch von allen andern Klippen gilt) bei bewegter See bald sichtbar wurden, bald verschwanden, da sie eben nur 8 bis 12 Fuss über dem Wasserspiegel hervorstehen. Jason, welcher nach Kolchis segelte, um dort das goldne Vliess zu rauben (nach einigen prosaisch denkenden Gelehrten wollte er dort nur besonders schöne Schafwolle einkaufen), wagte sich hindurch und es gelang ihm das Wagestück, nachdem ihm der gute König Phineus den Rath gegeben, den Versuch nicht eher zu machen, als bis er eine Taube hindurch geschickt. Diese wegfindende Taube ist entweder eine Erinnerung an das uralte Auspicium oder an die Ursage von der Taube Noah's. Wenn die Mythe erzählt, die Taube habe ihren Flug glücklich vollendet, indess in den zusammenschlagenden Klippen ihren Schwanz lassen müssen, so wissen die erwähnten Gelehrten sofort die rechte Erklärung. Nach jenen war die Taube ein Schiff, welches auf Recognoscirung voraus geschickt wurde. Dabei verlor sie an einer der Klippen ihr Steuerruder — den Schwanz der Taube.

Die Symplejaden sind der Schlusstein unserer Wanderungen auf dieser Seite des Bosporus. Ein Steinblock, gleich dem Piedestal einer Säule, welcher sich hier findet, scheint der Rest eines Altars zu sein, den die Römer hier dem Apollo errichteten. Früher hiess man ihn die Säule des Pompejus, mit demselben Recht, mit dem man die Säule in Alexandrien so nennt, und mit dem man den Thurm über Mauros Molos den Thurm Ovids, den vor Skutari den Leanderthurm heisst. Nicht unwahrscheinlich dagegen ist, dass hier die riesige Urne stand, die Pausanias am Ausgang des Bosporus aufstellte, und welche, von Erz gegossen, nicht weniger als 600 Amphoren fasste.

Ehe wir dieses Ufer des Bosporus verlassen, möge noch kurz der Dörfer Jerliköi, Demirdschi Köi und Domasdere gedacht werden, die an einem sich gegen das Schwarze Meer öffnenden Thale liegen, in dem man Lagen versteinerten Holzes antrifft. Endlich sei noch der kleinen Festung *Kilia* gedacht, die in einer Bucht des genannten Meeres gelegen, das Aussenwerk ist, welches die europäische Seite des Bosporus in derselben Weise schützt, wie Riva die asiatische. Die Bucht ist eine berühmte Station für Fischer. Der nächste Platz am Schwarzen Meere ist Derkos, das alte Denelton, eine Tagereise von Constantinopel entfernt. Zwischen diesem Orte und Selymbria (Silivri) war die grosse anastasische Mauer, welche die Bestimmung hatte, die Hauptstadt gegen die Angriffe der Barbaren zu schützen.

Nach dem **asiatischen Ufer** übersetzend, kommen wir zunächst nach der kleinen Festung *Riva*, an der Mündung des Flüsschens gleiches Namens, welches drei Stunden landeinwärts bei dem Dorfe Abdular entspringt. Die Schönheit der Ufer dieses Flusses ist viel und verdientermassen gepriesen worden. Am andern Ende der kleinen Bucht von Riva erhebt sich der Felsen Kromion, d. i. der zwiebelförmige, früher Kolone geheissen. Er war einst eine rings von Wasser umspülte Klippe, jetzt ist er durch Sandanschwemmung mit dem Festland verbunden. Von hier kommen wir zunächst nach dem Cap Jamburun, welches sich schroff und spitz in das Meer hinausschiebt und wo eine heftige Brandung tobt. Es hiess im Alterthum Ancyräum, von dem Anker, den Jason hier mitnahm. Dieser Anker war ein schwerer Stein, der von den Argonauten später am Phasis zurückgelassen wurde. In der byzantinischen Zeit wurde das Ankercap heilig gesprochen, indem die christliche Legende aus dem Anker einen Heiligen machte, so dass die Bucht, welche das Cap einschliesst, von griechischen Schiffern, jetzt die Bucht des heiligen Sideros, d. h. des heiligen Ankers genannt wird. Gleich daneben, auf der andern Seite des Vorgebirges, öffnet sich die kleine Bucht von Kabakos, in der sich zwei ziemlich grosse Grotten finden, von welchen die eine bei 72 Fuss Weite eine Höhe von 40 und eine Tiefe von 70 Fuss hat. Weiterhin folgt *Fanaraki*, wo der asiatische Leuchtthurm steht. Dann *Poiras*, wohl eine Corruption aus Boreas, da dieser Punct dem Nordwind sehr ausgesetzt ist. Das hier befindliche Fort wurde zu gleicher Zeit mit dem von Karibjeh erbaut. Weiterhin treffen wir *Filburun*, d. i. das Elephantenkap, dann *Anadoli Kawak*, unmittelbar dem Fort von Rumili Kawak gegenüber, an einer der schmalsten Stellen des Bosporus, welche einst die „heilige Mündung" hiess. Mit diesem Kap tritt die grosse bithynische Bergkette des Olympus in die See hinaus, wie auf der andern Seite die grosse thracische Kette des Hämus, und man kann sagen, dass beide sich unter dem Wasser der Meerenge die Hände reichen. Die Parallele der natürlichen Lage und der künstlichen Befestigung, die wir bis hierher von der Mündung des Bosporus verfolgten, wird hier noch greifbarer. In derselben Weise, wie sich die Byzantiner auf den Höhen, die Türken am Ufer der europäischen Seite befestigten, ganz ebenso verfuhren sie hier. Nur das Genuesercastell ist, wie schon bemerkt, grossentheils erhalten, während das byzantinische auf der andern Küste zusammengefallen ist. In alten Zeiten hiess das Vorgebirge Hieron, das Heiligthum, nach dem Tempel der zwölf Götter, deren Dienst nach der Sage zuerst Phrygos, dann Jason hier eingerichtet haben soll. Ausser diesem Tempel hatten Zeus und Poseidon hier besondere Heiligthümer, die von den alten Schriftstellern häufig erwähnt werden, von denen aber jetzt ebenso wenig noch eine Spur zu finden ist, als von den Tempeln der Cybele und des Sarapis, welche auf dem andern Ufer (wahrscheinlich erst in der Römerzeit) gestanden haben sollen. Die Engen von Hieron galten schon in der ältesten Zeit als die Stelle, wo Europa und Asien sich am meisten näherten, und als der eigentliche Vorposten des Bosporus, welcher denselben vor den Angriffen nördlicher Barbaren zu vertheidigen habe. Noch vor Constantin dem Grossen, im Jahre 248, erschienen die Heruler vor Constantinopel mit einer Flotte von 500 Booten, mit der sie Chrysopolis, das heutige Skutari, blockirten, von wo sie sich indess nach einem unglücklichen Seetreffen nach Hieron zurückziehen mussten. Ungefähr zu derselben Zeit waren die Gothen hier über die Meerenge gegangen, um Bithynien bis in die Gegend von Nikomedien zu verwüsten. Odenatus, Oberfeldherr im östlichen Theil des römischen Reiches, verfolgte sie bis Heraklea am Schwarzen Meer. 865 erschienen die Russen zum ersten Mal mit einer Flotte im Bosporus und drangen bis nach Hieron vor. Sie mussten sich diesmal zurückziehen. Aber 941 kamen sie wieder und verbrannten Hieron, Stenia und einen Theil der byzantinischen Flotte. Mit 10,000 schnellsegelnden Schiffen (Dromites) gingen sie auf Constantinopel los, wurden jedoch zuletzt von dem Patrizier Theophanes zurückgetrieben. Vermöge seiner Lage war Hieron der geeignetste Ort, Zoll für die Erlaubniss zur Durchfahrt durch den Bosporus zu erheben, und so legten schon die ersten byzantinischen Herrscher hier eine Zollstätte an. Diese Anstalten hiessen Commercia, woher das jetzige türkische Wort Gumerk, Zollhaus, abzuleiten ist. Das Zollhaus für den Bosporus war in Hieron, das für den Hellespont in Abydos. Die Kaiserin Irene ermässigte diese Zölle. Als die Genueser von Galata aus den Kaiser in seinem Palast za bedrohen und ihr Augenmerk auf die Herrschaft in diesen Meeren zu richten anfingen, waren sie ganz besonders darauf bedacht, sich Hierons und mit diesem des Schlüssels zum Bosporus zu bemächtigen, und im 14. Jahrhundert hatten sie es in ihrer Gewalt. 1360 erschien vor der Burg von Hieron eine venetianische Flotte von 33 Galeeren, um den Genuesern den alleinigen Besitz der Herrschaft streitig zu machen, und später wurde hier wiederholt zwischen Byzantinern und Genuesern gekämpft, und Hieron scheint wieder in die Hände der ersteren zurückgelangt zu sein. Wenigstens war, als die Türken die Hauptstadt bedrohten, in Hieron eine byzantinische Besatzung. — Auf den Ruinen des alten Heidentempels baute Justinian eine Kirche, die er dem Erzengel Michael weihte und so dem Obersten der himmlischen Heerschaaren die Bewachung des Bosporus gegen die Barbaren anvertraute. Bis auf den heutigen Tag sieht man auf den Mauern der alten Burg die Wappen von Genua und Byzanz. Die jetzigen Bewohner desselben sind ein ruhiges, meist von Acker- und Gartenbau lebendes Völkchen, das nur unter sich heirathen soll und eine eigene Religion hat, über die man indess nichts Gewisses erfährt.

Weiter nach Süden folgt ein Berg, welcher, Bujukdere gegenüber gelegen, der höchste am ganzen Bosporus ist und von den fränkischen Reisenden gewöhnlich *der Riesenberg*, von den Türken nach dem Hühnengrab auf seinem Gipfel, welches sie für Josua's Grab halten, Juscha Dagh, Josuasberg genannt wird. Die classischen Schriftsteller nahmen an, dass jenes Grabmal den Leib des Bebrycerkönigs Amycus in sich berge, welcher Alle, die landeten, zu einem Zweikampf auf den Cestus herauszufordern pflegte, in welcher Waffe er sich besonders auszeichnete. Pollux nahm diese Herausforderung bei der Rückkehr der Argonauten von Kolchis an und erschlug den König. Der Fuss des Berges theilt sich in zwei Aeste, welche als Vorgebirge in die See hinaustreten. Das nördliche heisst Madschar Burun, das Vorgebirge der Ungarn, das südliche Mesar Burun, das Kap der Todten. Zwischen beiden öffnet sich eine kleine Bucht, in welcher das Dorf Umurköi liegt. Die Batterie am Fuss des erstgenannten Kaps, gleich den gegenüberliegenden von Deli Talian das Werk des französischen Ingenieurs Monnier, heisst die Josuasbatterie. Darüber erblickt man die Ruinen einer von Justinian erbauten Kirche des heiligen Pantaleon. Die Höhe des Berges beträgt 520 Fuss, und man hat von seinem Gipfel eine zauberhaft schöne Aussicht über einen grossen Theil des Kanals. Das Gestein ist Kreide, welche am Fuss gebrochen und gebrannt wird. Das Grabmal oben ist 20 Fuss lang und 6 Fuss breit, mit einer steinernen Einfriedigung versehen und mit Büschen und Blumen umpflanzt. Zwei Derwische pflegen es zu bewachen. Warum gerade Josua hier liegen soll, ist nicht gut zu erklären. Vielleicht versetzte man sein Grab hierher auf den Berg, weil er während des bekannten Wunders, wo er die Sonne still stehen hiess, auf einem Berge stand. Nach türkischer Vorstellung war übrigens Josua ein furchtbarer Riese; denn er hatte die Gewohnheit, sich, während er auf dem Berge sass, im Bosporus die Füsse zu waschen. Die vielen Fetzen von Hemden und andern Kleidungsstücken, welche man an dem Grabe aufgehangen sieht, haben Bezug auf den im vorigen Capitel erwähnten Aberglauben, nach welchem das Volk meint, wenn es solche Fetzen an den Gräbern heiliger Personen aufhängt, werde in demselben Maasse, wie der Wind dieselben auslüftet, auch die Krankheit allmälig weichen, welche den Träger des Restes jener Kleidungsstücke ergriffen hat.

Unkiar Skelessi, d. i. der Landungsplatz des Menschentödters (letzteres ist einer der Titel des Sultans), liegt am Ausgang eines der schönsten Thäler auf der asiatischen Seite des Bosporus und ist in Folge dessen schon seit Jahrhunderten einer der Lieblingswohnplätze der türkischen Herrscher gewesen. Mohammed II. bereits erbaute hier einen Kiosk, den er, da ihm zu dieser Zeit gerade die Nachricht der Einnahme von Tokat zuging, mit jenem blutigen Namen belegte. Später errichtete Soliman der Grosse an dieser Stelle einen Palast, der indess allmälig verfiel. 1746 baute ihn Mahmud I. wieder auf und schmückte ihn mit Springbrunnen, Cisternen und Parksophas. Auch dieses Gebäude sammt allem Zubehör ist jetzt zusammengefallen. An seine Stelle setzte Selim III. eine Papiermühle, die, wenn ihr Erzeugniss so schön wäre, als das Gebäude, das vorzüglichste Papier der Welt liefern würde. Alles ist von Marmor, der Salon ist geräumig und hell und das Ganze könnte eher als ein Feenpalast, wie als eine prosaische Papierfabrik gelten. Auf einem Hügel, der in die See hinaustritt, steht jetzt ein neuer Palast des Sultans von rothem und weissem Marmor, den ihm der Pascha von Aegypten gebaut hat und der zwar nicht gross ist, aber eine sehr hübsche Lage hat. Im Alterthum hiess das Vorgebirge von Madschar Burun Argyconium, das von Mesar Burun Actorechon und die Bucht von Unkiar Skelessi Maucoporis. Das Thal und der dahinter aufsteigende Riesenberg sind der Schauplatz, wo 1833 die russische Armee lagerte und wo der bekannte Vertrag vom 26. Juni jenes Jahres abgeschlossen wurde, nach welchem „im Fall der Noth" (dessen Bestimmung dem russischen Botschafter anheimgegeben wurde) die Türkei verpflichtet war, die Dardanellen aller fremden Flotten zu schliessen.

Weiter südlich kommen wir nach dem grossen türkischen Dorfe *Bejkos*, welches am Ausgang eines Thales vor einer Bucht liegt, die im Alterthum den Namen jenes Königs Amykus führte, bisweilen aber auch die Bucht des wüthenden Lorbeers genannt wird. Hier soll der wilde Bebrycerfürst sein Hoflager und seine Ochsenställe gehabt, hier mit Pollux gekämpft haben. Hier stand auch sein Grab, auf das man einen Lorbeerbaum pflanzte, der später den seltsamsten Spuk anrichtete. Wer nämlich Blätter von demselben abbrach und diese mit sich führte, der musste unwillkürlich gegen Jedermann in Schimpfreden ausbrechen, woraus sich dann Mord und Todtschlag entwickelte. In früheren Zeiten gab es in der Bucht von Bejkos viele Schwertfische, die sich indess jetzt nicht blos von hier, sondern aus dem Bosporus überhaupt zurückgezogen haben sollen.

Akbaba und Sekedere. Von Bejkos gelangt man auf anmuthigstem Wege in etwa zwei Stunden nach den Dörfern Akbaba und Sekedere, die im Innern in einem romantischen Thale liegen. Letzteres ist berühmt wegen einer stahlhaltigen Heilquelle. Von hier kann man seinen Spaziergang fortsetzten bis zu dem am Fuss der bithynischen Bergketten gelegenen Dorfe 'Arnautköi. Das Thal von Akbaba wird deutsche Reisende, welche die Umgegend von Wien kennen, lebhaft an die Schönheiten der einsamen Thäler hinter dem Kahlenberg, von Dornbach bis Mauerbach erinnern, während sein reichverzierter Marmorbrunnen wieder an türkische Prachtliebe denken lässt.

Sultania heisst sowohl die Bucht, welche auf die von Bejkos folgt, als auch das amphitheatralisch in der Mitte derselben gelegene grosse Dorf. Der Name soll von einem Garten herrühren, der von Bajasid II. hier angelegt wurde. Derselbe ist jedoch anderen Ursprungs. Als unter Sultan Murad III. der türkische Feldherr Usdemir Oglu Osman Pascha Armenien und einen Theil Persiens eroberte und bis Täbris, der Hauptstadt von Aserbeidschan vordrang, schickte er die Fenster, Thüren und Möbel der Paläste, die er in den eroberten Städten fand, an den Sultan, welcher diese Trophäen, zur Erbauung einer Sommerresidenz an dieser Bucht verwendete. Dieselbe war ganz im persischen Geschmak eingerichtet und erhielt ihren Namen Sultania von einer der schönsten Städte in Aserbeidschan. Gegenwärtig existirt von diesem Palast, welcher vermuthlich wie viele andere türkische Sultansschlösser von Holz war, keine Spur mehr, sondern man sieht ein modernes Gebäude, welches von irgend einem Reis Effendi erbaut worden sein soll.

Der nächste Ort nach Süden hin ist *Indschir Köi*, d. i. das Feigendorf, so genannt nach der Vortrefflichkeit der Feigen, die hier sowie in Sultania wachsen. Unter den Obstbäumen dieser Gegend findet sich ein seltsames Naturspiel in Gestalt von zwei Cypressen, die mit zwei Feigenbäumen so verwachsen sind, dass die Cypressen Feigen zu tragen scheinen.

Tschibbuklu, das nächstfolgende Dorf, war im fünften Jahrhundert unserer Zeitrechnung sehr berühmt wegen des grossen Klosters der Schlaflosen (ἀκοιμήτων), welches der Abt Alexander gegründet. Die Mönche in diesem Kloster zeichneten sich dadurch von allen andern aus, dass sie nicht bloss zu den gewöhnlichen vier Gebetstunden sangen, sondern ihren Gottesdienst ohne Unterbrechung Tag und Nacht fortsetzten.

Kandlija, das „blutige Dorf". Nichts kann die Anmuth dieses Ortes und seiner amphitheatralisch aufsteigenden Terrassengärten übertreffen, wenn man sie vom Kaik aus in einer Entfernung von einem kleinen Flintenschuss von den Kiosks betrachtet, welche sich hart über dem Wasser erheben, das mit seinem Spiegel die Bilder der Minarets, Moscheen und Brunnen droben auf dem Ufer wieder strahlt.

Anadoli Hissar. — Dieses alte Schloss, dem von Rumili Hissar unmittelbar gegenüber gelegen, und vor demselben erbaut, hiess ursprünglich Gussel Hissar, d. i. Schönburg. Später nannte man es gewöhnlich den schwarzen Thurm, und es war ein gefürchtetes Staatsgefängniss, in welchem viele Gefangene an schlechter Behandlung und unter Martern starben. Gleich neben dem dabei sich hinziehenden Dorfe fliesst der Bach Göksu, d. i. Himmelsgewässer, an dessen Mündung sich ein von Mahmud I. erbauter und von Selim I. wieder hergestellter Palast erhebt. Das schöne Thal, welches sich von seinem Ausfluss in die Berge hinaufzieht, ist unbestritten eines der lieblichsten dieser paradiesischen Gegend, vielleicht der ganzen Levante. Ja, der türkische Dichter Malheni gibt ihm den Vorzug vor den vier schönsten Puncten Asiens: der prächtigen Ebene von Damaskus, der schönen Wiesenlandschaften von Obolla bei Bassora, der Ebene von Sogd und dem herrlichen Thal von Schaab Bewan in Südpersien.

In demselben Maasse, in welchem das ebenerwähnte Thal alle andern Thäler des Bosporus an Schönheit übertrifft, ist das unter und auf dem nächstfolgenden Vorgebirge erbaute Dorf *Kandilli* allen andern Dörfern dieser Wasserstrasse an Lieblichkeit der Lage und reiner Luft vorzuziehen. Sein Name war im Alterthum περίρξουν, d. i. das Umströmte, von der heftigen Strömung, welche von dem gegenüber aufragenden Kap zurückprallend seinen Fuss umrauscht. Von den Häusern auf der Höhe geniesst man die lieblichsten Blicke auf den obern und den untern Bosporus, sowie auf das Marmormeer. Kandilli heisst das Laternenerleuchtete, und wenige Orte mögen diese Bezeichnung so wohl verdienen, indem es gleichsam wie eine vom Himmelsgewölbe herabgelassene bunte Laterne dasteht, die ihre Strahlen voll Schönheit weithin über die Höhen und die Gewässer der Gegend leuchten lässt — Strahlen, die gleich denen einer Zauberlaterne, auf diese Höhe und an diese Gewässer die bunteste, vielgestaltigste Mannigfaltigkeit von Formen und Farben hinzuzaubern scheinen, mit dem einzigen Unterschiede, dass man hier nicht blosse Bilder, sondern Wirklichkeiten vor sich hat. Kein Reisender, der Constantinopel besucht, sollte diese Höhe von Kandilli übersehen. Keine Feder beschreibt das Gesammtbild oder die einzelnen Gruppen dieses Panorama's mit seinem Wechsel von Hügel und Thal, Buchten und Vorgebirgen, Wiesen, Wäldchen und

Brunnen, seinen dunklen Cypressenhainen und lichten Rosenbeeten, seinen rauschenden Strömungen und murmelnden Rieselbächen, seinen vergoldeten Kiosks und seinen marmornen Springbrunnen — dieses zaubervolle Durcheinander von flaggentragenden Masten und hochragenden weiss-schimmernden Minarets, von mächtigen Kuppeln und zahllosen, von Baumwipfeln unterbrochenen rothen Hausdächern. Indem man von der Ecke eines Kiosks an eine der Säulen desselben gelehnt, ohne sich zu bewegen, nur durch die Wendung des Kopfes bald zur Rechten, bald zur Linken den ganzen Bosporus vom Pontus bis zur Propontis überschaut, blickt man in die sieben Landseen, in welche die Meerenge zu zerfallen scheint, wie in sieben magische Kessel, von denen einer dem Auge immer mehr Entzücken aufsteigen lässt, als der andere, und während man in der Ferne im Norden die Stelle erblickt, wo die schwarzblauen Symplejaden einst als Rachen der Unterwelt drohten, sieht man auf der andern Seite in dem Spiegel des Marmormeeres die Prinzeninseln friedlich, schön und heiter gleich den Inseln der Seligen.

Kalleh Bagdschessi, der „Garten des Thurms", leitet seinen Namen von einer Sage her, nach welcher Sultan Selim I., erzürnt über seinen Sohn Soliman, dem Bostandschi Baschi den Befehl ertheilte, denselben zu erdrosseln. Der letztere fühlte indess Mitleid mit dem Prinzen und verbarg ihn, mit Gefahr seines eigenen Lebens, auf drei Jahre an dieser Stelle. Nachdem Selim von seinem siegreichen Zuge nach Aegypten heimgekehrt war, reute ihn jener Befehl, da ihm sein Mangel an Kindern schwer auf's Herz fiel, und jetzt gestand der Bostandschi Baschi seinen Ungehorsam, der ihm vom Sultan natürlich gern verziehen wurde. Als Soliman später den Thron bestieg, verwandelte er den alten Thurm in einen prächtigen Garten mit Springbrunnen, und pflanzte hier eine Cypresse, die noch jetzt gezeigt wird. Im gewöhnlichen Leben wird der Ort kurz Kalleli genannt, welchen Namen man deshalb den Kaikdschis gegenüber anwenden muss. Früher stand hier eine Michaelskirche. Jetzt ist das auffallendste Gebäude des Ortes eine grosse im gewöhnlichen türkischen Styl erbaute Reiterkaserne, die unmittelbar am Wasser steht. Halbwegs die Höhe hinauf hinter Kalleli trifft man einen Kiosk des Sultans, der in einem schönen Haine wie in einer Laube liegt. Ein höchst anmuthiger Weg führt von Kulleli links hinauf nach Kandilli. Derselbe windet sich um einen Hügel, den ein anderer Kiosk des Grossherrn krönt und bietet bei jeder seiner Wendungen neue überraschende Ausblicke auf den Bosporus.

Tschengelli Köi, d. i. das Hakendorf, so genannt nach dem alterthümlichen eisernen Anker, den Mohammed II. hier fand. Der kaiserliche Garten am Ufer war der Schauplatz der blutigen Executionen unter Murad IV.

Beglerbeg liegt gerade über von Orta Köi und ist erst in den letzten zwanzig Jahren zu dem Wohlstand gelangt, dessen es sich jetzt erfreut. Unter den byzantinischen Kaisern zeichnete sich der Ort durch die Grösse und Pracht seiner Gebäude aus. Zur Zeit des Gyllius hiess es Chrysokeramos von einer Kirche, deren Dach mit goldenen Ziegeln gedeckt war. Unter dem Sultan Mahmud erhielt er den Namen Ferach-fesa, d. i. wachsende Freude, ein Name, der ein Seitenstück zu dem berühmten Garten Dilkuscha (Herzensöffner) ist, welchen Timür Leng zu Herat anlegte. Hier in Beglerbeg liegt, wie schon erwähnt, die eigentliche Sommerresidenz des Sultans, das asiatische Gegenstück zu Dolma-Bagdsche. Der Palast von Beglerbeg, hart am Meeresufer gelegen und mit seiner weissleuchtenden ausgedehnten Fronte von weither sichtbar, ist der grösste von allen Palästen des Sultans und noch immer wird mit unsinniger Verschwendung daran gebaut. Abdul-Aziz hat diese Stelle so lieb gewonnen, dass er alle seine anderen Lustschlösser über Beglerbeg vernachlässigt. Weil er im Sommer fast beständig dort wohnt, ist dieser Palast um diese Jahreszeit auch gänzlich unzugänglich für Fremde.

Istavros, Beschiktasch gegenüber gelegen, zog schon in frühen Zeiten durch seine der Hauptstadt nahe und schöne Lage die Aufmerksamkeit der Sultane auf sich, und Achmed I. baute hier eine Moschee und legte 1613 einen kaiserlichen Garten an.

Kuskundschik, hart neben Istavros und nahe bei Skutari, erhielt seinen Namen von Kusgun Baba, einem türkischen Heiligen, der unter der Regierung Mohammed's II. lebte. In dem Namen des benachbarten kleinen Hafens Jukus Limani (Ochsenhafen) ist eine Erinnerung an die Bedeutung des Wortes Bosporus (Ochsenfurt) aufbewahrt. Mit dem Dorfe Kusgundschik oder vielmehr mit dem benachbarten Vorgebirg Chrysopolis enden die Engen des Bosporus; denn die See auf der andern Seite wird bereits Propontis oder Marmormeer genannt.

Indem wir nun einen Rückblick auf die Orte werfen, die wir auf beiden Seiten des Kanals durchwandert haben, finden wir, dass das asiatische Ufer die mehr begünstigte und geliebte Residenz der ottomanischen Sultane gewesen ist, während die Westseite mehr von den Franken und Griechen zum Aufenthalt während des Sommers gewählt worden ist. Die Zahl der kaiserlichen Gärten und Gartenpaläste ist auf dem asiatischen Ufer grösser, als auf dem europäischen; denn während wir zwischen Tophana und Rumili Hissar nur fünf (Dolma-bagdsche, Beschiktasch, Tschiragan, Flamur und Behek) und weiter hinauf nur zwei (die Villen von Kalendar und Therapia) derselben finden, begegnen wir auf dem asiatischen Gestade doppelt so vielen. Den eben erwähnten vier gegenüber haben wir die Gärten und Gartenschlösser von Istavros, Beglerbeg, Tschengelli Köi, Kalleh Bagdschessi und Kandilli erwähnt. Dann folgt das Thal des Himmelswassers, durchströmt von den Bächen Gök Su und Kutschuk Su, und weiterhinauf treffen wird die kaiserlichen Gärten und Sommerpaläste von Kandlija, Tschibbuklu, Sultania, Bejkos und Unkiar Skelessi.

Wir kommen nun nach **Skutari**, der grössten von den Vorstädten Constantinopels, welches, auf sieben niedrigen Hügeln erbaut, auch als eine Stadt für sich betrachtet werden kann. Der Thurm, der sich vor demselben auf einer isolirten Klippe 74 Fuss hoch auf der Grenze zwischen Propontis und Bosporus erhebt und jetzt als eine Art

17

Wachthaus dient, wird von den Türken Kiskulessi, d. i. Jungfern- oder Mädchenthurm genannt. Die Franken haben dies irrthümlich auf die Jungfrau bezogen, die in der Sage von Hero und Leander eine Rolle spielt, und nennen dies Gebäude deshalb den *Leanderthurm*. Derselbe hat mit der Sage, deren Schauplatz bekanntlich der Hellespont, nicht der Bosporus ist, nichts zu thun. Er hiess im Alterthum Damalit und wurde 1143 von Manuel Komnenus zum Behuf der Absperrung des Goldenen Horns und des Bosporus mit eisernen Ketten erbaut. Seine jetzige Gestalt erhielt er durch Achmed III. und Mahmud II. Skutari ist eine sehr alte Stadt. Es wurde schon in den ältesten Zeiten der grossen persischen Monarchie erbaut und erhielt seinen alten Namen Chrysopolis sehr wahrscheinlich davon, dass hier der Tribut zusammenfloss, den die Perserkönige von den umliegenden Theilen ihres Reiches erhielten, nicht von Chryses dem Sohn der Chryseis und des Agamemnon, den die spätere Sage vor Aegisth und Klytemnästra hierher fliehen und hier an einer Krankheit sterben lässt. Der orientalische Name der Stadt, Uskudar ist persischen Ursprunges und wohl so alt als die Stadt selbst, denn Uskudar bedeutet auf persisch einen Courier oder Postboten, welcher die königlichen Befehle von Station zu Station befördert. Skutari war daher schon im Alterthum, was es jetzt ist, die grosse Post-station für die asiatischen Couriere, für die Karawanen und für die Reisenden, welche, von Europa kommend, in das Innere von Klein-asien und Mesopotamien gehen. Das Vorgebirge, welches hier die Grenze zwischen dem Marmorameer und der Meerenge bildet, hiess im eigentlichsten Sinne der Bosporus, d. i. Ochsen- oder Rinderfurt, ein Name, der von der Sage herkommt, dass Io, in eine Kuh verwandelt, auf ihrer Flucht von der rachsüchtigen Juno hier von Europa nach Asien hinüberschwamm. Hier standen die drei 10 Ellen hohen Kolos-salstatuen, welche die alten Byzantiner zur Erinnerung an die durch Athen bewirkte Befreiung ihrer Stadt von der Belagerung derselben durch den Lacedämonier Philipp errichteten.

Das zweite Vorgebirge Skutari's, welches im Süden am Ufer des Marmorameeres liegt und den alten, jetzt halb eingegangenen Hafen der Stadt einfasst, hiess in der Zeit der Byzantiner Hieron. In und bei Chrysopolis machten Xenophon und die griechischen Hilfs-völker, welche er aus dem Feldzug gegen Artaxerxes Mnemon zurück-geführt, auf sieben Tage Halt, während welcher Zeit die Soldaten ihre Beute verkauften. In seinen Werken bemerkt er, dass Chrysopolis von dem damaligen attischen Befehlshaber mit Mauern umgeben worden sei und als Zollstätte gedient habe, bei welcher die Athener (wie später die Genuesen am Bosporus) von den durchsegelnden Schiffen eine Abgabe erhoben.

Skutari hat acht Moscheen, von denen fünf von Sultaninnen und drei von Sultanen erbaut wurden. Die Moschee der Sultanin Walide erfreut sich des Vorrechtes, in den Nächten des Ramadan ebenso erleuchtet zu werden, wie die kaiserlichen Moscheen in Stambul. Die Kreise von Lampen, die man dann an den Minarets erblickt, werden

Mahije, d. h. Mondkreise, genannt. Sultan Soliman, welcher die Moschee Ibrik Dschemi (Moschee der Kanne) erbaute, stiftete hier zugleich eine Armenküche (Imaret), wo jeder Dürftige zwei Mahlzeiten, eine Schüssel Suppe und ein Brotchen erhielt. Fremde bekommen dasselbe und zugleich Futter für ihre Thiere, indess nur drei Tage lang — die gewöhnliche Begrenzung der morgenländischen Gastlichkeit. Dieses vortreffliche Beispiel wurde von mehren Sultaninnen nachgeahmt, so dass Skutari ziemlich reich an Wohlthätigkeitsanstalten ist. Zahlreich sind in Skutari auch die Badeanstalten. Als die besten können das Sultan-Hammam am Marktplatze und das Bad Kossem Pascha's bezeichnet werden.

Sehr interessant ist ein Besuch in dem *Kloster der Rufai-Derwische.* Dasselbe war 1859 abgebrannt, wird aber jetzt wieder aufgebaut sein. Diese Derwische gehören zu den sogenannten heulenden. Ihre gottesdienstlichen Uebungen beginnen mit dem gewöhnlichen Gebet, nur mit dem Unterschied, dass sie sich dabei statt der Teppiche ein Schaffell unterbreiten. Nach dem üblichen Gebet (Namaz), welches von jedem frommen Moslem täglich fünfmal gesprochen wird, setzen sie sich in einen Kreis und sagen die Fatha, d. h. die erste Sure des Koran her, auf welche sie verschiedene fromme Ausrufungen, wie z. B. „Gesegnet sei unser Prophet, der Fürst der Gottesgesandten, und seine Familie und seine Gefährten, gesegnet auch Abraham und seine Familie und seine Gefährten!" folgen lassen. Diese Formeln sprechen sie langsam, mit eintöniger Stimme, halb singend, etwa wie unsere Priester beim Messelesen aus. Nachdem dies vorüber ist, erheben sie sich, im Kreise bleibend, und beginnen langsam das Glaubensbekenntniss des Islam: „La ilah illah la" (es ist kein Gott ausser Gott) herzusagen, welches sie in sechs einzelnen Sylben: la-i-lah-il-lah-la zerlegen. Während sie die erste Sylbe aussprechen, beugen sie sich nach vorwärts, bei der zweiten erheben sie sich wieder und bei der dritten beugen sie sich nach hinten über, eine Bewegung, die sich bei den drei letzten Sylben wiederholt. Bisweilen auch wechseln sie mit der Richtung so, dass sie sich bei der ersten Sylbe zur Rechten beugen, bei der zweiten aufrecht stehen und bei der dritten sich nach links neigen, ein Verfahren, welches sich bei den drei letzten Silben des Bekenntnisses wiederholt. Dieser Chorgesang beginnt ganz langsam, so dass die Bewegung stets gleichen Schritt mit dem Gesang hält oder vielmehr mit dem Geschrei. Bald jedoch wird die Bewegung so rasch, dass der Singende oder Schreiende genöthigt ist, zwei Silben bei einer Bewegung auszusprechen, und wenn die Raschheit sich noch mehr steigert, die beiden Sylben wie eine einzige auszustossen, wo man dann nichts mehr hört, als den tactmässig hervorgekeuchten wilden Schrei Il-Lah. Je schneller die Bewegung in Dreivierteltact, desto grösser die Wuth der sich Beugenden und Brüllenden, und so wird die Ceremonie allmälig zu einer religiösen Orgie, bei der man nicht weiss, was man mehr bewundern soll, die Kraft der Muskeln oder die Ausdauer der Lungen, die sie feiern. Während dieser wüste Chor sein Gebrüll hören lässt, tragen zwei Sänger mit melodischer Stimme Verse aus der Borda, dem berühmten Mantellied (siehe d. vor. Cap.) oder aus anderen Lobliedern auf den Propheten und seine Jünger, auf die grossen Schechs Abdelkader Gilani oder Sejd Achmed Rufai vor. Diese sanfte Musik tönt wie das Läuten eines Capellenglöckchens im Donner der Brandung und im Heulen des Sturmes. Das Signal zur höchsten Anstrengung der Muskeln und Lungen ist es, wenn der Schech oder Vorsteher der Gesellschaft zu stampfen beginnt. Dann bücken sich Alle wie besessen, und man hört nichts mehr als den einzigen Ton „lah" aus diesem Wirbel verschluckter Sylben, der dann und wann von einem besonders Verzückten durch den Aufschrei „hu!" unterbrochen wird.

Wenn die Bewegung nach vorn und hinten geht, accentuiren sie die Sylben in der folgenden Weise ∪∪—∪∪—, d..h. so dass die erste und zweite, und die vierte und fünfte sehr kurz, kaum hörbar, ausgesprochen werden; geht sie dagegen seitwärts nach rechts und links, so wird der Ausruf als dreifüssiger Jambus ∪—∪—∪— ausgesprochen. Zu Anfang, wo das Glaubensbekenntniss langsam gebetet wird, ist das Ganze sehr wohl verständlich, weiterhin erscheint es einfach als ein brüllendes Lallen ohne Sinn und Bedeutung. Früher traten, wenn die Ceremonie bei dem Theil angelangt war, wo die gottesfürchtige Gesellschaft sich gegenseitig die Arme auf die Schulter legend, in Dreivierteltact sich nach vorn und rückwärts oder nach rechts und links zu schlenkern begann. Mitglieder des Ordens in die Mitte des Kreises, um Wunder der Unverbrennbarkeit zu thun. Der Eine trug ein glühend rothes Hufeisen in der Hand, ein Anderer nahm eine feurige Kohle in den Mund, wieder Andere liessen sich mit glühenden Haken fassen, Alle, ohne das geringste Zeichen von Schmerz von sich zu geben Diese Kunststücke hat man indess jetzt aufgegeben, und nur das Brüllen und Bücken wird fortgesetzt. Das geht stundenlang mit geringen Unterbrechungen fort. Das Getöse wächst immer mehr, ebenso wird das Schlenkern der Glieder immer gewaltsamer. Viele stürzen mit Schaum vor dem Munde zuckend und zappelnd zu Boden, Andere werden ohnmächtig in eine Ecke getragen. Einige schreien „Ja hu!" (o Lebendiger) Andere „Ja meded!" (o Hilfe), während der Choral oder Hymnus der beiden Sänger in dieses Getöse und Gewirr silberstimmig Ausrufungen wie: „O Mittler! O Geliebter! O, Du Arzt der Seelen! O, Du, der erwählt ward! O, Du Sachwalter am Tage des Gerichts, wenn man ausrufen wird: O meine Seele! O meine Seele! und Du sagen wirst: O mein Volk, mein Volk!" hineintönen lässt.

Es wird von Kundigen behauptet, dass wie verzückt und verrückt auch die ganze Gesellschaft dem Zuschauer erscheinen möge, doch Alle, mit Ausnahme einiger Fanatiker, in Wahrheit vollkommen ruhig und ihrer selbst bewusst seien, und dass die ganze Ekstase und Begeisterung ganz eben so wie früher das Wunder der Unverbrennbarkeit, eben ein Humbug oder Puff sei, einfach darauf berechnet, die Zuschauer, welche sich stets zahlreich im Kloster einfinden, zu täuschen. Verfasser dieser Zeilen ist nicht völlig dieser Ansicht. Es läuft jedenfalls viel Handwerksmässiges mit unter, im Ganzen aber ist die Ceremonie etwa den Vorfällen bei den amerikanischen Revivals und Campmeetings an die Seite zu stellen, nur dass sie Verzuckungen und Verrenkungen hier, bei den Derwischen mehr durch äusserliche Mittel hervorgebracht werden. Das Ende ist hier wie dort genau dasselbe — gottesfürchtiger Blödsinn.

Das Geschenk, welches europäische Zuschauer zurückzulassen pflegen, ist durchaus freiwillig; denn niemals wird von diesen Derwischen eine Gabe verlangt. Die Orgien der Rufai haben übrigens. weder ihrer Bedeutung nach, noch in ihrem Charakter Aehnlichkeit mit den Tänzen der Mewlewi in Kassim Pascha. In den Ceremonien der letzteren ist uns vielleicht der Sphärentanz der samothracischen Mysterien aufbewahrt, während das wüste Schlenkern und Verrenken der Rufai-Derwische möglicherweise der alte persische κνισμός ist.

Der grosse Friedhof hinter Skutari ist der ausgedehnteste und schönste in der ganzen Welt. Der Boden Asiens gilt den Türken für heiliger als der europäische, vielleicht weil sie dorther stammen, vielleicht weil ihr Prophet hier lebte, vielleicht auch liegt darin eine Ahnung, dass sie in Europa keine bleibende Stätte haben und über kurz oder lang nach Asien zurückwandern müssen So lassen sich sehr viele Bewohner Stambuls hier im grossen Leichenhof von Skutari beerdigen, und da dies vorzüglich wohlhabende Leute sind, so trifft man hier weit mehr schöne oder doch reich verzierte Grabmäler als auf irgend einem Begräbnissplatz Constantinopels und seiner Vorstädte. Der grosse Friedhof ist über eine halbe Quadratmeile gross, und es mögen hier mehr als zwei Millionen, ja vielleicht doppelt so viele Türken begraben sein. Ein Grab in der Mitte der Masse von Grabsteinen lenkt die Aufmerksamkeit der Beschauer durch besondere Grösse und Eleganz auf sich. Unter dem von sechs Säulen getragenen Dache liegt aber nur — das Leibross Sultan Mahmud's.

Ein Gang durch diesen grossen Campo von Skutari ist äusserst interessant, aber auch sehr ermüdend. Fremde, die nicht an südliches Klima gewöhnt sind, mögen es vermeiden, den Campo um die Mittagszeit zu besuchen, denn die Hitze zwischen den von der Sonne erwärmten zahllosen, übereinandergethürmten Grabsteinen und den schattenlosen steifen Cypressen ist im Sommer ungemein drückend, da die frische Seeluft, die sonst überall in Constantinopel und seiner Umgebung weht, in den Campo nicht hineinstreift. Am besten besichtigt man ihn, wenn man vom Dschamlidscha herab, von dem gleich die Rede sein soll. durch den südwestlichen Theil von Skutari und dann quer durch den Campo nach Kadiköi hinübergeht. Den Ausflug auf den Dschamlidscha darf man nicht zu spät antreten, am besten um sieben Uhr Morgens. Man fährt mit einem Kaik nach Skutari hinüber, miethet dort am Landungsplatze Pferde und reitet dann, soweit die Fahrstrasse geht, den Berg hinan. Die letzte Stelle geht man zu Fusse.

Dschamlidscha. — In der Entfernung von einer halben deutschen Meile östlich von Skutari erhebt sich mit sanften Abhängen der Berg Dschamlidscha, von dessen Gipfel der Reisende die schönste und ausgedehnteste Aussicht über beide Ufer des Bosporus, sowie über den grössten Theil des Marmormeeres geniesst. Von allen Puncten am Bosporus ist Dschamlidscha derjenige, welcher von der Damenwelt Constantinopels, und zwar in gleicher Weise von den Türkinnen, den Perotinnen und den fränkischen Damen am häufigsten besucht wird, und mit vollstem Recht. Wir haben bereits alle schönen Puncte in der Umgebung der Stadt, die sich zu Ausflügen eignen, beschrieben. Da sind auf der europäischen Seite die Spaziergänge an den Süssen Wassern am innern Ende des Goldenen Horns, die Platanen- und Lindenhaine von Jahia hinter Beschiktasch, die Aussicht von Schechler, der Höhe unmittelbar hinter dem Schloss von Rumili Hissar, der Spaziergang auf den Wiesen bei Bujukdere und der nach den Wasserleitungen und Reservoirs von Bagdschiköi, Belgrad und Burgas. Da sind ferner auf dem asiatischen Ufer die schönen Thäler bei Unkiar Skelessi, das romantische Thal von Akbaba mit dem Genueser-Castell, das prachtvolle Panorama vom Riesenberge, sowie das vom Kandilli in der Mitte der Bosporuswindung. Aber alle diese Thäler und Höhen stehen zurück in der Meinung der Türken gegen die Aussicht vom Dschamlidscha, welche mit den schönsten Ausblicken über Land und See den von allen Morgenländern hochgeschätzten Vorzug verbindet, vortreffliches Wasser zu besitzen. Die Aussicht ist darum so wundervoll, weil sie eine förmliche Rundschau ist. Blickt man von dem mit spärlichem Gras bewachsenen, ziemlich flachen Gipfel, an dessen nördlichem Abhange einige Platanen stehen, gegen Norden, so hat man das prachtvollste Bild der Stadt, des Marmormeeres und des Bosporus. Man sieht von den Prinzeninseln im Südwesten bis nach Rumili Hissar im Nordosten, dies allein ein Panorama, dem sich wenige auf Erden vergleichen können. Dreht man sich um und sieht gegen Süden, so hat man eine prachtvolle Berglandschaft vor sich mit den reichsten wechselndsten Formen, im Vordergrunde den waldbedeckten Bulgerlu oder *Burgerlu,* der häufig mit dem Dschamlidscha verwechselt wird, aber viel höher und nicht ohne einige Mühe zu besteigen ist, dahinter die interessanten Spitzen der Berge am Golfe von Maltepeh mit der silbern schimmernden Schneekette der Brussaberge als Abschluss. Wer nicht auf dem Dschamlidscha war, kennt die Perle des Bosporus und einen der schönsten Puncte der Welt nicht. Zwei Dörfer, nicht fern von Gipfel des Berges führen den Namen Gross- und Klein-*Dschamlidscha,* nach Einigen eine Corruption des Namens Damatrys, den der Berg im Alterthum führte, wahrscheinlicher aber abzuleiten von dem türkischen Worte für Pinie oder Fichte, von welcher Baumgattung sich hier noch einige finden. Man kann sich denken, dass die Türken nicht zuerst die Entdeckung machten, wie hier ein schöner Punct sei, und in der That wussten die byzantinischen Kaiser diesen Berg mit seiner Aussicht und seinen köstlichen Quellen schon sehr wohl zu würdigen. So geschah es, dass die Kaiser Tiberius und Mauritius auf dem Damatrys Paläste errichteten. Es waren Jagdschlösser, die als Ruhepuncte bei den Jagden, die hier veranstaltet wurden, oder als erstes und letztes Nachtquartier dienten, wenn der Hof eine Reise in Asien unternahm. Die Lage des Berges Dschamlidscha eignet sich besser als die irgend eines andern in der Nähe von Constantinopel zu einer Telegraphenstation. Die letzte Station der alten Telegraphenlinie war nicht hier, sondern auf dem Leuchtthurm des grossen Palastes, nicht weit von der Stelle, wo jetzt der Leuchtthurm für die vom Marmoramcer heransegelnden Schifle steht. Wir bemerken hierbei, dass es unrichtig ist, wenn man die Telegraphen als eine Erfindung der neueren Zeit preist. Die Ehre dieser Erfindnng gebührt Leo dem Philosophen, welcher unter der Regierung des Kaisers Theophilus vermittelst einer Art von Zifferblättern, die des Nachts erleuchtet wurden, eine Telegraphenlinie von den sarazenischen Grenzen Ciliciens bis nach der Hauptstadt einrichtete. Es gab nicht mehr als acht Stationen von Tarsus bis Constantinopel, nämlich Kulu, die Burg bei Tarsus, die Höhen von Argeos, Isamos, Aegylos, Memas Kyriros und Mokilos, endlich der Gipfel des heiligen Ausentios, welcher direct mit dem Wachtthurm beim grossen Kaiserpalast correspondirte.

Einer der ottomanischen Sultane, Mohammed IV., erbaute das noch stehende Serai und die Kuppel über der berühmten Quelle von Dschamlidscha.

Kadiköi steht auf der Stätte des alten Chalcedon. Zwischen ihm und Skutari streckt sich die Ebene von Taghandschillar (Tummelplatz der Falkner), welche das Rendezvous der Truppen ist, die von Constantinopel zu einem Feldzug in Asien ausrücken. Es entspricht demzufolge der Ebene von Daud Pascha auf der europäischen Seite, wo sich die zu Feldzügen in Europa ausrückenden Truppen zu sammeln pflegen. Auf der Höhe nach Skutari hin erhebt sich eine grosse Gardecaserne, die sehr gut eingerichtet ist. Im Hintergrunde der kleinen Bucht, links, von welcher sich die Landzunge in's Meer hinausstreckt, auf deren Spitze Kadiköi liegt, ist ein schöner Garten mit einem schattigen Platanenwäldchen und einem Brunnen, der in alten Zeiten der Quell des Hermagoras hiess. Kadiköi, d. i. das Dorf des Richters, steht, wie bemerkt, auf der Stelle des alten Chalcedon. Dieses wurde nach der Sage vor der Gründung von Byzanz erbaut, und es heisst, dass das Orakel, nach welchem für letzteres die Stätte bezeichnet wurde, den Rath ertheilte, man solle sich „den Blinden gegenüber" ansiedeln, womit die Götterstimme andeutete, dass die Gründer von Chalcedon blind gewesen sein müssten, um die für die Anlage einer Stadt überaus günstig gelegene Landzunge neben dem Goldenen Horn zu übersehen. Nach Anderen soll der persische Satrap Megabyzes diesen Ausspruch gethan haben, was seinem Scharfblick alle Ehre machen würde. Auch Chalcedon war im Alterthum keine unbedeutende Stadt. Später litt es sehr durch die aufeinanderfolgenden Kriege zwischen Helenen, Römern, Byzantinern, Gothen, Arabern und Persern. In der Vorstadt von Chal-

cedon stand noch vor vier Jahrhunderten ein Rest von einem Palaste
Belisars; erst Soliman der Grosse liess ihn wegreissen, um mit den
Säulen desselben seine Moscheen in Stambul zu schmücken. Der am
weitesten in's Meer hinaustretende Punct des Vorgebirges, auf dessen
Westseite Kadiköi steht, heisst Molla Burun, er bildet mit dem gegen-
über befindlichen Kap von Fener Burun einen geräumigen Hafen, der
im Alterthum der Hafen des Eutropius hiess. Auf der Landspitze von
Fener Bagdschessi nimmt ein Leuchtthurm die Stelle des alten Tempels der Venus Marina ein. Das Vorgebirge der Aphrodite lag zwischen
dem der Here (Kawak Burun) und dem des Poseidon (Boss Burun).
Alle diese Vorgebirge waren in heidnischer Zeit mit Tempeln gekrönt.
Jenseits Chalcedon stand ein Landhaus Belisars, Panteichon genannt.
Hier lebte der berühmte Feldherr Justinians, nachdem er vom Kaiser
abberufen und durch Narses ersetzt worden, noch geraume Zeit im
ruhigen Genuss seiner Reichthümer. Die Geschichte, dass er in seinen
letzten Jahren als blinder Bettler umhergezogen, beruht auf einer Anek-
dote bei Tzetzes, der ein guter Grammatiker, aber ein herzlich schlechter
Historiker war. In der Nähe von Panteichon (jetzt Pendik) ist der
grosse Platz, wo die Mekkakarawanen für die erste Nacht nach ihrem
Aufbruch von Skutari ihr Lager aufschlagen.

Kadiköi ist, obwohl in Asien gelegen, ein rein europäischer Ort
und man begegnet in seinen Strassen fast nur den elegantesten französischen Toiletten. Eine Menge reicher Griechen und Armenier, ferner
fremde Kaufleute haben hier ihre Landhäuser. Mehrere derselben sind
wahrhaft prächtig und von den reizendsten Gärten umgeben. Un nach
Kadiköi hinüberzukommen, benützt man einen der jede halbe Stunde
von der grossen Brücke abgehenden Localdampfer, oder man miethet
eine Segelbarke. Mit letzterer fährt man fast ebenso schnell wie mit
dem Dampfer, da der Wind frisch bläst und die reissende Strömung
am Ausflusse des Bosporus in das Marmorameer das Boot wie einen
Pfeil durch die Wogen schiesst. Bei Südwind fährt kein Schiffer nach
Kadiköi hinüber, ganz ungefährlich ist indess die Partie selbst bei
Nordwind nicht und wer ängstlich ist, bleibe auf dem Dampfer. Am
Strande gegen Skutari hin steht die riesige Kaserne, welche die
Verbündeten während des Krimkrieges erbauten, vor derselben der
Obelisk zum Andenken der hier an Wunden und Krankheiten gestor-
benen Engländer und Franzosen. In Kadiköi gibt es zwei europäische
Restaurationen, die Tothfalussys am Ufer des Meeres, wo eine böhmische
Capelle jeden Nachmittag Strauss'sche Walzer und Offenbach'sche Me-
lodien spielt, und jene von Kittrey in der Nähe des französischen
Jesuitenconvicts bei dem alten Hafen von Chalcedon. Aus den Fenstern
des obersten Stockwerks derselben hat man eine prachtvolle Aussicht
auf die Prinzeninseln, die Bulwerinsel und die Schneeberge von Brussa.

Wir knüpfen hieran einiges Ausführlichere über die Prinzeninseln und den Hellespont.

Die **Prinzeninseln** können bequem in einem Tage besucht
werden. Sie sind an Zahl neun: Prote, Antigone, Kalki, Plate, Oxia,

Pyti, Antirobidos, Nanidro und Prinkipo. Ein Dampfer verlässt die Brücke am Goldenen Horn jeden Nachmittag etwa zwei Stunden vor Sonnenuntergang, um hierher zu fahren, von wo er jeden Morgen nach Constantinopel zurückkehrt. Die Strecke wird binnen anderthalb Stunden zurückgelegt, und man zahlt dafür 6 Piaster. In Prinkipo gibt es zwei gute Gasthöfe, die man zum Hauptquartier bei etwaigen Ausflügen über die Eilande machen kann. Diese Gasthöfe sind übrigens unverschämt theuer.

Kalki erhielt seinen Namen von einem Kupferbergwerk, welches im Alterthum hier geöffnet wurde. Es ist die schönste dieser Inseln und hat drei Hügel und drei Klöster, von denen das eine der Panagia, eines dem heiligen Georg und eines der Dreieinigkeit geweiht ist. Eines dieser Klöster ist jetzt eine Gelehrtenschule, in welcher ein Director mit drei Lehrern Alt- und Neugriechisch, Rechnen, Schreiben und Französisch docirt. Die Schüler sind alle Griechen, einige aus Odessa, die Mehrzahl aus Constantinopel. Es ist ein Lieblingsplatz der Raja's im Frühling und ist, ungleich seinen öden Nachbareilanden Plate und Oxia, nie als Verbannungsort verwendet worden.

Prinkipo. Auf der südwestlichen Landspitze dieser Insel befindet sich das St. Georgskloster, von dem man eine köstliche Aussicht auf die benachbarten Höhen hat. Dabei trifft man zwei schöne Brunnen. Wie Belgrad in der zweiten Hälfte des Mai das Paradies der Armenier ist, so ist Prinkipo in dieser Zeit das Paradies der Griechen von Constantinopel. An beiden Stellen theilen Franken die Genüsse der Levantiner. Die Abende und Morgen sind hier ausserordentlich schön, die Luft weich und rein, wie kaum irgendwo in diesen Gegenden, die See vortrefflich zum Baden geeignet. Kaiser und Kaiserinnen haben die Insel zu ihrem Wohnplatz gewählt, manche freilich gezwungen. Das grösste Schauspiel gefallener Grösse und verblichenen Glanzes, welches die Prinzeninseln sahen, war das im ersten Jahr des neunten Jahrhunderts, wo Irene, die grosse Zeitgenossin Harun Alraschid's und Karl's des Grossen, vom Throne gestossen, in das Kloster von Prinkipo verbannt wurde, welches sie selbst — sicher nicht zu diesem Zweck — erbaut hatte. Sie verhandelte eben mit dem Gesandten Karl's des Grossen die Bedingungen eines Vertrags zwischen ihnen, durch welchen die Kronen des Ostens und des Westens sich auf einem Haupt vereinigen sollten, als der Patrizier und Reichskanzler Nikephorus plötzlich in den Palast drang und zuerst in freundlichen Worten von ihr verlangte, sie solle ihm alle Schätze des Palastes entdecken, wofür er ihr den eleuthrinischen Palast als Witwensitz zu überlassen versprach, dann aber, als sie ihm geschworen, nichts zu verbergen, sie nach Prinkipo verbannte, ohne dass der Gesandte Karl's dies abzuwenden im Stande gewesen wäre. Von Prinkipo wurde sie einen Monat später nach Lemnos gebracht, wo sie wenige Monate darauf starb. Sie wurde in ihrem Kloster zu Prinkipo begraben. Die fränkischen Eroberer Constantinopels, welche den Staub der byzantinischen Kaiser in alle vier Winde zerstreuten und ihre Sarkophage in Stücke schlugen, verschonten das

Kloster auf den Prinzeninseln, und so blieb von allen Kaisergräbern allein das Irene's unverwüstet.

Es gibt keinen Tag in der Woche, an welchem nicht Dampfer nach Smyrna oder andern jenseits der *Dardanellen* gelegenen Städten die Rhede von Constantinopel verliessen, und so findet man fast jeden Tag Gelegenheit, von hier nach dem **Hellespont** zu gelangen. Man kann mit französischen, englischen, türkischen, russischen und österreichischen (Lloyd-) Dampfern dahin und von dort wieder wegkommen, so dass man jeden beliebigen Tag zu dem Ausflug wählen kann und auf die genaue Expedition hin und zurück nicht mehr als etwa vier Tage zu verwenden braucht. Regelmässig gehen indess nur die Lloyd-Dampfer, die französischen und die russischen Schiffe.

Der erste Haltpunct für dieselben ist **Gallipoli**, eine ziemlich grosse, fast ganz hölzerne Stadt auf der Stätte des alten Kallipolis, am nördlichen Ende der Propontis an einer Stelle gelegen, wo der Hellespont schon über eine deutsche Meile breit ist. Die Stadt liegt ungefähr 5 deutsche Meilen von den Dardanellen, 18 von Adrianopel und 22 von der Hauptstadt der Türkei Man fährt von letzterer mit dem Dampfer in etwa 14 Stunden bis Gallipoli. Auf einer Halbinsel gelegen, die zwei gute Häfen bietet, einen im Norden und einen im Süden, sieht Gallipoli häufig die türkische Flotte hier erscheinen, ja es ist als eine der Hauptstationen des Kapudan Pascha zu betrachten. 1810 hatte es nur 15,000 Einwohner, jetzt soll es gegen 60,000 haben. Die Stadt war einst befestigt, jetzt ist sie ohne Mauern und Wälle, und ihre einzige Vertheidigung besteht in einigen von den Alliirten im Jahre 1853 angelegten Schanzen ausserhalb der Stadt, sowie in einem halbverfallenen Castell mit einem kleinen, viereckigen Thurm, der von Bajasid erbaut wurde. Zu sehen ist im Innern nichts als schmutzige Strassen und gichtbrüchige Holzbaracken. Die Bazars sind gut versehen und sehr ausgedehnt. Gallipoli, welches der Sitz eines griechischen Bischofs ist, war die erste europäische Stadt, die in die Hände der Türken fiel. Es wurde ganz ein ganzes Jahrhundert vor dem Fall Constantinopels (im Jahre 1357) von ihnen eingenommen. Der Kaiser Johann Paläologus sagte sich über die Nachricht davon selbst tröstend, er „habe nur einen Krug Wein und einen Schweinstall verloren, womit er auf die grossen von Justinian erbauten Magazine und Keller anspielte, deren Reste man noch jetzt hier antrifft. Bajasid I., der die Wichtigkeit dieses Postens für den Verkehr zwischen Brussa und Adrianopel erkannte, liess Gallipoli 1391 wieder herstellen, befestigte es mit einem grossen Thurm und liess daselbst einen guten Hafen für seine Galeeren anlegen. Auf der Südseite der Stadt trifft man einige Grabhügel, in denen alte thracische Könige ruhen sollen, und im Norden gewahrt man einige nicht gut zu enträthselnde Trümmer, die vielleicht Reste der alten Stadt sind.

Eine kleine Stunde südlich von hier liegt auf der asiatischen Seite **Lamsaki** (das alte Lampsakus), welches eine angenehme Lage zwischen Olivenpflanzungen und Weingärten mit einem Hintergrund bewaldeter Höhen hat. Die jetzige Stadt ist unbedeutend und bietet ausser einer hübschen Moschee nichts Sehenswerthes. Auf dem europäischen Ufer, gegenüber der Landzunge, auf welcher Lamsaki steht, mündet der Aegospotamos (jetzt von den Türken Karaovasu genannt), wo der Spartaner Lysander das Seetreffen gewann, welches den peloponnesischen Krieg beendigte. Der Hellespont ist hier etwa drei Viertelstunden breit. Auf dem asiatischen Ufer, zwei bis drei Stunden nördlicher, ist die Mündung des Demotiko, der Granicus der Alten, an dessen Ufer Alexander der Grosse die Perser schlug. Weiter hinab trifft man die Mündungen des Praticus (jetzt Mussa Köi Su) und des Perkote (Burgas Su). Eine ziemliche Strecke weit bewahrt jetzt der Hellespont eine gleiche Breite, und die Ufer auf beiden Seiten bieten eine Aufeinanderfolge von Feldern, Weingärten, Hecken, Büschen und zahlreichen Dörfern, Landschaftsbildern von angenehmem, aber nicht malerischem Eindruck. Ein etwas felsiges Stück des Strandes an einem engeren Puncte heisst *Gasilar Skelessi*, Siegerhafen, zum Andenken an die Landung der ersten osmanischen Erobererschaaren. Eine halbe deutsche Meile weiter hinab erblickt man einen Hügel, auf dem sich eine Ruine zeigt. Dieselbe heisst *Semenik* und soll die Stelle des alten Choiridokastron (Schweinsburg) einnehmen, wo die Standarte Solimans, des Sohnes Orchans, zuerst in den Boden Thraciens gepflanzt wurde. Nicht weit davon ist die Bucht Akbaschi Liman, der alte Hafen von *Sestos*, noch weiter unten streckt sich eine schmale Bucht tief in's Land hinein, welche Koilia (die hohle) heisst, und nicht fern von da öffnet sich die Bucht von Maito (Madytus). Eine starke Stunde unter der westlichen Landspitze dieser Bucht endlich befinden sich die vielgenannten **Dardanellenschlösser**, von denen das eine im Capitel Kleinasien erwähnt ist. Das auf der europäischen Seite heisst *Kilidbari* und hat 155 Geschütze, darunter mehre von ungeheurem Kaliber, soll aber weniger stark sein, als das gegenüberliegende Chanak Kalessi, welches 196 Kanonen hat. In der Nähe zeigt man in einem Grabhügel die Stelle, wo Hekuba, die Gemahlin des Priamus, begraben sein soll. Auch soll es der Hügel sein, auf welchem die Athener in der letzten Zeit des peloponnesischen Krieges ein Siegeszeichen errichteten. Vergl. Thucydides VIII.

Man hat lange Zeit gemeint, dass diese Schlösser die Stelle der alten Städte *Sestos* und *Abydos* einnehmen, wo die Geschichte von Hero und Leander spielte. Es scheint dies jedoch ein Irrthum zu sein. Nördlich vom asiatischen Dardanellenschloss bildet der Hellespont eine lange Bucht, die mit einer niedrigen Landzunge endigt, welche Pesquies-Spitze oder türkisch Nagara Burun heisst. Hier wird von mehren Archäologen die Stätte von Abydos gesucht, und in der That finden sich hier freilich sehr schwache Reste einer alten Niederlassung. Die thracische Seite ist, dem Nagara Kap gegenüber, ein Streifen steinigen Gestades, welches sich zwischen zwei ziemlich hohen Klippen hervordrängt, und an dieser Stelle muss das europäische Ende von Xerxes' Brücke angebracht gewesen sein, denn die Höhe der benachbarten Felswände würde den Perserkönig verhindert haben, sie anderwärts aufzustellen. Man hat sicherlich Grund, dies für die rechte Stelle zu halten, weil es sonst in der Nähe kein flaches Ufer auf der thracischen Seite gibt, ausgenommen im Hintergrunde tiefer Buchten, deren Wahl die Breite der Passage verdoppelt haben würde. Hier scheint die Meerenge enger als irgend wo anders zu sein, wenn sie auch die sieben Stadien (875 Schritte), welche die Alten angeben, nicht unbeträchtlich übersteigt. Sestos lag nicht der asiatischen Stadt Abydos gerade gegenüber, und ebenso wenig hiess der Hellespont an dieser Stelle die Meerenge von Sestos und Abydos, sondern nur die Meerenge von Abydos. Sestos lag der Propontis soviel näher, als die andere Stadt, dass die Entfernung zwischen beiden dreissig Stadien, d. h. ungefähr ³/₄ Meilen betrug. Die Brücken befanden sich auf der nördlichen Seite von Abydos, aber im Süden von Sestos, also an der Küste zwischen beiden Orten, jedoch etwas näher nach Abydos hin. Bekanntlich überschritt hier auch Alexanders Armee unter Parmenio die Meerenge. Hier setzte Soliman, der Sohn Orchans, nach Europa über. Hier stellte Leander, wenn die Geschichte wahr ist, seine Schwimmpartien zu Hero's Haus an. Hier that es ihm Lord Byron nach, wozu er eine Stunde und zehn Minuten brauchte, und wodurch er sich — wie nicht zu vergessen — das Fieber zuzog.

Die Mündung der Dardanellen hat eine Breite von 1¼ Meilen. Dieselbe wird vertheidigt von den neuen Schlössern, die im Jahre 1659 von Mohammed IV. erbaut wurden, um seine Flotte gegen die Venetianer zu sichern, welche seine Schiffe im Angesichte der alten Forts anzugreifen pflegten. In neuerer Zeit hat man noch an verschiedenen Puncten der Meerenge Befestigungen angelegt, so dass dieselbe ohne Landungstruppen, welche die Batterien von hinten nehmen könnten, für eine Kriegsflotte vollkommen geschlossen erscheint. Die Strömung in der Meerenge ist übrigens so stark und reissend, als ob die Gewässer von einem Bergstrom herrührten. Kein Schiff, es wäre denn ein Dampfer, kann vorwärts fahren, wenn Nordwind weht, während, wenn Südwind ist, man kaum etwas von einer Strömung merkt. Das Schloss auf der asiatischen Seite steht an dem berühmten Hafen zwischen dem Rhetischen und dem Sigäischen Vorgebirge, wo die hellenische Flotte während des trojanischen Krieges an's Ufer gezogen wurde. Das Sigäische Vorgebirge — jetzt Janissari Burnu genannt — ist mit zahlreichen Windmühlen bedeckt. Die Forts und Schanzen der europäischen Seite des Hellespont haben zusammen 332 Kanonen und 4 Mörser, die der asiatischen 482 Kanonen und ebenfalls 4 Mörser.

NEUNTES CAPITEL.

Touren in der europäischen Türkei und den Donaufürstenthümern.

Allgemeines über die Moldau und Walachei, Serbien, Bosnien, Bulgarien und Thracien. — Ausflüge von Constantinopel über Adrianopel, Philippopel Sophia und Nissa nach Belgrad. — Von Constantinopel über Schumla und Rustschuk nach Bukarest. — Von Bukarest nach Rothenthurm und Hermannstadt. — Von Belgrad die Donau hinab nach Silistria, Ibraila, Galatz und Varna. — Die Dobrudscha. — Von Widdin über Loftscha, Tirnowa und Schumla nach Varna. — Von Rustschuk über Tirnowa nach Kirk Klissie. — Von Varna über Burgas nach Constantinopel. — Von Widdin über Krajova und Bukarest nach Galatz. — Von Turnul Severin nach Bukarest. — Von Bukarest nach Jassy. — Von Belgrad über Zwornik und Tuzla nach Trawnik. — Von Trawnik nach Bosna Serai. — Von Bosna Serai nach Mostar und von da nach Ragusa.

Auch in der europäischen Türkei werden alle Reisen zu Pferde gemacht. In einigen Strichen Serbiens sowie in den ebenen Theilen der Moldau und Walachei gibt es Fahrposten. Von Geldsorten nehme man sich kaiserliche Ducaten und türkisches und österreichisches Silbergeld mit. Gute Gasthöfe trifft man in Galatz, Bukarest, Jassy und Belgrad, in allen übrigen Orten finden sich nur elende Herbergen und Khans. Auf der Donau fahren die Lloyddampfer nur bis Galatz. Dort aber treten die sehr eleganten und bequemen Schiffe der Donaudampfschiffahrtgesellschaft für sie ein, welche den Reisenden, der Eile hat, binnen vier Tagen nach Wien befördern.

Auf den Hauptstrassen nach Constantinopel finden sich Posteinrichtungen, wo stets Pferde zu haben sind. Die Miethe derselben ist sehr wohlfeil, und man wird, da nur Türken zu Postmeistern erwählt werden, nicht leicht betrogen oder übertheuert. Da, wo keine Hauptstrasse ist, bekommt man leicht Miethpferde von Privatleuten. Die Vermiether derselben heissen, wenn sie Türken oder Bulgaren sind, Kiradschis, wenn sie Griechen oder Albanesen sind, Agiogati. Bei längeren Reisen thut man am besten, eigene Pferde zu kaufen. Dieselben sind nicht theuer, auch kostet der Unterhalt eines Pferdes für den Tag nicht leicht mehr als 5 bis 6 Piaster. Die Miethpferde sind fast immer theurer als die Postpferde, auch gehen letztere weit schneller, aber man zieht das Reisen mit ersteren vor, da man mit ihnen nicht an eine bestimmte Route gebunden ist und so das Land nach Belieben durchstreifen kann. Wer das Reiten auf türkischen Sätteln nicht vertragen kann, muss sich in Pera einen fränkischen Sattel mitnehmen, letztere sind auch in Galata, Jassy und Bukarest, sonst aber nirgends zu bekommen.

Um in den nördlichen Provinzen bequem und unangefochten reisen zu können, ist ein türkischer Pass unerlässlich. Die gewöhnlichen kleinen Pässe heissen Teskere, die Pascha's und Veziere aber geben Pässe in der Divanschrift ausgefertigt, worin sie bestimmen, dass dem Reisenden Wohnung und alle erforderliche Handreichung zu gewähren sei. Die Pforte endlich ertheilt in den Fermans Pässe, die für das ganze Reich gelten. Die letzteren kann man durch die Gesandtschaften erhalten und es kosten dieselben gewöhnlich 3½ Thaler. Nach Verschiedenheit der Personen enthält ein solcher Ferman bisweilen die Anweisung, dass der Pascha den Taim zu liefern habe, d. h. das Essen für den Reisenden oder das Futter für die Pferde oder auch kostenfreie Postpferde.

In jeder Beziehung ist es rathsam, einen Tataren, d. h. einen türkischen Reisediener oder Courier mitzunehmen. Die Tataren bilden eine Art Zunft in Constantinopel, deren Mitglieder in ein Buch eingetragen sind. Jeder Pascha hat einige solche Leute zu seiner Verfügung, ebenso hat jede Gesandtschaft einige derselben. Alle stehen unter dem Tatar Agassi, bei dem man sie zu miethen hat. Man zahlt an diesen für einen Tataren gewöhnlich 30 Thaler; je nach der Anzahl der Reisenden, die sich einen zusammen nehmen, wird verhältnissmässig mehr entrichtet. Die Belohnung für den Tataren muss wo möglich ohne Dazwischenkunft eines Dritten vorausbedungen werden. Gewöhnlich gibt man ihm täglich 1½ Thaler und ausserdem den Unterhalt und das Futter für sein Pferd. Bei der Mässigkeit des Orientalen ist dies unbedeutend, und so zieht man es vor, ihnen dasselbe in Natura zu reichen, statt sie mit Geld dafür abzufinden. Die Tataren können lesen und etwas schreiben, sie sprechen fast immer mehre Sprachen, auch behandelt man sie nicht als niedere Diener, sondern nennt sie Effendi (Herr) oder Tartara, d. h. abgekürzt Tartar Aga. Die Rückreise muss ihnen natürlich auch bezahlt werden, auch wenn man nicht mit ihnen zurückkehrt. Wenn man es versteht, sie bei guter Laune zu erhalten, leisten sie vortreffliche Dienste, auf alle Fälle reist man mit ihnen sehr sicher, da es ihre Pflicht ist, den Reisenden bei strengster Strafe glücklich an den Ort seiner Bestimmung zu bringen. Entsprechen sie den Erwartungen nicht, so kann man sich in den Hauptstädten bei den Pascha's, in den andern Städten bei den Ayans und in den Dörfern bei den Agas oder Malbaschis beschweren. Soll irgendwo die Nacht geblieben werden, so werden die christlichen Reisenden der Reihe nach bei den im Orte wohnenden Glaubensgenossen untergebracht. Diese machen in der Regel zuerst saure Mienen, doch lässt sie Hoffnung auf ein Trinkgeld bald freundlicher werden. Diese Einrichtung verhindert die Anlegung ordentlicher Wirthshäuser und ist für den Reisenden um so drückender, als er auf die Vorurtheile seines Tataren Rücksicht nehmen muss. Man würde z. B. bei diesem Anstoss geben oder sich ihm verdächtig machen, wenn man seinen Wirth oder etwa den Vorsteher der

Gemeinde an seinen Tisch nöthigen oder bedeutende Trinkgelder geben wollte. Am besten ist es, den Kindern heimlich etwas in die Hand zu stecken oder unter dem Vorwand, die Kirche sehen zu wollen, dieser ein Opfer zu bringen. Oft ist es gut, den Tataren die Rechnung mit dem Wirth abmachen zu lassen, der, wenn er gegen den Franken unverschämt ist, von dem stolzen Türken die grössten Schimpfworte, ja nach Befinden ein paar Ohrfeigen gelassen hinnimmt. Bisweilen macht aber auch der Tatar gemeinschaftliche Sache mit dem Wirth, um den Fremden zu prellen. Wollte man sich auf italienische Weise, wie bei den Vetturinis, bei den Tataren in die Kost geben, so würde man mit einem Brotfladen, einigen Zwiebeln, weichem Käse und Kaffee abgespeist und im Galopp an's Ziel der Reise geführt werden. Da man dem Gebrauch folgen muss, dem Tataren stets einen Theil des bedungenen Lohnes vorauszubezahlen, so ist es nicht gut thunlich, denselben auf der Reise abzudanken, wenn er Anlass zur Unzufriedenheit gibt. Zu den Fehlern der Tataren gehört, dass sie, obwohl den Tag über sehr mässig, sich des Abends zu betrinken pflegen. Oft nehmen sie unterwegs andere Reisende mit, und erwarten, dass man sie mitbeköstigt. Remonstrationen dagegen bringen die Burschen sofort in üble Laune.

Im Winter in der Türkei zu reisen, ist äusserst beschwerlich, ja fast unmöglich, theils wegen des tiefen Schnees in den Gebirgsgegenden, besonders im Balkan, theils wegen des Anschwellens der Flüsse, von denen viele keine Brücken haben. Auch gibt es ausserhalb Constantinopel nur selten Oefen. Dagegen herrscht im Juli und August in den Thälern und auf den Ebenen eine so drückende Hitze, dass man Gefahr läuft, das Klimafieber zu bekommen.

Zu Dienern nimmt man am besten Bulgaren. Die Griechen und Albanesen pflegen zu betrügen, die Walachen stehen im Rufe der Treulosigkeit und Verschmitztheit, auch verstehen sie es weniger, sich mit den Türken und Slaven zu vertragen. In der Regel bekommt ein Bedienter monatlich 8 bis 10 Thaler, ein Pferdeknecht 6 bis 8 Thaler. Ein Dragoman erhält gewöhnlich den doppelten Lohn eines Bedienten, indess verlangen Manche an Orten, wo Mangel an Dolmetschern ist, einen Ducaten für den Tag. Die beste Auswahl hat man in Constantinopel und Salonik, und hier sind Manche auch so eingerichtet, dass sie dem Reisenden gegen eine bestimmte Summe für den Tag (2 bis 3 Ducaten) als Führer und Dolmetscher dienen und ihm zugleich alles andere zur Reise Erforderliche: Pferde, Lebensmittel, Betten und Geschirr liefern, auch alle Trinkgelder bestreiten.

Wer dies alles selbst zu besorgen vorzieht, muss alle zur Bequemlichkeit erforderlichen Gegenstände mit sich führen, vorzüglich eine Bettdecke und ein Stück Wachstuch oder anderes wasserdichtes Zeug, theils, um das Gepäck auf dem Rücken der Packthiere vor Regengüssen zu schützen, theils um das wasserdichte Zeug des Nachts unter sein Lager zu breiten und so sich vor der Feuchtigkeit, die aus dem Boden steigt, zu bewahren. Handtücher und Servietten muss man mitnehmen, dagegen von Kleidern nur das Nothwendigste. Handschuhe und einen Frack zu tragen, kommt man in der Türkei nicht in den Fall; dagegen werden solche Dinge nothwendig, wenn man in Jassy und Bukarest in die Kreise der vornehmen Welt eingeführt sein will. Am besten vertheilt man sein Gepäck in zwei lederne Säcke, wie sich deren die Türken bedienen, oder auch in zwei gewöhnliche Mantel-säcke, hölzerne Koffer sind weniger gut zu brauchen. Man nimmt ferner einen kleinen Kessel mit, der an der über jedem Herd befindlichen Kette mit Haken aufgehangen werden kann, sodann eine Blechkanne zur Bereitung des Kaffees oder Thees, eine grosse, landesübliche Holz-flasche, für Wein oder Spirituosen, einige Wachslichter, Leuchter, Feuerzeug, Kaffee, Thee, Zucker, Reis, Bohnen, Erbsen, Würste, Cho-kolade und Bouillontafeln. Um den gemahlen mitzunehmenden Kaffee gut zu erhalten, kauft man sich einen ledernen Beutel, den man über-all in sehr zweckmässiger Einrichtung zu kaufen bekommt. Ebenso bekommt man fast allenthalben jene Etuis mit kleinen türkischen Kaf-feetässchen, mit denen man sich zu versehen pflegt, um jeden Besuch sogleich nach Landessitte bewirthen zu können. Eine Gabel mitzu-nehmen, ist ebenfalls erforderlich, da man diesen Luxus unter den Bewohnern Rumeliens fast so wenig kennt, wie in den asiatischen Provinzen. Auch ein silberner oder zinnerner Teller gehört in die Reiseausstattung.

Da man auf der Reise nur selten einen Arzt und nur in den grössten Städten Apotheken findet, so muss man sich mit den gewöhn-lichsten Mitteln gegen die Krankheiten versehen, denen man hier zu Lande ausgesetzt ist. Diese sind hauptsächlich Fieber, Durchfall, Unter-leibsentzündung und Rheumatismus. Man nehme als daher Brech-weinstein, Rhabarber, Ricinusöl, Chinin, Kamillen und Opodeldoc mit, am besten gleich in die üblichen Gaben vertheilt. Da das Landvolk hier jeden Europäer für einen Arzt hält, so kann man sich sehr beliebt machen, wenn man die Bitte um ein Heilmittel, die sehr oft gestellt wird, zu erfüllen im Stande ist.

Angemessen ist es, nach der Sitte des Landes mit einem Schnurr-bart, aber ohne Backen- und Kinnbart zu reisen. Auch ist es gerathen, sich für die Reise mit Waffen zu versehen und zwar mit einem Dop-pelgewehr oder einem Revolver. Die Waffen dürfen aber nicht reich aussehen, da diese die in manchen Gegenden noch nicht ausgerotteten Räuber (Haiducken) anlocken würden. Die Begegnenden grüssen ein-ander mit dem Wunsch einer glücklichen Reise — Ugurallah — wobei sie die rechte Hand auf das Herz legen. Wasser verlangt man beim Vorüberreiten vor einem Wirthshause, ohne dass dafür ein Trinkgeld gegeben würde; auch finden sich an der Strasse häufig Plätze zum Anhalten bei frischen Quellen und Brunnen, die von Bäumen beschattet sind. Wo man in katholischen Ländern als Beweis seiner Frömmigkeit Heiligenbilder aufstellt, lässt der Türke Brunnen graben und Bäume pflanzen oder stiftet Khans für müde Wanderer.

In der Regel bricht man sehr zeitig auf und ruht im Sommer während der Stunden von 11 bis 3 Uhr. Türkische Frauen scharf anzusehen, gilt für unanständig, sich nach der Frau vom Hause zu erkundigen, für tactlos. Durch langen Aufenthalt bei alten Denkmälern, durch Schreiben und Zeichnen, zieht man leicht Verdacht auf sich. Weniger ist dies beim Botanisiren der Fall, weil man hierbei für einen Arzt gilt. Auch blosse Erkundigungen erregen oft schon Verdacht, doch weniger, wenn sie sich bloss auf die Sitten und Gewohnheiten der Leute beziehen. Von einer genauen Bestimmung der Zeit hat das Landvolk keine Vorstellung, und fragt man, ob man noch weit bis an's Ziel seiner Reise habe, so wird oft geantwortet, ganz nahe, während man noch mehre Stunden davon entfernt ist.

Die beste Karte von der Türkei ist die von Heinrich Kiepert in Berlin herausgegebene.

Die Provinz **Bulgarien** hat nicht ganz eine Million Einwohner, aber der Stamm der Bulgaren bewohnt auch grosse Theile Thraciens und Macedoniens und soll über vier Millionen Menschen zählen. Die Bulgaren waren ursprünglich ein finnisches Volk wie die Magyaren, nahmen aber schon vor Jahrhunderten slavische Sprache und Sitte an. Sie sind fleissige Ackerbauer und Gärtner. Der Balkan macht eine nicht unmerkliche Scheidung zwischen ihnen; die auf dem Nordabhang des Gebirges wohnenden Bulgaren sind roher, ihre Sprache gleicht der russischen, viele sind hier Mohammedaner geworden, die Kinder fürchten sich vor den Fremden; die im Süden dagegen haben mehr von der serbischen Sprache und von griechischer Sitte angenommen, sie sind gesitteter, und ihre Kinder kommen den Reisenden freundlich entgegen. Auch die Natur ist verschieden; denn südlich vom Balkan bringt der Boden fast alle Erzeugnisse Griechenlands hervor, während er im Norden die Producte Ungarns bietet. Die Städte Bulgariens sind meist von Holz erbaut und bestehen in der Regel aus einer Citadelle (Grad), einer Handwerker- und Handelsstadt (Warosch) und aus einer Soldatenstadt (Palanka), die mit Pallisaden umgeben ist. Die Dörfer haben zum Theil halb in die Erde gegrabene Hütten, theils zeltartige Wohnungen von Weidenruthen geflochten. Im Innern aber herrscht grosse Reinlichkeit, und auf dem Dache nistet oft der gesellige Storch. Der Bulgar ist gut gewachsen, sehr mässig und in der Regel ehrlich, dienstfertig und gastfrei. Die bulgarischen Frauen sind von schlankem Wuchs und durchschnittlich sehr schön. Auffallend ist ihr reicher Haarwuchs. Die grosse Mehrzahl der Bulgaren bekennt sich zur griechisch-katholischen Kirche, und sie haben sechzehn Bisthümer und vier Erzbisthümer oder Metropolen. Die Geistlichen sind meist Griechen, da sie von dem Patriarchen von Constantinopel abhängen. Jeder Geistliche kauft seine Stelle, der Bischof von den Türken, der Pope vom Bischof. Die höhere Geistlichkeit saugt das Volk nach Kräften aus und betrachtet ihre Stellen überhaupt lediglich als Mittel, sich zu bereichern. Eine Aristokratie, gleich den Bojaren in der Moldau und Wallachei, gibt es unter den Bulgaren nicht. Der Balkan ist ein vielverzweigtes, mit dichten Eichen- und Ulmenwäldern bewachsenes Granitgebirge, welches sich in seinen höchsten Puncten über 5000 Fuss erhebt, in seinem westlichen Theil sehr rauh und unwegsam ist. Im Nordosten tritt wie eine Halbinsel zwischen der Donau und dem Schwarzen Meere die Dobrudscha als Hochfläche auf, meist mit Steppengewächsen bedeckt, zum Theil aber auch ausgedehnte Getreidefluren zeigend. Die Waldungen bedecken hier nur kleine Strecken und werden erst gegen den Balkan hin dichter. Der Westen ist weniger einförmig, die Wälder werden umfangreicher, die Gegenden besser bebaut. Im Frühjahr regnet es sehr viel, was die Verkehrswege oft unpassirbar macht, aber zugleich alle Pflanzen und namentlich die Futterkräuter üppig gedeihen lässt. Die Sommerhitze aber verwandelt das grüne Bild schnell in einen versengten Anger und trocknet häufig Bäche und Quellen aus. Ausfuhrartikel sind Wein, Holz, etwas Eisen, Honig, Wachs und vor Allem Getreide.

Die **Moldau** und **Walachei**, jetzt unter Einem Fürsten, sind reinchristliche Länder, in denen man keine Moschee und keinen Grund besitzenden Türken findet. Die Pforte ist ihnen gegenüber nur suzeräne Macht, sie hat hier keine andere Bedeutung, als dass sie einen Jahrestribut empfängt, die gewählten Fürsten bestätigt und bei Verfassungsveränderungen eine Stimme, nach Befinden ein Veto hat. Die Hauptmasse der Bevölkerung besteht in Walachen oder wie sie selbst sich nennen, Rumänen, die ein verdorbenes Latein, gemischt mit vielen slavischen, türkischen, griechischen und einigen deutschen Worten sprechen und Nachkommen römischer Colonisten sind, denen sich später magyarisches, slavisches und wohl auch germanisches Blut beimischte. Ausserdem wohnen in den beiden Fürstenthümern viele Deutsche, welche vorzüglich den Handwerkerstand in den Städten bilden, eine grosse Menge Juden, welche fast alle Dorfschenken und Kramläden in ihren Besitz gebracht haben, und eine Anzahl Zigeuner, die theils als Musikanten oder Kesselflicker und Schmiede umherziehen, theils sesshaft sind. Das Land ist fruchtbar, indess sind die Bauern meist arm, und Ackerbau wie Viehzucht stehen auf der niedrigsten Stufe. Die Verkehrswege sind schlecht, bei Regenwetter in der Ebene kaum zu passiren, im Gebirge von derselben Beschaffenheit wie die in der Türkei und Griechenland. Die Rumänen bekennen sich ohne Ausnahme zur griechisch-katholischen Kirche. Consuln findet man in Bukarest, Galatz und Jassy, Consularagenten in vielen kleineren Orten. Alle Gebildeten sprechen französisch, Viele auch deutsch, welche letztere Sprache (allerdings sehr verdorben) auch von den hiesigen Juden gesprochen wird. Haupterzeugniss des Landes ist Getreide. Im Alterthum wurde das, was jetzt die Moldau und Walachei umfasst, mit dem Namen Dacien bezeichnet. Man nimmt an, dass die Einwohnerzahl beider Länder zusammen etwa 4 ½ Millionen beträgt. Wer sich genauer über das Land zu unterrichten wünscht, dem sei „Neigebaur, Beschreibung der Moldau und Walachei, zweite Auflage. Breslau, J. U. Kern 1854", empfohlen.

Serbien begreift in sich Theile des alten Mösien und Illyrien. Im Mittelalter bildete es ein unabhängiges Königreich, welches auch

Theile von Bosnien, Bulgarien und Albanien umfasste. Zu Ende des
14. Jahrhunderts wurde es von den Türken erobert, aber zu Anfang
des gegenwärtigen Jahrhunderts brach ein erfolgreicher Aufstand aus,
durch den sich Serbien fast ganz von der Oberherrschaft der Pforte
befreite, so dass der letzteren nur noch ein Jahrestribut, das Recht
der Bestätigung der Fürsten und der etwaigen Verfassungsveränderungen, verblieben ist. Das Recht, in Belgrad und einigen andern Festungen des Landes türkische Garnisonen zu halten, hat aufgehört. Der Boden
ist vorwiegend gebirgiger Natur, indess erhebt sich keine der verschiedenen Bergketten höher als 4000 Fuss, und zwischen den Gebirgszügen
strecken sich zahlreiche fruchtbare Thäler. Das Klima ist gemässigt
und gesund. Der Boden eignet sich sowohl zum Acker- als zum Weinbau, auch wird viel Viehzucht, besonders Schweinezucht, getrieben. Die
Wälder bestehen meist aus Laubholz, besonders Eichen, auch bildet
der Birnbaum in den Niederungen förmliche Wälder. Haupterzeugnisse
des Landes sind Mais, Wein, Obst, Flachs und Producte der Viehzucht.
Die Einwohner, dem Stamm der illyrischen Slaven angehörig und circa
eine Million Seelen stark, bekennen sich zur griechisch-katholischen
Kirche. Durch einen kräftigen Körper, grosse Tapferkeit und Freiheits-
liebe ausgezeichnet, Musik und Gesang liebend, sind sie einer der be-
gabtesten und interessantesten Zweige der Slavenfamilie.

Ausser von Serben wird das Land noch von Walachen, welche
vorzüglich Ackerbau, einigen Armeniern, Griechen und Juden, welche
Handel treiben, bewohnt. Der Gewerbefleiss beschränkt sich auf
die bäuerliche Hausindustrie. Das Land zerfällt in 17 Kreise (Nahien),
die wieder in 55 Bezirke unter Kapitanis getheilt sind. An der Spitze
des Ganzen steht ein Fürst, welcher oberster Befehlshaber des Heeres
und Vorstand der unabhängigen innern Verwaltung ist. Die letztere
wird von ihm durch Minister ausgeübt. Neben dem Fürsten gibt es
einen Senat, welcher berathende Stimme hat, und eine Nationalver-
sammlung (Skuptschina), die indess nur in ausserordentlichen Fällen
berufen wird. Die Rechtspflege im Lande ist durchaus geordnet, für
den Unterricht wurde besonders in den letzten beiden Jahrzehnten
viel gethan. Die kirchlichen Angelegenheiten stehen unter dem Metropoliten von Belgrad und den Bischöfen von Uschitza, Schabatz und
Negotin. Die Geistlichkeit darf nur aus der Nation selbst gewählt
werden. Die regelmässige Macht zählt nicht mehr als 10,000 Mann.
unter denen Artillerie und Cavallerie. Da indess jeder Serbe mit
Waffen versehen und zum Kriegsdienst verpflichtet ist, so kann das
Land ein Heer von 50 bis 60,000 Mann aufstellen, wenn es Noth
thun sollte.

Bosnien ist die nordwestlichste Provinz der europäischen Türkei.
Es zerfällt in türkisch Kroatien, ein Stück von Dalmatien und die
Herzegowina. An zwei Puncten reicht es an das Adriatische Meer. Mit
Ausnahme des nördlichen, an der Sau sich hinstreckenden Strichs, ist
das Land allenthalben Gebirgsland, und zwar wird es von den Dina-
rischen Alpen durchzogen, deren Gipfel, bis zur Höhe von 7600 Fuss

ansteigend, den grössten Theil des Jahres, vom September bis zum ·Juni, mit Schnee bedeckt sind. Die Berge sind meist dicht bewaldet, der Ackerbau ist nur in der Ebene einigermassen bedeutend. Die Erzeugnisse des Landes sind dieselben, wie in Serbien. In allen Gegenden Bosniens gibt es Wälder von Kastanienbäumen. Handel und Industrie gibt es nur in den Städten, und zwar wird ersterer fast nur von den hier angesiedelten Juden, Griechen, Armeniern, Deutschen und Italienern betrieben. Der Gewerbfleiss beschränkt sich auf die Anfertigung von Waffen, Leder und groben Wollenstoffen, die hauptsächlich im Lande verbraucht werden, doch zeichnet sich die Hauptstadt Sarajewo auch noch durch grosse Fabriken von Kupfergeschirrcn, Baumwollenwaaren und Goldschmiedarbeiten aus. Die Einwohner des Landes zerfallen in mehre Stämme; es gibt hier ausser vielen Ungarn, Italienern und Deutschen hauptsächlich Bosniaken, Kroaten, Türken, Morlachen und Zigeuner. Im Ganzen soll die Zahl der Einwohner Bosniens sich auf etwa 850,000 belaufen. Die Bosniaken, 370,000 Köpfe stark und ihrer Sprache nach ein Zweig der Serben, bekennen sich theils zum Islam, theils zur römisch-katholischen, theils auch zur griechischen Kirche. Sie sind rauh und barsch gegen Fremde, raubsüchtig und grausam, aber tapfer, ehrlich, fleissig und mässig. Sie treiben etwas Ackerbau und Viehzucht, mit Vorliebe jedoch Jagd und Fischfang. Frauen wie Männer sind meist gut gewachsen und oft von hübschen Zügen. Die Kroaten, deren Zahl 180,000 betragen soll, bekennen sich theils zur griechischen, theils zur römisch-katholischen Kirche, nur einige Hundert sind Mohammedaner. Sie beschäftigen sich mit Ackerbau, Viehzucht und Tauschhandel. Ihre Sprache weicht erheblich von der serbischen ab, obwohl sie demselben Hauptzweige des Slavischen angehört. Die Morlachen, 145,000 Köpfe stark, bewohnen grossentheils die sogenannte Herzegowina. Sie sind ein höfliches, sehr anstelliges und im Handel ungemein gewandtes Volk, den Türken sehr feindlich gesinnt, zum grösseren Theil der griechischen, zum kleineren der katholischen Kirche angehörig. Die Anzahl der Osmanen im Lande soll 200,000 betragen, doch sind damit wohl nicht Türken, sondern überhaupt alle Bekenner des Islam gemeint. Das niedere Volk wurde lange Zeit und wird noch jetzt schwer von dem Adel bedrückt, welcher von seinen Burgen aus verschiedene Steuern zu erzwingen wusste, und als die Pforte Reformen eintreten liess, welche den Bauer besser stellten, sich wiederholt dagegen auflehnte. Das Land ·würde weit blühender und reicher sein, wenn dieser bosnische Adel, welcher beiläufig sich zum Islam bekennt, während die Bauern dem Christenthum grossentheils treu geblieben sind, nicht existirte. Bosnien gehörte im 12. und 13. Jahrhundert zu Ungarn, später zum Königreich Serbien, dann, in der letzten Hälfte des 14. Jahrhunderts, war es ein selbständiges Königreich, 1528 endlich wurde es eine Provinz des osmanischen Reiches.

    Thracien oder Rumelien im engeren Sinn, heisst der Theil der europäischen Türkei, welcher im Norden an den Balkan, im Osten an das Schwarze Meer und den Bosporus, im Süden an das Marmorameer

und das ägäische Meer und im Westen an Macedonien grenzt. Die
Bewohner dieser Gegend sind vorzüglich Türken, Bulgaren und Griechen.
Von Gebirgen durchziehen das Land ausser dem Balkan der Despoto
Dagh und der Pangäus des Alterthums, jetzt Kastagmatz. Der Haupt-
fluss, die Marizza, ist nächst der Donau zugleich der grösste Strom
der ganzen illyrischen Halbinsel.

Wir gehen nunmehr zur Schilderung einiger der Haupttouren über:

1. **Von Constantinopel über Adrianopel, Philippopel, Sophia und Nissa nach Belgrad.**

Diese Route führt über den Balkan (im Alterthum Hämus, türkisch Emineh Dagh genannt), die grosse militärische Schranke der
europäischen Türkei, in welcher es zwei Hauptpässe gibt, von welchen
der eine auf Semlin in Ungarn, der andere auf die Strasse von Rothenthurm in Siebenbürgen hinstrebt. Der Weg von Constantinopel nach
Belgrad, durch die Defileen von Tatar Basardschik ist von Couriren,
die Tag und Nacht ritten, in sechs Tagen zurückgelegt worden. Gewöhnliche Reisende bedürfen dazu, wenn sie, wie unter allen Umständen
wünschenswerth ist, einen Tag in Adrianopel und einen zweiten in
Nissa bleiben wollen, mindestens zwei Wochen. Der Reisende bedarf
ferner fünf bis sechs Pferde für sich, sein Gepäck, den Tataren und
einen Diener. Die Pferde werden, wenn es Postpferde sind, regelmässig
auf den Stationen gewechselt, welche sich aller 3 bis 4 Meilen finden.
Die Kosten der Tour werden, wenn man fünf Pferde mitnimmt, 140
Thaler nicht übersteigen, wobei alle Ausgaben ohne Ausnahme, also
Pferde, Lebensmittel, Wein, Herberge, Pferdefutter und Trinkgelder
eingerechnet sind. Ein türkischer Shawl, eine Leibbinde, Lederhosen,
ein Luftkissen für den Sattel, ein tüchtiger Kaputzenmantel und eine
gute Decke sind in den Pässen des Balkan fast unerlässlich. Im Winter
muss man einen tüchtigen Pelz haben. Von Constantinopel bis an die
Grenze Serbiens ist türkisches Silber das beste Reisegeld, doch kommt
auch der österreichische Thaler, der Zwanziger und der Ducaten oft
vor. Den Tataren bezahlt man in der Weise, dass man ihm ein Dritt-
theil der ausgemachten Summe in Adrianopel, ein Drittheil in Nissa
und das letzte Drittheil in Belgrad gibt, wo man ihm, wenn er sich
gut aufführte, zugleich ein Extra-Bakschisch von zwei Ducaten oder
mehr verabreichen mag. Der nächste Weg bei dieser Route berührt
folgende Ortschaften: Kütschük Tschekmedsche, 5 Stunden von Constantinopel, Bujuk Tschekmedjeh, 3 Stunden weiter, Selivria 6 St., Tschorlu
8 St., Lulej Burgas 10, Eski Baba 5, Adrianopel 9, Mustapha Pascha
6, Hirmanli 8, Papaslu 14, Philippopolis 4, Tatar Basardschik 13, Sophia 13, Nissa 15, Alexinitza 2, Jagodina 7, Belgrad 15 Stunden, wobei
darauf gerechnet ist, dass der Reisende in der Ebene soviel als möglich
Galopp reitet.

Wir geben eine kurze Beschreibung der Hauptpuncte dieser Route:
Der Reisende, welcher zum Erstenmale die Türkei betritt, wird
einen total verschiedenen Eindruck empfangen, je nachdem er seinen

Weg von Stambul nach Westen oder von der österreichischen Grenze gegen Osten nimmt: denn Thracien ist der vollste Gegensatz zu Bosnien. Bosnien, ein herrliches Gebirgsland, ein Labyrinth von Bergen, Felsen und Schluchten, mit Sümpfen und Urwäldern, voll Abwechslung in der Gestaltung, voll landschaftlichen Reizes, schön in wilder Naturpracht. Von Constantinopel nach Adrianopel aber kann man reisen, ohne einen Baum und ohne einen Berg zu sehen, ja man kann hier fast wie ein Seemann in gerader Richtung nach dem Compass steuern, ohne Gefahr, auf den flachen Terrainwellen eines endlos scheinenden Steppen- und Weidelandes, wo es keinen Weg gibt, weil Alles Weg ist, seinen Weg zu verlieren.

Bei dem einförmigen Steppencharakter der Landschaft auf der thracischen Halbinsel darf es nicht verwundern, wenn man in Constantinopel kaum Jemanden findet, der die Reise nach Adrianopel zu Land gemacht hat, oder der Aufschluss geben kann, wie es landeinwärts aussieht. Wer von Stambul nach Edirné (Adrianopel) reisen will, benützt in der Regel das Dampfboot bis Rodosto an der Küste des Marmora-Meeres und fährt von da mittelst einer türkischen Talika oder einer russischen Pritschka, eines erst seit dem Krimkriege in der Türkei eingeführten Fuhrwerks, in 24 Stunden nach der alten Hauptstadt der Türkei. Die Poststrasse über Siliwri und Tschorlu — wenn man eine Strasse so nennen darf, die schon gleich vor den Thoren von Stambul nicht viel mehr ist als ein Feldweg, der neben den Resten einer alten gepflasterten Römerstrasse hinläuft und an der sich Telegraphenstangen und Telegraphendrähte wie ein Anachronismus ausnehmen — diese Poststrasse wird nur von Ochsenwagen benützt oder von dem Posttataren, für welchen die dreissig Meilen bis Adrianopel eine einzige Station sind, die derselbe in ununterbrochenem Ritt, bloss mit gewechselten Pferden, in 36 bis 40 Stunden zurücklegt.

Nach der Landseite ist Stambul von einer gewaltigen Mauer mit alterthümlichen Zinnen und Thürmen abgeschlossen. Stück für Stück fällt jetzt von ihr, sie dient nur mehr als Steinbruch für den Neubau der Stadt; denn auch Stambul ist im Stadium der Stadterweiterung und Stadtverschönerung. Aber diese Mauer hat so lange die Welt des Bosporus vollständig von Europa getrennt. Wie der Boden von Constantinopel geologisch noch ein Stück von Asien ist, so gravitirt hier auch das ganze Leben der Menschen nach der asiatischen Seite.

Von der Grossstadt verliert man ausserhalb des Thores der sieben Thürme bald jede Spur. Ausgedehnte Begräbnissplätze, Gemüse- und Obstgärten umsäumen die Stadt. Weiterhin an der Meeresküste eine Waffen- und Pulverfabrik, und auf der das Goldene Horn beherrschenden Höhe die Daud-Pascha-Kaserne, dann noch das aufblühende Städtchen St. Stephano mit den Villen reicher Kaufleute an dem reizenden Gestade des Marmorameeres, darüber hinaus verräth nichts mehr die Nähe der Riesenstadt von über Eine Million Einwohner.

Bei der Lagune von *Kütschük Tschekmedsche*, drei Stunden von Stambul, bildet ein hölzernes Brückenthor den Einlass in das Innere des Landes. Von diesem Thor bis zu dem zweiten Bretterthor bei Alexinatz, welches durch den Holzzaun führt, mit welchem Fürst Milosch sein schönes Serbien umgrenzen liess, sind hundert Meilen, für die Possttataren, welche diese Strecke in fünf Tagen zurücklegen, nur drei Stationen.

Bald hinter Tschadaltsche beginnen die einförmigen, baumlosen, von trockenen Wasserrinnen durchfurchten Plateauflächen der thracischen Landschaft, die ihren Charakter bis Adrianopel nur wenig verändert. Der Boden besteht aus Sand, Lehm und eisenschüssigen Geröllmassen und hebt sich nur ganz allmälig gegen Norden und Süden zu den niederen Küstengebirgsketten am Schwarzen Meere einerseits und am Marmorameer andererseits. Die Wasserläufe fliessen von beiden Seiten nach der Mitte des Beckens und entleeren sich al Erkene gegen Westen zwischen Enos und Adrianopel in die Marizza.

Das Innere des Beckens ist grösstentheils Weideland oder zwerghaftes Eichengestrüpp. Felder, Wein- und Obstgärten und schattige Bäume finden sich immer nur in der Nähe der Dörfer und Städte oder der vereinzelt liegenden Tschiftliks. Alle Ansiedlungen liegen weit auseinander; denn die Bevölkerung, vorherrschend griechisch, aber untermischt mit türkisch und bulgarisch, ist in diesem Theile des Landes ziemlich spärlich. Einzelne tscherkessische Niederlassungen sind ganz neuen Datums. Auf den Feldern wird eine zweijährige Wechselwirthschaft getrieben und das Getreide mittelst eigenthümlicher Schlitten, an deren unteren Seite scharfe Feuersteinmesser eingelassen sind, ausgefahren und gleichzeitig das Stroh zu Häckerling geschnitten. Die ausgedehnten Weiden enthalten eine Vegetation, wie sie dem warmen Klima und dem trockenen Erdreiche entspricht, die sich ebensowenig durch Ueppigkeit als durch Futterreichthum auszeichnet. Man sieht mehr wilden Senf, Malven, Disteln und Camillen als Gras, und im Verhältniss zur Ausdehnung der, der Viehzucht gewidmeten Triften, begegnet man auch nur wenigen Herden von Schafen, Rindvieh, Büffeln und Pferden. Schildkröten, Geier und Krähen sind fast die einzige lebendige Staffage der öden Landschaft.

Der Weg bis Kütschük Tschekmedsche und weiterhin bietet schöne Ausblicke auf das Marmorameer, die Gegend aber ist von bösartigen Fiebern heimgesucht. Dasselbe gilt von *Bujuk Tschekmedsche* (d. i. die grosse Brücke), wo sich ein schmaler Meerbusen in das Land hineinstreckt, der mit einer langen, fast bis zum Schwarzen Meer reichenden Kette von Teichen und Morästen in Verbindung steht, über welche eine Reihe von vier Steinbrücken führt. Die Höhen hinter dem Orte bilden eine starke Position für die Vertheidigung von Constantinopel. Hier in der Nähe des Dorfes Chettos nahm im Jahre 559 der alte Belisar Stellung, als es die Hauptstadt gegen die Angriffe der Bulgaren unter Zabergan zu vertheidigen galt. Obschon er unter seinen Befehlen nicht mehr als dreihundert gediente Soldaten und einige Tausend ungeübte Recruten hatte, wusste er sich durch geschickte Befestigung des Passes und verständige Aufstellung seiner kleinen

Schaar doch gegen die Ueberzahl der Barbaren zu behaupten, und gewann sogar ein Treffen, welches die Gegner zum Rückzug nöthigte und Constantinopel vor der Plünderung bewahrte. Auf dem weiteren Wege geniesst man wieder schöne Aussichten auf die Propontis und den asiatischen Olymp. *Selivria*, das alte *Selymbria*, ist ein Städtchen mit einer Brücke von dreissig Bogen, und einem alten Schloss, welches einen Besuch verlohnt. Der Khan, wo man das erste Nachtlager zu nehmen pflegt, ist klein, aber ziemlich reinlich. *Tschorlu*, eine kleine, alte Stadt, war einer der ersten Orte Europa's, welche von den aus Asien kommenden Türken genommen wurde. *Luleh Burgas* hat seinen Namen theils von den Pfeifenköpfen, die hier fabricirt werden, theils von dem griechischen Wort πύργος, welches Thurm bedeutet. Die hiesigen Töpfer machen ausser Pfeifenköpfen auch hübsch vergoldete Kannen, Schalen und Tintenfässchen, die sehr wohlfeil sind. In *Eski Baba* findet man gute Herberge im Hause eines Griechen.

Adrianopel (türkisch *Edirné*), nach dem römischen Kaiser Hadrian benannt, einst die Hauptstadt der europäischen Türkei und noch unter Mahomed IV. und Soliman II. im 17. Jahrhundert die Residenz der Sultane, ist von seiner einstigen Grösse tief herabgesunken. Aber Eine Eigenschaft hat die Stadt nicht verlieren können, die Eigenschaft einer höchst ausgezeichneten und zugleich wundervoll schönen Lage. Und dieser Eigenschaft wird sie, wenn einmal die türkischen Eisenbahnen zur Wirklichkeit geworden sind, einen Aufschwung verdanken, welcher alle vergangene Grösse verdunkeln kann. Die Stadt liegt im Knotenpunct der ostwestlichen Linie von Constantinopel nach Philippopel und der nordsüdlichen Linie, die Burgas am Schwarzen Meere mit Enos am Aegäischen Meere verbinden wird, und da diese Linie von Adrianopel aus schon nächstens in Angriff genommen werden soll, so wird sich hier zuerst die neubelebende Wunderkraft des modernen Verkehrsmittels zugleich als Culturmittel auf das Alttürkenthum geltend machen, dessen Sitz die Stadt der alten Sultane noch immer ist.

Zwei ansehnliche Flüsse, die Arda von Südwesten her und die Tundscha aus dem Balkan von Norden kommend, vereinigen sich bei der Stadt mit der Marizza, dem Hauptstrome Thraciens. An ihrem Zusammenflusse breiten sich weite fruchtbare Ebenen aus, begrenzt von Hügelland, über dem in blauer Ferne die Gipfel der Gebirge aufragen. Welche Abwechslung in dieser Ebene von Gärten, Maulbeerplantagen, Obstbäumen, Feldern und Wiesen, und wie wird all der Reichthum der Natur in ein wahres Paradies verwandelt werden können, wenn erst die Bewohner aus ihrer trägen Ruhe und aus ihrer monopolistischen Glückseligkeit aufgerüttelt sind und zum vollen Bewusstsein eines frischen Lebensgenusses durch Arbeit kommen.

Die Stadt, die 90,000 Einwohner zählen soll — $^2/_5$ Türken, $^1/_5$ Bulgaren und $^1/_5$ Griechen, Juden und sogenannte Franken — ist ihrem äusseren Ansehen nach wie alle türkischen Städte, ohne viel Abwechslung, eine Strasse fast wie die andere winkelig, schlecht gepflastert, schmutzig, ohne hervorstechende Bauten, und auch, was sich stolz

„Hôtel de l'Etoile" nennt, ist derzeit nichts Anderes, als ein ordinärer türkischer Han, der nicht einmal soviel bietet, als das zweite grosse Einkehrwirthshaus der Stadt, das noch den alttürkischen Namen Gömrük-Han führt. Nur das von einem Griechen gehaltene „Hôtel de Rumélie" macht eine Ausnahme, ist aber kein Hôtel, sondern eine Restauration, wo man nach der Karte speisen kann. Altes Mauerwerk und dicke halbverfallene Thürme, die zum Theil den Römern, zum Theil den Genuesern zugeschrieben werden, erinnern an längst vergangene Zeiten. Die Residenz der Sultane, *das alte Serail*, ausserhalb der Stadt im Tundschathale gelegen, ist eine Ruine. In dem Prachtgemache des ersten Stockwerkes, wo ein Selim, ein Mahommed, ein Soliman, und wie sie alle heissen, auf weichem Divan beim Plätschern eines Springbrunnens, dessen prachtvolles Marmorbassin noch gut erhalten ist, träumten, fanden wir eine Schafherde gelagert, die sich offenbar recht behaglich fühlte an dem kühlen Ort. Der Marmorboden aber war mit dicken Schichten von Mist bedeckt, dass einem intelligenten Landwirth das Herz lachen könnte. Es ist fast lebensgefährlich, sich die alten Herrlichkeiten, das Schlafzimmer, dessen Wände mit Majolikaziegeln belegt sind, die Bäder, den alten Harem u. s. w. zu besehen, denn Alles, was nicht schon zusammengebrochen, droht den Einsturz. Ein paar Invaliden leben hier von den Trinkgeldern, die die alte Pracht noch einträgt.

Um so überraschender ist die gute Erhaltung der grossen *Moschee Selim's II.*, die sich auf dem höchsten Punct der Stadt mit ihrer Riesenkuppel*) und mit ihren vier schlanken Minarets, Alles überragend, erhebt. Sie gilt für die prächtigste und grösste Moschee des ganzen osmanischen Reiches, und wer den Geist des Islams auf sich wirken lassen will, der trete ein in diese geheiligten Hallen. Der Eindruck ist, selbst nachdem man die Aja Sofia, die Achmedje und die Sulimanieh in Stambul gesehen hat, ein überwältigend grossartiger. Wahrhaftig, es ist den Türken nicht zu verdenken ,dass sie, nachdem es einmal eine Santa Sofia gab, stationär geblieben sind im Baustyl ihrer Moscheen. In den weiten Räumen unter der Riesenkuppel der Selimieh verspürt man mehr von Religion, als in allen Jesuitenkirchen der Welt. Das Innere der Moschee ist teppichartig im Weiss, Roth und Blau ausgemalt, mit Goldinschriften auf grünem Grund. Unter der Kuppel führt ringsherum eine Gallerie und das Licht empfängt der riesige Raum durch 999 Fenster, wie die Türken sagen. Nicht weniger grossartig ist die Säulenhalle vor der Moschee, mit riesigen Monolithsäulen aus ägyptischem Porphyr und Granit. Die zierlichen, aussen cannelirten Minarets aber haben eine Eigenthümlichkeit, die man bei keiner anderen Moschee findet; sie tragen drei Kränze übereinander, und unten beginnen an den drei verschiedenen Seiten der kreisrunden Basis drei Wendeltreppen mit 250 Stufen, die, schraubenförmig übereinander-

---

*) Diese Kuppel hat einen Durchmesser von 102 Wiener Fuss, während die Kuppel von Aja Sofia in Stambul 100 Fuss, die des Pantheon in Rom 134 Fuss misst.

laufend, ohne dass man von einer Treppe auf die andere gelangen könnte, in die Höhe führen, eine Treppe auf den ersten, eine zweite auf den zweiten, die dritte auf den dritten Kranz. Vom Kranz dieser Minarets überblickt man die ganze Stadt und die Landschaft bis zum Fuss der entfernten Gebirge. Sehr sehenswerth ist auch die *Murad-Moschee*, sie hat ebenfalls vier Minarets und nicht weniger als neun Kuppeln; sie wird von den Türken Utsch Serfeli genannt. Der *Bazar Ali Pascha's* ist ein mächtiges Gebäude mit Gewölben, welche abwechselnd aus Lagen weisser und rother Ziegeln bestehen. Die Länge desselben beträgt gegen 600 Schritte, an jedem Ende führt ein grosses Thor hinein, ausserdem hat er vier Seitengänge. Der Blick durch die ganze Länge dieses Bazars hindurch ist grossartiger, als irgend etwas in den Besestaus von Constantinopel. Man findet hier vorzüglich kostbare Waaren, als Juwelierarbeiten, Shawls, Musseline und Seidenstoffe. Ferner verdienen einen Besuch: die schöne Wasserleitung, die Brücke über die Tundscha, die von den Römern erbauten Mauern und Thore, der 12 Fuss hohe Schaft einer Säule, auf welcher ein Standbild des Kaisers Hadrian gestanden haben soll, und das leider sehr verfallene Eski Serai mit seinem schönen Portal und seinem achteckigen von hübschen Kiosks umgebenen Thurme, welches ausserhalb der Stadt am Ufer der Tundscha liegt. Erwähnen wir nun noch die 5 grossen steinernen Brücken, die über die verschiedenen Flüsse und Flussarme bei der Stadt führen, eine grosse Kaserne und die neugebaute Militär-Akademie hinter der Selim-Moschee, so glauben wir alles Wesentliche von Bauwerken angeführt zu haben.

Adrianopel wurde von Hadrian in der Nähe einer älteren Stadt Namens Uskudama angelegt. Eine Sage behauptete, dass hier Orestes Sühne vom Verbrechen des Muttermordes gefunden habe, wesshalb byzantinische Schriftsteller die Stadt bisweilen Orestias nennen. 1360 wurde Adrianopel von den Türken unter Murad I. erobert. Nach der Einnahme von Constantinopel verlegten die Sultane ihre Residenz von hier nach der alten Kaiserstadt. Aber noch lange nachher kam es vor, dass dieselben mehre Monate des Jahres in Adrianopel zubrachten, ja Mohammed IV. und Mustapha zogen sich sogar ganz von Constantinopel hierher zurück, was indess von den Janitscharen so übel genommen wurde, dass sie sich empörten und die Entthronung der missliebig gewordenen Herrscher veranlassten.

In der neueren Geschichte ist Adrianopel von Bedeutung als der Ort, wo 1829 ein für die Pforte sehr ungünstiger Friedensvertrag abgeschlossen wurde, dessen Bestimmungen erst durch das Jahr 1856 theilweise wieder rückgängig gemacht wurden. Die Russen waren über den Balkan vorgedrungen und hatten sich Adrianopels bemächtigt. Sie hatten indess während ihres Marsches von der Donau bis hierher durch Gefechte und noch mehr durch Krankheiten so grosse Verluste erlitten, dass sie, zumal da der Pascha von Skodra mit einem Heer von 30,000 Arnauten in wenigen Tagen eintreffen musste, mit den 13,000 Mann,

die ihnen geblieben waren, die grösste Gefahr liefen und nicht im
Entferntesten daran denken konnten, Constantinopel mit seiner halben
Million türkischer Einwohner anzugreifen. Dennoch schloss der Sultan,
von der fränkischen Diplomatie getäuscht, jenen nachtheiligen Frieden,
der ihm das ganze Litoral des Schwarzen Meeres von der Mündung
des Kuban bis zum Hafen S. Nikolaus, dem grössten Theil des Paschaliks Achalzik, fast allen Einfluss auf Serbien, die Moldau und die Walachei entriss, die Anerkennung des Königreichs Griechenland bedingte
und den Russen Handelsfreiheit in der ganzen Türkei und freie Schiff-
fahrt auf der Donau und allen der Pforte gehörigen Meeren verschaffte,
ausserdem aber das Uebergewicht Russlands im Norden der Türkei so
befestigte, dass der Sultan in den nächsten Jahrzehnten fast wie ein
Vasall des Czaren erschien.

Adrianopel ist gegenwärtig der Sitz des General-Gouverneurs
des Vilajet Edirné, welches die alten Paschaliks von Adrianopel, Philippopel und Gallipoli mit einer Gesammtoberfläche von 900 Quadratmeilen umfasst, also beinahe das ganze alte Thracien. Es hat eine
Besatzung von einigen Escadronen Gardekosaken und Dragonern, die
zu den beiden einzigen Regimentern gehören, denen es erlaubt ist, sich
auch aus den christlichen Elementen der Bevölkerung zu recrutiren.
Die Officiere dieser Regimenter sind meist Polen.

In Handel, Gewerbe und Industrie kann sich Adrianopel weitaus
nicht messen mit Philippopel. Die früher so blühende Seidenzucht ist
in Folge der Seidenraupen-Krankheit sehr zurückgegangen. Von einer
grösseren Anzahl von Seidenspinnereien arbeitet gegenwärtig nur eine,
die Cocons werden meist als solche auf dem Landweg nach Rodosto
gebracht und von dort nach Marseille verschifft. Der Handel ist in den
Händen weniger Monopolisten, die aus Furcht, durch Concurrenz ihr
Privilegium zu verlieren, dem Eisenbahn-Unternehmen wenig günstig
gestimmt sind, ebenso wie der Landadel oder die Beys, welche in Adrianopel residiren. Gärberei, Kuchenbäckerei, Verfertigung von Schuh-
waaren, Traubenverkauf sind noch heute ein ausschliessliches Vorrecht
der Emirs, die sich durch grüne Turbane als Nachkommen des Propheten kennzeichnen.

Nichtsdestoweniger hat Adrianopel schon Manches von west-
europäischer Civilisation und Cultur an- und aufgenommen. Die sogenannte fränkische Colonie zählt 25 Familien, zu welchen vor Allem die
Familien der fremden Consuln gehören, die sich hier zum Theil zu
bedeutendem Reichthum und Einfluss aufgeschwungen haben. Im
Sommer leben die Franken in Karagadsch, einem eine Stunde von
Adrianopel am rechten Ufer der Marizza gelegenen Dorfe, das grösstentheils aus Villen besteht.

Vor einigen Jahren gründete der österr. Consul hier ein Casino,
das einen ganz unerwarteten Erfolg hatte. Dieser Casino-Gesellschaft
gehören nicht nur sämmtliche Consuln mit ihren Familien und die
Mitglieder der fränkischen Colonie, sondern auch die Spitzen der türkischen Behörden — der Pascha ist Ehrenpräsident — und die Hono-

ratioren aller anderen Nationalitäten an; auch spanische Juden sind Mitglieder. Sie hat ein Winterlocale in der Stadt, mit zwei Billards und einem Lesezimmer, und gibt hier im Winter vier bis fünf grosse Bälle. Das Sommerlocal in Karagadsch ist verbunden mit einer Kegelbahn und einem Biergarten, wo Schwechater Bier geschänkt wird; und noch niemals haben sich die Herren Türken, Griechen und Bulgaren darüber beschwert, dass sie auf diese Weise germanisirt werden. So bildet das Casino einen Culturmittelpunct, der als solcher allseitig anerkannt ist und die verschiedenartigsten Elemente zu freundlichem Verkehr vereinigt.

Aber auch eine Art Prater hat Adrianopel. Ein prächtiger, von riesigen Platanen beschatteter Wiesenplatz, beim alten Serail, der von zwei Armen der Tundscha umschlossen ist, also wie der Wiener Prater eine Insel — Serai Idschi, Serail-Insel — bildet, ist durch Anlagen seit einigen Jahren zu einem Volksgarten umgewandelt. Hier spielt jeden Sonntag Militärmusik — wir haben von der Bande der Gardekosaken sogar den Walzer „An der schönen blauen Donau" gehört. Der Garten ist das Rendezvous der schönen Welt und bietet an Sonntag-Nachmittagen ein äusserst belebtes Bild. Auf den Wiesenplätzen lagern griechische und bulgarische Familien, die Mädchen bunt aufgeputzt, jedoch alle à la franca, die malerische Nationaltracht ist leider verschwunden; dazwischen Equipagen, die türkischen Officiere in ihrer kleidsamen Uniform, Damen der fränkischen Colonie zu Pferd, und damit kein Element fehlt, finden sich auch die Haremsbewohnerinnen ein; ihre vermummten und verschleierten Gestalten allein geben dem Bild den orientalischen Anstrich.

Zu dem Allen wird nun Adrianopel die erste türkische Stadt südlich vom Balkan sein, welche die Eisenbahn bekommt. Der Hauptbahnhof ist in der Nähe von Karagadsch am rechten Marizza-Ufer, am Kreuzungspuncte der Enos-Linie mit der Philippopeler Linie projectirt.

Adrianopel treibt ziemlich lebhafte Schiffahrt auf der Marizza, die vom October bis zum Juni auch für grössere Fahrzeuge schiffbar ist. Am Ausfluss derselben, drei Tagereisen von Adrianopel, steht die Hafenstadt *Enos* am Archipelagus, die, auf einem felsigen Isthmus gelegen, meist von Griechen bewohnt ist und ein altes Castell aus der Genueserzeit hat.

Die Strasse von Adrianopel nach Philippopel geht immer in der Ebene und zwar zunächst an der Marizza hin. Die Gegenden, die man durchschneidet, sind oft sehr malerisch und zum grossen Theil gut angebaut. Die Khans oder Kaffeehäuser, in denen man übernachten muss, entbehren aller Bequemlichkeit, und die Hauptorte: Mustapha Pascha, Hirmauli und Papaslu bieten nichts von Interesse.

Das untere Marizzabecken oder die Ebene von Adrianopel ist von dem um 300 Fuss höher gelegenen oberen Marizzabecken oder der Ebene von Philippopel geschieden durch ein stark coupirtes Hügelland, das bei Mustapha Pascha beginnt und jenseits Uzundschowa sich wieder allmälig in die Ebene verläuft. Auf dieser Strecke verbindet sich nämlich das Urgebirgsmassiv der Rhodope südlich der Marizza mit einem auf den bisherigen Karten der Türkei noch nicht vorhandenen Urgebirgsstock, der nördlich von der Marizza, zwischen dieser und der Tundscha, liegt und eine Meereshöhe von 2800 Fuss erreicht. Die Marizza durchbricht in einem theilweise sehr engen und felsigen Defilé diese aus Gneiss und Granit bestehende Urgebirgsbrücke und erreicht bei Harmanli die tiefere Stufe des unteren Marizzabeckens. Abgesehen von diesem kurzen Defilé, stellt sich dem Project einer Eisenbahn auf der 32 Meilen langen Strecke von Adrianopel und Philippopel keinerlei Schwierigkeit entgegen. Die Poststrasse nimmt einen etwas anderen Weg. Sie hält sich von Adrianopel bis *Mustapha Pascha* am nördlichen Ufer der Marizza, übersetzt in dieser Stadt den Fluss, entfernt sich dann mehr und mehr südlich vom Flussthal und kommt erst kurz vor Philippopel wieder in der Nähe des Flusses. Die Strasse, die in eine Chaussee umgewandelt wird, ist seit fünf Jahren im Bau unter der Leitung von polnischen Ingenieuren.

Da die Reisenden gewöhnlich nur der Poststrasse folgen, so ist es erklärlich, dass trotz der vielbefahrenen Route Adrianopel-Philippopel das Marizzathal oberhalb Mustapha Pascha gänzlich unbekannt blieb. Da selbst die neuesten und besten Karten der Türkei aufwärts von Mustapha Pascha im Marizzathal fast keine Ortschaften anzeigten, so erwarteten wir eine unbewohnte Sumpfwildniss oder dschungelartiges Dickicht. Um so grösser war unser Erstaunen, überall offenes, vortrefflich bebautes Land zu finden und das ganze Thal entlang Ortschaft an Ortschaft sich reihen zu sehen. Nicht weniger als 24 grosse, stark bevölkerte, grösstentheils bulgarische Dörfer, passirten wir in diesen zwei Tagreisen der Marizza entlang. Freilich konnten wir uns später, als wir in die Balkangegenden bei Kisanlik, bei Kalofer, bei Ichtiman, bei Banja, bei Samakov und Sofia kamen, überzeugen, dass auch unsere besten Karten in der Darstellung dieser Gegenden reine Phantasiegebilde enthielten, und dass da nicht blos Städte und Dörfer, sondern sogar hohe Gebirge, weite Ebenen und grosse Flüsse unseren Karten entweder vollständig fehlten oder in gänzlich falscher Lage erschienen. Das Eisenbahn-Unternehmen wird daher nebenbei auch das Verdienst haben, endlich einmal die Geographie der Türkei in den wichtigsten Puncten und auf den Hauptlinien festzustellen.

Halbwegs Philippopel, etwas seitwärts von der Poststrasse, liegt der grosse Marktflecken *Uzundschowa*, berühmt durch eine der grössten Messen in der Türkei, welche hier alljährlich im September abgehalten wird. 20- bis 30,000 Menschen strömen zu dieser Zeit hier zusammen, und der Umsatz allein an österreichischen Waaren (Tüchern, Manufacturwaaren, Glas, Garne u. s. w.) auf dieser Messe beträgt 15 bis 20 Millionen· Piaster. Oesterreichischer Handel und Industrie kämpfen hier, wenigstens bis jetzt noch, erfolgreich gegen englische Waaren, welche von persischen Häusern in Constantinopel· auf den Markt gebracht werden.

Philippopel (türkisch Filibé) erkennt man schon aus grosser Entfernung. Mitten in der weiten fruchtbaren Ebene zwischen Rhodope und Balkan erhebt sich, gleichsam wie die Spitzen eines untergesunkenen Gebirgswracks, am rechten Marizza-Ufer weithin sichtbar eine Gruppe von Syenitfelsen. Theilweise auf, theilweise um diese Felsen liegt die Philippsstadt. Alle alten Schrifsteller stimmen darin überein, dass sie von Philipp, dem Vater Alexander's d. G., gegründet wurde, und noch heute finden sich in Ruinen, Basreliefs, griechischen Inschriften, Statuen, Münzen u. s. w. zahlreiche Zeugnisse ihres Ursprungs. Wie die Römer dazu kamen, die Stadt Trimontium zu nennen, ist nicht recht einzusehen; denn eigentlich ist es eine Siebenhügelstadt. Drei dieser 7 Hügel, die zwei grössten und der kleinste — letzterer nach bulgarischer Sage das Grab des Marko Kral — liegen ausserhalb der Stadt an deren Südwestseite; die 4 übrigen, von denen je zwei sattelförmig derart zusammenhängen, dass man auch nur zwei zählen kann, gehören mit zur Stadt. Der Sahá-Tepe trägt einen Glockenthurm und heisst deshalb auch Campanahügel, der daran anstossende Toplar-Tepe oder Kanonenhügel ist so genannt nach drei Allarmkanonen, die auf seinem Gipfel stehen. Die zwei westlichen Hügel endlich, die nur durch eine schwache Einsattelung von einander getrennt sind, der Tschampas-Tepe (Gaukler-Berg) und Nepé-Tepe, sind ganz mit Häusern überbaut, und zwar ist gerade dieser hochgelegene Theil der Stadt das gesündeste und vornehmste Viertel, in welchem die reichen griechischen Kaufleute und die Consuln wohnen, während die türkischen, bulgarischen und jüdischen Viertel sich am Fusse jener Syenitfelsen in zum Theil sehr ungesunden und der Ueberschwemmung ausgesetzten Niederungen ausdehnen. Diese eigenthümliche Topographie, wodurch gerade die besten und schönsten Häuser der Stadt, indem sie an den Hügeln terrassenförmig übereinander gebaut sind, weithin sichtbar werden, das verhältnissmässig gute Pflaster, die vielen Verkaufsgewölbe, welche österreichische und englische Waaren aufgestapelt haben, alles dieses trägt dazu bei, dass Philippopel mehr als irgend eine andere Stadt im Innern der Türkei, auch in seinem äusseren Ansehen unseren Begriffen von einer Stadt entspricht. In den meisten anderen türkischen Städten bekommt man die Wohnhäuser, da diese im Innern eines gewöhnlich mit grossen schattigen Bäumen bepflanzten Hofes oder Gartens liegen, der gegen die Strasse durch eine hohe Mauer abgesperrt ist, gar nicht zu sehen. Wenigstens in den Balkanstädten, wie in Sliwno, in Kisantik u. s. w., geht man in den Strassen immer zwischen Lehmmauern und von den umliegenden Anhöhen sieht man nur riesige Baumkronen und die Minarets.

Von den Zimmern und den Salons der auf der Höhe des Tschampas-Tepe und des Nepé-Tepe gelegenen Häuser, zu denen auch das österreichische Consulat gehört, hat man die reizendste Fernsicht. Wie von unsern alten Ritterburgen und Schlössern blickt man weit in's Land hinein von Gebirg zu Gebirg. Von den prall ansteigenden Bergmassen der Rhodope im Süden schweift der Blick über die reichbe-

baute Marizza-Ebene bis zu der in blauer Ferne aufsteigenden Gebirgs-
mauer des Balkan im Norden. Man kann sich eine schönere Lage
kaum denken.

Zu interessanten Ausflügen hat man nach allen Richtungen hin
Gelegenheit. Eine Fahrt von einer bis zwei Stunden bringt uns an
den Fuss der *Rhodope*, in denen wir eine ganze Auswahl haben von
malerischen Gebirgsthälern und Schluchten, wie das Dermen-Dere, das
Thal von Kuklina, von Wodena, von Steni maka u. s. w. Die vorderen
Gehänge des Gebirges sind leider entwaldet, aber tiefer im Gebirge
gibt es noch die prächtigsten Tannen- und Fichtenwälder. Und da in
den meisten dieser Thäler irgendwo an einem besonders schönen und
zugleich möglichst versteckt gelegenen Punct das eine oder das andere
griechische Kloster liegt, so kann man auch darauf rechnen, auf seinen
Excursionen ein anständiges Quartier zu finden. In den Rhodope sowohl,
wie im Balkan sind diese Klöster auf Fremdenbesuch eingerichtet und
dienen als Villeggiaturen, wo die Städter, um frische Gebirgsluft zu
geniessen, in den heissen Sommermonaten gerne zwei bis drei Wochen
zubringen. Eine halbe Tagereise nördlich von Philippopel in den Vorbergen des Balkan liegt auch ein vielbesuchtes warmes Bad, Hissar
Lidscha, dessen Baulichkeiten theilweise noch aus der Römerzeit her-
stammen.

Was für einen Völkerwechsel müssen diese Gegenden nicht schon
erlebt haben? Tausende und aber Tausende von alten Grabhügeln
(Tumuli) liegen zerstreut in den Ebenen und Thalbecken zwischen Balkan
und Rhodope, bald sind sie gross, vierzig bis fünfzig Fuss hoch, bald
klein; hier liegen sie einzeln, dort in Gruppen beisammen, niemals im
Gebirge, immer nur in den fruchtbaren Ebenen. Es sind dieselben aus
Lehm aufgehäuften kegelförmigen Hügel, die man in Spanien und
Portugal als Antas, in Nordafrika als Dolmen, in Deutschland als
Hünen- oder Wendengräber, in Ungarn als Kumanierhügel kennt; auch
in Südrussland erstrecken sie sich, und B. v. Cotta hat sie bis zum
Altai in Sibirien gesehen. Noch ist das Geheimniss dieser Grabhügel
nicht enthüllt, sie weisen zurück auf eine uralte Geschichte und Völ-
kerwanderung. Nirgends kommen sie so zahlreich vor, wie bei Philippopel.

Durch die vortheilhafte Lage und den Fleiss seiner Bewohner
ist Philippopel der Mittelpunct eines bedeutenden Handels und Exports,
und übertrifft in dieser Beziehung weitaus das fast doppelt so grosse
Adrianopel. Die Bevölkerungszahl wird auf 30—50,000 angegeben,
Türken, Griechen, Bulgaren und Juden. Ohne Zweifel ist die musel-
manische Bevölkerung der Zahl nach vorwiegend, das griechische Element aber ebenso entschieden durch Bildung und Reichthum vorherrschend. Von sechzig grossen Handlungshäusern in Philippopel sollen
mit Ausnahme von vier alle griechisch sein. Man kann sich daher
vorstellen, welche Bestürzung in Philippopel herrschte, als während
des Aufstandes auf Kreta mitten im Winter der Pascha den Befehl
ergehen liess, dass innerhalb 24 Stunden alle Griechen, die nicht otto-

· manische Unterthanen geworden, die Stadt verlassen müssten. Glück-
licherweise kam es nicht zur Ausführung dieses barbarischen Befehles.
Nirgends tritt einem die Thatsache, dass das griechische Element vorzugsweise das culturtragende ist, so schlagend entgegen, wie
in Philippopel. Handel und Industrie sind hier in den Händen der
Griechen, griechische Familien sind die gebildetsten und einflussreichsten,
die griechische Sprache ist nicht bloss in der Stadt, sondern auch auf
dem flachen Lande die vorherrschende. Die schönsten Dörfer am Fusse
der Rhodope, wie Stenimaka, Kuklina, Wodena, sind griechisch. Die
griechischen Schulen sind die besten, die griechischen Kirchen und
Klöster die reichsten. So ist es heute noch und so war es in der alten
Philippsstadt seit undenklichen Zeiten Diese Thatsachen genügen aber,
um den ganzen Hass der panslavistischen Parteiführer der grossen
bulgarischen Nation gegen die modernen Hellenen zu erregen. Der
Kampf der Deutschen und Czechen in Böhmen wiederholt sich in
Thracien und Macedonien als ein Kampf der Griechen und Bulgaren
und wird mit erbitterter Leidenschaft namentlich in Philippopel geführt.
Da es hier keine Deutschen gibt, denen man Germanisirungsgelüste in
die Schuhe schieben könnte, so wird über Hellenisirung geklagt, und
da man keine hellenische Regierung dafür schmähen und anklagen
kann, so sind die Vorwürfe gegen das Patriarchat in Constantinopel
gerichtet. Um eine geistige und moralische Entwicklung des Volkes
handelt es sich bei den bulgarischen Parteiführern nicht; aber die
griechischen Schulen müssen jetzt alle slavisch-bulgarisch werden, und
da man keine historisch-politische Basis für einen Bulgaren-Staat auf-
zufinden weiss, so handelt es sich zunächst um die Gründung einer
unabhängigen bulgarischen Nationalkirche, um Emancipation von dem
Patriarchat in Constantinopel.　　　　·

Tatar Basardschik, eine Stadt, die 10,000 Einwohner haben
soll, besitzt einen Khan, in dem sich ein paar erträgliche Zimmer
finden. In der Nähe liegt die Stätte der alten Stadt *Bissapara*, die
indess keinerlei Sehenswürdigkeiten bietet.

Nicht fern von hier beginnt die Strasse den *Balkan* zu übersteigen, und zwar führt sie durch den Pass oder die Pforte Trajans.
Die Höhe desselben beträgt nicht mehr als 1800 Fuss, aber der Weg
ist sehr beschwerlich, mehr Ziegenpfad als Strasse. Die Berge sind
mit dichtem Wald bedeckt, nur in den Thälern sieht man Felsen. Die
Aussicht von der Höhe des Passes über die fruchtbaren Ebenen Bulgariens ist sehr schön. Da sich hier bisweilen Räuber zeigen, so pflegt
man sich von Tatar Basardschik einige Soldaten als Bedeckung mitzunehmen, die von den türkischen Behörden nicht verweigert werden,
und die man, in Sophia angekommen, nach Befinden auch eher, mit
einem Bakschisch wieder nach Hause schickt.

Sophia, das alte *Sardica*, bulgarisch Triaditza genannt, zwischen
dem Imsker und der Nissawa gelegen und von hohen Bergen umgeben,
ist eine ausgedehnte, aber schlecht gebaute Stadt von etwa 40,000
Einwohnern, die sich von Seiden- und Wollenwebereien, Gerberei und

der Erzeugung von Rauchtabak nähren, und unter denen gegen 20,000 Griechen sind. Man findet hier warme Heilquellen und mehre gute Khans. Die Strasse von hier nach Nissa windet sich sehr malerisch am Fusse des Berges Tesowitsch hin, eines der vielen Ausläufer der grossen Balkankette. Kurz vor Nissa soll sich ein Thurm mit vielen eingemauerten Menschenschädeln finden — ein Denkmal alttürkischen Geschmacks, welches das Andenken an einen von dem berühmten Kumurgi über die Serben erfochtenen Sieges zu verewigen bestimmt war.

Nissa oder Nisch, einst Naissos, nur bei scharfem Reiten in 15 Stunden von Sophia aus zu erreichen, ist Festung. Einst war es die Hauptstadt des serbischen Reiches. Es liegt auf einer fruchtbaren Ebene, die von der Nissawa durchströmt wird und bietet nichts von besonderem Interesse für den Reisenden. Die westliche Vorstadt wird von Zigeunern bewohnt. Nissa war der Geburtsort Constantin's des Grossen, der 272 n. Ch. hier das Licht der Welt erblickte. Zu bemerken ist, dass hier, wie überhaupt jenseits des Balkans, die türkische Bevölkerung, besonders in den Dörfern, abnimmt und den Bulgaren und Serben Platz macht.

Alexinitza, eine kleine Stadt im Fürstenthum Serbien. Hier ist die Quarantäneanstalt (Kostumanza). Die Strasse überschreitet nun mittelst der malerischen Brücke von Rawenatz — der einzigen auf dieser ganzen Route, mit Ausnahme der Brücken zu Adrianopel und Philippopel — den Fluss Mornoc. Ein Abstecher von wenigen Stunden östlich von der Strasse zum Besuch der altserbischen *Klöster Rawanitza* und *Manassia* verlohnt sich sehr wohl. Das erstere wurde von dem berühmten serbischen Helden Knäs Lazar gegründet, dessen burgartige Wohnung noch jetzt innerhalb der Klostermauern zu sehen ist. Eben so findet sich hier ein viereckiger Thurm, in dem sich der Schwiegersohn Lazar's, Milosch Obilowitsch aufhielt, welcher in der Schlacht bei Kossowa den Sultan Murad erschlug. Das befestigte Kloster Manassia, welches ausserordentlich malerisch liegt, wurde von dem Despoten Stephan, dem Sohne Knäs Lazars, erbaut. Auch hier zeigt man noch die Reste des Hauses, welches der Fürst bewohnte. In einer benachbarten Felsenschlucht liegt eine Pulvermühle für den Gebrauch der serbischen Armee. Um diese beiden Klöster zu besuchen, verlässt man die grosse Strasse bei dem Städtchen Kiupri, von wo man bis Rawanitza 1¼ Meilen hat, ein Ritt von 2 Meilen bringt den Reisenden von da nach Manassia und nach weiteren 1¼ Meilen erreicht er die makadamisirte Strasse in der Nähe des Dorfes Medwedia.

Jagodina bietet ziemlich gute Nachtherberge. Dann geht die Strasse durch prachtvollen Wald, der bei Hassan Palanka und Semendria parkartige Landschaften bildet, im Thal der Morawa hin. Endlich, auf der Höhe über Semendria, erblickt man die Donau, und einige Stunden später wird Belgrad erreicht, wo man sich sofort nach Semlin, auf österreichisches Gebiet übersetzen lassen kann.

Belgrad, die Hauptstadt Serbiens, hat etwa 30,000 Einwohner. Es liegt am Zusammenfluss der Save und der Donau. Sein Name be-

deutet: Weissburg, türkisch heisst es: Darol Dschihad, d. i. Haus des
Religionskrieges, ungarisch wird es Nandor Fejérvár genannt. Es zerfällt in fünf Theile: die Festung, welche früher nicht als serbischer Boden
betrachtet wurde, sondern als zur Türkei gehörig und von den übrigen Stadt-
theilen durch ein 400 Schritt breites Glacis geschieden ist; die Was-
serstadt, die gegen Norden am Zusammenfluss der beiden Ströme liegt
und ebenfalls mit Wall und Graben umgeben ist; die mit Palissaden
eingefasste Serben- oder Raitzenstadt, westlich an der Save, endlich
die im Süden und Osten gelegene sogenannte Palanka. Belgrad hat
noch viel vom Charakter einer morgenländischen Stadt. Von ferne
gesehen bietet es einen ungemein schönen Anblick. Die glitzernde
Fläche der beiden Ströme neben dem fels gen Hügel, der die Festung
mit ihren Thürmen und Wäldern trägt, zahlreiche weisse Minarets, an
den Ufern bunte, orientalische Trachten, im Hintergrund ein grünbe-
wachsener Höhenzug — das Alles erfreut das Auge. Es geht der Stadt
aber wie manchen Gesichtern: sie sieht nur von ferne gut aus. Nahe
besehen, im Innern, ist sie genau eben so verfallen, so unordentlich
und so unreinlich, wie alle andern Städte der untern Donau, und wenn
das Auge hier vor ihrer Hässlichkeit erschrickt, so noch viel mehr die
Nase vor den pestilenzialischen Gerüchen von Knoblauch, faulenden
Hunden, Mistpfützen und Kehrichthaufen, die sie allenthalben belei-
digen. Von Weitem eine orientalische Prachtblume, ist Belgrad in der
Nähe eine ganz gemeiner Düngerhaufen.

Drei Thore führen aus den Vorstädten Sava Mala, Theresia und
der Widdiner Vorstadt in das Innere. Sie heissen Warosch Kapu,
Stambul Kapu und Widdin Kapu. Das grösste ist das von dem österreichischen Feldherrn Laudon im edlen Styl erbaute, jetzt sehr verfallene Stambul Kapu. Die beiden andern Thore sind gleichfalls halbe
Ruinen, besonders das Warosch Kapu. Man denke sich den Stadtwall
von einer Passage durchschnitten, die Dossirung mit Lehmklumpen
eingefasst und auf das Ganze, auf einigen querübergelegten Balken,
ein vollständiges Haus gebaut, aus dessen Fensterlöchern Taubenpaare
herausschauen Fährt ein Wagen hindurch, so wackelt das Taubenhaus,
und es kann geschehen, dass dem Fuhrmann ein Dachstein auf den
Kopf fällt. Dem entsprechend ist die Brücke, die über den zugeschüt-
teten Stadtgraben führt. Im Innern trifft man ein halsbrechendes Stras-
senpflaster, enge krumme Gassen und elende, windschiefe gebrechliche
Häuser. Die weit in die Strasse hinausreichenden Schindeldächer dieser
Baracken sind so morsch, dass sie über den darunter hin Gehenden
zusammenzubrechen drohen. Bei Regenwetter ist jede Strasse ein Bach,
der verfaultes Stroh, Lumpen und ähnliche Dinge mit sich führt.
Schweine und Kühe treiben sich auf den Gassen herum. Die Kaffeehäuser sind verräucherte, schmutzige Spelunken, die Kaufläden meist
elende Boutiken. Keine hundert Häuser haben Glasfenster aufzuweisen.
Der Konak des Fürsten ist ein leidlich hübsches Gartenhaus, von den
übrigen Regierungsgebäuden verlohnt keines das Ansehen. Hübsch ist
die eine griechische Kirche, sonst ist nur das österreichische Consulat,

welches am Landungsplatz liegt und in dessen Erdgeschoss sich die Douane befindet, als imposant zu erwähnen, und einige andere Consulate, sowie die neue Zdania, das einzige gute Gasthaus der Stadt, mögen als schmucke Häuser gelten. Interessant endlich ist der Rest des Palastes „Prinz Eugens des edlen Ritters,“ von dem indess nur die Vorderseite noch steht. Aus den Mauerritzen wächst allerlei Unkraut heraus, und an die Wände hat allerlei schmutziges Gesindel seine Nester geklebt. Das Leben auf den Strassen zeigt allenthalben noch die ungezwungene Oeffentlichkeit des orientalischen Geschäftslebens. Hier sitzen die Babuschenmacher, die Tschibbukdrechsler, die Kupferschmiede, die Bäcker u. A. auf ihren respectiven Ladentischen, arbeiten oder feiern, warten, die Pfeife im Munde, auf Kunden oder streiten sich mit solchen.

Die Moscheen, deren Belgrad vierzehn besitzt, sind für Den, der aus Constantinopel kommt, ohne Interesse und überdies halbe Ruinen. Das hier bestandene Derwischkloster gehörte der Secte der Bidaui, welche zu den heulenden Derwischen zählen.

Die *Festung* Belgrad befindet sich jetzt in etwas besserem Zustand, als vor dem letzten orientalischen Kriege. Sie würde aber auch in dieser Gestalt eine regelmässige Belagerung schwerlich lange aushalten. Von eigentlichem System ist bei ihren Werken kaum die Rede. Man hat sie angelegt, wie es die Gestalt des steilen Kalkfelsens eben vorzuschreiben schien. Dieselbe hat auf der Landseite vier Hauptthore, ist aber auch von der Stromseite her zugänglich. Der ältere Theil der Befestigungen ist der auf dem Felsen gelegene. Dieser Theil ist mit doppelten trockenen Gräben, grossen Ravelins oder Halbmondschanzen, kleinen Courtinen (Mittelwällen) und flachen Bastionen mit Orillons (Seitenbrustwehren) versehen. Alles ist ziemlich baufällig.

Das Glacis besteht aus einem halbkreisförmigen Platze und heisst Kalamachtan oder Kalameidan. Die Kasematten sind von ungesunden Dünsten erfüllt. Nach der Donau und Save hinab zieht sich eine doppelte Brustwehr mit Schiess-Scharten. Uebrigens ist die ganze Festung jetzt vollständig desarmirt, war es wenigstens im Mai 1868. Sämmtliche von den Türken zurückgelassenen Kanonen, über hundert an der Zahl, darunter Prachtstücke aus dem fünfzehnten und sechzehnten Jahrhundert, wurden damals an den Meistbietenden versteigert; neue Geschütze sind nur in sehr geringer Anzahl zu Salutschüssen vorhanden. Das Plateau um den ehemaligen Parnass des Paschas ist geebnet und mit Gartenanlagen versehen worden, an denen wohl jetzt noch die Zuchthaussträflinge arbeiten, von denen ein Theil hier oben untergebracht ist.

Besser sieht es im untern Theil der Festung aus, nach welchem man vom obern über eine schlechte, halb zerfallene Treppe hinabgelangt. Man trifft hier zuerst eine Caserne, der gegenüber ein kleiner Bazar für die Soldaten und eine Moschee liegt. Die andern Gebäude sind entweder ebenfalls Casernen oder Schuppen, Magazine und Laboratorien. Sie gehören der Zeit ihrer Entstehung nach meist in die

Periode, wo Oesterreich diese Festung besass, sind solid gebaut und deshalb gut erhalten. In der grossen Caserne herrscht musterhafte Ordnung und Reinlichkeit. Sonst ist noch von Interesse der an der äussersten Landspitze zwischen Save und Donau gelegene alte stumpfe Thurm, das ehemalige Staatsgefängniss der Türken, Neboise, d. i. „Fürchte Dich nicht" genannt. Hier sass unter Andern Jefrem, der Bruder des Fürsten Milosch, den die Türken gefangen genommen hatten, mehre Monate. Er soll dabei bis an die Brust im Wasser gestanden haben. — jedenfalls Uebertreibung.

Die Geschichte Belgrad's ist wechselvoll und reich an blutigen Ereignissen bis in das zweite Jahrzehnt des jetzigen Jahrhunderts. Durch seine Lage zwischen Constantinopel und Wien, und als Schlüssel des südöstlichen Ungarn ist es von hoher strategischer Wichtigkeit, und so war es namentlich in den Kriegen Oesterreichs mit der Pforte wiederholt der Zankapfel der streitenden Parteien. Die Stadt, im Alterthume Taurunum genannt, war im Besitz der byzantinischen Kaiser, bis sie 1073 vom ungarischen König Salomo erobert wurde. Später bald in den Händen der Byzantiner oder Bulgaren, bald in denen der Serben, wurde sie zu Anfang des 15. Jahrhunderts von den letzteren an den Kaiser Sigismund verkauft. Lange Zeit versuchten die Türken ihre damals noch ungeschwächte Kraft an ihr, ohne sie nehmen zu können. Sie wurde 1442 von ihnen mit grossem Aufwand von Zeit und Kosten vergeblich belagert, 1456, wo Hunyad und Capistrano die Vertheidigung leiteten, umsonst mit wüthender Tapferkeit gestürmt. Erst 1521 wurde sie von Soliman dem Grossen eingenommen. Vom Jahre 1688 an, wo sich der Kurfürst von Bayern mit stürmischer Hand in ihren Besitz setzte und sämmtliche Einwohner niederhauen liess, wechselte sie wiederholt den Herrn. Bald wehte die schwarzgelbe Fahne, bald blitzte der Halbmond über ihren Wällen. 1690 schon nahmen die Türken nach einer Belagerung, bei welcher die Besatzung zuletzt bis auf 500 Mann geschmolzen war, die Stadt wieder ein. 1693 wurde sie vom Herzog von Cleve ohne Erfolg belagert. 1717 fand die Uebergabe statt, welche das bekannte Lied vom Prinz Eugen feiert. Der Prinz wurde, als er die Stadt belagerte, von 150,000 Türken eingeschlossen, er wendete sich zuerst gegen diese Entsatzarmee und schlug sie in die Flucht, worauf die Festung ohne Verzug capitulirte. Dieselbe verblieb indess nur wenige Jahre in Oesterreichs Besitz. Schon 1739 wurde sie, ohne dass die Garnison Widerstand versucht hätte, den heranziehenden Türken wieder überlassen, und der bald nachher abgeschlossene Friede bestätigte die Wiedereinsetzung der Pforte in den vorigen Besitzstand; indess mussten die Festungswerke vorher geschleift werden. 1789 von Laudon abermals erobert, wurde sie zwei Jahre darauf dem Sultan zurückgegeben. Dann fiel sie in die Hände der Serben. Als diese unterworfen wurden, erhielt sie die Pforte zurück. Als 1804 der Schwarze Georg an der Spitze der Serben das Joch der Dahis abzuschütteln versuchte, diese in Belgrad einschloss und 1807 durch Capitulation in den Besitz der Stadt gelangte, wurde hierher die oberste Behörde des

befreiten Landes, der Senat, verlegt, bei welchem Russland einen Gesandten hielt. Da indess Serbien im Jahre 1812 des russischen Schutzes
verlustig ging, musste auch Belgrad nach vielen äusserst blutigen Auf-
tritten (bei einer Gelegenheit wurden vor den Thoren Belgrad's 150
Serben enthauptet und 37 andere, darunter ein Igumenos oder Abt,
durch Pfählung hingerichtet) sich wieder der türkischen Uebermacht
ergeben, und selbst als Serbien endlich seine jetzige, nur wenig be-
schränkte Selbstständigkeit erkämpft hatte, verblieb der Pforte wenigstens das Recht, die Festung mit 3000 Mann besetzt zu halten. Im
Jahre 1867 verlor sie auch dieses und die Serben sind jetzt die alleinigen Herren von Belgrad. Mit der türkischen Festungsgarnison zog
auch die Bevölkerung der Türkenstadt fort, ihre Häuser liegen in
Ruinen oder sind von zerlumptem Gesindel bewohnt. Die Serben sind
darüber natürlich ausserordentlich erfreut, aber Belgrad hat mit der
Auswanderung der Türken viel von seinem früheren interessanten Charakter verloren; es ist nicht mehr wie früher die Schwelle des Orients.

2. Von Constantinopel über Schumla und Rustschuk nach Bukarest.

Ueber den ersten Theil dieser Route bis Burgas vergleiche Route
1. In Burgas zweigt die directe Strasse nach Schumla und Bukarest
von der nach Adrianopel und Belgrad ab. Zu der ganzen Reise von
Constantinopel nach Bukarest bedarf man, wofern man nicht in der
Weise der Couriere reiten will, 10 Tage. Die Hauptpuncte sind: Hasselbalem, 6 Stunden von Burgas. Kirk Klissi, 2 Stunden weiter, Her-
celea 4, Kannara 4, Fachi 4, Bejmiliko 5, Kornabad 5, Dobralle 4,
Dschali Kawak 4, Dagroela 4, Schumla 4, Tatscheköi 3, Rasgrad 6,
Torlak 5, Rustschuk 7, Giurgewo, wohin man auf der Donaufähre in
einer halben Stunde gelangt, Tiza 3, Kapoka 6, endlich Bukarest 4
Stunden weiter.

Hasselbalem liegt ein Stück seitwärts von der grossen Strasse;
von hier reitet man in 15 Stunden nach dem Hafen Ineada am schwarzen Meer.

Kirk Klissi, d. i. die. vierzig Kirchen, ist eine ziemlich ausgedehnte, von 15 bis 16,000 Menschen bewohnte sehr hässliche Stadt
am Fusse des Balkan, berühmt durch ein Gebäck, das aus eingesot-
tenem Traubensaft mit Nusskernen besteht. Die Bewohner, welche
Handel mit Wein und Korn treiben, sind Bulgaren, Türken und Griechen.
Der Weg zwischen den nächsten drei Orten führt durch gebirgige, gut
bewaldete Gegenden. *Bejmiliko*, ein ziemlich elendes Dorf, steht im
Ruf, besonders schöne Frauen zu haben. *Karnabad* ist ein Städtchen,
das mit seinen Minarets recht freundlich aussieht und etwa 200 Häuser
hat. Die Gegend ringsum ist gut angebaut Von hier führt die Strasse
bald wieder über Berge, um in der Nähe von *Dobralle*, welches etwas
vom Wege abliegt, wieder in die Ebene hinabzusteigen. Ein Stück
weiter betritt man den Bogass oder den Engpass des Balkan, der aber
durchaus nichts Grossartiges und Romantisches, weder Felsen, noch

eine besondere Höhe hat, sondern einfach ein bewaldeter Einschnitt zwischen ebenfalls bewaldeten Bergen ist, in dessen Mitte man den rasch dahinströmenden Kaιndschi Su zu überschreiten hat. *Dschali Kawak* ist ein grosses zerstreut liegendes Dorf, nicht fern vom Passe an dessen Fuss. Weiterhin wird das Gebirge wilder und die Strasse gewährt mehre schöne Ausblicke. Bei Dragorla, einem Bulgarendorfe, findet man das Land wohl angebaut, die Ebene mit Getreide bestellt, die Berge mit Weinpflanzungen bedeckt bis hinauf zu den Gipfeln. Kurz vor Schumla überschreitet die Strasse nochmals den Kamdschi Su.

Schumla oder *Schumna,* eine der stärksten Festungen der Türkei, ist eine Stadt von etwa 40,000 Einwohnern. Es ist 14 deutsche Meilen von Silistria und 12 von Varna entfernt, und liegt am östlichen Fusse einer Gruppe von Hügeln, die durch den Kamdschik vom Balkan getrennt sind, in einem hufeisenförmigen Thale, dessen Seiten steil und zum Theil felsig sind. Der Gipfel dieser Höhen ist ein weites Tafelland, bedeckt mit Gebüsch. Die Stadt liegt grossentheils unten in der Tiefe, während die Festungswerke die Höhen krönen. Die Gassen der Stadt laufen bergab und bilden lange Reihen von staffelförmigen Häusermassen, in deren Mitte sich eine mehrfach überbrückte Schlucht hinzieht. Eine Anzahl von Minarets und die im byzantinischen Style erbaute Hauptmoschee geben der Stadt ein stattliches Ansehen, und einige auf Hügeln, welche von Gärten umgeben sind, angelegte grosse Gebäude verleihen der Gegend einen besonderen Reiz. Die Einwohner sind der Mehrzahl nach Türken, die sich mit Wein- und Getreidebau, Seidenraupenzucht, Gerberei und der Verfertigung von Kupfer- und Blechwaaren nähren. Bei Schumla vereinigen sich die Strassen, welche von den Donaufestungen nach Rumelien führen. Es ist daher ein strategisch sehr wichtiger Punct und bildete in allen Kriegen der Pforte mit Russland das Hauptbollwerk für erstere. Es enthält ein Arsenal, ein grosses Militärhospital, mehrere Casernen, eine hoch gelegene, mit hohen und dicken Mauern versehene Citadelle und ist ausserdem 1853 noch durch eine Reihe von Forts und Schanzwerken verstärkt worden. Ausserdem aber befindet sich in der Nähe ein für 50,000 Mann berechnetes verschanztes Lager, welches ebenfalls eine sehr feste Lage hat. Der Ort kommt schon im 9. Jahrhundert vor. 811 wurde Schumla, damals der Simeonshügel genannt, vom byzantinischen Kaiser Nikophorus verbrannt, 1387 nahmen es die Türken ein. Zur starken Festung wurde es erst um die Mitte des vorigen Jahrhunderts, und zwar durch den Grossvezier Hassan Pascha, dessen Grabmal sich hier befindet. In allen folgenden Kriegen mit Russland war es das Hauptquartier der Grossveziere. Drei Mal wurden die russischen Heere von diesem Bollwerk aufgehalten, 1774 unter Rumjanzoff, 1810 unter Kaminskoi, 1828 unter Wittgenstein. 1829 schlug zwei Meilen östlich von hier, beim Dorfe Kulewtscha der russische General Diebitsch den Grossvezier Reschid. Zu erwähnen ist noch das unweit Schumla's am Flüsschen Parawadi gelegene Dorf Marda. Dasselbe hatte früher nur eine weibliche Bevölkerung, und zwar war es der Zufluchtsort aller wegen ungetreuen Verhaltens von ihren Ehemännern verfolgten Türkinnen. 1829 lebten hier gegen 2000 Mohammedanerinnen, die unverschleiert gingen, keine alten und hässlichen Weiber unter sich duldeten und alle Reisenden gastfreundlich und in jeder Beziehung gefällig aufnahmen.

Tadscheköi ist ein türkisches Dorf, *Rasgrad* eine Stadt von 15 bis 16,000 Einwohnern, die grösstentheils Mohammedaner sind. In der Nachbarschaft begegnet man vielen alten Grabhügeln, die vermuthlich Denkmäler einer Schlacht sind. Man kann dabei an die Expedition des Darius Hystapsis denken, der auf seinem Marsche gegen die Skythen, kurz bevor er den Ister erreichte, mit einem Getenheer zusammenstiess, oder auch an Alexander den Grossen, der in diesen Gegenden mit den Celten kämpfte.

Torlak ist ein ziemlich grosses Dorf in gut bebauter Gegend.

Rustschuk, auf den südlichen Ufer der Donau gelegen und mit seinen 30,000 Einwohnern eine der grössten Städte Bulgariens, bietet mit seinen zahlreichen Moscheen und Minarets und seinen hübschen Obstgärten von weitem einen sehr anmuthigen Anblick. Die Donau ist hier sehr breit, aber voll Untiefen und Inselchen, und das gegenüberliegende walachische Ufer ist flach und unschön. Rustschuk ist mit Wällen und einem Graben umgeben, über welchen Zugbrücken führen. Merkwürdigkeiten gibt es hier nicht. Die Stadt treibt lebhaften Handel mit Wien, mit dem sie durch die Dampfer der Donauschiffahrts-Gesellschaft in Verbindung steht. Hauptausfuhrartikel sind Getreide, Wein und Indigo. Auch das gegenüberliegende **Giurgewo** ist eine ziemlich regsame Handelsstadt. Es war ursprünglich nur der befestigte Brückenkopf von Rustschuk, bis der Vertrag von Adrianopel die Pforte nöthigte, seine Werke zu schleifen. Von hier führt eine fahrbare Strasse nach Bukarest, aber bei regnerischem Wetter reiset man auf derselben sehr langsam, da der fette weiche Schlammboden die Räder tief einsinken lässt. Die Ortschaften Tiza (wohl das alte Tiasum) und Kapoka sind armselig und unbedeutend, die Gegend flach, baumlos und nichtssagend, doch bemerkt man kurz vor Bukarest bei heiterem Wetter in der Ferne die schneeigen Gipfel Siebenbürgens.

Bukarest oder *Bukarescht,* d. i. die Freudenstadt, ist die Hauptstadt der Walachei. An dem trüben Flüsschen Dumbowitza in der Ebene gelegen, wurde es erst gegen das Ende des 17. Jahrhunderts zur Residenz der walachischen Fürsten erhoben. Von den Gasthöfen sind das Hôtel de France und das Hôtel Concordia zu empfehlen. Einwohner soll die Stadt über 180,000 haben. Von den Anhöhen im Süden gesehen, gewährt diese dieselbe einen grossartigen Anblick, aus dem Häusermeer erheben sich eine Menge von Kirchen und Capellen, die meist mit hellschimmernden Blech gedeckt sind; das Ganze umgeben weitläufige Gärten. Das Innere ist unschön, man geht durch enge krumme Strassen, zwischen Hütten und Palästen in weitläufigen Höfen hin. Der Schmutz bei Regen, der Staub bei trockener Witterung ist unbeschreiblich. Kirchen von einiger Bedeutung gibt es hier 130, die öffentlichen Plätze sind nicht der Rede werth, erwähnenswerthe Monumente, schön

. verzierte Brunnen gibt es eben so wenig. Die Witterung ist unbe-
ständig, häufig kommen im Sommer Klimafieber vor, die besonders
Fremden gefährlich werden. Ein Theil der Strassen ist jetzt gepflastert,
früher waren dieselben nur mit Holzdielen belegt. Die Hauptstrassen
sind: Podu Moyoschoi, nach Siebenbürgen, Podu Scherban Woda, nach
der Türkei, Podu Tergu de Aftare, nach der Moldau, Podu Kalitsch,
nach der kleinen Walachei hinführend, ferner die Podu Mihaiwoda, die
Podu de Pemunt, die Ulitza Tergowesti und die Ulitza Dobrestschi.
Mauern oder Wälle gibt es nicht, Thore ebensowenig, sondern nur
Barrieren, an denen die Pässe abgegeben werden. Von den Kirchen ist
zunächst die auf einem Hügel gelegene Metropolitankirche zu erwähnen,
die sich aber weder durch hohes Alter, noch durch Schönheit auszeichnet. Unter den übrigen verdient die Curte Wekie Erwähnung, in
ihr, die 1383 von Mirtsa Bessaraba erbaut worden, pflegte man bis auf
die neueste Zeit die Hospodare zu salben. Ausser diesen beiden ist
keine des Besuches werth; doch muss bemerkt werden, dass darunter
2 protestantische, 1 katholische und eine armenische sind. Die schönsten
Privatgebäude sind der Brankowan'sche Palast, die Paläste der Familie
Ghika, der Palast Stirbey u. a. An Caffeehäusern, Conditoreien, Anstalten,
wo Bälle stattfinden, Clubs und Casino's fehlt es nicht; unter den
geschlossenen Gesellschaften ist auch eine deutsche. Deutsche wohnen
in der Zahl von etwa 5000 hier; sie sind grossentheils Handwerker,
und einige haben es zu grossem Wohlstand gebracht. Ein Volksbelu-
stigungsort ist die Baumwiese. Auch die Thailwiese von Philaret
wird viel besucht. Interessant sind die Corsofahrten vor den Thoren,
wo man oft Hunderten eleganter Equipagen mit Damen im Pariser
Putz begegnet. Man rechnet, dass Bukarest an 10,000 Privatequipagen
und gegen 40,000 Luxuspferde besitzt. Fiaker sind ebenfalls zahlreich
vorhanden, und pflegt man für die Stunde gewöhnlich zwei Zwanziger
zu zahlen. Sehenswerth ist die archäologische Sammlung im Collegium
St. Saba, wo sich römische Sarkophage, dacische Münzen und mehre
grosse Goldgefässe befinden, welche in der Gegend von Buseo ausgegraben worden sind. Von ausländischen Behörden gibt es hier einen
russischen, einen englischen, einen französischen, einen norddeutschen und
einen österreichischen Generalconsul, Consuln für Sachsen, Belgien, Hol-
land und Griechenland. Industrielle Etablissements von Bedeutung gibt es
in Bukarest nicht. Dagegen treibt die Stadt einen sehr bedeutenden
Consumtionshandel. Man findet hier alle Bedürfnisse des Luxus in
reichster Auswahl, wogegen in den übrigen Städten des Landes beinahe nichts zu haben ist. In den eleganteren Läden trifft man alle
Modeartikel, Schnitt-, Galanterie- und Bijouteriewaaren deutscher und
französischer Fabriken. In den Buden der Griechen und Armenier sind
orientalische Teppiche, Shawls, Specereien, türkischer Tabak und andere
Erzeugnisse des Südostens vereinigt, in den russischen Buden oder
Marketanien Juchten, russisches Porzellan, Messing, Eisen und Thee,
in den sogenannten Kronstädter Gewölben oder Brassowenien Holz-
waaren, Rosshaararbeiten, Wollen- und Leinenstoffe. Unter den Buch-

handlungen ist die Ulrichsche zu empfehlen, die in deutscher und französischer Literatur gut assortirt ist. Das Theater in Bukarest ist ziemlich gut. Man führt hier französische Vaudevilles, bisweilen auch deutsche und italienische Opern, mitunter selbst deutsche Schauspiele auf.

Puncte, die sich zu Ausflügen eignen, gibt es in der Nachbarschaft von Bukarest mehre, z. B. Baniessa, eine halbe Stunde von der Stadt entfernt und besonders am 1. Mai stark besucht, welcher Tag von den Bekennern der griechischen Kirche sehr gefeiert wird, Cherestren mit einer guten Quelle, Floreaska, anmuthig bei einem Teich gelegen, Colentina mit einem schönen Schlosse und einer geschmackvollen reich geschmückten Kirche, in welcher sich das Grabmal des Fürsten Gregor Ghika befindet; ferner Paschkan mit einem Palast und einem anmuthigen Garten, Dudeschti mit einem grossen Schlachthaus, endlich das Kloster Penteleimon, wo am 27. August jedes Jahres ein grosses vielbesuchtes Fest zu Ehren des Patrons stattfindet. Etwas weiter entfernt sind die Mönchsklöster Esermika und Keldcruschan, sowie das Nonnenkloster Ziganescht.

3. Von Bukarest nach Hermannstadt.

Diese Tour erfordert 5 Tage. Die Hauptpuncte, welche man dabei berührt, sind folgende: Bulentin, 4 Stunden von Bukarest, Florescht, ebenfalls 4 St., dann Maronches 3, Gaiescht 3, Kirchinhof 3, Piteschti 4, Munichescht 3, Argisch 3, Salatroik 5, Perichan 6, Kinnin 7, Lazaret 2, Rothenthurm 2, Hermannstadt 4 Stunden weiter. Der Weg geht zuerst über die weite walachische Ebene, dann, jenseits Kirchinhof, über die Dumbowitza, über die eine Fähre führt. *Piteschti* ist ein wohlhabendes Dorf von etwa 100 Häusern, wo man guten Wein bekommt. *Argisch* ist eine sehr alte Stadt, die schon in der Römerzeit bestanden und damals Ardiskus geheissen haben soll. Der Begründer des Walachenreiches, Badu Negru, welcher sich zuerst in Kimpulung niedergelassen, verlegte den Sitz der Regierung hieher und nannte die Stadt Curte d'Argik. Er gründete hier das schönste Kloster und die merkwürdigste Kirche der Walachei, welche von seinen Nachfolgern aussen durchaus mit Verzierungen in erhabener Arbeit bedeckt wurde. Der Anblick der Stadt mit ihrer Kirche, den waldigen Bergen dahinter, und den noch höheren Schneegipfeln der Karpathenkette hinter diesen, erinnert an Landschaften bei Innsbruck. Die Häuser sind klein, sehr reinlich gehalten und sämmtlich aus Holz. Zu erwähnen ist, dass man hier viele mit Kröpfen behaftete Personen antrifft. Man bezeichnet Quellen in der Nachbarschaft, die dieses Uebel heilen. In Argisch beginnt die Strasse zu steigen, und bald befindet man sich mitten im wilden Gebirge. *Salatroik* ist ein kleines ärmliches Dorf mit reinlich gehaltenen Holzhäuschen. Der Weg wird hier noch wilder, die Berge bedeckt dichter Wald. Bei *Perichan* führt die Strasse durch ein Defilé mit steilen zerklüfteten Wänden. Kurz bevor man *Kinnin*, die letzte

Stadt in der Walachei erreicht, passirt man einen reissenden Bergstrom.
Ein Stück weiter bildet ein Bach, der durch eine Kluft fliesst, die
Grenze zwischen Oesterreich und der Walachei. Nachdem man denselben, der sich in die Aluta ergiesst, überschritten hat, steigt man
auf sehr gefahrvollem Pfade, der an manchen Stellen nur aus einigen
Planken über einem tiefen Abgrund besteht, nach der Stelle hinauf,
wo das Contumazhaus steht. Die Landschaft ist hier ausserordentlich
grossartig, schroffe Felswände, mächtige Waldbäume, der in der Tiefe
dahinrauschende Fluss vereinigen sich zu einem Bilde, wie man sie
nicht häufig trift. Im Contumazhaus, wo man seinen Pass visiren und
das Gepäck untersuchen zu lassen hat, kann man Nachtherberge bekommen. Contumaz wird nicht mehr gehalten. Der weitere Weg gehört
nicht in dieses Handbuch für die Türkei.

4. Von Belgrad die Donau hinab nach Constantinopel.

Diese Tour wurde schon bei der Donaureise von *Wien nach
Constantinopel* eingehend beschrieben. Man beliebe darüber Seite 19
und folgende das Nähere einzusehen.

5. Von Widdin über Tirnowa und Schumla nach Varna.

Zu dieser Tour bedarf man mindestens eine Woche. Die von
ihr berührten Hauptpuncte sind: Aktschar, 5 Stunden von Widdin,
Dschibra 11, Ostrowa 12, Glawa 4, Plewna 5, Loftscha 6, Selwi 7,
Tirnowa 5, Osmanbasar 14, Eski Dschuma 4, Schumla 5, Prawadi 6,
Varna 5 Stunden weiter. Die inneren Districte Bulgariens sind eine
grosse, wellenförmige Ebene, die gut angebaut und zum Theil bewaldet
ist. Die grösseren Dörfer bieten erträgliche Nachtherberge, wenn man
sich an die türkischen Behörden wendet.

Plewna ist die erste Stadt auf dieser Strasse, welche, bevor sie
hierher gelangt, die Flüsse Aktschar, Smorden, Lom, Dschibra, Ugu-
stul, Sidul, Insikru, Isker und Wid entweder vermittelst Furthen oder
mittelst Fähren überschreitet. Plewna besitzt eine Bevölkerung von
etwa 20,000 Seelen, meist Bulgaren, und treibt ziemlich lebhaften
Binnenhandel, auch mancherlei Gewerbe. Zugleich war es früher eine
der Hauptpflanzschulen politischer Intriguen,, indem Russland hier
mehre Schulen angelegt hatte, in welchen ausser manchen nützlichen
Dingen auch fleissig die Lehren des Panslavismus vorgetragen wurden.
Der hier befindliche Khan ist gut. Nachdem die Strasse eine beträchtliche Höhe erklimmt hat, erreicht sie einen Punct, wo man eine weite
Aussicht auf das breite Thal der Donau einerseits, auf die waldbewachsenen Höhen des Balkan andrerseits geniesst. Indem sie dann
wieder in eine kleine Ebene hinabsteigt, bringt sie den Reisenden nach
Loftscha. Diese Stadt, welche gegen 15,000 Einwohner hat, von denen
nur der zehnte Theil aus Christen besteht, ist der Herd der muselmännischen Opposition gegen die Bestrebungen der mit dem ortho-

doxen griechischen Christenthum verbundenen russischen Propaganda. Nicht weniger als neun Moscheen verschönern mit ihren Minarets und ihren Kuppeln die Stadt.

Tirnowa kann auf zwei fast gleich langen Wegen erreicht werden, von denen der eine über Selvi führt, während der andere über Kakrina und längs der Rusitza hingeht, welcher Fluss bei Munia durchwatet werden muss. Die·letztere Route geht über mehre unbequeme Berge und soll bisweilen unsicher sein. Tirnowa ist, obwohl es nicht mehr als 15,000 Einwohner hat, wegen seiner Lage im Mittelpunct des Landes thatsächlich die Hauptstadt der Bulgarei. Von den Einwohnern gehört etwa die Hälfte dem Islam an, nach andern Berichten überwiegt das christliche Element bedeutend. Die Stadt, über welcher die Ruinen des Schlosses liegen, in welchem die alten Bulgarenkönige residirten, wird vom Yantrafluss bespült.

Es ist hier viel Handelsverkehr, und man findet mehre gute Khans und Kaffeehäuser.

Die Strasse folgt nun dem Thal des Saltar durch eine Berggegend, die nicht ohne malerische Puncte ist, passirt *Osmanbasar*, wo man nur einen sehr schlechten, für Maulthiertreiber passenden Khan trifft, und geht dann hinab an den Kirkgetschi, d. i. den vierzig Furthen, eine Strecke des Flusses, die deshalb so heisst, weil hier das Wasser oft durchwatet werden muss.

Eski Dschuma ist ohne irgend welches Interesse. *Schumla* ist in Route 2 geschildert. *Prawadi* liegt in einem engen, von hohen Wänden eingeschlossenen Thal. Quer über das Thal ist ein Wall aufgeworfen, der an beiden Seiten mit Batterien endigt, welche das Terrain vor demselben beherrschen. Ferner sind Schanzen an den Seiten des Thales und auf den Gipfeln der Höhen angelegt, und natürlich fehlt es auch an Blockhäusern nicht, da die Türken diese bei ihren Befestigungen sehr lieben. Die Stadt selbst wurde 1829 von den Russen zerstört und ist erst jetzt theilweise wieder aufgebaut worden. — Ueber Varna vergl. Route 4.

6. Von Varna über den Balkan nach Constantinopel.

Mehre steile Gebirgspfade führen über den Arm des Balkan, der gegen das Schwarze Meer hin mit dem Vorgebirg Galata Burnu endigt. In der Nähe des Dorfes Podkaschi wird der zwischen Sümpfen hinschleichende Fluss Kamdschik, der eine Breite von etwa hundert Fuss hat, vermittelst einer fliegenden Brücke überschritten. In der Nähe von Derwischjowan finden sich Reste türkischer Befestigungen. Hier trennen sich zwei Pfade nach Burgas, die beide über das östliche Ende des Balkan und durch Gebüsch führen, welches nur, wo der Weg hindurchführt, durchdringlich ist. Man durchschneidet das tiefe Thal Kossakdere und einige kleinere Bodensenkungen, die nach Regenwetter nur mit grosser Schwierigkeit zu passiren sind und wo man in dem dichten Walde fortwährend Einer hinter dem Andern reiten muss.

.Endlich gelangt man nach *Burgas*. Von hier führt eine Seitenstrasse
nordwestlich nach *Aidos*, einer Stadt, die nicht fern von merkwürdigen
warmen Quellen liegt und einen wichtigen militärischen Posten an der
südlichen Basis des Balkan bildet, wo die Strassen von Varna und
Schumla debouchiren.

7. Von Widdin über Krajowa und Bukarest nach Galatz.

Die Tour lässt sich bequem in fünf Tagen machen, und die
Hauptpuncte sind folgende: Kalafat ½ Stunde von Widdin, Krajowa
10, Slatina 5, Tekutsch 9, Bukarest 10, Urtsitscheni 7, Ibraila 9, Galatz 2 Stunden weiter. Die Tour wird nicht zu Pferde, sondern gleich
der von Giurgewo nach Bukarest mit der Fahrpost gemacht, die allerdings zu den primitivsten Einrichtungen der Welt gehört und sehr
unbequem ist, aber sich durch rasches Fahren und im Verhältniss zur
Zahl der Pferde wohlfeile Fahrpreise auszeichnet. Man zahlt für die
Meile bei vier Pferden, die bei trockenem Wetter das gewöhnliche
Vorspann sind, 12 Silbergroschen, und legt bei trockenen Wegen in
der Stunde fast 2 Meilen zurück. Die Poststationen sind fast ohne
Ausnahme elende Oertchen, in denen nichts Geniessbares zu haben ist,
wesshalb der Reisende wohlthut, sich beim Aufbruch nach Bedürfniss
mit Wein und kalter Küche zu versehen, sowie Thee und gemahlenen
Kaffee mit sich zu führen. In den Städten gibt es (meist von Juden
gehaltene und deshalb nicht allzu reinliche und ordentliche) Gasthäuser,
wo ein Bett zu haben ist, und so sollte man nur in diesen übernachten.
Krajowa, nicht weit vom Fluss Schiul gelegen und von etwa
22,000 Menschen bewohnt, ist die Hauptstadt der sogenannten kleinen
Walachei. Es ist, da viele Bojaren hier wohnen, eine ziemlich wohlhabende Stadt, aber eben so unordentlich gebaut, so schlecht gepflastert
und so schmutzig, wie die übrigen Orte dieser Gegenden. Das hiesige
Gymnasium ist für eine walachische Gelehrtenschule recht gut. Der
Bojar Bibesko hat vor der Stadt einen geschmackvollen Park angelegt,
welcher dem Publicum geöffnet ist. Alterthümer findet man hier nicht,
auch sonst keine Sehenswürdigkeiten. Dagegen begegnet man nicht
fern von hier bei Karakol einigen Resten aus altrömischer Zeit. Das
Hôtel in Krajowa ist ziemlich gut. Indem man mit seinem sprungfe-
derlosen Postfuhrwerk weiterpoltert und in Mirda die Pferde wechselt,
erscheint endlich auf der Fläche *Slatina*, eine Stadt, die recht hübsch
auf den Ufern der Aluta liegt, über welche hier eine hölzerne Brücke
führt. Die Stadt soll 10,000 Einwohner haben. Die übrigen Stationen
bis Bukarest und von dort bis Galatz liegen alle auf derselben langweiligen Ebene, wie Krajowa. Kein Baum, nur dann und wann nie-
driges Gestrüpp begegnet dem Auge.

8. Von Turnul Severin nach Bukarest.

Diese Tour kann in sechs Tagen gemacht werden, und wenn der
Reisende keine grosse Eile hat, so würde er diesen Weg nach Buka-

rest weit interessanter, als den zuletzt beschriebenen finden, da er auf demselben die Karpathenklöster und den schönsten Theil der Walachei berührt. Die Hauptpuncte, welche die Strasse berührt, sind folgende: Czernetz 1 Stunde von Turnul Severin, Glogowa 3, Tismana 2, Tirgudschilu 6, Polowratz 5, Horezul 2, Bistritza 1, Monastir Diutr'un leinu 2, Oknitza 2, Rimnik Walcea 1, Argisch 6, Kimpulung 5, Tergowist 6, Piteschti 8, Gaeschti 6, Bukarest 8 Stunden weiter.

Czernetz ist ein volkreiches Dorf, das in einer Bodensenkung liegt und Zeichen von Wohlstand hat. Von hier bis Tismana ist das Land fast ein ununterbrochenes Feld von Kukurutz, bis der Boden sich endlich zu jener Bergkette erhebt, von welcher jeder Pass mit Klöstern besetzt ist. Diese Klöster wurden jedenfalls mit der Absicht hier angelegt, ausser religiösen Bedürfnissen auch militärischen und commerciellen Zwecken zu dienen. Sie sind in alter Zeit zugleich Festungen und Pilgerherbergen gewesen, und noch jetzt sind die Mönche verpflichtet, Jedermann drei Tage lang freies Quartier nebst Kost zu gewähren. *Tismana* ist ein sehr malerisch in einem Waldgrund der Karpathen gelegenes Mönchskloster, welches älter als das Fürstenthum der Walachei ist, denn der erste der Fürsten, der schwarze Rudolf, stellte es im Jahre 1366 wieder her. In einer Grotte zeigt man die Zelle des heiligen Nikodemus, eines Serben, welcher hier vor fünf Jahrhunderten als Einsiedler lebte, und dessen Körper während eines Krieges zwischen den Serben und Walachen von seinen Landsleuten nach Montenegro gebracht wurde. Eine Quelle mit klarem Wasser rinnt aus dem Felsen hervor und stürzt sich in einem Wasserfall von 150 Fuss Höhe von dem Plateau, auf welchem das Kloster steht, in einen Bach hinab. Die Gebäude des Klosters sind in neuester Zeit, wo die Hospodare oft ihre Sommerresidenz hier aufschlugen, weiss angestrichen worden, was nicht recht zu ihrem Alter passt. Auf einer Felsenspitze steht eine uralte Capelle, die man mit dieser modernisirenden Schminke verschont hat. Ueber dem Thor der Hauptkirche des Klosters sieht man „fleur de lis", ein Compliment, welches Radu Negru seiner Gemahlin machte, die eine römisch-katholische Prinzessin war. — Ueber die grossentheils aus Blockhütten bestehenden Dörfer Pustischani und Tergowist erreicht man bei raschem Fahren in sechs Stunden *Tirgudschilu*, einen unbedeutenden Ort am Schiul, wo man im Hause des Isprawnik Unterkunft findet. Von da bis Horezul führt der Weg durch eine ungemein schöne Gegend. Ausgedehnte Wiesen vom hellsten Grün wechseln mit Baumgruppen und steilen Hügeln, die mit dichtem Eichenwald bekleidet sind. Der Oltezzo, ein rascher Gebirgsbach, der von den hohen Bergen zur Linken durch eine Felsenschlucht herabströmt und an dessen Mündung wieder ein Kloster steht, wird überschritten, und bald darauf erscheint, umgeben von waldigen Bergen *Horezul*, das reichste dieser Klöster. Dasselbe soll ein Jahreseinkommen von nicht weniger als 32,000 Thalern haben und wird nur von 36 Mönchen bewohnt. Die Gebäude sind stattlicher Art, haben aber eben keine grossen Ansprüche auf architektonische Schönheit. Das Kloster ist etwa 200 Jahre alt. Seine Lage in einer engen Schlucht, die von Klippen überragt wird, ist sehr romantisch und es gibt in der Nachbarschaft so viele schöne Spaziergänge und so viele malerische Puncte, dass ein Freund der Natur sich wohl geneigt finden kann, die Gastfreundschaft des Igumenos auf zwei Tage in Anspruch zu nehmen.

Das eine Stunde von hier am Fusse hoher Klippen gelegene *Bistritza* ist wieder ein solcher Mönchspalast im Gebirge. Hart dabei strömt das Flüsschen gleiches Namens, welches Gold und kleine Rubinen führt, die von Zigeunern durch Waschen gewonnen werden. In der Felswand über dem Kloster befindet sich eine grosse Höhle, in der in Zeiten der Noth gegen tausend Menschen Zuflucht gefunden haben sollen. Dieselbe war einst von einem Einsiedler bewohnt, der ein Gelübde gethan, nie mehr zu sprechen. Noch jetzt schaut aus dem Eingang der Grotte ein Balken mit den Resten eines Seiles heraus, mit dessen Hilfe der fromme Narr sich die Nahrung heraufzog, die ihm die gläubige Menge herzutrug. Während des Aufstandes von 1821 zog man Frauen, Kinder und Kisten mit Werthsachen in gleicher Weise in die Höhle hinauf. Auf der Höhe über der Grotte erheben sich die beiden kleinen Klöster *Papusa* und *Arnuta*, nach denen man Ausflüge machen kann, die sich lohnen.

Indem man sich so dem Hochgebirge der Karpathen nähert, werden die Linien der Landschaft immer grossartiger. Wendet man sich aber wieder nach der Ebene zurück, so durchstreift der Weg eine Zeit lang wieder ein schön bewaldetes Gebiet von weniger wildem Aussehen. Derselbe windet sich eine Weile an einem von niedrigen Thalwänden eingeschlossenen Flusse hin und erreicht zuletzt einzelne Felder. An der Stelle, wo der Wald endigt, trifft man das Nonnenkloster *Diutr' un lemu*, welches so genannt worden sein soll, weil man seine Kirche aus dem Holz eines einzigen Baumes erbaut habe. Nach einer andern Version der Sage lebte hier ein Eremit, der bald unter dem, bald unter jenem Baum im Walde schlief, aber stets mit Tagesanbruch zu einer grossen Eiche zurückkehrte, in eines von deren Astlöcher er ein Heiligenbild gestellt hatte, vor dem er den Tag über betete. Eines Tages nun zerschmetterte ein Gewitter die Eiche, aber siehe da, das Bild blieb unbeschädigt; dieses Erzeigniss verbreitete sich nah' und fern, und „Unsere liebe Frau vom Baum" wurde zu einem wunderthätigen Bilde; man erbaute für dasselbe eine hölzerne Capelle und gründete dabei ein Kloster frommer Schwestern zur Pflege und Verehrung des Bildes. Es befinden sich in dem Kloster jetzt gegen 70 Nonnen, von denen indess die meisten den Eindruck blosser Bauernmädchen machen.

Oknitza ist ein grosses Dorf in einem wilden Grunde. Die Einwohner sind meist Bergleute, die in den benachbarten grossen Salzbergwerken arbeiten. Letztere kann man ohne grosse Beschwerde besuchen, und ein solcher Besuch verlohnt sich reichlich, da diese Minen fast so ausgedehnt wie die zu Wielitzka sind und gleich diesen breite unterirdische Gänge haben, in denen sich die Strahlen der Lichter in den Krystallen der Wände brechen. *Rimnik Walea* ist ein recht ansprechendes Städtchen mit 800 Einwohnern, die Häuser sind besser als in vielen anderen Orten der Walachei, die Strassen breit und ziemlich reinlich. Dieser Ort steht an der Stelle der altrömischen Stadt Romula Valis, in welcher die Oberbehörde Daciens unter Trajan ihren Sitz hatte. Trajan baute nach Zerstörung Sarmatogetusas, der Hauptstadt des Königs Decebalus, eine Strasse von seiner Donaubrücke hierher, von welcher Strasse noch jetzt einige Spuren nicht fern von der Stadt zu erkennen sind. Ferner befindet sich hier eine seltsame alte Kirche, die aus dem 12. Jahrhundert stammen soll, wo Rimnik Sitz eines Bischofs war. Ein Gasthof existirt hier nicht, doch pflegt der Isprawnik Fremde zu beherbergen. *Argisch* ist bereits erwähnt, doch mag hier noch hinzugefügt werden, dass sich in der Kirche die Gebeine der heiligen Philoftea befinden, welche ein junges Mädchen zu Tirnowa in Bulgarien, die Tochter eines Taglöhners, eines heftigen Charakters und grossen Essers, war. Er hatte sie im Verdacht, ihm von dem Essen, das sie ihm auf's Feld zu bringen pflegte, etwas zu nehmen, und als er sie darauf beobachtete, sah er, dass sie es den Armen gab. Er schlug sie auf der Stelle todt, die Kirche aber sprach sie als Märtyrerin der Barmherzigkeit heilig. — In der Nähe von Argisch erschlug Michael der Tapfere, einer der tüchtigsten Fürsten der Walachei, dreitausend Tataren, die ihm in's Land gefallen waren.

Die Strasse führt jetzt über parallel laufende Reihen von Bergen und über Berggewässer in tiefen Thälern, die mit schönem Wald bewachsen sind. Ehe man nach Kimpulung gelangt, passirt man die beiden grossen Dörfer Domneschti und Albeschti, von denen das erstere am Bache Domnul, das andere an einem andern Flüsschen liegt.

Kimpulung war die erste Hauptstadt Radu Negru's, und sein Name ist eine Corruption von Campus Longus. Die Lage des Städtchens ist sehr eigenthümlich, indem es auf allen Seiten von Hügeln eingeschlossen ist, während von fern die gigantischen Gipfel der Karpathen herabschauen, diese aber so nahe zu sein scheinen, dass man glauben möchte, jeden Baum auf ihren steilen, zerklüfteten Flanken zählen zu können. Die Bevölkerung von Kimpulung war, ehe die Hospodare ihren Hofhalt von hier nach Tergowist verlegten, sehr bedeutend, jetzt ist der Ort nur noch ein Marktflecken von etwa 5000 Einwohnern. An die alte Blüthezeit erinnern mehre Kirchen und verschiedene grosse Gebäude, von denen indess keines merkwürdig ist, als das, welches zu dem Palast des schwarzen Rudolf gehörte. Dasselbe ist jetzt ein Kloster, aber die alten Befestigungen sammt dem Thorthurm am Flusse sind noch wohl erhalten. In der Kirche des Klosters zeigt man ein Porträt des Gründers und einen Kelch aus der Zeit des Fürsten Mathias Bessaraba. Der Kelch ist von Gold und gilt als verehrungswerthe Reliquie.

Ferner trifft man hier eine seltsame kleine römische Capelle, welche sich die Gemahlin Rudolf's für ihren eigenen Gebrauch erbaute. Endlich befindet sich hier in der Nachbarschaft (eine Stunde entfernt)

das sehenswerthe Nonnenkloster *Nemoest,* der Sage nach auf Grund
einer Aeusserung Rudolf's so benannt, die derselbe that, als er von
hier das Land überblickte und fand, dass es in Folge des Krieges fast
unbewohnt sei. Es soll dies im Jahre 1240 stattgefunden haben. In
den Jahren vorher hatten die Mongolen die Donauebene verwüstet.
Der byzantinische Kaiser Theodor Komnenus Laskari schickte seine
Gemahlin an Ludwig den Heiligen, um gegen das Versprechen der
Dornenkrone Christi, die in seinem Besitz war, Hilfe zu erbitten Es
kam ein Vertrag zu Stande, der Feind wurde vom Süden zurückge-
worfen und stürzte sich nun auf die nördlichen Provinzen des alten
Dacien, die er unter Batu Chan, dem Enkel Dschinghischans, besetzte.
Da zog der Häuptling von Fragorosch Radu Negru (der schwarze
Rudolf) Bessaraba über die Karpathen gegen die Mongolen und schlug
sie, worauf er mit neun Säcken voll Ohren in sein Land zurückkehrte.
Bald darauf erschien er von Neuem durch diesen Pass bei Nemoest
und gründete jene erste Niederlassung Kimpulung an den Quellen der
Dumbowitza, die der Kern des späteren walachischen Reiches wurde.
Die Klostercapelle von Nemoest ist eine Felsengrotte. Die Legende
erzählt, dass einem Schäfer, der hier eingeschlafen, die Jungfrau Maria
im Traume erschien, welche ihm sagte, dass sich ihr Bild unter seinem
Kopf befinde. Er grub nach, bis er die Capelle in ihrem jetzigen Zustand sammt dem Bilde auf dem Altar ausgegraben hatte. Um dieselbe
leichter zugänglich zu machen, brach er eine Seitenthür durch, welche
ebenso wie die andere Thür noch jetzt existirt. Dieses Ereigniss, welches
vor etwa dreihundert Jahren stattgefunden haben soll, machte so
grosses Aufsehen in der Gegend, dass eine Anzahl frommer Frauen
sich Zellen um die Felsenkirche bauten, um der Pflege und Verehrung
derselben. den Rest ihres Lebens zu widmen. Es befinden sich jetzt 30
Nonnen hier. Sie sollen behaupten, dass man in der Nähe bisweilen
im Berge singen höre, und hoffen, dass, wenn sie nachgraben könnten,
sich eine zweite Capelle finden werde.

Tergowist, an der Jalonitza, ist gegenwärtig eine Stadt von
10,000 Einwohnern. Es war nach Kimpulung die Hauptstadt der Walachei, hatte damals eine Bevölkerung von mehr als 30,000 Seelen und
zeigt von seiner einstigen Grösse noch manche Spuren. Man begegnet
hier den Ruinen des Fürstenpalastes, dem Grabmal Michaels des
Tapfern, dem Kloster Dialu, welches modernisirt worden ist, einer
kleinen alterthümlichen Kirche, deren Steine mit Sculpturen bedeckt
sind, und in welcher sich jenes Grabmal befindet, den Ruinen eines
grossen Hauses mit einer Capelle in der Hauptstrasse der Stadt. Dieses
Haus ist vierthalb Jahrhunderte unbewohnt geblieben und allmälig
Ruine geworden, weil sein letzter Bewohner, Fürst Radu IV., von dem
Erzbischof Nyphon wegen einer illegitimen Heirath sammt seiner Wohnung mit dem Kirchenbann belegt wurde.

Piteschti und *Gaeschti* sind kleine Gebirgsstädtchen ohne Sehenswürdigkeiten.

9. Von Bukarest über Fokschani nach Jassy.

Die Hauptpuncte dieser Route sind: Buseo, 12 Stunden von Bukarest entfernt, Slam Rimnik 6, Fokschani 6, Azut 3, Bakau 4, Romano 3, Tirgu Formos 4, Podlcaloi 3, Jassy 2 Stunden weiter. Die Gegend, die von dieser Strasse durchschnitten wird, ist flach und monoton, gelegentlich erscheint ein kleines Eichenwäldchen, bisweilen passirt man eine Brücke oder eine Furt. Statt sich der springfederlosen Postkarutza anzuvertrauen, kann man sich, wofern man zurückkehrt, in Bukarest eine bequemere Kalesche miethen, die für 6 bis 7 Ducaten zu haben ist. Indess muss bemerkt werden, dass man in diesem Fall mindestens acht Pferde zu miethen genöthigt ist. *Buseo* ist eine hübsche kleine Stadt von 6000 Einwohnern, am Flusse gleiches Namens gelegen, und Sitz eines Bischofs, der in einem schmucken Hause wohnt, mit dem ein Priesterseminar verbunden ist. Man hat hier verschiedene alterthümliche Geräthe: Lampen, Vasen und kleine Statuen gefunden. Dieselben waren von byzantinischer Arbeit und wahrscheinlich das Geschenk eines Kaisers an irgend einen Barbarenhäuptling, der sie, von Feinden bedroht, hier vergrub. Gegenwärtig befinden sie sich, wie bemerkt, im Collegium des heiligen Saba zu Bukarest.

Slam Rimnik, eine Stadt von etwa 9000 Einwohnern, liegt an dem tiefen und reissenden Rimnik, den man hier passirt. 1789 schlug hier Suwaroff die Türken, 1809 ertrank hier sein Sohn.

Fokschani, am Grenzfluss Milkow gelegen und halb zur Walachei, halb zur Moldau gehörig, ist eine bedeutende Handelsstadt mit 25,000 Einwohnern. In der Nähe sind die Rebenpflanzungen von Odobescht, wo der beste Wein der Moldau wächst. Ausser einem alten Kloster gibt es hier nichts von Interesse. 1720 fand in Fokschani ein Congress türkischer und russischer Diplomaten statt.

Nachdem man die Moldau betreten, passirt man zuerst die Putna durch eine Furt, dann den Croatus vermittelst einer langen Holzbrücke. Dann erreicht man die kleine, aus Holzhütten bestehende Stadt *Azut* am Ende des Sereththales. Hierauf folgt die Strasse dem Sereth in nördlicher Richtung bis *Bakau* an der Mündung der Bistritza in dem ebengenannten Fluss. Bakau hat einen 10,000 Einwohner und es befindet sich ein leidlicher Gasthof hier. In der Geschichte wird es als der Ort genannt, wo der unglückliche Polenkönig Stanislaus Lescynski, der die Hauptursache des Krieges zwischen Peter dem Grossen und Karl XII. gewesen, von dem moldauischen Fürsten Nikolaus Mawrokordato gefangen genommen wurde. Hier beginnt eine ziemlich gute Chaussee, auf welcher man in drei Stunden nach *Roman* fährt. Letzteres ist eine kleine freundliche Stadt von etwa 5000 Einwohnern, welche vorzüglich Ackerbau treiben. Es residirt hier ein Bischof, der in einer schönen Kirche Gottesdienst hält. Der hiesige Gasthof ist gut. In der Nähe vereinigt sich die Moldau mit dem Sereth. Nicht fern von hier lag eine alte Stadt, Semendrova, welche von Einigen für die römische Colonie Prätoria Augusta gehalten wird.

Nachdem man den Sereth wiederholt passirt, kommt man nach *Tirgu Formos*, einem Städtchen auf einer bewaldeten Höhe, wo Pferde-wechsel stattfindet.

Jassy, die Hauptstadt der Moldau, liegt am Abhang des vom linken Ufer des Baglui sanft ansteigenden Berges Kopo, zwei Stunden vom Pruth, welcher die Grenze zwischen Russland und der Moldau bildet. Die Lage der Stadt, welche etwa 70,000 Einwohner zählt, ist malerisch, das Innere wo möglich noch hässlicher als Bukarest. In der Geschichte ist sie durch den Frieden von 1792, durch die Empörung Ypsilantis und der Hetäristen, durch die Plünderung, welche sie 1822 in Folge jenes Aufstandes heimsuchte, sowie dadurch bekannt, dass sie wiederholt auf lange Zeit von den Russen besetzt gehalten wurde. Auch der grossen Feuersbrünste von 1827 und 1844 muss gedacht werden. Die Strassen sind krumm, eng und voll Schmutz, nur einige derselben haben Pflaster. Unter den Einwohnern spielen die Bojaren, deren Fa-milien gegen 5000 Köpfe zählen sollen, und die Juden, von denen nicht weniger als 30,000 hier ansässig sind, eine Hauptrolle. Kirchen hat Jassy gegen siebenzig. In der Metropole wird der Leichnam der hei-ligen Paraskewa, das grösste Heiligthum der Moldau, aufbewahrt. Die Kirche zu den drei Heiligen ist die älteste in Jassy. Sie stammt aus dem 14. Jahrhundert, und die Quadern, aus denen sie erbaut ist, sind von unten bis oben mit Verzierungen in Relief bedeckt. Andere grös-sere Kirchen sind die, welche zu dem Spiridion- und die, welche zu dem Gholiakloster gehört. Von weltlichen Gebäuden ist das grösste der Fürstenhof, der auf dem hohen Thalrande des Baglui liegt, und in dem sich die obersten Behörden des Landes befinden. Obwohl durch seine freie Lage und seine Ausdehnung ausgezeichnet, ist dieses Gebäude doch unbedeutend, wenn man den Maassstab des Geschmacks anlegt. Nicht viel Günstigeres lässt sich von der Residenz sagen. Geschmack-voller sind die Paläste einiger Bojaren, z. B. der des Nikola Rosetti die Roznowano in der Hauptstrasse Jassy's. Recht hübsch ist der im höchsten Theil der Stadt angelegte Volksgarten, dessen üppige Vege-tation zeigt, was hier für schöne Anlagen geschaffen werden könnten, wenn man Sinn für dergleichen hätte.

Die Promenade der vornehmen Welt ist eine wüste Steppe auf dem Kopo, wo man Hunderte eleganter Wagen die pariser Moden der Damen zur Schau fahren sieht. Die Gasthöfe Jassy's sind nicht viel werth. Ein deutscher, „Hôtel de Petersbourg" genannt, zeichnet sich durch hohe Preise, Schmutz und schlechte Küche aus; besser soll das „Hôtel d'Italie" sein. Wer sich nicht an morgenländischer Küche stösst, findet in den zahlreichen Khans der Stadt Zimmer und Essen für geringes Geld. Die Handwerke sind in Jassy fast nur in den Händen der Juden und der eingewanderten Deutschen, von welchen letztern sich gegen 2000 hier niedergelassen haben. Die Kaufläden gleichen denen in Bukarest, und man erhält in ihnen nicht nur Alles, was die Civilisation zum Bedürfniss gemacht hat, sondern auch Alles, was zum Luxus gehört, die feinsten Delicatessen u. A. Von Bankhäusern ist die

Firma Michael Daniel das beste; die Buchhandlungen von Bell und
Hennig haben einen guten Vorrath deutscher und französischer Werke.
Droschken, wo die Fahrt einen Zwanziger kostet, und Karutza's, die
man für die Fahrt mit 20 Kreuzern österreichischer Währung bezahlt,
gibt es in Jassy gegen 600. Ein Wagen kostet für den ganzen Tag 3
bis 4 Gulden zu miethen.

Ist Jassy ohne eigentliche Sehenswürdigkeiten, so bietet die
Nachbarschaft Gelegenheit zu lohnenden Ausflügen. Dahin gehört namentlich *Sokala*, der Landsitz des Fürsten Stourdza, in einem freundlichen Thal mit üppigen Weinbergen. Der Fürst hat hier in einem
geschmackvoll angelegten Park, der dem Publicum offen steht, ein sehr
schmuckes Palais Sodann muss *Stinka* genannt werden, zwei Stunden
von Jassy auf dem hohen Thalrand der Fyia gelegen, wo sich ebenfalls
ein grosser, schöner Park befindet. Nicht fern von hier liegt das russische Zollamt und die Quarantäneanstalt *Skuleni*, wohin sich im
Sommer viele Bewohner Jassy's begeben, um im Pruth Bäder zu
nehmen. Andere hübsche Puncte sind: *Galata*, ein sehr malerisch auf
dem rechten Ufer des Baglui der Stadt gegenüber gelegenes Kloster,
der schöne Landsitz *Miroslawa*, das Kloster *Citaznie*, Galata gegenüber,
wo sich früher die Citadelle von Jassy befand, und der steile Berg
Repidje, mit einer Wasserheilanstalt, bei der man eine sehr anmuthige
Aussicht auf das Thal von Sokala und den Baglui geniesst. Für Den
endlich, welcher die Umgebung Jassy's zu Pferde sehen will, bilden
der Zusammenfluss des Baglui mit dem Pruth bei Christesti und der
mit verschiedenen Gärten und Rebenpflanzungen bedeckte Gipfel des
Kopo ebenfalls recht angenehme Zielpuncte.

10. Von Belgrad über Zwornik und Tuzla nach Trawnik und Bosna Serai.

Diese Tour erfordert 5 bis 6 Tage, und die Hauptpuncte, welche
berührt werden, sind folgende: Palesch 4, Schabatz 4, Raksa 5, Zwornik 10, Tuzla 8, Zepsche 13, Wranduk 5 und Trawnik 8 Stunden weiter.

Nachdem die Strasse Belgrad verlassen, geht sie erst eine Strecke
auf dem rechten Ufer der Save hin und wendet sich dann nach Süden,
bis sie den tiefen langsam fliessenden Fluss Golubara erreicht, der sich
durch einen schönen Eichenwald hindurchwindet. Nachdem man denselben auf einer Fähre überschritten, kommt man nach *Palesch*, einer
kleinen Stadt mit einem ziemlich guten Wirthshaus. Ueber schönes
Weideland wieder an die Save gelangend, erreicht man das auf dem
anderen Ufer gelegene *Schabatz*, eine blühende Stadt mit 10,000 christlichen und 2000 mohammedanischen Einwohnern, vertheidigt durch
eine von Mohammed II. erbaute Festung. Letztere wurde 1475 von dem
König Mathias von Ungarn vergeblich belagert, auch wurde während
der Insurrection des schwarzen Georg zwischen den Türken und den
serbischen Insurgenten um dieselbe gestritten, doch verblieb sie im
Besitz der Serben. Der Handel von Schabatz ist beträchtlich, und man
sagt, dass die hiesigen Handelsleute so schlau und gewandt sind, dass,

wo auf einem Markt Schabatzer erscheinen, selbst Juden und Griechen sich fortmachen, da sie nicht im Stande sind, gegen jene aufzukommen. Die Strasse ist gut und führt weiter über eine flache, wohlbebaute, zum Theil bewaldete Ebene nach *Raksa*, wo man die bosnische Grenze erreicht. Hier fällt, dem österreichischen Grenzdorf Raksa gegenüber, der Fluss Drina in die Save. Das serbische Raksa ist ganz unbedeutend, doch findet man in einer Art Kaffeeschenke für die Nacht Unterkunft. Eine Fähre bringt den Reisenden hinüber auf das bosnische Ufer der Drina, deren Lauf er in südlicher Richtung folgt, um nach *Zwornik* zu gelangen. Dies ist eine stark befestigte Stadt, die das schmale, von hohen Bergen eingeschlossene Thal der Drina beherrscht. Sie steht auf dem linken Ufer dieses Flusses, von dem sie mit langgedehnten Mauern und Reihen von Thürmen bis zum Gipfel eines Hügels hinansteigt. Einwohner hat Zwornik etwa 16,000 und sind dieselben grossentheils Moslemin. Die Citadelle war früher erblich in der grossen mohammedanischen Adelsfamilie der Widaitsch, bis im Jahre 1829 Ali, das damalige Haupt dieser Familie und einer der Helden des Aufstandes gegen die Reformen Mahmud's II. nach Trapezunt verbannt wurde, bei welcher Gelegenheit die Festung der Familie verloren ging. Um hier Unterkunft zu finden, thut man am besten, sich vom Mudir Herberge zu erbitten.

In einem grossen Theil Serbiens kann man ebenso wie in der Moldau und Walachei in einem Wagen reisen. In Bosnien dagegen sind die Strassen blosse Maulthierpfade und zwar sehr schlechte, da das Land gebirgig und der Weg durch häufige Regengüsse sehr zerrissen und aufgewühlt ist. Man kann deshalb hier nur zu Pferde reisen. Die Gegenden aber sind meist malerisch, da es nicht an Wald fehlt.

Tuzla, eine Stadt von 8000 Einwohnern, die sich vorzüglich von der Bereitung des Salzes nähren, ist der Sitz eines Pascha's. Die Bereitung des Salzes geht in sehr einfacher Weise vor sich, indem man eben nur Salzwasser in Kesseln verdunsten lässt. In der Mitte der Stadt befindet sich ein im vorigen Jahrhundert erbautes Castell. Der hiesige Khan ist gut.

Die Strasse folgt jetzt dem Thal des Flusses Spressa und erklimmt dann eine waldbedeckte Hügelreihe zur Linken, um, nachdem sie eine Strecke über die Höhe gegangen, wieder in ein anmuthiges Thal hinabzusteigen. Dieses erweitert sich endlich und man trifft häufiger Spuren von Anbau. Dann hat man eine mächtige Bergkette, Zarugie genannt, zu erklettern, welche zum Theil mit Fichten und Wachholdern bewachsen ist. Ein Ritt von zwei Stunden bergab, der durch schönen Wald führt, bringt den Reisenden zum Flusse Bosna, welcher auf einer Fähre überschritten wird, worauf man nach dem kleinen Oertchen *Zepsche* gelangt. Der hiesige Khan ist schlecht. Von hier folgt die Strasse dem Lauf des Flusses bis zu dem Dörfchen *Wranduk*, welches aus 5 oder 6 Hütten unter den Mauern eines hoch über dem Flusse gelegenen alten Schlosses besteht. Die Gegend ist sehr romantisch. Da man indess nicht gut hier übernachten kann und auf dem weitern

Wege bis Trawnik noch weniger Gelegenheit ist, Unterkunft zu finden, so thut man klug, sich hier nicht lange aufzuhalten; auch Zepsche zeitig zu verlassen. Wer das nicht will oder kann, mag den Umweg über *Zenitza* machen, wo man Herberge findet.

Trawnik ist die militärische Hauptstadt von Bosnien und zwar auf Grund seiner Lage im Mittelpunct des Landes und seiner Vertheidigungswerke, welche aus einem hochgelegenen Fort und mehren stark befestigten Casernen bestehen. Die Stadt liegt eigenthümlich am Ende einer Schlucht, durch welche die Loftscha strömt. Die stehende Bevölkerung beträgt nicht mehr als 10,000 Seelen, aber gewöhnlich garnisoniren hier mehre tausend Mann Soldaten. Man findet hier verschiedene ziemlich gute Khans.

Von Trawnik nach Bosna Serai hat man 16 starke Stunden. Die Hauptorte, welche die Strasse berührt, sind Witesch, 3 Stunden von Trawnik, Bussowatscha 2, Ekschi Su 4, dann Bosna Serai 7 Stunden weiter. Der Weg folgt zuerst ,dem Thale der Loftscha, bis er durch *Witesch*, eine kleine Stadt von etwa 2000 Einwohnern, geht, in deren Nähe eines jener vielen Treffen stattfand, in welchen die Truppen die fast alljährlich sich wiederholenden Aufstände der Bosnier niederzuschlagen hatten. Hier biegt die Strasse nach Westen in einen Arm des Hauptthales ein, führt dann durch eine Schlucht hinab, aus der man endlich in das malerisch gelegene Städtchen *Bussowatscha* gelangt. Hier ist ein guter Khan; indess ist es gerathener, zeitig von Trawnik aufzubrechen, um noch diesen Tag bis Ekschi Su gelangen zu können, wo man noch bessere Unterkunft findet. Der Weg dahin führt zwischen rundlichen, mit Wald bewachsenen Höhen hin. *Ekschi Su*, d. h. Sauerwasser, ist ein Oertchen, welches seiner Heilquellen wegen bekannt ist. Es entspringen hier nämlich zwei reiche Quellen, deren Wasser dem Selzerwasser gleicht. Für die Trinker ist ein grosser, bequem eingerichteter Khan vorhanden. Das Wasser wird auch auf Flaschen gefüllt und ausgeführt, zugleich benutzt man es zum Backen, indem es dem Brot einen besonders angenehmen Geschmack mittheilt. Die Umgebung des Ortes ist sehr schön. Wenn man eine zweite Hügelreihe erstiegen hat, trifft man zwischen dichtem Baumwuchs eine dritte säuerliche Quelle, und zwar hart bei der Strasse, und nachdem man eine Weile durch ein vielgewundenes Thal geritten ist, deutet eine weite Fläche, umgeben von Bergen, an, dass man sich der Hauptstadt des Landes, Bosna Serai, nähert. Rechts vom Wege findet sich die Quelle der Bosna. Auf der Ebene begegnet man zahlreichen Flüsschen, über welche steinerne Brücken führen und einigen Landhäusern, die zum Theil recht hübsch liegen.

Bosna Serai oder **Sarajewo**, italienisch Seraglio genannt, liegt am Einfluss der Migliazza in die Bosna und ist das Damaskus des Nordens genannt worden, wegen seiner schönen Lage und seiner zahlreichen Gärten. Es wird von der Migliazza in zwei Hälften zerschnitten, die durch vier hübsche steinerne Brücken mit einander verbunden sind. Einwohner hat es gegen 50,000 die zum grösseren Theil Mohammedaner sind, Häuser, die grossentheils aus Holz erbaut und in türkischer Manier mit vergitterten Fenstern versehen sind, an 15,000. Mehr als anderthalbhundert Moscheen, unter denen sich indess viele ganz unbedeutende befinden, mehre griechische und römisch-katholische Kirchen tragen mit ihren Thürmen, Minarets und Kuppeln bei, die Reize der Stadt zu erhöhen, während ein altes auf einem Hügel bei der Stadt gelegenes Fort die Romantik des Mittelalters in das Bild mischt. Diese Burg, jetzt ohne militärische Bedeutung, wurde von dem ungarischen Feldherrn Kotroman im dreizehnten Jahrhundert erbaut. Endlich verdient das von Sultan Mohammed II. erbaute Serai Erwähnung. Früher residirten in Serajewo die Häupter des mohammedanischen Adels, welche Bosnien in geringer Abhängigkeit von Constantinopel beherrschten, deren Macht aber jetzt in der Hauptsache gebrochen ist. An Khans und Kaffeehäusern ist kein Mangel. Der Bazar ist wohl versehen. Wegen seiner zahlreichen Waffen-, Blech- und Kupfergeschirrfabriken, seiner guten Messerschmiedearbeiten, seiner Goldschmiedewaaren, Wollen- und Baumwollenwebereien und Gerbereien ist Bosna Serai eine der wichtigsten Städte der europäischen Türkei, Mittelpunct des bosnischen Handels und des sehr bedeutenden Karawanenverkehrs zwischen Janina in Albanien und Salonik in Macedonien.

11. Von Bosna Serai (Sarajewo) über Mostar nach Ragusa.

Zu dieser Tour bedarf man mindestens eine Woche. Der kürzeste Weg von Bosna Serai nach Mostar geht über Kognitza, da derselbe aber keine guten Herbergen bietet, so wird man wohlthun, die folgende Route vorzuziehen. Beide Wege sind sehr beschwerlich und nur für Reisende, welche an Strapazen, Ziegenpfade und anhaltende Ritte gewöhnt sind. Die von uns empfohlene Strasse berührt folgende Puncte: Pratza, 7 Stunden von Sarajewo, Goresta 6, Fotscha 3, Schurawa 6, Gutzko 10, Dobropolich 3, Nevesigua 6, Mostar 8 Stunden weiter.

Goresta muss das erste Nachtquartier sein; obwohl die Herberge hier sehr schlecht beschaffen ist, kann man mit gewöhnlichen Pferden nicht bis nach *Fotscha* kommen. Bei dem letztern Orte passirt man eine Holzbrücke, die über den Fluss Tschiolina führt. Dem Eingang des Thales von Uluk gegenüber liegt das Zigeunerdorf Brod, eine Seltenheit in diesen Strichen, in welchen die Zigeuner meist noch Nomaden sind. Eine Strecke weiterhin setzt man auf einer Fähre über die Drina, und nachdem man über ausgedehntes Wiesenland geritten, kommt man an den Zusammenfluss der Bäche Tara, Piva und Suschetza. Die Gegend wird hier den Schweizerlandschaften ähnlich, und in der That befindet man sich in einem Gebirge, welches das Verbindungsglied zwischen den Alpen und dem Balkan bildet. Nachdem man lange auf sehr rauhem Pfad emporgeklettert, erreicht man das Oertchen *Schurawa*, wo sich ein guter Khan befindet. Dann folgt man dem Thal der Suschetza eine Strecke, klimmt wieder über wilde Felsenberge empor, steigt abermals nach dem Flusse hinab und gelangt endlich nach dem Thurm von *Gatzko,* dessen Bey die hier über das Gebirge zerstreuten Wohnungen und Dörfchen beherrscht. Derselbe erwies sich früher sehr gastfrei gegen jeden Wanderer, gleichviel, welchen Glauben derselbe hatte. *Dobropolieh* ist ein Dorf ohne Khan, in der Nähe des See's von Dobritza gelegen. Dann steigt der Reisende in die Ebene hinab, in deren Mitte er das Dorf *Nevesigna* erblickt, welches etwa 1000 Einwohner, drei kleine Moscheen und einen guten Khan hat. Hierauf hat man zunächst den Berg Trusina, dann den Velesch zu übersteigen; dann folgt das Dorf Blagai mit einem alten Castell, und endlich ist die Ebene erreicht, in welcher **Mostar,** die Hauptstadt der Herzegowina, liegt. Die Stadt hat ihren Namen von der hübschen Brücke, die hier über die Narenta führt, und welche das einzige Bauwerk von einiger Bedeutung ist. Von 20,000 Einwohnern gehört die grössere Hälfte dem Christenthum an. Die Khans sind so gut, als man sie in diesem halbwilden Lande erwarten kann. Oesterreich hat hier ein Consulat.

Nicht viel weniger beschwerlich ist der Weg von hier nach *Ragusa,* der über die Orte Stolatz, 6, Slano 14 und Bargat 6 Stunden, führt, von wo man noch 2 Stunden bis Ragusa hat. Nachdem man die Ebene überschritten, gelangt man in eine öde, baumlose Berggegend, wo die kleine Stadt *Stolatz* mit einem Castell liegt, welches die Burg des bosnischen Rebellenhäuptlings Ali Pascha war, der 1851 von Omer Pascha's Truppen geschlagen und getödtet wurde. Dann steigt man über die Glubin-Berge nach dem Dorfe *Slano,* wo man zum zweiten Male übernachtet. Hierauf wendet sich die Strasse nach Westen, überschreitet die Trebinschitza, geht an *Bargat* vorüber und mündet endlich in der österreichischen Stadt Ragusa, wo man in einem guten Gasthaus von den Beschwerden der Gebirgsreise ausruht und sich dann auf einem Lloyddampfer nach Belieben, entweder nach einer der benachbarten Städte Dalmatiens oder nach Triest einschifft.

ZEHNTES CAPITEL.

Touren in Macedonien.

Allgemeines über Macedonien. — Von Constantinopel nach Salonik. — Von Salonik
über Cassandra nach den Athosklöstern. — Die Klöster des Agion Oros. — Von Salonik
über Monastir, Elbassan und Kroia nach Skutari.

Macedonien hiess im Alterthum die Landschaft nördlich von
Griechenland, welche sich nördlich vom Olymp bis zur Mündung des
Flusses Lydias erstreckte; später, unter Philipp und Alexander dem
Grossen, waren ihre Grenzen im Westen der See Lychnis, im Norden
die skardischen Berge, im Osten der Fluss Nestus und im Süden der
Olymp und das ägäische Meer. Jetzt gehört es zu der türkischen Provinz Filibeh Ejaleti und hat auf 720 Quadratmeilen etwa 700,000 Einwohner. Im Alterthum war es seiner Gold- und Silberbergwerke halber
berühmt, und zählte mehre blühende Städte, von denen Pella, Pydna,
Thessalonika, Potidäa, Olynthos, Amphipolis und Philippi in der Geschichte eine Rolle spielen. Jetzt ist es sehr heruntergekommen, doch
verdient es wegen mancher Reste aus der alten Welt und namentlich
auch der Athosklöster, des Mittelpunctes und grössten Heiligthums
der morgenländischen Welt halber noch sehr wohl einen Besuch. Die
Einwohner sind theils Griechen, theils Bulgaren, theils Türken. In
Bezug auf Reisegelegenheit passt im Allgemeinen Das, was im vorigen
Capitel über diesen Punct gesagt ist. Am besten unternimmt man den
Ausflug dahin von Constantinopel mit einem der Lloyddampfer, welche
zwischen der Hauptstadt und Salonik fahren. Wer die Landreise vorzieht,
zu der man mindestens eine Woche bedarf und auf der man nicht viel
Sehenswerthes antrifft, möge sich an das Nachfolgende halten:

1. Von Constantinopel nach Salonik.

Diese Tour berührt, nachdem sie im vorigen Capitel (Route 1)
beschriebene Strecke bis Selivria zurückgelegt hat, folgende Hauptpuncte: Eski Erekli 3, Rodosto 9, Jenidschik 4, Malgara 8, Kischan
4, Phere 8, Gummurdschine 16, Jenitscheh 8, Fähre über den Karasu
4, Cavalla 4, Pravista 3, Khan Kunarga 3, Orphano 4, Kutschuk Beschek 8, Klisali 2½, Salonik 7 Stunden.

Auf dem Wege von Selivria nach *Eski Erekli*, einem kleinen Orte, trifft man Spuren einer alten Römerstrasse, die mit schwarzem Marmor gepflastert war. Auf dem weiteren Wege, 2 Stunden von Eski Erekli, sind die Ruinen und der Hafen des alten *Perinthus*, jetzt Bujuk Erikli genannt, zu erkennen und ausserdem begegnet man hier zahlreichen Grabhügeln aus dem Alterthum. Sonst findet sich hier in der sehr öden Gegend nichts von Interesse. *Rodosto*, eine ziemlich grosse Handelsstadt am Marmorameere, wo die Dampfer anlegen, ist das alte Bisanthe, doch gibt es hier keine Antiquitäten. Die ganze Gegend, welche weiterhin bei den Orten Jenidschik, Malgara und Kischan durchschritten wird, ist eine öde monotone Steppe, fast ohne Baum und Hügel. Diese Ebene setzt sich fort bis an die *Marizza*, dem Hebrus des Alterthums, der hier das Land der Absynthier von dem der Likonen schied. Die grosse Küstenebene aber hiess damals Doriskus. Auf derselben hielt Xerxes Heerschau über seine Völker, bevor er nach Griechenland aufbrach.

Phere ist ein unbedeutendes Städtchen auf der östlichen Flanke des Berges, der im Alterthum Serrium hiess; auf dem Wege von hier nach Gummurdschine passirt der Reisende zunächst die rauhen Berge, in welchen die Cibonen wohnten, welche den Trojanern gegen die Griechen beistanden. Man hat hier zuerst verschiedene schöne Ausblicke auf den Golf von Aenos mit der Insel Samothrace, dann ein nicht weniger schönes Bild des ägäischen Meeres mit Imbros und Lemnos; auch bemerkt man bei einiger Aufmerksamkeit bisweilen Spuren von der alten grossen Heerstrasse, welche Rom im Alterthume mit Constantinopel verband.

Nachdem man vom Gebirge in westlicher Richtung hinabgestiegen ist, passirt man einen kleinen Fluss, über den eine alte Brücke von 8 Bogen führt. 1½ Stunde weiter folgt eine ähnliche Brücke. Dann führt der Weg über eine öde Ebene nach *Gummurdschine*, einer Stadt von etwa tausend Häusern, die sich vorzüglich vom Handel mit Getreide, Tabak und Wolle nährt. 1½ Stunden weiter passirt man einige Ruinen, dann mehrere Friedhöfe, sowie einzelne Grabmäler von türkischen Heiligen. Etwa 6 Stunden von Gummurdschine kommt man an einen Salzwassersee, der mit dem Meer durch einen schmalen Zugang in Verbindung steht. Derselbe ist der Palus Bistonis der Alten. Am Nordende desselben erblickt man eine grosse malerische Ruine, die ein Kloster gewesen sein soll, und bei der man Bruchstücke griechischer Sculpturen gefunden hat. 2 Stunden weiter folgt das Städtchen *Jenitsche* oder Jannitza, wieder 2 Stunden weiter besteigt man die Fähre, die über den Karasu, den Nestus des Alterthums, führt. Darauf folgt wieder eine steppenartige Fläche. Dann ersteigt der Reisende einen Berg, hierauf geht der Weg in eine Ebene hinab, welche eine Bucht begrenzt, wo man in der Ferne gegen Südosten die Insel Thasos, gegen Osten die Gipfel von Samothrace und im Süden das Vorgebirge des heiligen Athos erblickt. Bald darauf ist ein Ausläufer des Berges Pangäus zu übersteigen. Die Strasse zeigt hier wieder Spuren alter Pflasterung, eine Wasserleitung geht über dieselbe hinweg, und rechts auf dem Gipfel des Berges bemerkt man Reste von alten Stadtmauern.

Nach vierstündigem Ritt von der Fähre aus gelangt der Reisende nach *Cavalla*, dem alten *Neapolis*, wo der Apostel Paulus nach seiner Reise von Troas landete. Die Stadt liegt auf einem Vorgebirge und hat rechts und links einen Hafen, eine sehr günstige Lage für den Handel zur See, der sich indess jetzt auf die Ausfuhr von etwas Tabak und Baumwolle beschränkt. Die Citadelle der Stadt ist sehr verfallen. Zu erwähnen ist, dass Cavalla der Geburtsort Mehemed Alis von Aegypten ist.

Der nächste Ort, den diese Strasse berührt, *Pravista*, ist ein schmutziges elendes Städtchen. Die Strasse dahin durchschneidet eine Ebene in der Richtung von Nordost nach Südwest. Rechts erheben sich die Berge von Drama, in deren Nähe man die Ruinen der Stadt *Philippi* antrifft, wo der Apostel Paulus mit seinem Begleiter Silas im Jahre 53 n. Chr. eingekerkert wurde und in deren Nachbarschaft Octavianus und Antonius im Jahre 42 v. Chr. den bekannten Sieg über Brutus und Cassius erfochten. Die Ruinen bestehen in den Resten eines Amphitheaters, mehreren grossen Grabmälern von weissem Marmor, den kolossalen Trümmern eines Tempels aus der Zeit des Kaisers Claudius, und mehren gewaltigen Marmorsäulen.

4 Stunden weiter steht der Khan von *Kunarga* am Fusse hoher wilder Berge. An der Strasse dahin begegnet man türkischen Friedhöfen, in denen häufig Bruchstücke antiker Säulen zum Schmucke der Gräber verwendet sind. Nachdem man wieder eine Ebene durchzogen, die gut angebaut und mit zahlreichen türkischen Dörfern und Brunnen besetzt ist, gelangt man an einen Bergzug, an dem das Dörfchen *Orphano* mit einem kleinen Castell liegt. 5 Stunden weiter kommt man an den oft erwähnten *strymonischen Golf* und zu den Ruinen der Stadt *Amphipolis,* die hauptsächlich aus Mauern von mehr römischer als griechischer Bauart, Resten einer Wasserleitung und Spuren der Burg oder Akropolis bestehen. Amphipolis spielte in der griechischen Geschichte eine nicht unbedeutende Rolle. Von den Athenern gegründet, lag es auf einer Anhöhe auf dem linken Ufer des Strymon, unmittelbar unterhalb seines Austrittes aus dem See Prasias, der auch Palus Cercinitis hiess, und etwa 1 1/4 Stunde vom Meere. Der Name der Stadt kam daher, dass der Fluss die Stadt fast ganz umströmte. In noch früherer Zeit hiess es Ennea Hodoi, von den neun Strassen, die hier zusammentrafen, und war von den Edoniern, einem thracischen Stamm bewohnt. Diese wussten eine Zeit lang die Versuche der Athener, hier eine Niederlassung zu gründen, zu vereiteln; indess im Jahre 437 v. Chr. gelang der Versuch. Die Stadt ergab sich 424 den Lacedämoniern unter Brasidas, doch rettete Thucydides, der bekannte grosse Geschichtsschreiber, wenigstens den Hafen Eion an der Mündung des Strymon. Seine Landsleute verbannten ihn, weil er nicht auch die Stadt zu halten vermocht hatte. Ein Feldzug, zum Zweck der Wiedereroberung der Stadt unternommen, schlug fehl. Brasidas und der Befehlshaber

der Athener Cleon fielen beide im Gefecht. Später verleibte Philipp von Macedonien die Stadt seinem Reiche ein (358). Die Römer endlich machten sie zur Hauptstadt eines der vier Bezirke, in welche sie das eroberte Macedonien theilten. Jetzt liegt hier in der Nähe das von Griechen bewohnte Dorf *Neochori*.

Indem man um den Rand der Bucht herumreitet, passirt man zunächst auf einer fliegenden Brücke den Strymon. Dann passirt die Strasse über eine Landzunge und erreicht einen Khan. Von hier geht der Weg durch einen wilden Felsenpass, dessen Seiten mit einzelnen Platanen und Eichen bewachsen sind und wo man links die Ruinen eines Klosters erblickt. Dann folgt auf einem Vorgebirge das romantisch gelegene Ortchen *Kutschuk Beschek*, von den Griechen Wesikia genannt und bald nachher *Bujuk Beschek*, am Ufer des Sees von Bolbe. Der Weg von hier nach *Klisali* führt zuerst über eine Ebene und zwischen zwei isolirten Felsblöcken hindurch, die aus der Fläche wie die Ruinen einer Cyklopenburg herausstehen, dann über eine Höhe, hierauf wieder durch eine Ebene, in welcher links von der Strasse der Basilius-See glänzt, dann durch ein Defilé, über dem man eine alte Burg und Reste eines Aquäducts sieht und endlich an einem grossen Grabhügel vorüber vor das östliche Thor von Salonik.

Salonik, von den alten Griechen Therma, dann in der Zeit Alexanders des Grossen nach einer Schwester desselben Thessalonike genannt, türkisch Saloniki, im Hintergrunde des grossen nach ihm benannten Golfs, am Berge Kortia gelegen, ist nach Constantinopel die grösste und blühendste Seehandelsstadt der europäischen Türkei. Die Stadt zählt mindestens 70,000 Einwohner, unter denen etwa 20,000 Türken, eben so viele Griechen und gegen 30,000 Juden, welche nicht weniger als 27 Synagogen besitzen. Von Meer gesehen gleicht der Anblick Saloniks einem alterthümlichen Theater, indem die Häuser sich in übereinanderliegenden Halbkreisen bis fast zur Hälfte der Höhe erheben, an welche die Stadt sich lehnt. Mehre hundert Schiffe aus allen Theilen des Mittelländischen und des Schwarzen Meeres laufen jährlich hier ein, und es befinden sich hier mehre grosse fränkische Firmen, auch haben fast alle europäischen Mächte, unter Andern auch Oesterreich, Consuln hier. Auch als Fabrikstadt nimmt Salonik einen hohen Rang in Anspruch; es hat beträchtliche Baumwollenwebereien und fertigt Teppiche und Seidenzeuge, Saffian und Artikel aus Eisen, Stahl und Kupfer. Die Türken haben einen Obermollah hier, die Griechen einen Erzbischof, die Juden einen Chacham Baschi oder Oberrabbiner. Letztere hatten früher in Salonik eine berühmte Schule. Sie sprechen, mit wenig Ausnahmen, spanisch, da sie Nachkommen der zu Ende des 15. Jahrhunderts aus Spanien vertriebenen Israeliten sind, und leben vorzüglich vom Handel. Als Merkwürdigkeit muss erwähnt werden, dass ein grosser Theil der Salonik bewohnenden Moslemin ihrer Abkunft nach Juden sein sollen. Gewiss ist indess nur, dass es hier eine Secte unter den Mohammedanern gibt, welche sich Sabatei Zewi nennt, während das Volk sie mit dem Worte Mamini bezeichnet, und welche eine

Art Kryptohebräer sein sollen. Sie halten sich sowohl von den Türken
als von den Juden gesondert, üben öffentlich die Gebräuche des Islam
und werden von der Regierung als Mohammedaner angesehen, schliessen
aber niemals Ehen mit wirklichen Moslemin, lesen insgeheim den Talmud und besonders das Buch Zoar, und sollen, gleichfalls heimlich,
auch jüdische Gebräuche haben. Indess halten sie in Betreff dieser
Dinge so sehr auf Verschwiegenheit, dass man durchaus nichts Bestimmtes darüber weiss. Sie zerfallen übrigens unter sich wieder in
drei Secten, die sich auf das heftigste hassen und verunglimpfen.

Die Locanda in Salonik ist nicht schlecht. Eigentliche Befestigungen hat die Stadt nicht, doch ist sie von einer auf Grundlagen
von gewaltigen Quadern ruhenden, mit Thürmen flankirten Mauer
umgeben, welche eine Ausdehnung von einer reichlichen deutschen
Meile hat, oben eine in militärischer Beziehung unbedeutende Citadelle
einschliesst und mit ihrer grell weissen Uebertünchung auf eine weite
Strecke hin sichtbar ist. Das Innere der Stadt ist genau eben so
schmutzig und hässlich als die hässlichsten Theile von Constantinopel.
Bekannt ist, dass der Apostel Paulus mit den Einwohnern des alten
Thessalonike in mündlichem und brieflichem Verkehr stand. weniger
bekannt wohl, dass Cicero einen Theil der Zeit, wo er von Rom verbannt war, hier zubrachte. Salonik ist reich an Alterthümern aus römischer und byzantinischer Zeit; fast jedes Jahr hat man neue Münzen,
Basreliefs und Mosaiken aufgefunden. Die Citadelle ist die alte Akropolis. Man findet hier mehre Säulen aus Verde Antico und einen
Triumphbogen, der unter Marcus Aurelius errichtet wurde. Im Grie-
chenquartier steht noch der Rest der Propyläen zum alten Hippodrom,
eine Art Halle mit 5 Pfeilern, die eine Tafel tragen. Ueber derselben
erblickt man 8 Figuren, von den Juden „Las Encantadas" (die Ver-
zauberten), genannt, weil sie glauben, dass dieselben einst gelebt haben
und durch Zauber in Steinbilder verwandelt worden seien. Die Türken
dagegen bezeichnen sie als „Sureti Malek", d. h. Engelsgestalten. Diese
Colonade soll von Nero erbaut worden sein. Andere Alterthümer sind:
das Vardarthor, ein Triumphbogen, der wahrscheinlich dem Augustus
errichtet wurde, und welcher das Ende einer Strasse bildete, die von
Ost nach West durch die Stadt lief, und der theilweise noch recht
wohl erhaltene Triumphbogen am anderen Ende jener (einstigen)
Strasse, der als Bogen des Constantin bezeichnet wird. Dieser letztere
ist jetzt in der Mitte seiner Marmorbekleidung beraubt und eine blosse
Masse römischer Ziegel, die mit Mörtel verbunden sind. Die Seitenpfeiler aber haben jene Marmorbekleidung bewahrt und zeigen auf
derselben eine doppelte Reihe von Basrelief-Figuren, Gefechte, Belagerungen und Triumphzüge eines römischen Imperators. Einige wollen
darin die Verherrlichung eines Sieges Constantin's über die Sarmaten
sehen, Andere verlegen die Entstehung des Bauwerkes in die Zeit Kaiser
Antonins.

Salonik war im Mittelalter wegen seiner schönen Kirchen berühmt.
Die meisten derselben sind jetzt in Moscheen verwandelt. Man kann

dieselben ohne Anstand besuchen, wenn man den Kawaschen seines
Consulats als Begleiter mitnimmt. Die interessantesten sind folgende:
die, welche von den Griechen als die alte Metropole bezeichnet wird,
eine Rotunde, die nach dem Muster des römischen Pantheon erbaut
und im Innern mit Mosaik bedeckt ist. Man will wissen, dass dieselbe
ursprünglich ein heidnischer Tempel, erbaut von Trajan und dem vom
benachbarten Samothrace hierher verpflanzten Mysteriendienst der
Kabiren geweiht, gewesen sei. Ferner: die Moschee, welche einst der
Hagia Sophia geweiht war, eine Nachahmung der Aja Sofia in Constantinopel, die mehre Säulen und eine Kanzel von Verde Antico hat,
aber weit kleiner als ihr berühmtes Vorbild ist. Die Griechen glauben,
dass Paulus auf dieser Kanzel gepredigt habe, andere wollen es besser
wissen, indem sie behaupten, er habe in einer unterirdischen Capelle
unter derselben seine Vorträge gehalten. Dann: die Moschee Chassin,
eine ehemalige St Georgskirche. Dann weiter: die Moschee, welche
früher eine dem heiligen Demetrius geweihte Kirche war. Dieselbe war
die Hauptkirche der Stadt und ist in Form eines Kreuzes gebaut. Das
ganze Innere war früher mit Marmor bekleidet, und auf jeder Seite
befindet sich eine doppelte Reihe von Säulen aus Verde Antico. Endlich:
die Eski Dschami war im Alterthum ein der thermäischen Venus ge-
weihter Tempel. Auf jeder Langseite standen 12 jonische Säulen. Die
6 Säulen des Pronaos sind noch vorhanden, obwohl halb verborgen
vor der Mauer, die man dazwischen aufgeführt hat. Dieselbe liesse
sich leicht in ihrer ursprünglichen Form wiederherstellen und würde
dann eines der besterhaltenen Baudenkmäler des griechischen Alter-
thumes sein.

Wir bemerken noch, dass hier ein Pascha residirt, dass die Stadt
viel von bösartigen Fiebern zu leiden hat, denen Fremde besonders
ausgesetzt sind, und dass die Nachbarschaft eine vortreffliche Jagd,
besonders auf wildes Geflügel, Fasanen, Waldschnepfen u. a. m. bietet.
Ausflüge kann man von Salonik nach dem in der Nähe gelegenen Dorfe
Sedes, wo sich Mineralquellen befinden, und nach dem 10 Stunden
entfernten Städtchen Jenidsche Vardar machen, in dessen Nähe man
Reste von *Pella*, der Geburtsstadt Alexanders des Grossen, antrifft
und wo der beste Tabak in Macedonien wächst.

2. Von Salonik über Kassandra nach dem Berg Athos und zurück nach Salonik.

Die im Folgenden angegebene Route nach dem Berg Athos ist
nicht die nächste (welche über Galatista und Elerigoba führt), aber sie
ist die geeignetste, dem Reisenden alle sehenswürdigen Puncte der
chalcidischen Halbinsel zu zeigen, deren höchstes und am weitesten in
die See hinaustretende Vorgebirge eben der Athos ist, während die
beiden anderen Kassandra (einst Pallene) und Longos (einst Sithonia)
heissen. Die Puncte, welche unsere Route berührt, sind folgende: Pinaka 9 Stunden von Salonik, Kalandria 5 Stunden weiter (Rückkehr
nach Pinaka), Agios Mamas 1 Stunde von Pinaka, Molibopyrgo 1, Po-

ligyro 3, Ormylia 3, Nikita 4, Reveniko 5, Gomati 2, Frisso 4, Berg Athos (worüber Tour 3. zu vergleichen); dann zurück über Nisvoro 5, Elerigoba 5, Galatista 6 und Salonik 8 Stunden.

Unmittelbar nachdem man Salonik verlassen, trifft man fast nur wüstliegendes Land, die Folge des griechischen Freiheitskampfes, an dem sich die Bewohner dieser Gegenden betheiligten. Hier und da trifft man ein ärmliches Dörfchen, weiterhin einige Metochia, d. h. Maierhöfe der Klöster des Agion Oros. Rechts in der Ferne über dem Golf erhebt sich mit Schnee bedeckt der Olymp, weiterhin ragen, in blauen Duft gehüllt, der Ossa und der Pelion empor. *Pinaka* ist ein Dorf, welches am Anfang des schmalen Isthmus liegt, der die Halbinsel Kassandra mit dem Festlande verbindet. Ein verfallener Damm mit Thürmen streckt sich von Ufer zu Ufer. Wir erkennen an demselben die hellenischen Quadern, welche einst die bekannte Dorische Colonie *Potidäa* als Mauer umgaben, die eine der Hauptursachen des peloponnesischen Krieges war und später, von Philipp von Macedonien zerstört und von Kassander wieder aufgebaut, nach dem letzteren Kassandria genannt wurde, woher der heutige Name des Vorgebirges Pallene stammt. Ein Sumpf bezeichnet die Stelle, wo der Hafen der alten Stadt war. Nachdem man die Halbinsel betreten, schreitet man durch niederes Gebüsch und Gestrüpp weiter, bis man eine Anhöhe erreicht, wo plötzlich der toronische Golf erscheint. Der Athos taucht auf zwischen dem Vorgebirge von Sithonia und dem östlichen Gesichtskreise und zur rechten sind die Wälder von Pallene.

Zu *Athyto*, 3 Stunden von den Ruinen von Potidäa, finden sich einige Spuren der alten Stadt *Aphytis*. Vor der griechischen Revolution war die Halbinsel Kassandra von 700 griechischen Familien bewohnt, die einen Viehstand von 2500 Stück Rindern und gegen 30,000 Schafe und Ziegen besassen. Diese Griechen schlossen sich dem Aufstand an, wurden aber dafür von Abdulabul, Pascha von Salonik, so furchtbar gezüchtigt, dass sich das Land noch jetzt nicht davon erholt hat.

Kalandria liegt auf einer Landspitze, welche, noch jetzt Posidio genannt, die Ruinen der alten Stadt *Posidium* trägt. Von hier kehrt der Reisende nach Pinaka zurück, um sich nun nach Hagios oder *Agios Mamas* zu begeben. Dieses Dorf versteckt sich hinter Bäumen, aber dahinter liegen 4 durch Lehmmauern mit einander verbundene weisse Thürme, wo man zahlreiche Alterthümer findet An allen Brunnen trifft der Reisende Bruchstücke alter Säulen, und zwei Stellen sind mit Resten von Tempeln bedeckt. Ferner finden sich hier viele zerbrochene Inschriften auf Grabsteinen, und am Eingang des Dorfes steht ein Altar noch aufrecht, aber halb in die Erde begraben. Alle diese Ueberreste lassen keinen Zweifel, dass diess die Stätte des alten *Olynthos*, der Hauptstadt von Chalcidice ist. Der seltsame Thurm, der sich nicht weit von hier erhebt, hat früher einem Metochi oder Maierhof der Athosklöster angehört. *Molibopyrgo* soll auf der Stätte Mekybernas stehen, *Poligyro* war eines der Dörfer, die einst die Gold- und Silbergruben der Halbinsel ausbeuteten, *Ormylia*, ein kleines, aber sehr anmuthiges Dorf am Rande einer fruchtbaren Ebene, nimmt die Stelle des alten Sermyle ein.

Nikita, in der Nordostecke des toronischen Golfes gelegen, lehnt sich an die Seite einer Schlucht, über der sich ein eigenthümlich gestalteter und gefärbter Felsen erhebt. Eine grosse Anzahl Ruinen von Häusern ist über die Wände der Schlucht zerstreut. Unter ihnen begegnet man an der Stelle, wo die Kirche stand, 7 weissen Säulen, die dicht bei einander stehen.

Wir wenden uns nun nördlich durch eine sehr anmuthige Gegend voll Wald- und Gartenbäume und kommen, an dem Dörfchen *Reveniko* vorüber, in ein Thal mit steilen waldbewachsenen Wänden, in welchem das Dorf *Gomati* liegt. Von hier steigt man in ein von niedrigen gerundeten Höhen umgebenes Becken hinab. Noch etwas tiefer liegt, von Wiesen umgeben, das Dorf *Frisso*, das alte *Akanthus*. Der Blick von der Höhe über demselben ist ausserordentlich grossartig. Vor uns liegt das heiligste Stück Erde, welches die griechische Kirche kennt, die Halbinsel Akte mit ihren schwellenden Waldbügelketten, mit dem gewaltigen Kegel des **Athos** am äussersten Ende, auf dem nach griechischer Tradition Christus vom Satan versucht wurde, auf dem später, im Jahre 1820, ein Mönch das grosse Lichtkreuz erblickte, welches Constantin einst zum Siege geführt, und welches jetzt den Sieg der Revolution über die Türken verhiess. Man sieht am Isthmus des Athos die Stelle, wo Xerxes ihn durchstochen haben soll, um seine Flotte hindurch zu führen. Fern im Westen sind der Olymp, der Ossa und der Pelion sichtbar, im Norden erheben sich die Gipfel des Plangäus. Fern im Süden streckt sich mit seinen zahlreichen Inseln das ägäische Meer hin.

Erisso, ein zerstreut liegendes Dorf am strymonischen Golf, der auch der Golf von Comtessa heisst, hat über sich die Ruine eines mittelalterlichen Castells, dessen Grundmauern aus althellenischer Zeit sind, und vor sich ein Stück von einem alten Hafendamm, aus welchem Resten man schliesst, dass hier *Akanthus* gestanden, eine Stadt, die eine der Stationen des Xerxes bei seinem Marsch nach Griechenland war.

Von Erisso aus macht man die Rundreise nach den Klöstern des Athos, die im folgenden Abschnitte geschildert ist, und kehrt dann auf dem nächsten Wege, über Nisvoro, Elerigova (wo gute Nachtherberge zu finden), Galatista und Basilika nach Salonik zurück. Bei *Nisvoro* oder Isboro, einem grossen Dorfe, findet man Grundmauern einer alten Stadt, besonders in einer Bodensenkung im Westen, woraus Bowen geschlossen hat, dass hier *Stagirus*, der Geburtsort des Aristoteles, gestanden habe. Die Gegend zwischen hier und *Elerigova*, ebenfalls einem grossen Dorfe, gleicht mit ihrem schönen Rasen und ihren Baumgruppen einem englischen Park. *Galatista* ist eine Stadt von mehren Tausend Einwohnern, in welcher ein griechischer Bischof residirt.

3. Rundreise zu den Athosklöstern.

Um in den **Klöstern des Athos** wohl aufgenommen zu werden, verschaffe man sich in Constantinopel durch seine Gesandtschaft einen Empfehlungsbrief des griechischen Patriarchen an die Synode der Klosterleute. Um alle Klöster einigermassen gründlich zu sehen, bedarf man 14 Tage, wobei die Hin- und Zurückreise von Salonik nicht eingerechnet ist. Die hauptsächlichsten Klöster kann man nach folgendem Plan in einer Woche sehen: 1. Tag: Von Erisso nach Chiliandarion und Karyes. 2. Tag: Besuch von Karyes und dem benachbarten Kloster Kutlumusi und Ritt über die Halbinsel nach dem Paulskloster. 3. Tag: Tour vom Paulskloster nach Laura. 4. Tag: Von Laura zu den Iberiern über Karakallus u. a. 5. Tag: Vom Kloster der Iberier über Constamonites, Zographos, Russikon u. a. nach Esphigmenu. 6. Tag: Von Esphigmenu und Batopädion zurück nach Erisso.

Der Berg Athos und die ganze Halbinsel Akte, deren Südspitze derselbe bildet, ist in der ganzen Levante als Ἅγιον Ὄρος, Monte Santo, heiliger Berg bekannt. Auf ihm befinden sich 20 Klöster, von denen einige schon in den ersten Jahren des byzantinischen Kaiserthums gegründet sind, und eine beträchtliche Anzahl von Kirchen und Capellen. Jede der verschiedenen zur orthodoxen morgenländischen Kirche gehörigen Nationen hat hier ein oder mehre Klöster, und Massen von Pilgern aus Griechenland, Bulgarien, Russland, den Donaufürstenthümern und Kleinasien stellen sich alljährlich hier ein. Die Länge der Halbinsel beträgt etwa 8½ deutsche Meilen, ihre durchschnittliche Breite etwa 1 Meile. Dieselbe ist im Nordende nur hügelig, und zwar erheben sich die Anhöhen hier nicht über 600 Fuss. Weiterhin werden die Hügel zu Bergen von 1200—1600 Fuss. Noch weiter südlich steigen die Berge bis zu 2000 Fuss an, bis endlich der Athos, ein weisslicher Kegelberg von Kalkstein, der mit dunklem Wald bedeckt ist, steil ansteigend die Höhe von 6350 Fuss erreicht.

In der Vorzeit war diese Halbinsel von Pelasgern bewohnt, später befanden sich hier hellenische Niederlassungen, wie Akanthus, Sane, Dium, Olophyxus, Thyssus und Kleonä. Die ersten Klöster sollen von der Kaiserin Helena, der Mutter Constantin des Grossen, gegründet worden sein. Andere Kaiser und Fürsten griechischen Glaubens schmückten die Thäler und Wälder des heiligen Berges mit Klöstern und Kirchen, und verschiedene derselben zogen sich gegen das Ende ihrer Tage in diese grossartig schöne Einsamkeit zurück. Die Türken haben die Mönche immer mit Rücksicht behandelt, so dass dieselben sich bis auf die neuere Zeit grosser Unabhängigkeit erfreuten. Der einzige Moslem, der auf der Halbinsel wohnt, ist ein türkischer Beamter, durch den die Regierung in Constantinopel mit der heiligen Synode von Karyes, der obersten Behörde dieser Mönchsrepublik, in Verbindung steht. Da auf der Halbinsel keine Frauen, ja nicht einmal weibliche Thiere geduldet werden, darf dieser Beamte nicht verheirathet sein. Die Synode besteht aus 20 Abgeordneten, einer aus jedem Kloster, jährlich

neugewählt, und ausser diesen aus 4 Verwaltern (ἐπιστάται) oder Präsidenten, von denen wieder einer den Vorrang vor den anderen hat
und in dieser Eigenschaft ὁ πρῶτος τοῦ Ἄθωνος, der Erste auf dem
Athos, heisst. Dieser Mönchscongress, welcher jede Woche einmal
Sitzung hält, leitet die weltlichen Angelegenheiten der Klöster, nimmt
Kenntniss von allem, was die Gesammtheit derselben angeht und legt
jedem einzelnen den Tribut auf, den es statt der Steuern an die Pforte zu
erlegen hat. Jedes Kloster hat eine Anzahl Laienbrüder (κοσμικοί),
welche Wasser holen, Holz hauen und andere Arbeiten verrichten. Wer
sich zum Mönch meldet und eine Summe mitbringt, die etwa 100
preussische Thaler beträgt, wird in die Gemeinschaft aufgenommen,
ohne verpflichtet zu sein, körperliche Arbeiten zu verrichten. Nur wenige
Mönche nehmen die vollen Weihen, da der Kirchendienst sehr anstrengend ist. Die meisten begnügen sich mit dem einfachen Titel Kaluger,
statt des Namens. ἱερεῦς, Priester. ·Drei Jahre lang bleibt der neue
Ankömmling Novize (δόκιμος), dann gelobt er Gehorsam gegen die
Oberen und Keuschheit, worauf er den Titel καλόγερος, d. i. guter
Greis, erhält. Jedes Kloster erfreut sich in allen Angelegenheiten, die
nicht allgemein sind, der Selbstregierung. Die meisten sind reich begütert, theils auf der Halbinsel, theils in Macedonien, Thessalien und
in den Donaufürstenthümern. 10 derselben sind κοινόβια, die andern 10
ἰδιόρρυθμα. In jenen haben die Mitglieder alles, namentlich Kleidung
und Tisch gemein, und die Verfassung ist monarchisch, indem ein Abt
oder Igumenos an der Spitze steht, der auf Lebenszeit gewählt .und
von der Synode von Karyes sowie vom Patriarchen in Constantinopel
bestätigt wird. Bei der Wahl gibt nicht sowohl die grössere Bildung
oder Frömmigkeit, in welchen Beziehungen ˉdie Mönche sich ziemlich
gleichkommen, sondern das grösste Verwaltungstalent in weltlichen
Angelegenheiten den Ausschlag. Die idiorhythmischen Klöster sind mehr
Republiken. Sie werden von Vertrauensmännern (ἐπίτροποι) regiert,
welche jährlich neu gewählt werden und sich nur um die Verwaltung
des Klosterbesitzes zu kümmern haben. Auch erhalten die Mitglieder
dieser Klöster aus dem gemeinschaftlichen Vermögen lediglich Brod
und Wein und´haben für alles Uebrige selbst zu sorgen. Die Refectorien sind grosse Hallen mit langen Tafeln ringsherum. Während des
Essens pflegt ein Diakon von einer Kanzel ein Stück aus dem Evangelium vorzulesen. Gleich den Refectorien sind auch die Kirchen des
Athos alle nach demselben Plan gebaut: Gebäude byzantinischen Styles,
geschmückt mit Kuppeln, Zinnen, Fresken, Mosaiken, Reliquien und
zahlreichen farbenreichen Heiligenbildern sowie alterthümlichen Lampen
und Leuchtern von Silber. Die Gesammtzahl der Mönche des Athos
soll sich auf 3000 belaufen. Gelehrsamkeit findet man nicht unter
ihnen. Die Bibliotheken, die früher verschiedene Manuscripte alter
Schriftsteller von Werth enthielten, haben nichts der Art mehr und
sind völlig ungeordnet. Man hat hier dafür keinen Sinn, der eine Theil
der Mönche verbringt sein Leben in der Hauptsache mit Beten, der
andere mit Arbeiten für die Nahrung und Nothdurft des Lebens.

Der Reisende thut am Besten, sich zuerst nach der 7 Stunden von Erisso gelegenen Hauptstadt der Klosterrepublik, *Karyes*, zu verfügen und dort seine Empfehlungsschreiben bei der Synode abzugeben. Er wird dann ein empfehlendes Rundschreiben an alle Klöster empfangen und mit Führern und Maulthieren versehen werden. In den Klöstern wird man ihn freundlich aufnehmen, ihm Herberge und Kost, so gut sie der Tag erlaubt, geben und ihm alles zeigen, was er zu sehen wünscht. Der Wein in den Klöstern ist gut, dagegen bekommt man selten Fleisch, da die Mönche, der strengen Regel des heiligen Basilius folgend, selten etwas anderes als Fische, Gemüse, Reis, Käse und Obst essen, ja während der Fasten (159 Tage im Jahre) nichts geniessen dürfen als Brotsuppe und Gemüse. Des Nachts wird man dem Reisenden von Teppichen und Decken ein Lager bereiten auf den Polstern, auf denen er sein Mittagsessen verzehrte, und wenn es dann geschehen sollte, dass ihm die ganzen Familien gewisser Insecten, die ihn im Schlafe stören, unbequem fielen, so wird er zwar bedauern, dass es den guten Vätern nicht gelungen ist, alle weiblichen Thiere von ihrem Asyl fern zu halten, aber nicht über sie klagen dürfen. Beim Abschied aus jedem einzelnen Kloster pflegt man den Laienbrüdern, welche den Reisenden bedienen, ein Geldgeschenk zu machen. Für die Aufnahme und Beköstigung ist hier nichts zu bezahlen, da die Klöster reich genug sind, um gastfrei zu sein.

Eine halbe Stunde, nachdem man Erisso verlassen, passirt die Strasse einen Maierhof, der auf der Hügelreihe liegt, welche die Ebene von Erisso von dem Thal von *Provlaka* trennt. In diesem Thale lief der *Kanal des Xerxes* hin, welcher etwa 7600 Fuss lang und 40 bis 50 Fuss breit war und von dem man noch Spuren findet. Man glaubt sogar, dass derselbe ohne zu grosse Kosten wieder herzustellen wäre, und da die griechischen Schiffer das Vorgebirge des Athos wegen seiner Strömungen und Stürme sehr fürchten, so würde ein solches Unternehmen eine grosse Wohlthat für die Schiffahrt sein. Eine Strecke von zwei Stunden weit besteht der Isthmus aus einer wellenförmigen Ebene ohne viel Wald. Man trifft hier verschiedene den Klöstern gehörige Maierhöfe mit guten Gebäuden, tüchtigen Zäunen, Viehherden und anderen Zeichen von Wohlstand. Die Aufseher dieser Metochien sind Kaluger, die einige Laienbrüder unter sich haben.

Etwa drei Stunden von Erisso streckt sich ein niedriger aber steiler Hügelzug quer über die ganze Halbinsel. Indem man diesen natürlichen Wall vor dem heiligen Gebiete auf einem Zickzackpfade übersteigt, passirt man die Station der Grenzwächter, welche die Bestimmung haben, die Klöster vor Räubern und vor dem Eindringen von Weibern und weiblichen Thieren, als Stuten, Kühen, Hennen u. A. zu hüten. Von hier hat man noch vierthalb Stunden bis nach Karyes. Der nördlichste Theil der Strecke, die man bis dahin zu durchwandern hat, besteht aus Höhen, die von tiefen Schluchten mit rauschenden Gebirgsbächen durchschnitten sind. Das Meeresufer zeigt viele kleine, schöngeformte Buchten. Die Berge sind mit der duftigen isthmischen

Fichte und zahlreichen Laubholzbäumen und Sträuchern bewachsen.
Weiter südlich mischen sich die Gewächse des Südens mit denen des
Nordens, die Olive mit der Eiche, die Orange mit der Tanne. Man
sieht weite Strecken mit Haselnuss-Stauden bedeckt, und eine Menge
von Weinbergen.

Karyes oder *Karyä* bedeckt einen beträchtlichen Raum zwischen
den bewaldeten Hügeln und hat gegen 1000 Einwohner, darunter auch
den türkischen Beamten, der oben erwähnt wurde. Der Ort, wo die
Synode tagt, ist ein mässig grosser Saal, in welchem auf drei Seiten
die Abgeordneten mit gekreuzten Beinen herumsitzen, während auf der
vierten die Schreiber und andere Beamte Platz nehmen. Jedes Kloster
hat hier ein Haus, in welchem sein Vertreter bei der Synode wohnt,
und wo jetzt zugleich die jüngeren Mönche sich aufhalten, welche die
in der neuesten Zeit hier gegründete Schule besuchen. In letzterer
wird von Lehrern, die aus Athen verschrieben wurden, Altgriechisch,
Geschichte, Geographie und Anderes gelehrt. Die Hauptkirche von
Karyes soll das älteste Bauwerk der ganzen Halbinsel sein und verdient sehr wohl einen Besuch. Der Bazar ist ziemlich gut versehen,
und man verkauft hier Kleiderstoffe, Colonialwaaren, und auch Fleisch.
Der Reisende wird staunen über eine Stadt ohne Frauen und einen
Markt ohne Lärm. Er wird wohlthun, sich hier einige von den Schnitz-
arbeiten, Kreuzen u. A. mitzunehmen, welche die Bewohner der Klöster
zum Verkauf hierhersenden, oder einige von den unförmlichen Heiligenbildern und Ansichten der Athosklöster, welche die hiesige Druckerei
für die Wallfahrer druckt. Jeder mag von hier aus die Tour nach den
einzelnen Klöstern nach seinem Geschmack und Belieben unternehmen.
Wir geben im Folgenden eine Beschreibung der einzelnen Klöster, die
im Nordosten der Halbinsel beginnt und mit dem nordwestlichsten
Puncte derselben endigt. Zehn von den Klöstern liegen auf der Ost-
und zehn auf der Westseite des Vorgebirges.

1. Das Kloster *Chiliandarion* ist das nördlichste auf der östlichen Seite, es liegt eine halbe Stunde von der See in einem Thale,
welches von einem Gebirgsbach durchströmt wird und von fichtenbe-
wachsenen Höhen eingeschlossen ist. Die Mönche sind Serben und Bulgaren, und die Sprache, die von ihnen beim Gottesdienst gebraucht
wird, ist die altslavonische. Nur Wenige von den Mönchen verstehen
etwas Griechisch. Der Name des Klosters soll davon herkommen, dass
es ursprünglich für tausend Mönche erbaut worden sein soll. Die Bibliothek ist unbedeutend und besteht hauptsächlich aus Büchern in
slavischer Sprache. Interessant sind in ihr die zum Theil uralten Schen-
kungsurkunden griechischer Kaiser und serbischer und bulgarischer
Fürsten, und die Fermane von Sultanen und Veziren, welche dem
Kloster Schutz verheissen. Die Gebäude sind sehr stattlich und malerisch, und das Kloster gehört zu den angesehensten und reichsten der
Halbinsel. Die Gründer sollen zwei serbische Büsser gewesen sein, der
Hauptwohlthäter des Klosters aber war ein Schwiegersohn des Kaisers
Romanus, König Stephan von Serbien.

*

2. *Esphigmenu* liegt etwa eine halbe Stunde von dem eben beschriebenen Kloster in einem kleinen engen Thale an der Mündung eines Wildbaches in das Meer. Sein Name kommt von der gleichsam eingeklemmten Lage, die es hat. Ein Theil des Klosters wurde bereits durch den Sturz eines Felsblocks, der darüber gehangen, zerstört, und jetzt unterwühlt ihm das Wasser die Grundlagen. Dieses Haus wurde von Theodosius dem Jüngern und dessen Schwester Pulcheria im 5. Jahrhundert gegründet und im 11. restaurirt.

3. *Batopädion*, nach Ross richtiger *Batopedion*, d. i. Dornenfeld, wurde von Constantin d. Gr. gegründet und von Theodosius, nachdem es von Julian dem Abtrünnigen zerstört worden, wieder hergestellt. Die Mönche erklären den Namen anders, indem sie erzählen, Kaiser Theodosius habe einst den Athos umschifft, da habe sich ein Sturm erhoben und das Schiff, in dem sich ein Kind des Kaisers befunden, an der Küste zerschmettert, die heilige Jungfrau aber habe das Kind gerettet und es unter einen Busch (βάτος) gelegt, wo es der Vater später gefunden. Zum Dank dafür habe er das Kloster erbaut. Batopädion liegt zwei Stunden von dem zuletzt erwähnten Kloster und ist nächst Laura das grösste der Athosklöster. Es zählt mehre Kaiser unter seinen Wohlthätern, von denen Einer, Johannes Kantakuzeno, hier als Mönch starb. Mit seinen hohen Thürmen und Zinnen, seinen massiven Portalen und eisernen Thüren, seinen Kuppeln und Thürmchen hat es grosse Aehnlichkeit mit einer alten Ritterburg. Es liegt sehr schön auf einer von der See durch sanfte Abhänge, die mit Oliven- und Orangenpflanzungen bedeckt sind, getrennten Anhöhe. Auf einem Hügel in der Nachbarschaft liegen die ausgedehnten und malerischen Ruinen der Schule, in welcher während des letztverflossenen Jahrhunderts der Gelehrte Eugenius Bulgari von Corfü eine grosse Anzahl von Schülern aus allen Theilen der griechisch sprechenden Welt versammelte, welche aber endlich den Ränken der andern Mönche, die nichts von Gelehrsamkeit hielten, erlag.

4. *Kutlumusi*, 2½ Stunde von Batopädion entfernt und hart bei Karyes gelegen, ist das kleinste der Athosklöster und hat nur etwa dreissig Kaluger. Es steht in dem fruchtbarsten Theil der Halbinsel und ist von Getreidefeldern, Olivenpflanzungen, Gärten und Weinbergen umgeben. Es wurde um das Jahr 1300 von Constantin Kutlumusch, einem mit den Seldschuken-Sultanen verwandten Türken gegründet, der nach dem Tode seiner Mutter, einer Christin, selbst zum Christenthum übertrat und als Mönch des Athos seine Tage endigte.

5. *Pantokrator*, d. i. das Kloster des Allmächtigen oder des Allbeherrschers, liegt in der Nähe der östlichen Küste der Halbinsel zwischen Batopädion und dem Kloster der Iberier. Es wurden im 13. Jahrhundert von Alexius, dem Feldherrn des Kaisers Michael Paläologus, gegründet, welcher den Lateinern Constantinopel wieder abnahm.

6. *Stavroniketes*, nicht fern vom letztgenannten Kloster, wurde um das Jahr 1540 von einem Patriarchen zu Ehren Dessen erbaut, „der am Kreuz Hölle und Tod besiegte".

7. *Ivoron* oder *das Kloster der Iberier*, 'Η Μονή τῶν 'Ιβήρων, liegt zwei Stunden von Karyes, auf dem Ostufer der Halbinsel. Es hat seinen Namen daher, dass es von reichen Iberiern, d. h. Georgiern, gegründet wurde. Das Jahr seiner Stiftung fällt in die Regierungszeit des Kaisers Basilius II. (976 bis 1025.) Die Bibliothek desselben besitzt einige wichtige Handschriften in georgischer Sprache. Von hier bis Laura reitet man fünf Stunden, wobei man die Klöster *Philotheus* und *Karakallus* passirt, von denen das eine im zehnten, das andere im elften Jahrhundert von einem gewissen Antonius, dem Sohne des römischen Fürsten Karakallus, gegründet worden sein soll.

10. *Laura* ist das grösste aller Klöster des Athos, auf dessen südlichster Spitze es liegt. Der Name bedeutet im Altgriechischen eine enge Gasse, dann ein enges Gemach, eine Zelle und im kirchlichen Griechisch ein Kloster. Laura war ursprünglich die Wohnung eines einzelnen Siedlers, Athanasius, der im zehnten Jahrhundert hier hauste. Später entstand aus der Eremitenhütte ein Kloster, welches durch Schenkungen byzantinischer Kaiser und anderer vornehmer Personen allmälig eines der reichsten in der Levante wurde. Jetzt steht es an Reichthum mehren andern auf dem Athos nach, indem ein grosser Theil seiner Besitzungen im südlichen Griechenland lag und von Capodistria nach dem Siege der griechischen Revolution confiscirt wurde. In den Felsen und Wäldern bei demselben trifft man mehre Einsiedlerwohnungen, die zum Kloster gehören. Gleich den meisten übrigen Klöstern des heiligen Berges hat Laura das Aussehen eines befestigten Dorfes. Man gelangt zu demselben durch einen langen, vielgewundenen, gewölbten Gang, der mit schweren Eisenthoren verschlossen wird. Man übersehe hier nicht die uralten Malereien, welche dem Michael Panselinos zugeschrieben werden. In dem kleinen Hafen unten liegt die Flotte der Mönche, beschützt gegen Seeräuber durch einen Thurm. Unmittelbar über Laura ragt der mächtige Gipfel des Athos mit seinen weissen Kalkfelsen und seinen Klüften und Schluchten empor. Auf der höchsten Spitze desselben steht eine Capelle, in welcher alljährlich am Tage der Verklärung, also nach griechischem Kalender am 18. August, Gottesdienst gehalten wird. Man kann den Gipfel besteigen, wozu man, hin und zurück, einen Tag bedarf. Die Aussicht ist bei klarem Wetter ungemein grossartig.

Von Laura begeben wir uns nach Norden, um die Klöster auf der Westseite der Halbinsel zu besuchen, wo die Landschaft einen ernsteren und düsteren Charakter hat, was nicht ohne Einfluss auf die Denkungs- und Lebensart der hier wohnenden Mönche gewesen zu sein scheint. Das erste Kloster, welches wir hier antreffen, ist das Pauluskloster. Es ist fünf Stunden von Laura entfernt. Der Weg dahin ist oft nur ein schmaler Sims an den Felsklippen, indess ist nichts zu befürchten, da die Maulthiere, mit denen man in den Klöstern versehen wird, einen sehr sichern Tritt haben. Unterwegs findet man das zu Laura gehörige *Asketerion der heiligen Anna*, unter welchem die Klippen den singitischen Golf bilden, eine Stelle, die im Alterthum das *Nymphäum* hiess. Die Kirche der Heiligen steht, umgeben von Bäumen und einigen kleinen Häuschen in einer Felsschlucht hoch über der See. Dieselbe besitzt einen Fuss der heiligen Anna, der in einer silbernen, mit Edelsteinen besetzten Schachtel verwahrt und von den Mönchen so hoch verehrt wird, dass sie, wenn sie ihn dem Fremden zeigen, jedesmal erst Kerzen anzünden und ihre priesterlichen Gewänder anlegen.

11. *Hagios Pavlos* ist ein Kloster, welches ursprünglich für Serben und Walachen gestiftet wurde, jetzt aber meist von Mönchen bewohnt ist, die von den jonischen Inseln stammen, und von denen deshalb Viele auch Italienisch sprechen. Man findet hier etwas mehr von abendländischer Civilisation als in den andern Klöstern des Athos. Das Paulskloster hat übrigens seinen Namen nicht vom Apostel Paulus, sondern von einem seiner Hauptwohlthäter, dem Sohne des byzantinischen Kaisers Mauritius, der um das Jahr 600 regierte. Von hier hat man vier Stunden bis Karyes.

12. *Hagios Dionysios*, das nächstfolgende Kloster, ist auf Anregung des Erzbischofs Dionysius von Trapezunt vom Kaiser Alexius III. im Jahre 1375 gegründet.

13. *Hagios Gregorios* wurde von einem Heiligen dieses Namens im vierzehnten Jahrhundert unter Johannes Kantakuzenos angelegt.

14. *Simopetra*, nicht fern vom Paulskloster, hat seinen Namen von seiner Lage auf einer Klippe über der See und dem Eremiten Simon, der sich im 13. Jahrhundert zuerst hier niederliess.

15. *Xeropotamos*, nach der Angabe der Mönche von der Kaiserin Pulcheria erbaut, hat seinen Namen von dem im Sommer wasserlosen Bach, der hier nach dem singitischen Meerbusen hinabfliesst.

16. *Russikon* ist ein Kloster, welches im zwölften Jahrhundert für russische Mönche gestiftet wurde. Die Mehrzahl der Mönche gehört indess jetzt der griechischen Nationalität an. Das Kloster hat zwei Kirchen, in der einen wird der Gottesdienst in altslavischer, in der andern in griechischer Sprache gehalten.

17. *Hagios Xenophon* heisst so nach seinem Stifter, einem griechischen Heiligen des elften Jahrhunderts.

18. *Docheiarion*, abgekürzt Docheiru, wurde während der Regierung des Nikephorus Phokas von einem Mönch Namens Euthymius gegründet, welcher Pförtner in Laura gewesen war.

19. *Constamonites* ist ein kleines Kloster, welches in einer romantischen Felsenwildniss links von der Strasse zwischen Karyes und Zographos liegt und nach der Angabe der Mönche von Constans, einem Sohne Constantin's d. Gr., wahrscheinlicher aber erst im elften Jahrhundert, gegründet wurde.

20. *Zographos* ist ein grosses, von Mönchen aus Serbien und Bulgarien bewohntes Kloster, welches im neunten Jahrhundert während der Regierung Leo's des Philosophen von slavischen Edelleuten oder Fürsten gegründet worden sein soll. Die Kirche desselben, in welcher der Gottesdienst in altslavischer Sprache gehalten wird, ist berühmt

wegen eines wunderthätigen Bildes des heiligen Georg, welches sein
erstes Wunder an sich selbst verrichtete, indem es sich selbst malte,
woher der Name Zographos, d. i. Maler. Auch sein zweites Wunder
bezog sich auf das Bild selbst: es flog von Palästina, wo es entstanden,
nach dem Athos herüber. Ein drittes war weniger harmlos. Man sieht
auf dem Bilde in der Nähe der Augen ein kleines Loch, welches mit
folgender Geschichte zusammenhängt. Ein freidenkerischer Bischof von
Constantinopel ging in seinem Zweifel an dem göttlichen Ursprung des
Bildes so weit, dass er, als man es ihm zeigte, den Finger hindurch-
stiess. Aber siehe da, kaum hatte er dies gethan, als er fühlte, dass
er nicht zurück konnte, er mochte ziehen, wie er wollte, der vorwitzige
Finger blieb in dem Bilde stecken, und der Frevler musste, um fort-
zukommen, ihn abschneiden lassen.

Zographos liegt in einem Thale in einiger Entfernung vom
Meere und ist das nördlichste der Klöster auf der Westseite. Man hat
von hier zwei Stunden zu reiten, um über die Berge nach Esphigmenu
zu kommen, von wo man in etwa 4½ Stunden nach Erisso zurückgelangt.

Ein Rückblick auf die Gesammtheit der Athosklöster zeigt Vieles
von Interesse, wenn auch nichts oder wenig, was dem Gebildeten Reisenden erfreulich wäre. Im Mittelalter der Sitz der griechischen Gelehrsamkeit, ist der Athos jetzt der Grundstock aller der Narrheit,
Verkommenheit und Bornirtheit, welche das Wesen der morgenländischen
orthodoxen Kirche ausmacht. Dennoch wird Niemand den Besuch der
Klöster bereuen, da ihn derselbe gleichsam in längst vergangene Jahrhunderte zurückversetzt, ganz abgesehen von den wunderherrlichen
Landschaften, den schönen Thälern und Wäldern der Halbinsel und
den eigenthümlichen Formen der Bauwerke, welche sie schmücken.
Der Liebhaber des Alterthums wird hier ein vollständiges Raritäten-
cabinet byzantinischer Denkmäler, uralter Pergamente, kaiserlicher
Handsiegel, mit Malereien geschmückter Manuscripte, von Gemälden
aus den frühesten Jahrhunderten, von seltsamen Schnitzereien, Perlmutterarbeiten und Kunstwerken alter Gold- und Silberschmiede finden,
wie es die Welt nirgends so wundersam bietet. Der Freund der Kir-
chengeschichte wird hier die Religion des Mittelalters noch bei Leben
und Athem antreffen, etwas greisenhaft zwar, aber mit dem ganzen
Apparat ihrer Wallfahrten und Wunder, ihrem weitläufigen, prunk-
vollen Ceremoniell, ihrer Einfalt und Leichtgläubigkeit und ihrer tief-
dunklen Ignoranz. Er wird den langhingezogenen Gottesdienst der
morgenländischen Kirche mit peinlicher Genauigkeit und feierlicher
Andacht von Leuten durchmachen sehen, von denen die Wenigsten
auch nur drei Worte von Dem verstehen, was ihnen vorgelesen, vor-
gesungen wird. Er wird von Allen eine strenge Regel befolgt sehen,
von Einigen, die von den Andern als halbe Heilige betrachtet werden,
eine noch strengere. Er wird Bauern sehen, wo er Mönche zu finden
glaubte, und Mönche in Leuten entdecken, die er für Bauern hielt. Er
wird keine gelehrten Theologen, aber lauter gründlichst orthodoxe

Geister finden, und endlich trotz aller Verkommenheit, Unwissenheit und allen blöden Aberglaubens dieser Mönche erkennen, dass die Kaluger-Republik des Athos recht eigentlich das Herz und der Kern der morgenländischen Kirche ist.

4. Von Salonik über Monastir, Elbassan und Kroia nach Skutari.

Diese Route, zu der man, mässig schnell reisend, zwölf Tage braucht, folgt zum Theil der alten Via Egnatia und ist eine Strasse für die türkische Reitpost, weshalb mau fast überall leicht Pferde bekommt. Wer Eile hat und anhaltendes Reiten verträgt, kann die Strecke auch binnen acht Tagen zurücklegen. Man thut wohl, ausser seinem regelmässigen türkischen Pass, Empfehlungsschreiben von Salonik an die Gouverneure in Monastir, Elbassan und Skutari mitzunehmen. Von Skutari gelangt man in drei Tagen nach Cattaro, von wo man mit dem Lloyddampfer nach Triest fährt.

Im Folgenden geben wir die Entfernungen zwischen den Hauptpuncten der Tour. Von Salonik bis Jenidsche Vardar hat man 10 bis 11 Stunden. Dann folgen Wodena 10, Ostrowo 5, Monastir 10, Resna 6, Achrida 5, Kukussa 12, Elbassan 11, Tyrana 1, Kroia 8, Alessio 10, Skutari 8 bis 9 Stunden.

Indem wir Salonik durch das Vardarthor verlassen, kommen wir nach einem Ritt über eine wellenförmige Ebene an die lange Holzbrücke, die über den Fluss Vardari, den Axius des Alterthums, führt. Wieder über grossentheils ebenes Land reitend, gelangen wir nach Jenidsche oder Jannitza, in dessen Nähe man die Stätte zeigt, wo Pella, die alte Residenz der macedonischen Könige gestanden. Die neuere Stadt liegt recht freundlich in Bäumen und Sträuchern, über die sich ihre drei weiss-schimmernden Minarets erheben. Der Khan ist leidlich. Die Weiterreise geht immer über die grosse Centralebene Macedoniens, die hier ohne viel Baumwuchs ist. Erst jenseits des Karesmak oder Mavronero, des Lydias der Alten, über den eine Brücke führt, trifft man zahlreiche Platanen und andere Bäume. Wodena ist das alte Edessa. Dieses Städtchen liegt ungemein schön. Ein Amphitheater bildet den Hintergrund des Gemäldes, während im Vordergrund auf bewaldeter Höhe mit mehren Moscheen und Minarets das Städtchen schimmert und von den Felsen funkelnde Wasserfälle herunterstürzen. Die nach dem Orte hinaufführende Strasse ist mit breitwipfeligen Platanen und Wallnussbäumen beschattet, und wenn bei heller Luft noch der Golf von Salonik und der Olymp sich in das Bild einfügen, wird es zu einem der schönsten in diesen Gegenden. Edessa war die älteste Hauptstadt Macedoniens und, als die Könige ihre Residenz nach Pella hinab verlegt hatten, das Nationalheiligthum und die Begräbniss-Stätte der Herrscher des Landes. Auch unter den Römern und Byzantinern war die Stadt wegen ihrer Lage an der Egnatischen Strasse von Bedeutung. Dennoch findet man nur noch geringe Ueberbleibsel aus dem Alterthum

hier. Dahin gehören die Reste einer althellenischen Mauer an einem
der Häuser am Rande der Klippen. Auch trifft man hin und wieder
Bruchstücke von Steinen mit Inschriften aus römischer Zeit. Der Weg
von hier nach *Ostrowo*, einem Dörfchen an einem Gebirgssee, führt
zuerst durch ein enges, wohlbebautes Thal, dann steil den Berg hinauf.
Die ganze Gegend ist voll wilder Schönheit. Von hier führt die Strasse
zuerst um jenen See herum, dann im Zickzack die Höhen hinan, dann
wieder vor einem See vorüber, in dessen Mitte auf einer Halbinsel die
alterthümliche, sehr verfallene Festung *Castoria*, das alte *Celetrum*,
steht. Weiterhin passirt der Reisende mehre Stunden über öde Abhänge
ohne Interesse, wo er dem Dorfe Tibbeli begegnet, dann steigt er in
die grosse Ebene von Monastir hinab, wo ihn der Anblick einer freundlich in Gärten und Baumwipfeln gelegenen Stadt mit weissen Minarets erfreut.

Monastir, das militärische Centrum des heutigen Macedonien,
hat zugleich einige Bedeutung als Handelsplatz. Es zählt gegen 15,000
Einwohner, und unterscheidet sich auf erfreuliche Weise von anderen
orientalischen Städten dadurch, dass es nicht so schmutzig wie jene
ist, und dass die Hauptstrassen breit und gut gepflastert sind. Man
findet hier wohlversehene, sehr belebte Bazars und mehre grosse Casernen.
Die hier wohnenden Türken sind fast nur Soldaten oder Beamte, die
Mehrzahl der Einwohner besteht aus Griechen, Bulgaren und Albanesen, auch trifft man viele Juden hier. Durch die Stadt strömt ein
breiter, raschfliessender Gebirgsbach, über den zwei hübsche Brücken
von Stein und mehre hölzerne führen; besonders malerisch ist das
Judenviertel, welches da beginnt, wo der Bach breiter wird.

Von hier führt die Strasse zuerst durch zwei Thäler oder Pässe
zwischen hohen Bergen, dann in eine Ebene, in der ein Landsee erscheint, und nach *Resna*, von wo man die Centralkette des *Pindus* auf
sehr rauhem Pfade übersteigt. Die Aussicht auf dem Gipfel ist besonders nach der illyrischen Seite hin sehr schön. Hier schimmert dem
Reisenden aus einer wohlbebauten Ebene die helle breite Wasserfläche
des See's von Achrida mit der Festung und Stadt gleichen Namens entgegen. *Achrida* ist das alte *Akris*, der See hiess einst
Lychnites. Die Stadt steht unter dem Berge, der das Castell trägt,
hart am Rande des Wassers. In der Ferne, am entgegengesetzten Ende
des Wasserspiegels schimmern die weissen Mauern des Klosters *Naum*,
bis zu dem man sechs Stunden reitet. Im Castell von Achrida wohnt
der Gouverneur dieses Districts. In der Stadt trifft man viele prächtig
gekleidete Albanesen vom Stamm der Geg, der sich von allen Albanesen am buntesten trägt.

Der Weg von Achrida nach Elbassan ist wieder höchst beschwerlich. Er führt erst zwei Stunden am See hin, dann beim Dorfe Struga,
wo der Drin abfliesst, bergauf durch einen mit Krüppeleichen bewachsenen Pass, dann wieder bergab in ein enges, ödes Thal, wo sich,
sieben Stunden von Achrida, ein Khan findet, hierauf über eine Kette
niederer Hügel in ein anderes Thal, in dem sich zwischen Fels und

Wald der Skumbi (der Genuesus des Alterthums) hinwindet. Vier Stunden von dem Khan überschreitet man den Fluss vermittelst einer Stein-
brücke und erklettert die Höhen seines linken Ufers, auf denen das
Dorf *Kukussa* liegt. Hier ist ein schlechter Khan, in dem man indess
übernachten muss. Dann geht der Weg an den Höhen auf dem linken
Ufer des Skumbi weiter hinauf bis zu einem fünf Stunden von Kukussa
gelegenen Khan und dann noch drei Stunden an schrecklichen Abgrün-
den und Schluchten durch die Gebirgslandschaft, worauf er in das
Thal hinabsteigt, den Fluss auf einer hochgewölbten Brücke überschreitet und noch zwei starke Stunden auf schmalem Rande zwischen
den Felswänden und dem Wasser hinführt. Endlich kommt der Reisende in weitere Thäler, und bald nachher erscheint auf einer Ebene,
durch welche der Skumbi als breiter Strom sich nach dem Adriatischen
Meere hinanwindet, in Hainen von Olivenbäumen das malerische
Elbassan. Dasselbe ist von mittelalterlichen Festungswerken, einem
tiefen Graben und einer hohen, dicken Mauer umgeben, die ein Quadrat
bildet. In jeder Ecke, sowie an jedem der vier Thore erheben sich
Streitthürme. Alle diese Werke sind verfallen, das Innere der Stadt
voll Ruin, Verödung und Schmutz. Die Vorstadt verbreitet sich über
ein weites Terrain, über den Fluss führt eine alte Brücke mit unregelmässigen Bogen. Man hält Elbassan für das *Albanopolis* des
Alterthums.

Von Elbassan nach Tyrana passirt man zunächst verschiedene
Heckengassen und Gärten, dann das Thal eines Nebenflusses des
Skumbi, hierauf einen Berg mit grossartigster Aussicht nach Norden
und Süden, dann wieder ein breites, gewelltes Thal, dann durch eine
Furt und über jenseits sich hinziehende Hügel nach der Ebene von
Tyrana. Vor sich erblickt man hier die prachtvoll zerklüfteten Berg-
massen von Kroia, wo Georg Kastriota oder Skanderbeg seine letzten
Schlachten gegen die Ungläubigen schlug.*)

Tyrana ist eine kleine albanesische Stadt mit zwei malerischen
Moscheen und mehren Khans; auch kann man hier Unterkunft in Pri-
vathäusern finden. Von hier hat man auf directem Wege nicht weiter als
acht Stunden. Allein der Reisende wird geneigt sein, einen Umweg über
Kroia, die Stadt Skanderbeg's zu machen. Der Pfad dahin führt zunächst
nordwärts durch ein weites Thal, und erreicht nach fünf Stunden einen
Khan, wo er sich rechts wendet und zuerst durch Wald, dann durch

---

*) Skanderberg, der Albanesenheld, wurde 1404 geboren und als Geissel in Con-
stantinopel zum Moslem erzogen. Erbittert darüber, dass der Sultan nach dem Tode
seines Vaters dessen Fürstenthum einzog, entwich er in seine Heimat, bemächtigte sich
durch List Kroia's, erregte einen allgemeinen Aufstand der Albanesen, schlug wiederholt übermächtige türkische Heere, wusste alle Belagerungen Kroia's zu vereiteln und
brachte es nach langen blutigen Kämpfen dahin, dass Mohammed II. ihm 1461 in einem
Friedensvertrag das Land zuerkannte. Drei Jahre später griff er, überredet durch
päpstliche und venetianische Gesandte, die Türken nochmals an und schlug sie wieder
mehrmals, so dass er sich bis zu seinem 1466 erfolgten Tode in seiner Stellung behauptete. Zwölf Jahre später gelang es den Türken, Kroia einzunehmen und das ganze Land
zu erobern.

nacktes Gebirge sich an dem Felsen hinaufwindet, an welchem die Häuser hängen. Auf einem steilen Felsenvorsprung steht ein zerstörtes Castell, unten im Halbkreis ein Bazar und Wohnhäuser, über welche sich der Palast des Bei's und ein schlankes, weisses Minaret erhebt. Die Aussicht von hier über die weite Ebene nördlich und südlich von Skodra ist ungemein grossartig.

Von Kroia bedarf man vier Stunden, um die Poststrasse nach Lesch oder *Alessio* wieder zu erreichen, welche den Reisenden dann in sechs [Stunden nach diesem Orte bringt, der das alte *Lissus* ist. Die Reise von Alessio nach *Skodra* oder *Skutari* ist in unserem „*Reise-Handbuch für Griechenland*" beschrieben, wo man auch das Nothwendigste über die übrigen albanesischen Landschaften, sowie über die Tour von Skutari nach Cattaro findet.

Buchdruckerei des Oesterr. Lloyd in Triest.